本研究获得国家社科基金重点项目《公共领域冲突管理体制研究》（项目编号：13AGL005）资助。

公共领域
冲突管理体制研究

常健 等◎著

中国社会科学出版社

图书在版编目(CIP)数据

公共领域冲突管理体制研究/常健等著. —北京:中国社会科学出版社,2019.12
ISBN 978-7-5203-5406-6

Ⅰ.①公… Ⅱ.①常… Ⅲ.①突发事件—公共管理—管理体制—研究—中国 Ⅳ.①D630.8

中国版本图书馆 CIP 数据核字(2019)第 233137 号

出 版 人	赵剑英
责任编辑	冯春凤
责任校对	张爱华
责任印制	张雪娇

出　　版	中国社会科学出版社
社　　址	北京鼓楼西大街甲 158 号
邮　　编	100720
网　　址	http://www.csspw.cn
发 行 部	010-84083685
门 市 部	010-84029450
经　　销	新华书店及其他书店
印　　刷	北京君升印刷有限公司
装　　订	廊坊市广阳区广增装订厂
版　　次	2019 年 12 月第 1 版
印　　次	2019 年 12 月第 1 次印刷
开　　本	710×1000　1/16
印　　张	33.5
插　　页	2
字　　数	549 千字
定　　价	189.00 元

凡购买中国社会科学出版社图书,如有质量问题请与本社营销中心联系调换
电话:010-84083683
版权所有　侵权必究

目　录

导论 …………………………………………………………………（1）
 一　研究的问题及其意义 ………………………………………（1）
 二　国内外研究现状述评 ………………………………………（2）
 三　基本概念界定 ………………………………………………（2）
 四　理论依托、核心问题与基本论点 …………………………（4）
 五　研究思路和方法 ……………………………………………（9）
 六　主要创新点 …………………………………………………（10）
 七　不足与尚需深入研究的问题 ………………………………（11）

第一章　冲突管理研究的各种范式及其适用性 …………………（12）
 第一节　各领域冲突管理研究对公共领域冲突管理
     研究的启示 ………………………………………（12）
  一　国际冲突化解研究 ………………………………………（13）
  二　社会冲突化解研究 ………………………………………（16）
  三　非诉讼纠纷解决机制研究 ………………………………（18）
  四　组织冲突管理研究 ………………………………………（20）
  五　家庭冲突化解研究 ………………………………………（24）
  六　各领域冲突管理研究对公共领域冲突管理研究的影响 …（27）
 第二节　冲突化解研究的三种范式 ……………………………（31）
  一　主观范式 …………………………………………………（32）
  二　客观范式 …………………………………………………（35）
  三　结构范式 …………………………………………………（38）
  四　三种范式各自的优势与局限 ……………………………（41）
 第三节　冲突转化理论及其对公共领域冲突管理的适用性 …（44）

一　冲突化解与冲突转化 …………………………………（45）
　　二　冲突转化的维度、过程、主体和策略 …………………（51）
　　三　冲突转化模式对公共领域冲突管理的适用性 …………（58）
第二章　公共领域冲突管理组织体制的现状与发展趋势 ………（62）
　第一节　中国公共领域冲突化解机构的现状分析 ……………（62）
　　一　机构性质和特点 …………………………………………（65）
　　二　工作性质 …………………………………………………（68）
　　三　冲突化解效果 ……………………………………………（69）
　第二节　中国公共冲突管理组织体制的发展趋势 ……………（70）
　　一　社会结构的变化与公共领域冲突的社会化 ……………（70）
　　二　行政主导的公共领域冲突管理组织体制的特点与
　　　　效能的弱化 ………………………………………………（73）
　　三　社会主导的公共领域冲突管理组织体制的实现路径 …（77）
　第三节　其他国家冲突化解机构建设的特点和经验 …………（78）
　　一　机构性质和特点 …………………………………………（79）
　　二　协议约束力 ………………………………………………（80）
　　三　冲突治理效果 ……………………………………………（80）
　第四节　韩国政府委员会在公共领域冲突治理中的作用 ……（81）
　　一　韩国政府委员会的发展历史 ……………………………（82）
　　二　为管理公共冲突而设立的政府委员会及其运作方式 …（85）
　　三　政府委员会管理公共冲突的成效 ………………………（91）
　　四　几点启示 …………………………………………………（93）
　第五节　韩国环境冲突管理体制及其运行 ……………………（94）
　　一　韩国环境冲突发展的不同阶段及其特点 ………………（95）
　　二　韩国的环境冲突管理体制 ………………………………（98）
　　三　韩国环境冲突管理体制的运行状况与效果分析 ………（102）
　　四　韩国环境冲突管理实践对中国的启示 …………………（105）
　第六节　中外公共冲突化解机构的比较与启示 ………………（108）
　　一　比较 ………………………………………………………（108）
　　二　启示 ………………………………………………………（110）
第三章　公共领域冲突管理的制度需求与供给 …………………（112）

第一节　中国公共领域冲突管理的制度需求与建设要求 …………（112）
  一　公共领域冲突管理的制度需求 …………………………（113）
  二　公共冲突治理对制度建设的要求 ………………………（115）

第二节　现行体制中具有公共冲突管理功能的制度供给 ………（117）
  一　不同主张的表达制度 ……………………………………（117）
  二　对立观点的交流制度 ……………………………………（121）
  三　冲突利益和整合制度 ……………………………………（122）
  四　争议事项的裁决制度 ……………………………………（124）
  五　对抗行为的制动制度 ……………………………………（125）

第三节　现行公共冲突管理制度体系存在的问题 ………………（126）
  一　制度供给不足 ……………………………………………（127）
  二　制度间衔接存在缝隙 ……………………………………（128）
  三　制度规范间存在结构性错位 ……………………………（129）
  四　制度的防御性和压制性导向 ……………………………（130）
  五　制度确定的公共冲突治理主体呈现单一化格局 ………（132）
  六　制度执行力不足 …………………………………………（132）

第四节　公共领域冲突管理制度的建设目标和路径 ……………（133）
  一　建设目标 …………………………………………………（133）
  二　建设要求 …………………………………………………（134）
  三　建设路径 …………………………………………………（137）
  四　建设过程 …………………………………………………（137）

第五节　冲突管理制度建设中的四类规范及其结构关系 ………（139）
  一　四类管理规范的不同特点 ………………………………（139）
  二　四类管理规范结构关系的发展趋势 ……………………（140）
  三　以法律规范为中心完善规范间的协调机制 ……………（141）

第六节　公共领域冲突管理制度中的人权保障 …………………（143）
  一　国内外关于人权保障与公共冲突化解关系的争论 ……（144）
  二　人权保障对公共冲突化解的积极作用 …………………（151）
  三　人权保障工作与公共冲突化解工作的相互协调 ………（152）

第七节　韩国公共领域冲突管理制度建设及其启示 ……………（154）
  一　韩国公共冲突管理制度建设的背景 ……………………（154）

二　韩国公共冲突管理制度建设的主要措施 …………… (156)
　　三　韩国公共冲突管理制度的特点 …………………… (164)
　　四　启示 …………………………………………………… (167)
第四章　公共领域冲突管理的适用机制 ……………………… (170)
　第一节　公共领域冲突管理中的谈判机制 ………………… (170)
　　一　谈判对公共领域冲突管理的意义 ………………… (171)
　　二　谈判的方法、过程和技巧 ………………………… (174)
　　三　解决纠纷的谈判和达成交易的谈判 ……………… (181)
　第二节　冲突管理中的第三方干预 ………………………… (190)
　　一　调解的各种方法 …………………………………… (191)
　　二　仲裁中的冲突化解 ………………………………… (195)
　　三　冲突化解培训 ……………………………………… (198)
　　四　关系治疗 …………………………………………… (200)
　　五　第三方干预各种方式的适用情境 ………………… (204)
　第三节　城市社区冲突管理机制建设 ……………………… (207)
　　一　关于社区冲突的研究进展 ………………………… (208)
　　二　数据来源与分析 …………………………………… (209)
　　三　城市社区冲突治理的多元主体 …………………… (211)
　　四　城市居民解决社区冲突的主要途径 ……………… (213)
　　五　城市基层政府解决社区冲突的主要举措 ………… (224)
　　六　城市社区冲突管理机制建设 ……………………… (231)
　第四节　医患冲突管理机制建设 …………………………… (245)
　　一　当代中国医患纠纷治理的主要机制 ……………… (246)
　　二　医患纠纷治理机制的层次区分与功能分析 ……… (253)
　　三　现行医患纠纷治理机制中存在的问题 …………… (255)
　　四　医患纠纷治理机制的完善 ………………………… (257)
　第五节　"莱维森调查"与英国社会政治冲突管理机制考察 … (259)
　　一　莱维森调查的起因、过程和结论 ………………… (260)
　　二　该案涉及的社会政治冲突管理机制 ……………… (263)
　　三　莱维森案的启示 …………………………………… (274)
第五章　媒体在公共领域冲突治理中的作用机制 …………… (276)

第一节 媒体新闻议题建构方式对公共冲突治理的影响 …… (276)
一 媒体新闻议题的建构性及其主要影响因素 …… (276)
二 新闻议题建构的话语策略对冲突主体意识结构的影响 …… (280)
三 新闻议题建构方式对公共冲突治理过程的影响 …… (284)
四 建设有利于冲突化解和转化的新闻议题建构的
　　制度环境 …… (287)

第二节 调解类电视节目对冲突化解的示范作用 …… (289)
一 地方电视台调解类节目受到广泛关注 …… (289)
二 河南电视台《百姓调解》栏目展现的调解方式 …… (291)
三 调解类节目的示范作用 …… (295)
四 调解类节目的局限 …… (297)

第三节 网络舆情的"自清洁"功能及其实现条件 …… (298)
一 网络舆情"自清洁"功能的表现形式 …… (298)
二 网络舆情"自清洁"功能的动力来源 …… (302)
三 创造条件充分利用网络舆情的"自清洁"功能 …… (303)

第六章 公共领域冲突管理的各种方法及其适用情境 …… (306)

第一节 冲突管理的主要方法及其发展脉络 …… (306)
一 旨在促进相互理解的冲突管理方法 …… (306)
二 旨在辨析利益的冲突管理方法 …… (308)
三 旨在改善关系的冲突管理方法 …… (309)
四 旨在转化结构的冲突管理方法 …… (311)
五 旨在破除话语霸权的冲突管理方法 …… (312)
六 旨在破解复杂性的冲突管理方法 …… (315)
七 总结与分析 …… (316)

第二节 冲突控制与冲突化解的耦合 …… (317)
一 研究的背景、主题与方法 …… (318)
二 模型构建 …… (321)
三 结构方程模型的计算 …… (325)
四 模型验证结果与分析 …… (328)
五 结论与讨论 …… (330)

第三节 "预期反差"的冲突效应与预期管理 …… (332)

一　"预期反差"对公众情绪、评价和行为的作用 ……………（332）
　　二　经济的"后高速增长阶段"与"预期反差"的转变 ……（341）
　　三　"预期管理"在公共领域冲突管理中的应用 ……………（352）
　第四节　对话方法在冲突化解中的运用 …………………………（354）
　　一　对话的特点及其在冲突化解中的作用 ……………………（354）
　　二　成功和高效对话的六个基础 ………………………………（355）
　　三　对话的主要形式 ……………………………………………（357）
　　四　各类对话方法的比较及在公共领域冲突管理的应用 ……（370）

第七章　冲突管理过程需要处理的一些重要因素 …………………（379）
　第一节　区分公共冲突中组织化的不同类型 ……………………（379）
　　一　公共领域冲突中组织化的四种类型 ………………………（380）
　　二　影响公共冲突中组织化类型的主要因素 …………………（383）
　　三　组织化的不同类型对冲突各方行动选择的影响 …………（386）
　　四　政府应对不同组织化类型冲突的方式 ……………………（390）
　第二节　警惕公共冲突中的旁观者介入 …………………………（394）
　　一　"旁观者"及内涵 …………………………………………（394）
　　二　"旁观者"的类型及行为动机 ……………………………（397）
　　三　"旁观者"介入公共冲突的过程分析 ……………………（400）
　　四　"旁观者"对公共冲突的影响及其应对策略 ……………（403）
　第三节　化解冲突各方的猜忌 ……………………………………（407）
　　一　猜忌引发的公共冲突的特点 ………………………………（408）
　　二　猜忌引发公共冲突的典型案例分析 ………………………（409）
　　三　猜忌的诱发因素分析 ………………………………………（412）
　　四　化解由猜忌引发的公共冲突的基本策略 …………………（416）
　第四节　降低个人权利诉求形成的冲突压力 ……………………（420）
　　一　国家安定与个人权利保障的辩证关系 ……………………（421）
　　二　维护国家安定与保障个人权利的相互作用 ………………（423）
　　三　影响实现国家安定与个人权利保障良性循环的
　　　　各种因素 ……………………………………………………（425）
　　四　如何消解在促进人权实现过程中的"转型悖论" ………（427）

第八章　具体领域公共冲突管理的特殊难题 ………………………（433）

第一节 关注医患冲突中的间接当事方 …………………………… (433)
- 一 医患冲突中的各类主体 …………………………… (434)
- 二 当事方主体在医患冲突升级中的作用方式 …………………………… (436)
- 三 第三方主体在医患冲突升级中的作用方式 …………………………… (440)
- 四 结论与启示 …………………………… (445)

第二节 引导农民工讨薪的路径选择 …………………………… (446)
- 一 农民工制度外路径讨薪的各种形式 …………………………… (447)
- 二 影响农民工讨薪两种路径选择的各种压力 …………………………… (450)
- 三 农民工讨薪的路径选择过程 …………………………… (452)
- 四 制度外路径各种讨薪方式的成本、收益与风险 …………………………… (455)
- 五 不同时期农民工制度外讨薪路径的差异分析 …………………………… (456)
- 六 结论与思考 …………………………… (458)

第三节 城市社区冲突的合作治理 …………………………… (460)
- 一 城市社区冲突的概念与研究进展 …………………………… (461)
- 二 城市社区冲突的类型与特点 …………………………… (465)
- 三 城市社区冲突产生的主要原因 …………………………… (469)
- 四 城市社区冲突的扩散过程 …………………………… (470)
- 五 城市社区冲突扩大与升级机制分析 …………………………… (474)
- 六 城市社区冲突升级的影响因素与消减趋向 …………………………… (484)
- 七 城市社区冲突化解与治理面临的困境 …………………………… (488)
- 八 中国城市社区冲突化解与治理的路径选择 …………………………… (490)

第四节 突破环境冲突中的邻避效应 …………………………… (493)
- 一 邻避冲突及研究进展 …………………………… (494)
- 二 邻避冲突产生的原因 …………………………… (497)
- 三 邻避冲突治理之困境 …………………………… (498)
- 四 邻避冲突的治理之策 …………………………… (503)

第五节 防止族际冲突中族群因素与非族群因素的勾连 …………………………… (508)
- 一 族群因素和非族群因素及其在族际冲突中的功能 …………………………… (509)
- 二 两类因素在族际冲突中的互动 …………………………… (513)
- 三 防止群体冲突中两类因素勾连的具体措施 …………………………… (518)

附录 本项目研究的阶段性成果 …………………………… (520)

一　论文集 …………………………………………………（520）
　　二　期刊论文 ………………………………………………（520）
主要参考文献 ………………………………………………（524）
　　一　中文著作 ………………………………………………（524）
　　二　外文著作 ………………………………………………（525）
后记 …………………………………………………………（527）

导 论

本书是国家社科基金重点项目《公共领域冲突管理体制研究》（项目编号：13AGL005）的最终研究成果。

一 研究的问题及其意义

公共领域中的冲突，是指涉及公共事项和公共利益而产生的冲突。在中国，它主要表现为由环境污染、征地拆迁、企业改制、医患矛盾、社区管理、公共交通、治安处罚、城市管理、网络管理和社会政策等问题引发的冲突。与私人领域中的冲突不同，公共领域中的冲突牵涉面广、参与者多，容易形成大规模的群体性事件，而且政府经常成为冲突中的一方。根据冲突管理理论，公共领域中的冲突既有正面的功能，也有负面的功能。但如果缺乏合理的管理体制利用和引导其正面功能，抑制和转化其负面功能，就会对社会稳定与和谐发展构成严重的威胁。本书聚焦于如何建立一套比较完整的公共领域冲突管理体制，将公共领域中发生的各种冲突纳入常规化的管理轨道，使其正面功能得到尽可能充分的建设性利用，同时能够抑制和转化其具有破坏性的负面功能。

对公共领域中的冲突，目前国内的研究集中于危机管理和应急管理，缺乏对常规化的冲突管理体制的研究；过度专注应急管理，忽视常规化的冲突管理体制建设。本研究对公共领域冲突管理体制的研究，将对公共领域冲突管理体制建设所涉及的各种问题进行深入的分析，为建立协调高效运行的公共领域冲突管理体制奠定理论基础。

中国目前正处于社会转型和快速发展所导致的社会冲突高发期，对中国公共领域冲突管理体制的系统研究，不仅有助于中国公共领域冲突的化解和转化，而且也可以为其他处于转型和快速发展的国家的公共冲突管理提供具有启发性的经验。

二　国内外研究现状述评

国外近年来对冲突管理的研究，集中于冲突化解和冲突转化的过程、策略和方法，特别是谈判、调解、冲突后的和解过程，出版了一批专著、论文集和研究报告，其中比较有代表性的包括巴斯基的《冲突化解：专业手册》、梯雷特的《化解冲突：实用路径》、施雷伯格的《冲突化解：理论、研究和实践》和费舍尔的《冲突转化手册》。同时，对各种不同类型的冲突也有许多专门性的研究著作，如伍兹等人编著的《民族主义与冲突管理》、科德尔等人编著的《种族冲突手册》、克里斯蒂的《寻求环境冲突的化解》、汤姆的《劳工冲突》和罗斯曼的《代际冲突》等。

国内近年来对公共领域冲突管理的研究，主要集中在四个方面：一是对群体性事件，如中国行政管理学会课题组的《中国转型期群体性突发事件对策研究》、肖唐镖主编的《群体性事件研究》；二是对冲突管理方法的研究，如郭朝阳的《冲突管理：寻找矛盾的正面效应》、徐显国的《冲突管理：有效化解冲突的十大智慧》等；三是对具体领域冲突的研究，如宋衍涛的《政治冲突学原理》；四是对冲突管理制度的研究，如张铎的《中国信访制度研究》、洪冬英的《当代中国调解制度变迁研究》、叶青的《中国仲裁制度的研究》和杨鹏飞的《劳动关系集体协商制度研究》等。

从总体上看，国内外对公共领域冲突管理的研究更多地侧重策略和方法，对冲突管理制度的研究主要针对的是特定的冲突管理制度，还没有对各种具有冲突管理功能的制度进行综合性的研究，缺乏对公共领域冲突管理制度体系的专门性研究。这正是本书的切入点和着力点。

三　基本概念界定

为了使本书中所使用的概念更加明确和便于理解，需要对文中所涉及的主要概念作出如下区别和界定。

1. 公共利益与私人利益

公共领域事关公共利益，而所谓"公共"又不同于"共同"：共同是主体间的相同或一致，而公共则是不同利益的交汇共存。同时，公共利益又不是私人利益的简单集合：私人利益是特定主体所享有的利益，而公共利益却是非特定的社会公众所享有的利益，在本质上是非人格化的利益，其主体所涉及的是非特定的多数人。"公共利益不是与个人利益、集体利益或者国家利益相同性质的范畴。它为所有社会主体所需要，而又不被任何社会主体所独占。"[①]

2. 公共领域与私人领域

公共领域，是指涉及公共交往和公共利益的领域，也被简称为"公域"；与其相对的是只涉及私人交往和私人利益的私人领域，也被简称为"私域"。

3. 公共领域冲突与私人领域冲突

公共领域冲突，是指在公共交往中涉及公共利益的冲突，也被简称为"公共冲突"；与其相对的是仅仅涉及私人利益冲突的私人领域冲突，也被简称为"私人冲突"。公共领域冲突与私人领域冲突之间存在着一些中间状态和过渡形式，如私人利益与公共利益之间发生的冲突，以及由私人冲突转化为公共冲突的情形。

4. 公共领域冲突管理与冲突治理

对公共领域冲突的管理是公共管理的重要内容，它也被简称为"公共冲突管理"。参与公共冲突管理的主体不限于政府，还包括各种经济组织、社会组织和社会公众。当参与公共冲突管理的主体涉及政府、企业、社会组织和公众等多元主体时，公共冲突管理也被称为"公共冲突治理"。

5. 公共领域冲突管理、化解与转化

公共领域冲突管理有狭义和广义之分。狭义的冲突管理主要强调对冲突的控制和平息，与其相对的是冲突化解和转化。冲突化解着眼于解决产生冲突的原因，寻找冲突各方都能接受的解决方案；冲突转化则着眼于改

[①] 蔡恒松：《论公共利益的主体归属》，《前沿》2010年第15期。

变产生冲突的结构性因素，包括不合理的制度和社会或组织环境。广义的冲突管理则包括对冲突的控制、化解和转化，将它们视为冲突管理的具体路径。本书对公共领域冲突管理采用了广义的理解。

6. 公共领域冲突管理的体制、制度和机制

公共领域冲突管理体制有狭义和广义之分。狭义的公共领域冲突管理体制仅涉及公共领域冲突管理的组织制度，以及与其相对应的公共领域冲突管理制度和机制。公共领域冲突管理制度是指对公共领域冲突的管理规范，主要包括法律规范和行政规范，有时也包括各种社会规范。广义的公共领域冲突管理体制是指制度化了冲突管理程序及其运作方式，它不仅包括了公共领域冲突管理的组织制度，还包括了其他制度规范和管理机制。本书对项目名称中的"管理体制"作了广义的理解，本书第二章中用"管理组织体制"的概念来表达狭义的"管理体制"。

四 理论依托、核心问题与基本论点

本书主要依托冲突管理理论。其核心原则包括：（1）主体间的冲突是不可避免的；（2）主体间冲突不仅具有负面功能，还具有某些正面功能；（3）冲突管理的主要目标就是抑制和转化冲突的负面功能，利用冲突的正面功能。

本书所采用的冲突管理理论也是广义的，它包括了冲突控制理论、冲突化解理论和冲突转化理论等。这些理论各有侧重，但在核心原则上具有一致性。具体内容详见第一章对冲突管理研究范式的分析。

中国正处于社会转型时期，利益分化过程导致冲突能量上升，而社会结构转型又导致控制能量下降，二者共同作用导致公共领域冲突爆发的可能性急剧增长，并使冲突管理的难度大幅增加。

导致当代中国公共领域冲突特殊状况的社会背景主要包括：（1）市场经济体制的运行导致利益多元分化；（2）收入差距扩大产生相对剥夺感；（3）后高速增长导致负向预期反差；（4）法治体系滞后弱化了对冲突行为的外在约束；（5）价值共识重建拖延了对冲突行为的内在道德约束；（6）以互联网为代表的信息技术为不同观点的形成、传播和对抗

提供了便捷的渠道和平台①。

在以上背景下，当代中国公共领域冲突呈现出如下特点：（1）频率高、原因广泛、形式多样、持续性趋强；（2）私人领域冲突向公共领域冲突跨界转化；（3）利益诉求伴随情绪发泄，并出现负面价值判断；（4）冲突在经济、政治、文化、社会等不同领域间扩散；（5）虚拟空间与现实世界共振；（6）一阶冲突经常升级为二阶冲突，冲突管理者转变为冲突方。②

面对公共领域冲突的特殊现状，当代中国公共领域冲突管理体制暴露出一些突出的问题，并需要处理好以下六个方面的关系③：

（一）表层平静与深层稳定

公共领域冲突管理体制的目标定位包括两个层次：一是保持表层平静；二是维护深层稳定。保持表层平静要求有效抑制各种潜在冲突的公开爆发，控制和平息已经发生的公共冲突爆发。与此相对，维护深层稳定要求有效化解或转化各种冲突能量，降低社会发生大规模冲突和结构性分裂的风险。④

保持表层平静与维护深层稳定具有相互依赖的关系，但在特定条件下也会出现相互矛盾。在公共领域冲突管理体制的目标定位上，应当以深层稳定为主导目标，同时兼顾表层平静。然而，在现实的公共领域冲突管理体制的建设过程中，受制于强大的冲突压力，往往会将表层平静作为主导目标，以牺牲深层稳定为代价来维护表层平静。这种目标定位会带来短期的维稳效果，但却可能形成"沉默火山"效应。因此，在确定公共领域冲突管理体制的建设目标时，应当明确将维护深层稳定作为更重要、更根本目标。在保持表层平静时，应当以不牺牲深层稳定为界。

---

① 常健、李婷婷：《当前我国公共冲突的新特点和治理思路》，《理论探索》2012年第5期。
② 同上。
③ 参见常健《公共冲突化解必须处理好六个关系》，《紫光阁》2012年第5期。
④ 参见常健、许尧《论公共冲突管理的五大机制建设》，《中国行政管理》2010年第9期。

(二) 应急管理与常规管理

在公共冲突管理体制的设计上，涉及两个方面：一是应急管理；二是常规管理。应急管理的目标是控制和平息突然爆发的大规模、强暴力、高危害的公共冲突，尽快恢复正常的公共秩序；其制度设计要求紧急动员各种资源，集中各种权力，以快速决断的方式作出各种决策，使冲突局面迅速得到控制。与此相对，常规管理的目标是管理日常发生的小规模、弱暴力、低危害的公共冲突，维护正常的公共秩序；其制度设计要求依法配置权力，依照合理性原则进行管辖划分，依据正常程序进行报告和决策，依据常规进行管理和处罚。

应急管理与常规管理分属于冲突管理的两个不同阶段，应急管理适用于冲突的激化阶段，常规管理适用于冲突的非激化阶段。因此，在冲突管理制度的设计和适用上要严格区分冲突的不同状况，不能过度适用应急管理。然而，如果对冲突的功能予以过度负面的评价，同时又面临冲突频率大幅增加的局面时，在体制设计上很容易出现的倾向是：应急管理过度，常规管理不足，用应急管理的体制来处理那些可以采取常规方式管理的冲突，一方面会使冲突受到过分压抑，从而使其正面效应得不到应有的发挥；另一方面会使冲突的处置方式过分强调效率而忽视公平，从而使冲突各方的不满情绪得不到发泄，而且日益积累。

(三) 冲突控制与冲突化解

公共领域冲突管理的策略可以分为两类，一类是冲突控制策略，另一类是冲突化解策略。冲突控制策略是效率和压制导向的，即充分利用各种现有的权力资源，迫使冲突各方迅速屈服或做出理性选择。与此相对，冲突化解策略是公平和平等导向的，即努力促进双方充分沟通，达到相互理解，形成相互信任和合作的局面，共同探寻共赢的解决方案。与冲突控制策略相比，冲突化解策略通常更加耗时费力，但它所达成的结果也更具有可接受性，更容易获得当事各方的尊重和执行。[①]

[①] 参见常健、许尧《论公共冲突治理的三个层次及其相互关系》，《学习与探索》2011年第2期。

冲突控制和冲突化解是公共冲突管理中不可缺少的两种策略，冲突控制策略更适用于突然爆发公共冲突的状况，而冲突化解策略则适用于冲突的未发期和中期管理。因此，领导者应当根据冲突的不同阶段来采用不同的冲突管理策略。然而，当政府将表层平静作为主导目标，将维稳指标过度短期化时，最容易出现的问题是：更多地采取高效率的冲突控制策略，而不太愿意采用费时耗力的冲突化解策略。这种策略选择的后果是使一些深刻的冲突得不到充分的化解，并使冲突的危机进一步累积。

（四）表达渠道与互动平台

在冲突管理机制的建设上，有两个相互依赖的重要机制：一是表达渠道，一是互动平台。表达渠道是冲突各方表达诉求所需要的合法通路，其功能是汇集信息和疏泄情绪。互动平台是冲突各方之间进行观点交流和利益整合的场所，其功能是聚焦问题、修正误解、限制极化、开放视野和利益整合。有两种主要的互动平台，一是交流平台，一是整合平台。前者旨在保障沟通、消除误解；后者则主要负责整合利益、促进合作。[①]

表达渠道和互动平台是相互依赖和互相补充的。一方面，表达渠道为利益整合提供所需的信息和情绪控制条件。另一方面，由于表达渠道存在着信息扩散和态度极化的负面效应，因而需要通过交流平台来聚焦问题、修正误解、限制极化和开放视野，并通过整合平台来区分主张与利益，区分可妥协利益与不可妥协利益，以及合作寻找共同可接受方案来解决表达渠道所可能导致的负面效应。因此，表达渠道与互动平台的发展必须保持相对的平衡。如果表达渠道的开放不能辅之以相应的互动平台，就会使表达渠道的负面效应被放大，最终不得不对表达渠道加以大幅度的限制。随着互联网和各种电子媒介的出现和迅速普及，表达渠道呈现出不断扩大的趋势，然而各种互动平台的建设却相对不足。这种不平衡很容易导致各种渠道的表达缺乏有效的内在相互制约，不利于冲突管理的有效进行。

[①] 参见常健、方扬《论公共冲突管理中表达渠道与互动平台的平衡》，《学习论坛》2011年第5期。

(五) 公共部门与社会组织

从事公共领域冲突管理,有两个最重要的主体,一个是公共部门,一个是社会组织。公共部门在组织结构上主要采取科层等级结构,强调命令服从关系和领导权威,以自上而下的方式开展活动,依靠公共权力来缓解或平息冲突。社会组织主要采取理事会的治理结构,组织内部体现的是一种平等的关系和氛围,主要依托于社会威望和专业性开展活动。

公共部门运用公共权力来管理公共冲突,其优势是能迅速调动资源、平息冲突,但是有可能会掩盖潜在的矛盾甚至进一步加深矛盾,使原本的民间冲突转化为矛头指向政府的公共冲突。而社会组织在公共冲突治理中可以发挥政府无法发挥或无法充分发挥的一些作用,承担一些特殊的角色,如信息的汇集者、辨析者、澄清者、传播者,意见的表达者、交流协商者、促进者,争议的专业评估者、斡旋者、调解者、仲裁者,解决方案的咨询者、建议者、倡导者。这些角色和作用可以对政府的冲突管理职能作出重要和有益的补充。[①] 然而,由于路径依赖的效应,在冲突管理的过程中,领导者更倾向于依赖公共部门,而对社会组织的作用有更多的顾虑。这一方面会导致政府在冲突管理中的负担过重,另一方面会使得政府更多地成为公共冲突中矛盾的焦点。因此,必须采取有效的措施,使各种社会组织在公共冲突管理中发挥更加重要的作用。

(六) 纵向制约与横向制约

在对冲突各方的约束方式上,有两个方向的约束:一个是纵向制约,一个是横向制约。纵向制约是来自于权力机关的制约,其特点是按照权力等级自上而下约束和控制。横向制约来自于平权的主体之间的相互制约,其方式包括合约、共同的守则、相互的权利义务承诺,等等。

这两种制约方式适用于不同的主体间关系:纵向制约更适用于在等级化的行政结构中发生的冲突,横向制约更适合于平等的主体之间发生的冲突。对于公共冲突管理来说,这两种制约方式都是非常重要的。在中国过

[①] 参见常健、赵伯艳:《社会组织参与公共冲突治理的功能、作用与条件》,赵永茂主编:《公共行政灾害防救与危机管理》,社会科学文献出版社 2011 年版。

去的体制下，社会高度行政化，因而在冲突管理过程中，主要依赖于纵向制约方式。随着市场经济的发展和社会结构的相应变化，纵向制约的有效性越来越受到限制，但横向制约的机制还没有充分建立，这使得对公共冲突的整体约束力不足。因此，如何促进横向制约关系的形成，是领导者必须深入思考和解决的问题。

五 研究思路和方法

本书对公共领域冲突管理体制采取全方位、有重点的研究。所谓全方位，就是从公共领域冲突管理的组织结构、制度规范、应对机制和适用方法四个层面进行全面研究。所谓有重点，表现在三个方面：第一，在研究的每一个方面都确定一些重点问题进行深入研究。例如，在冲突管理的适用方法方面，就在全面分析各类冲突管理方法的基础上，重点研究了冲突控制与冲突化解、预期管理、对话方法等方法。第二，在对各公共领域冲突管理体制进行总体研究的基础上，重点对医患冲突、劳资冲突、城市社区冲突、环境冲突、族际冲突进行了重点研究。第三，每一类冲突中，又重点研究了一些需要特别关注的关键性因素和重要方面，如在劳资冲突管理方面，重点关注了农民工讨薪的路径选择；在环境冲突管理方面，重点关注了邻避效应；在族际冲突管理方面，重点关注了族群因素与非族群因素的勾连等。

本书重点在以下方面开展了研究：（1）冲突管理研究的各种范式；（2）中国公共冲突管理组织体制的发展趋势；（3）公共领域冲突管理制度的需求与供给；（4）中国公共领域冲突管理制度体系存在的问题和建设目标与路径；（5）公共领域冲突管理的各种机制及其在社区冲突、医患冲突、劳资冲突、环境冲突、族际冲突等重点领域的适用性；（6）公共领域冲突管理的各类方法及其适用情境；（7）中国公共冲突管理过程的一些重要因素和特殊难题；（8）公共领域冲突中的各类主体及其在冲突中的角色；（9）其他国家公共领域冲突管理体制；（10）当代中国公共冲突领域冲突管理需要处理好的六对关系：包括表层平静与深层稳定、应急管理与常规管理、冲突控制与冲突化解、表达渠道与互动平台、公共部门与社会组织、纵向制约与横向制约；（11）媒体议题建构对公共领域冲突发展过程的影响。

本书针对要研究的问题主要采用了以下五种方法：（1）理论分析与建构。对公共领域冲突管理的研究范式和各种理论的适用性进行了理论分析；对冲突管理的各类方法进行了理论上的划分；对冲突过程中的组织化程度进行了类型区分；对族际冲突中的各类影响因素进行了理论上的区分；对中国公共领域冲突的发展趋势与公共冲突管理体制之间的关系进行了理论分析，并提出了理论观点。（2）模型建构。对个人权利诉求与权利保障和国家安定之间的关系、冲突控制与冲突化解和冲突治理效果之间的关系等进行了模型建构；（3）调查统计。对全国六个有代表性社区的冲突及其管理情况进行了问卷调查。（4）案例统计与分析。对医患冲突的各类主体、冲突控制与冲突化解手段的运用等进行了多案例统计分析，对媒体议题建构、调解类电视节目进行了案例分析。（5）比较研究。对韩国、英国、美国、日本、德国等国家的公共领域冲突管理体制与中国的公共冲突管理体制进行了比较研究。

六　主要创新点

本书作出了一些具有创新性的分析、发现和结论。

第一，区分了冲突管理研究中的主观范式、客观范式和结构范式。

第二，提出了社会结构的变化导致公共冲突的社会化趋势，以及公共领域冲突管理工作组织体制由行政化转向社会化的趋势。

第三，将公共领域冲突管理制度体系存在的问题概括为供给不足、衔接缝隙、结构错位、防御导向、主体单一和执行力不足。

第四，根据组织结构的自由度和组织规则的约束力两个维度区分了公共冲突过程中组织化的四种类型，即自由组织化、标准组织化、隐性组织化和无组织化，并分析了组织化不同类型对冲突过程中行为选择的影响。

第五，将公共领域冲突管理方法区分为促进理解、辨析利益、改善关系、转化结构、破除话语霸权和破解复杂性六大类。

第六，提出了冲突控制与冲突化解两类冲突管理方式之间的耦合问题，并通过实证分析发现了两类方法单独与合用的不同效果。

第七，提出了预期反差的冲突效应，以及在经济的"后高速增长阶段"进行预期管理的重要性。

第八,建立了个人诉求与人权保障和国家安定之间关系的结构模型,将冲突压力作为中间变量,将利益分析、价值共识、冲突化解能力和权力合法性作为调节变量。

第九,提出了族际冲突中族群因素与非族群因素的影响模型。

七 不足与尚需深入研究的问题

由于资料、时间和研究能力的限制,本书尚存在以下不足:

第一,对公共冲突管理的各类组织机构及其相互关系的研究需要进一步深入。

第二,对各类公共冲突管理机构工作效能的评价还缺少足够的实证数据和资料。

第三,对一些重要公共领域的冲突及其管理还缺乏具体的研究,如公共空间中的冲突、公共交通领域的冲突、公共教育领域的冲突、公共政策过程中的冲突等。

第四,对国家宏观冲突管理体制的建设和完善还缺乏更深入的思考和更多具体可行的建议。

本书作者将在已有研究的基础上,进一步扩大研究视野,拓展研究领域,深入开展研究,为完善中国公共冲突管理体制、应对新时代建设中国特色社会主义强国所面临的各种新挑战作出贡献。

第一章 冲突管理研究的各种范式及其适用性

冲突化解研究存在着许多不同的范式，这些范式之间相互区别又相互影响，促进了冲突化解研究的发展。本章首先分析不同领域冲突化解研究的各种范式，以及它们对公共领域冲突化解研究的影响，进而研究冲突化解研究形成的三大范式，即主观范式、客观范式和结构范式，并研究了近年来出现的冲突转化理论对公共领域冲突的适用性。

第一节 各领域冲突管理研究对公共领域冲突管理研究的启示

自20世纪中期以来，冲突管理研究成为学界的热点，在许多领域开展起来，其中形成了一定规模的研究领域包括国际冲突化解研究、社会冲突化解研究、非诉讼纠纷解决机制研究、组织冲突管理研究和家庭冲突化解研究。尽管这些领域的冲突化解研究在理论基础、研究方法和研究结论上呈现出明显的学科特色，但却相互影响、相互借鉴。它们的研究成果为公共领域的冲突管理研究提供了重要启示[1]。

在各领域对冲突管理的研究经常采用"冲突化解"（conflict resolution）的概念。伍德豪斯（Tom Woodhouse）等认为，冲突化解意味着强调冲突产生的深层次原因，改变冲突双方的行为使其不再暴力，改变态度不再相互敌对，改变结构使其不再剥夺和榨取。[2] 瓦尼（Hilal Ahmad Wa-

---

[1] 参见常健、王玉良《冲突化解研究诸领域及其对公共冲突化解研究的影响》，《上海行政学院学报》2015年第3期。该文是本项目研究的阶段性成果。

[2] Tom Woodhouse and Tamara Duffey, Peacekeeping and International Conflict Resolution, New York: Dag Hammarskj?ld Centre, 2000, p. 33.

ni) 认为，冲突化解是一个涵盖性术语，指处理冲突的一系列的手段和方法：从谈判到外交，从调解到仲裁，从协调到裁定，从说服到冲突预防等等。[①] 沃勒斯丁（Peter Wallensteen）认为，冲突化解指冲突各方能够达成解决他们核心利益的不相容、认可各方的持续存在、停止彼此之间一切暴力行为的约定或合约的情形或措施。[②] 贝尔科维奇（Jacob Bercovitch）等认为，冲突化解是关于如何提高我们对冲突的理解和减少暴力、增强调和利益的政治进程的集体实践的思想、理论和方法。[③] 概括以上观点可以认为，冲突化解是采取和平的手段消除或改变冲突各方对抗状态的过程，其采用的手段和措施主要包括对话、谈判、调解、仲裁等。与"冲突化解"相对的，是以暴力方式来制止、控制或预防冲突。从目标上看，冲突化解更强调消除冲突产生的根源，而不仅仅限于使冲突受到抑制。从效果上看，冲突化解旨在更长时段消除或改变冲突状态，而不是只着眼于短期对冲突的控制。

一 国际冲突化解研究

国际冲突是最引人瞩目的冲突，国际领域的冲突化解研究历来是学者关注的核心议题。蒲宁、陈晓东认为："国际冲突是国际社会各行为主体间为争夺稀有的权力、地位和资源而进行的压制、伤害或消灭对方的行为或其目标不相容时所处的状态，包括一般冲突、国际危机和战争三种主要形态。"[④] 刘清才认为："所谓国际冲突，就是指国际行为主体为了追求和维护各自所确认的利益、价值和目标而发生的有目的的摩擦、对抗与争斗。目标对立之争，造成冲突形势；冲突者的敌意感受，进一步加剧冲突倾向；为了达到有争议的目标，或迫使对方修改、放弃其目标而最终采取冲突行为。冲突形势、冲突态度和冲突行为构成国际冲突的三维结构。"[⑤]

[①] Hilal Ahmad Wani, Understanding Conflict Resolution, International Journal of Humanities and Social Science, 2011, Vol. 1, No. 2, p. 105.

[②] Peter Wallensteen, Understanding Conflict Resolution, War, Peace and the Global System, Sage Publications, Landon, 2002, p. 8.

[③] Jacob Bercovitch, Victor Kremenyuk and I. William Zartman, Introduction: The Nature of Conflict and Conflict Resolution, The Sage Handbook of Conflict Resolution, p. 1.

[④] 蒲宁、陈晓东：《国际冲突研究》，时事出版社 2007 年版，第 9 页。

[⑤] 刘清才：《国际政治学》，吉林大学出版社 1998 年版，第 113—114 页。

怀特（Quincy Wright）认为：国际冲突是"国家间关系的一种特殊形态且以不同程度存在于各种不同的层次"①。他将国际冲突的发展过程划分为4个阶段：（1）意识到目标间的差异与分歧；（2）引发紧张关系；（3）由于缺乏解决差异与分歧所需的军事力量而产生压力；（4）为寻求解决差异与分歧而诉诸军事介入或战争。

国际冲突的研究者们从不同角度分析了国际冲突产生的原因。霍尔斯蒂（Kalevi J. Holsti）认为："互动的国家间不相容的目标及政策行为构成了国际冲突的基础。"② 华尔兹（Kenneth Waltz）认为："国家之间，和人与人之间一样，无政府状态，或者没有政府的状态，是与暴力的发生联系在一起的。"③ 基欧汉（Robert O. Keohane）和小约瑟夫·奈（Josegh S. Nye）则认为，国际冲突来源于国际社会行为主体之间相互依赖不断增强，但相互依赖存在非互利性和非对称性，依赖性的增强将引发不和。如果在既有利益冲突又有利益趋同的情况下，国家拒绝政策协调，结果就是国家之间的冲突。④ 温特（Alexander Wendt）则从建构主义视角指出，国际行为主体基于共有观念（shared ideas）建构起彼此间的认同和利益，但当行为主体间产生高度的信任缺失时，势必会产生威胁感，从而造成国际冲突。⑤

国际社会最重要的特征就是无政府主义。正如基欧汉所指出的，如果要进行全球治理，那么更可能出现的是国家间的合作和跨国网络而非世界政府。⑥ 由于国际社会没有统一的法律、法规，国际规则、国际惯例尽管具有规范国际社会行为的作用，但对国际行为主体却没有强制力，并非每个主权国家必须遵守。因此，冲突化解成为解决国际冲突的重要路径。

国际冲突化解的主要方式可以是基于利益，也可以是基于规则。基于

---

① Quincy Wright, The Escalation of International Conflict, The Journal of Conflict, Dec, 1965; 9, 4; ABI/INFORM complete, p. 434.

② K. J. Holsti, Resolving International Conflict: A Taxonomy of Behavior and some Figures on Procedures, The Journal of Conflict; Sep 1996; 10, 3; ABI/IN – FORM complete, p. 272.

③ Kenneth Waltz, Theory of International Politics, Boston: Mac – Grau Hill, 1979, p. 103.

④ Robert O. Keohane, After Hegemony: Cooperation and Discord in the World Economy, Princeton: Princeton UP, 1986, pp. 51 – 52.

⑤ A. Wendt, Social Theory of International Politics, Cambridge University Press, 1999, Preface.

⑥ 罗伯特·基欧汉：《部分全球化世界的治理》，何俊志等译：《新制度主义政治学译文精选》，天津人民出版社2007年版，第279页。

利益的冲突化解方式主要是谈判和非强制性的第三方干预。伯克维奇（Jacob Bercovitch）和加特纳（Scott Sigmund Gartner）指出，国际冲突化解的主要方式有：（1）正式和非正式的双边谈判；（2）各种非强制性的第三方干预，即通过第三方调停寻求共同利益。①

谈判化解国际冲突的结果具有多种形式。概括来讲有四种：（1）回避：这是一种自动避免冲突的方式，即冲突中的一方在讨价还价过程中决定放弃原来的主张和立场，取消对抗行动。（2）交换：即冲突双方以允诺或施惠的方式以实现相互满意，从而化解冲突。（3）妥协：冲突各方均同意做出大致相当的让步，放弃部分目标、立场、要求，从而使得冲突得到解决。（4）"冻结式化解"：即各方达成协议或默契，将冲突的问题搁置起来，等待条件成熟时再解决。②

第三方干预是在冲突各方谈判无法取得进展的情况下采取的冲突化解路径。其主要方式包括调停和裁决。国际冲突调停的主体可以是国家、国际组织或个人，他们基于不同的动机向冲突方提供调停或斡旋。乔纳森·维尔肯菲尔德（Jonathan Wilkenfeld）等人认为，国际冲突调停主体及动机具有多样选择性（如表1-1所示）。

表1-1　　　　国际冲突调停裁决主体的类型及其动机

调停主体	说明	动机	案例
国家	国家及其官方代表，大国与小国，单个国家或多个国家	（1）冲突可能会影响其与冲突方的关系（如盟友间的冲突）；（2）借此发展与冲突方之间的关系；（3）避免被卷入冲突；（4）避免冲突外延至本国；（5）国家声誉，防止其对手参与调停	戴维营会议美国调停巴以冲突
国际组织	国际政府间组织，区域性组织，非政府组织	（1）组织章程明确规定（如《联合国宪章》）；（2）冲突方的直接请求；（3）组织声誉	联合国、非洲联盟的一系列调停活动

---

① Jacob Bercovitch and Scott Sigmund Gartner, New Approaches, Methods and Findings in the Study of Mediation, in Jacob Bercovitch and Scott Sigmund Gartner, eds., International Conflict Mediation, p. 5.

② 赵海月：《国际冲突：概念、类型与解决》，《松辽学刊》2001年第2期。

续表

调停主体	说明	动机	案例
个人	非官方个人，不代表国家或组织	（1）改变冲突升级进程；（2）观察、研究和影响冲突；（3）会见重要的政治领导人；（4）实践自己的冲突管理理念；（5）提升自己的地位和声望	美国总统卡特调停朝鲜问题

资料来源：J. Wilkenfeld, V. Asal, D. Quinn, et al. *Mediating International Crises*. Routledge, 2005, pp. 50-52; I. W. Zartman, *Negotiation and Conflict Management: Essays on Theory and Practice*. Routledge, 2008, pp. 156-161; J. Bercovitch and R. D. W. Jackson, *Conflict Resolution in the Twenty-First Century: Principles, Methods, and Approaches*. University of Michigan Press, 2009, pp. 37-41; Jacob Bercovitch, Victor Kremenyuk and I. William Zartman, eds. *Mediation and Conflict Resolution*. The Sage Handbook of Conflict Resolution, 2008, pp. 345-346.

在调停无效的情况下，冲突各方可能愿意把问题交给有权威的第三方进行裁决，基于双方都认可的规则来化解彼此的冲突。

二 社会冲突化解研究

与国际冲突相对的社会冲突，主要是指在一国国内由于民族、种族、宗教、文化、性别、阶层等社会性因素所导致的冲突，它通常是社会学领域的研究主题。莱温格（G. Levinger）和威尔莫特（W. W. Wilmot）将"社会冲突"定义为两个或两个以上的相关方表达出信念、价值或利益上的差异，不论这种差异是真实的还是感觉到的。[1] 拉希姆（M. A. Rahim）认为社会冲突是社会实体内部或社会实体之间出现的不相容、不调和或不一致的一种互动历程。[2] 瑞文（B. H. Raven）认为，社会冲突是由于实际的或希望的利益互不兼容性而

---

[1] G. Levinger and J. Z. Rubin, Bridges and Barriers to a More General Theory of Conflict, Negotiation Journal, 1994 (10), pp. 201-205. W. W. Wilmot and J. L. Hocker, Interpersonal Conflict Resolution, Boston: Mcgraw-Hill, 1998.

[2] M. A. Rahim, The Political Economy of English Education in Muslim Bengal: 1871-1912, Comparative Education Review, 1992, 36 (3), pp. 309-321.

产生的两个或多个社会成员之间的紧张状态。① 达伦多夫（Ralf G. Dahrendorf）认为，社会冲突表示"有明显抵触的社会力量之间的争夺、竞争、争执和紧张状态"②。特纳（Jonathan H. Turner）则认为，社会冲突"是两方之间公开与直接的互动，在冲突中每一方的行动都是意在禁止对方达到目标"。③

社会学家们对社会冲突产生的原因进行了多角度分析。科塞（Lewis A. Coser）从社会制度视角指出，当社会成员对一系列社会制度规范所造成的相对剥夺感迫使剥夺者不再认同现存制度时，社会冲突就可能发生。④ 西美尔（Georg Simmel）指出，社会冲突的最大原因之一是人类行动者的先天生物因素诸如感情、本能和利益导致的，冲突不仅是利益冲突的反映，也是敌对本能的反映。⑤ 达伦多夫则认为，社会冲突的根源既不能归结为诸如人的侵犯性冲动等心理因素，也不能归结为偶然的历史事件，而要归结为社会的权威和权力结构。他强调，社会冲突的根本源于由社会压制造成的社会利益分配不平等。⑥

达伦多夫阐述了一系列化解社会冲突的制度化策略：一要达成共识，明确承认利益冲突的客观存在并为其提供表达与协商的各种有效途径，从而减弱冲突的强度和烈度；二要建立机制，具体包括谈判、仲裁与调停等机制。各方定期举行谈判，如协议不成，还须借助非官方的仲裁与调停等机构，从而避免冲突激化或诉诸激烈手段；三要约定规则，各方必须约定处理相互利益矛盾关系的正式游戏规则以规范有效化解社会冲突。⑦ 科塞将政治宽容和民主视为将社会冲突转化为"进步源泉"的条件。⑧ 普鲁伊

---

① B. H. Raven, J. I. Shaw. Interdependence and Group Problem – Solving in the Triad, Journal of Personality and Social Psychology, 1970 (6), p. 78.

② Ralf G. Dahrendorf, Class and Class Conflict in Industrial Society, Stanford University Press. 1959, p. 135.

③ 乔纳森·H. 特纳：《社会学理论的结构》，浙江人民出版社1987年版，第212页。

④ 参见刘易斯、A. 科塞《社会冲突的功能》，华夏出版社1989年版。

⑤ 参见盖奥尔格·西美尔《社会学：关于社会化形式的研究》，林荣远译，华夏出版社2002年版。

⑥ Ralf Dahrendorf, Class and Class Conflict in Industrial Society, Stanford: Stanford University Press, 1957.

⑦ Ibid.

⑧ 科塞：《社会冲突的功能》，孙立平等译，华夏出版社1989年版，第137页。

特（Dean G. Pruitt）和金姆（Sung Hee Kim）指出，第三方干预能够深刻地影响社会冲突各方相互之间的行为，而且在大部分社会冲突情境中，第三方的干预行为能够阻止破坏性冲突的升级。他们认为，第三方调解应主要致力于三件事情，即缓和冲突的自然结构和社会结构，改变冲突事项的结构，推动冲突各方达成冲突化解的结果。① 基南认为，第三方的任务就是为社会冲突双方化解冲突给予指导，提出解决方案。根据冲突的强度和对他人的关怀，干预者可以使用五种风格的社会冲突化解方式：整合型风格、迁就型风格、支配型风格、逃避型风格和妥协型风格。②

三　非诉讼纠纷解决机制研究

非诉讼纠纷解决机制（Alternative Dispute Resolution，ADR），又称替代性、选择性纠纷解决机制。学者们从不同角度对其作了各具特点的界定。沙米尔（Yona Shamir）指出，ADR 是一个总括性术语，用于定义一组旨在采用一种非对抗方式化解纠纷的方法和技术，包括从冲突双方或多方谈判以达成双方都接受的决议这种最直接方式，到由第三方干预的调解、仲裁和裁决。③ 威尔（S. J. Ware）认为，ADR 是包括所有除诉讼以外的法律允许的纠纷解决程序。④ 哈雷（J. M. Nolan‒Haley）认为，ADR是一个涵盖性术语，通常指替代法院纠纷裁决的方法，如谈判、调解、仲裁、小型审理和总结审理等，它也被称之为适当性纠纷解决机制或合意性纠纷解决机制。⑤ 西迈卡（Joseph A. Scimecca）认为，ADR 是作为正式法律或法院系统的替代性选择的非行政强制过程，尤其如多门法院程序，邻里公益中心或社区司法中心。⑥ 曼林（Nancy J. Manring）拓展了 ADR 的

---

① Dean G. Pruitt & Sung Hee Kim, Social Conflict: Escalation, Stalemate and Settlement (Third Edition), The McGraw‒Hill Company, 2004, pp. 232‒242.

② Kenan Spaho, Organizational Communication and Conflict Management, Management: Journal of Contemporary Management Issues, 2013, 18 (1), pp. 103‒118.

③ Y. Shamir, Alternative Dispute Resolution Approaches and Their Application, Technical Documents in Hydrology, UNESCO, 2003 (7), pp. 1‒2.

④ S. J. Ware, Alternative Dispute Resolution, St. Paul, 2001, p. 2.

⑤ J. M. Nolan‒Haley, Alternative Dispute Resolution in a Nutshell, St. Paul, 2008, p. 2.

⑥ Joseph A. Scimecca, Theory and alternative dispute resolution: A contradiction in terms? in Sandole et. al. 1993, p. 212.

含义，认为 ADR 包括"协作解决问题，联合调查和引导"。① 日本学者棚濑孝雄认为，ADR 是以合意为基础，以当事人为中心的程序，其可以使纠纷解决避免无疑所获的僵硬的选择，使 ADR 具有实体上的高度灵活性和变化的余地。② 由此看出，尽管学界对 ADR 的界定并不完全一致，但都强调 ADR 具有合意性和非暴力性。同时，ADR 的外延也随着实践而呈现出不断发展的趋势。

针对 ADR 兴起的原因，研究者们分析了诉讼缺陷和 ADR 优势。莫诺·卡佩莱蒂认为，形式主义和冗长的诉讼程序不够弹性，无法迅速、效率、经济地顺应新社会和经济要求；法官的社会背景以及政治观点、文化视野，致使法官难于以社会所需的方式处理问题。③ 英国公民咨询局认为，ADR 的优势在于，"你可能解决你的问题；你可能获取补偿；程序不像法院诉讼那么正式；费用比法院诉讼少；过程是保密的"。④ 世界知识产权组织仲裁调解中心指出，ADR 程序的优势有：过程单一性，即纠纷解决过程是单一的，可以避免多方诉讼管辖带来的昂贵费用和复杂性；当事人自治，即当事人可以自己控制他们争端的解决方式，不像在法院审案那样；中立性；机密性，即 ADR 程序是私下的；裁决终结性，即不像法院判决可能有一个或多个回合的诉讼，而 ADR 是终结裁决；裁决可执行性等。⑤ 法兹（C. Fazzi）发现，"与法院化解相比，ADR 程序的利用使得纠纷能以一种非正式和更加合意的方式得以化解。"⑥ 过程基本原理表明，减少利用诉讼纠纷解决办法，ADR 过程更令人满意、产生更好的结果、更加隐私和有利于塑造文明的市民社会。⑦

---

① Nancy J. Manring, Collaborative Resource Management: Organizational Benefits and Individual Costs, Administration and Society, 1998, 30 (3), p. 276.
② 棚濑孝雄：《纠纷的解决与审判制度》，王亚新译，中国政法大学出版社 1994 年版。
③ 参见莫诺·卡佩莱蒂《当事人基本程序保障权与未来的民事诉讼》，徐昕译，法律出版社 2000 年版，第 37 页。
④ Citizens Advice Bereau, http://www.adviceguide.org.uk/wales/c_alternative_dispute_resolution.pdf+&cd=2&hl=zh-CN&ct=clnk&gl=us.
⑤ WIPO Arbitration and Mediation Center, http://www.wipo.int/amc/en/center/advantages.html.
⑥ C. Fazzi, A History of Dispute Resolution, Dispute resolution Journal, 2005 (60), pp. 1 – 2.
⑦ Frances McGovern. Beyond Efficiency: A Bevy of ADR Justifications (An Unfootnoted Summary), 3DISP. RESOL. MAG, 1997, pp. 12 – 13.

在ADR的具体化解方式、程序等方面，杰拉切（Rosemary Gerace）认为，ADR方法包括引导、协作、调解、仲裁、共识决策、规则协商制定、利用监察手段等，以解决纠纷。[1] 哈拉德克（Daniel Hladky）认为，ADR化解过程包含第三方干预、调解、谈判、仲裁、实情调查、监察官员和同行互查。[2] 鲁本将ADR化解纠纷形式分成三个过程：裁定过程（最典型的是仲裁）、合意过程（最典型的是调解）和咨询过程（最典型的是早期中立评估和简易陪审团审理）。[3] 麦圭尔（James E. McGuire）等人认为，"ADR即任何试图以非诉讼方式解决纠纷的程序。谈判、调解及仲裁均属主要的ADR程序。斡旋机制、个案评估、中立的事实调查、和解会议及建立共识都是ADR的一部分。"[4] 国内比较有代表性的如张罡以比较研究为视角阐述了美国、英国、德国、日本和我国台湾地区的ADR化解方式，如美国ADR有"基本的"替代性纠纷解决方式（包括法院附设的谈判、调解和仲裁）、"混合性"纠纷解决程序（包括早期中立评价、中立专家实情发现、简易陪审团审判、小型审判、聘请法官、调解—仲裁）与和解程序（主要是和解会议）等。[5]

当然，非诉讼纠纷解决机制由于没有国家强制力作保障，因此它只能是诉讼机制的补充和替代。虽然诉讼机制在解决纠纷方面存在弊端，但是非诉讼机制也不可能完全代替诉讼机制。它是在承认既有审判制度作为解决纠纷最高级别或最重要方式的前提下对其进行补充的方式和方法。[6]

四 组织冲突管理研究

组织冲突化解是组织行为学研究的一个重要主题。马奇

---

[1] Rosemary Gerace, A Study of Policy and Alternative Dispute Resolution as Related to the New York State Department of Public Service Office of Hearings and Dispute Resolution. New York: State University of New York, 2003, pp. 3-4.

[2] Daniel Hladky, Analyzing Alternative Dispute Resolution Processes in the Federal Sector, Arizona: Northcentral University, 2007, p. 19.

[3] Richard C. Ruben. Constitutional gravity and alternative dispute resolution: A Unitary Theory of Public Civil Dispute Resolution, California: Stanford University, 1998, pp. 21-22.

[4] 詹姆斯·E. 麦圭尔等：《和为贵：美国调解与替代性诉讼纠纷解决方案》，法律出版社2011年版，第119页。

[5] 张罡：《替代性纠纷解决机制研究》，内蒙古大学硕士学位论文，2010年，第15—25页。

[6] 杜闻：《论ADR对重塑我国非诉讼纠纷解决体系的意义》，《政治论坛》2003年第6期。

(J. G. March)和西蒙(H. A. Simon)认为,组织冲突是组织决策标准机制出现故障或崩溃,从而使得某个体或团体在选择备选方案时陷入困境。[1] 泰代斯基(J. T. Tedischi)等人认为,组织冲突是"行动者的行为或目标与另一行动者或团体的行为或目标一定程度的不相容的一种交互式状态。"[2] 史密斯(C. G. Smith)的界定是:"组织冲突是一种情形,在这种情形下,不同组织参与者的条件、实践或目标在本质上不相容。"[3] 利特(J. A. Litterer)则认为,组织冲突是"当两个或更多的团体与另一个人或团体在活动或相互交往过程中因感受到相对剥夺感而进行对立或争斗的行为。"[4] 拉希姆(M. Afzalur Rahim)认为:组织冲突是"一种交互式过程,在这个过程中,社会实体内部或之间出现的不相容、不一致或不调和情况。"[5]

研究者们从不同角度分析了产生组织冲突的原因。决策理论学派代表西蒙和马奇认为,当组织成员不能接受选择、选择不确定或不能比较选择这三种情况下,都会产生组织冲突。[6] 罗宾斯(Stephen R. Robbins)则把组织冲突的动因归结为三个方面:沟通因素、结构因素和个体行为因素。沟通因素指语义理解的困难、信息交流不充分以及沟通渠道中的"噪音"等障碍;结构因素包括组织规模、管辖范围的清晰度、领导风格、奖酬制度等;个体行为因素则指组织成员的价值观或知觉方式所表现出来的个体行为差异等。[7] 拉希姆指出,组织冲突的原因主要有六种:情感的冲突、利益的冲突、价值观的冲突、认知的冲突、目标的冲突和实质的冲突。[8]

---

[1] J. G. March & H. A. Simon, Organizations, New York: Wiley, 1958, p. 112.

[2] J. T. Tedischi, B. R. Schlenker, & T. V, Bonoma, Conflict, Power and Games: The Experimental Study of Interpersonal Relations, Chicago: Aldine, 1973, p. 232.

[3] C. G. Smith, A Comparative Analysis of Some Conditions and Consequences of Interorganizational Conflict, Administrative Science Quarterly, 1966 (10), pp. 504 – 529.

[4] J. A. Litterer, Conflict in Organization: A Re-examination, Academy of Management Journal, 1966 (9), pp. 178 – 186.

[5] M. Afzalur Rahim, Managing Conflict in Organizations, Greenwood Publishing Group, 2001, p. 18.

[6] James G. March & Herbert A. Simon, Organizations, 1958, p. 112.

[7] 史蒂芬·P. 罗宾斯:《组织行为学精要》,机械工业出版社2000年版,第255—257页。

[8] M. Afzalur Rahim, Managing Conflict: An Interdisciplinary Approach, Praeger Publishers, 1989, p. 150.

杜布林（Andrew J. Dubrin）认为，组织冲突的原因大致包括八个方面：人的放肆本性；争夺有限资源；价值和利益冲突；基于本位的冲突；追逐权力；责任不清；引起变革；组织氛围。[①]

研究者们根据组织冲突产生的不同原因，提出了组织冲突管理的各种方法，其中影响较大的有以下几类。

建立畅通的沟通交流机制。组织中的许多冲突是因为缺乏了解，彼此有成见或误解所致。沃森（G. B. Watson）和约翰逊（D. W. Johnson）指出有效的冲突管理，需要沟通交流，以达到四个目的：一是清楚地了解对方的深层动机和要求；二是实现真正的相互了解；三是传递信任的态度；四是将冲突视为双方共同的问题。[②] 桑德沃（Markus H. Sandver）指出外部环境、工作场所和个人需求是导致劳动过程中工作紧张冲突的基本因素。因此，化解这种冲突，个人会选择接受管理或主动退出，或者是通过工会解决；工会解决冲突的基本手段就是集体谈判。[③]

组织结构优化法。郭振玺、管华等认为许多组织冲突都是由资源上或工作上的相互依赖引起的。因此，通过组织结构的设计，把冲突各方进行分离，可以减少彼此间的资源相互依赖性，降低组织冲突。[④] 具体方式包括：（1）岗位轮换人员流动。以避免各部门、各岗位人员价值观、认知和态度形成部门固化，消除部门小团体主义和本位主义，促进互动和坦诚交流，减少冲突。（2）拆离方式。这是一种逃避冲突的化解方法，即按照工作任务的性质和特点改变组织结构设计，使得部门之间在空间上得到分离，这对于激烈的短期冲突具有明显的效果，但从长远看，可能为新的冲突埋下隐患。（3）职能整合。机构合并裁减，既可以减少机构数量，也可以避免职责重叠交叉，模糊不清，相互扯皮，减少各个部门之间的冲突。金东日认为，可以"从根本上改革组织结构，如通过人事交流、设

[①] 安德鲁·J. 杜布林：《组织行为基础——应用的前景》，奚慧等译，机械工业出版社1985年版，第179—183页。

[②] G. B. Watson & D. W. Johnson, Social Psychology: Issues and Insights, Lippincott: Philadelphia, 1972.

[③] Markus H. Sandver, Labor Relations: Process and Outcome, Boston: Little, Brown and Company, 1987.

[④] 郭振玺、管华等：《组织冲突的处理方法》，《探索》1990年第4期。

置调整机构或职位、合并产生冲突的部门、改革业务体制、改革地位体制等来解决冲突。"[1]

建构分割和组织化认知机制。霍顿（Kate E. Horton）、巴耶尔（P. S. Bayerl）和雅克布斯（G. Jacobs）认为，在组织中的认同冲突存在部门内认同冲突和部门间认同冲突两种，并认为建构分割和组织化认知机制是化解部门内认同冲突的两种重要方式。重新解释认同目标的性质和价值也是有效化解部门内认同冲突的方式之一。他们指出利用分割或联结策略是化解部门间认同冲突的倡导方式。[2] 焦亚（D. A. Gioia）等提出通过设置模糊愿景，组织可以避免认同冲突，因为这样可以允许组织中不同的个体和亚团体在同样的模糊愿景中去表达各自独特的认同诉求。[3]

基于权力、权利和利益的冲突化解机制。科斯坦蒂诺（Costantino CA）和麦迁特（Merchant CS）区分了四种基本途径，帮助组织有效化解处理冲突：（1）以权力为基础的途径：一方对他方在争端结果上施加影响，它适用于个人之见、团体之见和组织整体水平方面的冲突；具体途径如罢工、停工、企业运动等。（2）以权利为基础的途径：在合同、集体谈判协议等基础上制定规则和原则，帮助确定法律或者合同规定的权利是否受到侵犯；具体途径如抱怨程序、仲裁以及早期中立性评估。（3）以利益为基础的途径：利用问题解决技巧来处理争议各方的利益诉求；具体途径如整合性谈判、调解等。（4）利益相关者为基础的途径：强调利益相关者通过参与过程来描述各自的利益，联合解决问题或进行决策。[4] 法国社会学家克罗齐耶（Michel Crozier）和费尔德伯格（Erhard Friedberg）认为，由于掌握的资源不同，组织中各行动者之间存在着大量的资源交换行动，这就意味着组织中存在着多样化的结

---

[1] 金东日：《现代组织理论与管理》，天津大学出版社2010年版，第107页。

[2] K. E. Horton, P. S. Bayerl and G. Jacobs, Identity Conflicts at Work: An Integrative Framework, Journal of Organizational Behavior, 2013, pp. 6 – 22.

[3] D. A. Gioia, R. Nag & K. G. Corley, Visionary Ambiguity and Strategic Change: The Virtue of Vagueness in Launching Major Organizational Change, Journal of Management Inquiry, 2012 (21), pp. 364 – 375.

[4] Costantino CA and Merchant CS, Designing Conflict Management Systems: A Guide to Creating Productive and Healthy Organizations, San Fransico: Jossey – Bass, 1996.

构，而这些结构自身的运行逻辑差异塑造了组织行动者不同的习惯，外显为行动的冲突。要化解冲突，就必须运用作为行动能力的权力，促进冲突各方达成妥协的均衡。[1] 查尔斯·巴贝奇（Charles Babbage）提出"利润分享计划"用以化解工人同工厂组织的冲突，即支付报酬的方式能够使每个工人都会从整个工厂的成功中得到好处，以及每一个人的收益会因工厂利润的增加而增加；工人若能提供任何改进建议，将获得额外的好处。[2]

五　家庭冲突化解研究

家庭冲突属于私域冲突。它是由家庭成员角色需求多元或者家庭成员间对抗、争论、反对及不协调性造成的。卡恩（R. L. Kahn）等人指出，工作领域与家庭领域间存在某种程度的不相容，从而能造成角色间的冲突与压力。[3] 格林豪斯（J. H. Greenhaus）和博伊特尔（N. J. Bautell）认为，若扮演家庭角色，会使另一个角色扮演困难，即来源于工作和家庭领域的角色压力在某些方面是相互矛盾的。[4] 张敏杰和基尔帕特里克认为，家庭冲突是家庭成员之间出现的人际关系矛盾、障碍与危机，它是不同于其他人际关系问题的一种特殊社会问题。[5]

对家庭冲突缘由的分析主要集中于家庭成员所担任的角色分析，包括工作角色、家庭角色和自我角色，因而涉及三个方面的因素：（1）工作层面的因素。主要包括工作压力、工作特征和工作投入等。工作压力与家庭冲突的关系更为密切，更多的工作压力会导致更高水平的家庭冲突。工作特征主要包括工作时间、工作环境和工作资源等，工作时间是家庭冲突

---

[1] 参见埃哈尔·费尔德伯格《权力与规则——组织行动的动力》，张月等译，格致出版社2008年版。

[2] 参见丹尼尔·A. 雷恩《管理思想的演变》，孙耀君等译，中国社会科学出版社1986年版，第80页。

[3] R. L. Kahn, D. M. Wolfe, R. Quinn, J. D. Snoek and R. A. Rosenthal, Organizational Stress: Studies in Role Conflict and Ambiguity, New York: Wiley, 1964, p. 144.

[4] J. H. Greenhaus and N. J. Beutell, Sources of Conflict between Work and Family Roles, Academy of Management Review, 1985（10）, pp. 76 – 88.

[5] 张敏杰、A. C. 基尔帕特里克：《家庭冲突的调解：中美方法的比较》，《浙江学刊》1991年第6期。

的一个显著预测变量，工作时间长的个体体验到更多的家庭冲突。[1] 工作环境的不可预知性也会导致工作与家庭冲突，如工作可变性和周末工作或者轮流换班都与更高的冲突有关。（2）家庭层面的因素。主要有婚姻幸福状态、小孩的数量年龄、家庭规模、配偶就业、配偶（家庭）支持度等。[2]（3）个体层面的因素。主要包括人格、价值观、心理状态、负面情感、文化水平、家庭角色显著性等。[3]

家庭作为一种私人领域，既没有家庭内部的法律法规，也没有规章制度，主要靠家庭成员长期形成的习惯或是达成的共识来维护家庭的和谐运转。学者们研究的化解方式主要有：

角色再定义，即家庭成员通过对自身角色进行调整来尽量满足不同的角色需求，消解角色冲突，减少家庭冲突。霍尔（D. A. Hall）区分了三类角色冲突化解方式：（1）结构角色再定位，即改变其他人对自己外在的、结构上的期望，使其与自己的兴趣和目标更一致。具体策略包括获得内外部角色支持、改变社会期望与规范等。（2）个人角色再定位，即改变自己对所承担的角色需求的知觉。具体策略包括角色排序、分割、消除等。（3）回应性角色行为，即通过角色行为来提高角色绩效，更好地满足所有的角色需求。具体策略包括周密计划、安排、努力工作等。[4] 凯茨（Marsha Kaitz）发现，结构角色再定位对化解工作角色和家庭角色的冲突最有效。[5]

内外部导向化解机制。谢尔顿（Lois M. Sheldon）从工作—家庭角度提出了两类不同的应对策略：（1）内部导向的工作—家庭处理机制，它

---

[1] S. Md‑Sidin, M. Sambasivan and I. Ismail, Relationship between Work‑Family Conflict and Quality of Life: An Investigation into the Role of Social Support, Journal of Managerial Psychology, 2010, 25 (1), pp. 58–81.

[2] M. L. Fox and D. J. Dwyer, An Investigation of the Effects of Time and Involvement in the Relationship between Stressors and Work Family Conflict, Journal of Occupational Health Psychology, 1999 (4), pp. 164–174.

[3] A. Z. Stoeva, R. K. Chiu and J. H. Greenhaus, Negative Affectivity, Role Stress, and Work Family Conflict, Journal of Vocational Behavior, 2002 (60), pp. 1–16.

[4] D. T. Hall, A Model of Coping with Role Conflict: The Role Behavior of College Educated Women, Administrative Science Quarterly, 1972, pp. 471–486.

[5] Marsha Kaitz, Role Conflict Resolution for Women with Infants, Birth Psychology Bulletin, 1985 (6), pp. 10–20.

侧重于思想和情感的管理，一般是指在冲突已经发生的情况下，个体通过调节自己的情绪，来缓解冲突造成的负面影响。(2) 外部导向的工作—家庭管理策略，它侧重于行为和需求的管理，一般是指个体通过管理工作与家庭的角色需求，来降低实际受到的冲突水平。①

工作时间安排与工作场所的社会支持。阿伊 (S. Aryee) 等人提出通过重新安排工作时间和工作场所的社会支持来化解工作—家庭的角色冲突。在工作时间的安排上，通过制度设计安排一定的休假计划，或通过减少工作时间来照顾家庭的政策和福利，或实施弹性工作安排，让员工自行安排其工作时间使其更具弹性，包括远程工作等。在工作场所方面，对有孩子或老人要照顾的员工，给予他们一定的工作场所社会支持，如托儿中心、老年亲属照顾服务等，从而使员工不必分心在这些问题上，减少家庭冲突。②

工作、家庭、情感的分类导向策略。格林豪斯 (J. H. Greenhaus) 和巴拉苏罗门 (S. Parasuraman) 开发出了工作、家庭、情感三分法冲突导向策略。与工作相关的冲突导向策略包括：改变工作环境、寻求工作帮助、调整责任水平；与家庭相关的冲突导向策略包括：推迟或放弃要小孩、寻求家务和育儿帮助、劳动力分配再谈判、放弃一些家庭角色、增加与配偶的沟通；情感导向的化解则包括：寻求情感支持、重新定义个人的绩效标准、重新评估个人的工作和事业的成功、承认自己不能完美地扮演好所有角色、角色排序等。③ 这种分类导向策略对于有效化解不同层面角色引发的冲突具有较好的针对性。

化解家庭冲突的不同风格。罗通多 (D. M. Rotondo)、卡尔森 (D. S. Carlson) 和金凯德 (J. F. Kincaid) 提出了四种不同的冲突化解风格：(1) 直接行动型，指个体采用有效行为来消除压力源；(2) 寻求帮助型，

---

① Lois M. Shelton, Female Entrepreneurs, Work – Family Conflict, and Venture Performance: New Insights into the Work – Family Interface, Journal of Small Business Management, 2006, 44 (2), pp. 285 – 297.

② S. Aryee, V. Luk, A. Leung & S. Lo, Role Stressors, Inter – Role Conflict, and Wellbeing: The Moderating Influence of Spousal Support and Coping Behaviors among Employed Parents in Hong Kong, Journal of Vocational Behavior, 1999 (54), pp. 259 – 278.

③ J. H. Greenhaus & S. Parasuraman, Research on Work, Family and Gender: Current Status and future Directions, in G. N. Powell (Ed.), Handbook of Gender Work, SAGE Publications Inc, 1999.

指设法获取社会支持以消除压力源;(3) 积极思维型,指个体控制自我认知,以乐观方式看待压力源;(4) 回避型,指个体运用认知漠视或忽视冲突存在,设法避开压力源。[①] 阿马蒂(E. S. Amatea)等人则提出了主动策略与被动策略:主动策略指的是积极地解决问题,而被动策略指的是回避或拖延。他们划分了四种应对策略类型:主动情感导向、主动问题导向、被动情感导向、被动问题导向。[②] 摩恩(P. Moen)等着眼于长期化解策略,将化解工作—家庭冲突的承诺按照夫妻双方各自对事业的投入程度分为四种类型:双重承诺、交叉承诺、新传统主义、选择性承诺。[③]

六 各领域冲突管理研究对公共领域冲突管理研究的影响

公共冲突管理研究是近些年来新兴起的一个研究领域。所谓"公共冲突",是指在公共领域中发生的那些事关公共利益的冲突。这些冲突所涉及的事项或者直接就是公共事项;或者是私人事项,但其发展却影响到了公共秩序、公共安全、公共福利、公共道德等公共利益。由于事关公共利益,公共冲突的主题经常涉及政府和公众以及各种类型的以公共利益为目标的社会组织;公共冲突所涉及的事项经常涉及公共政策和公共管理。

"公共冲突"的概念与"国际冲突""社会冲突"和"组织冲突"有一定的交叉:国际冲突可以被认为是国际社会的公共冲突;社会冲突中有一部分也涉及公共利益,因而可以被视为公共冲突;组织冲突中所包含的公共组织冲突也可以被视为公共冲突的一种形式。但目前对公共冲突的研究,主要还是着眼于各国国内的公共冲突,更多专注于政府与公众之间的关系。因此,尽管与其他冲突研究领域有一定的交叉,但仍然具有自身相对独立的研究领域。

由于公共冲突管理是一个相对较新的研究领域,因此它从冲突管理的其他领域吸取了很多研究成果,将其"移植"到公共冲突化解之中。这

[①] D. M. Rotondo, D. S. Carlson & J. F. Kincaid, Coping with Multiple Dimensions of Work – Family Conflict, Personnel Review, 2003, 32 (3), pp. 275 – 299.

[②] E. S. Amatea, etc, Through a Different Lens: Examining Professional Woman's Inter – Role Coping by Focus and Mode, Sex Roles, 1987 (17), pp. 237 – 252.

[③] P. Moen and Y. Yu, Effective Work/Life strategies Working Couple, Work Conditions, Gender and Life Quality, Social Problem, 2000, 47 (3), pp. 291 – 326.

种"移植"主要表现在五个方面：

第一，公共冲突管理研究汲取了各领域冲突化解研究的基本导向，主要不是着眼于冲突控制，而是专注于冲突化解，力图通过消除产生冲突的潜在和现实的各种原因来实现具有长期效果的冲突管理。如莱曼（Cordula Reinmann）从结果、过程和结构三个维度探讨了三种不同的冲突管理途径：冲突处置、冲突化解和冲突转化，并强调与冲突处置不注意追寻冲突产生的原因不同，冲突化解途径则致力于寻找并解决造成冲突的社会、文化和经济的结构性暴力等深层原因，从而积极推进社会变革以消除产生社会压力的根本症结。[1] 常健等认为，冲突管理的战略目标分为表层平静和深层稳定两个层次。表层平静以制止、控制冲突为主要目标，而深层稳定是公共冲突得到有效化解。社会利益的多元化趋势要求战略转向以维护深层稳定为主导目标，这就不能简单压制冲突，而是建立冲突化解的各种有效机制，旨在化解冲突的根本原因，寻求冲突各方能够接受的满意解决方案。[2] 并且，在公共冲突的处置、化解和转化三个层次中，冲突化解是解决冲突问题的突出层次，主要功能是消解深层的紧张关系。如果缺少了冲突化解环节，就会使矛盾长期积累，冲突频繁爆发，愈演愈烈，加大冲突处置难度。[3]

第二，在对冲突的态度上，吸取了社会冲突化解的研究成果，强调冲突既有负面功能，也有正面功能。因此，在冲突化解的策略中，不是一味地强调预防、抑制和消灭冲突，而是作出具体区分，要求抑制和转化冲突的负面功能，引导和利用冲突的正面功能。科尔里瑟（George Kohlrieser）指出事实是我们可以利用妥善管理的冲突为人类和公司带来巨大的利益。处理和引导好冲突，它可以使人更具创新性，能建立有效的团队和提高绩效。[4] 福利特（M. P. Follett）认为，与其谴责冲突，不如

---

[1] C. Reinmann, Assessing the State – of – the – Art in Conflict Transformation, Berghor Research centre for Constructive Conflict Management, pp. 9 – 13, http：//www.berghof—handbook.net.

[2] 常健、郑玉昕：《冲突管理目标的两个层次——表层平静与深层稳定》，《学习论坛》2012年第12期。

[3] 常健、许尧：《论公共冲突治理的三个层次及其相互关系》，《学习与探索》2011年第2期。

[4] G. Kohlrieser, Six essential skills for managing conflict. Perspectives for Managers, 2007, 149: pp. 1 – 3.

好好利用它,"对待分歧和差异有三种方式:控制、妥协和整合。通过控制仅仅一方得到他想要的;通过妥协双方都得不到所想要的;而通过整合我们会发现一种达到双方预期的方式。"[①] 乌林(C. Uline)等人认为,冲突当被妥善管理时,能帮助我们个体处理好生命和能量的关系,促使个人更具创新性和生产力。[②] 巴罗(R. Ballew)指出,冲突不应该被简单地判断或评价为"好"或"坏",而应该从更广泛的视角评价。冲突可能带来正式抱怨和不满的减少,提高士气,可以更有效地利用人力资源。[③]

第三,在冲突化解手段上,吸取了国际冲突化解的思路,特别强调谈判和第三方干预。同时,在第三方干预方面,又特别吸取了国际冲突化解和司法冲突化解研究所强调的调解方式。墨菲特(Michael L. Moffitt)和波尔多纳(Robert C. Bordone)认为,谈判是人们进行互动的最基本形式之一,是任何联合行动的内在本质,问题解决和纠纷化解也不例外。并指出做好谈判准备的七要素:明确利益、最佳替代方案、公平合理性、关系处理、可能或潜在的协议选择、有效承诺以及沟通。[④] 杰克逊(Richard Jackson)指出,作为一种冲突管理模式,讨价还价和谈判是社会行动者化解纠纷的主要方法。纠纷双方之间直接谈判是化解冲突的最理想的方式。它是最有效的方式,因为它减少很多形式,消除第三方的费用,并有助于避免对方诉讼而加重彼此的敌意。[⑤] 常健认为,从主体角度划分,公共冲突化解的最主要策略是谈判和第三方干预,如何用谈判来解决公共冲突成为公共管理者必须掌握的一个重要方法。并在对 80 个经济冲突事件

[①] M. P. Follett, Constructive conflict. In H. C. Metcalf & L. Urwick (Eds.) Dynamic administration: the collected papers of Mary Parker Follett, New York: Harper & Brothers Publishers (1940), pp. 30 – 49.

[②] C. Uline, M. Tschannen – Moran and L. Perez, Constructive Conflict: How Controversy Can Contribute to School Improvement, The Teachers College Record, 2003, 105 (5), pp. 782 – 816.

[③] R. Ballew, Conflict Resolution, 2000, Retrieved March 21, 2009, from http://www.ballew.org/conflict.html.

[④] Michael L. Moffitt and Robert C. Bordone, eds. The Handbook of Dispute Resolution, John Wiley & Sons, 2005, pp. 279 – 284.

[⑤] R. Jackson, Successful Negotiation in International Violent Conflict, Journal of Peace Research, 2000, 37 (3), pp. 323 – 343.

和66个社会冲突事件进行分析基础上指出,这些公共冲突事件的化解过程中,都用到了协商、政府介入调解等。① 辛格(L. R. Singer)指出,纽约邻里公益中心每年通过调解化解超过14000起纠纷。②

第四,在冲突化解方式上,吸取了组织冲突化解的许多办法,特别强调通过沟通和对话来消除误会、加深理解、加强信任和促进合作共赢。沃尔顿(Richard E. Walton)指出,对话方式不仅可以帮助冲突各方增强自身发展优秀控制技巧的能力,也为潜在的问题带来了解决的可能性。③ 查尔莫斯(W. Ellison Chalmers)指出,如果冲突各方能避开第三方进行直接对话,则其构建彼此间有效关系的可能性将越高。而即便是有第三方介入冲突过程,则应该"减少不必要的参与,仅仅做到促使双方重新对话的工作即可"。④ 常健等认为,对话对冲突化解具有重要的作用,对话可以体现出冲突各方的平等地位,促使冲突各方相互尊重、相互了解、相互信任,消除冲突化解过程中的重要主观障碍,激发冲突各方探讨问题解决方案的积极性和创造性,从而使各方能够将冲突视为双方共同的问题,为化解创造必要条件。⑤

第五,在冲突化解的基础上,吸取了国际冲突化解、社会冲突化解和组织冲突化解的成果,强调冲突化解的制度和机制建设,以便使冲突各方建立合理的预期,选择更加理性的策略和行动方式。科塞(Lewis A. Coser)指出:"冲突制度化的社会更加稳定,整合程度更高,这种社会系统允许对立的要求迅速而直接地表达出来,能够通过消除不满的根源而不断调整自身的结构。"⑥ 杰西(N. G. Jesse)和威廉姆斯(K. P. Williams)认为,构建制度可以克服不平等,可以提供信息、建立规

---

① 常健等:《中国公共冲突化解的机制、策略和方法》,中国社会科学出版社2013年版,第156—192页。

② L. R. Singer, Settling disputes: Conflict Resolution in Business, Families, and the legal System (2nd ed), Boulder, CO: Westview Press, 1994, p. 10.

③ 理查德·E. 沃尔顿:《哈佛商学院冲突管理课》,王艳晴译,中国青年出版社2014年版,第186页。

④ W. Ellison Chalmers, The Conciliation Process, Industrial and Labor Relations Review, 1948 (4), p. 341.

⑤ 常健、原珂:《对话在公共冲突化解中的有效运用》,《学习论坛》2014年第10期。

⑥ 科塞:《社会冲突的功能》,孙立平译,华夏出版社1989年版,第114页。

则、保护预期和减少不确定性,还可以使承诺更加可信,促进互惠和创造问题之间的联系,从而减少民族冲突等。[1] 常健等指出,公共冲突的有效管理需要建立相应的机制。有效的机制可以为冲突各方提供明确的行为规则,为公共管理者提供化解不同层次、不同类型公共冲突的适当路径,从而使公共冲突得到有序地表达、协商、整合和化解。他们提出了公共冲突管理的五大机制:不同主张的表达机制、对立观点的交流机制、冲突利益的整合机制、争议事项的裁决机制和对抗行动的制动机制。[2] 而且,依据社会结构去行政化这一基本特点,冲突管理体制应从原先的行政化模式扩展为社会化模式。社会化模式需要包含"制度化的区分机制、平等化的协商机制、中立化的干预机制、有限步骤的终局机制和社会化的化解机制"。[3]

值得注意的是,尽管冲突管理诸领域的研究成果具有一定的通用性,但由于不同领域的冲突具有各自不同的性质和特点,因此并不是其他领域冲突管理研究的成果都直接适用于公共领域的冲突管理。对于各种"移植"内容对公共领域冲突管理的适用性,不仅需要进一步开展理论分析,而且需要脚踏实地进行实践检验。

第二节　冲突化解研究的三种范式

被誉为"和平学之父"的加尔通(Johan Galtung)在分析冲突时,提出了冲突包含着三个维度,即矛盾(不相容的情境)、态度和行为。对一个现实的冲突来说,三者缺一不可,它被称为"冲突三角"[4]。米埃尔(Hugh Miall)等人在分析西方冲突化解理论的发展历史时认为,西方冲突化解的研究范式可以分为三种:即主观范式、客观范式和结构范式,它

---

[1] N. G. Jesse and K. P. Williams, Identity and Institutions: Conflict Reduction in Divided Societies, SUNY Press, 2012, p. 10.
[2] 常健、许尧:《论公共冲突管理的五大机制建设》,《中国行政管理》2010年第9期。
[3] 常健、田岚洁:《冲突管理体制应走向社会化模式》,《中国社会科学报》2013年3月7日,第B02版。
[4] J. Galtung, Violence, Peace and Peace Research, Journal of Peace Research, 1969, 6 (3), pp. 167 – 91.

们分别对应着冲突三角中态度、行为和矛盾三个点。[①] 这三种分析范式沿着不同的逻辑思路发展，提出了不同的冲突化解方法。它们相互批评，又相互补充，构成了冲突化解理论发展图景的整体框架。本节从这一分析框架出发，试图对冲突化解理论的发展作一个整体的回顾和分析，并阐释其对中国公共领域冲突管理研究与实践的借鉴意义[②]。

一 主观范式

主观范式专注于将冲突各方的态度从对抗转为合作，其主要代表人物是伯顿（John Burton）、科尔曼（Herbert Kelman）、米歇尔（Chris Mitchell）和布尔丁（Elise Boulding）等人。由这一范式发展出的冲突化解方法主要是"有控制沟通"和各种"问题解决方法"。

主观范式受到心理学特别是社会心理学的强烈影响。勒温（Kurt Lewin）对群体冲突的社会心理学研究表明，群体间的冲突可以通过协商和谈判的方法来恢复群体间的积极关系。道奇（Morton Deutsch）最早明确将这种研究用于化解冲突，费舍尔（Ronald Fisher）和拉森（Knut Larsen）对冲突进行了更广泛的调查。这些研究既探讨了冲突发展过程的消极因素，也探讨了其积极因素。后者更专注于转变态度，发展相互理解和信任，形成共同的或"上位"的目标，以及促进积极的群体间关系的各种条件。米歇尔将这些研究成果用于对国际冲突的分析。罗伯特·杰维斯（Robert Jervis）研究了国际政治中决策者的感知和错觉。

伯顿基于马斯洛（Abraham Maslow）所提出的基本需求学说，区分了利益（interests）与需求（needs）。他认为，如果能够将双方基于利益的冲突经过适当的解释和理解转变为基于需求的冲突，就可以使冲突得到化解。1965年，伯顿在荷兰的格罗宁根建立了"国际和平研究学会"，该学会提出在国际冲突中应当采用"有控制交流"或"问题解决的方法"。伯顿认为，问题解决方法并不只是一种冲突化解的技术，而应当成为冲突化

[①] Hugh Miall, Oliver Ramsbotham and Tom Woodhouse, Contemporary Conflict Resolution: The Prevention, Management and Transformation of Deadly Conflicts, Cambridge: Polity Press, 1999, pp. 51–52, 63.

[②] 参见常健、原珂《西方冲突化解研究的三种范式及其发展趋势》，《中国行政管理》2014年11期。该文是本项目研究的阶段性成果。

解的一个核心概念。之后，伯顿和他的团队将其理论付诸实践，其主要方式就是建立"问题解决工作小组"来解决现实中那些难以解决的冲突，并于1966年在伦敦大学成立了"冲突分析中心"。其方法最初被称为"有控制交流"，后来改称为"问题解决"。其主要目标是将冲突双方的关注点从对抗转向解决问题。最初的两个工作小组建立于1965年和1966年，它们被用来化解马来西亚、新加坡和印度尼西亚之间的冲突，以及塞浦路斯的希腊人和土耳其人之间的冲突。其成员除了伯顿、米歇尔和科尔曼之外，还包括班克斯（Michael Banks）、德鲁克（Antony de Reuck）、尼克尔森（Michael Nicholson）、阿尔格（Chad Alger）等人。其中，科尔曼成为运用和发展冲突解决方法方面最重要的学者。

科尔曼曾在哈佛大学建立了国际冲突分析与化解项目，在密歇根大学的冲突化解研究的初创时期也发生过重要影响。作为实践型学者，他专长于巴以冲突间的化解，并先后举办了"前谈判"互动的问题解决工作小组、"准谈判"工作小组和"后谈判"工作小组。随着经验的丰富，问题解决工作小组被用于促进各种目标，如研究、教育或培训。每个工作小组的设计都是根据特定冲突的特定特点。在问题解决方法的发展中，并没有出现普适的问题解决过程理想模式，却出现了名称各异的各种特殊方法，如"互动冲突化解""第三方咨询""过程促进工作小组""促进式对话"。虽然名称各异，但它们都带有问题解决方法的许多基本特点。米歇尔在其《冲突化解手册》一书中对这些方法作出了详尽的解释和说明，并在《冲突化解的问题解决做法与理论》一文中讨论了相关的方法论和评价问题，分析了支持这些方法的理论假设以及检验方法。问题解决方法的核心在于对话。在"变革先锋协会"2006年所作的"对话类别"调查中，包括对各种各样的对话技术的描述[①]，它们在冲突化解中被用于控制冲突并产生非暴力的社会变革。

布尔丁早年受到社会学训练，曾参加密歇根的冲突化解研究工作。为了鼓励广泛参与和平和冲突化解进程，她将"想象未来"作为一种有力方式，鼓励人们参与建设和平和宽容的全球文化。她提出"公民社会"的观念，要为一种全球性的公民文化打开新的可能性，并认为冲突化解的

---

① 参见其网站 www. pioneersofchang. net。

当务之急是建立尊重人民声音的文化。这种变革能否取得成功，最终将决定我们究竟是和平的创造者还是战争的制造者。对她来说，实现和平需要特定的技能和技巧，和平的现实要求所有处理冲突的行动以整合的方式来进行。

随着有关宗教战争、全球圣战和全球反恐战争的争论，引发了有关文明间冲突的争论，并激发了揭示、克服或消除文化间冲突的努力。在回应管理跨文化和跨宗教派别间冲突的特殊挑战方面，冲突化解领域中的许多人受到了伽达默尔（Hans-Georg Gadamer）的解释学及其对跨文化对话的应用的影响。伽达默尔的方法是将对话视为跨文化和历史差异的"视域融合"，它被称为"解释学对话"，因为他将对话比作对文本的解释。在他看来，在冲突化解中谈话或对话应被视为对文本的相互解释。这意味着脱离将对话视为相互同情的观念（用罗吉尔斯（C. Rogers）的话说就是"穿彼此的鞋"[1]），转向"共情关系"的观念，这是一个更动态的、更有创造性的过程：在个人间的频繁交换中（它既是情感性的又是认识性的），参与者共同产生了共享的新意义。这也反映了伽达默尔在《真理与方法》中所坚持的观点：在意义解释领域，解释学总是要求在达到理解的过程中要超越简单的重建。[2]

布鲁姆（Benjamin Broome）将视域融合所产生的新意义称为"第三种文化"，即只能通过互动发展，在这种互动中，参与者愿意向新的意义开放自己，投身于真正的对话之中，不断地回应从情境中释放出来的新的要求。他认为这种文化的出现是移情关系的本质，是成功的冲突化解的根本所在，并认为这种对话态度是冲突化解事业的内在组成部分。斯特瓦特（J. Stewart）和托马斯（M. Thomas）认为，解释学对话对参与者提出了更高的要求，期望他们能够认识到，他们决不可能逃脱他们自身成见的普遍覆盖，要努力达到的视域融合或关系性同情总是对某种前所未有的东西的创造（第三种文化），这是一种正在进行的项目，决不是一个已经完成的项目。他们被要求将自己的身份去中心化，不是去寻找确定性、封闭性和控制，而是欢迎势不两立的视域之间的张力，采取一种游戏和开放的方式

---

[1] C. Rogers, *A Way of Being*, Boston: Houghton Mifflin, 1980, p. 142.

[2] H. Gadamer, *Truth and Method*, New York: Seabury Press, [1960] 1975, p. 272.

去迎接新的经验和最终不可吸收的"他者"。

针对持续难以控制和化解的那些"难以化解的冲突",许多研究者进行了专题研究,如克里斯伯格(L. Kriesberg)等人1989年的研究,克罗克(C. Crocker)等人2005年的研究。面对传统冲突化解努力的失败,伯格斯夫妇(Guy and Heidi Burgess)提出了"建设性面对方法论"。他们建立了"超越难以化解"网站,帮助人们理解难以化解的冲突的原因。梅耶尔(Bernard Mayer)提出,在面对顽固和持续的冲突时,需要的是"与冲突共在"。他主张持续的"冲突参与",并认为这是与通常所说的"冲突化解"和"冲突转化"不同的面对冲突的方式。莱姆斯波萨姆(Oliver Ramsbotham)认为,语言的不可化解性的根源是"极端异议"。在这种情况下,与其像通常的冲突化解那样从开始就努力转化极端异议,不如根据这种冲突本身的性质从一开始就探索如何进行"对抗性对话",它是一种敌人间的对话。

诺伯特·罗波尔斯(Norbert Ropers)提出了"系统的冲突转化"(systemic conflict transformation)的概念。不同于传统战略思维中以线性方式来解决问题,他的目标是理解一种复杂的生态并学习如何成功地在其中运作。例如,在沟通领域,他在化解斯里兰卡的僧伽罗人与泰米尔人之间的冲突中,将佛教的"四引理"(tetralemma)用来改变冲突各方的语言和思维方式。莱德拉奇(John Paul Lederach)也严厉批评简单化的"或者……或者"的参照框架。他认为,复杂的互动网络构成了我们生活的真实世界,应当在这种复杂的互动网络中学习如何确定方向导航和转化这些网络,并在此过程中培养"道德想象"。他说:"复杂性要求我们发展在情境中识别那些关键能量并将它们作为相互依赖的目标聚合在一起的能力……在明显的矛盾和悖论中生活的能力是冲突转化的核心。"[1]

二 客观范式

客观范式聚焦于将冲突各方的非理性行为转变得更加理性,其主要代表人物是扎特曼(William Zartman)、伯科维奇(Jacob Bercovitch)、德鲁

---

[1] J. Lederach, *The Little Book of Conflict Transformation*, Intercourse, PA: Good Books, 2003, pp. 51–53.

克曼（Daniel Druckman）、普鲁伊特（Dean Pruitt）和鲁宾（Jeffrey Rubin）等人。其研究的冲突化解方法集中于理性谈判、调解和仲裁。

客观范式主要受到博弈论和劳资关系研究的影响。博弈论被用来分析冲突各方的各种选择和取向。谢林（Thomas Schelling）研究了竞争策略中的非理性行为的原因；拉波波特（Anotal Rapoport）则对输赢路径的自我击败（self-defeat）的逻辑进行了研究，他指出："增加他方的损失就等于赢得错觉，是使争斗持续如此长时间和冲突各方最后拼得你死我活的原因。"[①]在产业关系或劳资关系的研究方面，弗莱特（Mary Follett）倡导"互利互惠"（mutual gains）的谈判方法，区分了整合式谈判（integrated negotiation）和分配式谈判（distributive negotiation）。她的学说被布雷克（P. Blake）等人和沃尔通（R. Walton）等人在劳资关系研究中继续发展，并被进一步用于家庭调解、社区调解和快速扩展的"非诉讼纠纷解决"（ADR）领域。这些研究大都基于社会心理学和社会身份理论的研究，通过田野调查和小群体实验方法研究组织间合作和冲突的动态过程。

到了20世纪80年代，对国际冲突中谈判的研究也采用了冲突化解的双赢、问题解决和互利互惠等词汇。参加哈佛谈判项目的费舍尔（Roger Fisher）和尤瑞（William Ury）对谈判的研究，通过他们的畅销书《谈判力》，后来又通过季刊《谈判杂志》广为传播。他们倡导"原则性谈判"，其核心概念是立场（position）和利益（interest）的区分。原则性谈判要求各方将注意力从立场转向利益，共同寻找能够满足双方利益的共赢方案。德鲁克曼、扎特曼和鲁宾、莱法（H. Raiffa）、豪尔（L. Hall）等人对成功和不成功的谈判方法和风格进行了系统的分析和比较研究。

在对调解的研究方面。20世纪40年代后期出现了对国家层面的外交和国际调解的重要研究。《联合国宪章》对建立共同接受的和平处置纠纷机制的呼吁，激发了像杨（Oran Young）这样的学者对联合国及其机构在调解冲突方面的角色的研究。到20世纪80年代，普鲁伊特和鲁宾提出，对调解的研究缺乏系统性的分析。此后，出现了一系列系统分析调解的著作，包括米歇尔和威伯（K. Webb）的《国际调解的新视角》、图瓦尔

---

① A. Rapoport, *The Origins of Violence*, New York: Paragon House, 1989.

（S. Touval）和扎特曼的《国际调解：理论与实践》、伯克维奇和鲁宾的《国际关系中的调解：冲突管理的多重视角》、克拉瑟（K. Kressel）和普鲁伊特的《调解研究》，以及伯克维奇的《解决国际冲突：调解的理论与实践》，还有许多对特定冲突的特定调解方式的专门研究。这些研究对各种不同类型的调解（使用和没有使用强力的）、不同类型的调解者（官方与非官方的、从来自联合国到来自某个政府的、有偏向的内部人与中立的外部人）以及不同类型的冲突环境进行了相当细致的比较，并且对非强迫的和基于问题解决的新范式的调解方法与"权力—强迫—奖励"模式的调解方法的效能进行了比较。这些研究显示，冲突干预的类型要依据冲突的性质和阶段，不同类型的第三方干预适合于冲突过程的不同阶段，它们可以被看作是相互补充的。例如，费舍尔的"第三方干预的补充和偶然性模型"，认为冲突的每个阶段对应着一种最佳的冲突化解干预方式。软形式的干预更适合高误解和高不信任的情境（主观因素强），而硬形式的干预更适合于实质性利益被置于突出地位的情境。因卡纳欣（T. Encarnacion）等人精化了第三方干预模型，以便强调外部各方随着其卷入层次的提升可能进入核心方，并强调来自冲突内部的"被嵌入方"的重要性，他们经常在促进化解的行动中扮演关键角色。尤瑞（William Ury）提出了影响模型，它将冲突化解中的"第三方角色"与冲突的升级和降级阶段联系起来。

扎特曼进一步研究了最适于冲突干预和化解的"成熟时机"（ripe moments）。他认为，成熟最主要的条件是"停止伤害"，这一观念被决策界广泛接受。德鲁克曼则进一步提出需要一个"成熟过程"来促使成熟时机的到来。米歇尔进一步区分了四种不同的成熟模型，其中包括扎特曼提出的停止伤害模型，还有扎特曼提出的"即将来临的共同灾难"模型、拉波特根据"美元拍卖"这样的"坑害博弈"所提出的"对抗模型"以及"诱人的机会"或"有利条件的汇合"模型。

进入21世纪以来，客观范式在许多方面进一步发展。一方面，更多地借助新的信息技术，如在国际冲突化解中计算机辅助方法的发展。另一方面，出现了更多采用定量方法的分析、评价和研究，如米埃尔确定了测量紧急冲突与和平变化的方法，完善了评价衡量它们的结果和方式的标准。

三 结构范式

结构范式聚焦于转变产生冲突的深层政治、社会和文化结构,其主要代表人物包括加尔通、施密德(Herman Schmid)等人。它发展出的冲突化解方法主要是结构转化和话语分析方法。

结构范式受到了政治学、社会学、文化学研究中的结构分析、系统论和话语分析的影响,特别受到结构主义、解释学和后结构主义的影响。

在政治学领域,布林顿(Crane Brinton)在分析政治革命时指出,当社会权力分配和政治权力分配之间的差距到达一个关键节点时,革命就会发生。[1] 这种分析影响到加尔通在冲突化解中更加强调结构的维度。他区分了直接暴力、结构暴力和文化暴力,以及消极和平与积极和平。"消极和平"只是没有直接暴力,"积极和平"是克服了结构暴力和文化暴力。这使加尔通的和平研究的范围远远超出了预防战争,进一步包括了对各种和平关系条件的研究。其核心问题是研究以人类同情、团结和共同体为形式的积极和平,通过揭露和转化帝国主义压迫下的结构优先解决结构暴力,并研究其他非西方价值的重要性,如佛教的宇宙论。

针对北美冲突化解研究的实用主义倾向,施密德从欧洲结构主义视角出发猛烈抨击该领域的许多研究缺乏对社会正义问题的深入研究。他认为,没有战争本身(消极和平)可以掩盖深层的不正义,造成和平的假象。如果不加处理,就会埋下未来暴力冲突的种子。米埃尔指出,冲突化解作为既分析又规范的领域,应当将暴力的和破坏性的冲突作为其课题,旨在对其性质和病因获得精确的理解,以便学会如何最好地克服它。这意味着不仅要治疗症状,而且还要消除冲突的原因。[2]

一般系统论中的"一阶学习"和"二阶学习"的概念,促使伯顿的冲突化解研究出现了范式转换。系统论关注社会学习和文化在社会系统变化中的作用。该理论认为,虽然社会系统通过其成员来"学习"(他们根据经验以个体的方式调整其世界观),但社会文化系统也具有一些根本的

---

[1] C. Brinton, *The Anatomy of Revolution*, New York: W. W. Norton, 1938.
[2] Hugh Miall, Oliver Ramsbotham and Tom Woodhouse, Contemporary Conflict Resolution: The Prevention, Management and Transformation of Deadly Conflicts, Cambridge: Polity Press, 1999, p. 44.

假定，它们使该系统作为整体比其个体成员更拒绝改变。这些根本的假定被拉波波特定义为"默认的价值"，因为它们太经常被使用，从而变得一成不变，该系统的成员倾向于忘记了他们为了达到目标是可以进行选择的。当出现问题时，人们参照默认价值来解决这些问题，这被称为"一阶学习"。然而，对社会系统有序的和创造性的转变，依赖于"二阶学习"能力，它需要有挑战这些假定的意愿和能力。对于像拉波波特这样的系统论者来说，"和平的关键问题和将冲突转变为合作的需求，要求在社会系统中融入二阶学习，产生社会学习的最有效方式通过一个参与的设计过程。"[①] 这种二阶学习或二阶改变的观点，被伯顿在《冲突系列》第三卷中进一步发展，它被认为对于人类生存具有根本的意义。这种新的问题解决方法通过皮尔斯的"外展的逻辑"（logic of abduction）而获得了哲学的深度，它是克服二阶学习障碍的手段，因此被伯顿视为新政治哲学的核心因素，它超越了偶然的冲突化解，达到了所谓的"建设性预防"（provention）的新层次："冲突的建设性预防意味着从对冲突现象（包括人的维度）的适当解释，不仅推导出造成冲突的条件和消除冲突所需要的结构改变，而且促进创造合作关系的那些条件。"[②] 换言之，这意味着社会内的建设性预防能力通过在所有相关的制度、话语和实践中传播问题解决方法和哲学来预测和避免破坏性冲突。

结构范式关注到冲突化解过程中权力的不平衡。它或是量的不平衡，如强国与弱国之间的冲突；或是质的不平衡，如国家与非国家行动者之间的冲突；或二者兼有。在这些情况下，库塔博（J. Kuttab）、罗哈纳（N. Rouhana）和琼斯（D. Jones）等人认为，传统的谈判、调解、对话和问题解决的方法是不够的，并可能是反效果的，因为它们假定了冲突各方的势均力敌，其结果是强化了霸权者。

为了使冲突转化能够处理这种权力不平衡的冲突，冲突化解领域的一些人受到林克莱特（Andrew Linklater）这样的理论家的影响，转向哈贝马斯（J. Habermas）的"话语伦理学"（discourse ethics）。哈贝马斯认

---

① A. Rapoport, *The Origins of Violence*, New York: Paragon House, 1989, p. 442.

② J. Burton and F. Dukes (eds.), *Conflict: Practice in Management*, Settlement and Resolution, (vol. 4 of Conflict Series), London: Macmillan, 1990, p. 2.

为,"理想的言谈环境"应当是没有压制的交流,否则就只是策略性的操纵或诉诸暴力。霍夫曼进一步提出了"话语冲突转化"(discursive conflict transformation),它基于这样的前提,即行动和制度安排只有产生于所有受其影响的各方都自由参与的无限制的话语环境中,才能被说成是合法的。

20 世纪末以来重大的武装冲突日益展现出新的类型和特点,这启发了一种更细致的冲突出现和转化模型。这一模型认为冲突的形成产生于社会变化,这种变化导致了暴力或非暴力的冲突转化过程,并导致了进一步的社会变化,使迄今被压抑或边缘化的个人或群体开始表达他们的利益并对现存规范的权力结构提出挑战。兰姆斯波塔姆(Oliver Ramsbotham)等人提出的冲突过程和冲突化解模型展示了冲突的议题生命周期以及冲突化解不同阶段可行的干预形式。莱德拉奇提出了有广泛影响的冲突化解和冲突转化层次的模型,它强调由下至上的过程,并提出中间层领导者的问题解决工作小组可以用来联系高层领导者的高层谈判协商和草根领导者的当地和平推动工作。弗朗西斯(D. Francis)发展了克尔(Adam Curle)最先提出的不平衡冲突模型,将经典的冲突化解战略嵌入更广泛的这种类型的转化冲突的战略之中。

从 20 世纪末以来,冲突转化研究蓬勃发展。从 1998 年起,德国的博格霍夫建设性冲突管理研究中心(Berghof Research Center for Constructive conflict Management)在网站上开始发表有关冲突转化的研究成果,并于 2004 年和 2011 年分别出版了《博格霍夫冲突转化手册》,初步形成了较为系统的冲突转化理论。奥斯丁(Alex Austin)等人将冲突转化解释为应对并旨在克服冲突深层原因而采取的短期和中期的行动,这些深层原因包括冲突的结构、行为和态度方面。这一过程更多地聚焦于冲突各方的关系而不是特定结果的内容。马蒂娜·费舍尔(Martina Fischer)和罗伯斯(Norbert Ropers)对"冲突转化"作了更广义的解释,认为它涵盖了所有旨在促进可持续和平和社会公正的影响群体间冲突的活动,包括预防危机的结构和过程导向的各种努力,给各群体赋能和构建社会共同体的各种战略,冲突管理和冲突化解行动,以及在战后情境中的复原、重建与和解的努力。米埃尔认为冲突转化理论已经是一种与冲突管理理论和冲突化解理论相区别的独特的冲突干预理论,但这种新理论还是沿用了冲突管理和冲突化解的许多熟悉概念，并依赖于有关冲突的理论传统。因此，最好不要将其视为一种全新的路径，而是将其视为对该领域的概念重构，以便使其更好地适应当代的冲突。根据他的主张，当代冲突不只需要重新解释主张和发现共赢解决方案。冲突各方及其关系的结构可能被置于一种冲突关系的模式中，它超出了冲突的特定现场。因此，冲突转化是一个转变关系、利益和情境并且在必要时转变那种使暴力冲突得以持续的社会体制的过程。莱德拉奇（J. P. Lederach）认为："冲突转化必须积极地展望、包容、尊重和促进给定场景中的人员和文化资源。这包括一套新的视角，通过这一视角，我们主要不是将冲突中的场景和人员视为'问题'，将外来者视为'答案'。相反，我们将转化的长期目标理解为在该场景内的人员和资源的基础上来实施和建立。"[1] 克里斯伯格（Louis Kriesberg）认为，尽管冲突转化理论融合了冲突化解理论的一些核心理念，但它专注的是大规模、持续性和破坏性的冲突，聚焦在如何改变这些冲突使其可以在很大程度上以建设性的方式进行。冲突转化既指转变到相对非破坏性行为的过程，又指冲突双方转变为非竞争性关系。在结构上，冲突转化过程不是单边强加的，而是各方共同确定的；在行为上，它要从以暴力和其他强迫行为主导转变为以标志着相互依赖的合作或交换行为主导。因此，冲突转化的概念应当被置于比冲突管理和冲突化解理论更广阔的语境下加以理解。

四 三种范式各自的优势与局限

冲突化解研究的三种范式各自有着不同的理论预设、关注焦点、采用方法和适用领域，如下页表1－2所示。

尽管三种范式有着明显的区别并且相互竞争，但许多学者认为，在冲突化解中应当将三种范式所提供的知识和方法适当结合，发挥综合优势。巴比特（Eileen Babbitt）和汉普森（Fen Osler Hampson）认为冲突转化与冲突处置是互补的；斯多尔（R. Stoll）呼吁在冲突管理和冲突化解中整合"多元知识路径"；德鲁克曼（Daniel Druckman）提出要"透过多元方法的视镜来进行冲突化解"；伍德豪斯（Tom Woodhouse）则提出"全

---

[1] J. P. Lederach, *Preparing for Peace: Conflict Transformation Across Cultures*, New York: Syracuse University Press, 1995.

表1-2　　　　　　　西方冲突化解研究的三种范式的特点

类别　　特点	主观范式	客观范式	结构范式
代表人物	伯顿、科尔曼、米歇尔、布尔丁等	扎特曼、伯科维奇、德鲁克曼、普鲁伊特、鲁宾等	加尔通、施密德等
理论基础	心理学、解释学	博弈论、劳资关系理论	结构主义、后现代主义、话语分析
聚焦点	态度	行为	矛盾（不相容的情境）
主要特征	将冲突各方的态度从对抗转为合作	将冲突各方的非理性行为转变得更加理性	转变产生冲突的深层政治、社会和文化结构
冲突化解方法	有控制沟通、问题解决方法	理性谈判、调解、仲裁方法	结构转化、话语分析方法
典型适用领域	社区冲突、宗教冲突、民族冲突	劳资冲突、征地拆迁冲突	环境冲突、种族冲突、殖民地冲突、发展中国家与发达国家的冲突

方位冲突化解"的概念。

批判的冲突化解理论（Critical Conflict Resolution Theory）试图超越这三种范式的局限。该理论将批判的社会理论与冲突化解研究相结合，其主要代表人物包括加布里（Vivienne Jabri）、费瑟斯通（Betts Fetherston）、霍夫曼（Mark Hoffman）、诺德斯特罗姆（Caroline Nordstrom）等人。加布里认为，消除暴力冲突、实现社会正义的方式既不能靠客观主义的方法（理性的行动者和谈判），也不能靠主观主义的方法（沟通和问题解决），因为它们都是个人主义的，只不过方式不同。欧洲结构主义的方式也不适合达成此目标，因为它不能解释社会矛盾如何转变为暴力冲突。她认为吉登斯（Anthony Giddens）和巴斯卡（Roy Bhaskar）的结构主义理论所主张的行动者与结构之间的相互依赖，可以在结构主义和个人主义方法之间的鸿沟上架起桥梁。费瑟斯通明确区分了问题解决理论和批判理论，强调指出:"问题解决理论专注于现存的制度框架、社会关系和社会意义,这些经常都被作为给定的,其目标是维持这种秩序以使其有效工作。批判理论开始于将这些给定的框架或社会秩序问题化,其目的是考察其根源以及它可能的变化,澄清可能的选择,并提出转化它的方式。"[1] 在费瑟斯通看来,如果问题解决理论不能融入批判理论的方法,那么冲突化解的努力将会只是再次强化未被挑战的秩序,而正是这种秩序最先产生了冲突。

费瑟斯通和加布里对权力和统治的分析,受到了后现代主义者福科、葛兰西和哈贝马斯的深刻影响。费瑟斯通提出了反对霸权(anti-hegemonic)、对抗霸权(counter-hegemonic)和后霸权(post-hegemonic)的创建和平计划。加布里依据哈贝马斯的理论提出了对"暴力的话语环境"的批评,并要为"和平的话语环境"建立理论基础。汉森(Toran Hansen)基于对冲突各方权力的分析提出了批判性冲突化解的四种实践方式,即批判性冲突化解的调解、批判性冲突化解的谈判、批判性冲突化解的改进与培训、批判性冲突化解的教育,并对其进行了系统的分析和论述。

厘清西方冲突化解研究的三种范式及其发展过程,对中国冲突化解理论和实践的发展也具有重要的启发意义。这三种范式涵盖了冲突化解的不同层面和不同角度,综合反映了冲突化解的各方面要求。从中国冲突化解目前的研究和实践来看,在很多方面都自觉或不自觉地体现了这三种范式的要求:例如,采用各种对话、协商方法和对共识、认同的强调体现的是主观范式的要求;采用博弈分析和对合作共赢的强调体现的是客观范式的要求;进行制度分析和强调变革体现的是结构范式的要求。

然而,从理论上对这三种范式的明确区分和发展分析可以对我们的冲突研究和实践提供五个方面的启示:第一,冲突化解涉及主观、客观和情境的不同层面,因此,冲突化解的研究和实践不能只局限于某一个层面或角度,而应当作出更全面的分析和考量;第二,应当看到,这三种范式有着不同的理论基础和前提假设,因此在运用每一种范式的方法时,一定要了解其理论预设;第三,应当看到这三种范式从最初提出到现实发展呈现

---

[1] B. Fetherston, Transformative Peacebuilding: Peace Studies in Croatia, Paper Presented at the International Studies Association Annual Convention, Minneapolis, March 1998, p. 2.

出一种逐步丰富和精化的过程，因此要充分了解每一种范式的发展过程及方法的精化形式，掌握最新的方法；第四，这三种范式针对的是冲突的不同方面，因而各自都有一定的局限性和适用范围，因此需要认真分析每一种范式及其方法的适用范围和局限性，不能将任何一种范式视为包医百病，可以用于任何一种冲突情境；第五，这三种范式之间既相互区别，又相互促进和补充，因此在实践上要注意各种范式之间的相互补充和适当结合，充分发挥综合优势。

第三节 冲突转化理论及其对公共领域冲突管理的适用性

自20世纪90年代开始，冲突转化理论（Theory of Conflict Transformation）逐渐崭露头角，逐渐取代了冲突化解理论的主导地位，成为冲突干预领域更为主流的理论。[1]

从1998年起，德国的博格霍夫建设性冲突管理研究中心（Berghof Research Center for Constructive conflict Management）在网站上开始发表有关冲突转化的研究成果，并于2004年和2011年分别出版了《博格霍夫冲突转化手册》（Berghof Handbook for Conflict Transformation），初步形成了较为系统的冲突转化理论。[2] 2000年，联合国灾害管理培训项目（United Nations Disaster Management Training Programme）专门发布了约翰·加尔通（Johan Galtung）教授编写的《以和平手段进行冲突转化》的培训手册，使冲突转化成为联合国在消除战争冲突、维护世界和平工作中的重要模式。[3] 在英国注册的名为"转化冲突"（TransConflict）的组织发起建立了"冲突转化全球联盟"（Global Coalition for Conflict Transformation），使全球致力于冲突转化的社会组织有了共同交流的平台。[4] 这一系列努力使冲突转化的理论和方法受到了学术界、政府和社会组织的共同关注。

---

[1] 参见常健、张晓燕《冲突转化理论及其对公共冲突领域的适用性》，《上海行政学院学报》2013年第4期。该文是本项目研究的阶段性成果。

[2] 《博格霍夫冲突转化手册》，http://www.berghof-handbook.net.

[3] Johan Galtung, Conflict Transformation by Peaceful Means: Participants' Manual / Trainers' Manual. *United Nations disaster Management Training Programme*, 2000.

[4] 参见"冲突转化全球联盟"组织网站：http://www.transconflict.com/gcct/.

一 冲突化解与冲突转化

对冲突转化（conflict transformation）最简单的解释是：将冲突转化为和平结局的过程。① 1982 年成立的专门从事冲突转化工作的组织"寻找共同基础"（Search for Common Ground）将自己所做的冲突转化工作描述为"致力于转变世界应对冲突的方式——摆脱敌对的方式，走向合作解决问题的方式。我们采用多层次的路径，利用媒体倡导，与当地政府和公民社会中的合作伙伴一起工作，寻找适合当地文化的手段来增强社会以建设性方式应对冲突的能力：理解差异，共同行动"②。

"冲突转化"概念的提出，主要是针对"冲突化解"（conflict resolution）的理论与方法。所谓"冲突转化"，根据阿列克斯·奥斯丁（Alex Austin）、玛蒂娜·费舍尔（Martina Fischer）和诺伯特·罗伯斯（Norbert Ropers）的解释，是指为应对并旨在克服冲突深层原因而采取的短期和中期的行动，这些深层原因包括冲突的结构、行为和态度方面。这一过程更多地聚焦于冲突各方的关系而不是特定结果的内容。"冲突化解"概念的提出，在某种程度上是为了克服"冲突处置"（conflict settlement）的局限。冲突处置是指冲突各方达成一致，从而使他们能够结束武装冲突，但并不必然从根本上改变深层的冲突原因。它通常是结果导向的，并限于领导层的行为③。

在界定冲突转化与冲突化解及其他冲突干预方式的关系方面，出现了对冲突转化的广义和狭义两种解释。

费舍尔（Martina Fischer）和罗伯斯对冲突转化进行了广义的解释。根据他们 2004 年主编出版的《转化种族政治冲突：伯格霍夫手册》，相对于"冲突管理""冲突化解""冲突预防""和平建设"这些词来说，"冲突转化"（conflict transformation）被作为一个外延最广的词汇，它涵盖了所有旨在促进可持续和平和社会公正的影响群体间冲突的活动，它包括预防危机的结构和过程导向的各种努力，给各群体赋能和构建社会共同

---

① 参见维基百科网：http://en.wikipedia.org/wiki/Conflict_transformation.
② 参见"寻找共同基础"组织网站：http://www.sfcg.org/sfcg/sfcg_home.html.
③ Alex Austin, Martina Fischer and Norbert Ropers (eds.), Transforming Ethnopolitical Conflict. The Berghof Handbook. Wiesbaden: VS Verlag, 2004, p. 464.

体的各种战略、冲突管理和冲突化解行动,以及在战后情境中的复原、重建与和解的努力①。

费舍尔和罗伯斯认为,冲突转化使20世纪90年代广受重视的"冲突预防"(conflict prevention)概念得到了新的提升。冲突预防主要出现在三个阶段:(1)早期预防:它是为了预防出现暴力冲突的情况;(2)最后预防:它是要阻止现存暴力冲突的横向和纵向的升级;(3)冲突后行动:它是预防在停火和达成和平协议后再次爆发暴力冲突。冲突转化虽然与冲突预防的关注点不同,却将冲突预防作为前提条件包括在自身之中。这意味着应当使冲突各方能够以建设性的方式处理冲突的原因,并形成消除或克服这些原因的战略。冲突转化是一个一般性的全面的概念,它指的是针对特定冲突的长期根源旨在将负面的破坏性冲突转化为正面的建设性冲突而改变冲突的各种特性和表现形式而采取的行动。它强调冲突的结构、行为和态度方面。它既指走向"公正和平"的过程,又指走向"公正和平"的结构②。因此,它融合了过程的各种行动,如冲突预防、冲突化解、冲突处置和冲突管理③。冲突转化通过转化关系结构、转化事项、转化主体参与者结构、转化情境等途径,提高民众参与,为冲突化解提供条件。

与费舍尔和罗伯斯对冲突转化的广义定义不同,休·米埃尔(Hugh Miall)对冲突管理作出了狭义的定义。他认为,冲突转化理论的提出是基于冲突性质的某些重大变化:第一,大多数当代的暴力冲突都是力量不均衡的,它表现为权力和地位的不平等;第二,许多当代的冲突都是持续不绝的(protracted),不断重复地使用暴力,因此不符合有关冲突阶段的周期模型或钟状模型;第三,持续性冲突扭曲了其所在的社会和地区的社会关系和经济发展,当地的争斗、军火贸易以及外来国家对政权或反叛者的支持,都会造成复杂的危机局面。正是这些情境的复杂性,彰显出冲突化解理论的简单性,特别是冲突化解理论关于在双方斗争中达成共赢结果

---

① Martina Fischer & Norbert Ropers, Introduction. *The Berghof Handbook of Conflict Transformation*. 2011, p13.
② Ibid.
③ Alex Austin, Martina Fischer and Norbert Topers (eds.), Transforming Ethnopolitical Conflict. *The Berghof Handbook*. Wiesbaden: VS Verlag, 2004, p465.

的核心主张难以适用。在这个意义上,他认为冲突转化理论已经是一种与冲突管理理论和冲突化解理论相区别的独特的冲突干预理论,但这种新理论还是沿用了冲突管理和冲突化解的许多熟悉概念,并依赖于有关冲突的理论传统。因此,最好不要将其视为一种全新的路径,而是将其视为对该领域的概念重构,以便使其更好地适应当代的冲突。基于这种观点,他对冲突管理理论、冲突化解理论和冲突转化理论的不同主张进行了具体的分析[1]。

根据米埃尔的分析,冲突管理理论将暴力冲突视为社会共同体内部和之间的价值和利益差异不可避免的结果。暴力倾向产生于现存的制度和历史关系以及现存的权力分配关系。这些冲突被认为是无法解决的,最多只能加以管理和控制,在某些情况下可以达成一种历史性妥协,使暴力被搁置,政党的政治秩序得以恢复。冲突管理是一种适度干预以达成政治解决的艺术,它主要是由那些拥有权力和资源的有影响力的角色对冲突各方施加压力以诱导他们平息冲突。它也是一种设计适当体制的艺术,通过制度设计将不可避免的冲突引导入适当的渠道。如布龙菲尔德(D. Bloomfield)和莱利(Ben Reilly)所指出的:"冲突管理是以积极、建设性的方式掌控差异和分歧。它主张的不是消除冲突的方法,而是提出管理冲突这一更现实的问题:如何以建设性的方式来应对冲突,如何将对立各方共同带入合作过程之中,如何设计一种实际可达成的合作体制来建设性地管理差异。"[2]

与此相对,冲突化解理论拒斥这种对于冲突的权力政治观,主张在社区和认同冲突中人民的基本需求是无法妥协的。然而,它认为,如果冲突各方能够得到帮助去探索、分析、质询和重新解释他们的立场和利益,就有可能超越冲突。因此,冲突化解强调由有技巧但无权力的第三方进行干预,这种第三方以非官方的身份与冲突各方一起工作来促使新思维和新关系的产生。他们要努力探索冲突的实际根源,并找出各方在

---

[1] Hugh Miall, *Conflict Transformation: A Multi-Dimensional Task*, http://www.berghof-handbook.net/documents/publications/miall_handbook.pdf.

[2] D. Bloomfield & Ben Reilly, The changing Nature of conflict and Conflict Management, in Peter Harris and Ben Reilly (eds.), *Democracy and Deep-rooted Conflict*. Stockholm: Institute for Democracy and Electoral Assistance, 1998, p. 18.

坚持自己所确立的立场时可能忽视掉的创造性解决方案。冲突化解使各方得以从零和的、破坏性的冲突方式转入共赢的建设性的结局。其目的是发展冲突化解的过程，其结局是争执各方都可以接受的，并对于化解冲突是有效的①。

与上两种理论不同，冲突转化理论主张，当代冲突不只需要重新解释立场和发现共赢解决方案。冲突各方及其关系的结构可能被置于一种冲突关系的模式中，它超出了冲突的特定现场。因此，冲突转化是一个转变关系、利益和情境并且在必要时转变那种使暴力冲突得以持续的社会体制的过程。建设性的冲突被视为改变的重要契机和催化剂。冲突各方的人员、受到影响的社会或地区的人员以及与人力物力相关的外在人员都可以在建设和平的长期过程中发挥补充性的作用。这是一种更全面和涉及范围更广泛的路径，它强调对冲突中的社会内部各群体的支持，而不是外来者的中介。它认识到冲突是通过一系列较小或较大的改变以及各个具体的步骤逐渐转化的，通过这种方式，各种行动者都可以承担重要的角色。如莱德拉奇（J. P. Lederach）所指出的："冲突转化必须积极地展望、包容、尊重和促进给定场景中的人员和文化资源。这包括一套新的视角，通过这一视角，我们主要不是将冲突中的场景和人员视为'问题'，将外来者视为'答案'。相反，我们将转化的长期目标理解为在该场景内的人员和资源的基础上来实施和建立。"②

亚里山德拉·斯金纳（Alexandria Skinner）也认为，冲突化解与冲突转化在态度和目标上存在着重要的差别。冲突化解将冲突视为要解决的问题，就像一只讨厌的苍蝇。其目标是要消除这种令人不快之物，不要再听到苍蝇嗡嗡叫。它只是寻求解决冲突，用任何方式来结束冲突所带来的不愉快。而冲突转化的目标却是提供一种机制，使冲突各方能够一起来应对他们共同的问题。它要将冲突转化为一种机会，去修复、成长、治愈和评估生命力。它并不将结束分歧作为最优先的事项，而是寻求由内至外地转变我们对冲突的体验。冲突转化的调解者将冲突视为机

---

① E. Azar & John W. Burton, *International Conflict Resolution: Theory and Practice*. Boulder: Lynne Rienner and Wheatsheaf, 1986, p. 1.

② J. P. Lederach, Preparing for Peace: Conflict Transformation Across Cultures. New York: Syracuse University Press, 1995.

会，他试图帮助冲突各方运用由冲突带来的不愉快来提出各种设计好的问题，探讨不愉快的根源，并鼓励各方用更高程度的理解力来回应冲突。将冲突视为考察自身所处情境的机会，倾听他人的需求，更切近地理解自己的需求，然后探寻是否有合适的路径来合作寻找更好的回应方式。根据冲突转化理论，冲突是生命的自然组成部分。当人们之间出现冲突时，那意味着生命中存在着改变、成长和合作，这是一个满足和回应需求的过程[①]。

路易斯·克里斯伯格（Louis Kriesberg）认为，尽管冲突转化理论融合了冲突化解理论的一些核心理念，但它专注的是大规模、持续性和破坏性的冲突，聚焦在如何改变这些冲突使其可以在很大程度上以建设性的方式进行。冲突转化既指转变到相对非破坏性行为的过程，又指冲突双方转变为非竞争性关系。在结构上，冲突转化过程不是单边强加的，而是各方共同确定的；在行为上，它要从以暴力和其他强迫行为主导转变为以标志着相互依赖的合作或交换行为主导。因此，冲突转化的概念应当被置于比冲突管理和冲突化解理论更广阔的语境下加以理解。冲突转化聚焦于各种思想和行动的价值，要改变冲突各方的情感和信念，促使他们相互接受甚至相互尊重，以便启动和持续推进转化过程。它强调在冲突转化的努力过程中要具有长期的视角，要对特定冲突中的对抗双方进行分析，在各种相互联系的冲突中首先关注病灶冲突（focal conflict）[②]。

科杜拉·雷曼（Cordula Reimann）从行动者和策略导向的角度对冲突干预的三种路径进行了区分，这三种路径大体对应着冲突处置、冲突化解和冲突转化三种模式。（见表1-3）[③]

[①] Alexandria Skinner, Conflict Resolution vs. Conflict Transformation, http：//02e1cd2. netsolhost. com/wordpressDE/2010/12/03/conflict – resolution – or – conflict – transformation/，on December 3rd, 2010.

[②] Louis Kriesberg, The State – of – the – Art in Conflict Transformation, 2011, http：//www. berghof – handbook. net/documents/publications/kriesberg_ handbook. pdf. Louis Kriesberg, Conflict Transformation, Lester Kurtz, ed. , Encyclopedia of Violence, Peace and Conflict. Oxford：Elsevier, 2008，vol. 1，p. 402.

[③] Cordula Reimann, Assessing the State – of – the – Art in Conflict Transformation, 2004, http：//www. berghof – handbook. net/documents/publications/reimann_ handbook. pdf.

表1-3　　　　冲突干预的三种不同路径的行动者和策略导向

	路径1	路径2	路径3
行动者	政治和军事领导者作为调解者和/或冲突各方的代表	从私人、学术机构和专业机构的"民间调解"、"公众外交"到国际和当地非政府组织参与冲突化解过程	从当地草根组织到当地和国际发展机构、人权组织和人道主义援助
策略导向	结果导向：从官方的强制的措施如制裁、仲裁、权力调解，到非强制措施如促进、谈判、调解、实情调查和调停	过程导向：非强制措施，主要是提供便利和咨询，采用的形式是解决问题的专题讨论会和圆桌会议	过程和结构导向：能力建设、创伤治疗、草根培训、发展和人权工作

资料来源：Cordula Reimann, Assessing the State-of-the-Art in Conflict Transformation, 2004, http://www.berghof-handbook.net/documents/publications/reimann_handbook.pdf.

"转化冲突"组织所建立的"冲突转化全球联盟"确立了各成员组织所奉行的冲突转化16条基本原则，它表达了该组织对冲突转化的理解，其具体内容如下[①]：

(1) 冲突不应当被视为可以被化解或管理的孤立事件，而应被视为社会正在进行的进化和发展过程的有机部分；

(2) 冲突不应当只是被理解为一种本质上是负面的和破坏性的现象，而应被理解为一种如果予以建设性治理便会成为变革的正面的和建设性的力量；

(3) 冲突转化不是要仅仅寻求控制和管理冲突，而是要寻求转化特定冲突的根源本身，或对这种根源的感知；

(4) 冲突转化是一个长期的、逐渐的和复杂的过程，需要持续地共同努力和互动；

(5) 冲突转化不只是一个路径和一套技术，而是一种关于冲突本身和理解冲突的思想方式；

---

① TransConflict, Principles of Conflict Transformation, http://www.transconflict.com/gcct/principles-of-conflict-transformation.

（6）冲突转化特别适用于难以应对的冲突，这种冲突的深层根源事项导致了持续的暴力；

（7）冲突转化要随着不断变化的冲突性质而加以调整，特别是在前暴力阶段和后暴力阶段，以及在升级周期的任何阶段；

（8）冲突转化永远是非暴力的过程，它与冲突的暴力表达形式是根本对立的；

（9）冲突转化要针对一系列维度，包括微观、中观和宏观的层次，地方的和全球的范围；

（10）冲突转化关注行动者、情境、事项、规则和结构这五种类型的转化，聚焦于冲突的结构、行为和态度方面；

（11）为了使冲突转化得以发生，必须克服冲突各方之间的紧张状态：首先，要确保所有的行动者都认识到他们各自的利益不能靠诉诸暴力来实现；其次，要寻求在转化的方面和转化的方式上达成共识；

（12）冲突转化强调人的维度，提醒冲突各方其需求的相容性，而不是强调其对抗的利益，拒绝单边的决定和行动，特别是那些体现冲突一方胜利的决定和行动；

（13）冲突转化并不诉诸一套预先确定的路径和行动，而是尊重和适应给定场景的特殊性；

（14）冲突转化的视野要超越可见的事项，提出创造性的解决方案，整合各种不同视角，形成各种行动者的广泛联盟，其中也包括那些从这种考虑中被边缘化的人；

（15）冲突转化不可避免地要涉及一个中立的第三方，以便帮助行动者改变他们对于他人的认知和情感，并借此来帮助破除"我们"和"他们"的划分；

（16）冲突转化代表着一种雄心勃勃和高标准的任务，它比那些现在流行的技术和路径更适于应对当代那些不均衡的、复杂的和持续性的冲突。

二　冲突转化的维度、过程、主体和策略

冲突转化的研究者们从不同角度对冲突转化的内容进行了研究，它们主要涉及冲突转化的维度、过程、行动主体和策略方式四个方面。

1. 冲突转化的维度

什么是冲突转化的对象？R. 瓦伊里宁（R. Vayrynen）1991 年提出了行动者、事项、规则和结构四个维度的转化[①]；米埃尔在此基础上提出了情境、结构、行动者、争议事项和决策精英五个转化维度[②]；"转化冲突"组织则提出了行动者、情境、事项、规则和结构五个维度[③]。

（1）行动者转化（actor transformations）

行动者转化是指冲突各方部分的改变或新行动者的出现。改变行动者的目标和他们追求这些目标的路径。其方式包括强化他们对各自行动的原因和后果的理解，使他们决定改变他们的目标或改变他们参与冲突的一般路径。这包括决定寻求和平或启动和平进程，也包括各方支持者情况的改变。这种改变为具体的冲突转化开辟了若干道路。一方领导层内部行动者对组织立场的改变对和平进程的作用通常会比外部行动者的影响更加重要。

（2）争议事项转化（issue transformations）

争议事项转化是指找到共同的基础，这要求在冲突各方内部的深刻政治改变。重新定义冲突所涉及的核心事项，重新确定、表述和解释在这些争议事项上关键行动者所采取的立场，以便达成妥协或解决方案。

（3）规则转化（rule transformations）

规则转化改变的是各方互动的规范。改变所有层次的决策规范和规则，以便确保能够通过制度化的渠道建设性地处理冲突。

（4）结构转化（structure transformations）

结构转化是改变冲突的最重要方式。一种新的权力分配，相互依赖或孤立程度的提升都会在冲突各方之间的关系结构方面带来变化。相互依赖或孤立，与各方的利益相结合，会创造出不同的冲突发展模式。例如，高度的相互依赖却又相互对立的利益，是不稳定的特征。利益的转化可以被

[①] R. Vayrynen (ed.), To Settle or to Transform? Perspectives on the Resolution of National and International Conflicts. New Directions in Conflict Theory: Conflict Resolution and Conflict Transformation. London: Sage, 1991, pp. 1–25.

[②] Hugh Miall, Conflict Transformation: A Multi-Dimensional Task, http://www.berghof-handbook.net/documents/publications/miall_handbook.pdf: 10.

[③] TransConflict, Principles of Conflict Transformation, http://www.transconflict.com/gcct/principles-of-conflict-transformation.

作为一种改善冲突结构的方式：在培养各方相互依赖的情境中提升利益共同性的潜能。改变冲突赖以孕育和产生的关系结构、权力分配结构、社会经济条件，以此来影响先前互不相容的行动者、争议事项和目标之间互动关系结构。例如，不改变不平衡的竞争性关系，就无法转化由此产生的不均衡冲突。这种转变只有当逐渐发生时，才会得到内部和外部行动者始终的支持。

（5）情境转化（context transformations）

通过改变冲突的情境，彻底改变冲突各方对冲突本身的感知和对冲突意义的理解，改变他们各自对彼此的关键行动者的态度和理解，从而改变他们的动机。例如，全球冷战的结束就对各种地区冲突产生了这种深刻的影响。

（6）精英个人转化（personal/elite transformations）

这主要涉及领导者个人或在关键问题上具有决策权力的小团体中的个人在诚意和认知上的改变。一些外部干预者会试图接近这些领导者并直接促使其个人态度和认知的变化。领导者的和解姿态所表达的个人变化会对和平进程起到重要的作用。

米埃尔将冲突转化的五个维度及其内容概括为一个简表，如表1－4所示。

表1－4　　　　　　　　冲突转化的类型和内容

转化类型	转化内容举例
情境转化	国际或区域环境的变化
结构转化	从不平衡关系转变为平衡关系、权力结构的转变、暴力市场的转变
行动者转化	领导的转变、目标的转变、各方之间关系的转变、各方支持者的转变、转变行动者
争议事项转化	超越竞争事项、建设性妥协、转变争议事项、截断或重新建立争议事项之间的联系
精英个人转化	视角的转变、心情的转变、意愿的转变、和解的姿态

资料来源：Hugh Miall, Conflict Transformation: A Multi-Dimensional Task, http://www.berghof-handbook.net/documents/publications/miall_handbook.pdf：10.

2. 冲突转化的过程

克里斯伯格认为，冲突转化过程一般会经历四个阶段[①]：

（1）探索阶段

在这一阶段，冲突各方自身内部开始出现某种转变，这种转变为他们之间相互探索的举措开启了机会。随着冲突的持续，某些事件会使人们对持续冲突是否明智产生疑问。冲突的成本在不断上升，而成本的负担在冲突各方内部各个团体之间的分担比例是不一样的，特别是在超大规模且具有高度差异性的冲突方，成本分担不平衡的情况最有可能发生。这样，在一些大群体和大组织中，一些分支派别经常会表达它们对坚持斗争的异议，会讨论不同行动方案的可能性，包括各种使冲突降级的路径，在此过程中，一些分支派别可能会倡导一种新的行动路线。随着最主要的奋斗目标仍然无法实现，支持者中也会有一些成员从支持冲突升级或继续进行斗争转向支持使冲突降级的策略。在冲突转化的早期阶段，冲突一方的成员有可能开始探索是否可能接受某种更具包容性的立场。例如，一些和平倡导者会尝试性地提出某种建议，试探对方是否会接受这种建议作为冲突解决方案的组成部分。这种初始的倡议经常是间接提出的，言辞模棱两可，一旦被拒绝很容易改口对其作出另一种解释。这种谨慎是可以理解的，作出这种尝试的领导者担心如果被对方拒绝，其支持者就会将其视为幼稚和愚蠢的，对方领导者也会将其视为示弱的信号并因此增加要价。因此，这种使冲突降级的试探经常是由冲突各方中低级别或非官方的代表作出的，如果得到的回应是不可接受的，他们所代表的各方就会断然否认这与他们有关。应一方要求或主动承担中介调解的人员所进行的干预，为这种试探提供了另一种渠道。如果他们不能发现足够的共同基础来开展进一步的探索和谈判，他们的试探很容易被拒绝。

（2）初期信号和行动阶段

在这一阶段，冲突各方会作出某种姿态和其他举动，显示双方开始

---

① Louis Kriesberg, Conflict Transformation, Lester Kurtz, ed., Encyclopedia of Violence, Peace and Conflict. Oxford: Elsevier, 2008, vol. 1, pp. 401 – 412. Louis Kriesberg, The State – of – the – Art in Conflict Transformation, 2011, http://www.berghof – handbook.net/documents/publications/kriesberg_handbook.pdf.

相互包容。尝试性的试探有可能被视为阴谋而加以拒绝，或被认为没有代表另一方的权威代表的立场而被置之不理。为了使这种探索发生效果，就需要采取更明确的言辞和行动。在这个阶段通常会出现两种策略：一种是由查尔斯·奥斯古德（Charles E. Osgood）提出的"缓和紧张局势的渐次往复策略"（Graduated Reciprocation in Tension Reduction），它是由一方先宣布作出让步，邀请回复，但即使对方没有立即回复，它也会继续采取进一步的合作举措，以此消除双方的紧张关系和恐惧，使冲突得以降级①。另一种是罗伯特·埃克塞尔罗德（Robert Axelrod）提出的"针锋相对"策略（tit-for-tat strategy），即如果一方首先提出和解的举措，另一方就提出相应的和解举措；如果一方采取强迫的行动，另一方也会采取相应的强迫行动②。除了公开的姿态和行动之外，各方的高级别代表有时会举行秘密会议。这经常是采取更大步骤的相互包容的重大公开转变的前奏，以确保这种转变的出现以及后续步骤的跟随。

（3）达成协议或理解阶段

在这一阶段，冲突各方建立起更多的联系，提升相互理解和信任。经过一个逐渐转变和转化的过程，冲突各方之间的包容性不断增长，其标志经常是就某个具体争议事项达成协议。明确的协议有助于解决某些争议事项，促进相互理解、承诺和信任，减少各方支持的恐惧和对抗。在这一过程中，采取某些建立信心的举措（confidence-building measures）是非常重要的，它是通过协议的方式向冲突各方保证任何一方都不会采取针对对方的突然军事行动，或不会推行准备采取这种行动的政策。

（4）实施和制度化阶段

在这一阶段，要建立新的共同体制，强化相互依赖关系和利益整合关系。同时还要使达成的协议得到贯彻而不被违背。通过建立各方同意的监督和证实程度，可以使协议得到遵守，并形成协议得到遵守的认知。还可以建立双方共同组织的使团或其他机构来审议有关如何解释所达成的协议

---

① C. E. Osgood, *An Alternative to War or Surrender*. Urbana, IL: University of Illinois Press, 1962.

② R. Axelrod, *The Evolution of Cooperation*. New York: Basic Books, 1984.

的争议。建立一些具有自行持续性质的条约和其他种类的协议,保证在维持所达成的协议的过程中促进所给予的利益的实现,起码要保证各方支持者中某些群体的利益。这使先前敌对的战士在战斗结束后实现和解的过程中具有特别重要的意义。中介调解者在维持协议方面具有关键性的作用。他们可以帮助监督和协助协议的实施。

3. 冲突转化的行动主体

米埃尔认为,冲突转化有以下几种类型的行动主体:国家和国际组织、发展与人道主义机构、非政府组织、地方行动者[①]。

(1) 国家和国际组织

国家和国际组织是最有影响力的行动者,因为它们的行动会对冲突各方产生最直接、最强有力的影响,它们干预的积极和消极结果全部都受到公众的监督。

(2) 发展与人道主义机构

发展与人道主义机构一般把自己的角色定位为支持和鼓励其他人的工作,而不是主要负责转化冲突。大多数冲突转化工作需要由非政府组织进行。

(3) 非政府组织

非政府组织寻求深入理解冲突根源,与冲突方内外的人们工作。它们寻求开放的对话空间,确定发展机会,并长期从事和平建构、关系建立和体制建立,致力于从根本上以建设性的方式将冲突化解。

(4) 地方行动者

地方行动者有最大的责任和机会进行冲突转化,冲突更多的是发生在地方层面,所以地方行动者负责转化他们自己的冲突。

4. 冲突转化的策略方式

克里斯伯格认为,冲突转化采取的策略方式会因冲突转化的不同阶段而有所不同,所指向的层次有所不同,影响的方面有所不同,而且还要区分短期的策略和长期的策略。他的分析可以被总结为一个简表,如表1 – 5所示[②]。

[①] Hugh Miall. Conflict Transformation: A Multi – Dimensional Task, http://www.berghof – handbook.net/documents/publications/miall_ handbook.pdf.

[②] Louis Kriesberg, Conflict Transformation, Lester Kurtz, ed., *Encyclopedia of Violence, Peace and Conflict*. Oxford: Elsevier, 2008, vol. 1, pp. 401 – 412.

表 1 – 5 冲突转化采取的各种方式

发起层次	作用周期	影响内部改变	影响相互关系	影响外部情境
高层领导者	长期	领导者动员对冲突降级的广泛支持；精英提出不同的政策方案来启动和促进冲突降级和转化；鼓励对方底层群众向其领导者施压促进冲突降级	提升相对较弱一方的福利和权力，注意不要使强势一方的支持者感到威胁；强化共同的身份认同，注意采用共同接受的身份词汇，以免引起弱势一方的反感；改善团体及其成员的个人权利和集体权利，以提供行为标准，促进达成普遍可接受的冲突结果，并给外部行动者提供帮助修复双方关系的机会。通过标准明确的制裁来纠正反对者的行为，并与适当的奖励相结合	重新解释冲突，将其置于变化的环境之中；建立政策来改变环境以实现自己的目标或转化无法获胜的冲突；建立更具包容性的制度结构
	短期	对外开放，公开讨论，倡导放弃对抗以实现新的目标，接受共同行为准则	相互承认和作出保证。在领导者个人层面进行有中介的或直接的谈话。在公开场合相互承认或作出和解姿态	外部制裁；武器禁运；为促进双方签订协议而提供某些收益；为双方沟通提供某种便利，包括非正式、非官方渠道；改变利益相关者的组合
中层领导者	长期	开展教育；提供有关对方的信息；在学校教育、大众传媒和其他渠道停止将对手妖魔化，改善对对方形象的刻画	对抗双方开展互动，以促进相互理解和相互依赖。开展对话、专题研讨会和其他非官方形式的交换；为高层领导者提出和倡导共同接受的目标；在冲突转化的早期阶段为高层和中层领导者提供另外的沟通渠道	
	短期	支持上层的新选择，利用机会来促进新的变革	双方共同解决地方层面的紧急任务	

续表

发起层次	作用周期	影响内部改变	影响相互关系	影响外部情境
底层领导者	长期	改变孩子在家庭所经历的过程，从那种会导致愤怒转移和对抗的过于严厉的家庭教育，转向关爱式教育		媒体报道暴力事件引起广泛关注
	短期	激发和动员反对和阻止冲突升级，抗议破坏性的对抗方式；促进实施和维护所达成的协议		

资料来源：Louis Kriesberg, Conflict Transformation, Lester Kurtz, ed., Encyclopedia of Violence, Peace and Conflict, vol. 1, Oxford: Elsevier, 2008, pp. 408 – 411.

三 冲突转化模式对公共领域冲突管理的适用性

从以上分析可以看到，冲突转化与冲突处置和冲突化解具有不同的着力点并采取不同的策略。那么这种理论所提出的干预范式是普遍适用于各种不同冲突，还是特别适用于某种特定类型的冲突？

首先，冲突转化模式特别适用于公共领域出现的大规模、旷日持久和具有严重破坏性的冲突。大规模冲突说明它涉及相当大群体的利益，这意味着冲突处置的方法无法直接奏效；冲突的持续不绝说明引发冲突的深层根源是难以化解的，这意味着冲突化解方法的运用在这种情况下受到了严重的限制；冲突导致严重的破坏性后果说明冲突各方之间存在着严重的对抗关系，使得冲突的正面效应受到抑制，而冲突的负面效应却充分展现出来，这意味着冲突管理方法的运用受到了阻碍。在这种情况下，就需要对冲突的情境、结构、规则、事项、行动者和精英个人进行相应的转化工作，消除冲突化解和冲突管理的障碍，使冲突处置能够有效进行。

专注于冲突转化理论研究的德国博格霍夫建设性冲突管理研究中心多年来的研究主要是针对长期持续的种族政治冲突。这种冲突有四个关键性特征：（1）它们是身份认同群体（identity groups）之间的冲突，其中至少有一个群体感到他们对于平等、安全和政治参与的基本需求没有得到尊重；（2）这种冲突从根本上涉及国家权力，经常是政府与叛乱方之间的不均衡冲突；（3）对这些冲突的理解必须考虑到影响事件进程的各种联系，如亲属国、侨民、国际干涉等；（4）这些冲突经常是基于根深蒂固的群体对抗历史。因此，该中心的冲突化解研究中，特别注意承认在多民族政治系统中民族需求的合法性，要考虑必要的权力分享和国家改革，要恰当地评估国际参与者和国际社会的角色和作用，并整合过去暴力的和痛苦的经历。要考虑到长期持续的冲突经历，不仅夺去了生命，毁坏了生活资料，破坏了社会、政治和经济基础设施，而且也冲蚀了整个社会的社会资本。因此，所进行的冲突转化涉及广泛的事项，包括纾解、复原、重新安置、重建，以及恢复人性并达成和解[①]。

冲突转化理论经常将三个严重的国内冲突的转化作为经典案例。第一个是在19世纪末和20世纪初发生在美国的劳资冲突，当时出现了严重的暴力，雇主拒绝承认工会，但随着20世纪30年代集体谈判的制度化，这些冲突被转化了。第二个是在20世纪60年代爆发的非洲裔美国人为争取平等的公平权利的斗争，后来通过建立民权立法使冲突得以转化。第三个是在南非发生的反对种族隔离和剥夺黑人选举权的斗争，它最终随着20世纪90年代初种族隔离制度的取消而得以转化。随着20世纪90年代"冷战"的结束，不仅各国国内战争和国家间战争的数量呈现显著下降趋势，而且许多先前旷日持久的暴力冲突都通过谈判得到了解决。据彼得·瓦伦斯汀（Peter Wallensteen）的分析，在1990—1999年间，在非洲、中美洲和其他地方有16个武装冲突通过协议得到了解决[②]。

大规模、旷日持久和具有严重破坏性的冲突并不仅仅限于民族政治

[①] 参见博格霍夫冲突转化网站：http://www.berghof-handbook.net/articles/preface-introduction。

[②] Louis Kriesberg, Conflict Transformation, Lester Kurtz, ed., Encyclopedia of Violence, Peace and Conflict. Oxford: Elsevier, 2008, vol. 1, p. 401.

冲突。在快速转变的发展中国家,环境污染、生态保护、征地拆迁、大规模工程项目移民等都有可能产生大规模、持续性和破坏性的冲突。在由这些原因引发的冲突中,仅仅靠冲突处置方式难以有效地平息冲突,往往是一波未平,一波又起。仅仅靠冲突化解手段难以化解冲突的深层根源,经常是冲突各方坐不到谈判桌前,或坐到谈判桌前也长期达不成协议;第三方调解难以说服各方,调解者还经常被卷入冲突成为冲突一方,升级为所谓的"二阶冲突";仲裁和司法判决得不到有效服从,形成所谓的"诉访循环"。这表明,这类冲突的解决不能仅仅靠冲突处置和冲突化解的方式,必须进一步采取全方位的冲突转化策略,转化产生这些冲突的制度情境、权力结构、互动规则和事项关联,转化冲突各方对冲突事项、冲突性质和冲突对立方的认识,使双方形成相互依赖的关系,达成彼此间的理解与信任,转化冲突的动机,从而使冲突化解得以可能。

其次,冲突转化模式也部分地适用于公共领域中出现的一些中等规模、持续一段时间且导致一定破坏性结果的冲突。这样的冲突主要包括由医患矛盾、社区管理、企业改制和局部拆迁引发的冲突。在这些冲突中,当由于冲突的事项、结构、规则、情境或主体等原因导致冲突化解工作无法顺利进行时,就需要采取冲突转化的策略和方法来为冲突化解扫清障碍。特别是通过建立纠纷处理的适当机制实现冲突结构的转换,通过确立明确的纠纷解决程序来实现冲突规则的转变,通过建立适当的对话渠道来促进各方的相互理解。

最后,冲突转化所倡导的以建设性方式应对社会冲突的理念,对于改变冲突多发、易升级和破坏性强的总体局势具有重要的战略意义。中国现在处于冲突高发期,触点多、燃点低。造成这种情况的原因一方面是特殊历史发展时期的客观特征所致;另一方面也是由于社会整体结构没有及时调整到足以应对冲突发展的实际状况。因此,对那些容易引发大规模、持续性和破坏性冲突的社会结构、交往规则、组织方式、管理方式进行总体性的调整,对于社会冲突整体状况的改观将会产生深远的影响。特别是通过结构转化来使社会成员建立长期稳定的社会预期,通过规则转化形成共同接受的行为标准和处置程序,通过关系转化促成各种不同利益群体之间的相互依赖关系,通过主体转化达成各社会群体成员之间的相互理解。中共十八大报告中提出的经济、政治、文化、社会和生态文明建设"五位一体"的发展格局，为这种整体性的社会转化提供了适当的条件和契机。因此，将这五个建设与社会整体的冲突转化相结合，将会为中国未来的社会稳定和长治久安打下深层的基础。

第二章　公共领域冲突管理组织体制的现状与发展趋势

随着社会主义市场经济体制的建立和发展，中国公共领域冲突的性质正在发生深刻的变化，由以行政化冲突为主转向以社会化冲突为主。与此趋势相应，中国公共领域冲突管理的组织体制也需要作出相应调整，由行政主导向社会主导转型。它要求冲突管理组织体制的方方面面都作出相应改变，其中最重要的是要加强公共领域冲突化解机构的建设。

第一节　中国公共领域冲突化解机构的现状分析

公共领域冲突化解机构建设是冲突管理组织体制建设的重要组成部分。所谓公共冲突化解机构，是与法院、公安机关等具有强制力的国家机关相对的公共组织，它主要通过斡旋、调解、仲裁等方式促使冲突相关各方达成协议，使冲突得以化解。从国内外公共冲突治理的经验来看，仅仅依靠公安机关和法院等具有强制力的国家机关不足以有效和及时治理日益增多的公共冲突，加强公共冲突化解机构的建设是提高公共冲突治理能力的可行路径。

改革开放以来，中国在大力加强公安和司法机构建设的同时，也积极开展公共冲突化解机构的建设，各级信访机构、人民调解委员会和各类专业调解组织得到了相应的发展和完善。但相对于处于高发阶段的各种公共冲突来说，中国公共冲突化解机构化解公共冲突的效能和效率还远远无法满足需求，需要在法律依据、组织形式、人员构成、职责与权能、专业化程度等诸多方面进行转变和完善。中国与其他国家在公共冲突化解机构在专门性、专业性、机构属性、人员构成、资金来源、协议约束力等方面具有许多共同点，但也存在着一些重要的差异。为了提升公共冲突化解机构的效能，需要进一步加强对公共冲突化解机构的法律和制度支持，细化专业分工，吸收更多专家参与，并建立各类冲突化解机构的统一规范和交流平台。[1]

中国公共冲突化解机构的状况可以从机构的专门性、专业性、机构属性、人员构成、资金来源、工作性质、协议约束力和化解效果等方面来加以描述和概括。表2-1对中国公共冲突化解机构的基本状况作出了概括。

表2-1　　　　　中国公共冲突化解机构的基本状况

化解冲突	化解机构	专门性	机构属性	人员构成	资金来源	工作性质	协议约束力
一般纠纷	各级政府部门	非专门机构	政府机构	国家公务人员	财政预算	行政调解	调解协议具有合同的约束力
	各级司法机构	非专门机构	司法机构	公务员	财政预算	司法调解	调解协议具有法律约束力
	仲裁委员会	专门机构	由政府部门与商会建立，独立于行政机关	专家和有实践经验的专业人士	政府的资助、事业经费拨款、当事人交纳的仲裁费、社会捐助和其他合法收入	仲裁	仲裁书具有法律效力
	村民委员会、居民委员会和企业事业单位设立的人民调解委员会	专门机构	基层群众自治组织，受政府司法行政部门指导	委员由推选产生	政府资助	人民调解	调解协议具有法律约束力

---

[1] 参见常健、杜宁宁《中外公共冲突化解机构的比较与启示》，《上海行政学院学报》2016年第3期。该文是本项目研究的阶段性成果。

续表

化解冲突	化解机构	专门性	机构属性	人员构成	资金来源	工作性质	协议约束力
医患纠纷	卫生行政部门	非专门机构	行政机构	公务员	财政预算	行政调解	调解协议具有合同的约束力
	医疗纠纷人民调解委员会	专门机构	第三方组织，受司法行政部门指导	专业调解员、行政人员和兼职专家	政府资助	人民调解	调解协议具有民事合同的约束力
	深圳医患纠纷仲裁院	专门机构	仲裁委员会下设机构，非营利性事业单位法人，司法行政部门登记	专职工作人员与兼职专家	财政预算	仲裁	裁决具有法律效力
劳资纠纷	劳动保障监察机构	非专门机构	行政机构	公务员	财政预算	行政调解	调解协议具有民事合同的约束力
	劳动人事争议仲裁委员会	专门机构	隶属于劳动保障部门，受人民法院管辖①	劳动行政主管部门、工会组织和用人单位三方代表	财政预算	仲裁	调解书和裁决书具有法律效力
	企业劳动争议调解委员会	专门机构	职工代表大会领导下的群众组织	职工、企业和企业工会三方代表	民间资金	民间调解	调解协议书不具有法律约束力

---

① 《劳动人事争议仲裁组织规则》，2010年1月20日颁布，第2、6条。

续表

化解冲突	化解机构	专门性	机构属性	人员构成	资金来源	工作性质	协议约束力
环境纠纷	环境纠纷行政调解委员会	专门机构	行政机构	相关行政部门负责人	财政预算	行政调解	调解协议具有民事合同的约束力
土地承包经营纠纷	农村土地承包经营纠纷调解委员会	专门机构	政府部门主办的调解机构	政府相关部门负责人	政府资助	人民调解	调解书不具有约束力
土地承包经营纠纷	农村土地承包仲裁委员会	专门机构	政府主办的仲裁调解机构①	政府和各方代表及兼职专家	财政预算	仲裁	仲裁结果具有法律效力
道路交通纠纷	道路交通纠纷调解委员会	专门机构	行政机构	公务员	财政预算	行政调解	调解协议具有民事合同的约束力
社区物业纠纷	物业管理纠纷人民调解委员会	专门机构	地区政府主办的组织	公务员和兼职专家	政府资助	人民调解	调解协议具有民事合同的法律约束力
电力纠纷	电力监管机构	非专门机构	行政机构	公务员	财政预算	行政调解	调解书具有民事合同性质，可申请人民法院确认其效力

一 机构性质和特点

（一）职业性质

根据机构的工作性质，公共冲突化解机构可以分为专门机构和非专门

---

① 《中华人民共和国农村土地承包经营纠纷调解仲裁法》，2009年6月27日颁布，第13、52条。

机构。在中国,专门性的公共冲突化解机构并不发达。法院和政府一般行政机关都承担着一定的公共冲突化解职能,如法院承担着司法调解职能,卫生行政部门承担着医患纠纷的化解工作,国家电力监管委员会及其派出机构承担着电力争议纠纷的化解工作,劳动保障监察机构、人力资源和社会保障部门承担着劳资纠纷的化解工作,但它们不是专门的公共冲突化解机构,冲突化解只是其工作职责中很小的部分。与此同时,中国也建立了一些专门性的冲突化解机构,如各级人民调解委员会、各级政府的信访机关等。截至2012年,全国共有人民调解组织81.1万个,其中村(居)调委会67.8万个、乡镇(街道)调委会4.2万个、企事业单位调解组织6.5万个①。

(二) 专业性

公共冲突化解机构又可以进一步分为一般性机构和专业性机构。一般性的冲突化解机构负责化解各种类型的公共冲突;专业性的冲突化解机构负责化解某一特定类型的公共冲突。在中国,公共冲突化解机构的分工还处于初步阶段,一般性的公共冲突化解机构占据主要位置,其最主要的形式是各级政府的信访机构和基层的人民调解委员会。但在一些冲突高发的领域,也出现了一些专业性的冲突化解机构,如环境纠纷行政调解委员会,医患纠纷人民调解委员会和仲裁委员会,劳动人事争议仲裁委员会,道路交通调解委员会,物业管理调解委员会,农村土地承包经营纠纷调解委员会和仲裁委员会,土地山林水利权属纠纷调解处理机构等。到2014年,全国共设立行业性、专业性人民调解委员会2.1万余个,其中,医疗纠纷调委会3369个、道路交通调委会3016个、劳动争议调委会3648个、物业管理调委会2551个②。

(三) 组织属性

从机构属性来看,专业性的公共冲突化解机构可以分为政府机构、准政府机构和非政府机构。中国专职的公共冲突化解政府机构包括政府的信

---

① 赵阳、曾敏:《全国有人民调解组织81.1万个》,《法制日报》2012年10月30日第1版。
② 周斌:《全国设立行业性专业性人民调解委员会2.1万余个》,2014年8月1日,法制网:http://www.legaldaily.com.cn/zfzz/content/2014 - 08/01/content_ 5699468. htm? node = 53450。

访部门和行政调解部门，以及专门成立的冲突化解机构，如各地环保局下设的环境纠纷调解委员会，再如广西壮族自治区县级政府建立的土地山林水利权属纠纷调解处理机构，负责土地山林水利权属纠纷调解、处理和组织协调、督促指导工作，并负责人民政府交办的土地山林水利权属纠纷案件调解、处理的具体工作①。一些基层政府也成立了专业性的调解和仲裁机构，如砖集镇农村土地承包经营纠纷调解委员会，准旗农村土地承包经营纠纷调解仲裁委员会。人民调解委员会是在村民委员会、居民委员会和企事业单位依法设置的调解民间纠纷的群众性组织，在基层人民政府和基层人民法院指导下进行工作②，它在名义上是非政府组织，但实际上属于准政府组织。

（四）组成人员

从机构的组成人员来看，公共冲突化解的政府机构组成人员应是政府公务员，但一些仲裁机构会聘请兼职仲裁员。根据《中华人民共和国人民调解法》，人民调解委员会由3—9人组成，人民调解委员会委员每届任期三年，可以连选连任。村民委员会、居民委员会的人民调解委员会委员由村民会议或者村民代表会议、居民会议推选产生；企业事业单位设立的人民调解委员会委员由职工大会、职工代表大会或者工会组织推选产生。③人民调解委员会根据调解纠纷的需要，可以指定一名或者数名人民调解员进行调解，也可以由当事人选择一名或者数名人民调解员进行调解。④人民调解员由人民调解委员会委员和人民调解委员会聘任的人员担任。⑤一些专门类别的人民调解委员会的组成人员是由政府推荐产生的，如《天津市医疗纠纷处置条例》没有规定医疗纠纷人民调解委员会组成人员的产生办法，只是规定"市医疗纠纷人民调解委员会的组成人员和人民调解员，应当向司法行政部门备案"⑥。

（五）经费来源

从机构的经费来源来看，我国目前公共冲突化解的政府机构的经费来

---

① 《广西壮族自治区土地山林水利权属纠纷调解处理条例》，2013年9月26日，第3条。
② 《中华人民共和国人民调解法》，2010年8月28日颁布，第5、7条。
③ 同上书，第8条。
④ 同上书，第19条。
⑤ 同上书，第13条。
⑥ 《天津市医疗纠纷处置条例》，2014年11月8日通过，第8条。

自政府财政拨款。根据人民调解法,人民调解委员会开展工作的办公条件和必要的工作经费由设立人民调解委员会的村民委员会、居民委员会和企业事业单位提供。①根据《天津市医疗纠纷处置条例》,市医疗纠纷人民调解委员会的工作经费和人民调解员的补贴费用由市财政予以保障。②按照司法部和财政部有关文件规定,人民调解经费包括司法行政机关的指导经费、人民调解委员会工作经费和人民调解员补贴经费。各级司法行政机关指导人民调解工作的经费由同级财政予以保障,但事实上,至今未在国家层面明确保障标准。在经济欠发达地区,保障水平低,不能适应工作需要。人民调解委员会基本上没有工作经费。在乡镇(街道)和村(居),经费基本上处于无保障的状况。有的乡镇(街道)每年拿出一定的经费通过奖励的形式补贴给人民调解员,称之为"以奖代补"机制。由于经费保障不到位,人民调解员的工作积极性受到了很大影响。③

二 工作性质

（一）工作内容

从工作性质来看,公共冲突化解机构的工作可分为司法调解、仲裁、行政调解、人民调解、民间调解。在处理程序上,根据人民调解法,人民调解员根据纠纷的不同情况,可以采取多种方式调解民间纠纷,充分听取当事人的陈述,讲解有关法律、法规和国家政策,耐心疏导,在当事人平等协商、互谅互让的基础上提出纠纷解决方案,帮助当事人自愿达成调解协议。④根据《广西壮族自治区土地山林水利权属纠纷调解处理条例》,土地、山林和水利工程权属纠纷确权处理应当按照下列程序进行:(1)实地调查,核实证据;(2)听取各方当事人意见;(3)组织和解、调解;(4)行政主管部门集体讨论提出确权建议;(5)人民政府集体讨论决定。⑤《根据电力争议纠纷调解规定》,调解员可以采取下列方式调解电力

---

① 《中华人民共和国人民调解法》,2010年8月28日颁布,第12条。
② 《天津市医疗纠纷处置条例》,2014年11月8日通过,第8条。
③ 殷蛟:《关于人民调解规范化建设的探索与思考》,2014年6月19日,四川法制网(理论导刊):http://www.scfzw.net/flfwmk/bencandy.php?fid=90&id=1590。
④ 《中华人民共和国人民调解法》,2010年8月28日颁布,第22条。
⑤ 《广西壮族自治区土地山林水利权属纠纷调解处理条例》,2013年9月26日,第25条。

争议纠纷：（1）根据已掌握的情况向当事人提出争议纠纷解决建议；（2）单独会见一方当事人或者同时会见各方当事人；（3）以书面或者口头方式征求一方当事人或者各方当事人的意见；（4）要求当事人提出争议纠纷解决建议或者方案；（5）经当事人同意，聘请与争议纠纷各方无利害关系的专家或者机构对争议纠纷事项提供咨询建议或者鉴定意见；（6）有利于当事人达成一致的其他方式。①

（二）协议约束力

从冲突化解达成协议的约束力来看，经人民调解委员会调解达成的调解协议，具有法律约束力。根据人民调解法，经人民调解委员会调解达成调解协议后，双方当事人认为人民法院依法确认调解协议有效，一方当事人拒绝履行或者未全部履行的，对方当事人可以向人民法院申请强制执行。② 根据《根据电力争议纠纷调解规定》，调解书中有关民事权利义务的内容，具有民事合同的性质，法律另有规定的除外。具有民事权利义务内容的调解书，当事人可以申请有管辖权的人民法院确认其效力。具有给付内容的调解书，当事人可以按照《中华人民共和国公证法》的规定申请公证机关依法赋予强制执行效力。债务人不履行或者不适当履行具有强制执行效力的公证文书的，债权人可以依法向有管辖权的人民法院申请执行。③

三 冲突化解效果

从化解冲突的效果来看，不同类型的公共冲突化解机构的共同作用，使得全国人民调解纠纷总数逐年大幅增加。2011年共调解各类矛盾纠纷893.5万件，其中涉及医疗纠纷、道路交通、劳动争议、物业管理等行业性、专业性矛盾纠纷64.9万件。④ 2012年至2014年，全国人民调解组织共开展矛盾排查近723万次，预防纠纷511万余件，调解纠纷超2299万

---

① 国家电力监管委员会：《根据电力争议纠纷调解规定》，2011年9月30日，第14条。
② 《中华人民共和国人民调解法》，2010年8月28日颁布，第31、33条。
③ 国家电力监管委员会：《根据电力争议纠纷调解规定》，2011年9月30日，第21、22条。
④ 赵阳、曾敏：《全国有人民调解组织81.1万个》，《法制日报》2012年10月30日第001版。

件,调解成功率97%。① 由此可见,公共冲突化解机构在冲突预防、纠纷化解中起到了举足轻重的作用。以医疗纠纷调解为例,2013 年,全国共调解医疗纠纷6.3 万件,调解成功率达88%。截至2014 年,全国共建立医疗纠纷人民调解组织3396 个,人民调解员2.5 万多人,55% 的医疗纠纷人民调解委员会具备政府财政支持。②

第二节 中国公共冲突管理组织体制的发展趋势

对公共领域冲突的管理是任何可以现实运行的社会体制都必须包括的功能。公共领域冲突管理组织体制是社会体制的重要组成部分。当社会结构的变化导致公共冲突的方式也发生重要变化时,社会的公共冲突管理组织体制也必须作出相应调整,否则就会因管理效能下降而导致公共冲突的失控和加剧,威胁社会的长治久安。

社会主义市场经济体制的建立和发展,使中国的社会结构从过去等级单向制约的行政化结构逐渐转向平权相互制约的社会化结构。它一方面导致公共冲突由以行政化的冲突形态为主转向以社会化的冲突形态为主;另一方面也使原先行政主导的冲突管理组织体制的管理效能趋于弱化甚至产生负面效应。为了提高公共冲突管理效能,以行政主导的公共冲突管理组织体制必须逐渐向社会主导的公共冲突管理组织体制扩展。③

一 社会结构的变化与公共领域冲突的社会化

计划经济时代的社会结构是行政化的结构,它所产生的公共冲突是以行政化的冲突形态为主导的。建立市场经济体制以来,社会结构逐渐转变为社会化结构,它所产生的公共冲突是以社会化的冲突形态来主导的。

---

① 周斌:《全国设立行业性专业性人民调解委员会2.1 万余个》,2014 年8 月1 日,法制网:http://www.legaldaily.com.cn/zfzz/content/2014 - 08/01/content_5699468.htm?node = 53450。

② 徐盈雁:《全国共建立医疗纠纷人民调解组织3396 个》,《检察日报》2014 年5 月6 日第001 版。

③ 参见常健、田岚洁《中国公共冲突管理体制的发展趋势》,《上海行政学院学报》2014 年第3 期。该文是本项目研究的阶段性成果。

(一) 传统行政化的社会结构与行政化的冲突形态

从中华人民共和国成立到市场经济体制建立之前，中国逐渐形成了等级单向制约的行政化的社会结构。所有社会成员间的关系都是通过纵向的行政权力联结起来的，国家行政机构几乎对全部的社会生活实行着严格而全面的控制。这种高度"行政化"的社会结构主要有以下特征。

首先，国家以"工作单位"为基本形式，建立起覆盖全社会的基层行政化组织。将每一个社会成员都纳入到这种工作单位中，并保持相对稳定。几乎一切微观的社会组织都被改造成"单位组织"①。在城镇地区，工作单位的基本形式包括"城市社会中的党和政府机构（行政单位）、国有管理及服务机构（事业单位）和国有企业单位"。② 在农村地区，工作单位的基本形式是政社合一的"人民公社""生产大队"和"生产小队"。国家实行"不劳动者不得食"的政策，要求每一位成年人必须参加工作，由国家统一分配工作单位，成为单位的成员。单位成员所扶养和赡养的子女、配偶和老人，则被称为单位的"家属"。

其次，工作单位不仅承担着经济和生产职能，而且承担着政治、社会和文化职能。每个工作单位成员及其家属的各种主要的个人和社会需求，都要通过工作单位来提供或批准。从工资收入到社会保障，从食品、衣物、日用品到住房的取得，都要由单位来分配；从子女入托入学到登记结婚，从住宿旅店到购买机票，都要出示单位工作证明或介绍信。③ 单位成员对工作单位形成了全面的依附关系，一旦离开单位，个人便失去生存的能力。单位也对单位成员形成了严格的控制关系，未经工作单位同意，任何单位成员都不能流动到其他工作单位。

第三，在各工作单位之间以行政等级的方式建立起上下级的行政化的组织关系。下级服从上级。自上而下的国家行政权力通过层级命令控制着每一个工作单位，形成垂直单线式制约关系。④ 各级单位被"地方—中

---

① 路风：《单位：一种特殊的社会组织形式》，《中国社会科学》1989年第1期。
② 李路路、苗大雷、王修晓：《市场转型与"单位"变迁再论"单位"研究》，《社会》2009年第4期。
③ 路风：《单位：一种特殊的社会组织形式》，《中国社会科学》1989年第1期。
④ 孙立平：《总体性社会研究——对改革前中国社会结构的概要分析》，《中国社会科学季刊》1993年第1期。

央"等级化的行政链条串联起来，上下级单位处于命令与服从的关系状态。[①]

在这样行政化的社会结构中，个人由"社会人"变成了"行政人"，社区由社会单位变成了行政单位，各种社会关系归聚为行政关系，从而也使社会成员之间的冲突归聚为行政组织成员之间的冲突，公共冲突的主导形态归聚为行政性冲突。

行政形态的公共冲突的特点是：针对事项是行政事项，涉及主体是行政单位的人员，冲突的起因是由于行政政策的制定或执行，冲突的过程是在行政机构内部展开。在高度行政化的社会结构中，由于重要的社会组织都转变为行政化的组织，所有的社会成员都归类为行政化的工作单位的成员或其家属，所有涉及社会成员的事项都被工作单位以行政化的方式来加以控制，这使得所有工作单位及其成员之间的冲突都被归类为行政形态的冲突。因此，行政形态的公共冲突不仅包括了严格意义上的行政组织内部的冲突，而且囊括了各种行政化的经济、社会和文化组织及其成员之间所产生的原本并不具有行政意义的冲突。

行政化的冲突形态的最主要特点，在于它是具有不同行政等级的组织及其成员之间的冲突，冲突各方依据其所具有的行政级别而彼此具有服从和被服从的关系。

（二）当代社会结构的社会化与社会化的冲突形态

社会主义市场经济体制的建立和发展，不仅使经济领域率先脱离国家的行政体系，而且也推动社会和文化领域逐渐独立于国家的行政体系，形成了所谓的"领域分离"和"去行政化"趋势。它突出表现为支撑行政化社会结构的单位体制逐渐衰落。

首先，私人和集体企业率先脱离国家的行政机构，各种社会和文化事业单位也正在逐渐脱去行政化的色彩，家庭、居民区和各种私人社会组织完全回归了私人领域。

其次，工作单位承担的社会职能大幅减少。工作单位成员的衣食住行和婚丧嫁娶都不再由工作单位负责，而变成了私人事项和社会事项。工作

[①] 许叶萍、石秀印：《市场化进程中的社会结构：横向化、层级化与失衡》，《江苏社会科学》2007年第2期。

单位只是工作的场所和获得工作收入的地方，它不再控制其成员的社会生活和私人生活，单位成员也不再对工作单位有全面的依附关系。

再次，工作单位由单向的分配变成了双向的选择，个人获得了更大的自由空间来选择和放弃工作单位。单位内的等级关系只是一种工作关系，在工作时间之外就不再具有合法效力。

最后，除了各个组织系统内部的行政等级制约关系之外，各种经济、社会和文化组织之间不再具有行政等级隶属关系，它们与国家行政机构的关系也不同程度地摆脱或正在摆脱行政隶属关系。

上述这些变化导致了社会关系结构的整体变化：由原先大一统的行政权力纵向等级制约结构，转变为领域分离的平等权利之间横向相互制约结构。行政结构仍然存在，但它已不是社会结构的全部，而是退缩为社会整体结构的一个特殊部分和特殊形态。

在日益社会化的社会结构之下，公共冲突也由单一的行政化的冲突形态分化为各种不同形态的社会冲突，如劳资冲突、社区冲突、环境冲突、官民冲突、民族冲突、宗教冲突、各种社会组织之间的冲突等。与行政化的冲突形态相比，社会化的冲突形态的最重要特点，在于它不再是具有不同行政级别的行政化组织及其成员之间的冲突，而是具有平等权利的社会组织及其成员之间的冲突。冲突各方在法律面前都具有平等的身份，都有平等的权利作出主张和要求。他们之间并不存在必然的服从与被服从的关系。

二　行政主导的公共领域冲突管理组织体制的特点与效能的弱化

改革开放之前，中国的公共冲突管理组织体制是行政主导的，它能够有效地管理以行政化的冲突形态为主导的公共冲突。但在日益社会化的社会结构下，当面临以社会化的冲突形态为主导的公共冲突时，行政主导的公共冲突管理组织体制就不仅力不从心，而且会产生一些负面效应。

（一）行政主导的管理组织体制的基本特点

在改革开放之前，中国形成了行政主导的公共冲突管理组织体制。这种体制有如下一些基本特点。

1. 冲突管理的工作单位负责制

在行政化的工作单位覆盖全社会的社会结构中，出现的各种冲突都会交由冲突各方所属的工作单位来负责解决。工作单位的负责人就是解决冲突的负责人。行政化的工作单位不仅承担着预防和解决公共冲突的责任，而且被赋予了惩罚和处理冲突各方的权力。[①]

2. 冲突事项按行政层级上交

行政单位、事业单位或企业单位都被赋予了不同的行政级别，单位的级别愈高，权力就愈大，[②]对于公共冲突管理来说，下级工作单位解决不了的冲突事项，要交由上级领导单位来解决，以此不断上推，直到中央行政单位的最高负责人。因此，中央行政单位成为解决社会冲突的最高负责单位。

3. 专门的冲突管理组织从属于行政组织

在改革开放之前，也有一些专门承担冲突管理的社会性组织，如人民调解组织，街道的调解机构等。但这些社会性的冲突化解组织都被纳入到行政机构的体系中去，成为具有一定行政级别和行政隶属关系的行政化组织。

4. 司法机构被纳入行政机构系列

在改革开放之前，承担冲突裁决功能的司法机构也被纳入到行政等级的整体结构之中，成为一种特殊类型的行政组织。它不仅具有一定的行政级别，而且对非司法的上级行政机构还具有报告关系，履行请示、报告和执行的职责。

（二）行政主导的管理组织体制对行政化冲突形态的管理效能

从历史的角度看，行政主导的公共冲突管理组织体制与当时的社会结构与冲突形态是相契合的，它可以有效地管理行政化形态冲突主导的公共冲突。

首先，从公共冲突管理的覆盖范围来看，由于负责冲突管理的工作单位是覆盖全社会的，因此能够对各种公共冲突实现无遗漏、无死角的全方位管理。

其次，从公共冲突管理的负担分配来看，由于所有的基层工作单位都

[①] 常健、张春颜：《社会冲突管理中的冲突控制与冲突化解》，《南开大学学报》2012 年第 6 期。

[②] 李汉林：《中国单位现象与城市社区的整合机制》，《社会学研究》1993 年第 5 期。

承担着公共冲突管理的职责，使得公共冲突管理的负担不会集中于某种特殊的冲突管理部门。

再次，从公共冲突管理的效能来看，由于工作单位对其成员具有全方位的控制关系，工作单位成员对于工作单位具有全面的依附关系，因此承担主要冲突管理的基层工作单位对作为冲突方的单位成员具有相当强的影响力，有充分的能力来控制其行为选择。这使得大多数公共冲突在最基层就已经得到预防、控制和化解，公共冲突难以扩散和升级。

再其次，当平级行政化组织之间发生横向冲突时，它们共同的上级主管部门自然就承担起冲突管理的职责。由于上级主管部门有权决定下层行政化组织的资源、人事和运行规则，因此对下级之间的冲突有充分的控制能力。

最后，从冲突管理的公正性来看，如果冲突相关方对单位的处理方案不服时，可以向上级领导部门申诉，如果对上级领导部门的处理仍然不满，还可以向更高层次的上级领导部门申诉。这种逐级上访的申诉机制可以在很大程度上避免直接的单位领导处理的不公正性。

（三）行政主导的冲突管理组织体制对社会化冲突形态的管理效能

尽管行政主导的公共冲突管理组织体制对行政化的冲突形态主导的公共冲突具有卓越的冲突管理效能，但当它面对新的以社会化冲突主导的公共冲突时，就出现了难以契合的情况。它突出表现为所产生的以下四种效应。

1. 压制效应

行政化的公共冲突管理组织体制是控制导向的，具有严格的等级制约和服从机制：当下级与上级出现矛盾时，下级要服从上级；如果下级不服从上级，上级可以采取各种压制措施。这一压制机制用于具有上下级行政级别关系的冲突各方是很正常的，但将其用于平权主体之间的社会形态冲突时，特别是用于民众与公共行政机构的冲突时，那些过去被视为正常的制约措施现在却会被视为"压制"，从而产生"压制效应"：被压制方会感到受到了不公平对待，因而产生激烈的情绪并选择升级的冲突行为来应对。

2. 偏袒效应

行政主导的公共冲突管理组织体制是通过诉诸上级来解决公共冲突管理的不公平问题。这在大一统的行政化社会结构中是有效的，因为在这种社会结构中一切横向关系最终都要归于上下级的纵向关系。但在社会化的社会结构中,冲突各方可能是没有共同隶属机构的平权者,比如有可能是公众与政府之间的冲突,这时再以行政上级来解决冲突,就很难保证中立,因而形成"偏袒效应":非政府的一方会认为由政府的上级机关来处理冲突肯定会"官官相护",因此难以建立对干预第三方的信任关系,并倾向于采用体制外的手段来向对方施压。

3. 无终局效应

行政化的组织机构具有多层级结构,对冲突管理方式不服的一方总是希望通过逐级上访来寻求对己方有利的结局,直至中央。在行政化的社会结构中,由于冲突各方都是"单位"中人,对工作单位有全方位的依附关系,为了防止自身利益受到更大损失,总是会对进一步上访的意愿有更强的约束。但在社会化的社会结构中,冲突相关方不再对工作单位有全方位的依赖关系,因此只要还有上访的空间,就不会约束上访的冲动。这导致了"无终局效应":不服的一方总是在上访,形成所谓的"诉访循环",出现大规模的上访人潮。

4. 失信效应

在行政化的社会结构下,行政政府控制所有资源,也承担统管一切的职责,其中当然包括各种冲突管理的职责。但在社会化的社会结构下,随着各领域的相对分离,行政政府不再掌握所有资源,也不再承担原先承担的很多职责。在这种情况下,如果行政政府再继续承担全部的冲突管理职责,就会产生"失信效应":冲突各方对政府"无选择依赖",大量的社会性冲突仍然要通过行政方式来解决,行政机构不堪重负,同时又因为无力承担这种重负而丧失民众信任。这种对政府的"高依赖、低信任"困境,很容易使作为第三方的行政政府最后成为在冲突中被一方或双方攻击的目标,形成所谓的"二阶冲突"[①]。

行政主导的冲突管理组织体制在社会化的社会结构中所具有的这些负面效应,一方面,会降低管理组织体制的效能,使公共冲突无法得到有效的预防和控制;另一方面,还会使公共冲突积累和升级,威胁整个社会的

---

① 常健等:《中国公共冲突化解的机制、策略和方法》,中国社会科学出版社 2013 年版,第 208 页。

稳定和安全。因此，需要根据社会结构的变化来转变公共冲突管理组织体制，使其适应新的社会结构和冲突形态。

三 社会主导的公共领域冲突管理组织体制的实现路径

要使公共冲突管理组织体制适应新的社会结构和冲突形态的要求，就要对现行的公共冲突管理组织体制进行相应的调整。调整的基本方向，是根据社会结构的领域分离和去行政化这一基本特点，将公共冲突管理组织体制从原先的行政主导模式扩展为更具涵盖力的社会主导模式。自改革开放以来，中国的公共冲突管理组织体制已经出现了很大的变化。但从总体结构来看，仍然维持了原先的行政主导模式，这使其难以适应公共冲突管理的新要求，亟需推进转变的速度。

调整公共冲突管理组织体制，不能期望将原有体制完全推倒重建，因为这一方面会导致新旧体制转换过程中的制度失范，由此产生的真空期将使社会发生剧烈振荡；另一方面这也使原有体制的有效机制不能得到充分利用，使新体制本身的缺陷无法得到适当弥补。基于这一考虑，管理组织体制的调整可以考虑下列的路径：

第一，从行政主导模式逐步扩展为社会主导模式。在公共冲突管理组织体制的调整中，行政主导模式并不是要被完全抛弃，而是要将其从公共冲突管理的总体模式降为局部模式。改革开放前，由于社会管理长期以行政部门主导，公民对行政机关的权威性有较高认同，政府作为第三方干预公共冲突时，往往能显示出以行政权为基础的强制性和权威性，这对快捷的取得冲突处理的效果有积极作用，这种强制性和权威性能及时控制冲突蔓延，尽快恢复社会秩序。因此，调整的策略应当是针对行政方式所不能处理、难以处理和处理成本极高的冲突，逐步建立社会性的管理制度。随着社会结构和冲突形态的变化，这种类型的冲突会越来越多，正如海默斯所指出的，先前破坏性冲突的创伤会成为促进冲突管理制度化的重要条件[1]。如果能够抓住这种时机，扩展社会化的冲突管理制度，就会减少阻力，获得最大成效。

---

[1] Joseph S. Himes, Conflict & Conflict Management, Athens: The University of Georgia Press, 1980, pp. 218 – 219.

第二，通过社会化方式在体制的基本规则和程序上达成规范共识。新的管理组织体制能否有效发挥作用，在很大程度上取决于人们对体制的基本原则和程序能否达成共识。里查德·鲁宾斯坦（Richard E. Rubenstein）认为，从长期来看，使冲突管理权威获得合法性的关键，在于对该体制处理冲突的基本原则和程序形成"规范性共识"（normative consensus）。在有规范共识的冲突中，冲突各方会在各方所接受的规则、价值和社会现实愿景的限度内进行基于利益的谈判和问题解决。一旦误解被澄清，情绪冷静下来，各方就经常会迅速转向处理技术性的事情。而在没有规范共识的冲突中，解决问题的技术方案通常就不可能被讨论，直到各方处理了更根本的差异。为了达成这种规范共识，管理组织体制的调整必须采取更加社会化的方式，给社会各界充分的讨论空间和时间，并最终形成大家都能接受的规范共识。[①]

第三，鼓励和培育宽容文化，对个人要求最大化加以理性的限制。尽管人们对冲突管理组织体制的基本原则和程序有可能达成基本共识，但对依据这些原则和程序所产生的解决方案却不可能都满意接受。因此，在利益多元化的社会格局中，必须鼓励和培育宽容和妥协的社会文化氛围，约束人们在损害他人利益的基础上将个人利益最大化的要求。其方式是通过各种公开的政策承认社会成员和群体会存在不同的、不相容的或冲突的利益；明确每个社会成员和群体都有追求其利益的权利，同时这种权利的实现会受到其他社会成员和群体利益的限制，也受到社会整体利益要求的限制。因此，每个社会成员和群体都应当在满足社会成员相互利益和社会整体利益的限度内来追求个人利益。只有在这样的社会文化氛围中，社会化模式的管理组织体制才能有效地运行和充分发挥作用。

第三节 其他国家冲突化解机构建设的特点和经验

国外公共冲突化解机构的状况也可以从机构的专门性、专业性、机构属性、人员构成、经费来源、工作性质、协议约束力和化解效果等方面来

[①] Richard E. Rubenstein, Institutions (Chapter 11), in Sandra Cheldlin, Daniel Druckman and Larissa Fast (eds.), Conflict, 2nd edn, New York and London: Continuum, 2008, pp. 195–196.

加以描述和概括。①

一 机构性质和特点

(一) 职业性

在机构的专门性上,许多国家既具有专门的冲突化解机构,也有非专门的冲突化解机构。在专门性的公共冲突化解机构方面,韩国政府建立了许多专门化解冲突的政府委员会,美国建立了冲突化解中心、联邦劳动关系调停调解局,英国建立了纠纷调解中心,日本建立了公害调解委员会,德国建立了医疗事故调解处等。在非专门性的冲突化解机构方面,如日本的医学协会和劳动委员会,美国的环保署,英国的知识产权局,韩国的消费者保护院等,虽然不是专门从事冲突化解的工作,但都具有化解相关公共冲突的功能。

(二) 专业性

在机构的专业性上,一些国家既有一般性的公共冲突化解机构,也有更多的专门类别的公共冲突化解机构。以韩国为例,它既建立了韩国国民大统合委员会和国民权益委员会这两个一般性的公共冲突化解机构,又建立了一些化解专门类别公共冲突的政府委员会,包括化解土地纠纷的土地收用委员会,化解劳动冲突的劳使政委员会,化解环境冲突的环境纠纷调解委员会,化解行政冲突的行政协议调整委员会,化解政治冲突的真相查明委员会、民主化运动关联者名誉恢复与补偿委员会和亲日反民族真相委员会,化解社会冲突的女性家庭委员会、岁月号真相委员会等。②再以美国为例,美国既有冲突化解中心这种一般性的冲突化解机构,也建立了一些专门类别的冲突化解机构,如化解社区冲突的社区调解委员会,调解医患纠纷的医疗纠纷改革委员会,化解劳资冲突的联邦劳动关系调停调解局,化解社区冲突的社区关系服务部。再以英国为例,英国既有化解一般性公共冲突的调解中心,又建立了化解家庭纠纷的家庭纠纷调解组织,化解医患纠纷的国民医疗服务诉讼委员会,化解劳资纠纷的咨询、调解、仲

---

① 参见常健、杜宁宁《中外公共冲突化解机构的比较与启示》,《上海行政学院学报》2016年第3期。该文是本项目研究的阶段性成果。

② 参见常健、李志行《韩国政府委员会在公共冲突治理中的作用及其启示》,《国家行政学院学报》2016年第1期。

裁服务委员会。

（三）组织属性

在机构的性质上，一些国家的公共冲突化解机构既有政府机构，也有大量的非政府机构。美国处理劳动纠纷的机构分为官方机构、民间机构和法院三种类型。官方调解机构包括联邦劳工部下的劳工标准与执行委员会、调停调解局、国家劳动关系委员会、平等就业机会委员会等；民间机构包括美国仲裁协会等。

（四）组成人员

在机构的组成人员方面，一些国家的公共冲突化解机构特别注意吸收兼职专家。例如，韩国化解公共冲突的政府委员会就包括了相关领域的专家。英国、德国、日本等国医疗纠纷化解机构的成员不仅包括经验丰富的律师还有大批专业医师提供相关技术支持。美国联邦劳动关系调停调解局吸纳了资深劳资问题专家处理劳资纠纷。

二 协议约束力

在达成协议的约束力上，国外公共冲突化解机构所促进达成的协议通常具有一定的法律约束力。韩国负责化解公共冲突的行政委员会的决策具有法律上的约束力。日本的劳动委员会以其中立性使得裁定具有很高的威信，裁定形成后不能进行更改。美国环保署针对环境纠纷的调解协议具有法律效力，可申请强制执行。

三 冲突治理效果

在对冲突的治理效果上，从韩国环境纠纷调解委员会公布的《2014年环境纠纷处理统计资料》来看，环境纠纷调解委员会自1991年7月至2014年12月共收到3853件案件，其中3281件已得到处理，416件主动撤回，135件正在处理中。噪音和振动相关损害最多，共2802件（85%）；大气污染191件（6%），日照136件（4%），水质污染88件（3%），其他62件（2%），均得到妥善解决。①在美国，有97%以上的民

---

① 参见常健、李志行《韩国政府委员会在公共冲突治理中的作用及其启示》，《国家行政学院学报》2016年第1期。

事案件在审前程序中由当事人达成和解协议而撤诉。① 其中，85%的医疗纠纷通过调解的方式得到有效化解。② 在劳资纠纷处理方面，2012 年，美国劳动关系委员会共受理案件 24275 件；2013 年，调停调解局共处理 13000 多起集体协商谈判。英国国民医疗服务诉讼委员会在 1995—2006 年使 43% 的纠纷最后实现了庭外和解。③

第四节　韩国政府委员会在公共领域冲突治理中的作用

韩国的政府委员会是对特定的问题、陈述和意见进行调整的统治型合议制机关，其议事原则是多数人同意④。与注重集权化的传统政府组织相比，委员会更强调意见的多样化。本研究所讨论的委员会，仅限于国会的常任委员会或特别委员会，为政府的下属机构。根据韩国的《政府组织法》第 5 条的规定，如果中央行政机构确有工作需要，可以按照法律成立相关政府机构管辖的政府委员会。政府委员会的领导由总统或国务总理任命，任期一般为两三年，其工作人员由公务员和相关领域专家组成。自1945 年以来，韩国历届政府为治理各个领域的公共冲突成立了多种形式的政府委员会，它们在化解土地纠纷、劳资纠纷、环境纠纷、政治、行政和社会冲突方面发挥了重要的作用，为韩国顺利实现社会转型提供了组织保障。韩国政府委员会的组织形式对中国社会转型期的公共冲突治理具有重要的启发意义。⑤

截至 2014 年 6 月，韩国共有 500 多个政府委员会。根据韩国现行的《政府组织法》和《行政机关的组织过程的相关人员通则》，政府委员会

---

① 鄢霹顽：《借鉴国外 ADR 机制完善我国司法调解制度》，《福建政法管理干部学院学报》2005 年第 4 期，第 51—55 页。

② 范愉：《ADR 原理与实务》，厦门大学出版社 2002 年版，第 564—565 页。

③ Carole Kaplan, Reducing Risk in Mental Health Services: the Work of the NHS Litigation Authority. Mental HealthReview Journal, 2006, Vol. 11 Iss 1 pp. 34–37.

④ Herbert G Hicks & C. Ray Gullett, The Management of Organization, New York: Mcgraw–Hill, 1976, p. 332. 朴缘祜、吴世惠：《现代组织管理论》，韩国首尔：PAKYOUNGSA 出版社 1997 年版。

⑤ 参见常健、李志行《韩国政府委员会在公共冲突治理中的作用》，《国家行政学院学报》2016 年第 1 期。该文是本项目研究的阶段性成果。

被分为两类：一类是作为行政机关的行政委员会，它能够独立行使权力，其决策具有法律上的约束力。作为中央政府机构所属的辅佐机构，它既具有行政执行权，又具有准立法权和准司法权。《政府组织法》第五条规定："作为行政机关中管理事务的一部分，需要单独实行的时候，通过根据法律定夺情况的行政委员会等合议制行政机关进行。"另一类是作为参谋机关的咨询委员会，它通过询问、审议、表决的职能来确保决策的合理性和公正性，具有辅助机关的性质。《政府组织法》第五条规定，在管理事务上，根据总统安排的实验研究机关、文化机关、医疗机关、制造机关及咨询机关形成咨询委员会。

虽然政府委员会在组织地位、权限及责任等方面存在差异，但本质上，政府委员会组织是为了决策的独立性、公正性、均衡性、专业性而组成的协议组织，它克服了独任制形式官僚主义组织的局限性。政府委员会以合议为主要议事和决定形式，通过委员们的慎重讨论，最终形成较为统一的意见。它参与范围广泛、形式灵活，使得参与各方的利益要求能够得到有机整合，专家的参与又使得决策的专业化水平提高。委员会不仅承担了政府部分公共服务的职能，而且在治理公共冲突方面也起到了积极的作用。

一　韩国政府委员会的发展历史

韩国政府委员会的发展大体经历了三个阶段，即军事政权时期、文官政府时期和朴槿惠政府时期。

（一）朴正熙政府到卢泰愚政府的军事政权时期（1977—1992年）

韩国在1945年解放之后，又经历了韩国战争（1950—1953年）等混乱期，而朴正熙的军事政府上台（1963—1979年），显现了韩国政府的雏形。全斗焕掌权后，经济在不断发展的同时，政府的作用和范围也扩大了。

与朴正熙政府末期的1977年相比，全斗焕政府（1980—1987年）初期的1980年，政府委员会的数量有所增多，而在政权统治走向正规化的1981年和1982年，政府委员会总数又经过两次大幅下降，先是从340个下降到302个，继而又降至265个。但从1983年开始，政府委员会的总数又开始有所增加。在1987年卢泰愚掌权时，政府委员会达到了321个的高峰。

卢泰愚政府时期（1988—1992年）也出现了和全斗焕政府类似的趋势。但与全斗焕政府不同的是，从卢泰愚政府上台1年后，政府委员会的数量开始急速地增加，到1993年政府委员会的数量达到357个。其中，行政委员会的数量由1988年的10个增加到1993年的18个。这时新设立的具有代表性的行政委员会有：保护观察审查委员会、中央土地收用委员会、中央环境纠纷调整委员会、教员惩戒再审委员会、产业灾害补偿审查委员会等。

（二）金泳三政府到李明博政府的文官政府时期（1993—2012年）

在金泳三政府（1993—1997年）掌权期间，行政委员会的数量渐趋稳定。该时期新设立的委员会有：中央·地方海难审判院、国税审判所等，政权末期因为"跛脚鸭"（lame‑duck）现象的持续，以致1996年政府委员会总数达到了历史的峰值375个。

金大中政府（1998—2002年）与历代政权相比有很大不同。尤其是行政委员会，比上一届政府增加了10个以上，如金融监督委员会、证券期货委员会、特许审判院、计划预算委员会、公务员退休金金额再审委员会、公职人员伦理委员会等执行技术职能和委员会，以及女性特别委员会、雇佣保险审查委员会、国民退职金再审委员会等执行福利机能的委员会。但与行政委员会数量增加的趋势相反，政府委员会的总数却在持续减少，1999年降至310个。但在政权后半期，政府委员会数量又有了增加趋势，展现了与其他政权不同的"V"字形趋势。另外还有一点不同，就是金大中政府中以总统令为依据的咨询委员会的比重开始下降。

在卢武铉政府（2003—2007年）时期，政府委员会总数与历代政权相比，不仅保持了较高的水准，而且从2004年开始，有超过40个行政委员会使用"国情运营"（国家治理）的手段进行运作，与过去相比，占据了较大的比重。在2004年新设立的委员会中，特别引人关注的是亲日反民族真相委员会、民主化运动关联者名誉恢复与补偿审议委员会、日帝强占下强制动员被害者真相纠明委员会等以意识形态为中心的委员会的建立。

李明博政府（2008—2012年）相对而言更重视政府工作的效率，政府在制定法律或政策的过程中都会参考政府委员会的意见并按其意见来确定。李明博政府时期所呈现的较大变化表现在咨询委员会组织的增加，卢武铉政府的咨询委员会共有335个，而李明博政府新建立了135个咨询委员会，使咨询委员会的总数发展到2012年的470个。这在一定程度上意味着李明博并不太信任政府机构的工作能力，因而李明博掌权时期大多数政府机构都设有咨询委员会。

由表2-2可知，1977—2012年政府委员会持续增加。值得注意的是，卢泰愚政府和金大中政府中行政委员会的机构数目增加迅速。[①]

表2-2　　　　不同政府时期政府委员会的数量（1977—2012）

委员会类型	朴正熙时期		全斗焕时期		卢泰愚时期		金泳三时期		金大中时期		卢武铉时期		李明博时期	
	1979	1980	1987	1988	1992	1993	1997	1998	2002	2003	2007	2008	2012
行政	7	8	10	10	15	18	19	30	35	34	42	44	35
咨询	288	332	311	301	307	339	356	342	325	333	335	415	470
合计	295	340	321	311	322	357	375	372	360	367	377	459	505

资料来源：《韩国行政自治部统计年报》，2013年。

引起政府委员会数量变化的社会因素主要有三个方面：一是1987年的"6月抗争"；二是1997年的外患危机引起的经济危机；三是21世纪以来因大型公共建设项目的增加和地方自治制度的逐步完善而带来的韩国政府委员会机构数量的增加。

（三）朴槿惠政府时期（2013—2017年）

朴槿惠政府2013年成立。截至2014年6月底，该政府共有537个委员会。其中，总统所属委员会15个，国务总理下属委员会46个，各部门所属委员会433个，各部门机关所属委员会5个。总统下属委员会包括2个行政委员会（个人信息保护委员会、规制改革委员会）以及经济发展委员会、劳使政委员会、国民大统合委员会等15个社会咨询委员会。国务总理下属的委员会由国民权益委员会等13个行政委员会、国家科学技

[①]《韩国行政自治部统计年报》2013年。

术审议会和行政协议调整委员会等44个咨询委员会构成。(见表2-3)[1]

表2-3　　　　　　　　韩国政府委员会的现况

	法律设立	总统令设立	总计
行政委员会	38	—	38
咨询委员会	435	64	499
总计	473	64	537

资料来源:《韩国行政自治部报告书》,2014年。

然而,过多的政府委员会造成了委员会组织的冗余,并因此受到了社会非议。2015年4月8日发表的政府工作报告显示,政府对现存的行政委员会均进行了大幅整顿。政府废除了成果少及一些无用的委员会,以提高政府工作效率。行政自治部于2015年4月7日在《行政改革整顿委员会向国务会议报告并着手修改法令》中表示,行政安全部27个中央行政机关管辖的109个政府委员会将被废除或改编,这约占全体委员会(共537家)的20%。政府报道称,在此次整顿中,约有95个委员会废除。此外,行政自治部的报道称,为整顿委员会,政府还选定了委员会专家和市民团体人士组成咨询团进行深度审议,主要整顿以下三类委员会:(1)工作成果少的委员会;(2)已完成相关任务而无须继续存在的委员会;(3)与其他委员会工作内容相冲突的委员会。此次朴槿惠政府进行委员会改革,意在废除效率低的委员会,以便更好地为社会和国民服务。

二　为管理公共冲突而设立的政府委员会及其运作方式

费里特纳(David Flitner Jr.)根据委员会的工作重心将其分为三类:(1)管理政府组织或担当程序任务的程序导向的(procedure-oriented)委员会;(2)处理社会争议事项的情境导向的(situation-oriented)委员会;(3)解决事件的危机导向的(crisis-oriented)委员会[2]。而在韩国,为化解公共冲突而建立的政府委员会占据了相当的数量。通过政府委员会

---

[1]《韩国行政自治部报告书》2014年。
[2] David Flitner Jr., The Politics of Presidential Commissions: A Public Policy Perspective, Dobbs Ferry, New York: Transnational, 1986.

成立时期韩国的社会、政治情况可以看出，成立各种政府委员会的重要目标是要消除纷争和矛盾，实现社会团结。

从20世纪70—90年代，由于民主化程度的提高和经济的快速发展，韩国发生了较多的公共领域冲突，这30多年间，虽然经济发展速度快，但由于政府的压缩式工业化政策的实行，不可避免地造成了公共领域内冲突。进入21世纪后，韩国公共领域冲突发生的频率日益提高，而且类型多样、复杂，成了冲突的高发期。为化解公共领域冲突，韩国运用政府委员会制度及相关法律来解决公共冲突。随着社会矛盾的多样化与复杂化，韩国政府委员会的管理领域日益扩大，与此同时，相关法律的管辖范围也扩大了。

具有公共冲突管理职能的政府委员会主要包括韩国国民大统合委员会和国民权益委员会这两个核心政府委员会，劳动领域的劳使政委员会，环境领域的环境纠纷调解委员会，政治领域的行政革新委员会、广播委员会和疑问死真相查明委员会，以及社会领域的女性家庭委员会。

（一）两个核心政府委员会

许多韩国政府委员会中，具有最大规模和管辖范围的核心委员会是韩国国民大统合委员会和国民权益委员会。

国民大统合委员会是根据第24527号总统令于2013年1月6日成立，属于咨询委员会。该委员会主要通过五种方式防止社会各领域发生矛盾冲突：（1）举行国民讨论会。组织国民代表、专家及相关公务人员参加讨论，商议社会及公共领域内的矛盾与冲突的问题，在征求国民意见的前提下，确定委员会运行方向及核心议题；（2）改善相关法律。当委员会认为所涉及的社会冲突发生的主要原因相关法律的模糊性和不确定性时，就要组织专门机构对引发矛盾冲突的相关法律进行调查；（3）举行冲突管理研讨会。委员会每年分别在4月、6月、10月举行三次冲突管理研讨会，届时，委员会会长要求学术、实务和舆论三个领域的专家分析国外冲突管理案例，挖掘社会冲突因素，并探讨未来冲突管理战略；（4）与宗教界沟通。韩国时有因宗教分歧而造成的矛盾与冲突，通过与宗教界的沟通与交流可以进一步宏扬国民大统合的重要性；（5）统计矛盾和冲突的相关数据。委员会通过统计资料来分析社会和公共领域冲突的产生原因，并提出相关解决办法。

国民权益委员会是根据《反腐败及其国民权益委员会成立与运行的法律》于2008年2月29日成立。此后，国民苦衷处理委员会、国家清廉委员会、国务总理行政审判委员会的职能都归于国民权益委员会，从而使国民权益委员会的工作领域与职能进一步扩大。按照相关法律，国民权益委员会有三个主要职能：（1）处理国民苦衷，改善不合理的制度；（2）预防国家领导干部及公务人员的腐败，压制腐败行为，建设清廉社会；（3）通过行政争讼保护国民的权利。该委员会解决矛盾与冲突的方式也主要分为以下三类：一是通过监察专员制度（ombudsman system）；二是通过国民举报或申请；三是监督政府机构工作。

（二）化解土地纠纷的土地收用委员会

1962年韩国制定了《土地收用法》，并根据该法成立了中央土地收用委员会，属中央国土交通部管辖，属于行政委员会。土地收用委员会的主要职能是为公用事业建设公路、铁路、港湾等公共设施。在城市化进程中，当对落后地区进行拆迁时，该委员会帮助土地所有人获得正当补偿，避免市政府、开发者和土地所有人之间发生冲突。若土地所有人对所获得的补偿不满意，可以向该委员会提出申诉，委员会依据相关法律进行调查，并通过行政审判进行化解。从委员会网站所公布信息来看，从2009年至2014年，已有106件土地冲突事件通过土地收用委员会得到解决。

（三）化解劳动冲突的劳使政委员会

1997年，在韩国的各种社会冲突中，劳动领域的冲突最为严重。当时正值金融危机，民间投资和消费下跌，经济衰退，失业人员增加，整个社会较为混乱。韩国许多企业拖欠工资并大规模裁员，致使企业与劳动者之间冲突频繁，劳动者长期罢工，时有暴力发生。

1988年金大中掌权后，于同年1月15日成立了劳使政委员会（负责处理劳资关系）。同年3月28日又制定《劳使政委员会成立与运行规定》，规定明确了劳使政委员会成立的主要目的是克服金融危机，促进劳资关系改革和民主主义，实现市场经济的共同发展。劳使政委员会旨在改善劳动市场，预防劳资冲突。劳使政委员会属于咨询委员会性质，通过举行劳动方面研讨会或论坛，探讨目前劳动市场的情况与趋势，劳动者、相关专家及公务员对现行劳动政策或法律存在的问题进行探讨，及时发现潜在劳资冲突影响因素，提出相关解决方式。

劳使政委员会除了对总统提供政策咨询外，还提出一系列劳动政策和相关的经济、社会政策，其间还不断完善相关制度，提出劳资（雇主—雇员关系）之间的合作方案等。1998年2月，劳使政委员会签订了90个"为克服经济危机的社会协议"，才因此克服金融危机、解决劳动资冲突。

2007年，劳使政委员会更名为"经济社会发展劳使政委员会"，为提高劳动者福利，该委员会对健康保险、社会保障制度、非正式员工保护等方面进行了改革。此外，该委员会还对政府积极提出意见和建议，中央劳动部已根据它的建议制定了多项劳动政策及相关法律。

（四）化解环境冲突的环境纠纷调解委员会

环境冲突是目前世界各国都很关注的领域之一。由于环境污染已对人们的生活构成影响，像韩国这样在较短时间内快速发展起来的国家更是如此。韩国政府为推动经济发展，曾一味坚持发展重化工业。过多的重化工业在生产过程中产生了大量有害物质，造成水污染等问题的频繁发生。许多国民因此身心健康遭受严重损害，他们对政府及相关企业进行抗议。由于传统的环境污染和冲突解决机制上的诸多弊端，促使韩国政府越来越关注环境保护和环境冲突问题。

韩国从1990年开始较为关注环境污染及环境冲突问题，为及时解决环境领域冲突，1990年韩国政府制定了《环境污染损害纠纷调解法》，1991年又制定了"中央环境纠纷调解委员会办事处职务制度"。同年7月19日，中央环境纠纷调解委员会（行政委员会）成立，开始化解环境领域发生的冲突。

韩国环境纠纷调解委员会属于行政委员会，受法律约束。作为中央政府机构所属的辅佐机构，它能利用其准立法权和准司法权，通过调整、斡旋、裁定方式解决环境冲突。根据韩国环境纠纷调解委员会公布的数据，自1991年7月建立至2013年12月底，中央环境纠纷调整委员会共接收3593件案件，其中3045件已通过裁定、调整或斡旋方式得到相应解决，占84.75%；391件因主动撤回而中止，占10.88%；另还有141件正在处理中，占3.92%[①]。与此同时，该委员会每年还对相关政府机构和企业进行环境冲突方面的宣传教育，从而大大地减小了环境冲突发生的比例。

---

① 韩国环境冲突调解委员会：《环境冲突事件统计》，2014年。

（五）化解行政冲突的行政协议调整委员会

根据《地方自治法》第168条，成立了由国务总理室管辖的行政协议调整委员会，它属于咨询委员会。该委员会的主要职能是协调和化解中央行政机构和地方政府之间在合作中出现的矛盾与冲突。当地方政府不能接受中央政府某些政策如税务政策、预算调配时，该委员会负责化解二者之间的冲突，通过举行全体会议和小组会议，对中央和地方政府意见的合理性、可行性进行讨论，并结合相关领域专家的调查及研究提出最佳解决方式。

（六）化解政治冲突的各种政府委员会

国家通过法规、组织及资源支配的自律性，用与过去垂直的竞争方式不同的管理机制来体现对各个社会问题的关心，其最终目标还是为了消除国民对国家的不信任感，而这在1993年金泳三掌权时期的政府行政革新委员会和1999年金大中政府领导的广播委员会中就已体现出来了，其中行政革新委员会虽不是总统的咨询机构，但可以保证行政的民主化，并给国民带来更多的便利。此外，金大中政府领导的广播委员会从政治权力宣传的批判中也逐渐转变为政党化的行政宣传模式，而且金大中政府践行了很多社会改革立法等活动，如制定《济州4·3特别法》《疑问死真相查明的特别法》《民主化运动的名誉恢复及补偿》等相关法律，设立疑问死真相查明委员会[①]。

1980年，由于政府对民主运动势力进行强制镇压，造成多人伤亡。为了保证社会统合与和谐，根据2000年制定的《民主化运动关联者名誉恢复与补偿法》，于2008年8月建立了由国务总理管辖的民主化运动关联者名誉恢复与补偿委员会，它属于咨询委员会。该委员会的主要任务是调查当时民主化运动参与者，并负责处理后续问题。首先，政府根据调查结果公布民主化运动参与者名单，为他们提供恢复名誉的可能；其次，政府根据参与者的参与度及损害程度进行补偿；最后，政府支持并资助民主化运动纪念活动。该委员会的成立为许多民主化运动参与者恢复了名誉，并使其得到补偿，尤其在社会统合与和谐方面，贡献明显。

[①] 李哲镐：《过去清算特别立法及特别机构》，韩国宪法学会，2003年第2期，第149—175页。

在朴正熙和全斗焕政府执政的 10 多年间，为确保社会稳定及执政的正当化，对国民进行镇压，造成多人不明死亡。2000 年，韩国政府为保证社会统合，成立了疑问死真相查明委员会，调查从朴正熙政府至 1980 年代全斗焕政府时期被政府直接或间接死亡的事件。该委员会根据调查结果追究真相，并由国家对受害者进行相应补偿。

卢武铉政府时期，韩国发生了对亲日反民族分子处罚运动。当时由于日本不承认"二战"期间慰安妇及独岛领土纷争的问题，韩国民众对日本较为反感，为此，韩国政府专门成立了相关委员会对日帝强占期（1910—1945 年）亲日反民族行为之人进行调查，相关人员为此受到了惩罚。根据 2005 年制定的《反民族行为真相追究特别法》，成立了由总统管辖的亲日反民族真相委员会。该委员会具有三项基本职能：第一，确定亲日反民族调查的对象；第二，调查亲日反民族行为相关的国内外资料；第三，按照亲日反民族行为调查结果编辑史料和报告书。截至 2009 年，委员会工作结束，委员会组织也相应解散。经过 5 年调查，政府公布了亲日反民族行为 106 名主要参与者名单，将其在日帝强占时期通过不当手段所获财产全部没收。

一般政治领域的委员会采用调查或采访方式来解决问题，政治领域以 20 世纪 80 年代民主化运动、日帝强占期以及韩国战争（抗美援朝战争）时期冤屈的事件较多，也会导致社会不和谐，委员会只能依靠当时遗留图文、证人证言及国外博物馆保存的相关资料进行调查才能解决问题。

（七）化解社会冲突的政府委员会

韩国社会许多方面还依然坚持着传统文化与思想，但由于现代社会多样价值观的渗透，人们的思想也产生了较大的变化。如韩国传统文化中"男尊女卑"思想与现代社会不相合，而且随着女性们社会参与率提升，女性的社会地位大大地提高了，她们还对各种体现男女不平等的法律、政策提出了反抗，而为解决这些问题，1998 年韩国政府成立了女士委员会（现名为"女性家庭委员会"），旨在保护女性的权利，并对女性相关政策提供咨询。

女性家庭委员会旨在考察社会中存在的男女不平等现象，对相关政府机构相关政策或法律提出意见或建议。一旦在工作场所发生性骚扰事件，受害女性可向委员会举报，委员会将单独调查或协同警察调查以保护女性人权。此外，委员会还将举行研讨会，对女性的人权及权利改善方式进行探讨，以改善女性政策与法律。

2014年朴槿惠政府时期，由于"岁月号"沉船事故，遗属与政府之间产生了严重冲突，为此国民对政府的信任大大降低。朴槿惠政府为此专门成立了"岁月号"真相委员会，尽管该委员会与海警共同调查了"岁月号"沉船事故的原因，但遗属与政府之间的冲突终究未能完全解决。

三 政府委员会管理公共冲突的成效

20世纪90年代后，韩国进入急速发展时期，社会不稳定因素增多。传统的行政系统在当代利害关系的调整中略显乏力，而公民对完善行政系统的要求也愈发强烈，民主监管观念中权威的独任制（despotism）金字塔形议事决策结构经过变革，尤其是通过协商议事决策的方式，形成了以多数人为主的议事决策机构。特别是进入21世纪，韩国的行政环境更加复杂多变，民主监督对政策决策系统的完善提出了要求，使委员会的存在具有了更重要的意义。金泳三总统掌权后，特别是在国民政府和参议政府中，委员会灵活运用专业知识，慎重审议国家政策决定，对审判的公正、政策参与度的扩大都作出了重要贡献，其作用和职能也在不断扩大。另外，从政治、法治角度来看，委员会职能的发挥，不仅有利于专门机构间纠纷与冲突的协调或解决，而且对提高工作人员专业技能和防止权力滥用都发挥了积极的作用[①]。

由2010—2014年中央行政自治部的政府工作报告可知，政府委员会对社会公共领域的冲突化解作出了相当贡献，其中，国民大统合委员会和国民权利委员会贡献最为明显。

国民大统合委员会2015年出版的《2014年国民大统合委员会白皮书》中指出了委员会2014年的运行成效：首先，国民大统合委员会制订了国民大统合综合计划，通过综合计划完成了国民统合基础的构建、社会公共领域内矛盾与冲突的预防和调整、加强了国民对政府的信任。尤其是

---

① H. Koontz and C. O'Donnell, Principles of Management, New York: McGraw - Hill. 1972, p. 373; H. Koontz, C. O'Donnell, and H. Weihrich, Management, New York: McGraw - Hill. 1984, pp. 337 - 345.

在预防冲突方面，国民大统合委员会有效地改进和完善了引发冲突的制度和法律，如为了减少地区间的不平等、防止矛盾与冲突，消除了驾驶执照上的地区标记；解决了个人的信息泄露的问题，简化了住院、就业时所要填写的个人信息。其次，该委员会还成立了社会冲突管理培训班（安排冲突化解与冲突调整课程），每年进行公务员相关培训，成功解决了2014年韩国庆尚北道蔚珍郡环境领域发生的冲突。再次，委员会还举行了"2014年国民大讨论会"，政府直接与国民进行沟通，探讨现行法律制度上存在的相关问题，政府继而依据国民及专家意见对劳动就业、社会福利、医疗等领域进行改革。

2008年国民权益委员会成立后，主要致力于集体冲突的解决。在此方面，该委员会的协调成功率较高，2014年在冲突现场协调成功的案例就有54件，比2013年增长了26%。此外，为防止集体性冲突，该委员会向政府部门提交了相关法律预案，2015年已提交国会，由国会制定相关法律。

为保护社会弱势群体，国民权益委员会成员亲自进行现场访问以解决问题，这在一定程度上减弱了社会阶层间的矛盾与冲突。尤其是通过"登闻鼓"制度的建立，促进了矛盾冲突的化解。如该委员会举行现场信访服务，2014年委员会在全国举行了52个现场咨询活动，收到了1600个国民倾诉的问题，其中634个已经得到妥善解决。通过"登闻鼓"制度，委员会可在冲突现场通过访问直接解决问题，如韩国一些地方由于公路较窄易发生交通事故，当地居民便要求拓宽公路，但政府坚持认为安全上没有问题，这就造成了居民和政府间的矛盾与冲突。委员会通过"登闻鼓"知晓了这些事情后，积极与当地政府和居民协商，达成的协议结果是市政府在2017年之前将原来的公路拓宽到20米。委员会现场访问有效防止了居民和市政府间的大规模冲突。此外，该委员会还采取了企业监察专员制度（Ombudsman system），旨在调整和解决中小企业运营上受制于大企业和政府以及不平等契约等问题，促进经济和社会的稳定发展，委员会在2014年发现了51项对企业不公正的制度和法律，其中43项涉及对相关政府机构意见。

劳使政委员会也通过劝告、协议方式来解决劳动领域冲突。自1998年成立以来已取得不少成效。2006年为保护劳动者们的权利，制定了有关禁止不正当解雇的制度和法律，同时促进劳动制度的先进化。此外，在2008年，该委员会和中央劳动部共同协议失业保险制度，在一定程度上既保护了劳动者的权利及基本生存权，又有效防止了劳资冲突。

环境纠纷调解委员会属于行政委员会，具有较强的公信力，可以直接解决冲突问题，达成的解决方案具有法律效力。从环境纠纷调解委员会公布的《2014年环境纠纷处理统计资料》来看，环境纠纷调解委员会自1991年7月至2014年12月共收到3853件案件，其中3281件已得到处理，416件主动撤回，135件正在处理中。噪音和振动相关损害最多，共2802件（85%），大气污染191件（6%），日照136件（4%），水质污染88件（3%），其他62件（2%），均得到妥善解决。此外，通过委员会每年报道的环境领域冲突比例日渐增多，与此同时，委员会收到的申请率也在增长，这意味着委员会的作用正在扩大。

政治和社会领域的政府委员会的主要工作是证明事实、查明真相。为此，它们努力改变传统工作方式。这些委员会现已查明许多过去未查明的真相，并给予受害者一定赔偿。此外，社会领域政府委员会中女性家庭委员会在监督男女不平等、性骚扰事件等方面也作出了一定贡献。它努力与警察部门合作，并积极改善国家相关法律制度。该委员会每年都会举行研讨会，指出男女不平等的危害，如造成社会损失、不利于国家的发展和家庭的稳定。在韩国，与社会问题相关的法律制度得到了明显改善，女性权利增多，社会参与度提高，这些改变在很大程度上防止了社会公共领域内的性别矛盾和冲突。

四 几点启示

从总体上看，韩国在公共冲突高发期通过设立专门的政府委员会来管理和化解公共冲突，取得了明显的效果，是一种值得借鉴的组织制度安排。

第一，在公共冲突集中爆发时期，常规设立的政府机构往往不能满足大量公共冲突所产生的治理需求，因此需要设立专门机构来管理和化解公共冲突。从韩国的经验来看，设立各种治理公共冲突的政府委员会对于预防、管理和化解公共冲突产生了明显的治理效果，公共冲突升级的案件显著减少。

第二，政府委员会采用多数决定机制的合议制机关，它特别适于治理由多元利益对立所引发的公共冲突。从韩国的经验来看，政府委员会比集权化的传统政府组织能够更有效地治理各种公共冲突。

第三，针对公共冲突而设立的政府委员会需要一定的专业分工。由于各种公共冲突的性质具有很大的差异，单纯依靠一般性政府委员会往往对一些具有特殊性质的公共冲突难以有效化解，因此需要建立一些特殊类型公共冲突的专门委员会。从韩国的经验来看，它除了设立一般性的韩国国民大统合委员会和国民权益委员会之外，还专门设立了处理劳资冲突的劳使政委员会，处理土地冲突的中央土地收用委员会，处理环境冲突的环境纠纷调解委员会，处理政治冲突的亲日反民族真相委员会、民主化运动关联者名誉恢复与补偿审议委员会、日帝强占下强制动员被害者真相纠明委员会、疑问死真相查明委员会，处理行政冲突的行政协议调整委员会，以及处理性别冲突的女性家庭委员会。这些专门委员会在处理特定冲突方面具有明显的专业性优势，提升了冲突治理能力，使得冲突治理效率和效果都大大提高。

第四，处理公共冲突的政府委员会在组成上要注意扩大公民参与。公共冲突涉及公共利益和公众关切的事项，因此吸收公众参与到相关的政府委员会中，可以大大提升公众对政府委员会的信任程度，也可以通过吸收更广泛的专家和民众意见提高决策和判断的质量。从韩国的经验来看，其政府委员会成员包括相关领域的专家，普通民众可以通过政府委员会举办的听证会、研讨会参与决策，也可以通过网上报名或给相关工作人员留言、发邮件、访问等形式参与决策。

第五，随着公共冲突类型和时期的变化，需要对治理公共冲突的专门机构作出相应的调整。从韩国的经验来看，各个时期突出的公共冲突不尽相同，每一时期公共冲突的总量也存在起伏。韩国各届政府根据不同时期公共冲突的性质和总量对相关政府委员会进行了调整，使冲突治理机构的设立更契合公共冲突治理的实际需求。

第五节　韩国环境冲突管理体制及其运行

在韩国现代化的过程中，工业化、城市化和商业化发展给环境带来了严重的负面影响，造成了环境污染与生态破坏。尤其是城市化，在给人们的生活带来便利的同时,也带来了不少负面影响,其中最大的变化就是生活空间更加紧密,导致私人空间更易遭受破坏。此外,生活污水、汽车尾气等污染物因无法自净,又给城市居民带来了不少负担。然而,在工业化发展过程中,政府和企业都未能预期如此多的环境污染问题,而且以为环境污染可在短时期内得到解决,导致了在污染发生后政府的不作为,从而使环境污染和生态破坏的持续量变累积成生态环境的恶化。[①]

与此同时,环境纠纷及冲突不断增多。一方面,环境污染和生态破坏给居民造成了日益严重的损害;另一方面,居民的环境意识和权利意识不断增强,对环境损害的敏感度不断提升。这两方面原因共同导致了在环境问题上的抗争和冲突事件数量激增。为了化解环境领域的冲突,韩国政府制定了相应的冲突管理制度,设立了专门的冲突管理机构,使许多环境冲突得到了及时的化解,但也暴露出一些问题。韩国环境冲突的历史发展和冲突管理体制的实践,能够为中国环境冲突管理体制的建设提供一些借鉴和启示。[②]

一 韩国环境冲突发展的不同阶段及其特点

韩国的环境冲突经历了不同的发展阶段,每个阶段呈现出不同的特点。

（一）1960 年代

韩国发生环境冲突是从第三共和国执政（1962 年）开始出现的。朴正熙政府执政后,所颁布的政策都致力于经济发展,不仅规划了经济发展蓝图,还给企业以众多鼓励和优惠政策。对于政府"第一个经济发展五年计划"的经济政策造成的公害,韩国民众在 60 年代发起了第一次反公害运动。最初出现的涉及环境问题的抗争活动是 1966 年釜山火力发电厂附近居民反煤灰的活动。

第二、第三个经济发展五年计划期间,重化工业的快速发展造成了环境污染问题的集中爆发,环境破坏更为严重。与此同时,居民因环境而受

---

① 《韩国环境政策评估研究所报告书》,2006 年。
② 参见常健、李志行《韩国环境冲突的历史发展与冲突管理体制研究》,《南开学报》2016 年第 1 期。该文是本项目研究的阶段性成果。

到的损害也在增加，进而政府和居民间就损害赔偿问题发生了冲突。① 此外，韩国政府开展新村运动，因环境政策与其践行的实际情况相去甚远，也引发了较为严重的冲突。②

在 1960 年代，韩国不仅在经济、社会等方面不稳定，而且还缺乏相关政策及国民治理策略，政府对环境问题与环境冲突也不重视，只一味热衷于经济发展。

（二）1970 年代

在 1970 年代，在经济优先政策、压迫的政治体制、一般公众的环境舆论等恶劣的外部条件下，以普通工业区居民为主导，发起了单发性损害赔偿运动。当时韩国的民主化程度还不高，所有政策均由政府主导，国民的基本权利还未得到基本保障，因此，当时居民抗议政府的活动，对政府而言并不是一个很大的问题。由于这种反政府抗议行动只是由少数民众举行的单发性运动，并未引起政府重视，政府并没有对居民的损害程度与赔偿情况进行调查，也没有在政策上进行任何改革与完善。

（三）1980 年代

在 1980 年代的第五共和国时期，随着环境污染、环境损害及环境冲突的越加严峻，造成了人民生活质量的下降，促使民众环境意识的觉醒，增强了公众的维权意识。当时正值民主化运动的高潮时期，公众与政府政策的关注度显著提高，并与政府针锋相对地开展抗争，使冲突日益升级。很多民众为了环保和防治公害，建立了越来越多的民间环境保护团体，组成反公害团体，并参与到环境领域相关活动中去，促使公害问题成为社会焦点。到 80 年代后半期，韩国环境冲突的内容和状态变得更具组织性和系统性。随着工业区附近的居民由于环境破坏使权益受损的情况愈加严重，他们发起的公害示威运动也愈演愈烈，以前针对政府或企业的一次性运动变成了长期的示威抗争。由于韩国要在 1988 年举办汉城奥运会，政府对国民的统治方式和行为措施都较为严厉，造成政府跟国民之间的对立更加严重。

---

① 朴在默：《产业发展与环境污染》，韩国天主教大学社会科学研究所，1995 年第 10 期，第 97—100 页。

② 金锺赞：《地方政府之间环境冲突管理方案》，韩国江南大学社会科学研究所，1998 年第 6 期，第 67—85 页。

城市环境冲突一般发生在汉城九老工业区附近。由于煤炭生产过程中会产生众多污染物质，因此煤炭公司跟当地居民常发生冲突。在城市里发生环境冲突的情况与农村地区一样，个人健康还是财产一旦受损，受害人就会要求相关企业或政府进行赔偿或给出相应对策。此时的环境冲突不仅涉及物质损害赔偿，还表现为健康损害赔偿。

这一时期发生的最为严重的环境冲突涉及所谓的"温山病"。温山工业区居民从1980年代初就有温山病，该病会造成神经痛和皮肤病，为此，这些居民生活艰苦，常常食不果腹。工业区附近居民的示威与抗议不断升级，并开始与民间环境团体联合开展斗争，最终迫使政府将当地居民进行了撤离。在这次抗争中，各种反公害运动团体第一次加入进来，其中包括许多民间环境保护、环境污染防治团体，韩国公害问题研究所、宗教团体等一共13个团体也都积极参与合作。[①] 温山工业区发生的环境冲突的影响范围波及全国，给全国的重化工企业造成重创。

此外1987年，韩国全罗南道灵光郡的原子力发展所的建设，造成了当地居民与政府间的环境冲突，这次冲突后来发展成了反核和平运动。

民众的抗争使政府开始重视环境问题，并制定相关政策。不仅宪法中涉及了环境权利保障，而且开始制定环境保护法。同时，还建立了由中央政府管辖的环境厅。

（四）1990年代

在1990年代，政府在推动经济发展方面仍然坚持发展重化工业，而大多重化工业在生产过程中都会产生污染大气的有害物质，都会造成水污染等问题的频繁发生，特别是每年都会发生的水污染。1989年的首都重金属污染事件、1990年的首都自来水致癌物质事件、1991年发生的20世纪以来韩国最严重的环境污染事件"洛东江苯酚污染事件"以及"海王子号"（Sea-Prince）船在南海岸发生的石油外溢事件等较为严重的环境污染问题，不仅引起了公众对环境污染问题的关注，而且更加增强了公众的环境意识。

这一时期建立了许多社会环境民间组织，他们开始与政府和大学研究所合作开展环境保护项目，并因此提高了自己的社会影响力。同时，韩国

[①] 朴泰贤：《环境冲突调整制度先进化的法律层面课题》，韩国环境法学会，2008年第3期，第161—183页。

政府也开始注意与环境民间组织的合作，政府在环境方面的所有政策都会得到来自环境民间组织的意见与建议。

（五）21世纪以来

进入21世纪以来，韩国环境冲突类型出现了重要的变化，两类冲突变得格外突出：（1）邻避（NIMBY）冲突。以韩国光阳市政府在白云山建设电缆塔过程中与当地居民之间发生的冲突为例，光阳市政府曾在1994年开始计划在白云山建设电缆塔，2004年当地居民意识到该计划后，开始了反政府运动、举行游行示威，并与各个社会环保团体（约230个民间组织）合作建立反电缆塔建设运动集团。（2）邻里间冲突。随着人们对生活质量的要求不断提高，居住于大城市的居民由于房价高、空间小，由噪音、日照等问题引发的环境冲突日益增多。

同时，随着韩国社会信息化与互联网的不断发展，环境冲突的发展方式和规模也呈现出新的特点。脸书（Facebook）、视频整合网站（youtube）等各种社交网络服务（Social Network Services）系统迅速发展和普及，政府机构、企业和著名公众人物也纷纷加入社交网络，发布相关信息，与国民进行沟通。信息化使国民参与社会活动的方式进一步多样化，国民可以随时随地通过电子网络参与社会热点事件及社会活动。韩国主要媒体也与民众合作，积极投入到了大规模的运动中。这使得环境冲突的规模可以迅速扩大，并导致冲突的迅速升级。例如，反白云山电缆塔建设运动期间，当地居民就积极通过电脑和手机转发白云山建设电缆塔的相关消息，引起了民间环保组织的高度关注，使抗议行动的规模不断扩大。

大规模的环境冲突和抗议，使韩国政府无法再对因一味追求经济发展而带来的环境问题置之不理和无所作为。在民众的压力之下，韩国政府不断对环境政策进行改革和完善。

二　韩国的环境冲突管理体制

为了化解日益增多的环境冲突，韩国逐步建立了环境冲突管理体制。该体制在环境冲突管理方面发挥了重要的作用，使得大量环境冲突得到了有效的化解。

（一）环境管理制度建设

20世纪90年代，为了应对日益严重的环境冲突，韩国政府制定了一系列环境冲突管理的法律,其中具有里程碑意义的有 1990 年颁布的《大气环境保全法》《水质环境保全法》《噪音振动规制法》《环境污染损害纠纷调解法》等 4 部环境相关法。其中,《环境污染损害纠纷调解法》是环境冲突管理的核心法律,它经过了多次修改和完善。1997 年《环境污染损害纠纷调解法》第二次修正,并改名为《环境污染纠纷调解法》。2002 年,又进行了第三次修正,赋予地方委员会以裁定职能。2007 年修改的《环境污染纠纷调解法》对环境纠纷调解委员会委员委任的条件有所放宽。2008 年和 2012 年又通过修改,扩大调解对象的职权,并将人工照明光线确定为公害。现行环境污染纠纷调解法共由六章组成,其中强调说明了环境纠纷调解委员会,其业务范围、组成和任命等方面,而且还对一些内容和规定作出了相应调解并确立。环境污染纠纷调解法第一章第一条说明了该法制定的目的,即通过斡旋、调解和制定程序规定解决环境冲突问题,减少其在环保及国民健康方面的损失,从而为依法化解各种环境冲突奠定了可以遵循的法律基础。

(二) 环境冲突管理的路径

根据韩国现行法律与规定,可以通过两种路径解决环境冲突的问题,一种是通过冲突双方的协商自行解决;另一种是通过第三方干预解决。(如图 2-1 所示)[①]

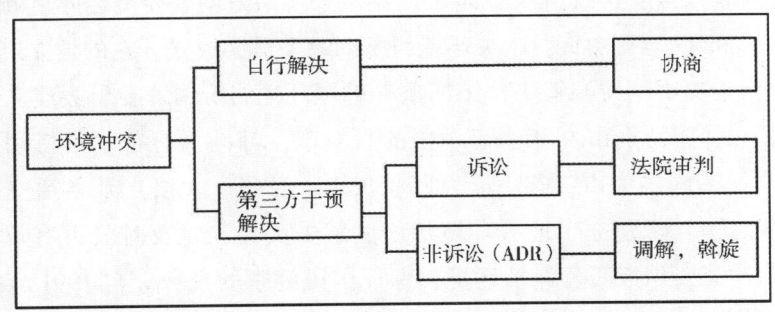

图 2-1 韩国环境冲突解决路径

所谓"自行解决",就是冲突双方当事人通过谈判协商解决冲突问题。如果双方无法直接协商,或协商未能达成一致的解决方案。就要借助

---

① 朴映世:《ADR 制度研究》,韩国地方政府研究,2007 年第 1 期,第 249—271 页。

第三方干预来解决冲突问题。第三方干预可分为两种方式：一种是传统的法律诉讼方式，即当事人到法院起诉，并按照法院的裁决解决问题；另一种是非诉讼纠纷解决方式（ADR，Alternative Disputes Resolution），即由专门机构（委员会）通过裁定、调解、斡旋方式来解决双方当事人之间的矛盾和冲突。在韩国，参与调解冲突问题的专门机构是环境纠纷调解委员会。韩国学者洪準亨提出，比起诉讼等传统方式，采取 ADR 制度解决环境冲突更合理而有效。尽管如此，现在韩国环境纠纷调解委员会 ADR 制度的职能和作用还没达到有效解决大部分环境冲突的能力。[①]

除 ADR 制度以外，目前在韩国实行的社会影响评估制度也可以有效预防环境冲突，促进环境冲突化解。郑周辙、林栽永认为，社会影响评估注重建设项目对社会、经济的影响，而其中收集居民的意见是必备项目，即通过积极保障居民参与，来事先预防环境冲突。[②]

（三）环境冲突的管理机构：韩国环境纠纷调解委员会

为了加强环境冲突管理，韩国设立了环境纠纷调解委员会，作为负责环境冲突管理的专门机构。

1. 成立背景

韩国政府为了及时解决环境领域冲突，1990 年制定了《环境污染损害纠纷调解法》，1991 年又制定了"中央环境纠纷调解委员会办事处职务制度"。同年 7 月 19 日，中央环境纠纷调解委员会成立。它的建立遵循了《环境污染损害纠纷调解法》第四条（韩国环境纠纷调解委员会建立）的规定，在韩国特别市（相当于中国的直辖市，韩国只有首尔是特别市）、广域市（韩国的大市，釜山、大邱、仁川、光州、大田）及各道（韩国行政区之一）都建立了地方环境纠纷调解委员会，以及时公正有效地解决环境冲突，积极履行保护环境、保证国民健康的义务。自 1991 年韩国环境纠纷调解委员会成立以来，已有不少委员会的基本功能与法律以及职权都及时得到了完善，《环境污染损害纠纷调解法》也有部分作了一定改动，如 2002 年赋予地方环境冲突调解委员以裁定职能，2008 年又扩大了

[①] 洪準亨：《环境冲突的调整》，韩国环境法学会，2010 年第 3 期，第 385—416 页。
[②] 鄭周辙、林栽永：《关于社会影响评估原则与标准的研究：以美国实例为中心》，韩国环境影响评估，2007 年第 1 期，第 45—58 页。

委员会的调解领域，2012年又将人工照明光线的公害纳入其职能范围等。

2. 隶属关系

朴槿惠政府共建立了537个政府委员会，政府委员会又根据法律分为行政委员会与咨询委员会。两者在地位、权力、工作范围上各有不同，行政委员会具有法律约束力和行政执行权，可以建立委员会管辖咨询机构，并根据情况行使准司法权，通过行政委员会处理的政府工作可以弥补政府机构工作的缺点。咨询委员会是通过咨询、审议、表决进行各种行政决策咨询的合议机构。

韩国环境纠纷调解委员会隶属于行政委员会，它又分为中央委员会和地方委员会，本节主要研究对象为中央环境纠纷调解委员会。由于中央委员会的权力和工作领域较为广泛，且韩国人口约1/4都在首尔，因此冲突发生率和当事人申请的比例比地方委员会要多，相比而言，我们认为中央委员会的运行效果较为显著，相关经验也更值得研究。

3. 主要职能

韩国环境纠纷调解委员会根据《环境污染纠纷调解法》来解决环境领域的冲突，接受申请调解的对象可分为三个方面：第一，企业活动可能造成涉及大气污染、水质污染、土壤污染、海洋污染、噪声等健康、财产、精神上的冲突等；第二，与环境设施（废物处置设施、污水下水处理设施、粪尿处理设施等）管理相关的冲突；第三，妨碍日照和照明相关的冲突。目前在韩国环境领域冲突中频率最高的是与噪声和日照有关的冲突。城市在建大厦或商城的过程中，不论在噪声还是日照方面，或多或少都会对周围居民产生一定影响，因此这两种冲突较多。

环境纠纷调解委员会的主要职能有三个方面：第一，裁定。即调查冲突真相的委员会专家对当事人讯问后，由委员会确定双方当事者之间的损害赔偿金。委员会按裁定方式确定后，先把裁定文件发送两个当事者，送达后60日内如双方当事者对委员会裁定无意见或不决定起诉，则裁定生效，并与法院裁判结果具有同样效力。第二，调整。即实施调查后委员会进行调整，对两个当事者提出调整建议。若双方当事人同意，即可签订调整诏书，该诏书的效力亦与法院裁判相同。第三，斡旋。即委员会引导双方当事人进行协议，若通过斡旋委员会中介双方当事者协议成功，当事人便可签订协议书，从上述也不难看出韩国环境纠纷调解委员会的准司法功能

(quasi-judicial function)。调整与斡旋是对双方当事人以劝告来解决问题，而裁定则是先组成实施调查小组进行职权调查，再按照调查和审议情况确定赔偿金，可见裁定是委员会三个功能中最有权威的冲突解决方式。

委员会除接受当事人申请外，在国家遇到紧急状况时，委员会还应积极处理冲突问题。《环境污染纠纷调解法》第30条对委员会的调解工作作出如下解释：一旦环境污染对人民的健康乃至生命造成重大伤害，或是造成与环境设施设置或管理相关的具有负面影响的环境冲突，无论当事人有无申请，委员会都应进行职权调解。职权调解的对象标准包括三方面：第一，由于环境破坏严重，造成死亡或人体重大伤害的冲突；第二，与环境设施的设置或管理有关的冲突；第三，调解预期额10亿韩元（人民币约500万元）以上的冲突（环境冲突调解法施行令第23条）。刑事罪行的冲突、问题严重的法律和政治问题的冲突、当事人意图以交易协商解决的冲突、问题影响巨大的冲突不能通过职权调解。由于环境问题与环境冲突发生后对国家社会影响较大，因此委员会对于一些较为重大的事件可直接职权处理。

4. 主要优势

通过委员会解决环境冲突的主要优势体现在以下三方面：首先，韩国环境纠纷调解委员会是以行政方式即非诉讼方式解决环境冲突的问题。若是通过诉讼方式解决冲突，不仅诉讼费较贵，且由于一般民众法律知识不足，寻找专家律师会花费很长时间。但若是通过委员会解决问题，相较诉讼方式不仅手续费便宜，且首次交手续费后再无其他费用。其次，若当事人环境权益受损，可随时向委员会进行网络申请，申请后速度较快，处理时间较短。委员会统计调查结果显示，截至目前，申请后3个月以内得到处理的申请达18%，4—6个月达到43%，7—9个月达到36%，9个月以上为3%，平均处理时间是四五个月，比诉讼处理得更快。最后，委员会组织里有各方面专家，处理的方式偏向科技型与专家型。

三 韩国环境冲突管理体制的运行状况与效果分析

韩国环境冲突管理体制运行20多年来，总体运行平稳，在化解环境冲突方面发挥了重要的作用，取得了较好的效果（见表2-4）[①]。

[①] 《韩国环境纠纷调解委员会报告书》，2014年。

表 2-4　韩国中央环境纠纷调解委员会申请（接收）与处理情况表　单位：件

状况 年份	接收现状 总计	接收现状 接收	接收现状 上年结转	处理现状 总计	处理现状 裁定	处理现状 调整	处理现状 斡旋协商	主动撤回
	5099	3593	1506	3045	1905	62	1078	389
2013	347	233	114	189	162	5	22	10
2012	390	248	142	255	170	2	83	19
2011	355	245	110	185	167	7	11	24
2010	316	220	96	174	116	2	56	29
2009	416	242	174	283	233	4	46	35
2008	391	301	90	209	149	—	60	8
2007	275	196	79	172	126	3	43	13
2006	276	202	74	165	83	2	80	32
2005	266	166	100	174	100	4	70	18
2004	372	195	177	223	101	1	121	49
2003	550	350	200	292	87	—	205	81
2002	493	440	53	263	118	2	143	30
2001	184	154	30	121	68	7	46	10
2000	100	70	30	60	39	3	18	10
1999	119	82	37	79	35	1	43	10
1998 年前	249	249		201	151	19	31	11

资料来源：《韩国环境纠纷调解委员会报告书》，2014 年。

(一) 申请接收情况

从表 2—4 的数据可以看出，环境冲突案件的申请接收数量出现了两次峰值，第一次是在 2002 年，其新增案件数量达到了 2000 年的 6.29 倍。2002 年 12 月修正环境纠纷相关法律后，调解事件中 1 亿韩元（人民币约 50 万元）以下的纠纷由地方环境纠纷调解委员会处理，中央环境纠纷调解委员会申请接收案例的数量显著降低。第二次峰值出现在 2008 年，新增案件数量再次超过了 300 件，但此后就一直稳定在 200—300 件之间。

(二) 申请案由

根据韩国环境纠纷调解委员会的统计资料，目前在韩国发生的环境冲突主要涉及五个领域。图 2-2 显示了自中央环境纠纷调解委员会 1991 年 7 月建立以来到 2013 年 12 月委员会已解决的申请案件中所涉及的环境各领域的比例。①

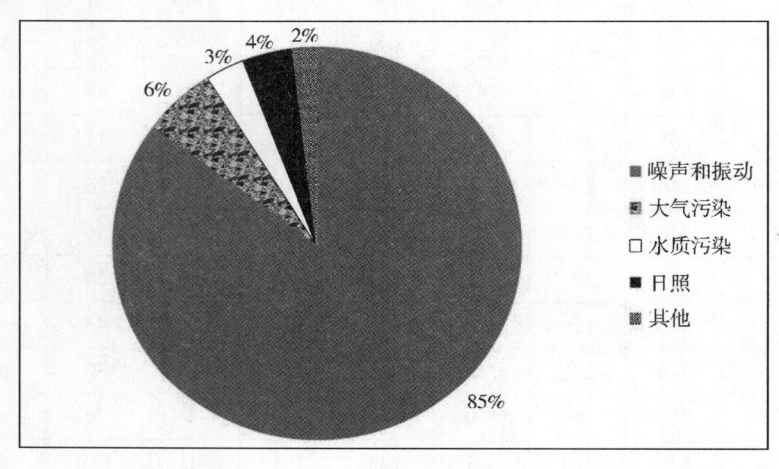

图 2-2 环境冲突事件原因

数据来源：《韩国环境纠纷调解委员会环境冲突事件统计资料》，2014 年。

中央环境调解委员会的统计资料显示，在已解决的 3045 件中，涉及噪声和振动的有 2600 件（85%），涉及大气污染的有 188 件（6%），涉及水质污染的有 84 件（3%），涉及日照的有 118 件（4%），涉及其他方面的有 55 件（2%）。噪声和振动方面比例最大，主要是因为城市经济发展快，而不断地建地铁、大商场、公寓、大厦等影响人们的生活质量，还会影响到农畜产品，同时也是由于城市居民教育水平较高、环境意识强。自 2002 年第一次因日照而发生个人权益受损案例以来，有关日照的冲突率越来越高。此外，在 3045 件案例中，精神受损案的比例最大，为 1860 件（61%）；其他为物质损失，包括畜产品有 368 件（12%），农产品有 198 件（7%），建筑物有 100 件（3%），海产品有 80 件（3%），其他的有 439 件（14%）。

---

① 《韩国环境纠纷调解委员会环境冲突事件统计资料》，2014 年。

(三) 案件处理情况

中央环境冲突调整委员会自 1991 年 7 月建立至 2013 年 12 月底共接收 3593 件案例，其中 3045 件已按照裁定、调整、斡旋方式得到相应解决，占 84.75%；391 件因主动撤回而中止，占 10.88%；另还有 141 件正在处理中，占 3.92%。

从处理方式来看，在 3045 件已处理的案件中，有 1905 件是通过裁定方式解决的，占 62.56%，这主要是因为裁定是冲突调解方式中唯一一种准司法方式，它可以确定双方的损害赔偿费。排在第二位的是斡旋调解，共 1078 件，占 35.40%。最少的是调整，只有 62 件，占 2.04%。值得注意的是，在 2002—2004 年期间，斡旋调解案件的数量达到最高值，每年超过 100 件，2003 年达到了 200 件，但此后的数量则呈现逐年递减之势。相比之下，裁定案件的数量在 2006 年之前数量不多，但 2007 年之后就大体稳定在 100—200 件之间的状态。

(四) 预防教育

为了预防上述因环境问题而使权益受损的情况出现，韩国政府开展了预防环境冲突的教育活动，每年对相关人权进行教育培训，主要教育对象是在地方自治环境团体中的公务员、公共机关工作员及建筑公司职员。自 2008 年开始，针对不同对象，监督机关和许可机关进行了不同形式的教育。韩国中央环境部每年都会与环境纠纷调解委员会合作举办环境冲突预防研讨会，以探讨目前国外发达国家的案例或创新教育方式等，并通过电视公益广告转播警示教育国民，效果显著。

四　韩国环境冲突管理实践对中国的启示

中国与韩国一样也存在着大量由环境问题而引发的冲突，都需要对环境冲突予以管理，以便有效化解环境冲突。一方面，中国与韩国产生环境冲突的背景是比较相似的。两国都是在实行市场经济和快速工业化的背景下产生了大量的环境问题和环境冲突。同时，由于环境权利意识和民主化程度的提升，使得环境冲突的规模不断扩大，组织化程度日益提高，冲突的烈度和强度相应提升。另一方面，韩国自建立环境冲突管理制度和体制后，环境问题已出现明显改善，环境冲突得到了比较有效的化解；而中国目前还处于环境问题和环境冲突的高发阶段，尽管政府对环境治理和生态文明建设的重视程度达到了前所未有的程度，但环境冲突管理制度和体制的建设还处于初步探索阶段。因此韩国环境冲突管理制度和体制的建设及其运行的经验和教训，在一定程度上可以为中国环境冲突管理制度和体制的建设提供借鉴和启示。

（一）建立和完善有关环境冲突管理的法律法规

环境冲突化解需要依法进行。从韩国环境冲突管理的法律制度建设来看，它不仅制定了有关环境保护的法律，如《天气环境保全法》《水质环境保全法》和《噪声振动规制法》，还制定了专门的环境冲突管理的法律，即《环境污染损害纠纷调解法》（后改名为《环境污染纠纷调解法》），规定了环境冲突化解的路径、机构、程序和规范，为依法化解环境冲突奠定了法律基础。

中国到目前为止已制定了大量涉及环境和生态保护的法律法规，但却缺乏有关环境冲突管理的专门性法律法规，使得环境冲突的化解缺乏必要的可遵循的法律依据。因此，建议制定有关环境冲突管理的专门法律法规，明确环境冲突的管理路径、机构、程序和规范，使环境冲突管理有法可依。

（二）建立全国统一的环境冲突管理体制

从环境冲突体制的建设来看，韩国 1991 年成立了中央环境部管辖中央环境纠纷调解委员会，而且特别市、广域市、各道都成立了地方环境纠纷调解委员会，这就意味着全国有一个系统治理环境冲突的机构，而且中央和地方分工明确，冲突化解比例越来越高，当事人对委员会满意度也较高。

中国目前还没有建立专门环境冲突管理体制，涉及环境冲突的案件都是归入一般的社会冲突管理体制来处理。工作人员环境冲突的知识、能力和专业化水平相对较低，无法及时、公正和有效地化解环境冲突。鉴于环境冲突正在成为新时期最重要的公共冲突产生原因，因此建议在全国建立专业化的环境冲突管理体制，在中央和地方设立相应的专门机构，明确分工，相互支持。在这方面，韩国环境纠纷调解委员会可以成为一个借鉴的样板。

（三）在环境冲突管理的路径上更加重视调解功能

对于环境冲突有司法解决和行政调解解决两种路径。由于环境冲突的复杂性，司法解决路径不仅耗时费力，而且很难达成冲突双方都能满意的判决结果。而行政调解的方式更容易使双方加强沟通、理解和相互信任，并通过协商的方式达成双方都能满意的解决方案。

从韩国环境冲突管理实践经验来看，韩国现行法律规定了环境冲突的解决可以采取司法解决和委员会行政解决两种路径，但多数人还是倾向于选择通过环境纠纷调解委员会的行政方式来解决环境冲突问题。环境纠纷调解委员会所裁定具有准司法效力，还可以选择调整和斡旋的方式来解决冲突，具有较大的协商空间，从而成为化解环境冲突的主要渠道。

中国目前在环境冲突的司法解决机制和非诉讼纠纷解决机制两个方面都缺乏专业化建设，而在非诉讼环境纠纷解决机制的建设方面尤其欠缺，尚未建立专门解决环境冲突的行政机构。虽有隶属于政府专门机构的信访制度，但由于环境信访问题往往牵涉多个政府职能部门，受职能范围、技术力量、资质等因素的限制，现有执法手段还比较薄弱单一，并缺乏综合性执法和职能专业性。[①] 这使大量环境冲突案件既不能被法院受理，又找不到非诉讼纠纷解决机制来解决，迫使民众采取暴力手段抗争，导致严重的群体性事件。因此，应当更加重视以非诉讼的纠纷解决机制化解环境冲突，加强环境冲突的调解和仲裁机制建设。

（四）政府应当主动加强与民间环境组织合作化解环境冲突

民间环境组织是促进生态环境保护的重要力量。一方面，它们会监督政府的政策，帮助环境污染的受害者维护权利。例如，1980年代在韩国发生各种环境冲突中，民间组织都作为冲突中的一方，使环境污染的受害方得到组织化的支持和帮助。另一方面，它们又能够在政策制定、环境保护和环境冲突管理方面协助政府，成为政府与民众之间的桥梁。韩国政府在政策制定过程中，注意征求民间环境组织的意见和建议，在韩国环境纠纷调解委员会的专家中有很多都曾经有过在民间环境组织工作的经历。

中国在环境领域的民间组织的数量正在不断增加，并且正在环境公益诉讼和帮助受害者维权方面发挥着越来越重要的作用。从环境冲突管理的角度来看，政府应当重视与民间环境组织的合作，发挥它们的桥梁、智库

---

① 孙志国：《环境信访案件产生原因及对策探讨》，《环境保护与循环经济》2011年第5期，第70—72页。

和冲突管理的作用，使它们在环境冲突管理中更多地发挥促进冲突化解的功能。

（五）加强环境冲突的预防教育

环境冲突管理不仅要重视冲突发生后的化解，还要重视冲突发生前的预防。韩国政府相当重视国民环境冲突预防和化解的相关教育，且形式多样有效，国民已普遍具有较高的环境意识，并能对环境冲突采取合理的应对方式。

中国民众的环境意识正在不断增强，但对环境冲突的预防和化解的意识、知识和能力却还处于较低水平。这使得环境冲突高发而环境冲突化解的效率却很低。因此，应当向公众、企业和政府官员进行环境冲突预防和化解的专门培训，减少环境冲突的发生，促进环境冲突的化解。

第六节 中外公共冲突化解机构的比较与启示

中国与其他国家特别是一些发达国家在公共冲突化解机构建设方面虽然有一些共同点，但也存在着一些深刻的差异，这主要体现在冲突化解的背景、机构的专业化程度和独立性等方面。[1]

一 比较

从公共冲突化解的背景来看，西方发达国家处理冲突的传统是法律中心主义，其司法系统在处理各种冲突方面的功能相对发达。这些国家对于冲突化解的重视，是由于法律诉讼的高昂成本，因此将冲突化解作为一种法律诉讼之外的非诉讼纠纷解决机制（Alternative Dispute Resolution，简称ADR），以减轻法律诉讼的压力，提高冲突处置的效率。与此不同，中国处理冲突的传统是调解中心导向，中华人民共和国成立后又是行政中心导向，尽管改革开放以来国家大力加强法律体系和司法体制建设，但在各种冲突的法律诉讼制度和体制方面仍然存在许多有待填补和完善之处。换言之，中国的冲突化解体制虽然有悠久的历史传统，但缺乏完善的法律诉

---

[1] 参见常健、杜宁宁《中外公共冲突化解机构的比较与启示》，《上海行政学院学报》2016年第3期。该文是本项目研究的阶段性成果。

讼体制作为后盾，这在一定程度上会影响冲突化解的效率和执行力。例如，在缺乏对可能的法律诉讼结果的确定预期作为参照的情况下，冲突各方对冲突过程及其结果的收益与成本难以形成理性的计算，从而对调解的选择、调解过程中的报价和讨价还价以及协议的达成形成负面的影响。

从公共冲突化解机构的专门化程度来看，中国与其他国家都建有专门和非专门两类机构。但相对来说，中国各级政府部门都兼有化解公共冲突的职责，然而专门化解公共冲突的政府机构并不太多。一些发达国家建立了专门性的公共冲突化解机构，特别是在公共冲突的高发时期。专门化的公共冲突化解机构可以使其他政府机构摆脱各类公共冲突的干扰，更专心地从事自身的本职工作。

从公共冲突化解机构的专业化程度来看，中国与其他国家都建有一般性和专业性两类冲突化解机构，但相对来说，中国的冲突化解机构更多的是处理一般性冲突的机构，如信访机构和人民调解委员会，专门处理某类公共冲突的机构并不太多，只是一些地方在尝试建立。相比之下，一些发达国家针对一些高发性冲突建立了专门性的冲突化解机构，如化解劳资纠纷的专门机构、化解环境冲突的专门机构、化解社区冲突的专门机构、化解医患纠纷的专门机构、化解行政冲突的专门机构、化解土地纠纷的专门机构等，这使得冲突化解的专业化程度大大提升。

从公共冲突化解机构的属性来看，中国与其他国家的公共冲突化解机构都包括行政机构、司法机构和民间机构三种类别。但相对来说，中国的公共冲突化解机构以行政机构和准行政机构为主，一些名义上的群众组织实际上都具有政府行政机关的支持背景。在中国长期"行政主导"的制度背景下，这种行政机构和准行政机构在化解公共冲突方面会比没有行政机构背景的冲突化解机构更具权威性和可信性。相比之下，一些发达国家的冲突化解机构除了有专门和非专门的行政机构外，有更多以司法机构支持作为背景的民间机构和具有行业协会背景的民间机构。这与发达国家的司法中心和社会自治的导向有密切联系，在这些国家，司法机构和行业协会支持的民间冲突化解机构具有相当的威信和公信力。

从公共冲突化解机构的人员构成来看，中国与其他国家的公共冲突化解机构的组成人员都包括了国家公务员和行业专家。但相对来说，中国的公共冲突化解机构的组成人员更多的是国家公务员，只有少量的行业专家参与一些专门类别的调解和仲裁。相比之下，一些发达国家更重视吸收专家参与各类公共冲突的化解工作，使公共冲突化解机构更具中立性和专业能力。

从公共冲突化解机构的工作效果来看，中国与其他国家的公共冲突化解机构都在一定程度上实现了冲突化解的目标。但更具体的分析显示，司法背景和机构的专门化、专业化、中立化程度会对机构的冲突化解效能产生重要的影响。由于一些发达国家的冲突化解具有较为完善的司法制度和体制，其冲突化解机构的专门性、专业性和中立性程度要高于中国的同类机构，因此其冲突化解的实际效能也相对高于中国的公共冲突化解机构。

二 启示

通过以上的中外比较，可以对我国公共冲突化解机构的建设提供一些有益的启示。

第一，随着中国政府全面推进依法治国，中国的司法体制的建设和完善正在步入快车道。在这种背景下，一方面，应当为公共冲突化解机构的建立和运行提供更充分的法律支持；另一方面，应当使公共冲突化解机构得到司法机关的更多支持；再一方面，应当使公共冲突化解机构所形成的调解协议具有更强的法律约束力。

第二，随着某些领域的公共冲突发生频率和复杂程度的提高，有必要建立更多的专门性和专业性的公共冲突化解机构。目前，中国的公共冲突集中于劳动、医疗、城管、社区物业管理、环境、征地、拆迁、交通等领域，在这些领域建立专门性和专业性的冲突化解机构将有助于提高公共冲突化解的效能。

第三，在机构性质上，由于公共冲突会涉及政府行政机关与民众之间的冲突，因此，需要使公共冲突化解机构更具中立性。这要求公共冲突化解机构相对独立于相关的政府行政机关，或是作为相对独立的行政机关，或是以司法机关为背景，或是依托于相应的行业组织，以此提升公共冲突化解机构的公信力。

第四，在人员结构上，应当注意更多地吸收相关领域的专家参与公共冲突化解工作，提高冲突化解的专业水准。

第五，应当加强公共冲突化解的体制和平台建设。目前各地专业性的冲突化解机构还处于尝试阶段，国家应当在此基础上，逐渐建立专业性的冲突化解体制和平台，使专业化的冲突化解机构形成更加统一的规范，能够及时分享经验和教训，提升冲突化解的效能。

第三章　公共领域冲突管理的制度需求与供给

公共领域冲突管理制度为冲突管理提供了所需的行为规范。在全面依法治国和确立了国家尊重和保障人权的宪法原则背景下，如何满足公共领域冲突管理的制度需求是一个亟待解决的问题。本章分析了中国公共领域冲突管理制度的现状，讨论了中国公共领域冲突管理制度的建设目标，分析了公共领域冲突管理四种规范及其结构关系，以及人权保障与公共冲突管理之间的辩证关系，并对韩国公共冲突管理制度建设的情况进行案例分析，希望从中吸取一些经验和教训。

第一节　中国公共领域冲突管理的制度需求与建设要求

公共领域冲突的有效管理不能仅靠强化临时性的应急措施，而必须要加强冲突管理的制度建设。只有建立一套完善的公共领域冲突管理制度，才能有效化解各种公共冲突，保证社会的深层稳定和国家的长治久安。冲突管理制度可以使冲突各方建立稳定的程序预期、责任后果预期、他人行为预期和结果预期。中国现行体系中有许多制度具有公共冲突管理的功能，但存在着制度供给不足、制度间衔接存在缝隙、制度执行力弱和制度内容的压抑性导向问题。公共领域冲突管理制度的建设方向是利用冲突的正面功能，抑制其负面功能；建设要求是建立完善、协调、纵横交织的公共领域冲突管理制度体系；建设路径是充分发挥现有制度的冲突管理作用，在此基础上逐步扩展制度的功能空间；建设过程中要特别注意提升社会信任度。[1]

---

[1] 参见常健、田岚洁《公共领域冲突管理的制度建设》，《国家行政学院学报》2013 年第 5 期。该文是本项目研究的阶段性成果。

一 公共领域冲突管理的制度需求

在中国，公共领域的冲突主要集中在土地征用、城市拆迁、社区管理、企业改制重组、行政执法、就业安置、移民安置、环境污染等领域。随着中国社会转型的不断深入，私人领域和公共领域的冲突发生频率都呈现快速增长的趋势，而且一些私人领域的冲突，如医疗纠纷、消费纠纷、交通纠纷、劳资纠纷等，经常跨界转化为公共领域的冲突。这使得公共领域的冲突管理、化解和转化面临着巨大的压力。[①]

针对公共领域冲突管理面临的巨大压力，政府采取了一系列强有力的措施，使中国公共领域的冲突还没有对公共秩序和公共安全形成极度的威胁。然而，从公共领域冲突的发生频率和升级趋势来看，仅仅靠强化临时性的应急措施，已经越来越难以完成日益艰巨的冲突管理任务。必须调整公共领域冲突管理的总体战略，强化冲突管理的制度建设，通过制度体系的结构性约束来有效提升公共领域冲突管理的效率。

制度是规定人们行为方式的相对稳定的规则体系。杰克·奈特（Jack Knight）认为，各种不同制度有两个共同的特征：第一，它们都是以某些方式构建社会互动的规则；第二，这些规则必须为相关团体和社会的每个成员所了解。制度可以分为正式制度和非正式制度。正式制度靠外部实施，非正式制度则自我实施。无论是正式制度还是非正式制度，都会对社会互动结构产生影响，只是影响的程度和稳定时间有所不同[②]。

根据大卫·休谟和亚当·斯密的观点，制度的重要功能就在于通过建立内部制裁和外部制裁来限制个人的自私自利行为[③]。根据帕森斯的观点，制度的这种功能是通过定义人们的合理预期行为来实现的[④]。

互动的人们之间存在着利益的冲突。根据理性选择理论，个体为追求

[①] 参见常健、田岚洁《公共领域冲突管理的制度建设》，《国家行政学院学报》2013 年第 5 期。该文是本项目研究的阶段性成果。

[②] ［美］杰克·奈特：《制度与社会冲突》，周林伟译，上海人民出版社 2009 年版，第 2—3 页。

[③] Adam Smith, The Theory of Moral Sentiments, Indianapolis: Liberty Classics, 1969, pp. 161 - 162.

[④] Talcott Parsons, The Problem of Controlled Institutional Change, in Talcott Parsons, ed., Essays in Sociological Change, New York: Free Press, 1945, p. 239.

各种不同的目标和利益而行动,并且为了更有效地满足这些利益而选择他们的行为。在相互依赖的社会结构关系中,每个人的报酬都取决于他人的报酬和选择,每个人选择也取决于所有人的选择。因此,对其他人的行为预期便被纳入到每个人自己的决策当中。社会制度是形成这些预期的一个重要资源。社会制度影响了理性行为人为了评估其潜在策略以及选择其理性行为而进行的计算。制度为理性行为人的计算提供两种重要的信息:一是对违规行为会有怎样的制裁;二是其他人可能的未来行为。这些信息会改变社会成员的合理行为,并进而改变冲突的结果[①]。

对于公共领域的冲突管理来说,冲突管理制度的最主要功能,在于使冲突各方建立合理和稳定的行为预期,促使各方更偏向采取合作策略。与各种冲突应急处置措施相比,公共领域冲突管理制度具有更大的确定性和稳定性,它可以消除预期行为与其结果关系的不确定性,从而消除了冲突当事各方在理性计算上的困难,使冲突各方的行为更趋于理性。具体来说,冲突管理制度的建设和实施,可以使冲突各方当事人的理性行为预期产生四个方面的重要影响,并以此来影响他们的冲突行为、冲突过程和冲突结果。

第一,冲突管理制度的确定性使冲突各方对冲突的必经程序形成稳定的预期。在缺乏稳定制度的环境下,冲突各方不明确以何种渠道可以有效地表达自己的主张,不知道是否有合法的程序使问题能够得到有序的解决,不知道权威部门在什么条件下以何种方式对冲突进行第三方干预。在这种情况下,各方只能将冲突扩大化以吸引关注,或凭借一己之力压倒对方来达成冲突目标。如果对解决冲突的规则和程序建立起明确的制度,就会使冲突各方对表达渠道、交流和化解的程度和规则形成明确的预期,保持冲突化解的希望,从而更倾向于以符合程序的方式与对方进行利益博弈。

第二,冲突管理制度所规定的制裁,使冲突各方对自己违规行为可能遭受的制裁形成稳定的责任后果预期。在缺乏稳定制度的情境下,冲突各方往往对采用非理性的甚至暴力的方式无所顾忌,从而很容易导致冲突的

[①] [美]杰克·奈特:《制度与社会冲突》,周林伟译,上海人民出版社2009年版,第16页。

不断升级。如果以制度化的方式对冲突中的各种过激行为规定相应的惩罚措施，冲突各方就会对自己不理性行为所要承担的责任和后果形成稳定预期，从而约束自己的行为，更倾向于采取合作的方式，降低冲突升级为暴力的可能性，将社会行为引向均衡结果的方向。

第三，冲突管理制度是被普遍了解的行为规则，因而对冲突各方的行为选择都会有所影响。因此，冲突各方都可以据此来预测对方对冲突行为的理性选择，并据此来确定己方应当采取的理性应对策略。在这个意义上，冲突管理制度能够为各方建立起一种可以信赖的互动平台，使各方能够在对各方行为的合理预期的基础上选择更合理的行为方式。

第四，冲突管理制度可以使冲突各方对冲突结果建立合理的预期。当缺乏稳定的冲突管理制度时，冲突各方对于冲突的结果往往都有过高的预期，这导致各方可以忍受更高的冲突成本来实现这种预期，从而促进冲突的不断升级。如果建立起稳定的冲突管理制度，就可以在很大程度上使冲突各方形成相对现实的预期，这有助于冲突各方计算冲突的成本和收益，从而对冲突动机形成有效的内在约束。

如果冲突各方能够借助冲突管理制度对冲突管理的程序、个人行为的责任后果、他人可能的行为选择以及冲突最终的结果共同建立起合理的预期，那么一方面可以使各方理性地计算自己行为的成本和收益，对自己的行为方式形成内在约束，从而防止冲突的非理性升级；另一方面也可以使各方对对方的行为方式形成基本预期，这有助于双方之间形成相互信任，开展有效的沟通和理性的合作，从而促进冲突的化解。因此，对公共领域冲突管理的制度供给，直接决定着政府冲突管理的效能和效率。

二 公共冲突治理对制度建设的要求

有效的公共冲突管理需要以完善的公共冲突管理制度为背景。制度是规定人们行为方式的相对稳定的规则体系。公共冲突治理制度可以对公共冲突中的合法行为与不合法行为作出明确的界定，为合法行为规定实现条件，对不合法行为规定惩罚措施，并对如何裁定行为的合法性规定明确程序，对如何调解两种合法要求规定必要的机制，对惩罚不合法行为规定必要的手段。公共冲突治理制度可以使冲突各方对彼此行为的选择及其结果形成理性的预期，并促使其更倾向于作出理性的选择。同时，公共冲突治理制度也为冲突治理者提供了良好的制度依据和合法手段，使其可以更加有效地进行公共冲突治理[①]。

评价公共冲突治理制度是否完善，可以从五个维度加以分析：

第一，制度的各种规范之间是否有良好的结构关系。如果各种制度规范之间的结构关系不够合理，那么它本身就会产生很多无法解决的冲突，不仅无法对冲突行为形成有效的规制，而且其本身就会成为冲突产生的重要根源。

第二，制度规定的冲突治理主体的结构是否合理。这包括三个方面：一是制度是否安排了足够的主体来参与公共冲突的治理；二是制度是否赋予各类冲突治理主体以充分的合法性权力；三是制度是否对各类冲突治理主体的相互协同作出了适当安排。

第三，制度对公共冲突治理的基本导向是否合理。公共冲突治理的导向涉及如何看待公共冲突的作用和功能，以及如何应对这些作用和功能。如果将公共冲突的作用完全视为消极的，就会形成治理的防御导向；如果认为公共冲突也具有某些积极作用和功能，就会形成治理的利用导向；如果认为公共冲突的作用和功能完全是积极的，就会形成治理的促进导向。

第四，制度确定的公共冲突治理形态是否合理。公共冲突治理形态可以分为常规形态和非常规形态。常规治理形态有确定的治理阶段和步骤，明确的程序要求和权力与资源的协调配置。而非常规治理形态则更多地要求在短时间内采取紧急行动，程序相对简化，权力和资源集中配置，并赋予治理主体更多的自由裁量权。合理的公共冲突治理形态应当以常规治理形态为主，以非常规治理形态为例外。如果情况发生了颠倒，就会出现"治理过度"或"治理不当"。

第五，制度对公共冲突治理的手段安排是否合理。公共冲突治理的手段可以分为冲突控制类手段和控制化解类手段。公共冲突治理手段的合理安排一方面涉及以哪一类手段作为主要手段，另一方面涉及是否能够规定适当条件使两类手段充分耦合。

根据制度的建构主义，制度是在应对现实需求中形成和调整的。中国

---

① 参见常健《简论社会治理视角下公共冲突治理制度的建设》，《天津社会科学》2015年第2期。该文是本项目研究的阶段性成果。

的公共冲突治理制度正在经历根据冲突治理需求的变化进行调整的过程。在计划经济时代,中国政府根据当时公共冲突的性质和特点建立了一整套治理公共冲突的制度规范,对治理当时的公共冲突是具有一定成效的。但随着社会主义市场经济体制的建立和社会多元化结构的形成,公共冲突的性质和特点都发生了深刻的变化,原有的冲突治理制度也不再适应公共冲突的治理要求。改革开放以来,中国的公共冲突治理制度不断发展变化,以适应新形势下公共冲突的治理要求,但从总体上看,当前我国公共冲突治理制度的整体架构还存在许多缺陷,需要认真加以分析。

第二节 现行体制中具有公共冲突管理功能的制度供给

公共领域冲突管理的制度建设需要形成五种相互联系、不可或缺的冲突管理机制,它们分别是不同主张的表达机制、对立观点的交流机制、冲突利益的整合机制、争议事项的裁决机制和对抗行动的制动机制[1]。从这一分析视角出发,可以看到在中国现行体制中,有许多现行制度对公共领域的冲突具有一定的管理功能。[2]

一 不同主张的表达制度

要使产生冲突的不同主张得到有序表达,就需要建立不同主张的规范表达制度。提供制度化表达渠道的现行制度主要包括信访制度、各级人民代表大会的提案和建议制度和各级政治协商会议的提案和建议制度。

(一)信访制度

中国信访制度的建立发端于1951年《政务院关于处理人民来信和接见人民工作的决定》的颁布实施,1982年颁布了《党政机关信访工作暂行条例(草案)》,1995年颁布了《信访条例》,2005年又对《信访条例》进行了修改补充。

根据《信访条例》,信访制度可以从四个角度来定义。从信访人的角

---

[1] 常健、许尧:《论公共冲突管理的五大机制建设》,《中国行政管理》2010年第9期。
[2] 参见常健、田岚洁《公共领域冲突管理的制度建设》,《国家行政学院学报》2013年第5期。该文是本项目研究的阶段性成果。

度来说，信访是指公民、法人或者其他组织采用书信、电子邮件、传真、电话、走访等形式反映情况，提出建议、意见或者投诉请求①。

从信访机关的角度来说，县级以上人民政府的信访工作机构是本级人民政府负责信访工作的行政机构，履行下列职责：（1）受理、交办、转送信访人提出的信访事项；（2）承办上级和本级人民政府交由处理的信访事项；（3）协调处理重要信访事项；（4）督促检查信访事项的处理；（5）研究、分析信访情况，开展调查研究，及时向本级人民政府提出完善政策和改进工作的建议；（6）对本级人民政府其他工作部门和下级人民政府信访工作机构的信访工作进行指导②。

从信访事项的角度来说，百姓对各类事项的信访，可以是向国家机关单位反映情况，可以对国家机关工作提出建议、意见，或是提出批评；也可以是对国家机关的决定提起申诉，还可以是对国家机关工作人员的违法行为提出检举、控告等③。

从处理方式的角度来说，对信访事项有权处理的行政机关经调查核实，应当依照有关法律、法规、规章及其他有关规定，分别作出以下处理，并书面答复信访人：（1）请求事实清楚，符合法律、法规、规章或者其他有关规定的，予以支持，督促有关机关或者单位执行；（2）请求事由合理但缺乏法律依据的，应当对信访人做好解释工作；（3）请求缺乏事实根据或者不符合法律、法规、规章或者其他有关规定的，不予支持④。

从功能上看，信访提供了一种渠道，"使最底层的贫弱者可以在最高层的权威者耳边喊出他们自己的声音"⑤，从而成为人们"苦情申诉、民意传达"的重要途径。

（二）各级人民代表大会的建议和提案制度

人民代表大会制度作为我国的根本政治制度，具有民意表达、采集民意信息与信息整合功能。各级人民代表大会是权力机构，但各级人大代表

---

① 《信访条例》，2005年。
② 同上。
③ 同上。
④ 同上。
⑤ 李宏勃：《法制现代化进程中的人民信访》，清华大学出版社2007年版，第219页。

可以代表人民表达自己的主张。具体来说：

（1）人大代表具有提出议案权。根据《中华人民共和国地方各级人民代表大会和地方各级人民政府组织法》第 18 条的规定，地方各级人民代表大会举行会议的时候，主席团、常务委员会、各专门委员会、本级人民政府，可以向本级人民代表大会提出属于本级人民代表大会职权范围内的议案；县级以上的地方各级人民代表大会代表 10 人以上联名，乡、民族乡、镇的人民代表大会代表 5 人以上联名，可以向本级人民代表大会提出属于本级人民代表大会职权范围内的议案，由主席团决定是否列入大会议程，或者先交有关的专门委员会审议，提出是否列入大会议程的意见，再由主席团决定是否列入大会议程[①]。第 46—47 条规定，县级以上的地方各级人民代表大会常务委员会主任会议可以向本级人民代表大会常务委员会提出属于常务委员会职权范围内的议案；县级以上的地方各级人民政府、人民代表大会各专门委员会，可以向本级人民代表大会常务委员会提出属于常务委员会职权范围内的议案；省、自治区、直辖市、自治州、设区（市）的人民代表大会常务委员会组成人员 5 人以上联名，县级人民代表大会常务委员会组成人员 3 人以上联名，可以向本级常务委员会提出属于常务委员会职权范围内的议案[②]。

（2）人大代表享有提出建议、批评、意见的权利。根据《中华人民共和国地方各级人民代表大会和地方各级人民政府组织法》，县级以上的地方各级人民代表大会代表向本级人民代表大会及其常务委员会提出的对各方面工作的建议、批评和意见，由本级人民代表大会常务委员会的办事机构交有关机关和组织研究处理并负责答复；乡、民族乡、镇的人民代表大会代表向本级人民代表大会提出的对各方面工作的建议、批评和意见，由本级人民代表大会主席团交有关机关和组织研究处理并负责答复[③]。

（3）人大代表要反映群众的意见和要求。根据《中华人民共和国地方各级人民代表大会和地方各级人民政府组织法》，"地方各级人民代表大会代表应当和原选举单位或者选民保持密切联系，宣传法律和政策，协

[①] 第十届全国人民代表大会常务委员会第十二次会议：《中华人民共和国地方各级人民代表大会和地方各级人民政府组织法》，2004 年 10 月，第四次修正。

[②] 同上。

[③] 同上。

助本级人民政府推行工作,并且向人民代表大会及其常务委员会、人民政府反映群众的意见和要求。""乡、民族乡、镇的人民代表大会主席、副主席在本级人民代表大会闭会期间负责联系本级人民代表大会代表,组织代表开展活动,并反映代表和群众对本级人民政府工作的建议、批评和意见。""地方各级人民代表大会代表、常务委员会组成人员,在人民代表大会和常务委员会会议上的发言和表决,不受法律追究。"[①]

(三) 各级人民政治协商会议的建议和提案制度

中国人民政治协商会议是中国人民爱国统一战线的组织,人民政协的界别设置,为社会各界的利益表达提供了制度保障[②]。根据《中国人民政治协商会议章程》,中国人民政治协商会议全国委员会和地方委员会密切联系各方面人士,反映他们及其所联系的群众的意见和要求,对国家机关和国家工作人员的工作提出建议和批评。中国人民政治协商会议全国委员会委员和地方委员会委员要密切联系群众,了解和反映他们的愿望和要求。参加中国人民政治协商会议全国委员会和地方委员会的单位和个人,有通过人民政协会议和组织充分发表各种意见、参与讨论国家大政方针和各地方重大事务的权利,对国家机关和国家工作人员的工作提出建议和批评的权利,以及对违纪违法行为检举揭发、参与调查和检查的权利。

中国人民政治协商会议全国委员会和地方委员会的主要职能中包括民主监督和参政议政。民主监督是对国家宪法、法律和法规的实施,重大方针政策的贯彻执行,国家机关及其工作人员的工作,通过建议和批评进行监督。参政议政是对政治、经济、文化和社会生活中的重要问题以及人民群众普遍关心的问题,开展调查研究,反映社情民意,进行协商讨论。通过调研报告、提案、建议案或其他形式,向中国共产党和国家机关提出意见和建议[③]。中国人民政治协商会议全国委员会和地方委员会组织委员视察、参观和调查了解情况,就各项事业和群众生活的重要问题进行研究,

---

[①] 第十届全国人民代表大会常务委员会第十二次会议:《中华人民共和国地方各级人民代表大会和地方各级人民政府组织法》,2004年10月,第四次修正。

[②] 周淑真:《中国人民政治协商会议的制度精神与价值》,《中国人民大学学报》2007年第5期。

[③] 中国人民政治协商会议第十届全国委员会第二次会议:《中国人民政治协商会议章程修正案》,2004年3月。

通过建议案、提案和其他形式向国家机关和其他有关组织提出建议和批评。

二 对立观点的交流制度

表达机制使观点对立公开化，如果缺乏相应的交流机制加以修正和纠偏，就会使表达趋于极端化。因此，公共冲突管理不仅需要建立不同主张的表达渠道，还必须为各种对立的观点建立相应的制度化的交流平台。中国具有该功能的现行制度主要包括人大的听取和质询制度、人民政协的审议和讨论制度、村民会议和村民代表会议制度等。

（一）各级人民代表大会的听取和质询制度

根据《中华人民共和国地方各级人民代表大会和地方各级人民政府组织法》，县级以上的地方各级人民代表大会的职权中包括"讨论、决定本行政区域内的政治、经济、教育、科学、文化、卫生、环境和资源保护、民政、民族等工作的重大事项""听取和审查本级人民代表大会常务委员会的工作报告""听取和审查本级人民政府和人民法院、人民检察院的工作报告"；乡、民族乡、镇的人民代表大会行使的职权中包括"听取和审查乡、民族乡、镇的人民政府的工作报告"。[①]

人大代表具有提出质询案和进行询问的权利[②]。地方各级人民代表大会举行会议的时候，代表10人以上联名可以书面提出对本级人民政府和它所属各工作部门以及人民法院、人民检察院的质询案。在常务委员会会议期间，省、自治区、直辖市、自治州、设区的市的人民代表大会常务委员会组成人员5人以上联名，县级的人民代表大会常务委员会组成人员3人以上联名，可以向常务委员会书面提出对本级人民政府、人民法院、人民检察院的质询案。质询案由主席团决定交由受质询机关在主席团会议、大会全体会议或者有关的专门委员会会议上口头答复，或者由受质询机关书面答复。在主席团会议或者专门委员会会议上答复的，提质询案的代表有权列席会议，发表意见。在地方各级人民代表大会审议议案的时候，代

---

① 第十届全国人民代表大会常务委员会第十二次会议：《中华人民共和国地方各级人民代表大会和地方各级人民政府组织法》，2004年10月，第四次修正。

② 同上。

表可以向有关地方国家机关提出询问，由有关机关派人说明。

（二）各级人民政治协商会议的审议和讨论制度

中国人民政治协商会议全国和各级地方委员会全体会议行使的职权中，包括听取和审议常务委员会的工作报告；讨论有关工作并作出决议；参与对国家和地方事务的重要问题的讨论，提出建议和批评[1]。

（三）村民会议和村民代表会议制度

根据《中华人民共和国村民委员会组织法》第 24 条规定，涉及村民利益的下列事项，经村民会议讨论决定方可办理：（1）本村享受误工补贴的人员及补贴标准；（2）本村集体经济所得收益的使用；（3）本村公益事业的兴办和筹资筹劳方案及建设承包方案；（4）土地承包经营方案；（5）村集体经济项目的立项、承包方案；（6）宅基地的使用方案；（7）征地补偿费的使用、分配方案；（8）以借贷、租赁或者其他方式处分村集体财产；（9）村民会议认为应当由村民会议讨论决定的涉及村民利益的其他事项[2]。

（四）社区业主大会制度

根据《物业管理条例》，物业管理区域内全体业主组成业主大会。业主大会应当代表和维护物业管理区域内全体业主在物业管理活动中的合法权益。业主大会就以下事项进行讨论并作出决定：（1）制定和修改业主大会议事规则；（2）制定和修改管理规约；（3）选举业主委员会或者更换业主委员会成员；（4）选聘和解聘物业服务企业；（5）筹集和使用专项维修资金；（6）改建、重建建筑物及其附属设施；（7）有关共有和共同管理权利的其他重大事项[3]。业主大会会议可以采用集体讨论的形式，也可以采用书面征求意见的形式。

三 冲突利益和整合制度

对立观点的交流可以消除误解，限制极端化的主张，却不能消除利益的对立。要实际化解冲突，还必须建立冲突利益的整合机制。中国具有该

---

[1] 中国人民政治协商会议第十届全国委员会第二次会议：《中国人民政治协商会议章程修正案》，2004 年 3 月。

[2] 《中华人民共和国村民委员会组织法》，2010 年 10 月。

[3] 《物业管理条例》，2007 年 8 月。

功能的现行制度主要包括协商制度和调解制度。

（一）协商制度

协商是在争议发生之后，由当事人双方直接进行磋商，自行解决纠纷。中国现行的协商制度主要包括以下形式：（1）工资集体协商制度：工资集体协商，是指职工代表与企业代表依法就企业内部工资分配制度、工资分配形式、工资收入水平等事项进行平等协商，在协商一致的基础上签订工资协议的行为①。（2）政治协商制度：是指在中国共产党领导下，各政党、各人民团体、各少数民族和社会各界的代表，以中国人民政治协商会议为组织形式，经常就国家的大政方针进行民主协商的一种制度。根据《中国人民政治协商会议章程》，中国人民政治协商会议全国委员会和地方委员会的主要职能之一就是政治协商。政治协商是对国家和地方的大政方针以及政治、经济、文化和社会生活中的重要问题在决策之前进行协商和就决策执行过程中的重要问题进行协商②。中国人民政治协商会议全国委员会和地方委员会可根据中国共产党、人民代表大会常务委员会、人民政府、民主党派、人民团体的提议，举行有各党派、团体的负责人和各族各界人士的代表参加的会议，进行协商，亦可建议上列单位将有关重要问题提交协商。中国人民政治协商会议全国委员会和地方委员会全体会议的议案，应经全体委员过半数通过。常务委员会的议案，应经常务委员会全体组成人员过半数通过。各参加单位和个人对会议的决议，都有遵守和履行的义务。如有不同意见，在坚决执行的前提下可以声明保留。

（二）调解制度

调解是指经过第三者的排解疏导，说服教育，促使发生纠纷的双方当事人依法自愿达成协议，解决纠纷的一种活动。中国的调解制度主要包括四种形式：（1）人民调解：它是作为群众性组织的人民调解委员会对民间纠纷的调解③。人民调解制度作为我国一项特殊的政治制度，其调解问题的广泛性、解决方式的和平性、解决效果的及时高效性，使其长期以来在调解社会矛盾与冲突方面起到了重要作用。（2）法院调解：是人民法

---

① 《工资集体协商试行办法》，2000年。

② 中国人民政治协商会议第十届全国委员会第二次会议：《中国人民政治协商会议章程修正案》，2004年3月。

③ 《中华人民共和国人民调解法》，2010年8月。

院对受理的民事案件、经济纠纷案件和轻微刑事案件进行的调解。(3)行政调解:是基层人民政府,即乡、镇人民政府对一般民间纠纷的调解,或国家行政机关依照法律规定对某些特定民事纠纷、经济纠纷、劳动纠纷等进行的调解;(4)仲裁调解:即仲裁机构对受理的仲裁案件进行的调解[①]。

四 争议事项的裁决制度

并非所有的利益冲突都能够通过协商和调解加以解决。当冲突各方的利益无法通过谈判和调解实现有效整合时,为了防止冲突行动的发生,就需要建立争议事项的裁决机制,由中立第三方对冲突事项进行裁决,并强制各方接受、执行解决方案。中国具有该功能的现行制度主要包括仲裁制度和诉讼制度。

(一) 仲裁制度

仲裁制度是指争议各方当事人达成协议,自愿将争议提交选定的第三者,根据一定程序规则和公正原则作出裁决,并有义务履行裁决的一种法律制度。根据《中华人民共和国仲裁法》,仲裁的适用对象是平等主体的公民、法人和其他组织之间发生的合同纠纷和其他财产权益纠纷[②]。

(二) 诉讼制度

包括民事诉讼制度、行政诉讼制度和司法诉讼制度等。

民事诉讼制度是针对民事纠纷而建立的诉讼制度。根据《中华人民共和国民事诉讼法》,人民法院受理公民之间、法人之间、其他组织之间以及他们相互之间因财产关系和人身关系提起的民事诉讼[③]。

行政诉讼制度是针对公民与国家机关之间的纠纷而建立的诉讼制度。根据《中华人民共和国行政诉讼法》,公民、法人或者其他组织认为行政机关和行政机关工作人员的具体行政行为侵犯其合法权益,有权依照本法向人民法院提起诉讼。人民法院依法对行政案件独立行使审判权,不受行

[①] 中央政府门户网站:《中国的调解制度》,http://www.gov.cn/test/2006-04/30/content_271848.htm。

[②] 《中华人民共和国仲裁法》,1995年。

[③] 《中华人民共和国民事诉讼法》,2008年4月。

政机关、社会团体和个人的干涉。人民法院设行政审判庭，审理行政案件[1]。行政诉讼受理的案件可以涉及（1）对拘留罚款、吊销许可证和执照、责令停产停业、没收财物等行政处罚不服的；（2）对限制人身自由或者对财产的查封、扣押、冻结等行政强制措施不服的；（3）认为行政机关侵犯法律规定的经营自主权的；（4）认为符合法定条件申请行政机关颁发许可证和执照，行政机关拒绝颁发或者不予答复的；（5）申请行政机关履行保护人身权、财产权的法定职责，行政机关拒绝履行或者不予答复的；（6）认为行政机关没有依法发给抚恤金的；（7）认为行政机关违法要求履行义务的；（8）认为行政机关侵犯其他人身权、财产权的[2]。

刑事诉讼制度是针对刑事犯罪案件而建立的诉讼制度。根据《中国人民共和国刑事诉讼法》，人民法院依照法律规定独立行使审判权，人民检察院依照法律规定独立行使检察权，不受行政机关、社会团体和个人的干涉[3]。

五　对抗行为的制动制度

当冲突无法以和平的方式加以处理和化解，并且升级到对抗性行动阶段时，就需要启动对抗行为的制动机制，由合法拥有强制权力的政府机构，依法强制执行某项合法裁决，或采取强制性措施防止、阻止和镇压冲突方采取的严重对抗性行为，避免对社会秩序或冲突方造成严重甚至致命伤害。中国具有该功能的现行制度主要包括强制制度和处罚制度。

（一）强制制度

强制制度包括行政强制制度和刑事强制制度。行政强制措施的适用对象是违反行政法律规范的相对人，或具有自我危害性，或虽对社会公共利益、公共安全有危害性，但其主观没有恶性，或基于紧急情势，而对其财物施以强制的财物或权益的所有人、使用人等相对人。根据《行政强制法》第9条规定，行政强制措施的种类包括限制公民人身自由；查封场

---

[1]《中华人民共和国行政诉讼法》，1990年10月。
[2] 同上。
[3]《中华人民共和国刑事诉讼法》，2012年3月。

所、设施或者财物；扣押财物；冻结存款、汇款；以及其他行政强制措施。在限制人身自由方面，中国相关立法规定了多种方式，如保护性约束、立即拘留、强制扣留、强制搜查、强制隔离、强制治疗、现场管制、强行驱散等。刑事强制措施是对犯罪嫌疑人、被告人、现行犯或已决犯采用的，即其适用对象只能是已被追究刑事责任、有重大犯罪嫌疑有可能对其追究刑事责任的人。其主要形式包括拘传、取保候审、监视居住、刑事拘留和逮捕。

（二）处罚制度

处罚制度包括行政处罚制度、行政处分制度、民事责任追究制度和刑罚制度。行政处罚是指行政机关或其他行政主体依法定职权和程序对违反行政法规但尚未构成犯罪的相对人给予行政制裁的具体行政行为。处罚种类包括人身罚（如行政拘留和劳动教养）、行为罚（如责令停产停业、暂扣或吊销许可证和营业执照）、财产罚（如罚款和没收财物）、申诫罚（如警告和通报批评）。行政处分只能适用于行政机关的工作人员或其他由行政机关任命或管理的人员。其种类包括警告、记过、记大过、降级、撤职、开除等。民事责任追究制度是要求侵权者承担民事责任。根据《中华人民共和国民法通则》第134条，承担民事责任的方式主要有：停止侵害，排除妨碍，消除危险，返还财产，恢复原状，修理、重作、更换，赔偿损失，支付违约金，消除影响、恢复名誉，赔礼道歉等。刑罚制度是对刑事违法或犯罪者予以的刑事惩罚。中国现行刑罚制度中的主刑主要包括管制、拘役、有期徒刑、无期徒刑和死刑；附加刑主要包括罚金、剥夺政治权利、没收财产、驱逐出境等。

从以上分析可以看到，中国在公共领域冲突管理的五大机制方面，已经建立了相应的制度。正是由于这些制度安排的存在，使中国公共领域的冲突仍然能够控制在可以承受的范围之内。

第三节 现行公共冲突管理制度体系存在的问题

尽管现行体制中对冲突管理需要建立的五大机制都有一定的制度安排，但随着社会转型带来的矛盾集聚，公共领域冲突管理现行体制中的各种制度在应对中仍然暴露出许多明显的缺陷和问题，使得其难以充分满足公共领域冲突管理的现实需要。由于各种历史和现实的原因，中国现行公共冲突管理制度在应对现实公共冲突的过程中面临着一系列严峻的挑战，包括冲突管理制度供给不足，制度间衔接存在缝隙，制度规范间存在结构性错位，制度设计的防御性和压制性导向，制度确定的公共冲突治理主体存在单一化格局，以及制度的执行力不足等。这些问题使管理潜能受到限制，妨碍了冲突正向功能的正常释放，抬高了制度成本，降低了冲突管理效能。

一 制度供给不足

与私人领域的冲突管理制度相比，中国公共领域的冲突管理制度明显供给不足，主要表现在以下方面：

第一，制度缺位。在许多需要进行冲突管理的公共领域，缺乏必要的制度建设。以社区管理与物业管理冲突为例，从表面上看，中国似乎存在着一个较为系统的社区管理法律制度的体系，包括《中华人民共和国城市居民委员会组织法》《城市街道办事处组织条例》《物业管理条例》等。然而，在这些法律法规中，并未涉及如何化解社区服务与物业冲突的内容[1]。此外，中国的社会性制度规范较弱，也使社会生活的很多具体方面缺乏必要的规范约束，从而导致一些公共冲突的发生和难以治理。如在教育、医疗、商品生产和服务、互联网等领域，就缺乏强有力的行业组织对从业者进行行为规范[2]。

第二，制度管辖面不足。在一些公共冲突领域，存在着一定的冲突管理制度，但其管辖面过窄，许多冲突管理过程被排除在外。例如，2011年2月18日，最高人民法院就有关拆迁诉讼问题进行了司法解释，在《关于当事人达不成拆迁补偿安置协议就补偿安置争议提起民事诉讼人民法院应否受理问题的批复》中规定："拆迁人与被拆迁人或者拆迁人、被拆迁人与房屋承租人达不成补偿安置协议，就补偿安置争议向人民法院提起民事诉讼的，人民法院不予受理，并告知当事人可以按照《城市房屋

---

[1] 许晓芸：《法律确立与制度回应：城市社区管理的法律规制》，《新疆社会科学》2013年第1期。

[2] 参见常健《简论社会治理视角下公共冲突治理制度的建设》，《天津社会科学》2015年第2期。该文是本项目研究的阶段性成果。

拆迁管理条例》第 16 条的规定向有关部门申请裁决。"[①]

第三，制度权威等级低。在我国，有一些公共领域的冲突管理制度只是政府的条例、规章、规定甚至临时性通知，其权威性、严谨性、持续性和全面性程度都较低，无法为有效化解冲突提供必要的权威支持。

第四，制度本身的精细程度低。许多制度在内容设置上不甚合理，缺乏细节的规定。以"信访制度"为例，首先，信访制度在程序上虽具有操作的具体规定，但事实上不具备明确、稳定的规则；其次，信访事项涉及社会生活的方方面面，信访制度不具备依据各方面的规范处理问题的能力[②]。诸如此类问题留下了过大的自由裁量空间，无法形成严格的制度约束。

二 制度间衔接存在缝隙

任何制度都不应独立存在，都应不同程度地与制度体系或制度环境中的其他制度存在一定的制度联系和相互依赖。但当今中国公共领域冲突管理的现存制度之间存在着较大的衔接缝隙，主要表现在以下几个方面：

第一，制度系统化不足。由于存在大量零散的、低级别的规定，缺乏统一的上位法律，因而各种低级别的规定之间很难保证相互一致。这使得经常出现因规定之间的冲突而导致的纠纷无法解决。

第二，制度间发展不均衡。各种制度之间需要相互配套。但从宏观的角度看，公共领域冲突管理的五大机制之间发展不均衡，交流机制和利益整合机制的建设明显滞后，如利益整合的方式还缺乏多样化的、适合冲突事项的化解形式；对谈判、调解等利益整合方式还缺乏有约束力的程序规定等[③]，这使得表达机制受到反压，裁决机制不堪重负。从中观角度看，在同一机制中的各项制度之间发展也不均衡。

第三，制度设计重纵向约束，轻横向约束。可以看到，现有具备冲突管理功能的绝大多数制度都是以自上而下的约束为主，而缺乏对横向主体间的约束。表现为主体以政府为主，缺乏对社会力量的利用。在行政化的

---

① 《高法解释拆迁补偿纠纷法院不受理》，找法网 http://china.findlaw.cn/fangdichan/fangwuchaiqian/cqjf/cqjfcl/65331.html.

② 洪冬英：《当代中国调解制度变迁研究》，上海人民出版社 2011 年 6 月版，第 180 页。

③ 常健、许尧：《论公共冲突管理的五大机制建设》，《中国行政管理》2010 年第 9 期。

等级体制中,约束主体以政府为主,冲突管理更多地依赖权力级差解决问题,如果超出合法范围来采取强制措施解决公共冲突,极有可能导致政府被卷入其中,引发所谓"二阶冲突"[①]。而社会组织在社会冲突化解方面发挥着政府机构无法发挥或无法充分发挥的一些作用,承担着诸如意见表达者、评估者、调解者、咨询者、倡导者等角色。这些角色和作用可以对政府的冲突管理职能作出重要和有益的补充,但目前并没有在制度上得到相应的规定[②]。

三 制度规范间存在结构性错位

公共冲突的制度规范从形态上大体可以分为三类:法律规范、行政规范、社会规范。法律规范是立法机构制定的规范,行政规范是行政机构制定的规范,社会规范是社会组织制定的规范。在中国的冲突治理规范中,行政规范是主导,法律规范和社会规范都相对较弱。同时,与其他国家有所不同,中国的法律规范和行政规范之间的关系有其特殊性,即行政规范可以在符合宪法、法律的前提下作出带有创制性的规定,可以对某些尚未受到法律调整的社会生活作出行政规范的调整。依照1985年全国六届人大三次会议作出的《关于授权国务院在经济体制改革和对外开放方面可以制定暂行的规定或者条例的决定》,国务院制定的行政法规在关于经济体制改革和对外开放等问题上,可以体现某些立法上的"超前性"和"实验性",经过实践检验,条件成熟时由全国人民代表大会或者全国人民代表大会常务委员会制定法律[③]。

法律与法规之间关系的这种特殊性势必会造成各种规范的结构性矛盾。首先,由于缺乏实际的违宪审查,一些具体法律与宪法不相契合,这表现为两种形式:一是宪法的规定缺乏具体法律予以体现;二是具体法律的一些规定违背宪法原则。其次,行政规范与现行法律不相契合,这也表

[①] 常健、韦长伟:《当代中国社会二阶冲突的特点、原因及应对策略》,《河北学刊》2011年第3期。

[②] 常健、赵伯艳:《社会组织参与公共冲突治理的功能、作用与条件》,转引自赵永茂主编:《公共行政、灾害防救与危机管理》,社会科学文献出版社2011年版,第249—266页。

[③] 参见常健《简论社会治理视角下公共冲突治理制度的建设》,《天津社会科学》2015年第2期。该文是本项目研究的阶段性成果。

现为两种形式：一是一些行政规范无现行法律可依；二是一些行政规范与现行法律相冲突。

各种规范之间的结构性矛盾，会导致现实中的各种冲突。一方面，各种利益相关者会各执对自己有利的规范而发生冲突，如前些年《物权法》和《城市房屋拆迁管理条例》之间的冲突。另一方面，一些在宪法中规定的权利没有在具体法律中予以体现，因此造成人们依据宪法主张自己的权利，却无法依据具体法律予以救助。如在受教育权方面的"齐玉苓案"所引发的争议。

四　制度的防御性和压制性导向

对公共冲突作用和功能的理解，决定了冲突管理制度建设的基本导向。根据冲突管理理论，公共冲突既有负向效应，也有正向功能。其负向效应经常是显而易见的，但其正向功能往往被忽略。公共冲突对社会的正向功能主要包括以多元化的小型冲突防止社会的整体性分裂，作为"安全阀效应"防止大规模破坏，作为动力促进新机制的产生，作为平衡机制有助于社会的维系，创造联盟关系形成共同利益。公共冲突对冲突各方的正向功能主要包括平等化、吸引关注、凝聚力量、组织人员、提升认同感、评估自身、修正主张、加深相互理解等。公共冲突对公共组织的正向功能主要包括暴露关键问题、促进革新，激发批判性思维，创造新的解决方案，提供更多备选方案、预防潜在风险，以及促进深度交流和相互理解。[①] 公共冲突治理的目标就是要抑制冲突的负向功能，发挥其正向功能。

但在当前社会转型的背景下，政府更加关注公共冲突的消极影响，因而在公共冲突治理的制度导向上更加强调冲突预防，希望将各种公共冲突尽早消灭在萌芽状态。这种防御性的冲突治理导向固然会大幅减少公共冲突可能产生的负向效应，但同时也会使公共冲突的正向功能得不到充分释放和发挥。就如同孩子刚一感冒发烧就马上给吃退烧药，虽然可以迅速减轻感冒症状，但却会使发烧的正常机体功能无法发挥其应有作用，久而久之，就会降低机体自身的免疫能力。

[①] 参见常健等编著《公共冲突管理》，中国人民大学出版社2012年版，第5—9页。

公共领域现行的冲突管理制度在内容导向上没有将冲突视为一种可以利用来发挥正向功能的能量，而是只作为一种破坏性力量。因此在制度设计上缺乏考虑对冲突正面功能的利用。表现在两个方面：

首先，对冲突能量以堵为主，缺乏因势利导。所谓"堵"，就是努力抑制冲突的出现[1]。传统的制度建设主要立足于"堵"，设法抑制冲突的发生，压抑冲突虽然可能获得暂时的表面平静，但随着冲突能量的积聚，极有可能在未来爆发更大规模、更加剧烈的冲突。

其次，冲突管理目标重表面平静，牺牲深层稳定。所谓"表面平静"，就是将公共冲突管理的目标设定为表层冲突的平息；所谓"深层稳定"，就是将公共冲突管理的目标定位为深层冲突的化解[2]。现有制度重表面平静，便有可能制造稳定的假象，而实际上却在不断聚集冲突能量。

再次，在冲突管理方式上，应急管理过度，常规管理不足，这种失衡的运行方式造成制度成本大幅提高。在制度成熟的国家，对公共冲突的常规管理是常态，应急管理是非常态，只有当公共冲突的发展威胁到社会整体的安全和稳定时，才会采取以强力控制为特征的应急管理状态。在通常情况下，对各种公共冲突只是按照常规程序进行治理，使冲突能量得到合理宣泄，也使冲突各方有更多的沟通和互动空间。由于中国公共冲突治理的防御性导向，近年来中国公共冲突治理的制度建设主要强调应急管理，特别关注各种应急预案的制定和实施。但对于公共冲突的常规化治理却关注较少。过度强调应急管理而忽视对公共冲突的常规化治理导致了三个方面的问题：一是使公共冲突的治理成本大幅度提高；二是激化了许多可以通过常规程序有效治理的冲突；三是造成了许多负面的"溢出"效应，如应急机构变成了常设机构，权力的过度集中成为常态等[3]。

最后，在防御性冲突治理导向和以应急管理为主导形态的冲突管理格局下，中国在公共冲突管理的手段选择上，自然就更倾向于采用冲突控制手段，而只是将冲突化解作为辅助性手段。单纯采用冲突控制手段虽然可以使公共冲突在短时间内得到抑制，但冲突治理的短期效果和长期效果都

---

[1] 常健、许尧：《论公共冲突管理的五大机制建设》，《中国行政管理》2010年第9期。
[2] 同上。
[3] 参见常健《简论社会治理视角下公共冲突治理制度的建设》，《天津社会科学》，2015年第2期。该文是本项目研究的阶段性成果。

值得担忧。如果过度采用控制手段，而缺乏充分的冲突化解手段的支持，就有可能产生两种负面效应：一是短期的冲突激化效应，促使冲突升级；二是沉默火山效应，使冲突能量聚集而无法得到有效抒泄，导致冲突的频繁复发或集中爆发[1]。控制性手段可以熄灭公共冲突的表层火焰，却难以触及公共冲突的深层根源，其结果是仅仅维持了表层的平静，却难以达至深层稳定，甚至会在一定程度上牺牲深层稳定。同时，冲突控制和冲突化解手段在运用上也缺乏充分的协同配合，使两种手段的功效难以得到充分的发挥。

五 制度确定的公共冲突治理主体呈现单一化格局

公共冲突的治理主体也可以大体分为三种类型，即司法主体、行政主体和社会主体。司法主体是司法机关及其工作人员，行政主体是政府行政机关及其工作人员，社会主体包括各种社会组织及其成员、媒体及其从业人员等[2]。

在中国当前的冲突治理体制的主体设定中，行政主体仍然居于主导地位。这既有计划经济时代行政主导的遗迹，也有改革开放以来政府强势推动改革的影响。但从冲突治理的角度来看，这会导致两个不利结果：一是司法机关与行政机关的一体化；二是社会组织缺乏充分的发展空间。这两者结合形成了公共冲突治理主体单一化的格局。司法机关与行政机关的一体化，会使司法机关在处理公共冲突时缺乏独立性。在许多公共冲突中，政府往往成为冲突的一方。在这种情况下，司法机关缺乏独立性，就会使冲突的其他各方不相信司法机关的中立性和司法判决的公正性，导致冲突不断升级。社会组织缺乏充分的发展空间，使得公共冲突治理中政府行政机关不得不事事出头，去做许多政府不适于做的工作，失去了回旋的余地，降低了政府威信。

六 制度执行力不足

公共领域已有的冲突管理制度的实际执行效果也存在着一定的问题。

---

[1] 参见常健《简论社会治理视角下公共冲突治理制度的建设》，《天津社会科学》，2015年第2期。

[2] 同上书。该文是本项目研究的阶段性成果。

具体表现在三个方面：

第一，由于缺乏系统化的、高权威、可持续的冲突管理制度，使得现存制度在执行中面临更多的阻力。

第二，由于缺乏细致的制度规定，因此对违反制度的情况难以予以有足够力度的惩罚，使违法违规的成本降低。

第三，制度变化的连续性不强。制度变化即对制度中部分内容的调整和修改，多数制度在实施过程中都会与制度制定时的预期效果有差异，因此就要对制度不断做出调整，当一项制度总体合理时，对制度的修改调整，就需要注意保持前后的连续性。制度政策的大幅度变化，往往让执行者和遵守者无所适从①。

公共领域冲突管理制度存在的上述问题，会使潜在的冲突各方形成不利于冲突化解的行为预期，阻碍冲突管理制度有效发挥作用。因此，必须针对这些存在的问题，强化冲突管理制度的建设。

第四节 公共领域冲突管理制度的建设目标和路径

完善中国公共领域冲突管理的制度体系建设，不仅需要明确建设的目标和要求，而且需要确定合适的建设路径和建设过程。中共十八届三中全会将"推进国家治理体系和治理能力现代化"作为全面深化改革的总目标，并提出要"加快形成科学有效的社会治理体制"，这为建立健全公共冲突治理制度、完善公共冲突治理体制和机制提出了明确的指导性原则。中国公共冲突治理的制度建设应当致力于三种冲突治理规范的结构契合，三类冲突治理主体的分工协同，合法性边界的适度拓宽为冲突"自我治愈"功能的实现留下空间，冲突控制与冲突化解两种手段的耦合互补，以及应急管理与常规管理两种态势的运行平衡②。

一 建设目标

从建设目标来看，公共领域冲突管理制度体系的建设，应当充分利用

---

① 陈满雄：《提高制度执行力》，《中国行政管理》2007 年第 11 期。
② 参见常健《简论社会治理视角下公共冲突治理制度的建设》，《天津社会科学》2015 年第 2 期。该文是本项目研究的阶段性成果。

和引导公共冲突的正面功能，抑制和转化公共冲突的负面功能。科塞在《社会冲突的功能》一书中具体分析了社会冲突可能具有的正面功能，认为在社会单位之间的异质性和功能依赖性较高的社会中，低暴力、高频度的冲突可以提高社会单位的更新力和创造力水平，使仇恨在社会单位分裂之前得到宣泄和释放，促进常规性冲突关系的建立，提高对现实性后果的意识程度，社会单位间的联合度和适应外部环境的能力得到提高和增强[1]。因此，建立和健全冲突管理制度的任务，不是一味地压抑冲突，而是设法抑制冲突的负面作用，充分利用冲突的正面功能。

二　建设要求

需要建立完善、协调、纵横交织的公共领域冲突管理制度体系。中国公共冲突治理的制度建设应当致力于三种冲突治理规范的结构契合，三类冲突治理主体的分工协同，合法性边界的适度拓宽为冲突"自我治愈"功能的实现留下空间，冲突控制与冲突化解两种手段的耦合互补，以及应急管理与常规管理两种态势的运行平衡。[2]

（一）增加制度供给，扩大制度覆盖

制度必须全面覆盖才能有效发挥作用，否则，那些制度空白和漏洞就会成为投机者的突破口，破坏制度的网络制约力。因此，必须填补公共领域冲突管理制度的各种空缺，堵塞制度覆盖的各种漏洞，使冲突管理制度真正形成一张覆盖各个角落的约束之网。

（二）协调制度间关系

其次，任何一种制度都是在一个更大的制度体系中发挥作用的。因此，公共冲突机制中的各项制度不应当是零散和相互隔绝的，而应当相互衔接、相互促进和补充。从总体上看，公共冲突治理制度建设要逐渐从行政规范中心转向法律规范中心。那些与现行法律相悖的行政规范，或者需要修改以符合法律规范，或者被放弃。同时，要大力发展社会规范，以弥补法律规范和行政规范的不足，形成层级分明、相互补充的公共冲突治理规范体系。

---

[1] ［美］科塞：《社会冲突的功能》，孙立平译，华夏出版社1988年版，第17—183页。

[2] 参见常健《简论社会治理视角下公共冲突治理制度的建设》，《天津社会科学》2015年第2期。该文是本项目研究的阶段性成果。

但在冲突管理的法治建设过程中要特别注意防止两种倾向。第一，要特别防止以法律规范替代其他两类规范。法治建设的目的是使法律成为最终规范，而不是成为唯一规范。第二，要特别注意防止冲突治理立法操之过急。当条件和时机不成熟时强行立法，很容易形成行之无效的管制性立法。

（三）加强横向约束制度建设

在约束方式方面，不仅要强化纵向制约，而且要努力强化横向制约。随着单位制度的逐渐衰落，社会主体逐渐从完全受单位纵向等级体制制约的"单位人"，转化为更多受社会成员之间横向相互制约的"社会人"。因此，应当努力通过正式制度与非正式制度的相互配合，形成纵横交织的制度制约结构，增强制度体系整体的制约能力。

（四）三类冲突治理主体的分工协同

在强调调动司法、行政和社会三方力量的同时，在制度上要明确三方的职责分工，并要特别防止形成简单的一体化格局。在有效的冲突治理中，需要相对中立的第三方干预。在许多国家的冲突治理实践中，司法机关、行政机关和社会组织都会在特定的冲突化解中承担中立的"第三方"角色。因此，在制度设计上，我们应明确规定第三方的相对独立性，这有助于在任何一方卷入冲突时，仍然存在相对中立的第三方。

在明确司法、行政和社会三方分工的基础上，要注重三方力量的协同。在中国的冲突治理实践中，司法、行政和社会的三方协同程度，对冲突治理的效果有很大的影响。例如，中国的社会组织如果缺乏一定的官方背景，在承担第三方干预角色时就会面临公信力不足的问题。再如，中国的"诉访循环"形成的重要原因之一，就是司法机关与行政机关缺乏适当的沟通和协调。

（五）合法性边界的适度拓宽为冲突"自我治愈"功能的实现留下空间

根据社会建构主义的相关理论[①]，冲突治理的制度建设应当是为了应对现实的挑战，而不是依据抽象理性来裁切。如果现实中的公共冲突可能

---

① 社会建构主义是彼得·博格（Peter Berger）和托马斯·卢克曼（Thomas Luckmann）提出的理论，它解释了制度的自然产生方式。有关这一理论请参见 Peter L. Berger and Thomas Luckmann, *The Social construction of Reality: A Treatise in the Sociology of Knowledge*, New York: Penguin Books, 1966.

通过自身发展达到自治，新的制度建设就是没有必要的。因此，在公共冲突治理的制度建设中，应当充分考虑冲突本身的"自我治愈""自我消解"功能，顺应其自然的发展规律，适当地施加制度外力来强化冲突的"自我治愈"和"自我消解"，而不是破坏冲突本身所能带来的"免疫力"提升。①

公共冲突治理制度建设的重要内容，就是要明确区分什么行为是合法的，什么行为是不合法的。公共冲突管理组织体制对冲突既不采取完全压制的方式，也不任其自由泛滥，而是将合法与不合法的冲突方式进行严格的区分。约瑟夫·海姆斯（Joseph S. Himes）认为，需要对冲突建立制度化的规范，即以一套约束性的社会规范和集体行动模式来合法化、规范并奖励合理的社会抗争，并以此来防止人们诉诸不合法的冲突。这种制度化的策略要达到三个目的：一是鼓励和支持社会成员和各种团体采用社会准许的手段来寻求合法的目的和珍惜的价值；二是通过制度化规定和规范冲突抗争的种类和方式使其成为可理解和可预测的行为；三是使冲突方可以期望通过被认可的、规范的方式采取的冲突行为可以至少部分达到他所要求的目标，同时使得社会系统得到保护，不受不合法的和可能有害的冲突方式的破坏。②

在以往的制度建设中，为了更有力地防止冲突的发生，往往会尽力压缩合法行为的边界，从而造成冲突主张缺乏合法的宣泄渠道。要充分利用冲突的"自我治愈"功能，就需要在一定程度上拓宽合法行为的边界，允许冲突在一定范围、一定时间和一定程度上表现出来。与此同时，对不合法的冲突行为采取更坚决、更严厉的惩治措施。

（六）应急管理与常规管理两种态势的平衡运行

社会的长治久安需要对冲突予以制度化的常规治理。尽管我们对公共冲突可能升级要时时警惕，但在对公共冲突的治理中要防止过度采用应急管理的方式，只有在真正紧急的情况下才应采用应急机制。因此，在公共冲突治理的制度设计中，要对应急式处理的情形和应对方式作出更明确和

---

① 参见常健《网络舆情的"自清洁"功能及其实现条件》，《天津社会科学》2013年第6期。

② Joseph S. Himes, Conflict & Conflict Management, Athens: The University of Georgia Press, 1980, pp. 212 – 213.

严格的规定，真正将其作为常规冲突管理的例外情形。

（七）冲突控制与冲突化解两种手段的耦合互补

公共冲突治理正在从"控制导向"到"化解导向"的冲突治理思路转变。在公共冲突治理的制度设计中，应当给予冲突化解工作更多支持，给予其恰当的法律地位和约束力，同时对冲突控制的手段和方式的使用予以更细节的规定和更严格的限制。

此外，在公共冲突治理制度的设计中，要特别注意冲突控制与冲突化解之间耦合关系的建立，即要创造适当的机制使两种手段之间及时衔接、相互支持和优势互补。一方面，如果没有冲突控制作为前提和压力，冲突化解会更加费时、费力，难以达成；另一方面，如果缺乏冲突化解的支持，冲突控制的效果就只能是暂时的和难以持续的。

（八）建立有限步骤的终局制度

在利益多元化的社会格局下，冲突的最终裁决方案并非都能达到各方的满意，但冲突各方不能因此无尽纠缠，必须服从依照正当程序所作出的无偏袒的权威裁决。因此，必须建立和强制执行有限步骤的终局制度，以节约冲突管理的公共资源，同时维护社会稳定。

三　建设路径

从建设路径来看，要充分发挥现有制度的冲突管理作用，在此基础上逐步扩展制度的功能空间。人们在原有的制度环境下已经形成了特定的行为预期和行为习惯。完全推翻过去的制度，建立全新的制度，很容易遭遇人们原有行为预期和行为习惯的强烈抵制，导致执行效果不佳。因此，要充分利用原有制度的有效功能，包括正式制度和非正式制度，在此基础上逐渐扩大其作用范围。同时，认真研究那些非正式制度发挥作用的原因，并分析其局限，将那些能够以正式方式更好地发挥正面功效的非正式制度正式化，以增加其稳定性和权威性。

四　建设过程

对于广泛的、持续的和难以解决的社会冲突，仅靠既有的行政和司法机制有时难以解决。这有可能是现存制度本身存在的一些结构性缺陷，这被加尔通（John Galtung）称为"结构性暴力"（structural violence）[①]。"结构性暴力"不同于一般意义上的直接暴力，它是一种隐藏在社会制度中的合法暴力。它隐身于政治、经济、社会和文化之中，通常表现为对某一些人或社会群体的重要权力的否定和侵犯。[②] 在结构暴力的情境下，一些"好公民"可能参与了"这样的制度设置：个人可能做了大量伤害别人的事情，但并不是故意做的，只是认为在履行他们的固定职责，就像从事该结构设置中确定的一项工作。"[③] 针对这种可能，在公共冲突管理制度的建设过程中，应当给冲突各方和社会各界以适当的空间来讨论现存体制中存在的问题，并寻找改变这种体制缺陷的合理路径和方式，以消除导致社会冲突的深层结构性原因。[④]

制度建设过程中，要特别注意在制度建设过程中如何提升社会信任度。制度中重要的内容是对违规行为进行惩罚。惩罚被认为是促进合作的一种手段，但在不同国家，由于人们之间的信任程度不同，惩罚的效果显示出明显的差别。一些学者认为，在低信任度的社会中，惩罚可以促进合作，因为在这种社会中人们的期望是：其他社会成员只有当存在很强的激励动因时才会为合作作出贡献；另一些学者则认为，高信任程度才能使惩罚发挥作用，因为在高信任度的社会中，人们可以相互信任对方将为公共事务作出共同的贡献，同时也会通过惩罚搭便车者来强化合作规范。丹尼尔·巴利耶特（Daniel Balliet）和保罗·范·朗格（Paul van Lange）在18个国家进行了83项实验，涉及7361人。他们的研究结果表明：在人与人之间有高度信任感的社会，惩罚机制可以大幅促进合作；而在信任度较低的社会，这种方式却不那么奏效。他们认为，这是因为在相互信任程度较高的社会中，惩罚机制会被视为加强合作的规范，更容易被人们接受[⑤]。根据这一研

[①] J. Galtung, Violence, Peace and Peace Research, *Journal of Peace Research*, 1969, 6 (3), p. 168.

[②] 常健等编著：《公共冲突管理》，中国人民大学出版社，2012年版，第18页。

[③] [挪]加尔通：《和平研究25年：10种挑战和回应》，[美]大卫·巴拉什、查尔斯·韦伯：《积极和平——和平与冲突研究》，南京出版社2007年版，第8页。

[④] 参见常健、田岚洁《中国公共冲突管理体制的发展趋势》，《上海行政学院学报》2014年第3期。该文是本项目研究的阶段性成果。

[⑤] Daniel Balliet and Paul A. M. Van Lange, Trust, Punishment and Cooperation across 18 Societies, Perspectives on Psychological Science, July 2013 vol. 8, no. 4, pp. 363 – 379.

究结论，要想使公共领域冲突管理制度中的制裁和惩罚机制真正发挥促进合作化解冲突的作用，就要在制度建设过程中注意提升社会信任程度。为了使制度的目的能够为公众所理解和接受，在制度建设中，就要广泛征求公众的意见，让各种不同意见相互交锋，并通过适当程序达成妥协，使公众认识到任何制度都不是完美无缺的，并因此理性地接受制度本身的局限及其实施所带来的成本。

第五节　冲突管理制度建设中的四类规范及其结构关系

公共领域冲突管理制度需要建设的各种规范，从制定主体角度大体可以分为四类：法律规范、行政规范、社会规范和执政党规范。在中共十八届四中全会确立的依法治国和建立法治国家的战略背景下，四类治理规范之间的结构关系正在发生更加深刻的变化，需要在新的基础上定位与协调。①

一　四类管理规范的不同特点

如果只考虑规范制定主体，不考虑规范本身位阶，可以将治理规范分为以下四类。

1. 法律规范

它是由立法机构制定的规范，包括全国人大及其常委会制定和通过的各项法律，以及省、自治区、直辖市和较大的市的人民代表大会及其常务委员会制定的地方性法规。

2. 行政规范

它是由政府行政机关制定的规范，包括国务院制定并公布的行政法规，由国务院各部门制定并公布的行政规章，由各省、自治区、直辖市的人民政府和省、自治区的人民政府所在地的市以及国务院批准的较大市的人民政府制定和公布的行政规章，以及由国家行政机关制定的其他行政规范性文件。

---

① 参见常健《厘清四类治理规范结构关系和协调机制》，《行政改革内参》2014 年第 11 期。该文是本项目研究阶段性成果.

3. 社会规范

它是由社会组织制定的规范，包括人民团体、行业协会、学术团体、慈善公益组织等制定和公布的规范性文件。

4. 执政党规范

它是由执政党制定的各种法规和规范性文件，包括党章、准则和条例，规范性文件包括各种规则、规定、办法和细则。

四类管理规范在制定者与实施者方面具有明显的区别。法律规范是由广义上的立法机关来制定的，但却是由司法机关和行政机关来实施的，二者处于分离状态，因此有可能出现实施者偏离立法者意图的情况，需要立法者对实施者进行严格的监督。与此不同，行政规范是由行政机关制定的，也是由行政机关来实施的，制定主体与实施主体的同一性使行政规范的实施可以充分反映制定者的意图，但有可能出现行政规范制定背离法律规范的情况，需要立法机关审查行政规范与法律规范的一致性。社会规范的制定者和实施者都是社会组织自身，而且其规范对象也是社会组织自身的成员，因此具有自治性。执政党规范的制定者和实施者也是执政党自身，但由于其作为执政党的特殊地位，所以其作用范围虽然也只限于其自身组织的成员，但对这些成员行为的规范会直接社会的公共利益，因此必须保证执政党规范与法律规范的一致性。

二 四类管理规范结构关系的发展趋势

改革开放之前，管理规范以执政党规范和行政规范为主要形式，法律规范和社会规范不仅数量少，而且规范的范围也相当有限。特别是在以政治斗争为中心的文化大革命时期，执政党规范成为占主导地位的规范形式。

改革开放后，随着以经济建设为中心的发展战略的确立，行政规范、法律规范和社会规范都逐步增加，其中，行政规范的增加速度最快，成为国家治理的更主要规范形式。

20世纪90年代末，中国将中国特色社会主义法律体系建设提到重要的议事日程。1997年9月中国共产党十五大报告提出："加强立法工作，提高立法质量，到2010年形成有中国特色社会主义法律体系。"1999年3月，九届全国人大二次会议通过宪法修正案，明确规定："中华人民共和国实行依法治国，建设社会主义法治国家。"2011年3月10日，全国人大常委会委员长吴邦国在向十一届全国人大四次会议作全国人大常委会工作报告时宣布，一个以宪法为统帅，以宪法相关法、民法商法等多个法律部门的法律为主干，由法律、行政法规、地方性法规等多个层次的法律规范构成的中国特色社会主义法律体系已经形成。这标志着法律规范成为国家治理的主要规范形式。

2014年10月举行的中共十八届四中全会将全面推进依法治国作为研究主题，认为依法治国是实现国家治理体系和治理能力现代化的必然要求，并通过了《中共中央关于全面推进依法治国若干重大问题的决定》（以下简称"《决定》"）。这意味着法律规范不仅是国家治理的主要规范形式，而且将成为主导规范形式。这意味着四类治理规范的结构关系将发生深刻变化。

三 以法律规范为中心完善规范间的协调机制

《决定》的通过，表明法律规范将成为国家治理的主导形式，其他规范都必须以法律规范为准绳。但它并不意味着用法律规范完全代替其他治理规范，而是要在加强法律规范建设的同时，强化法律规范对其他规范的制约，并以其他规范弥补法律规范的局限。这种以法律规范为中心的新型规范结构关系，要求建立和完善以下四个机制：

1. 向法律规范的适时转变机制

为了使治理规范具有稳定性和权威性，需要将那些具有普遍性的且已经在实施中被证明比较成熟的治理规范适时转变为法律规范。执政党规范中那些具有普遍性的内容，在获得广泛共识后，可以通过法定程序转变为国家法律规范。行政法规中那些具有普遍性的内容，在实施中被证明有效的，也可以通过法定程序转变为国家法律。地方法规中的一些内容，如果被证明具有普遍的适用性，也可以考虑通过法定程序升格为国家法律。《决定》指出，要增强法律法规的及时性、系统性、针对性、有效性，形成完备的法律规范体系，健全有立法权的人大主导立法工作的体制机制，依法赋予设区的市地方立法权，完善立法项目征集和论证制度，加快完善体现权利公平、机会公平、规则公平的法律制度。这些都要求建立各种治理规范向法律规范的适时转变机制。

2. 法律实施的监督检查机制

法律规范的制定主体与实施主体是分离的。要使法律规范得到有效的实施，防止实施主体的行为偏离立法者的意图，需要建立严格的法律实施监督检查机制。立法机关应当设立专门的监督检查机构，对法律的实际实施情况予以严格的监督、检查，对于执行中出现的违背法律规范的行为应当及时追究责任。《决定》指出，法律的生命力在于实施，法律的权威也在于实施。各级政府必须坚持在党的领导下、在法治轨道上开展工作，加快建设职能科学、权责法定、执法严明、公开公正、廉洁高效、守法诚信的法治政府。依法全面履行政府职能，推进机构、职能、权限、程序、责任法定化，推行政府权力清单制度。要建立高效的法治实施体系、严密的法治监督体系、有力的法治保障体系。特别是要健全宪法实施和监督制度，完善全国人大及其常委会宪法监督制度，健全宪法解释程序机制，完善检察机关行使监督权的法律制度，完善人民监督员制度。

3. 其他规范的细化补充机制

法律规范的内容是有一定限度的。它只能作出一般性的规定，而不能对细节作出更具体的规定，也不能考虑地区间的差别。因此，需要用行政法规和规章来具体规定实施方式，用地方法规和规章来作出地方性的实施规定，还需要通过社会组织规范来细化实施方式，也需要通过执政党内部的法规和规范性文件来约束党员干部的行为。《决定》指出，支持各类社会主体自我约束、自我管理，发挥市民公约、乡规民约、行业规章、团体章程等社会规范在社会治理中的积极作用，加强党内法规制度建设，完善党内法规制定体制机制，形成配套完备的党内法规制度体系，运用党内法规把党要管党、从严治党落到实处，促进党员、干部带头遵守国家法律法规。

4. 其他规范的合法性审查机制

建立依法治国的法治国家，要求确立和保障法律规范的主导地位，以法律规范制约其他规范。为了防止其他规范偏离或违背法律规范的要求，需要对其他规范建立严格的合法性审查机制。一旦发现有不符合法律规范要求的，应当及时作出纠正。《决定》指出，要健全依法决策机制，建立行政机关内部重大决策合法性审查机制。这是依法治国的重要环节，不仅适用于政策制定过程，而且需要进一步推向所有其他规范的制定过程。

第六节　公共领域冲突管理制度中的人权保障

《国家人权行动计划（2009—2010年）》指出："实现充分的人权是人类长期追求的理想，也是中国人民和中国政府长期为之奋斗的目标。"[①]但从学理上看，人权保障与公共冲突化解分属于两个不同的研究领域，二者的研究范式存在着差异，如何使两种研究相互促进，是一个值得研究的问题。[②]

人权已经成为国际社会大多数国家所承认的价值理念。根据最新统计，在联合国9大核心人权公约中，超过160个国家签约和缔约的公约有7个，其中，超过180个国家签约和缔约的公约有4个。（参见表3-1）

表3-1　联合国核心人权公约缔约情况（截至2017年8月20日）

公约名称	通过时间	生效时间	签署而未批准国数	缔约国数	合计
《儿童权利公约》	1989年11月20日	1990年9月2日	1	196	197
《消除对妇女一切形式歧视公约》	1979年12月18日	1981年9月3日	2	189	191
《消除一切形式种族歧视国际公约》	1965年12月21日	1969年1月4日	5	178	183
《公民权利和政治权利国际公约》	1966年12月16日	1976年1月3日	6	169	175
《残疾人权利公约》	2006年12月13日	2008年5月3日	13	174	187
《经济、社会和文化权利国际公约》	1966年12月16日	1976年3月23日	5	165	170

[①] 国务院新闻办公室：《国家人权行动计划（2009—2010年）》，外文出版社2009年版，第1页。

[②] 参见常健《人权保障与公共冲突化解》，《人权》2014年第1期。该文是本项目研究的阶段性成果。

续表

公约名称	通过时间	生效时间	签署而未批准国数	缔约国数	合计
《禁止酷刑和其他残忍、不人道或有辱人格的待遇或处罚公约》	1984年12月10日	1987年6月26日	8	162	170
《保护所有人免遭强迫失踪国际公约》	2006年12月20日	2010年12月23日	49	57	106
《保护所有移徙工人及其家庭成员权利国际公约》	1990年12月18日	2003年7月1日	15	51	66

资料来源：联合国人权高专办网站：http://www.ohchr.org/CH/ProfessionalInterest/Pages/CoreInstruments.aspx，访问时间：2017年8月20日13：56。

然而，人权能否充分实现，并不仅仅取决于它的理想价值，还取决于它的现实价值，即它能否被用来解决现实社会面临的重大问题。在人权的现实价值方面，人权与公共冲突化解之间的关系，是学术和实务两界争论的问题之一。争论的焦点在于：保障人权究竟是否有利于公共冲突的化解？

一 国内外关于人权保障与公共冲突化解关系的争论

1. 国外研究

国外对人权保障与公共冲突化解之间关系的研究已有几十年的历史。帕雷夫里埃特（Michelle Parlevliet）在《从人权的视角反思冲突转化》一文中具体分析了人权保障研究者与公共冲突化解研究者之间的争论，并将这种争论的发展过程划分为三个阶段。[①]

对人权与冲突化解关系的早期研究主要集中于人权活动者与冲突化解工作者之间的差异，以及当他们在同一场景中工作时所可能导致的紧张关系。这个阶段讨论所使用的语汇经常是非此即彼的，将两个领域截然区分开来和对立起来。波林·贝克（Pauline Baker）和肯特·阿诺德（Kent

---

① Michelle Parlevliet, Rethinking Conflict Transformation from a Human Rights Perspective, Berghof Conflict Research: Berghof Handbook Dialogue No. 9, June 2010, http://www.berghof-handbook.net/documents/publications/dialogue9_ humanrights_ complete.pdf.

Arnold）将两个领域的分歧概括为四个方面。（参见表3-2）

表3-2 人权保障与冲突化解的差异

	人权保障	冲突化解
战略与途径	对抗、坚持原则、刚硬、强调结果、指定式	合作、实用主义、灵活、强调过程、促进式
追求目标	正义、公正、将人权保障作为实现和平的前提条件	和平、和解、将实现和平作为人权保障的前提条件
承担角色	宣扬者、调查者、监督者	促进者、调解者、召集者
指导原则	揭露违反正义的行为并追究责任	对所有各方保持中立、不偏不倚、不作判断

资料来源：Pauline Baker, Conflict Resolution versus Democratic Governance: Divergent Paths to Peace? In: Chester Crocker, Fen Osler Hampson and Pamela Aall (eds.), Managing Global Chaos: Sources of and Responses to International Conflict, Washington DC: United States Institute of Peace, 1996, 37-50. Kent Arnold, Exploring the Relationship between Human Rights and Conflict Resolution, in: ROEUM (National Institute for Dispute Resolution), 1998, 36 (December), 1-5.

这一阶段的研究者们认为，公共冲突化解是要努力通过协商的解决方案结束暴力冲突。但人权保障主要考虑的是冲突的道德维度，不仅要求伸张正义，而且要求协议完全符合人权标准。这些要求会限制冲突解决方案的达成，并会使冲突化解过程复杂化。[1]还有一些研究者认为，这两个领域在时间框架和焦点选择方面也存在着冲突：冲突化解工作"集中精力于短期解决方案，处理的是引发冲突的那种鲁莽冲动事件，并寻求迅速结束暴力"，而人权保障工作却"将注意力集中于长期的解决方案，针对的是冲突的根源，探索持续的民主稳定"。[2]值得注意的是，这一时期的研究者们在冲突的时间点上聚焦于危机时期，在冲突干预方式上主要关注的是

---

[1] Pearson Nherere and Kumi Ansah-Koi, Human Rights and Conflict Resolution, in: Pearson Nherere, Goran Lindgren, Peter Wallensteen and Kjell-Ake Nordquist (eds.), Issues in Third World Conflict Resolution, Uppsala: Department of Peace and Conflict Research, Uppsala University, 1990, 34.

[2] Pauline Baker, Conflict Resolution versus Democtrtic Governance: Divergent Paths to Peace? In: Chester Crocker, Fen Osler Hampson and Pamela Aall (eds.), Managing Global Chaos: Sources of and Responses to International Conflict, Washington DC: United States Institute of Peace, 1996, pp. 37-50.

冲突处置（conflict settlement），对和平的理解局限于"消极和平"（negative peace），即消除暴力。

在争论的第二阶段，研究者们开始探讨人权保障与冲突化解之间的相互补充关系。越来越多的冲突化解工作者承认结束暴力并不是处理冲突努力的唯一目标，意识到人权保障与冲突化解具有共同的目标，如限制权力滥用，在法治、公正和民主的基础上建立稳定、和平的社会。这一时期的代表性文献作者主要包括考夫曼（Edi Kaufman）和比沙拉特（Ibrahim Bisharat）[1]、桑德尔斯（Harold Saunders）[2]、帕雷夫里埃特[3]、卡内基理事会（Carnegie Council）[4] 和卢茨（Ellen Lutz）等人[5]。这些研究者承认人权保障与冲突化解之间存在差异并可能产生紧张关系，但他们同时也探索二者之间的联系，寻求促进两个领域工作者的相互理解。这个时期讨论出现的语汇是"互补"（complementarity），而不是"竞争"和"矛盾"。他们主张更多地相互学习和合作，更多地交叉孕育。

在这一阶段的讨论中，研究者们强调：暴力冲突一般会导致侵犯人权，但侵犯人权也会导致暴力冲突。由于将侵犯人权视为冲突的根源之一，因此讨论的时间焦点也从危机时期扩展到危机前和危机后时期；在冲突干预方式上更加强调冲突化解而非冲突处置；实现的目标从早期的消极和平转向更强调积极和平（positive peace），承认要想实现可持续的和平，就必须将人权保障要求整合进和平进程中去，因为人权保障可以为冲突各方的合作提供共同的基础。

---

[1] Edi Kaufman and Ibrahim Bisharat, Human Rights and Conflict Resolution: Searching for Common Ground between Peace and Justice in the Israeli/Palestinian Conflict, in: FORUM (National Institute for Dispute Resolution), 1998, 36 (December), pp. 16 – 23.

[2] Harold Saunders, Bridging Human Rights and Conflict Resolution: A Dialogue Between Critical Communities, Report on a 16 – 17 July 2001 Carnegie Council Workshop, New York: Carnegie Council for Ethics in International Affairs, www.cceia.org/resources/articles – papers – reports/161.html.

[3] Michelle Parlevliet, Bridging the Divide, Exploring the Relationship Between Human Rights and Conflict Management, in Track Two, 2002, 11, 1 (March), 8 – 43.

[4] Carnegie Council for Ethics in International Affairs, Integrating Human rights and Peace Work, Human Rights Dialogue, 2002, 2, 7 (winter), pp. 2 – 27.

[5] Ellen Lutz, Eileen Babbitt and Hurst Hannum, Human rights and Conflict Resolution from the Practitioners' Perspectives, in: The Fletcher Forum of World Affairs, 2007, 27, 1 (winter/spring), pp. 173 – 179.

在这一阶段最有挑战性的问题是：如何在结束暴力的同时满足正义的要求？在前一个阶段，对这个问题的回答是"非此即彼"，但在这个阶段研究者们更多讨论的是如何"在正义与和平之间进行妥协"，或如何"平衡短期目标与长期目标"。有些作者强调时机的重要性，认为在一些情况下，当立即实现和平变得非常迫切时，不处理追责侵权问题可能更有利于正义的事业。时间通常会在主张正义一方的手中，现在政治上不可行的事情，可能后来就会变得在政治上可行。①

随着国际社会和各个国家对人权重视程度的不断提高，争论进入了第三个阶段。与前两个阶段相比，人权保障与冲突化解是相互冲突还是相互补充的问题不再是这一阶段争论的焦点，二者互补的概念似乎已经被研究者们作为主张的出发点。研究转向以下三个主题：（1）人权与和平协议；（2）转型正义（transitional justice）；（3）人权行动者在处理冲突和建设和平中的角色。

第一个问题主要涉及和平协议是否应当包括人权条款，如何写入；它们会在什么程度上被实施；在协议中包括权利条款是否会影响后处置阶段及以后的人权保护程度。对于和平协议的实施来说，协议中许多条款的一般和抽象的性质，意味着在后处置阶段需要重新协商来解决具体条款的实际含义的问题。对不同和平进程的分析表明，在协商中引入人权并不必然如人们所想象的那样是达成协议的障碍。有时，对人权的讨论有可能成为杠杆，并在冲突双方之间建立信心和信任。② 在达成协议的过程中，人权可以具有促进的角色，它形成一种共同语言，各方可以借此来处理他们的基本需求。③ 与此相关的是，发现一个人权框架可以帮助设计和平进程，

---

① Ian Martin, "Justice and Reconciliation: Responsibilities and Dilemmas of Peace – Makers and Peace – Builders." Paper delivered to Aspen Institute meeting The Legacy of Abuse – Justice and Reconciliation in a New Landscape, November 2000, p. 83.

② Tonya Putnam, Human rights and Sustainable Peace, in: Stephen J. Stedman, Donald Rothchild and Elizabeth Cousens (eds.), Ending Civil Wars, The Implementation of Peace Agreements, London, Boulder, CO: Lynne Rienner, 2002, pp. 238 – 239.

③ Christine Bell, Human Rights, Peace Agreements and Conflict Resolution, Negotiating Justice in Northern Ireland, in: Julie Mertus and Jeffrey W. Helsing (eds.), Human Rights and conflict, Exploring the Links between Rights, Law and Peacebuilding, Washington DC: United States Institute of Peace Press, 2006, p. 356.

将不同的议题安排在谈判日程的不同时间段。这样,停止暴力的绝对要求可以与有关改革和问责的更实质性措施相协调。前者一般是在前谈判阶段处理的主题,如通过停火协议;后者是后来阶段处理的主题,即形成更全面的协议。[①] 以这种方式,正义与和平在谈判中可能不再是非此即彼的选择,而成为一种管理问题:如何实际地摆脱暴力冲突,而同时对未来实现正义的可能性保持开放?

第二个问题涉及"转型正义",即一个社会如何去处理在其近期历史中对人权的大规模侵犯。对这一主题的研究是广泛的。研究者们形成的共识是:处理曾经发生的暴力行为,是建立可持续和平的重要组成部分。对那些经历过广泛暴力的社会来说,转型正义问题肯定应当进入议事日程:个人有权知道有关失踪者命运的真相,或那些有关其他过去侵犯权利的信息;那些对暴行负有最主要责任的人必须被惩罚。然而,如何最有效、最适当和最合法地推进转型正义,以及在给定情境中如何将各种措施最好地结合起来,研究者们的意见还是具有广泛的差异。

第三个主题涉及在冲突化解中人权工作者的角色。研究者们主要讨论了联合国组织、政府人权官员、非政府人权组织在减轻暴力冲突和促进和平谈判方面的作用。

从以上对人权保障与冲突化解之间关系讨论的三个发展阶段的回顾,可以看到研究者们的认识呈现出明显的转变过程,从将二者之间的紧张关系看作是直接和内在的,转变到承认二者之间具有更互补的关系。大部分研究者都已经认识到,促进人权保障对社会长期稳定和发展是非常重要的,没有公正就没有和平,缺少公正经常是缺少和平的原因。当然,冲突化解工作与人权保障工作在对事项的优先排序和选择途径上的确存在一定分歧。但正如帕雷夫里埃特所指出的,与其将二者的关系看作是绝对的、不可超越的对立,不如将这种差异理解为一种挑战或需要解决的问题。[②]

---

① International Council for Human Rights Policy (ICHRP), Negotiating Justice? Human rights and Peace Agreements, Versoix: ICHRP, 2006, pp. 111 – 112. Christine Bell, Peace Agreements and Human Rights, Oxford: Oxford University Press, 2000, pp. 295 – 301.

② Michelle Parlevliet, Rethinking Conflict Transformation from a Human Rights Perspective, Berghof Conflict Research: Berghof Handbook Dialogue No. 9, June 2010, http://www.berghof-handbook.net/documents/publications/dialogue9_ humanrights_ complete. pdf.

人们需要进一步深入探讨如何将冲突化解和人权保障之间在概念和分析视角上实现相互对接。

2. 国内研究

在国内，由于公共冲突化解作为一个专门的学术领域时间还不长，因此专门研究人权保障与公共冲突化解之间关系的学术文献很少。但有不少文献和研究涉及到人权与社会和谐稳定、人权与维稳和社会矛盾化解以及人权与处理群体性事件的关系，它们可以被认为是这一主题的中国表达方式。

在人权保障与社会和谐稳定的关系方面，许多研究者认为二者是相互依赖、互为条件、相互促进的关系。例如，高腾在《从社会当前热点问题看人权与社会稳定的关系》中指出："社会稳定是人权得到保证的前提，而人权的保证则反过来对社会的稳定和发展有加强和推动的作用。"[①] 邵文虹指出："维护稳定是解决国内各种复杂矛盾和维护国家安全的重要条件，是保障和实现人权的基本前提。而充分尊重和保障人权，可以有效调动各方面的积极性和创造性，最大限度地增加和谐因素，最大限度地减少不和谐因素，反过来促进社会的和谐稳定。"[②] 林喆指出："社会稳定的基础是尊重和保障人权。稳定是为了更好地尊重和保障人权。人权的保障是社会稳定的价值取向，社会稳定靠的是对人权的尊重和保障，这种尊重和保障体现在日常生活和工作中。可以说，凡是在人权受到尊重和保障的地方，社会都是稳定的。"[③] 胡仲明指出：社会稳定是实现人权的基本保障，只有社会稳定才能保障人民的生存和发展的权利；同时，基本人权有了保障，才能保持社会稳定。[④]

在人权保障与维稳和社会矛盾化解之间的关系方面，研究者们一方面认为二者之间是相辅相成、缺一不可的，同时也指出了在现实中二者之间存在的矛盾。张景玥、张斌峰指出："尊重和保障人权是维稳的基础，维

---

① 高腾：《从社会当前热点问题看人权与社会稳定的关系》，百度文库：http://wenku.baidu.com/view/34e4601e59eef8c75fbfb38f.html。

② 邵文虹：《维护社会稳定与依法保障人权——纪念〈世界人权宣言〉发表60周年》，董云虎、陈振功主编：《发展·安全·人权》，五洲传播出版社2009年版，第161页。

③ 林喆：《尊重和保障人权是稳定的基础》，《法制日报》2010年1月25日，法制网：http://www.legaldaily.com.cn/bm/content/2010-01/25/content_2034684.htm?node=20731。

④ 胡仲明：《浅论邓小的人权观与中国社会稳定》，《中共山西省委党校学报》2004年第5期。

稳是实现人权保障的手段,二者相辅相成,缺一不可。维稳需要在保障公民个体权益的基础上进行,否则维稳就会丧失基础。维护社会稳定的最终目的是保障人权,稳定民心,实现人与社会的可持续发展。倘若维稳理念正确,维稳方式、制度设计良好,运行无误,那么毫无疑问,维稳和保障人权应当可以做到和谐和统一。但可惜的是,上述论述只是我们的假设和愿景。现实生活中的维稳如若想要达到上述目的,还有很长的路要走。"他们进一步提出:"尊重和保障公民权利是维稳的首要价值追求,维稳是实现公民权利的手段。""尊重和保障人权要实现维稳工作的创新。"[①]马慧、蔡书芳指出:"保障人权和维护稳定是相互促进、辩证发展、缺一不可的两个方面。要进一步发展人权,就要处理好'维权'与'维稳'的关系,将二者纳入法治化轨道,使'维权'与'维稳'均在法律规定的框架内运行,这样才能使国家长治久安,公民权益得以切实保障。"[②]李六合指出:"化解拆迁矛盾关键在尊重人权。"[③]

在人权保障与群体性事件处置方面,许多研究者认为群体性事件的处置中应当加强人权保障。刘志强指出:"群体性事件既是一个政治问题,也是一个法律问题,应重视通过权利的救济来解决。法治、人权保障与和谐社会的关系十分密切。公民权利是否得到充分保障和救济,是检验一个社会是否是法治社会的一个重要标志。只有在宽容、平等的条件下,坚持人权保障的理念,用法治的标准来救济缺失的权利,和谐社会的建构才有基本保证。"[④]简敏、胡术鄂指出:群体性突发事件中,存在着人权限制过度与人权保障匮乏的倾向。他们具体分析了在群体性突发事件中为保障人权应当设立的保障程序,包括事件爆发前的程序保障、处置中的程序保障和事件后的程序保障。[⑤]

[①] 张景、张斌峰:《试论维稳创新管理中的人权保障》,法律教育网:http://www.chinalawedu.com/new/201209/wangying2012092010284824087806.shtml。

[②] 马慧、蔡书芳:《试论维稳中的人权保障》,《社科纵横》(新理论版) 2012 年第 3 期。

[③] 李六合:《化解拆迁矛盾关键在尊重人权》,搜狐新闻:http://news.sohu.com/20100511/n272048787.shtml。

[④] 刘志强:《人权保障与和谐社会构建——从处理群体性事件说起》,《广州大学学报》(社会科学版) 2006 年第 3 期。

[⑤] 简敏、胡术鄂:《群体性事件依法处置的人权保障》,西南政法大学人大制度与宪政研究中心网站:http://www.txwtxw.cn/Article_Show.asp?ArticleID=657。

从国内研究的总体情况来看,国内的研究者们一方面在理论上主张二者相辅相成;另一方面又意识到二者在现实中存在着矛盾。他们普遍将侵犯人权视为导致社会不稳定和各种群体性事件的重要原因,同时特别强调在群体性事件处置中应当更加尊重和保障人权。

二 人权保障对公共冲突化解的积极作用

人权保障与公共冲突化解并不是截然对立的。作为两种不同的工作,它们在工作范围和内容上有很多相互重合和交叉的地方。这些在前面的论述中已经多有涉及,在此不再赘述。

但人权保障对公共冲突化解的促进作用还表现在一些更深层次上,这可以从以下三个方面来分析。

首先,一些大规模的、持续的、高烈度的公共冲突,其根源经常与基本人权受到侵犯有关。因此,制止对基本人权的侵犯,将会消除产生这类公共冲突的深层次原因。人权是作为人应当享有的权利,它要求满足每个人维持生存、发展和尊严的基本需求,如生命权、财产权、基本生活水准的权利、社会保障的权利、健康权利等,涉及的是人基本生理需求的满足;人身自由权利、不受虐待的权利、公正审判权利、受救济的权利等涉及的是人的安全需求的满足;婚姻家庭的权利满足的是人的情感和归属需求,不受歧视的权利、隐私权等涉及的是人受到尊重的需求的满足;而工作的权利、受教育的权利和各种自由与政治权利涉及的则是人们自我实现的需求。人的基本需求无法得到基本的满足,是导致公共冲突的重要原因。而将这些需求明确为基本人权并且予以充分保障,就可以从根本上消除这些公共冲突产生的基础。

其次,对公共冲突的化解过程来说,保障人权最容易成为各方的基础共识,从而为冲突各方达成和解协议提供重要的基础。在市场经济体制下,社会通过鼓励每个人追求个人的幸福来实现社会的整体发展。当每个人都追求个人利益最大化时,人们之间就必然会产生利益上的相互冲突。要化解冲突,就要在冲突各方之间形成一种基础共识,作为各方要求和行为的底线,使各方的利益主张受到共同的约束。保障人权涉及的是每个人最基本需求的满足,这种"底线"要求最容易成为各方的基础共识,因为当任何人否认人权保障的必要性时,其自身也就失去了基本权利的保障。以尊重和保障冲突各方每个成员的基本人权为底线共识，冲突各方的利益诉求都会受到相应的限制，从而为达成和解协议奠定基础。

第三，人权保障有助于公共冲突的转化，为公共冲突化解提供条件，并为社会的长期稳定奠定深层基础。许多冲突化解工作者在实践中深切感到，许多公共冲突难以化解的原因，在于社会的体制、结构、文化存在着严重的不平衡，形成"结构性暴力"和"文化暴力"。如果这些体制、结构和文化因素不能有效转变，公共冲突的化解就会面临巨大障碍，而且经常会形成大规模、持续性甚至高烈度的冲突。基于这种考虑，研究者们在先前的冲突化解理论的基础上，在20世纪90年代进一步提出了冲突转化理论，强调转化冲突的情境、结构、规则、事项和主体，以促进冲突的化解。从冲突转化的视角出发，人权保障在冲突化解中的更深层作用便凸现出来。帕雷夫里埃特提出，在冲突转化中，人权作为规则、结构体制、关系和过程会产生重要的作用。人权作为规则，就是要通过人权立法形成约束冲突各方的行为规则，使冲突的解决方案必须在人权立法所形成的标准框架之内。人权作为结构和体制，就是要以平等保障人权为原则来调整决定社会资源分配的治理结构和权力模式，使每个人的基本需求能够得到平等的满足，每个人的利益诉求能够获得平等的表达机会。人权作为关系，就是要求承认每个人作为人的尊严，要求人与人之间相互尊重，每个人权利的实现方式都不应侵犯其他人的权利。在纵向关系上，要明确公民是权利的所有者，而国家则是义务的承担者，尊重和保障人权是国家的基本职责。人权作为过程，就是要求在冲突转化的过程中体现人权的基本价值和原则，如尊严、参与、包容、保护边缘群体和少数人、问责等。[①]

三 人权保障工作与公共冲突化解工作的相互协调

不可否认的是，人权保障和公共冲突化解是两个不同的分析和工作视角，二者之间尽管从总体上会相互促进，但也不可避免地存在着差异和摩擦。可以将这种差异和摩擦概括为以下几个方面：

[①] Michelle Parlevliet, Rethinking Conflict Transformation from a Human Rights Perspective, Berghof Conflict Research：Berghof Handbook Dialogue No. 9, June 2010, http://www.berghof-handbook.net/documents/publications/dialogue9_ humanrights_ complete. pdf.

首先是原则性与灵活性之间的差异。人权体现为具体而明确的道德和法律原则，依据这些原则来开展的人权保障工作通常会泾渭分明，表现出很强的原则性。而冲突化解工作则是以过程和结果为导向的，为了实现冲突化解的目标，就要创造和采用各种适合具体情境的灵活方法，设法说服冲突双方在各种冲突的利益主张之间达成妥协、让步，实现双方的和解。人权保障与冲突化解在强调原则性和强调灵活性之间的这种差异，使得从事人权保障的工作者与从事冲突化解的工作者在实际工作方案和策略的选择上难免发生种种摩擦。

其次是实现目标的差异。人权保障工作者要实现的目标，主要是救济那些人权遭受侵害的人们，惩罚那些侵犯人权的罪行。而冲突化解的目标，主要并不是分清谁对谁错，而是要在冲突各方之间达成谅解，建立信任关系，促使各方合作来寻找双方都可以接受的解决方案。因此，在冲突化解的某些阶段，如果过度强调惩罚侵权者，有可能不利于双方建立合作和信任关系，影响冲突化解过程的顺利进行。

最后是方法选择上的差异。人权保障要求只能采取人权保障所推崇的方式来解决问题，而这些方式往往不足以实现冲突化解的目标。因此，冲突化解实际采取的手段经常会远远超出人权保障所推崇方式的范围，这导致人权保障工作者与冲突化解工作者对同一解决方式常常会给予不同的评价。因此，如何协调二者的工作，便是需要进一步研究的问题。

从公共冲突化解的各种实际案例来看，人权保障要求与公共冲突化解之间的协调往往因不同案例而异。但仍然可以总结出一些具有一般意义的协调原则。

第一，将人权保障的基本原则与公共冲突化解的灵活策略结合起来。人权保障的原则具有一定的普遍性，但在各个具体冲突情境下的实现方式要考虑冲突的具体情况。冲突的扩散和升级通常会加剧人权受到侵犯的范围和程度。因此，制止冲突的延续、扩散和升级，便成为人权保障的第一需要。此时对具体人权要求的主张和表达方式，就要服从公共冲突化解的策略考虑。

第二，将人权保障的总体要求分解为冲突化解各个阶段的不同表达。例如，在冲突的预防阶段，要强调潜在冲突各方的平等表达和参与机会，强调对每个人基本权利的平等保障；在冲突的危机处置阶段，应当强调对各种侵犯人权行动的制止；在冲突的中期化解阶段，要强调冲突各方权利的平等尊重；在后冲突阶段，要强调人权保障的制度建设。

第三，将人权的精神渗透于公共冲突化解的过程中，作为各种冲突化解采用工具和手段的限制性条件而不是阻碍性条件。公共冲突化解过程中要针对冲突各方的行为采用各种不同的工具和手段，包括冲突控制、谈判、调解、仲裁、判决、执行等。人权保障并不阻碍所有这些工具的使用，但在这些工具的使用过程中，尊重和保障人权却是一种"边际约束"[1]，它为这些工具的使用方式设定了一定的边界。

回顾世界人权发展史，可以看到人权保障的每一步推进，都与社会冲突化解的要求有着千丝万缕的联系；而人权保障的每一次完善，总是会导致进入一个新的稳定发展阶段。对处于冲突多发的当代中国社会来说，将人权保障与公共冲突化解有机地结合起来，将会对社会的长治久安产生重要的促进作用。

第七节 韩国公共领域冲突管理制度建设及其启示

进入 21 世纪以来，伴随着经济腾飞的持续和民主化进程的推进，韩国公共冲突案件数量整体上逐年增加，社会矛盾状况令人堪忧。在此背景下，韩国政府开始了大规模的公共冲突管理制度建设，主要包括冲突管理法律的健全、冲突管理机构的建立和冲突管理培训体系的建设。从冲突管理策略来看，韩国较为注重冲突的预防，注重在冲突化解时"赢得信任"，注重公共冲突的分类管理，积极利用民间力量进行冲突管理。韩国公共冲突管理是一种政府主动推进并有序引入民间主体参与的管理方式，为我国提供了有借鉴意义的经验。[2]

一 韩国公共冲突管理制度建设的背景

2007 年韩国政府开始以积极的姿态进行冲突管理制度建设，以卢武

---

[1] 诺齐克：《无政府、国家与乌托邦》，何怀宏等译，中国社会科学出版社 1991 年版，第 42 页。

[2] 参见常健、刘一《公共冲突管理机制的系统化建构——韩国的经验及借鉴》，《长白学刊》2015 年第 5 期。该文是本项目研究的阶段性成果。

铉总统颁布《公共机关有关冲突预防和解决的规定》为重要标志，韩国政府开始了有计划的冲突管理制度建设。韩国冲突管理制度建设的启动与当时韩国的社会冲突状况密切相关。

（一）公共冲突案件数量增加

2007年之前，韩国公共冲突案件数量整体上不断增加。从年度公共冲突案件数量来看，（见下图3-1）虽然略有波动，1993—2007年韩国公共冲突案件总量整体上是逐渐增加的。

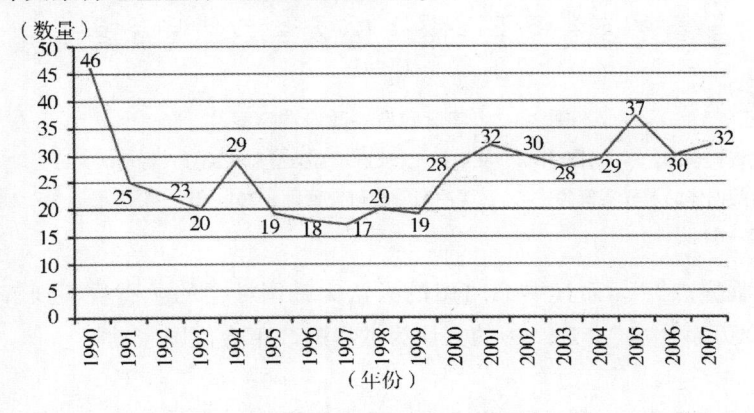

图3-1 年度公共纠纷案件

资料来源：本图引自蔡宗宪《冲突管理》，权吾成《李明博政府主要政策的成果及课题（第1卷）》，韩国行政研究院研究报告，2012年，第126页。

此外，随着韩国社会冲突状况的恶化，1993—2007年公共冲突当中政府间冲突案件数量的增长尤其明显（见下图3-2）。尤其是2000年以来，韩国政府间冲突案件数量剧增，2006年达到17件，相比于2000年之前各个年度，增加了10倍以上。政府间冲突案件不仅数量增加，而且持续时间较长，其平均持续时间达到2年以上（约29.5个月）[①]。

（二）社会公众的不满上升

2006年12月18日韩国《教授报》刊载了一项以教授为调查对象的问卷结果，其中48.6%的人认为当今韩国政治、经济和社会"密云不雨""由于抛弃'相生政治'和总统的领导能力危机，社会各阶层的不满已经

---

① 朴馆、驻圭福：《政府矛盾的类型和解决方式特征研究——以地方自治团体的矛盾案例为中心》，冲突管理研究回顾，2014年（第12卷）第1期，第33—64页。

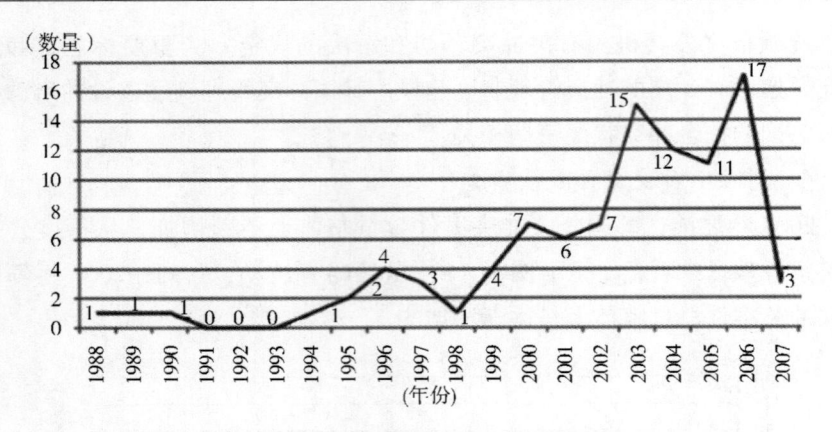

图 3-2　年度政府—政府冲突案件

资料来源：本图引自朴馆、驻圭福：《政府矛盾类型和解决方式特征研究——以地方自治团体的矛盾案例为中心》，《冲突管理研究回顾》2014年（第12卷）第1期，第33—64页。

达到了临界点"[1]。而其中11.1%的人认为韩国社会的矛盾看不到解决的希望，"万事休矣"；22.1%的人认为散漫的改革会使国家动摇。

二　韩国公共冲突管理制度建设的主要措施

（一）冲突管理法律的建设

而在韩国自2007年以总统令形式颁布《公共机关有关冲突预防和解决的规定》以来，冲突管理已经初步取得了法律地位，上升为国家意志。由于不同时期各届领导人对待冲突管理的态度有可能会差别极大，而法律具有稳定性，不会随着国家领导人变换而大幅波动。取得"合法"地位后，冲突管理制度建设能够更系统地推进，并进行长期的规划。此外，专项法规的颁布还使得冲突管理的法律依据更为充分。法律还具有权威性，对社会公众具有一定的说服力，冲突管理取得"合法"地位还能够极大促进冲突各方在法律框架之内进行互动，避免暴力的或激进的冲突管理方式，促进破坏性冲突的消解。

1. 出台冲突管理专项法规

2007年2月，韩国政府以总统令形式颁布了《公共机关有关冲突预防和

---

[1] 牛林杰、刘宝全：《2006—2007年韩国发展报告》，社会科学文献出版社2007年版，第34页。

解决的规定》（以下简称《规定》），《规定》对冲突管理的基本原则、主体和程序进行了明确规定，起到了重要的奠基作用，为随后冲突管理专项法规的出台和实践中的冲突管理起了指导性作用。《规定》明确指出，冲突管理的基本原则是：(1) 自主解决和赢得信任；(2) 参与和程序正义；(3) 利益的比较分析；(4) 信息公开及共享；(5) 可持续发展。[①]《公共机关有关冲突预防和解决的规定》还将冲突管理划分为政策制定阶段，政策执行阶段及事后和日常性管理。这些基础性管理原则在后来的冲突管理实践中得到了广泛应用，有些已经被其他的冲突管理所继承，如《忠清南道冲突预防和解决条例（충청남도 갈등예방해결을 위한 조례 안)》（以下简称《条例》）。与《规定》相比，《条例》的规定更为具体和细致，进一步明确了地方政府及其他冲突管理机构在冲突管理中的义务和权利，如《规定》要求公共政策制定过程应当进行社会风险分析（第6条），明确了冲突管理审查委员会的职责（第7条），规定了冲突管理审理委员会委员的数量及委员结构（第8条）等。2011年3月韩国颁布并开始实施了《公诉申请者保护法》《公诉申请保护法》，旨在保护政府与个人或群体之间发生冲突时，个人或群体通过国民权益委员会或是申诉闻听鼓等各种形式解决冲突的权利和渠道的畅通，更侧重为特定领域冲突管理提供法律依据。《关于国家政策协调会议的规定》侧重于协调政府部门之间的冲突，2014年11月19日韩国政府修正了《关于国家政策协调会议的规定》，新增内容是政策协调会议由"总理、协调涉及的中央行政机关的部长，总统秘书室和协调涉及的中央行政机关的首席秘书官"构成，修正后的规定提高了政策协调会议的级别，极大地提升了政策协调会议的战略地位。

2. 制定配套冲突管理细则

冲突管理常常涉及多个部门，冲突的化解也需要各个利益团体之间的良性互动，故而配套的冲突管理细则是否健全决定了冲突管理能否得到人员、组织和资金的保障，也关系到冲突管理制度能否有效的贯彻执行。韩国冲突管理制度体系，主要包括两大类冲突管理细则。一类是部门规章。例如，为了实施《规定》，冲突管理中心以部门规章形式颁布

---

① 《公共机关有关冲突预防和解决的规定》，韩国国家法律信息中心，http://www.law.go.kr/main.html。

了《关于公共机构冲突预防和解决执法和监管规则》（以下简称《规则》）。《规则》规定应当组建审议委员会，并规定了审议委员会的组成、运行和功能。如《规则》规定审议委员会由 7 人构成，审议委员会开会应当有 2/3 以上的委员出席，出席委员过半数票才能通过相关决定；《规则》还详细规定了政策协调办公室委托指定研究机构的标准、条件及其它相关事宜；要求政策协调办公室指定的研究机构的期限一般是 3 年，有特殊情况（特定任务需继续完成）延期最长不得超过 2 年，应当在期限到期之日 3 月前通知研究机构是否续期或解除指定。《规则》还公开了研究机构经费报销程序、政策协调办公室应当向公众提供的公共服务内容等。

另一类重要的冲突管理细则就是各种工作办法和管理手册等。以中央政府为例，如为解决政府内部各部门之间的冲突，韩国设立了公共冲突调整官室，并明确其职责之一是指挥和监管中央行政机关进行社会风险管理[①]，处理公共冲突预防和解决相关的事项。公共冲突调整官室自成立之日起，相继制定了公务员冲突管理能力考评的各项细则，组织了"冲突管理评估团"对各机关冲突管理建设进行评估。公共冲突调整官室制定"冲突管理评估团"进行评估的各项细则，如组成人员应包括民间人士和相关部门公务员，冲突管理评估指标的权重，各项指标的算法等。值得一提的是，总理办公室为了贯彻实施 2007 年卢武弦总统发布的《规定》，相应制定了《公共机关冲突管理手册》（以下简称《手册》）。《手册》详细规定了公共冲突的定义和范围——中央行政机关在公共政策制定（法令的制定、修改、各种工作计划的建立、推行）或推进的过程中，使项目利害关系者之间或利害关系者和有关机构之间发生的冲突；冲突管理审理委员会的职责和构成方式——委员会负责审查完善公共机关冲突管理和解决能力，具有反映特定政策风险分析结果的义务，审理委员会应当由包括专家、民间代表、相应政府部门官员等 11 人构成；冲突管理现状的评价及评价表（见下表 3 - 3）；冲突管理程序的选定及应用过程等。

---

① 李秀峰：《韩国公共冲突管理制度化经验分析》，《国家行政学院学报》2013 年第 5 期。

表 3-3 检查和评估指标

检查部门	评价指标	测量评价方法	比例/等级
总体冲突管理体制的维持和运营	冲突管理综合措施的建立和实施	—综合措施是否建立 —综合措施的科学度 —计划实际履行与否	10%	优秀 一般 不满意 负值
	冲突管理审议委员会的运营	—审议的实际内容 —审议结果履行与否	10%
	冲突汇报的维持和运行	—冲突汇报与实际矛盾之间的匹配 —快速更新及向总理室报告	5%
冲突管理业绩 / 冲突预防	法律程序的执行信息公开,影响评估	—法律程序执行的忠实性 —利益相关者接受度(反对与否)	10%	优秀 一般 不满意 负值
	冲突管理手册的制定和利用	—手册内容的有效性 —手册的实际运用	10%
	冲突影响分析	—冲突影响分析必要性的判断 —必要性判断的恰当性	5%附加
	事前宣传和监测	—早期预防措施(使用监控、听证、网络等)是否履行 —多种宣传(电视讨论、博客等)是否履行	10%
冲突应对	冲突管理系统的构建 —组织内部的横向协调 —有关部门、组织的协调	—T/F等组成体系的应对措施 —有关部门协调的履行	10%
	冲突调解协议会的运行业绩	—协议会运行业绩 —对冲突缓解的贡献	5%附加
	冲突的因素及制度改善	冲突状况判断及制度改善业绩	10%

续表

检查部门	评价指标	测量评价方法	比例/等级	
冲突管理力量及提升	冲突管理培训	—教育时间和人员 —教材及教学内容的相关性 —受教育者的教育满意度	10%	优秀 一般 不满意 负值
	冲突管理人事力量	—冲突管理优秀者的奖励 冲突业务负责人管理能力	5%	
	典型案例收集和推广	—典型案例收集业绩 —内、外部传播及应用	5%	
	内部评估及反馈过程	—自我评价实施与否 —评价的有效性 —改进研究、市政（反馈）	10%	

资料来源：《公共机关冲突管理手册》，韩国总理办公室印发，第22页。

（二）冲突管理机构的建立

授权明确且制度健全的冲突管理机构是及时处理各类冲突案件的基础之一。自2007年以来，韩国成立了大量的冲突管理机构，成为冲突管理制度建设的重要内容之一。目前为止，韩国的冲突管理机构主要分为三大类：一是咨询顾问类冲突管理机构；二是行政类冲突管理机构；三是调整类冲突管理机构。

1. 咨询顾问类冲突管理机构

咨询顾问类冲突管理机构往往只在中央政府设立，地方政府不设立相应层级的分支，它更注重在宏观层面发挥综合协调功能或解决涉及面较广的公共冲突案件。截止目前，较为重要的，在实际的冲突管理案件中发挥重要作用的咨询顾问类冲突管理机构有两个。其中之一是社会统和委员会，由韩国总统办公室主管，2013年由朴瑾惠政府更名为国民大统和委员会。国民大统和委员会具有较高的级别，其委员包括政府各部委的总计16名部长级官员，基本涵盖各类冲突案件有可能涉及的政府部门的实权人物，为各种类型的冲突案件的解决提供了组织基础。国民大统和委员会企划部门主要有计划与政策局、国民联合局和国民沟通局①。计划与政策局下设企划、政策评估和公共关系3个部门,分别主要负责研究政策合作,民族融合政策评估和调整,公关策划和宣传品制作。国民联合局下设冲突预防、冲突调整和价值综合3个部门,各自主要负责冲突预防制度的制定、冲突分析和冲突管理、综合价值创造与传播。国民沟通局下设地区沟通、民间社会沟通和沟通共享3个部门,各自主要负责冲突解决记录和沟通项目开发、社会团体和宗教界的整合、SNS运营和管理。在实际的运转当中,国民大统和委员会采取以小组委员会分主题进行事务管理的形式。各个小组委员会各自有工作重点,分工合理,非常利于冲突管理资源的利用和冲突管理效率的提高。主要的小组委员会有价值综合小组委员会、冲突预防和调整委员会、计划和政策小组委员会,国民沟通小组委员会,当特定冲突涉及到多个部门或进行工作总结时会召开小组主席团会议。

另一个重要的咨询顾问类冲突管理机构是国民权益委员会,由韩国总理办公室主管。2008年,国家监察委员会、国家廉政委员会和国务总理行政审判委员会合并后成立了国民权益委员会。国民权益委员会侧重于解决腐败问题、政府部门侵犯公民权利所导致的政府—私人类型的冲突。国民权益委员会主要通过3种方式进行冲突管理。一种是通过国民权益委员会的网站、E-mail、传真和设立在首尔的一般性公民权利委员会办公室接受各类行政上诉和申诉申请;另一种是在重大公共冲突案件发生时被授权主动介入重大的冲突案件;第三类是通过国民权益委员会设立的各类专门主题的管理部门进行冲突管理,如国民权益委员会2013年与政府联合成立的福利腐败举报中心,2014年成立的接受各类政府—公民权利冲突的案件的首尔民权办公厅信访办,另外国民权益委员会还主管通过"国民申闻鼓"上诉但未指定处理部门的上诉案件。总的来说,国民权益委员会是一个中转部门,其所接收的各类案件会根据案件类型转到相应部门处理。

2. 行政类冲突管理机构

行政类冲突管理机构大多设置于政府部门内部,中央政府和地方政府

---

① 韩国国民大统和委员会,http://www.pcnc.go.kr。

均有设立,但并不是严格地对应各级政府而设立,往往是中央和地方分别设立,但中央层级的冲突管理机构不对地方层级的冲突管理机构形成上下级直管的关系。其中一部分机构是为了实施特定的冲突管理法律而相应设立的。行政类冲突管理机构主要侧重于管理政府部门自身存在的各种冲突及在政策制定环节为了预防公共政策出台带来重大冲突而进行政策实施风险评估。

在中央政府中,为了实施《规定》,总理办公室下设了公共冲突协调官室和冲突管理评估团,公共冲突协调官室负责冲突管理法规的完善,还成立了"冲突管理政策协议会"以进行协调。[①] 冲突管理协议会委员长由国务总理室长兼任,委员主要由各相关部委的副部长级官员担任,人数不超过 25 人。主要职责是:审议和协调有关预防和解决冲突的事项;不断完善相关法律和行政法规;搞好有关冲突管理的宣传教育等。冲突管理评估团的主要职责是根据冲突管理评估表对中央行政机关的冲突管理工作进行评估,部分承担着公共冲突调整官室的工作。在地方政府中,忠清南道也根据《条例》相应建立了冲突管理审查委员会,其主要职责是在公共政策出台前进行社会风险评估并将评估结果反馈给行政首长,或在公共政策出台前组织社会听证,即进行事前的冲突预防工作,其职能与中央政府所设立的公共冲突调整官室类似。

3. 协调类冲突管理机构

协调类冲突管理机构往往更侧重于在实际的公共冲突进行过程中发挥调解功能,以促进冲突的解决。协调类冲突管理机构主要分为两大类,第一类是常设的协调型冲突管理机构。一方面协调类冲突管理机构往往按照冲突内容划分特定主题进行冲突管理;另一方面协调类冲突管理机构往往在中央和地方都有设立,而且中央对地方的相应机构具有领导关系。如环境纠纷解决委员会,劳资纠纷解决委员会,等等。以环境纠纷解决委员会为例,中央和地方各个地府均设有环境纠纷解决委员会。在正常程序下,因环境污染而受到损害的一方可以通过向环境纠纷解决委员会提交书面申

---

① 李秀峰:《韩国公共冲突管理制度化经验分析》,《国家行政学院党报》2013 年第 5 期。

请而开始一系列的前期调查、调解和仲裁程序。而在特殊程序下，如因冲突案件影响重大且广泛，环境纠纷解决委会员会根据授权（往往是各级环境部授权）主动介入调解。

第二类是临时设立的协调型冲突管理机构。这类机构是为了解决具体的公共冲突案件而建立的临时管理机构，存续期限随公共冲突案件的解决情况而变化，往往随着某一公共冲突案件的解决而解散或撤销。如，在首尔地铁9号线费用上涨造成的冲突中，冲突管理协议会就发挥了重要的作用。

（三）冲突管理培训的建设

及至目前，韩国已经形成了较为完善的冲突管理培训系统，受培训主体来源、培训规模、培训内容和培训强度都形成了稳定的制度系统，且参加冲突管理培训已经成为公务员（尚未覆盖韩国全部公务员）要履行的职责之一，韩国冲突管理培训正越来越常规化和制度化。韩国行政研究院是国务总理室指定的冲突管理培训机构，其主要职责之一就是提供冲突管理教育和培训项目，现以韩国行政研究院为例说明韩国冲突管理培训体系的建设和完善。

从受培训主体来看，行政研究院定期对中央政府和地方自治团体的公务人员进行培训，并根据现实情况的需要为冲突案件中的利益相关人进行培训。从培训规模来看，韩国冲突管理培训规模已经相当可观，下表3—4列出了韩国2010—2013年冲突管理培训业绩。从培训内容来看（见下表3-5），主要有普通培训、专家培训和ADR（Alternative Dispute Resolution）培训，且自成一定系统。如普通培训注重冲突管理基本理论和实践介绍，每届培训人数控制在30—40人；而专家培训注重公共冲突管理实践中管理策略及技巧的传授，每届培训人数控制在15—20人；而ADR普通培训侧重于通过非诉讼机制进行纠纷解决。ADR培训在2012、2013年的培训中所占比例仍然相当小，但及至2014年，随着冲突管理实践的推进和冲突管理理论的发展，ADR培训所占比重越来越大，并且又细分为ADR普通培训和ADR专家培训。从培训强度来看，每届培训历时2天（普通培训）或3天（专家培训），比较适合直接参与冲突管理的公务人员、冲突案件涉及的利益相关人和冲突调解、冲突仲裁人员接受培训。

表 3-4　　　　　　　　2010—2013 年冲突管理培训业绩

	2010 年		2011 年		2012 年		2013 年	
	培训次数	总人数	培训次数	总人数	培训次数	总人数	培训次数	总人数
韩国行政研究院社会整合研究室教育业绩	28 届	1 210 人	21 届	1 417 人	28 届	1 056 人	31 届	1 512 人
民间辅助机构教育业绩	32 届	2 396 人	32 届	1 384 人	25 届	1 685 人	32 届	2 708 人

资料来源：本表根据韩国行政研究院《2014 年冲突管理培训手册》中韩国历年冲突管理能力培训业绩数据汇总而成。

表 3-5　　　韩国行政研究院 2013 和 2014 年冲突管理培训计划

2013 冲突管理培训计划			2014 冲突管理培训计划		
2013 년도 갈등관리 역량강화 교육 일정			2014 년도 갈등관리 역량강화 교육 일정		
普通培训	2013.03.14—15	30—40 人	ADR 普通培训	2013.03.12—13	30—40 人
普通培训	2013.04.11—12	30—40 人	ADR 普通培训	2013.04.9—10	30—40 人
专家培训	2013.04.24—26	15—20 人	ADR 专家培训	2013.04.22—24	15—20 人
普通培训	2013.05.15—16	30—40 人	ADR 普通培训	2013.05.14—15	30—40 人
专家培训	2013.06.19—21	15—20 人	ADR 普通培训	2013.06.18—19	30—40 人
普通培训	2013.07.18—19	30—40 人	ADR 专家培训	2013.07.15—17	30—40 人
普通培训	2013.08.22—23	30—40 人	ADR 普通培训	2013.08.27—28	30—40 人
普通培训	2013.09.12—13	30—40 人	ADR 专家培训	2013.09.16—18	15—20 人
专家培训	2013.10.16—18	15—20 人	ADR 普通培训	2013.10.15—16	30—40 人
ADR	2013.11.07—08	15—20 人	ADR 普通培训	2013.11.05—06	30—40 人
普通培训	2013.11.14—15	30—40 人	ADR 专家培训	2013.11.18—20	15—20 人
			综合·主题课程	随后协调	

资料来源：本表数据引自韩国行政研究院 2013 年、2014 年冲突管理培训计划，http://www.kipa.re.kr/conflict/hbd/hbdlist.jsp。

三　韩国公共冲突管理制度的特点

2007 年以来经过大规模的公共冲突管理建设，韩国冲突管理体系逐渐完善，并具备了鲜明的特征。从冲突管理策略来看，韩国公共冲突管理制度具有以下几个方面的特征：

(一) 注重冲突的事前预防

根据《公共机关有关冲突预防和解决的规定》，冲突管理分为3个阶段：政策制定时期的冲突预防阶段、政策执行时期的冲突管理阶段和政策追踪时期的冲突管理评估和反馈阶段。韩国对冲突的事前预防主要体现在政策制定中的广泛协调和风险评估。如无特殊情况，韩国中央行政机关都应设立冲突管理审议委员会，除了负责冲突管理政策的制定和实施外，冲突管理审议委员会还负责进行冲突风险评估。极有可能引发政府—私人型冲突的公共政策出台前，行政首长可根据政策实施引发公共冲突的可能性，要求进行风险评估，并将风险评估报告提交冲突管理审议委员会审查。《忠清南道冲突预防和解决条例》也规定重大公共政策出台前应当进行风险评估，评估由冲突管理审查委员会进行。而在可能引发政府—政府型公共冲突的公共政策出台前，主要部门首长往往也会进行较为广泛的协调，以求新利益分配格局为各方所接受，实现这一功能的重要机构是社会统合委员会，而政府3.0系统也构建了详细的评价政府部门之间协调力度的各种指标，这个系统的应用将大力促进政府部门之间的事前协作，进而避免冲突的爆发。

(二) 注重"赢得信任"

信任的缺失将带来社会合作的困境，也会严重影响冲突管理，《公共机关有关冲突预防和解决的规定》将"赢得信任"视为冲突管理的首要原则，在冲突管理实践中韩国也非常注重"赢得信任"。这主要体现为保持冲突管理机构的中立性，保证冲突管理机构的成员构成为冲突各方所认可。韩国社会统和委员会成员必须由16名部长级官员和32名民间委员构成，使民间委员数占总数的2/3，其目的就是赢取公众信任，维护协调结果的权威性和有效性。规定中央行政机关设立的冲突管理审议委员中民间委员应占委员总数一半以上，委员长应当由民间委员担当与之目的相同，也旨在于"赢得信任"，增强社会公众对冲突管理审议委员会的信任，为随后的冲突管理工作奠定基础。在冲突化解阶段，为解决某一具体的公共冲突，往往会设立临时的冲突管理协议会，协议会议长也应当由利益相关各方均认可的无直接利害关系人中选出。以上种种措施异曲同工，都非常注重在冲突管理中"赢得信任",以此为前提,积极促进冲突案件的有效解决。

(三) 注重冲突的分类管理

韩国各类冲突管理研究及培训机构对冲突案件进行了系统的分类,并针对各类冲突进行相应冲突管理策略的培训。对冲突案件进行分类是进行分类管理的基础,下表3-6列出了韩国常见的冲突案件分类方法。韩国注重冲突的分类管理首先表现为"社会统合委员会"各个专门委员会各自专门负责一类或几类冲突案件的工作方式。其次,韩国冲突管理培训也常常是分类进行的,除了常规的普通培训、专家培训和 ADR 培训之外,各冲突培训机构往往会设置主题定制培训课程,主题定制培训课程根据申请当局对特定的冲突主题进行培训,如重大工程建设项目冲突管理培训,食品安全问题冲突管理培训等。最后,韩国目前较为重要的冲突研究机构中,专门的、针对特定类型的冲突管理进行研究的机构占有较大比重。韩国国内较为重要的(韩国行政研究院数据库收录在内的)21家冲突研究机构中,和平网(평화네트워크)、妇女和平促进会(평화를 만드는여성회)、韩国犯罪研究所(한국형사정책연구원)、韩国本地管理研究所、信息与通信政策研究(정보통신정책연구원)等都是针对特定类型的冲突案件进行研究的机构。

表3-6　　　　　　　　韩国冲突案件分类方法

分类标准	冲突类型
冲突原因	利益冲突;价值冲突;利益—价值冲突;其他
冲突性质	常规冲突;非常规冲突;政策冲突;其他
冲突主体	私人—私人冲突;私人—政府冲突;政府—政府冲突;其他
冲突内容	环境冲突;开发(工业,建筑)冲突;能源冲突;防御冲突;健康与福利冲突;交通运输冲突;管理冲突;文化/体育冲突;教育冲突;其他

资料来源:本表内容根据韩国行政研究院冲突案件统计分类标准整理。

值得一提的是,韩国对各种冲突案件进行的分类并不是绝对的,有些冲突(区域主义冲突)表面是由区域原因导致而实际上是由政治结构引发的;而有些冲突(财阀与劳工)表面上是由贫富差距导致的而实际上可能是由政策倾斜导致的。而有些冲突是由各方面因素导致的,也需要各方的配合，但是韩国在基础层级分门别类的进行冲突管理，又在较高层级通过综合协调的常设机构进行总体协调，这种不同层面既各自分工又相互配合的冲突管理体系非常有利于冲突案件的有效解决。

（四）注重利用民间力量

韩国在冲突管理实践中注重利用民间力量的举措主要体现在三个方面：第一，扶持私人冲突管理和研究机构。在现有21家重要的冲突管理研究机构中，政府和政府机构之外的团体总共有10家，接近总数的50%。民间力量的加入为韩国冲突管理建设作出了重要贡献，如表3—4所示韩国民间力量进行冲突管理培训的力量已经相当可观。第二，大力倡导ADR。ADR提议采用非诉讼式的冲突解决方式，其间仲裁人和调解人成为重要的调解力量。而仲裁人和调解人更多是从民间代表或是非官方背景人当中选出或产生。根据2013—2014年韩国行政研究培训时间安排表可以发现，ADR培训占据了2014年冲突管理培训的绝大部分内容，并将成为今后冲突管理培训的重要内容和冲突管理人员使用的重要手段。第三，向民间开放各种官方指定机构的研究资源。如，韩国行政研究院是韩国政府指定冲突管理研究和培训机构，韩国行政研究院建立了追踪历年韩国国内发生的各类冲突案件的数据库，收录了各个领域冲突管理研究成果，登载了各个方面的研究报告，上述所有资源全部向韩国非政府指定的冲突管理研究机构开放，而不是由韩国政府指定的冲突管理研究机构垄断，非常有利于民间研究机构发展、壮大，参与现实的冲突管理实践。

四 启示

概言之，从国家与社会关系的角度看，韩国冲突管理制度构建过程中公共权力和民间力量有效地结合起来了，二者良性合作共同推动韩国冲突管理制度的建设，是一种强国家—强社会的建设模式。一方面韩国政府主动介入，大力推动，冲突管理制度建设得到公权力的大力支持。如，在冲突管理法律的建设当中，卢武铉总统在2008年社会冲突剧烈增加前的2007年就以总统令形式颁布了《规定》，极大地促进了冲突管理制度建设的步伐；朴槿惠在2013年将"国民幸福"写入2014年四大主要工作之一，"国民幸福"目标四大战略挑战中"社会融合（主要包括融合统一和平衡区域发展）"占居其一，提升了冲突管理的战略地位；为了促进冲管理主体的能力建设，韩国政府自 2010 年起将冲突管理能力纳入中央机关公务员绩效考评系统，还安排财政资金通过冲突管理培训机构为冲突案件涉及的利益相关人提供免费培训；为了促进政府部门之间的协调，在政府 3.0 评估系统中，将政府协作纳入评价指标系统；韩国政府还极力培育包容、参与的政治文化，为冲突管理提供永久性的条件等。另一方面民间力量被积极引入，广泛参与，在韩国冲突管理体系中起到非常重要的作用。如，民间机构冲突管理培训规模占总规模的 1/2 左右；冲突管理当中民间代表被广泛引入，ADR 制度也在近两年来被越来越频繁地使用；民间冲突管理研究机构也占有较大比例；不管是在冲突预防当中，还是在冲突化解阶段，民间力量都是重要角色之一。

随着经济的持续增长和现代化的推进，现阶段的中国也面临群体性事件多发、社会冲突增加的严峻形势。韩国不仅自古以来深受儒家文化的影响，且与中国具有非常相似的发展经历，因此韩国公共冲突管理制度的建设模式在指导中国冲突管理政策方面具有下列意义：

第一，政府主动、系统地进行公共冲突管理制度建设是社会矛盾多发期一种可行的冲突管理方式。韩国政府主动、系统地进行公共冲突管理，将各类冲突纳入制度化的渠道，明确各类主体表达利益诉求的方式和途径，从而有效地避免了群体性事件或冲突事件的升级、转化和扩大，大大降低了冲突事件的暴力程度。中国政府近年来虽然先后提出"积极化解矛盾""社会管理创新"等政策宣示，但没有形成稳定的冲突事件处理程序，在处理事件过程中更多的是应用权衡原则，相机决断，冲突事件的转化和升级也越来越严峻。因此，政府主动推动冲突管理程序的构建是今后中国冲突管理实践中值得探索的方向。

第二，矛盾多发时期公共冲突的解决应当尤其注重"赢得信任"。矛盾多发时期往往是社会转型时期，在这个阶段"不同程度的存在公众缺乏对国家的信任并感到不能依靠法律的力量的现象"[①]，在公众缺乏对国家信任的大环境下，具体冲突案件的解决应尤为注重"赢得信任"。韩国在冲突管理中为"赢得信任"而采取的各种措施为解决当下中国基层干群关系"信任缺失"和干群矛盾提供了有借鉴意义的经验。

---

① （匈）雅诺什·科尔奈：《后社会主义转轨的思索》，吉林人民出版社 2003 年版。

第三，政府有序引入民间主体参与冲突管理是加强冲突管理力度的一个可行方法。矛盾多发期，严峻的社会形势对政府的冲突管理能力提出了有力的挑战，韩国有序引入民间主体参与冲突管理的做法提供了加强冲突管理力度一个可行方法。有序引入民间主体参与冲突管理培训和冲突解决，不仅有利于壮大冲突管理队伍还能够在冲突管理案件中"赢得信任"，从而加强冲突管理的力度，为我国降低维稳压力，有效管理群体性事件提供了新的思路。

第四章 公共领域冲突管理的适用机制

公共领域冲突管理体制的有效运行，不仅要依赖合理的组织结构和严密的制度规范，还需要建立适用的管理机制。本章重点讨论谈判机制和第三方干预机制，并具体讨论医患冲突和城市社区冲突的管理机制，最后通过对"莱维森调查"案例的分析，探讨英国的政治冲突管理机制。

第一节 公共领域冲突管理中的谈判机制

社会化的冲突是平权主体之间的冲突。随着公民受教育水平的提高和现代社会民主法制体系的健全，以谈判、协商的平等化方式解决社会公共冲突显得尤为必要。谈判意味着冲突各方可以平等地就冲突事项进行协商，对利益进行平等交换；意味着冲突的解决方式是各方在彼此约定的条件下自愿达成的协议，各方都有遵守这种协议的义务。[①] 从长期结果来看，最有效的冲突化解方式是主体之间的平等协商。因此，管理组织体制要建立各种平等协商机制，鼓励冲突各方采取合作或妥协的方式达成解决方案。

谈判作为冲突化解的一种基本方法与策略，不仅是一种互动性的社会交往形式，还是一种进行资源分配的重要方式，且日益成为现代社会解决公共冲突的一种重要路径。谈判因其在成本与成效、针对不同冲突情境的适应性等方面的优势，其对于正处在社会转型期的中国公共冲突化解研究与实践具有重要借鉴价值。[②]

---

① 常健等编著：《公共冲突管理》，中国人民大学出版社2012年版，第194页。
② 参见原珂《西方冲突化解中谈判及对中国的借鉴意义》，《理论与现代化》2016年第1期。该文是本项目研究的阶段性成果。

一 谈判对公共领域冲突管理的意义

关于谈判,美国谈判学会会长尼尔伦伯格(G. I. Nierenberg)曾在《谈判的艺术》中指出:"只要人们为了改变相互关系而交换意见,只要人们为了取得一致而磋商协议,他们就是在进行谈判"。究其根源,谈判源于拉丁语 "negotium" 一词,基本含义是 "谈买卖、做交易"[1]。拉克斯(David A. Lax)和西本斯(James K. Sebenius)认为"谈判就是具有利害关系的双方或多方为谋求一致而进行协商洽谈的沟通协调活动"[2]。普鲁伊特(Dean G. Pruitt)认为谈判是"两方或多方共同作出决策的过程,在此过程中谈判各方首先声明相互对立的需求,然后通过做出让步或寻找新的解决方案,从而达成一致"[3]。这一定义更加强调让步在谈判过程中的作用。由此可知,谈判的发生一般有两个主要原因:一是要创造出双方都无法独立完成的新事物;二是解决双方的问题或争端[4]。而要构成谈判,则至少需要 5 个基本要素:(1)一个以上的参与方;(2)互相关联;(3)共同目标;(4)灵活性;(5)决策能力[5]。综上,本研究对谈判的界定主要指"理性谈判",是冲突各方存在相同或不同观点或利益时寻求解决方案的一个基本途径,其意味着具有平等权利的冲突各方为解决共同问题而进行的平等协商,意味着冲突各方可以自由地选择自己的立场并平等地进行利益交换,意味着冲突的解决方式是在各方彼此约定的条件下自愿达成的协议,各方都有遵守这种协议的义务[6]。谈判有两个层次:第一个层次是解决实质性问题;第二个层次往往比较含蓄,它关注解决实质性问题的程序[7]。

---

[1] 杰勒德·I. 尼尔伦伯格:《谈判的艺术》,上海翻译出版公司 1987 年版,第 18 页。
[2] D. A. Lax & J. K. Sebenius, *The Manager as Negotiator*, New York: Free Press, 1986.
[3] Ibid.
[4] 罗伊·J. 列维奇等:《谈判学》(第 4 版),中国人民大学出版社 2006 年版,第 3—181 页。
[5] 迈克尔·R. 卡雷尔、克里斯蒂娜·希弗林:《谈判基础:理论、技巧和实践》,格致出版社 2010 年版,第 208 页。
杰勒德·I. 尼尔伦伯格:《谈判的艺术》,上海翻译出版公司 1987 年版,第 18 页。
[6] 常健等:《公共冲突管理》,中国人民大学出版社 2012 年版,第 3,194,203,203,111 页。
[7] Roger Fisher and William Ury, *Getting to Yes: Negotiating Agreement without Giving in*, New York: Penguin Books, 1983.

中国正处于社会转型加速期与深水区，多元利益凸显，各种矛盾冲突频发不断。据有关统计数据显示，中国大陆的群体性事件从1993年的8700多起增加到2005年的8.7万多起，13年间增长了近十倍，平均每6分钟就发生1起。此后，虽未看到相关可靠的统计数据，但其无疑更呈现出有增无减之态势[1]。近年来，出于"维稳"压力的考量，各级政府往往更重视冲突处置的实效，而忽视深层次的冲突化解，致使冲突化解成效甚微，且易酿成潜在的积怨性冲突。然而，这其中一个不可忽视的重要因素在于冲突化解方式方法的不当，甚至在某种程度上，对话谈判已成为一项缺失的技能。结合我国实际，谈判对正处于社会转型期的我国公共冲突解决具有十分重要的意义。特别是谈判作为化解冲突的主要方法之一，不仅愈发成为现代社会解决公共冲突的一种重要方式，而且相较于第三方干预，其更具有以下三方面的优势：第一，就成本与成效而言，其成本相对较低、付出额外代价较小，是较为高效的冲突化解方法，理应是冲突各方的首选；第二，就冲突具体情境而言，当冲突双方愿意就其相同或不同立场、共同利益或不同但互补的利益通过沟通、协商的方式进行冲突化解时，谈判永远是其最优选择；第三，就冲突本身、冲突当事方或参与者而言，当冲突是相对简单的、低紧张度的，并且冲突双方权力相对对等时，一般会采用谈判的方法化解冲突。

基于以上多方面的优势，谈判对于当前及未来一段时间内中国公共冲突的化解，至少具有以下三方面的工具性价值：

第一，谈判作为一种进行资源分配的重要方式，对正在发生中的公共冲突具有现实借鉴价值，如对正处于社会转型期因集体谈判制度缺失而造成的劳资冲突的解决就具有很大借鉴意义。另外，其对毫无现成规则或程序可依的冲突解决意义更大。例如近年来因征地拆迁或邻避设施建设而引发的群体性冲突事件，往往没有现成的规则或程序可以参照，这时双方就需要通过谈判来达成协议，诸如2007年的厦门反PX项目事件、2008年上海发生的磁悬浮联络线事件、2009年广州番禺的垃圾焚烧发电厂选址事件、2012年四川什邡事件、2014年的平度事件等都是如此。这样，通

---

[1] 原珂、关耀强：《公共冲突视角下的基层政府治理新思维》，《领导科学》2015年第1期。

过谈判，表面上看不仅实现了双方间利益的整合，而且还为日后类似争端的解决设置了可供参考的程序或模式。其实，更为根本的是，通过谈判这一过程巧妙地完成了资源的分配及其再分配过程，从更深层次上维护了社会的秩序与稳定。

第二，谈判作为一种互动性社会交往形式，对正处于冲突解决过程中的参与方具有重要意义。正如国际行政管理学会主席盖·弗兰德（Guy Ferland）曾指出的那样，随着社会法制的逐步建立与健全，行政民主化、科学化程度的不断提高，谈判作为一种沟通思想、缓解矛盾、维持或创造社会平衡的手段，其地位将日渐突出，形式将更加广泛，作用将越来越重要[1]。然而，当前我国公共冲突的化解，特别是群体性事件的解决，还主要以诉讼为主，辅之以上访甚至暴力的解决方法，并时常上演"大闹大解决，小闹小解决，不闹不解决"的恶性循环。上访其实很难从根本上解决问题，其更多地是引起社会及相关部门的关注。然而，诉讼作为一种社会广泛接受的纠纷与冲突解决方式，其在司法的竞技场上进行对抗是正常的、符合人们心理状态的冲突解决方式，并且在实践中我国现行的绝大多数法律教育也的确还是把冲突解决的途径预设为对抗性机制，以致于人们在现实中很少会使用对话或谈判的方法进行冲突化解。甚至在某种程度上，对话已成为现代人们"缺失的一项技能"。因为对话要求谈判的双方不能只将对方看成对手，而要视为合作伙伴，要共同探寻达成妥协甚至合作的途径。因此，如何能够实现由一个基于诉讼的冲突解决范式到把法院视为最后救济的冲突解决范式间的转化，才是从结构性上彻底改变冲突解决范式的根本所在。而在这一范式转化过程中，谈判具有很大的发挥空间与作用支撑。

第三，谈判作为一种最基本的冲突解决方法或策略，究竟如何通过谈判使冲突参与者真正地转化为冲突解决者或冲突治理者，这才是冲突化解的关键所在，也是冲突化解的可持续性所在。其实，现实中的很多谈判都是"分配式"谈判，但其常常却有着"整合式"谈判的假象，其结果不是自己欺骗了对方，就是对方欺骗了自己。例如大多数的"闹大"事件

---

[1] 龚猗：《谈判者合作动机对谈判过程和结果的影响机制研究》，电子科技大学出版社2012年版。

就是如此。其通过"闹大"引起对方的关注，从而增加己方在谈判中的砝码。但是，在多回合谈判中，这一方法则不那么奏效。为此，如何通过合理的谈判过程和有效的谈判技巧使冲突双方意识到其自身才应是冲突解决的主体，并转化为积极的冲突治理者，这不仅需要转变现行的冲突解决理念，而且还需要在现存的冲突解决体系中并入新的制度，而不是一味地创设外部制度。

此外，谈判作为解决冲突的一种最基本的方法，其对我国现行的所有行为学科都具有重要的借鉴价值，而不应只限于法学视野。恰如著名的国际冲突研究专家约翰·伯顿（John W. Burton）所说的那样，"冲突化解理论必须被作为一个基本性的理论，融进并影响到所有行为学科的理论中"[①]，在此，谈判则应位列其中。

二 谈判的方法、过程和技巧

（一）谈判的方法

谈判，是一种进行资源分配的重要方式。关于其方法，迈克尔·R·卡雷尔（Michael R. Carrell）和克里斯蒂娜·希弗林（Christina Heavrin）根据谈判的目的性将其划分为三种基本类型：交易型谈判（deal-making negotiation）、决策型谈判（decision-making negotiation）和争端解决型谈判（dispute-resolution negotiation）[②]，大多数谈判属于争端解决型谈判。按谈判中涉及到的资源总额来划分，一般分为分配式谈判（distributive negotiation）和整合式谈判（integrative negotiation）[③]。20 世纪 40 年代，玛丽·弗莱特（Mary Follett）在研究产业关系或劳资关系时，倡导"互利互惠"（mutual gains）的谈判方法，从而进一步区分了分配式谈判与整合式谈判[④]。

[①] John W. Burton, Dennis J. D. Sandole. Generic Theory: The Basis of Conflict Resolution, *Negotiation Journal*, 1986（10），p. 341.

[②] 迈克尔·R. 卡雷尔、克里斯蒂娜·希弗林：《谈判基础：理论、技巧和实践》，格致出版社 2010 年版，第 208, 3 页。

杰勒德. I. 尼尔伦伯格：《谈判的艺术》，上海翻译出版公司 1987 年版，第 18 页。

[③] J. M. Breet, Culture and negotiation, *International Journal of Psychology*, 2000, 35（2），pp. 97-104.

[④] M. Follett, Dynamic Administration: The Collected Papers of Mary Parker Follett, edited by H. Metcalf and L. Urwick, New York: Harper, 1942.

到了20世纪80年代，罗吉尔·费舍尔（Roger Fisher）和威廉·尤瑞（William Ury）在参加哈佛谈判项目时，针对之前立场式的谈判发展出了一种新的选择方案：一种旨在通过有效和友好的方式取得最明智结果的谈判方法，后称之为"原则式谈判"（principled negotiation）。

1. 立场式谈判

立场式谈判是指冲突方各自专注于己方立场，坚持视实现己方业已确定的目标为谈判中的最大利益，并立足于此寸步不让。其本质上是一场意志的较量。其最大的特点在于冲突双方越是声明、保护、坚持己方立场，其立场就越坚定，最后的谈判结果往往只是机械地反映了各自最终立场的差距，而忽略了各方真正要解决的问题。从某种程度上来说，立场式谈判包括分配式谈判和整合式谈判。前者是在可分配利益的数量既定不变的立场下进行的一种对立型谈判，一方所得则必为另一方所失，其实质是一种零和博弈；后者是在双方立场不变的前提下，对可分配的利益通过双方的合作加以创造，以整合双方的不同利益，寻找实现双方共赢的解决途径，其实质是一种非零和博弈。另外，也有学者将立场式谈判分为温和型谈判和强硬型谈判，其谈判的根本立场并没有发生多大变化，只是采取的方式不同而已，但都关注第一层面的问题，即重点在于解决实质性的问题。然而，立场式谈判的局限或不足在于：一是谈判者本应解决所需的问题或满足各自的潜在利益，而实际上却把精力过多地集中在各自的立场上；二是代价高昂，尤其是它对谈判各方关系造成的损害。

2. 原则式谈判

原则式谈判是指冲突方通过平等交流、沟通或协商等方式客观地找出其对立的立场背后潜在的共同利益。其更注重谈判各方的基本利益、互惠方案和公平标准。原则式谈判的核心概念是立场（position）和利益（interest）的严格区分，它认为立场是谈判各方提出的直接主张，而利益则是这些主张背后要满足的基本需求。它要求各方将注意力从立场转向利益，共同寻找能够满足双方利益的共赢方案。原则性谈判具有以下四大特点：把人和事分开；着眼于利益，而不是立场；为共同利益创造选择方案；坚持使用客观标准。原则性谈判更为关注第二层面的问题，即关注解决实质性问题的程序，坚持使用客观标准分清是非曲直，重新整合冲突各方的利益。这是一种既注重理性又注重感情，既关心利益也关心关系的谈判方法，在谈判活动中的应用范围比较广泛。当然，原则式谈判也有其适用范围或局限：一是它要求谈判双方能够认真地在冲突性立场的背后努力寻求共同的利益；二是谈判双方处于平等的地位，没有咄咄逼人的优势，也没有软弱无力的退让，这一点在现实中是很难做到的。

整合式与分配式的立场式谈判学说之后被布雷克（P. Blake）等人[①]和沃尔通（R. Walton）等人[②]在劳资关系研究中继续发展，并被进一步用于家庭调解、社区调解和快速扩展的"非诉讼纠纷解决"（ADR）领域。原则性谈判在国际性冲突方面的谈判中取得了较大进展，如国际冲突问题、全球性的气候问题、水流域治理等环境问题。如肯尼迪总统时期美苏全面禁止核试验谈判的失败，就表明了在立场上纠缠对谈判造成的危害。

针对以上两类谈判方法的具体适用情境，大致有三种观点。一种认为，大部分谈判都可以采取整合的方式进行；第二种认为，整合式谈判具有欺骗性，只有当双方利益一致时才可能适用，当双方利益不一致时不可能进行整合；第三种观点认为，任何一种谈判都既有整合的成分，也有分配的成分[③]。然而，并非所有的谈判都可采取整合的方式进行，而且大部分谈判在整体上来看都是分配式的。但是，所有的谈判都不同程度地存在着利益整合的可能性，而利益整合则是冲突方所要满足的基本需求，因此如何发现这种可能性并尽可能使不同利益之间的整合成为满足其需求的现实，则是谈判达到成功的关键。从长远看，原则式谈判方法会达致甚至超过用其他谈判方法和技巧所取得的实质性利益。同时，原则式谈判还更有效率、对人际关系损害最小，从而使共同利益或不同但互补的利益都可以成为达成明智协议的基础。况且，实践也证明这种谈判风格达成的协议，在履约过程中比较顺利，毁约、索赔的情况相对较少。

（二）谈判的基本过程

谈判，作为一种博弈互动，是现代社会一种非常普遍而又十分重要的

[①] P. Blake, H. Shephard and J. Mouton, Managing Intergroup Conflict in Industry, Houston: Gulf Publishing, 1963.

[②] R. Walton and R. McKersie, A Behavioral Theory of Labor Negotiations: An Analysis of a Social Interaction System, New York: McGraw-Hill, 1965.

[③] 常健等：《公共冲突管理》，中国人民大学出版社2012年版，第3、194、203、203、111页。

社会交往形式。关于其过程，维尔肯菲尔德等把国际谈判过程比作为一盘棋局①：谈判的背景设置（the negotiation setting）为棋盘，谈判者（the negotiators）为对弈者，所需解决的议题（the issues to be resolved）为赌注，谈判者所作出的决定（the decisions the negotiators make）为棋子的移动棋步。像下棋一样，事实上，国际谈判也被认为是最终的策略性竞争，如1962年的古巴导弹危机就是关于核外交冒险政策的高风险赌注。他根据不同的对弈者的不同属性以及具体的棋盘、赌注和策略性的棋步不同，把谈判过程比喻为三种棋类：国际跳棋（checkers）、国际象棋（chess）和十五子棋（backgammon），其三者之间既有相似之处又存在明显的不同之处。

（1）国际跳棋（分黑白二色，轮流下棋，以吃光对方所有子为胜）是一种拉锯性（消耗性）的游戏或博弈，是一种"硬谈判"的情境，坚持到最后的则是胜利者。在这种谈判中，只有一条单一的路径通向权力，即胜利，它直接是以对手的失败为代价。在这种谈判中，双方都在保持己方的资产不受损失的前提下比对方"活得更为长久"为目标。如土耳其人和希腊塞浦路斯人、阿尔斯特新教徒和天主教徒之间的冲突谈判等，则为在持续冲突情境中的艰难的谈判提供了一个真实世界中的等值案例。

（2）国际象棋（又称西洋棋），其对弈的关键在于了解对手的潜在策略显得更为重要。双方都有一系列的广泛的工具或策略可供选择，并且一方作出正确选择的范围取决于对手所作出的选择，因此了解对手的背景资料及相关知识则是一个重要的策略性价值。国际象棋可以被看作一个经典性的博弈策略。如美苏之间的冷战就常常被描述为一场"危险的国际象棋比赛"。

（3）十五子棋（棋盘上有楔形小区，两人玩，掷骰子决定走棋步数），完全不同于国际象棋和西洋棋，主要是借助运气（luck）因素对策略的作用。这种谈判认为命运在其中起着重要的作用。阿比纳迪尔（Abi-Nader）在他描述中东地区的谈判时运用了这一概念，把其称为十五子棋博弈或"塔瓦拉"（tawla）。这种游戏下，在创造或结束对手的机会时，

---

① Brigid Starkey, Mark A. Boyer, and Jonathan Wilkenfield. International Negotiation in a Complex World - Abridged. *International Negotiation and Mediation.* 2013，p. 6.

掷骰子和运气（dice and luck）被认为是十分重要的因素。实质上，这种方法涉及一个重要的赌博，创造了一个更难以预测的谈判进程。

在这三种游戏中，胜利也许以不同的方式来定义，但不论怎样竞争，其结果都是零和博弈，胜负明显。然而，在现实世界中的谈判，要复杂得多得多。合作性的谈判方法建立的基础是在双方共赢的假设之上，在这种情景下，其结果至少会被所涉及的冲突各方所接受。但是，现实中的谈判并不都是发生在一个可控制的环境之中——如棋盘上的游戏那样。情境因素，包括内部的和外部的，都对谈判有影响。如谈判背景设置就能被诸如国内选举、突发冲突事件、误导性的公共舆论、经济与环境危机等一系列变量所影响。围绕着叙利亚化学武器所进行的谈判就是现实世界中极其复杂的一个精彩案例。

此外，台湾学者汪明生等人将整合性的谈判过程比作跳舞，它需要练习、努力、技巧、音乐和舞池，配合着优美的舞姿，愉悦眼目、心、灵。此过程分为五个层面，层面一：预备（选择舞池及音乐）；层面二：议题和议程结构（选择舞蹈）；层面三：要求、请求，并发现利益（跳舞）；层面四：密集谈判（探戈舞）；层面五：协议（鞠躬及音乐停止）。在这种意义上，谈判更像一种互动性的社会交往形式。但是，在此需注意的是，大多数没有经过这种"舞蹈"训练的人，一旦站在舞台上就会手足无措，不知其应该领舞，还是应当追随[①]。

（三）谈判的主要技巧

1. "有控制沟通"（controlled communication）

它最先是1965年由伯顿等在荷兰建立的国际和平研究学会（International Peace Research Association）在分析国际冲突中提出来的。他们认为如果人类要避免未来灾难，就必须用这种方法将基于物质利益的冲突转化为基于主观需求的冲突。他们所提出的冲突化解理论和技术得到伦敦大学学院和英国社会科学研究理事会的支持，并于1966年在伦敦大学学院成立了冲突分析中心（Centre for Analysis of Conflict）。之后，伯顿和他的团队将自己的理论付诸冲突化解的实践，其主要方式就是建立"问题解决

---

① 常健等：《公共冲突管理》，中国人民大学出版社2012年版，第3、194、203、203、111页。

工作小组"(problem – solving workshop)来解决现实中那些难以解决的冲突。问题解决工作小组的具体做法可以概括为"五大版式法"(the five – day format):(1)参与各方的介绍;(2)冲突各方观点的陈述;(3)由第三方引导的对概念、理论、研究发现的介绍和对相关议题进行分析性的讨论;(4)建立共同的语言和认知观念;(5)努力加强理解和寻找达成一致的根基[①]。

2. 各种"问题解决方法"(problem – solving approach)

针对各种问题解决方法,其包括"互动冲突化解"(interactive conflict resolution)、"第三方咨询"(third party consultation)、"过程促进工作小组"(process – promoting workshops)、"促进式对话"(facilitated dialogues)。虽然名称各异,但它们都带有问题解决方法的许多基本特点。问题解决方法的核心在于对话。巴比特(Eileen Babbitt)和汉普森(Fen Osler Hampson)认为沟通和对话的练习或实践则是一些地区组织在推动建立信心的预设谈判(confidence – building prenegotiations)中经常采用的方法[②]。在"变革先锋协会"(Pioneers of Change Associates)2006年所作的"对话类别"调查(Mapping Dialogue)中,包括了对各种各样的对话技术的描述,如理解性探询、改变实验室、深度民主、未来探索、开放空间、场景规划、持续对话、世界咖啡屋以及学习之旅等20余种[③],它们被用于在冲突化解中控制冲突并产生非暴力的社会变化。而反思性对话,作为一种通过"互动式反省"(interactive introspection)指导的对话,通过冲突情境的建设性多棱镜的互动式视野,使冲突方当着对手的面来谈论其自己,谈论他们的需求和价值。冲突的发生是由于现存的认同受到威胁或伤害,但冲突也有助于产生认同。在冲突的严峻情境下所形成的认同通常具有排斥性和对抗性,但他们也可能形

[①] Roy J. Lewicki, Stephen E. Weiss and David Lewin, Models of conflict, negotiation and third party intervention: A review and synthesis, *Journal of Organizational Behavior*, 1992 (13), p. 239.

[②] Eileen Babbitt and Fen Osler Hampson, Conflict resolution as a field of Inquiry: practice informing theory, *International studies review*, 2011 (13), pp. 46 – 57.

[③] 常健、原珂:《对话方法在冲突化解中的有效运用》,《学习论坛》2014年第11期,第46—48页。

成包含性认同的源泉①。因此，反思性对话则能够促成这种转化，以修复伴随着结构性改变的严重冲突所导致的恶劣甚至破裂的关系，从而从更深层次上化解认同层面的冲突。

3. 谈判柔术

谈判柔术指谈判双方采取避免直接冲突的办法，用不反击的方法来进行谈判。该方法是费舍尔在《谈判力》②一书中最早提出来的，假如对方直截了当地表明了自己的立场，不要拒绝；当对方反驳你的观点时，不要辩解；如果对方对你进行人身攻击，不要反唇相讥。用不反击的方法打破这种恶性循环。相反，你选择躲开对方的攻击，并将对方的攻击直指问题本身。就像东方武术中的柔道和柔术一样，你避免与对方直接抗衡，运用躲闪技巧，借助对方的力量达到自己的目的。不要对抗对方的力量，相反，要把对方的力量引导到探讨双方利益、制定共同受益的选择方案和寻求客观标准上来。一般来说，对方的"攻击"包括三种手段：直截了当地表明自己的立场、反驳你的观点、对你进行人身攻击。其应对策略依次为：不要攻击对方的立场，而是透过立场看利益；不要替自己的想法辩护，欢迎批评和建议；变人身攻击为针对问题的批评。注重谈判柔术的人使用两个关键手段——提问与停顿。第一，提问而不是陈述。陈述容易导致对抗，而提问得到的则是答案。提问让对方把观点说出来，以使自己明白。第二，沉默是最好的武器，要充分利用它。如果对方提出不合理方案或是采取在你看来站不住脚的攻击，最好的手段是一言不发。

当然，除此之外，还有很多谈判技巧，在此不一一赘述。需注意的是，技巧并不必然意味着成功，但是能够增加我们获得好结果的概率。同时，学习谈判技巧并不是要求死记硬背某种规定好的模式，而是通过熟悉谈判任务和谈判策略找到合适的谈判方法。

---

① 常健等：《公共冲突管理》，中国人民大学出版社 2012 年版，第 3，194，203，203，111 页。

② Roger Fisher and William Ury, *Getting to Yes: Negotiating Agreement without Giving in*, New York: Penguin Books, 1983.

三 解决纠纷的谈判和达成交易的谈判

当代中国正处于社会转型深水区，各种矛盾和冲突不断凸显，其中，在公共冲突领域，当属邻避冲突和征地拆迁冲突为两大最为棘手的冲突问题。谈判作为冲突化解的主要方法和重要工具之一，因其具有成本低、付出额外代价小以及成效快等特点，成为人们首选的冲突化解方法。但是，任何事物都具有两面性，谈判也不例外，包含解决纠纷的谈判和达成交易的谈判。偶然的是，在某种程度上，前者是当前我国在邻避冲突治理过程中经常采用的方法，而后者则是当前我国在征地拆迁冲突治理过程中惯用的方法。①

美国著名政治学者亨廷顿曾经说过："传统社会和现代性社会事实上都孕育着稳定，而在传统向现代转型的现代化过程却滋生着动乱。"② 当前，我国正处于社会转型、经济转轨、体制转化的大变革时期，多元利益凸显，各种矛盾积聚，不同程度的突发事件、群体性事件频现，给社会主义和谐社会建设带来严峻挑战。其中，在公共冲突领域，当属邻避冲突和征地拆迁冲突为两大最为棘手的冲突问题。谈判，作为化解冲突的主要方法之一，日益成为现代社会解决公共冲突的一种重要方式。基于邻避冲突与征地拆迁冲突治理的比较视角，探讨谈判的双面性，即"一体两面"，可以为中国的公共冲突治理提供有意义的借鉴价值。

(一) 谈判及其双面性：解决纠纷的谈判和达成交易的谈判

一般来说，谈判包含两个层次：第一个层次是解决实质性问题；第二个层次往往比较含蓄，它关注解决实质性问题的程序③。这两个层次实际上可以被解释为谈判的双面性，它们是同一事物的"一体两面"，而不仅仅是不同层次间的简单并列或相对递进的关系。在某种意义上，前者可称之为"达成交易的谈判"（Deel – Making Negotiation，DMN），主要探讨为

---

① 参见原珂《谈判的"一体两面"：基于邻避冲突与征地拆迁冲突的比较视角》，《学习论坛》2015 年第 10 期。该文是本项目研究阶段性成果。

② 塞缪尔·亨廷顿：《变革社会中的政治秩序》，李盛平等译，华夏出版社 1989 年版，第 38 页。

③ Roger Fisher & William Ury, *Getting to Yes: Negotiating Agreement without Giving in*, New York: Penguin Books, 1983.

进入某种关系所进行的谈判；后者为"解决纠纷的谈判"（Dispute Settlement Negotiation，DSN），主要探讨为解决某一产生于过往事件的争议所进行的谈判①。

（二）解决纠纷的谈判：邻避冲突的治理

解决纠纷的谈判主要探讨为解决某一产生于过往事件的争议所进行的谈判。在这一谈判过程中，冲突各方较为关注其所拥有的权利，注重价值的索取。如在邻避冲突的处理过程中，作为冲突一方的民众就特别关注其对健康权、生命权以及环境等的尊重，而作为冲突另一方的政府或相关企业也不得不把公民的基本权利放在第一位，"人民的利益高于一切"，不能与民意背道而驰。何艳玲就把邻避冲突的治理过程不仅仅看成是邻避冲突的解决或者消散，更看成是政府与其他行动者（冲突的利益相关者）在互信、互利、相互依存基础上进行持续不断的协调谈判、参与合作、求同存异的过程②。

所谓邻避冲突，通常是指因兴建那些明显具有负外部效应、成本和收益分布严重失衡的基础性设施而引发的一种群体性对抗事件。如 2007 年厦门反 PX 项目事件、2009 年广州番禺垃圾焚烧厂选址事件、2012 年京沈高铁事件、2013 年广东鹤山核燃料项目风波等，都属于邻避冲突。邻避冲突往往起因于邻避设施的规划、选址、建设以及运营等没有公开、透明的过程或程序。拉贝（Barry George Rabe）曾指出："如果没有公开的邻避设施选址过程，一旦居民得知在某邻避设施选址中社区作为兴建地址的时候，在无心理准备的情况下，他们的第一反应必定是在诧异与愤怒支配下誓言抗议到底。"③ 其实，我国各大城市社会的各种社区邻避冲突，在某种程度上，并不完全等于环境冲突，虽然它也关注水污染、空气污染等环境问题，但其在本质上更是一种权利冲突或权利运动。

---

① 斯蒂芬·B. 戈尔德堡、弗兰克·E. A. 桑德、南茜·H. 罗杰斯、塞拉·伦道夫·科尔:《纠纷解决——谈判、调解和其他机制》，蔡彦敏等译，中国政法大学出版社 2004 年版，第 68—71 页。

② 何艳玲:《邻避冲突及其解决：基于一次城市集体抗争的分析》，《公共管理研究》2016 年第 4 期，第 98 页。

③ Barry George Rabe, Beyond NIMBY: Hazardous Waste Siting in Canada and the United States, Washington, D. C. Brookings, 1994.

在此，以国内近十年的典型邻避冲突事件为例，选取"解决纠纷的谈判"这一分析视角，分析邻避冲突的治理。详见表 4-1。

表 4-1　　　　　　2007—2014 年我国典型邻避冲突事件

年份	事件名称	冲突起因	谈判双方	谈判旨向	谈判风格	最终结果
2007	厦门反 PX 项目	拟建 PX 项目；污染风险	群众、企业与政府	保护环境、维护健康权、生命权等	对抗型、共同解决问题型	暂停该项目，迁址漳州
2008	上海反对磁悬浮联络线事件	拟架高压线；安全风险	群众与政府	维护健康权、生命权等	对抗型、共同解决问题型	艰难推进
2009	北京昌平阿苏卫垃圾处理中心项目	扩建、拟建垃圾焚烧发电厂；污染风险	群众与政府	保护环境、维护健康权、生命权等	对抗型	不通过环评，项目不开工
2009	广州番禺垃圾焚烧发电厂选址事件	垃圾场选址；污染风险	群众与政府	保护环境、维护健康权、生命权等	对抗型	暂缓该项目
2010	安徽舒城垃圾掩埋场事件	拟建；环境污染	群众与政府	保护环境、维护健康权、生命权等	对抗型	暂停该项目
2011	北京西二旗垃圾处理项目	拟建、选址；污染风险	群众与政府	保护环境、维护健康权、生命权等	对抗型	重新选址
2011	江苏无锡东港镇垃圾焚烧发电厂事件	建设垃圾焚烧发电厂；污染风险	群众与政府	保护环境、维护健康权、生命权等	对抗型	艰难推进

续表

年份	事件名称	冲突起因	谈判双方	谈判旨向	谈判风格	最终结果
2012	四川什邡多金属资源深加工综合利用项目	钼铜项目；污染风险	群众与政府	保护环境、维护健康权、生命权等	对抗性	暂停该项目
2013	广东江门反核污染事件	拟建核原料加工基地；污染风险	群众与政府	保护环境、维护健康权、生命权等	对抗型	暂不开工
2014	杭州余杭垃圾焚烧项目	拟建；污染风险	群众与政府	保护环境、维护健康权、生命权等	对抗型	暂不开工
2014	广东茂名反PX事件	拟建；污染风险	群众与政府	保护环境、维护健康权、生命权等	对抗型	若群众反对，项目不开工

由表4—1可以看出，邻避冲突事件的谈判过程，虽然对抗性较强，但主要还聚焦于对纠纷事项的解决。其旨向往往是回顾性的，并且冲突各方较为关注他们拥有什么样的权利，如维护健康权、生命权以及保护环境等。从最终结果来看，邻避冲突事件的处理大多以失败告终，即"暂停该项目"或"重新选址"。由此可以看出，解决纠纷的谈判更注重对价值的索取，而很少是创造性地解决问题。因此，针对邻避冲突的治理，由于其具有明显的对抗性和较为关注权利及价值的索取，较为适用解决纠纷的谈判策略。

值得注意的一点是，在解决纠纷的谈判中，权利是一把双刃剑，拥有权利既是群体行动的动机也是其行动的羁绊。出于对权利的珍惜，群体更容易为了其自身利益而付诸行动；但悖论在于，同样是对权利的珍惜，群体在行动时往往会有一个自然的底线，即其行动本身是否会带来权利的损害。在这种情况下，若一种行动目标不但不能维护其权利，相反还会"过犹不及"影响到其已拥有的权利时，则"理性"的群体必定会放弃这一目标①。如在北京昌平阿苏卫垃圾焚烧厂事件中，100多名来自奥北几大社区的居民计划于2009年9月4日在举办"2009年北京环境卫生博览会"的农业展览馆门口集结，准备9点钟开始从停车场游行至农展3号馆（该馆的阿苏卫循环经济园正好也作为新中国成立60周年献礼工程的一部分展出），尽管居民们决定统一不喊口号，不采取激进行为，不影响展览会的正常举行，采取和平的方式尽量也不引起相关部门的反弹，但是，示威者们却忽略了此时正是建国60周年大庆前夕，当天维稳力量骤增，先后有多名居民被警察带走，其余居民都被警察引导至停车场，让每个人留下姓名和电话，并告诉大家会口头传讯他们。这一事件后，不少居民因担心其自身权益受损而退出维权运动②。

（三）达成交易的谈判：征地拆迁冲突的治理

达成交易的谈判主要探讨为进入某种关系所进行的谈判。在这一谈判过程中，冲突各方较为关注各自利益，注重价值创造，因为在一桩交易尚未被达成之前通常不存在任何支配这桩交易的"权利"。如在征地拆迁冲突治理中，冲突双方争议的焦点往往集中于赔偿、安置等经济问题。

所谓征地拆迁冲突，主要是指利益主体在征地拆迁过程中因获取土地资源及其利益不均而引发利益争夺的一种对抗性的互动过程。如乌坎事件、芜湖中江商场拆迁事件、2014年平度事件等。征地拆迁冲突一般有两种表现形式：一种是政府主导的征地拆迁行为，如城市扩建、开发区建设、危旧房改造、拓宽或新建道路等；另一种是商业性拆迁行为，即政府出让土地给开发商，由开发商按照城市规划进行征地、拆迁与建设。然而，现实生活中的征地拆迁冲突却是极其复杂的，往往还有其他因素的交织。不同的利益相关者基于各自权益的考量，使谈判过程备受艰难。例如，民众对征地拆迁的态度往往就是很矛盾的。一方面，改善经济状况和居住条件的需求使其并不根本性地反对征地拆迁；但另一方面，土地、房屋作为其最重要的资产，征地补偿、拆迁安居后的利益损益都关系着其切身利益。很多时候，面对这些利益权衡问题，不同主体的权益考量必然不

---

① 何艳玲：《"中国式"邻避冲突：基于事件的分析》，《开放时代》2009年第12期，第108页。

② 刘峰、孙晓莉：《垃圾政治：阿苏卫之争，矛盾、冲突与反思》，国家行政学院出版社2011年版，第148—149页。

同，而这正是当代中国征地拆迁冲突频发的根本原因，也恰恰反应出政府、开发商和被征地拆迁者之间的利益角逐①。在某种程度上，当前我国对征地拆迁冲突的治理，也暗含着许多"交易"的成分。

在此，笔者也以国内近十年的征地拆迁冲突为例，选取"达成交易的谈判"这一分析视角，分析征地拆迁冲突的治理。详见表4-2。

表4-2　2009—2014年我国典型征地拆迁冲突事件的谈判过程分析

年份	事件名称	冲突起因	谈判双方	谈判旨向	谈判风格	最终结果
2009	昆明螺蛳湾拆迁风波	拆迁补偿	商户与政府	经济利益	共同解决问题型	达成协议
2010	邳州征地	征地补偿	村民与政府	经济利益	对抗型	市政府介入，未果
2010	芜湖中江商场拆迁事件	拆迁补偿	政府与政府	经济利益	对抗型	未果
2010	苍梧征地	征地	村民与政府	经济利益	共同解决问题型	达成协议
2011	南雄征地	征地补偿	村民与政府	经济利益	共同解决问题型	达成协议
2011	乌坎事件	征地补偿	村民与村委会	经济、政治利益	共同解决问题型	上级机关介入，达成协议
2012	峨山征地	征地补偿	村民与政府	经济利益	对抗型、共同解决问题型	政府介入，达成协议
2013	阜阳马庄征地事件	拆迁征地不公	村民与施工方	经济利益	对抗型	镇政府介入，未果
2014	平度事件	强行征地	村民与开发商、政府	经济利益	对抗型	上级机关介入，未果
2014	山西运城征地事件	强行征地	村民与开发商	经济利益	对抗型	上级机关介入，未果

---

① 樊成玮：《拆迁冲突化解机制》，中国民主法治出版社2012年版，第2页。

虽然征地拆迁冲突并不是以达成"交易"为目的，但实践中，却往往是"退而求其次"，以"达成交易、完成任务"为导向的。从表4-2可以看出，征地拆迁冲突事件的谈判过程中，冲突各方较为关注各自经济利益，因此往往具有共同解决问题的特征，在某种意义上，这种谈判过程就是利益双方达成交易的过程。然而，这种交易谈判过程的旨向却往往具有前瞻性，冲突各方更为关注他们在达成协议或交易之后如何进一步在其保护伞之下发展将来的关系，如被拆迁户就很关注其安居后的利益损益及发展就业等问题。从最终结果来看，征地拆迁冲突事件的谈判过程，虽也大都充满了纷争与冲突，但最终还是有可能达成协议，取得成功，即"顺利拆迁"或"完成征地"。由此可以看出，达成交易的谈判更注重在尽量减少损害各方利益的基础上创造性地解决问题，创造价值，争取"共赢"。因此，针对征地拆迁冲突的治理，由于其具有明显的利益导向和注重共同解决问题甚至创造价值的取向，较为适用达成交易的谈判策略。

从理论上讲，关注利益的谈判与关注权利的谈判相比，应当更容易朝达成协议的方向迈进。因此，达成交易的谈判，通过为获得共同收益设计创造性的选择，利益可以通过多种途径得到满足，从而在本质上趋于非零总和；然而，在解决纠纷的谈判中，尽管权利并不必然被解释为零总和，但其却总是被一些拥护者作如此解释：要么我赢，要么你赢，但不可能双方都赢[1]。这也就是为什么现实生活中邻避冲突的治理往往以"失败"告终而征地拆迁冲突的治理却相对能够取得一定程度上"胜利"的原因所在。

但是，应值得注意的一点是，相对于解决解纷的谈判，在达成交易的谈判中，替代的选择（BATNA）可能更加不明晰。譬如，若A不把他的土地出售给B，A可能根本不会出售给他的土地，但也可能A会把他的土地出售给C或者D。这样的话，谈判过程就会更加复杂。而在解决纠纷的谈判中，替代的选择则相对明显，但有时也是不明晰的。

（四）比较分析：解决纠纷的谈判与达成交易的谈判

从上述分析可以看出，在冲突谈判过程中，当冲突各方着手一桩交易

---

[1] 斯蒂芬·B.戈尔德堡、弗兰克·E.A.桑德、南茜·H.罗杰斯、塞拉·伦道夫·科尔：《纠纷解决——谈判、调解和其他机制》，蔡彦敏等译，中国政法大学出版社2004年版，第68—71页。

时，达成交易的谈判就发生了。达成交易的要旨，即由此为达成交易所进行的谈判目标在于往前看。各冲突方总是为了达成协议并期望在所达成的交易的保护伞之下发展将来的关系而走到一起。相反，解决纠纷的谈判是一件往后看的事情，旨在明晰各方的权利所在及其损益。达成交易的谈判和解决纠纷的谈判二者的区别如表4-3所示。

表4-3　　达成交易的谈判与解决纠纷的谈判二者间的比较

冲突治理事件	邻避冲突治理	征地拆迁冲突治理
类型	解决纠纷的谈判	达成交易的谈判
旨向	回顾性	前瞻性
关注点	关注索取价值	关注创造价值
聚焦点	聚焦权利	聚焦利益
风格	对抗型风格	共同解决问题型风格
用以替代一份谈判协议的最佳选择（BATNA）	有时是不明晰的	经常是不明晰的

资料来源：斯蒂芬·B. 戈尔德堡、弗兰克·E. A. 桑德、南茜·H. 罗杰斯、塞拉·伦道夫·科尔：《纠纷解决——谈判、调解和其他机制》，蔡彦敏等译，中国政法大学出版社2004年版，第70页。

在这两种谈判策略中，存在这样的可能性，即在达成交易的谈判中达成的任何协议都有一个站稳脚跟的机会，因为与典型的以权利为导向的解决纠纷的谈判相比，在达成交易的谈判中达成任何协议更能满足冲突各方的利益。正如恩格斯曾深刻指出的那样："土地占有制和资产阶级之间的斗争，正如资产阶级和无产阶级之间的斗争一样，首先是为了经济利益而进行的，政治权力不过是用来实现经济利益的手段。"[①] 然而，就此简单地把达成交易的谈判者描绘成"好人"，而把解决纠纷的谈判者当成是"坏人"的做法，是十分幼稚的。尽管我们确实能看到，在达成交易的谈判可行时其优势非常显著，然而还是存在许多这样的情境，纠纷或冲突无法通过一项新协议的方式解决，致使和解有可能必须得通过解决纠纷的谈

[①] 恩格斯：《路德维希·费尔巴哈和德国古典哲学的终结（1886年初）》，《马克思恩格斯选集第四卷》，人民出版社1995年版，第250页。

判达成①。但是，即使在这些情境中，尤瑞（William Ury）、布莱蒂（Jeanne M. Brett）和戈尔德堡（Stephen B. Goldberg）仍然主张明智的谈判者能够经常以放弃关注权利的对抗性谈判风格而转向支持一种关注利益的解决问题型的谈判风格的方式达成协议②。

  当然，这两种谈判方法也都有其不足和局限。解决纠纷的谈判方法不足之处在于：一是谈判双方要处于平等的地位，既没有咄咄逼人的优势，又没有软弱无力的退让；二是谈判者本应满足各方潜在的利益，而实际上却把主要精力集中在各自的立场（权利）上了，从而不能根本性地解决问题。而达成交易的谈判方法的局限性则是：第一，它要求谈判双方能够仔细地在冲突性立场的背后寻求共同的利益；第二，若将利益视为至高无上的，而不对利益进行更深层次的分析，冲突各方不会被引导关注利益背后的目标、价值和动机问题③。因此，当冲突各方积怨已深时，这种方式就显得不够有效了，因为它不足以重新确定互动过程和各方关系。同时，它还容易造成欺骗的假象，使过于相信对方合作诚意的一方遭受利益损失。

  此外，应当注意，尽管达成交易的谈判和解决纠纷的谈判之间的区分是相当清晰的，但作为谈判的"一体两面"，这二者之间也常常存在着一种共生性的相互影响。一场达成交易的谈判创设了一些权利，而这些权利或许在以后会形成解决纠纷的谈判所适用的准则。如在征地拆迁冲突治理中达成的具体相对通用性的补偿标准或催生的相关《征地拆迁补偿条例》，就往往能为邻避冲突的治理提供有价值的借鉴意义。相反，通过在各当事方之间创设一种新的关系（或制定一份新的协议），从而把一场解决纠纷的谈判转化为一桩新的交易方式，从一份协议中产生的某些纠纷能够得到最好的解决。如在厦门反PX事件中，虽PX项目未能落户厦门，

---

  ① 斯蒂芬·B. 戈尔德堡、弗兰克·E. A. 桑德、南茜·H. 罗杰斯、塞拉·伦道夫·科尔：《纠纷解决——谈判、调解和其他机制》，蔡彦敏等译，中国政法大学出版社2004年版，第68—71页。

  ② William Ury, Jeanne M. Brett and Stephen B. Goldberg, *Getting disputes resolution*: Designing systems to cut the costs of conflict. San Francisco: Jossey-Bass. 1988.

  ③ Jay Rothman & Marie L. Olson, From Interests to Identities: Toward a New Emphasis in Interactive Conflict Resolution, *Journal of Peace Research*, 2001, 38 (3), pp. 289–305.

但却在福建省政府的协调下迁址漳州,从而达成一桩新的交易。最终,达成交易的谈判和解决纠纷的谈判之间的差别,随着对谈判的世俗化认识而变得模糊:一开始是纯粹的达成交易的谈判,当各方当事人都在仔细考虑开始加入到某种有吸引力的谈判关系中时,随这种关系而不可避免地产生的纠纷只能通过解决纠纷的谈判来解决。除此之外,还存在解决纠纷的谈判预示着通过达成交易的谈判达成一项新协议这一可能性[①]。

任何事物都具有两面性,谈判也不例外,解决纠纷的谈判和达成交易的谈判也是如此。在某种程度上,前者是当前我国在邻避冲突治理过程中经常采用的方法,而后者则是当前我国在征地拆迁冲突治理过程中惯用的方法。但是,这并不意味着解决解纷的谈判和达成交易的谈判这两种冲突治理方式就是完全合理的,更不意味着谈判是化解此类冲突的唯一方法或手段。此外,谈判的两面性不是截然分开、孤立发展的。相反,它们相互影响、相互汲取、相互补充,在发展的过程中往往是"你中有我、我中有你"。因此,现实生活中,谈判视域下邻避冲突与征地拆迁冲突的治理,乃至公共冲突的治理,都应充分认识到谈判的两面性,应根据不同的具体冲突情境,采取相应的谈判化解方法。尽管在公共冲突治理过程中,达成交易的谈判方法可能适用于多种冲突情境,但更多的情况是一种冲突情境需要两种谈判方法的合理搭配、交织运用,以期最大限度地化解或转化冲突,此也正体现了谈判的"一体两面"。

第二节 冲突管理中的第三方干预

第三方干预,作为冲突化解的一种主要方法,通常是在冲突双方不愿意协商或是谈判陷入僵局之后,为使冲突双方取得某种形式的进展或者在必要的时间范围中获得进展时而采用的冲突化解方法。理查德·E·沃尔顿(Richard E. Walton)认为,冲突管理中的第三方必须具备权威性、公正性、可接受性及能力、技巧、经历四个方面的条件。[②]

[①] 斯蒂芬·B. 戈尔德堡、弗兰克·E. A. 桑德、南茜·H. 罗杰斯、塞拉·伦道夫·科尔:《纠纷解决——谈判、调解和其他机制》,蔡彦敏等译,中国政法大学出版社2004年版,第68—71页。

[②] [美]理查德·E. 沃尔顿:《冲突管理》,河北科技出版社1992年版,第105—106页。

第四章 公共领域冲突管理的适用机制

第三方干预，严格意义上来说，称其为"外部参与者"更为合适，因为其来自外部却介入冲突之中，是介入冲突的外来势力者，而"第三方"容易使人产生冲突是双边的错觉。通常，第三方干预是在冲突双方想要取得进展但又无法自己解决问题时，外部力量介入以帮助寻找途径解决陷入冲突的僵局。其主要是在冲突双方不愿协商或是谈判陷入僵局之后使用，以帮助冲突双方取得某种形式的进展或者在必要的时间范围内获得进展。美国学者摩尔（Christopher W. Moore）曾列出了需要第三方介入的十大条件或清单①。蒂鲍特（Thibaut J.）和威克（Walker L.）在其"过程—决定控制"（process – decision control）两阶段模型中，根据第三方在冲突不同阶段的干预程度，把第三方干预分为以下5种②：协商（bargaining）、调解（mediation）、仲裁（arbitration）、独裁（autocratic）③、辩论会（moot）。其中，调解和仲裁是两种非常典型的第三方干预的形式。除此之外，普鲁伊特（Dean G. Pruitt）和金姆（Sung Hee Kim）还特别探讨了其他的干预形式，如培训、关系治疗、实现和平、设计冲突的化解机制以及改变社会结构和体制等④。在此，本节着重探讨调解、仲裁、培训和关系治疗四种主要的第三方干预方法。⑤

一 调解的各种方法

提起调解，必会涉及谈判。布里吉特·斯塔齐（Brigid Starkey）、马克·波义尔（Mark A. Boyer）和乔纳森·维尔肯菲尔德（Jonathan Wilkenfeld）都曾指出谈判的功能就是提供一个和平化解争端的渠道。但是，当

---

① Christopher W. Moore, *The Mediation Process: Practical strategies for resolving conflict*, Jossey - Bass Inc., Publishers, 1986, pp. 151 – 160.
② J. Thibaut & L. Walker, *Procedural Justice: A Psychological Analysis*, Erlbaum, Hillsdale, NH, 1975.
③ 此处的独裁，不同于谈判中其中一方的独裁，第三方干预下的独裁是指冲突双方愿意把冲突问题完全交给一个不相关的第三方来处理，而且由第三方来决定冲突参与者的行为。其实，这种情况在现实中是很少见的。
④ Dean G. Pruitt, Sung Hee Kim, *Social Conflict: Escalation, Stalemate and Settlement* (3rd), McGraw – Hill, 2004, pp. 244 – 255.
⑤ 参见原珂《西方冲突化解视角下的第三方干预及对中国的借鉴》，《社会主义研究》2016年第1期。该文是本项目研究的阶段性成果。

谈判进程陷入僵局或谈判失败时，就不可避免地需要第三方干预。调解作为一种最基本的干预形式之一，目标在于促进冲突各方之间的沟通与协调，而不会对冲突各方的决策过程产生决定性的影响，其在冲突化解中发挥着重要的作用。正如联合国前秘书长科菲·安南（Kofi Atta Annan）所认为的那样："谈判过程不是一场足球赛。它不是为了保持领先，或者分出输赢。相反，我们（试图）调和双方的关注，以创造一个双赢局面"[1]，这是调解的功能所在。

维尔肯菲尔德等人根据调解者在调解过程中的不同风格，把调解者划分为三种类型[2]：促进型的调解者（facilitator）、设计型的调解者（formulator）和操纵型的调解者（manipulator），并指出三种风格的调解者在调解过程中的作用各有侧重，但设计型的调解者相对更能综合其他两者的优势而在调解中具有更大的协调潜力。罗伯特·马丁内斯·西诺（Roberto Martinez-Pecino）等人概括了调解者一般使用的三种基本策略[3]：情境策略（Contextual strategies）、实质性策略（Substantive strategies）和反思策略（Reflexive strategies），并指出这三种策略分别通过改变调解所处的环境、直接处理争议的议题、创造调解者与调解过程间的互信度及促进它们间活动发展的基础来促使干预朝着冲突化解进程的良性方向发展。伯克维奇（Jacob Bercovitch）和西格蒙德（Scott Sigmund Gartner）则根据具体调解者干预程度由低到高的标准把第三方干预策略依次划分为[4]：交流—促进性的策略（communication-facilitation strategies）、程序性的策略（procedural strategies）和直接性策略（directive strategies）。从当前实效来看，交流—促进性策略是被国际调解者使用最为频繁的策略，而直接性策略却似乎是最为成功的策略。其实，关于调解的具体策略，虽然目前西方理论界与实务界观点纷多，但不外乎以下几种。

---

[1] 安南宣布塞浦路斯计划，20040331，参见网站：CNN.COM。
[2] Brigid Starkey, Mark A. Boyer and Jonathan Wilkenfeld. *International Negotiation in a Complex World*, Lanham, MD: Rowman and Littlefield, 2010, p. 87.
[3] Roberto Martinez-Pecino, Lourdes Munduate, Francisco J. Medina & Martin C. Euwema, Effectiveness of Mediation Strategies in Collective Bargaining, *Industrial Relations*, Vol. 47, Number 3, 2008, p. 482.
[4] Jacob Bercovitch and Scott Sigmund Gartner, *International conflict mediation*, Routledge, 2009, pp. 27–28.

(一) 说服

说服，是一种有条理的、结构合理的、系统化的冲突化解方式。克服冲突的过程需要以冲突化解性的语言去足够有力地沟通冲突各方。化解成功的程度部分地依赖于调解者使用说服及其策略的能力，而调解者的能力则很大程度上有赖于冲突各方是否接受被说服的意愿。蒂德维尔（Alan C. Tidwell）在《不是有效的交流，而是有效的说服》一文中曾指出，调解像任何其他冲突化解方法一样，最终也是一种交流过程。围绕冲突化解而产生的话语不仅叙述了冲突化解的过程，而且在说服力方面提供了重要的工具。因此，在调解中冲突各方是否认同说服机制，对协调者来说是极为关键的因素。比如在解决价值冲突问题上，一个主要的困难就是说服的方式方法显得力不从心[1]。

(二) 独立调解

调解者使用该方法不必等到各方都同意，只需要准备一份草案，然后征求冲突各方的批评意见。即使冲突各方不愿意直接交谈，第三方也可以拿着草案在其中间斡旋。在本质上，这是调解者使用一种新方法改变冲突各方原有的立场之争。如在西奈半岛问题上，美国1978年9月在戴维营对埃以冲突进行的斡旋，可以视为使用独立调解程序的一个经典案例。其所签定的埃以和平协定则表明了就双方的利益而不是各自的立场进行协调与谈判是十分有益的。此外，独立调解程序作为一种机制，在限制决定数量、减少每个决定的不确定性以及防止谈判各方固守己方立场方面十分奏效。独立调解程序不仅对有第三方介入的双边谈判大有帮助，而且对于多边谈判更是不可或缺的。例如，150个国家无法就150种方案进行建设性讨论，当然也不可能轻易做到相互让步。他们需要某种方式来简化决策过程，而独立调解程序则可以达致此目的[2]。

(三) 中间代理人制度

李（Keonsoo Lee）和金姆（Minkoo Kim）在《多元/复杂环境情境中的冲突化解方法》一文中指出，不同的冲突参与者对环境与情境的感知

---

[1] Alan C. Tidwell, Not Effective Communication but Effective Persuasion, *Mediation Quarterly*, Vol. 12, Number1, 1994, p. 13.

[2] Roger Fisher and William Ury, Getting to Yes: *Negotiating Agreement without Giving in*, New York: Penguin Books, 1983, p. 9.

和理解是有差异的,即使是对同一情境,不同的中间代理人对其感知和处理的观点也是不一样的,他们主张通过建立一种冲突中间代理人制度的方法来化解冲突,这种制度包括两类中间代理人:冲突管理者和冲突协调者。前者综观全局,决定代理人的要求是否导致与现存情境要求的冲突,以提供一系列解决方案;后者则根据前者提供的解决方案并鉴别其各自的优劣后,针对不同的环境,选取一种更能满足冲突情境需求下的解决方案,从而化解冲突[1]。

此外,需引起注意的是,就调解者自身而言,如何使其积极热情、快速地融入到调解工作中,则直接影响着调解的成效。杰西卡·卡特·詹姆森(Jessica Kate Jameson)等提出了关于调解者行为的五大情感引出策略(emotion-eliciting strategies):(1)授予合法性(grant legitimacy);(2)鼓励情感认同(encourage emotion identification);(3)面对情感逃避(confront avoidance of emotion);(4)释义情感(paraphrase emotion);(5)鼓励具有情感性的视角捕获(encourage emotional perspective taking)[2]。他们认为在冲突调解中,调解者应更多关注冲突各方的情感,关注冲突各方潜在的情感经历是达成冲突化解的关键所在,建议调解者应以一种独特的身份或立场去帮助冲突中的各方更好地理解双方各自的情感及感受,以影响并转化他们展开冲突交流的方式。

由上可知,调解作为冲突化解的一种手段,是一种营造和平(peacemaking)的方式。但是,调解是第三方自身或者应冲突各方邀请而介入争端以帮助冲突各方形成共识并达成协议[3]。其虽有别于和冲突各方直接进行的谈判,但二者间却有着一定的关联性。一方面,作为第三方干预的调解,在本质上是一种化解冲突的局外方作为第三方对争端进行援助的形式,并

---

[1] Keonsoo Lee & Minkoo Kim, *Conflict Resolution Method for Multi-context Situation*, D. Lukose and Z. Shi (Eds.): PRIMA 2005, LNAI 4078, 2009, pp. 231 – 239.

[2] Jessica Kate Jameson, Andrea M. Bodtker and Tim Linker, Facilitating Conflict Transformation: Mediator Strategies for Eliciting Emotional Communication in a Workplace Conflict, *Negotiation Journal January*, 2010, pp. 25 – 26, 46.

[3] Ann Douglas, The Peaceful Settlement of Industrial and Inter-group Disputes, *Journal of Conflict Resolution*, Number3, 1957, pp. 69 – 81.

没有为冲突各方作出决定的权力[1]，即摩尔所说的"第三方没有独裁性的决策权"[2]，而谈判中的各方代表则具备作出决定的决策权。另一方面，调解是谈判陷入僵局之后寻求第三方干预化解冲突的结果，在某种意义上，其可以看作是谈判过程的延伸和具体化。在这个过程中，冲突各方寻求或者接受一个冲突各方都能接受的、公正的、中立的局外第三方的帮助或援助的建议，改变冲突当事方的认知或行为，并且无须诉诸武力或启动法律权威来解决争端[3]，以帮助争议各方自愿达成他们彼此都能接受的解决方案。

二 仲裁中的冲突化解

仲裁，通常是指由地位居中的人对争议事项公正地作出评断和结论，居中公断。是基于当事人之间的合意，由中立第三方作出有法律约束力和执行力决定的一种私人争议解决方式[4]。玛德莱恩·莱宁格（Madelaine Leininger）认为，仲裁是一种高度形式化、制度化、法律化和组织化的方法，用来解决重大的、分歧严重的冲突。它有严格的规则和程序，有专业化的队伍和角色分工，其结果具有合法性和约束力[5]。的确，仲裁往往是当调解陷入困境或调解失败时，一种有组织的、新的"调解"方式，且这种新的"调解"还具备自愿性、专业性、灵活性、裁决的强制性和一裁终局等特点。如 WTO 在国际贸易纠纷中的仲裁、世界银行在国际货币体系中的仲裁等。与调解相比，虽然仲裁也是来自外部的冲突干预，但调解的主要作用在于提出化解冲突的建议，而仲裁则需要为冲突各方确定其必须接受的化解方案。

---

[1] Linda R. Singer, Settling Disputes: Conflict Resolution in Business, Families, and the Legal System, Boulder, Colo.: Westview, 1990, p. 20.

[2] Christopher W. Moore, The Mediation Process: Practical Strategies for Resolving Conflict, San Francisco: Jossey–Bass, 1986, p. 6.

[3] Jacob Bercovitch, Mediation in International Conflict: An Overview of Theory, A Reviews of Practice, in Peacemaking in International Conflict: Methods & Techniques, ed. William I. Zartman and Lewis J. Rasmussen United States Institute of Peace Press, 1997, p. 165.

[4] 常健：《公共冲突管理》，中国人民大学出版社 2012 年版，第 243、246—248、153、170—184、250 页和第 228 页。

[5] Madelaine Leininger, Conflict and Conflict Resolution, The American Journal of Nursing, Vol. 75, Number2, 1975, pp. 292–296.

关于仲裁的类型①，根据仲裁机构处理的争议事项是否具有涉外民事法律关系的性质，可以将仲裁划分为国内仲裁和国际仲裁；根据仲裁组织产生和存续的状态，仲裁可以划分为机构仲裁（常设仲裁、制度性仲裁）和临时仲裁（特别仲裁、临时性仲裁）；根据仲裁裁决的依据，仲裁可以划分为依法仲裁和友好仲裁；根据裁决的时间点，可以将仲裁划分为先行裁决、最终裁决和中间裁决。从第三方干预冲突化解历时性特征的视角出发，以"创新方式促协商，仲裁调解获双赢"的原则②，可以将仲裁的具体方法大致分为以下四类。

（一）仲裁案前谈判

对冲突各方立案前有初步和解意向的，采用案前组织冲突各方当事人自愿协商达成一致协议后，再以仲裁调解结案处理。

（二）仲裁庭前协商

针对经过相关认定等事实清楚的争端或冲突，积极探索庭前调解的办案方法，待冲突各方在开庭前达成一致意见后，直接以调解结案。

（三）仲裁庭中调解

对事实清楚、责任明确的争端或冲突，采取对冲突各方实施物理隔离，单独释法，促使冲突当事方各自逐步让步，最终以达成一致的方式调解结案。

（四）仲裁裁后和解

对部分关系恶化或破裂、冲突严重的争端，没有在裁决前达成调解协议的，采取由承办仲裁员在裁决后法院执行前继续跟踪做调解努力，化解各方敌意，力促双方达成执行和解。

其实，仲裁本质上是基于对"权力或权利不平衡的打破"而进行的一种"是非性"冲突化解的方式，即解决"谁对谁错"的问题，其典型的解决方法是法庭审判。如联合国六大常设机构之一的海牙国际法庭，其主要审判国际关系中的重大冲突。一般来说，仲裁在下列情况下比调解更为有效：一是没有中介方的意见，问题就不可能得以解决时；二是争议双方的关系将在问题

---

① 常健：《公共冲突管理》，中国人民大学出版社2012年版，第243、246—248、153、170—184、250页和第228页。

② 朱的良：《汝城县创新仲裁方法解民忧》，《中国劳动》2011年第5期。

解决后终止。仲裁往往是在调解陷入困境或失败之后采用，而不管双方的关系是否会在当前争议之后持续。斯克恩菲尔德就曾指出，仲裁在解决争议方面有四大优势：第一，用新眼光看待既有创见又不失"面子"的解决方案；第二，从成本角度考虑，仲裁的费用低于长期争执所引致的诉讼、僵局或罢工之代价；第三，仲裁有时是一种较诉讼更为快捷的解决办法[1]；第四，仲裁气氛较为宽松，且程序相对简单很多。但是，仲裁也会带来一些消极后果，如托马斯·科汉（Thomas A. Kochan）等人就曾分析了仲裁可能导致的五大负效应：冷却效应；麻醉效应；半衰期效应、偏见效应和决定接受效应[2]。

当然，仲裁不一定非要是调解陷入困境或失败时才采用的冲突干预方法，当谈判陷入僵局或失败之后，也可以直接采取仲裁的办法。关于仲裁与谈判的关系，谈判是冲突各方为了达成相互都比较愿意接受的协议而进行的协商过程。如果谈判不能成功而出现僵局，则争议人常常希望由第三方介入进行调解或仲裁来化解冲突。鉴于调解与谈判的关系在上文中已作论述，在此重点探讨仲裁与谈判之间的关系。首先，仲裁也是谈判陷入僵局或失败之后而采用的一种冲突干预方法。其次，仲裁和谈判在过程上有所区别，仲裁过程有严格的规则和程序，而谈判过程则较为随意，由谈判双方视情况而定。第三，就仲裁和谈判的结果而言，前者的法律约束力较强，而后者相对较弱。因此，通常意义上，冲突各方更愿意得到"谈判解"而不是"仲裁解"，因为：（1）谈判解的期望值比仲裁解的期望值要大；（2）谈判解比仲裁裁决有较小的不确定性；（3）谈判解的直接费用比仲裁的直接费用有较小的不确定性；（4）谈判直接费用的期望值比仲裁直接费用期望值小[3]。由此可知，即使是再友好的仲裁方法，在现实冲突化解中也很少使用，缘于它能诱导冲突双方达成谈判解，而这一根源又在于谈判双方存在其"利益"（interests）一致的一面，而并非只是"立

---

[1] [美] 马克·K. 斯科恩菲尔德、里克·M. 斯科恩菲尔德：《36小时谈判课程》，上海人民出版社1995年版，第219页。

[2] Thomas A. Kochan, *Collective Bargaining and Industrial Relations*, Homewood. Ⅲ. Irwin. 1980, pp. 53–55.

[3] 孟波：《关于争议的仲裁理论和方法的综述》，载于《全国青年管理科学与系统科学论文集》1993年第2期。

场"（position）的对立①，对此，谈判方自己更为深知。

三 冲突化解培训

当调解陷入困境之后，除了寻求制度化、法律化的仲裁手段之外，还可以通过培训（Training）的方法来对冲突各方进行相关知识及技能的培训，以促使调解能够继续进行。培训一般可以划分为理论式培训和专题式培训。前者主要是通过专门概念的解析使当事各方习得一些冲突管理的基本理论，然后通过案例分析或角色扮演的方式让各方在冲突的模拟中锻炼自己的谈判、协商能力，如弗莱雷（P. Freire）倡导的"问题提出教育"（problem-posing education）、佩里等人提出的"知识结构的转化"等；后者则主要是通过分析冲突之后，对冲突各方采取一系列针对性的技能培训，如对冲突进行分析、有效沟通、谈判和解决问题、对情绪进行管理、采取行动等。具体来说，培训的方法大致有以下几种。

（一）问题提出教育

弗莱雷倡导通过一种新的教育方式——问题提出教育——来克服社会精英集团控制社会话语的体系，并进一步指出问题提出教育最终会产生批判性的意识，此种意识能够解放被压迫的个体，使他们能以新的理解方式去寻求改变其所生活的世界和当时正盛行的具有压迫性的社会意识形态，其目标在于实现社会公平与正义。因为社会话语权通常由精英集团控制，为了维护现行的社会秩序，他们作为一个社会阶层，能够抑制或控制官方的话语体系②。而这种问题提出意识的教育培训，有助于创造性地解决现存社会体系中不合理的潜在"暴力性结构"问题。

（二）知识结构的深层次转化

教育培训对冲突的成功化解是必要的。佩里（David F. Perri）等人认为，知识应当是导致如何看待冲突的一个重要因素，尤其是在组织内部或在设计提高个体或群体绩效训练或发展项目时更为重要③。他们通过对美

---

① 关于立场（position）和利益（interests）的论述，参见：常健、原珂《西方冲突化解的主要方法及其发展脉络》，《国家行政学院学报》2015年第1期。

② P. Freire, Pedagogy of the Oppressed (20th anniversary ed.). New York: Continuum, 1997, p. 34.

③ Gerard A. Callanan, Cynthia D. Benzingand David F. Perri, Choice of Conflict – Handling Strategy: A Matter of Context, The Journal of Psychology, Vol. 140, Number 3, 2006, p. 269.

国两所大学 184 名在校学生的研究，认为个体掌握处理冲突方法的知识是依据环境形势的因素而变化的，更明确地说，个体能被训练成"把去发现重要的环境因素和社会线索作为一种机制，及时调节他们处理冲突的方法，以匹配或者适应当时的情境"。因此，增进冲突化解方面的教育培训，改进知识结构的深层次转化是更为根本的冲突化解之策。

（三）有效沟通的培训

有效沟通是各种冲突化解方法都必须具备的基本技能之一，这里侧重指通过培训的方式让冲突各方获得一些有效沟通的技能。针对冲突中的言辞沟通（verbal communication）、非言辞沟通（nonverbal communication）、书面沟通等方法进行具体的专题式的讲解与培训，使冲突各方能够掌握一些高效的沟通技能。其中，情绪作为一种特殊的精神状态，它对冲突中的交流有着重要影响[1]。鲍德克尔（A. M. Bodtker）等就曾指出："处于冲突之中就是处于情绪的波动之中……冲突使人感到不舒服的部分原因就在于它伴随着情绪。"[2] 在此，以对情绪的专题式培训为例，重点阐述如何在高效沟通中对冲突当事者的愤怒、复仇心理、原谅与和解等方面的情绪进行相关管理培训[3]。

（1）对愤怒的培训，可以采取海托维尔的"戒怒论"或"解怒论"（abstain/dissolve theory of anger）中"新 ABC 方法"，即戒除（abstain）不当言行、信念（believe）更新和改善沟通（communication）来控制与管理愤怒情绪。

（2）对复仇心理的培训，可以采用巴巴拉·格雷（Barbara Gray）的"与我们的复仇女神谈判"的五步法：①理解自己的情绪反应；②应对自己的阴影投射；③认识自己的复仇心理；④理解和回应对手；⑤回应对方的投射行为。通过这五步，使冲突各方不仅能够与自己的"复仇女神"

---

[1] 常健：《公共冲突管理》，中国人民大学出版社 2012 年版，第 243、246—248、153、170—184、250 页和第 228 页。

[2] Andrea M. Bodtker and Jessica K. Jameson. Emotion in conflict formation and its transformation: application to organizational conflict management, *International Journal of Conflict Management*, 2001, Vol. 12, Number 3, p. 260.

[3] 常健：《公共冲突管理》，中国人民大学出版社 2012 年版，第 243、246—248、153、170—184、250 页和第 228 页。

达成和解，而且还承认了对方的"复仇女神"，从而使冲突各方都能够重新将注意力集中于寻找解决方案，解决那些对冲突双方都很重要的问题。

（3）对原谅与和解的培训，可以采用施利福（D. Shriver）的"四股线"方法。他将原谅的互动过程比喻为跨越冲突和敌对分歧的一根缆绳，这根缆绳由四股线拧成，其分别是：愿意承认和倾听实情（truth）、忍耐（forbearance）对方的敌对行动、共情性（empathy）地承认对方的人性以及承诺（commitment）那些与我们不可能抛弃的人一起工作，以上这四点是达成谅解、走向和解的关键性因素。

此外，还应格外关注对日渐盛行的"非暴力沟通"（Nonviolent communication）方法的培训[1]。相较于日常生活中现行的大多具有消极倾向的沟通方式，其往往也被称为"未被异化的沟通方式"。这一沟通过程的核心是由观察、感受、需要、请求四大要素构成，若运用得当，则能起到疗愈冲突各方内心深处的隐秘伤痛、超越冲突当事人个人心智和情感的局限性、突破那些引发愤怒、沮丧、焦虑及其报复心理等负面情绪的思维方式以及积极引导冲突各方学会建立和体现和平的生命体验等。

由此可知，培训作为一种冲突管理和冲突化解的新方式正日渐流行。它既可以是一种独立形态的第三方干预方式，也可以作为调解等其他第三方干预的一个组成部分。特别是一些正经历着冲突却又希望冲突能够得到化解重归和平的社区或国家对培训更有需求，他们希望培训者能够介入进来，给当事各方提供帮助[2]。例如，中国社区参与行动服务中心近年来在参与我国城市社区冲突化解与治理过程中所采用的"开放空间""共识会议""展望未来论坛""持续对话"等一系列新的冲突治理技术，都是通过培训的方式进行第三方干预的有效举措。此外，非政府组织（NGO）在国际冲突与社会冲突中所发挥的功能与作用也是如此。因此，在一定程度上可以说，培训是调解的"补充"手段或一种独立的第三方干预方法。

四 关系治疗

关系治疗（Relationship therapy），常被用来修复伴随着结构性改变的

---

[1] ［美］马歇尔·卢森堡：《非暴力沟通》，华夏出版社 2015 年版，第 1—3 页。
[2] 常健：《公共冲突管理》，中国人民大学出版社 2012 年版，第 243、246—248、153、170—184、250 页和第 228 页。

严重冲突所导致的恶劣甚至破裂的关系。乔治梅森大学冲突分析与化解研究中心教授郑（Ho – Won Jeong）认为："许多冲突归因于不满意的社会关系而非沟通不畅。制度性的安排（支持维持现存的等级制度）也许仅仅是延长了那些游离于体制之外的人们的挑战"①。很多冲突往往不是单一层面的，而是极具复杂性的。亚当·卡汉尼（Adam Kahane）在《解决难题》②一书中，对冲突的复杂性进行了分析，区分了三种类型的复杂性，即过程复杂性（dynamic complexity）、社会复杂性（social complexity）和生成的复杂性（generative complexity），并指出每一种复杂性冲突都要求有不同的解决方法。针对关系恶化或破裂、敌意严重的冲突，目前西方关系治疗中所采用的方法大致有以下几种。

（一）交互式冲突化解或咨询研讨会

其最初用于解决国际争端或国内种族冲突问题上，后来逐渐被应用于各种群体成员间的冲突化解。咨询研讨会通常由专业人士负责运作，参与者由冲突各方分别派出的意见领袖和中层决策者组成；通常持续数日；根据解决问题的效果，研讨会可能召开数次，也可能一次就完结。研讨会的首要目的是帮助冲突各方厘清争议事项，鼓励其以"解决问题"而不是"争得上风"的态度面对冲突，能够设身处地地为对方付诸理解；其次，研讨会还要帮助双方建立联系，为解决冲突作出计划和安排。一般来说，在研讨会结束时，冲突双方往往能够坐下来重新进行协商和安排。研究表明，研讨会在改善双方关系、增进对冲突的多元理解、促进双方交流等方面确实有显著效果③。

（二）转变态度，建立信任

转变态度是较深层次的关系治疗。20 世纪 90 年代，罗纳尔多·费舍尔（Ronald Fisher）④ 和克努特·拉森（Knut Larsen）⑤ 对冲突进行了更

---

① Ho – Won Jeong, *Conflict management and resolution*, Routledge, 2010, p. 9.

② Adam Kahane, *Solving tough problems: An open way of talking, listening and creating new realities*, San Francisco: Berrett – Koehler, 2007, pp. 67 – 72.

③ Ronald J. Fisher, *Interactive conflict Resolution*, Syracuse, NY: Syracuse University Press, 1997, pp. 242 – 272.

④ Ronald J. Fisher, *The Social Psychology of Intergroup and International Conflict*, New York: Springer – Verlag, 1990, pp. 1 – 13.

⑤ K. Larsen (ed.), *Conflict and Social Psychology*, London: Sage (PRIO), 1993, pp. 3 – 8.

广泛的调查,深入探讨了冲突发展过程的消极因素和积极因素。在积极方面,他们专注于转变态度,发展相互理解和信任,形成共同的或上位的(superordinate)目标,以及促进积极的群体间关系的各种条件[①]。之后,米歇尔将这些研究成果用于对国际冲突的分析[②]。罗伯特·杰维斯(Robert Jervis)研究了国际政治中决策者的感知和错觉[③]。巴比特(Eileen Babbitt)和汉普森(Fen Osler Hampson)[④]从交叉学科多样化的视角探索冲突化解研究的不同方法,他们更侧重于分析政治暴力背后的群体或国家层面的动机,认为态度的转变能通过多样化的工具性手段培养起来,其包括:咨询会(consultative meetings)、问题解决工作小组(problem-solving workshops)、在同一水平上的冲突化解培训、在培育和设计以符合当地文化和规范的其他种类的争议化解体系中的第三方援助等。

（三）达成认同共识

很多恶化的冲突关系久久得不到解决,有可能是源于更深层级的认同危机。罗斯曼认为,源于认同引发的冲突,不同的认同群体之间在其自我感知和优先排序方面相互排斥,彼此不信任。当冲突变得深刻和持久时,它经常涉及个人认同和集体认同的表达和对抗。如果说利益冲突、资源冲突、权力冲突等是对同一认同基体内部的冲突而言,那么认同冲突则是对不同认同基体之间的冲突。他于1997年依据冲突化解的原则,提出了一种打破冲突认同障碍的四阶段冲突化解框架,即ARIA框架[⑤]:(1)对抗呈现阶段(antagonism):聚焦于冲突的有形内容,"我们"对"他们"的表达方式,感受到对资源的威胁,追求对立的解决方案。(2)回应共鸣阶段(resonance):聚焦于冲突的原因和主体,将所有各方的认同需求包括在内。(3)发现创新性的解决方案阶段(invention):通过整合型的解决方案聚焦于如何合作化解决冲突及其核心原因,导致创造性发现。(4)

[①] 常健、原珂:《西方冲突化解研究的三种范式及其发展趋势》,《中国行政管理》2014年第11期。

[②] 同上。

[③] 同上。

[④] Eileen Babbitt & Fen Osler Hampson, Conflict resolution as a field of Inquiry: practice informing theory, *International studies review*, Number13, 2011, pp. 46 – 57.

[⑤] Jay Rothman, Resolving Identity – Based Conflict in Nations, Organizations and Communities, San Francisico, CA, Jossey – Bass, 1997, p. 19.

采取行动实施解决方案的阶段（action）：针对冲突的原因和主体，通过解决方案的有形内容来探讨合作方式形成共同的行动计划。

另外，叙事作为一种常见的沟通行为，也是关系治疗的一种方法，不仅对恶化的冲突关系具有一定的治疗功效，而且有助于在冲突化解情境中建构认同。叙事是基于对冲突情境的理解，冲突当事方克服阻力、叙述其存在的问题和所期望达到的目标，以促进信息交流、处理和提供代理的社会关系。米歇尔·勒巴伦·杜里埃（Michelle LeBaron Duryea）和吉姆·泼茨（Jim Potts）在《故事和传说：冲突化解的有力工具》[1]一文中就认为，原始的故事和传说（story and legend）对冲突化解培训、程序设计和干预具有极大的贡献。他们认为在任何文化背景下对所述故事的结构和情境的理解对有效的冲突干预是极为重要的。他们可以通过与当地原居民进行交流而了解一些与冲突情境相关的价值观念，如通过叙事或故事的方式来进行跨文化培训等，以期使冲突各方通过讲述故事协商一致性和可行性。在关系治疗中，第三方与冲突当事方通过对话或叙事进行一个不断相互诠释的过程，在此过程中，第三方一定要通过诠释理解来引导冲突当事各方建立对冲突事件的再认识或重新认识，进而达成冲突各方之间的认同。

一般来说，关系治疗主要适应于三种情境：一是推进冲突双方达成实质性协议之前，以便使谈判或调解能够推进下去；二是冲突双方达成协议之后，以提高各方对执行协议的承诺；三是冲突双方在协商或谈判过程中关系恶化或破裂、敌意严重导致无法取得进展之时，需要以综合全面性地、深层次性地修复伴随着结构性改变而恶化的冲突各方之间的关系。

此外，还可以发挥专家、学者们的第三方干预作用。专家和学者可以在其专业知识背景的指导下对冲突的整体关系进行系统、全面的认识和分析，提出其他第三方难以具备的远见卓识，同时还可以进行调解、相关培训、关系治疗等。伯顿曾特别指出过学者担当第三方的两大优势：（1）易于交流，无须坚持政策立场；（2）打破科学界限而畅所欲

---

[1] Michelle LeBaron Duryea and Jim Potts, Story and Legend: Powerful Tools for Conflict Resolution, *Mediation Quarterly*, Vol. 10, Number 4, 1993, p. 387.

言，旨在解决复杂的冲突难题①。当然，第三方干预也会带来一些负面影响，因此，除非有必要，再考虑第三方介入，一旦介入，就必须使用干预程度尽可能低的形式，以不致于降低冲突双方自身处理冲突问题的能力，形成对第三方的过度依赖。

五 第三方干预各种方式的适用情境

从上述分析可以发现，作为西方冲突化解两大主要方法之一的第三方干预（另外一种是谈判），其所包含的诸如调解、仲裁、培训和关系治疗等主要方法在成本与成效方面、针对具体冲突情境方面及其适应性方面、以及冲突本身与冲突参与方等方面，既有共性也有差异，且各自优劣偏好也有所不同，如表4-4所示。因此，在冲突化解第三方干预实践中，究竟选择何种具体方法，取决于冲突所处的不同阶段及其特定情境，只有用得其所，才能充分发挥其效力。

表4-4　　冲突化解中的第三方干预及其具体方法之比较

方法 事项	第三方干预			
	调解	仲裁	培训	关系治疗
成本与成效	都有可能产生较大甚至巨大的额外代价，且成效难以预测			
针对冲突情境	当冲突双方想要取得进展但又无法自己解决问题时，特别是双方间的谈判已经陷入僵局或谈判失败时，则会选择第三方干预，而第三方依据在冲突化解不同发展阶段中的干预程度，可以相机选择不同的干预方式			
特定适用情境	冲突双方都不是经验丰富的谈判者；双方都不过分固执己见；双方都接受特定的调解者来调解冲突	没有中介方的意见，问题就不可能得以解决时；争议双方的关系将在问题解决之后终止	一些正经历着冲突却又希望冲突能够得到化解，重归和平的社区、地区或国家	推进冲突双方达成实质性协议之前；冲突双方达成协议之后

---

① ［澳］约翰·伯顿：《全球冲突、国际危机的国内根源》，上海人民出版社2007年版，第169—170页。

续表

事项＼方法	第三方干预			
	调解	仲裁	培训	关系治疗
冲突本身、冲突当事方或参与者	当冲突趋向于是高复杂度的、高紧张度的、长期性的，并且冲突双方权力不对等或具有等级性、双方和平解决冲突的意愿还是个未知数时，经常会采取调解的办法来化解冲突	当冲突趋向于是高度复杂的、持续性的、关系恶化的、分歧严重的，并且冲突双方权力严重不对等、双方没有和解的意思时，通常会选择仲裁的办法	当冲突趋向于是极度复杂的、持续性的、关系破裂的、敌意严重的、难以化解的时候，往往会选取那些新的、具有创造性的、能从深层次上化解冲突的方法，如培训、关系治疗等新的冲突干预方法	

当然，世界上不可能存在"一招通用"（one-size-fits-all）的冲突化解方法，不同的冲突情境需要不同针对性的冲突化解方法，当然，也存在一种成功的冲突化解方法可能适用于多种情境，或者一种情境也可能对应多种成功的冲突化解方法。同理，第三方干预也是如此。但是，随着时代的发展，近年来调解和仲裁这两种传统的经典第三方干预方式逐渐开始遭到了批评，一些新的干预方式日渐兴起，并在某种程度上取得了一定进展，如培训、关系治疗、实现和平等。此外，还有一些新兴的、但尚未完全成形的冲突化解方法也初露端倪，如建设性的冲突化解、批判性的冲突化解、参与性的冲突化解、创造性的冲突化解方法等，这些将是笔者下一步关注的方向。

然而，厘清西方冲突化解中的第三方干预及其各种具体方法的发展历程与相互关系，对正处于社会转型期的中国公共冲突化解理论研究与实践发展都具有重要的借鉴价值或启发意义。特别是从中国目前公共冲突化解的研究和实践来看，其在很多方面都自觉或不自觉地在不同程度上体现或应用了这四种主要干预方法的要求或精神。然而，从理论上对这四种具体干预方法的明确阐释和发展分析可以对我国公共冲突的研究和实践提供四个方面的启示①。第一,应当看到,这四种方法有着不同的理论基础和前提假设,因此在运用每一种方法时,一定要了解其理论预设。第二,应当看到这四种方法从最初提出到现实发展呈现出一种逐步丰富和精化的过程,因此要充分了解每一种方法的发展过程及方法的精化过程,掌握最新的方法。第三,这四种方法针对的是冲突的不同情境,因而各自都有一定的局限性和适用范围,因此需要认真分析每一种方式及其局限性和适用范围,不能将任何一种方法视为可以包医百病,适用于任何一种冲突情境。第四,这四种方法之间既相互区别,又相互促进和补充,因此在实践上要注意不同方法间的相互补充和结合。

在实践中,结合当前我国实际,作为冲突化解主要方法之一的第三方干预对正处于转型期社会矛盾和公共冲突频发的中国实务界,或许更具有直接性的实践借鉴价值。主要集中在三大方面。第一,在第三方自身能力方面。当前我国在第三方干预公共冲突方面,还普遍存在着第三方权威性、公正性、可接受性以及能力、技巧和经验等方面的不足问题,为此,应全面提升第三方自身的综合素质,使其能有效胜任冲突化解干预者能力之要求。第二,在选择干预的时间方面。当前我国包括政府在内的很多第三方干预常常介入时机选择欠佳,不是过早就是过晚,往往错失良机,甚至酿成不必要的"二阶冲突"。因为时间在冲突化解中发挥着至关重要作用,第三方如何选择合适的时机介入冲突则事关成败,因此,第三方应在冲突化解的"成熟时机"(ripe moment)② 选择介入并实施干预才能事半功倍。第三,在干预方式方法方面。整体来说,当前我国第三方干预方式还相对比较单一,其主要集中在行政性和司法性的调解与仲裁上,而缺乏多样化、社会化、专业化的多种干预形式。为此,应积极鼓励并学习、掌握诸如培训、关系治疗、实现和平、设计冲突化解的机制以及改变社会结构和体制等形式的干预方法,逐步形成对公共冲突化解第三方干预之

---

① 常健、原珂:《西方冲突化解研究的三种范式及其发展趋势》,《中国行政管理》2014年第11期。

② 所谓"成熟时机",是指对于冲突各方而言,在现有的冲突中没有一方能赢得胜利、到了互相伤害的僵局时刻,而这是冲突各方摆脱冲突循环的最好时机;对于第三方来说,"成熟时机"就是冲突损害其利益之时或带来促进其利益之机会的时刻。参见刘俊波《冲突管理理论初探》,《国际论坛》2007年第1期。

"按需干预、多元干预、高效干预"格局。

总之,在大多数情况下,在冲突化解中第三方干预能够有效阻止冲突的扩大与升级,退一步说,最起码能够暂缓冲突升级,使冲突各方能够重新回到谈判中,帮助各方寻找可接受的化解方案[1]。这也是第三方干预的要旨所在,即第三方干预的目的不应该限于迅速地化解冲突,而是应该向冲突中的各方灌输一种相互合作、相互信任的解决问题的观念和态度[2]。

第三节 城市社区冲突管理机制建设

社区冲突是现代城市社区治理不可回避的重要议题之一。有效的冲突治理主体和冲突解决办法是城市社区冲突化解与治理的重要保障。通过对北京、上海、天津、广州和深圳等特大城市社区的调查,重点探究社会转型期我国城市社区居民和基层政府解决城市社区冲突的主要途径与举措,前者包括对话和解、调解、仲裁、信访、诉讼及诉诸暴力等,后者主要涉及社区冲突化解、冲突调解、冲突管控、冲突处置和暴力强制等。但一个共识是,随着社会问题的日益增多与复杂化,大多数社会或社区冲突必须通过包括政府、企业、社会组织及公民个体等在内的多元主体协同治理或合作解决。[3]

社区治理作为城市治理与公共治理的基本单元,不仅是基层社会治理的重要组成部分,更是现代国家治理的根基所在。社区和谐是社会和谐之基石。实践证明,社区是社会化解冲突的基础,依托社区进行社会冲突治理,不失为一种明智的选择。与此同时,社区冲突治理关涉千家万户,其与居民享有的社区公共服务水平、宜居程度及幸福指数等都密切相关。然而,社会转型期的我国城市社区治理状况并不容乐观,特别

---

[1] 常健:《公共冲突管理》,中国人民大学出版社2012年版,第243、246—248、153、170—184、250页和第228页。

[2] Deutsch M, Sixty Years of Conflict, *International Journal of Conflict Management*, Number1, 1990, pp. 237-263.

[3] 参见原珂《治理与解决:中国城市社区冲突治理主体及现行解决方法探究》,《北京理工大学学报》(社会科学版)2017年第4期。该文是本项目研究的阶段性成果。

是随着近年来我国社会结构转型以及城市化进程地快速推进，因"大城市病"而引发的一系列城市社区矛盾、纠纷与冲突频发，且呈现出一种愈演愈烈之势。在此态势下，不同的冲突参与主体选择何种冲突解决方式或治理举措，是合理有效化解冲突或成功转化冲突的前提要件。为此，本研究尝试对社会转型期我国城市社区冲突解决与治理的主要主体及其所采取的冲突解决方式方法进行深入探析，以期为其他城市正在探索中的社区冲突解决提供借鉴。

一 关于社区冲突的研究进展

国外对社区冲突的研究，主要从社会冲突视角出发，大致形成了两种分析方法：一种是将社区冲突置于社会结构的大背景下，研究其如何折射出整个社会的变迁，并在此基础上对社区冲突的具体类型、频度、成因及扩大等进行研究，如以科尔曼为代表的学者就属于这种类型；另一种方法是基于社会整合度不够而通过对各类社区冲突具体场景的观察分析来研究社区冲突，如以葛木森为代表的学者则属于此种类型。自此之后，西方学者才逐渐将研究视角从宏观转向微观层次，提出从社区冲突视角对社区进行研究，如以桑德斯为代表的学者属于这种类型，从而彻底将研究视线转向社区冲突中的个体或组织。但是，上述研究都尚未对社区冲突中多元治理主体及其变化进行过多关注，更缺乏对公民自主性成长的关注，这或许与西方社会业已形成的公民社会培育有关，但这也应是西方社区冲突未来研究的关注点所在。

国内学界对城市社区冲突的研究大约兴起于20世纪90年代初，伴随着我国"单位制"的解体、社区建设运动的兴起以及20世纪末推行的住房制度市场化改革，我国城市社区在迎来发展机遇黄金期的同时，也面临着一系列的矛盾、纠纷与冲突。从20世纪90年代到21世纪初的20年间，国内对城市社区的研究较多集中于社区服务、社区建设、社区自治以及社区治理等方面，却忽略了对社区矛盾冲突的研究。直到近年来，学界才逐渐开始关注城市社区冲突，但研究成果相对较少，大都集中在对社区建设、社区参与、社区权利、社区自治等方面产生的社区冲突关系以及对城市社区冲突类型的划分等，其中偶尔涉及对社区冲突治理主体及其解决方法等问题的探讨。具体来说，在城市社区冲突治理主体研究方面，既有研究广泛认为社区冲突治理主体应包括基层政府、社区居委会、业主委员会、物业服务企业、社区社会组织、驻社区单位、社区居民或业主、社区内的商户以及开发商等,且不同主体在社区冲突治理中的作用也应有所不同[1]。而在城市社区冲突化解、转化或解决研究方面,于丽娜等提出了自助性的、民间性的、行政性的和司法性的多元化纠纷解决机制[2];金世斌等研究了社区冲突多极化趋势下构建合作治理机制的实践维度,并提出应在治理主体、治理方式与冲突应对三大层面转换下着力推动社区合作治理[3];陈幽泓等认为社区纠纷的解决应涵盖沟通渠道、调解、仲裁、诉讼等几个由浅到深的梯级层次[4]。此外,黄建宏等还探讨了社会资本在社区冲突化解与治理中的积极作用。他指出因种种原因,社会转型期中国城市社区的社会资本严重缺失,亟需从社区意识、志愿服务、社区组织及邻里关系等方面积极改善[5]。宋黔晖则认为,应通过提升社区资本与信任来提高社区冲突化解与治理水平,维护基层社会稳定。由上可知,国内学界对城市社区冲突治理主体及冲突解决方面的研究虽为数不少,但较为分散,不成系统,呈碎片化之态。为此,本研究在对北京、上海、天津、广州和深圳5大城市社区进行大型数据调查的基础上对此问题进行深入、系统化的分析与研究。

二 数据来源与分析

为了更好地使调查对象能够覆盖所调查城市不同类型的社区和社会各个阶层,保证研究的可行性与有效性,本研究主要采用"城市—区—街道—社区—小区—受访者"的多阶段分层抽样与随机抽样相结合的方法选取调查样本[6]。这样,在很大程度上,被调查的社区在所在城市社区具

---

[1] 原珂:《中国特大城市社区冲突与治理研究》,南开大学2016年版。
[2] 于丽娜、聂成涛:《社区矛盾纠纷化解机制》,中国社会出版社2010年版,第173—174页。
[3] 金世斌、郁超:《社区冲突多极化趋势下构建合作治理机制的实践维度》,《社会人文》2013年第6期,第58页。
[4] 陈幽泓、刘洪霞:《社区治理过程中的冲突分析》,《现代社区》2003年第6期,第40—41页。
[5] 黄建宏:《城市社区社会资本的概念、缺失与路径重构》,《老区建设》2009年第16期,第27—29页。
[6] 在进行正式调查之前,已预先按照此方法于2014年7—9月对天津市的不同类型社区进行了预调查,并根据预调查的数据结果对调查问卷进行了调整与完善。在此,非常感谢天津市民政局的协助。

有代表性，被调查的居民在所有住户中具有代表性。调查基本步骤如下。

第一步，依据所调查城市的社会经济发展状况，选取与所调查城市社区类型（传统街坊式社区、单一单位式社区、综合混合式社区、过渡演替式社区和现代商品房式社区）相对较为接近的市区，如以广州市为例，依次选取荔湾区、海珠区、天河区、白云区和番禺区。其他城市类同。

第二步，在每个城市所选的五类所选市区里，选取与调查社区类型较为接近的典型街道（如老城区、单位社区、综合性社区、城中村或城郊边缘区、高档社区等）。如以广州市为例，依次选取昌华街道、新港街道、天河南街道、三元里街道和钟村街道。其他城市类同。

第三步，在每个城市所选的典型街道中选取2—3个典型社区[①]。如以广州市为例，依次选取昌华街道的西关大屋社区、新港街道的中大社区、天河南街道南一路社区、三元里街道的走马岗社区与东约社区、钟村街道祈福新村社区等。其他城市类同。

第四步，依据每个城市最终确定的2—3个社区，主要采取随机抽样的方法，从每个社区随机抽取15—25位居民进行问卷调查。同时，在部分城市（如深圳）社区，也依据社区居民名单，按照PPS方法进行入户调查。每类型社区发放50份问卷，每个城市共发放250份问卷。

表4-5　中国城市社区冲突与治理研究调查问卷样本分布（份）

城市＼类型	传统街坊式社区	单一单位式社区	综合混合式社区	过渡演替式社区	现代商品房式社区	总计
北京	45	48	48	48	49	238
上海	44	43	50	50	50	237
天津	50	50	50	50	50	250
广州	50	50	48	47	50	245
深圳	45	48	50	50	47	240
总计	234	239	246	245	246	1210
	1210					

---

① 根据某一类型的社区中，若同质性的居民或住宅超过四分之三，即视该社区为这一类型社区的代表样本。

实际调查中，本调查共发放问卷1250份，回收问卷1227份，其中有效问卷1210份，问卷回收率为98.16%，问卷有效率为98.61%，完全符合一般社会调查的基本要求。有效问卷样本分布详见表4-5。针对回收的有效样本，通过SPSS21.0统计软件对问卷整体信度的克朗巴哈系数（Cronbach's Alpha）检验和对问卷整体效度的KMO和巴特利特（KMO & Bartlett）球形度检验分析可知，社区冲突的化解与治理部分的整体信度系数与整体效度系数分别为0.627和0.655[1]。其克朗巴哈信度系数在0.60以上，说明调查问卷的整体可信度较高；Bartlett球形度检验结果的P值小于0.01，同时，KMO值也都在Kaiser所给出的度量标准范围之内，这既说明本调查问卷整体具有良好的效度，而且也表明了调查问卷中各项题目的设计都是合理的。因此，原有变量完全符合社会调查的基本要求。

三 城市社区冲突治理的多元主体

治理，意味着多元主体的参与。通常，社区治理的主体包括基层政府、街道、社区居委会、业主委员会、物业服务企业、社区社会组织、驻社区单位、社区居民或业主、社区内的商户以及开发商等。这些也都应是城市社区冲突治理的主体，只是不同主体的作用应有所侧重。一般来说，在治理水平较高的社区，社区矛盾、纠纷或冲突相对较少，反之亦然。在治理水平较高的社区，不同的治理主体如社区居委会、业主委员会、驻社区单位、社区社会组织、物业服务企业、志愿者以及社区居民等，往往能够较为有效地参与到所在社区建设与发展中，并能一定程度地发挥其各自的专长与优势，各主体之间相互沟通交流、协商共治，使得社区矛盾、纠纷或冲突常常消解或被遏制在萌芽阶段，而不会进一步恶化。而在治理水平相对较低的社区，往往社区行政化较为严重，社区其他多元主体难以真正有效地参与到社区治理中来，从而容易形成社区"表层稳定"的假象，一旦遇到问题甚至一些琐事，就很容易引发矛盾纠纷或深层次的冲突。因此，在这种意义上可以说，社区冲突治理主体的多元化与否是衡量社区治理水平高低的重要指标之一。

---

[1] 本调查问卷共分两部分，第一部分为受访者基本信息；第二部分为对社区冲突的认知，与本项目研究不相关，故不涉及。

调查结果显示，针对"在日常生活中，当您遇到社区矛盾、纠纷或冲突时，寻求帮助还是自我处理"一题，近七成（占69.8%）的受访者表示会"寻求帮助"，其余约三成（占30.2%）的受访者认为会"自我处理"。随后，对选择"寻求帮助"的受访者继续调查其所求助的对象，结果显示，29%的受访者选择向"社区居委会"求助，22.8%的受访者选择向"相关政府部门"求助，15.4%的受访者选择向"亲戚朋友"求助，选择向"业主委员会""街坊邻居"和"相关社会团体或组织"求助的比例均约占10%，详见表4-6。由此可以看出，社区居委会、基层政府及社区居民等都是城市社区冲突治理的重要主体。

表4-6　　　　　民众遭遇社区冲突时寻求帮助的对象

	样本数（个）	占总样本的百分比（%）
相关政府部门	544	22.8
社区居委会	694	29.0
业主委员会	275	11.5
相关社会团体或组织	240	10.0
亲戚朋友	369	15.4
街坊邻居	245	10.3
其他	23	1.0

同时，从表4-6还可以看出，当社区居民遇到社区冲突时，选择向"社区居委会"求助的受访者比例占到29%，而选择向"业主委员会"求助的受访者仅占11.5%。这在一定程度上反映出，现实中社区居民或业主对社区居委会的信任度远高于对业主委员会的信任度。在调研访谈中了解到，相较于社区业主委员会、社区自管委员会等之类的社区组织或社会团体，当居民遇到社区矛盾冲突时，往往更愿意向以社区居委会为代表的"社区政府"、街道或基层政府及其相关部门（二者所占比例超过50%）等求助。由此可知，社区居委会和相关基层政府部门作为社区民众遭遇矛盾冲突时求助的主要选择对象，其在社区冲突治理中发挥着不可替代的重要作用。鉴于此，本研究主要从城市居民和基层政府两个层面对

其在社区冲突解决与治理中的主要途径和举措进行重点分析。

四 城市居民解决社区冲突的主要途径

关于城市社区冲突解决的方法或途径，美国旧金山社区委员会根据实践经验总结出了城市社区冲突解决的多种途径，如图 4-1 所示。美国旧金山社区委员会依据纠纷双方自主决策的能力强弱，将社区冲突化解方法划分为除回避问题和诉诸暴力之外的六种途径：协商、和解、调解、仲裁、诉讼和立法，其中前三种属于个体或团体能自主决策的方法；后三种则属于依靠法律强行推动的解决途径。

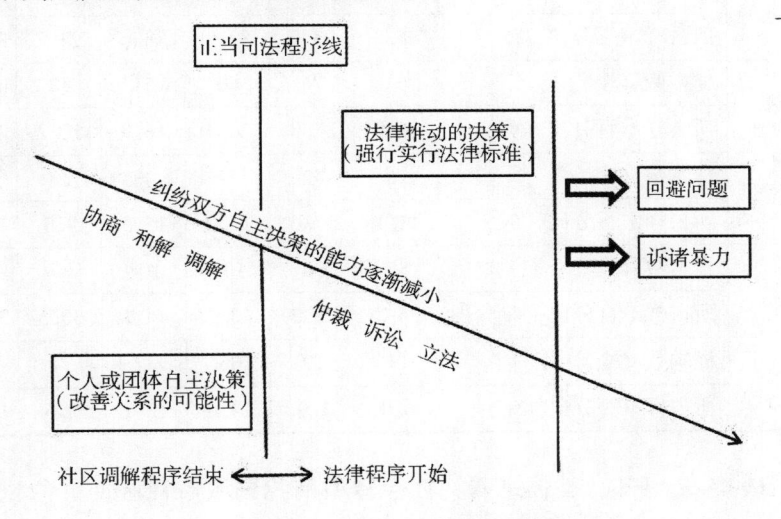

图 4-1 社区冲突解决的多种途径

资料来源：旧金山社区委员会，详见网址：www.communityboards.org. 转引自：[美] 罗纳德·S. 克雷比尔等：《冲突调解的技巧（上册）》，魏可钦等译，南京大学出版社 2011 年版，第 6 页。

在此基础上，结合我国实际与专家访谈资料，将社会转型期我国城市居民解决社区冲突的主要举措或方法大致划分为对话（和解）[①]、调解、仲裁、信访、诉讼和诉诸暴力六种。调查结果显示，关于城市社区居民选择解决社区矛盾、纠纷或冲突的主要方法，绝大多数的受访居民都会选择"调解"或"对话和解"的方式，分别占 89.5%、78.4%；其次是"诉

---

① 包括冲突双方私了、谈判解决等。

讼"，占 39.5%；再次是"仲裁"，占 25.0%；而选择"上访"和"诉诸暴力"则相对较少，分别占 12.5%、10.1%。详见表 4-7。

表 4-7　不同类型城市社区冲突解决中居民所选取的主要方法

冲突化解方法	社区类型	传统街坊式	单一单位式	综合混合式	过渡演替式	现代商品房式	总计
	样本总数（个）	234	239	246	245	246	1210
对话和解	样本数（个）	181	198	183	192	195	949
	所占样本百分比（%）	77.4	82.8	74.4	78.4	79.3	78.4
调解	样本数（个）	208	224	204	217	230	1803
	所占样本百分比（%）	88.9	93.7	82.9	88.6	93.5	89.5
仲裁	样本数（个）	63	76	60	51	52	302
	所占样本百分比（%）	26.9	31.8	24.4	16.9	17.2	25.0
信访	样本数（个）	26	42	27	38	18	151
	所占样本百分比（%）	11.1	17.6	11.0	15.5	7.3	12.5
诉讼	样本数（个）	85	92	106	108	87	478
	所占样本百分比（%）	36.3	38.5	43.1	44.1	35.5	39.5
诉诸暴力	样本数（个）	14	19	36	32	21	122
	所占样本百分比（%）	6.0	7.9	14.6	13.1	8.5	10.1

从表 4-7 可知，整体来看，社会转型期我国城市社区冲突的化解，主要以"调解"和"对话"为主（分别占 89.5% 和 78.4%），辅之以"诉讼"和"仲裁"手段（分别占 39.5% 和 25.0%），采用"信访"或"暴力解决"行为的则相对较少（均约占 10%）。由此推知，城市居民在遭遇社区冲突时所选取的冲突化解方法有显著差异。

一方面，从社区类型的差异来看，不同类型城市社区中的居民在面对社区冲突时所选取的冲突化解方法有所差异。如表 4-7 所示，在单一单位式社区中，居民采取"调解"与"对话"方法化解冲突的比例最高，分别为 93.7% 和 82.8%，这是因为单一单位式社区内的居民大多之前或当下仍在同一家企事业单位工作，每天"抬头不见低头见"，与其他类型社区的居民相比，更愿意采取"温和型"的方式解决冲突，以免把事态扩大或闹得"沸沸扬扬"，给自己、家庭或单位带来"负面影响"。现代商品房式社区居民选择"调解"的比例仅低于单一单位式社区0.2个百分点，为93.5%，这是因为，一般来说，现代商品房式社区居民的综合素质相较于其他四类社区要普遍高一些，往往更愿意采取"理性和平"的方法化解冲突。在此逻辑下可知，现代商品房式社区居民选择"对话和解"的比例也相对较高，为79.3%。而在综合混合式社区和过渡演替式社区中，居民选取"诉讼"和"诉诸暴力"方式化解冲突的比例相对较高，其中，综合混合式社区分别为43.1%和14.6%，过渡演替式社区分别为44.1%和13.1%，明显高于其他三种类型的社区。这除了与这两类社区居民整体综合素质相对较低有关外，还与现阶段这两类社区所住居民异质性较大、人口流动率较高、社区基础设施配套与公共服务跟不上等因素密切相关。在传统街坊式社区中，居民选取社区冲突化解的方式主要以"调解"和"对话和解"为主，辅之以必要的法律手段，不具有很明显的其他特征。

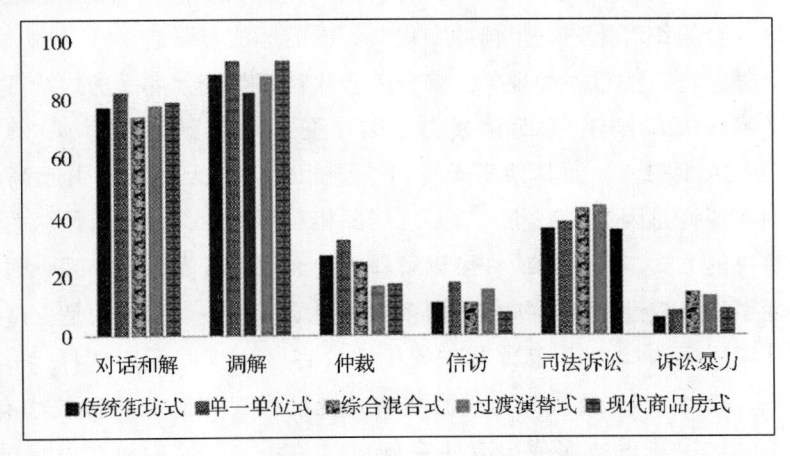

图4-2 不同类型城市社区冲突解决中居民所选取的主要方法

另一方面，从社区冲突解决方法选取的差异来看，如图4-2所示，五大类型的社区居民在选择冲突解决方法时，"调解"与"对话和解"是最为普遍的方法。选择"仲裁"方法的，单一单位式社区与传统街坊式社区所占比例相对较高，分别为31.8%、26.9%，这或许与这两类社区居民相对较为熟悉、社区资源较好、社区信任度较高等因素有关。然而，选择"信访"的，过渡演替式社区与单一单位式社区所占比例相对较高，分别为 17.6%、15.5%，一种可能的解释是，前者与现阶段城镇化过程中征地拆迁关系较大，后者则更多地与前些年国有企事业单位改制及遗留问题有关①，这些都造成了民众"上访"概率的增加。在此，不容忽视的是，在传统街坊式社区和综合混合式社区中，受访居民选择"上访"的比率都超过 10%。在访谈中了解到，之所以"上访"比例这么高，前者大都因"旧城改造""回迁社区"过程中产生的占地补偿、住房分配等问题处理不公而引起，后者较多与混合社区里中下层居民及弱势群体维权活动有关。另外，还可以发现，在五大类型的城市社区冲突解决方法选取中，五类社区居民选择"诉讼"的比例要普遍高于选择"仲裁"的比例，其相差幅度都约在 10% 以上，甚至高出 20%，如过渡演替式社区就相差 27.2%。这充分表明，现阶段我国城市社区冲突化解中，"非诉即访"的现象极为严重，而不重视诸如"仲裁"之类的非诉讼纠纷解决方式（简称"ADR"），这不仅与国外社区冲突化解有很大的差距，而且也很不利于社区社会组织等第三方干预冲突化解氛围的形成与营造。

此外，还需注意一种现象，综合混合式社区与现代商品房式社区居民选择冲突解决方法中，"诉诸暴力"的比重要高于选择"信访"的比重（均高出 2% 以上），而其他三类社区中则相反。这无疑需要引起高度关注。前者或许是因为其流动人口多、居民相对不熟悉，因无所顾忌而采取暴力解决的方式，而后者或许可以解释为什么现阶段商品房小区中因物权冲突而引发维权性群体对抗事件增多的重要原因之一。有趣的是，过渡演替式社区居民选择"诉诸暴力"的比重（13.1%）要低于选择"信访"的比重（15.5%）。这或许与过渡演替式社区居民相对异质性较小有关，社区中的居民毕竟或多或少有些宗族血缘关系。"城中村"社区居民、"村改居"社区居民以及城郊社区居民等，他们往往面对的社区冲突是与"外来人口"、外族人以及社区内某一类群体针对另一类群体的冲突，如

---

① 近年来我国经济发展已日渐进入新常态，特别是随着钢铁、煤炭等重工业的产能严重过剩，可能会造成单一单位式社区居民因经济不景气、企业裁员、福利下降以及下岗失业等问题而引发的"信访"比例进一步提高，2016 年开启的新一轮下岗潮也必然会加剧这一问题，如 2015 年武汉钢铁集体因裁员上万余人而引发的下岗失业人员上访事件、2016 年"两会"期间黑龙江省双鸭山市龙煤集体等煤矿因拖欠工人工资而引发的示威游行（简称"双鸭山事件"）等都是如此。

"城中村"或"村改居"过程中因征地拆迁或其他重大工程等而引发的大多数居民针对少部分村干部等之类的冲突,其选择"上访"往往更为有利,更容易引起上层的关注并得到其支持。

在此重点从公共冲突治理之视角,结合相关学科知识,来解析每一类具体方法在城市社区冲突化解与治理中的作用、功效及不足。

(一) 调解

调解,作为冲突化解的一种手段,是一种营造和平 (peacemaking) 的方式,其中,第三方自己或者应冲突各方邀请而介入争端以帮助冲突各方达成协议[1]。在这一过程中,虽然调解者并没有权力作出决定或者向双方施加一个解决方法,但是,调解者可以帮助冲突双方梳理彼此的差异,并且寻找一个彼此都能接受的解决方法[2]。

调查结果显示,调解是现阶段我国城市社区冲突治理中最主要和最重要的化解方法(占89.5%),其在五大类型城市社区冲突解决内的占比均在80%以上,尤其是在单一单位式社区和现代商品房式社区,占比均超过90%,详见表4—7。日常生活中,居民或业主一旦遭遇到矛盾、纠纷或冲突,第一时间想到的往往就是去社区居委会进行协调解决。特别是在上海市的社区冲突化解中,调解已经发展得相对比较成熟,"能调解的矛盾,就要想办法不让它升级到仲裁或打官司"。例如,上海市徐汇区劳动仲裁部门就将多起劳资纠纷冲突委托给虹梅、田林等社区工会,尝试和社区工会通过就地调解共同化解矛盾纠纷,力争把社区新出现的矛盾、纠纷或冲突化解在社区层面,使其不出社区就能得到解决[3]。其实,我国城市社区调解制度经过近几十年的发展与完善,已经形成了一些相对较为专业化的调解机制,主要包括:1) 自助性调解机制(如协商等);2) 民间性调解机制(包括人民调解、不同组织团体参与的调解,如妇联、律师、消费者协会参与的调解,其他形式的民间调解,如家族调解、邻里调解和

---

[1] Ann Douglas, The Peaceful Settlement of Industrial and Inter-group Disputes, *Journal of Conflict Resolution*, 1957 (03), pp. 69-81.

[2] B. Gray, *Collaborating: Finding common ground for multiparty problems*, San Francisco, CA: Jossey-Bass, 1988. 转引自:原珂:《西方冲突化解视角下的第三方干预及对中国的借鉴》,《社会主义研究》2016年第1期,第112页。

[3] 杨淑琴:《社区冲突:理论研究与案例分析》,上海三联书店2014年版,第65页。

亲友调解等)；3) 行政性调解机制 (如行政调解等)；4) 司法性调解机制 (如法院调解中的民事诉讼、行政赔偿诉讼等)。这些调解机制在维护基层社会秩序与稳定方面都发挥了重要作用。但是，不可忽视的是，在社区调解发展过程中，也存在着一定程度上的"虚假"调解，如要挟式调解、蒙骗式调解、割让权力式调解、疲劳式调节、拖延式调解等，这些严重有碍于社区调解的良性健康发展，亟需对此引起防范。

(二) 对话和解

一般来说，"对话"是指两方或两方以上之间的谈话 (conversation)。严格意义上，对话有别于倡导 (Advocacy)、会议 (Conference)、咨询 (Consultation)、辩论 (Debate)、讨论 (Discussion)、谈判 (Negotiation) 或沙龙 (Salon) 等。据此，国外对话界最早的实践者戴维·博姆 (David Bohm) 将"对话"定义为"经我们而流动的意义"(meaning flowing through us)，它包含七方面要素：问题、探寻、合作共创、倾听、揭示自己和他人的各种假定、搁置评判、共同探索真相。也就是说，博姆认为"对话"是人们直接面对面接触的过程，通过这一过程，人们能够形成一种共同的意义，一种共同的思想或集体的智慧[①]。在本质上，对话就是一群人在一起相互了解，在彼此的差异中建立互信，通过谈话产生正面的结果。

调查结果显示，在社会转型期的我国城市社区冲突化解中，"对话 (和解)"是经常被采用的一种方法 (占 78.4%)，其在五大类型城市社区的占比均在 74% 以上，其中单一单位式社区的占比高达 82.8%，详见表4—7。然而，尽管对话的运用频率较高，但取得的成效却常常不尽如人意。其原因或许在于对话双方的姿态、对话者的沟通技能、对话者的语言艺术、对话者的信誉或兑现承诺的诚信度以及外部环境等。现实生活中，出于上述种种原因，人们渴望表达、交流、沟通与对话，却常常不得其道，遂不再去寻求沟通或对话来和解，转而诉诸暴力或争斗。这种状况，迄今尚无多大改变。甚至在某种意义上可以说，对话已成为了现代社会人类的一项"缺失的技能"(A missing skill)[②]。实际社区冲突解决中，

[①] 常健、原珂：《对话方法在冲突化解中的有效运用》，《学习论坛》2014年第10期，第45页。

[②] Daniel Yankelovich, *The magic of dialogue: Transforming conflict into cooperation*, London: Nicholas Brealey Publishing, 1999, p. 16.

因不会对话、对话不合适以及把握不住对话的关键所在等而引发的"二阶"冲突屡见不鲜。

(三) 诉讼

诉讼,"诉"者,争也;"讼"者,告也。一般是指纠纷当事人通过向法院起诉另一方当事人的一种争端解决方式,通常包括民事诉讼、行政诉讼和刑事诉讼等。诉讼,作为一种法律化的争端解决方式,是控制与化解冲突的一种有效形式,具有很多优势,如"法律的平等保护"让每一个人都拥有解决问题的渠道,而无需征得另一方的同意;能够为公平提供准则(要求证据);利用专业人员为冲突方辩护;作为其他控制冲突方法的支撑等。然而,诉讼系统在处理冲突时也会有一定的限制,主要体现在两方面[①]:一是被过度使用的问题,诉讼作为一种以结果为导向的手段,它带给人们的负担往往过重,如时间、金钱及精力等方面的大量投入,甚至还存在可能被误用的风险;二是风险增大的问题,冲突各方不再自己作出决定,而听任第三方裁决,不确定性风险增大。

分析社会转型期我国城市社区冲突以及社会冲突的解决现状,则会发现,诉讼不仅是较多采用的冲突化解方式之一,而且完全存在上述两大问题。以北京市法院为例,1993年一年审判案件总计约7万件,到2004年时已达30万余件[②],10年间平均每年增加2万件左右。如今又10年过去了,虽无明确的统计数据显示,但诉讼案件数量有增无减之势不容置疑。调查结果显示,在社会转型期我国城市社区居民采取"诉讼"的冲突化解方式,仅次于"对话和解"与"调解",位居第三位(占39.5%),详见表4—7。从调查数据还可以看出,综合混合式社区和过渡演替式社区的居民选择"诉讼"的比例相对较高。其主要原因在于这两类社区中因多方面因素往往缺乏相对完善或健全的社区冲突化解机制或平台,而相关矛盾纠纷调解类的社区社会组织或团体等发育又不充分,当居民遇到矛盾冲突时,有时不得不选择"诉讼"。然而,相较于其他三种类型的社区,在传统街坊式社区中,居民相对较为熟悉,缘于地缘的关系,往往会通过

[①] [美] 威廉·W. 威尔莫特、乔伊斯·L. 霍克:《人际冲突:构成和解决》,曾敏昊、刘宇耘译,上海社会科学院出版社2011年版,第278—279页。

[②] 范愉:《ADR与法治的可持续发展——纠纷解决与ADR研究的方法与理念》,参见网站:http://www.legal-theory.org/? mod=info&act=view&id=8748。

社区有威望的长者进行调解，而不会轻易选择诉讼；在单一单位式社区中，很多居民都是在同一家企业或单位工作，缘于业缘上的关系，通常也不会随意选择诉讼；在现代商品房社区中，居住整体素质相对较高，且现代小区一般都有比较完善的社区冲突化解组织或机构，如业主委员会、物业服务企业以及各种社区社会组织等，因而业主也不会轻易选择诉讼。

（四）仲裁

仲裁，是指由地位居中的人对争议事项公正地作出评断和结论，居中公断。它是基于当事人之间的合意，由中立第三方作出有法律约束力和执行力的决定的一种私人的争端解决方式[1]。玛德莱恩·莱宁格（Madelaine Leininger）认为，仲裁是一种高度形式化、制度化、法律化和组织化的方法，用来解决重大的、分歧严重的冲突。它有严格的规则和程序，有专业化的队伍和角色分工，其结果具有合法性和约束力[2]。一般来说，仲裁是当调解陷入困境或调解失败时，一种有组织的新的"调解"方式，这种新的"调解"具有自愿性、专业性、灵活性、裁决的强制性和一裁终局等特点。与调解相比，虽然仲裁也是来自外部的冲突干预，但调解的主要作用在于提出化解冲突的创造性建议，而仲裁则需要为冲突各方确定其必须接受的化解方案[3]，且这一方案具有法律约束力。

调查结果显示，社会转型期的我国大多数城市社区居民，选择"仲裁"这一冲突化解与治理手段的相对较少，占四分之一，但也不容忽视，详见表4—7。这一方面说明社会转型期我国大多数城市社区民众对"仲裁"这一非诉讼纠纷解决方式不够重视，对其解决方法还不为熟悉；另一方面也反映出相关政府部门对"仲裁"这一冲突化解方法宣传与推广的力度尚且不足。调研访谈中就了解到，很多综合混合式和过渡演替式社区中的居民，压根就不知道还有"仲裁"这一冲突解决方式。同时，从

---

[1] 关于仲裁，中外学界对其强调点略有所不同，国外学界广泛强调仲裁是一种私人的争端解决方式，仲裁权属于私权而非公权，国内学界则强调第三方的居中地位，要求第三方能独立裁判，且身份不能与法官相混同。参见：常健等《公共冲突管理》，中国人民大学出版社2012年版，第243页。

[2] Madelaine Leininger, Conflict and Conflict Resolution, *The American Journal of Nursing*, 1975, 75（2），pp. 292 – 296.

[3] 李占宾：《基层治理的现实困境及法治化路径》，《河南师范大学学报》（哲学社会科学版）2016年第1期，第16页。

表4—7和图2可以看出,各类社区相比较,单一单位式社区和传统街坊式社区的居民选择"仲裁"方式的比例相较于其它三类社区要略高一些,所占比重分别为31.8%、26.9%。这其实与传统"单位制"背景下的社会体制有关,在这两类同质性相对较强的社区里,居民往往还习惯依附于单位来解决一切问题,抱着计划经济时代下的"有事找居委会"、"有事找单位"、"有事找领导或主要负责人"的处事心态,民主权利意识相对较弱。那么,这就可能会带来一种负面现象,即过于依赖第三方仲裁,从而一方面可能会间接降低当事双方自身化解冲突的努力程度,另一方面可能会因仲裁不当而直接引发分歧扩大或导致冲突的加剧与升级。对此,托马斯·科汉(Thomas A. Kochan)等曾明确指出了仲裁可能会带来的五大消极后果或负效应:冷却效应(chilling effect)、麻醉效应(narcotic effect)、半衰期效应(half-life effect)、偏见效应(biasing effect)和决定接受效应(decision-acceptance effect)[1]。

(五)信访

信访,又称"人民信访",是指公民、法人或者其他组织采用书信、电子邮件、传真、电话、走访等形式,向各级人民政府、县级以上人民政府工作部门反映情况,提出建议、意见或者投诉请求,依法由有关行政机关处理的活动[2]。从公共冲突管理视角来看,信访作为一种特殊的冲突化解制度,至少有以下三方面的积极功能:缓解冲突双方间的敌对情绪、加强冲突双方间的彼此了解以及平息冲突或实现冲突化解[3]。然而,现实中,有些信访属于法院不受理的领域(社会政策或行政改革中的政策性、全局性问题),也有些属于与诉讼直接相关的领域(涉诉信访)。这样,就逐渐衍生出了我国信访制度的另外一种特殊形式——"上访"。它一般指的是越过引发问题的层级政府,要求上级机构和官员对造成他们不满的下级机构和官员施加压力,以得到更为有利的结果。特别是在民众觉得信访"无效"或"无助"的情况下,更会选择越级上访行为。

---

[1] Thomas A. Kochan, *Collective Bargaining and Industrial Relations*, Homewood. Ⅲ. Irwin. 1980, pp. 53-55. 转引自:常健等:《公共冲突管理》,中国人民大学出版社2012年版,第248—249页。

[2] 2005年5月1日起施行的《信访条例》第二条。

[3] 李俊:《社会安全阀理论与信访制度》,《广西社会科学》2002年第4期,第220页。

调查结果显示,单一单位式社区和过渡演替式社区的居民选择"上访"的比例相对较高,分别为 17.7%、15.5%,详见表 4-7。之所以会出现这种情况,前者常常与单位改制相关,后者往往与征地拆迁、"村改居"等相关,由此而引发的群体性冲突中常常会带来大量的上访事件。而这些上访事件往往会进一步增加冲突的严重程度,造成更为恶劣的影响。当然,其他三种类型的城市社区也难免会有居民或群体性的"上访"现象,但较前两者则相对较少,且由"上访"而引发的冲突程度也相对较低。而针对"您认为如果您或您周边的居民遇到难以解决的社区矛盾、纠纷或冲突时,一般会选择上访吗?"一题,调查结果显示,48.1%的受访者表示"会上访";26.8%的受访者表示"坚决不会";25.1%的受访者表示"一般不会,即使上访,也只是求闹大影响",如表 4-8 所示。调查中约一半的受访居民选择会"上访",这与我国民众长期以来形成的"信访不信诉""信访不信法""宁死不问讼"甚至"信闹不信访"的"闹大"思维或心理误区有关。当然,在理想状态下,任何矛盾和纠纷都应通过法律途径得到解决。在一定程度上,民众"信访不信法"有归因于司法系统自身的问题,如当前司法系统仍然存在判决不公、徇私枉法及其腐败现象等客观存在[1]。

表 4-8　社区居民遇到难以解决的社区冲突时选择上访的情况

	样本数(个)	占总样本的百分比(%)
会,毫不犹豫	89	7.4
会,在相关部门不解决或迫不得已时就会上访	493	40.7
一般不会,即使上访,也是只求闹大影响	304	25.1
坚决不会	324	26.8

随后,对约七成(占 73.2%,即选择"坚决不会"的 26.8% 的受访者除外)的表示"会上访"的受访者进行上访地点调查,其结果如表 4-9 所示,31.5% 的受访居民选择"在本地上访",43.7% 的受访者选择

---

[1] 类似"大盖帽两头翘,吃完被告吃原告"的段子至今仍广为流传,司法系统自身存在一定问题是不争的事实。参见:刘廷华等《"信访不信法"的法经济学分析及其政策建议》,《云南行政学院学报》2015 年第 2 期,第 173 页。

"本地解决不了就越级上访",只有3.4%的受访者选择"一有纠纷就越级上访",其余21.4%的受访者选择"视情况而定"。由此可知,针对社区冲突化解,在"本地上访"和"越级上访"之间并不存在不可逾越的鸿沟,即上访者在对"本地上访"结果不满时,往往会毫不犹豫地继续选择"越级上访"。这一方面反映了现代公民民主权利意识特别是自身诉求意识的增强,但另一方面也使社区冲突治理充满了变数,即不确定性大为增强。

表4-9 选择"本地上访"还是"越级上访"的情况

	在本地上访	本地解决不了就越级上访	一有纠纷就越级上访	视情况而定
样本数(个)	279	387	30	19.0
占所选样本的百分比(%)	31.5	43.7	3.4	21.4
占总样本的百分比(%)	23.1	32.0	2.5	15.7

(六)诉诸暴力

诉诸暴力,不言而喻,是最为糟糕的冲突解决办法。因为暴力的发生不仅是对社区冲突化解的严重阻碍或中止,而且还意味着任何改进冲突情境所做努力的破灭。但是,诉诸暴力在城市基层社区冲突化解中,却是难以避免的一种简单粗暴的冲突解决方式。特别是在综合混合式社区和过渡演替式社区,暴力解决冲突更为常见,如表4—7所示,这两类社区居民会采用暴力方式解决冲突的比例分别为13.1%和8.5%。在现实中,生活在综合混合式社区和过渡演替式社区的居民一般处于城市中下层或底层,经济和社会资源状况都相对较差,这样,在这些社区矛盾冲突中,倘若缺乏权力或资源的人总是受到不公正的待遇或总是无法达成目标,那么他们很容易针对那些拥有权力或资源的人制定出一套系统的抵制方案。当人们觉得"什么都不重要了"的时候(即无法通过正常的途径达成目标),绝望和暴力倾向就产生了,诉诸最后手段(放弃、挑衅或暴力)的人常常是那些感到缺乏权力的人。这恰恰说明了"有时过多的失败并不一定能够让人变得更加坚强,反而促生了冷漠、失望行为甚至绝望、侵略行为"。例如湖北石首事件、重庆万州事件、四川大竹事件等都是如此。从这些案例中可以看出,人们意识中权力不平等的情况是如何进一步促生进攻行为的。由上可知，很多报复举措的产生都是因为报复的人认为自己处于没有权的地位①。事实上，暴力解决冲突虽有损现代社会的法制秩序，不利于冲突化解，而且还往往易于埋下仇恨的种子，形成积怨性冲突。但是，作为相对独立于居民个体的基层政府以及街道办事处、社区居委会等，其在应对暴力性的社区冲突时，应果断通过合法"暴力"方式进行强制，如出动警力等及时维持社区秩序与稳定。

此外，值得注意的是，关于社区中的不同民族、种族、族群等之间的冲突，能否采用暴力的方式进行解决，在此借用马丁·路德·金（Martin Luther King Jr）在《阔步走向自由》（Stride Toward Freedom）中的一段话来回答②：用暴力来实现（社区种族）正义，不仅不切实际，也不合乎道义。说它不切实际，因为它是一种恶性循环，最终会毁灭一切。以牙还牙的老办法只能两败俱伤。说它不道德，是因为它旨在羞辱对手，而不是赢得对方的理解；它旨在消灭对手，而不是转变对方的想法。暴力不道德，因其滋生的是仇恨而不是爱。它破坏社会、破坏人类的兄弟情谊。它让社会走向独断，而不是对话。暴力最终摧毁自己。它让幸存者痛苦，让毁灭者变得残暴。

五　城市基层政府解决社区冲突的主要举措

社会转型期的我国城市基层政府③，不仅在城市基层社会治理中占据

---

① ［美］威廉·W. 威尔莫特、乔伊斯·L. 霍克：《人际冲突：构成和解决》，曾敏昊、刘宇耘译，上海社会科学院出版社 2011 年版，第 115—116 页。

② Martin Luther King Jr., Stride Toward Freedom, Boston: Beacon Press, 2010. 转引自：［美］罗纳德·S. 克雷比尔等：《冲突调解的技巧》（上册），魏可钦等译，南京大学出版社 2011 年版，第 6 页。

③ 基层政府，按照宪法和地方组织法的规定，在农村，一般是指乡、民族乡、镇一级；在城市，一般是指不设区的市、市辖区一级。为了便于行政管理，我国城市基层政权一般设有自己的派出机关——街道办事处。从组织机构上说，我国的基层政权是指乡、镇、民族乡人民代表大会和人民政府以及市（不设区的市）、市辖区人民代表大会和人民政府。显然，在大城市中，区政府才是真正意义上的城市基层政府，而街道办事处作为区政府的派出机关，不是严格意义上的基层政府。但是，鉴于当前我国街道办事处的组织机构及其人员配置等都直逼一级政府建构以及社区行政化的浓厚色彩，本研究中的城市基层政府除了大都市的市辖区政府外，也涉及街道办事处以及以社区居委会为代表的"社区政府"等。为方便表述，下文中若无特别说明，本研究的"基层政府"主要指"城市基层政府"。

着主动地位，而且在城市基层社区冲突解决与治理中发挥着重要作用。调查结果显示，城市基层政府及其相关部门在社区冲突解决与治理中的主要举措，大致涉及社区冲突和解、社区冲突调解、社区冲突管控、社区冲突平息或冲突处置以及政府"兜底"、暴力强制等方式方法。在此需注意的是，政府在解决社区冲突时，一般是以第三方干预者的形式出现的，而不应是直接的冲突方，除非相关政府也卷入到社区冲突中来，形成所谓的"二阶冲突"。在此，主要对相关政府及有关部门在社区冲突中以"第三方干预者"形式出现的冲突解决方式进行重点论述。

调查结果显示，针对"政府及其相关部门在社区矛盾、纠纷或冲突化解与治理中的作用"一题，33.6%的受访者认为其作用"不大"或"根本没有发挥作用"，35.6%的受访者认为其作用"很大"或"较大"，其余约三分之一的受访者持"中立"态度，选择"一般"，详见表4-10。基于中国人含蓄的表达态度，可以推知，应约有超过半数的居民都认为社会转型期的基层政府在社区冲突解决与治理中的作用"不是很大"，甚至有部分居民认为基层政府在社区冲突治理中严重存在着不同程度的"作为不当"或"不作为"。

表4-10 政府及其相关部门在化解社区冲突方面的作用

	很大	较大	一般	不大	几乎没有	根本没有
样本数（个）	201	230	372	240	137	30
占总样本的百分比（%）	16.6	19.0	30.7	19.8	11.3	2.5

之后，继续对关于政府在社区矛盾、纠纷或冲突化解与治理中所采取的主要举措进行了调查，如针对"您觉得贵社区或周边社区的矛盾、纠纷或冲突，相关政府一般主要通过下列哪种方式来解决？"一题，27.4%的受访居民认为"以各方间相互妥协而解决"；23.4%的受访居民认为"以各方目标的实现和平化解"；21.9%的受访居民认为"通过强有力的管控或控制来解决"；1.2%的受访居民认为"以暴力的方式解决"，其余26.1%的受访居民选择"视情况而定"，详见表4-11。由此可知，社会转

型期我国城市社区矛盾、纠纷或冲突的解决方式相对较为单一，主要以调解①（包括和解和妥协）和管控为主，所占比重依次为 50.8%、21.9%。

表 4-11　　民众认为基层政府解决社区冲突的主要方式

	样本数（个）	占总样本的百分比（%）
以暴力的方式解决	14	1.2
通过强有力的管控或控制来解决	265	21.9
以各方间相互妥协而解决	332	27.4
以各方目标的实现和平化解	283	23.4
视情况而定	316	26.1

鉴上所述，在此重点论述相关政府部门在社区冲突解决中常用的几种主要举措：社区冲突和解、社区冲突调解（妥协）、社区冲突管控、社区冲突处置和政府"兜底"以及暴力强制等。

（一）社区冲突和解

社区冲突和解，主要是指冲突各方在平等自愿的前提下，通过对话协商以实现冲突较深层次的解决。针对社会转型期我国各大城市日益凸显的社会矛盾与社区冲突，城市基层政府及其相关部门在矛盾冲突化解方面作了多种积极性的探索与尝试，如搭建社区冲突化解平台、完善社区应急体制、建立社区突发事件多方联动机制等。例如，广东省广州、佛山等市的街镇综治信访维稳中心②就是城市基层政府在社区冲突和解方面作出的有益探索。该综治信访维稳中心发挥着民情信息收集、信访案件流转、矛盾纠纷调处、群防群治指挥、重点人群服务管理和法治教育宣传六大功能。由此可知，政府在社区冲突和解中，主要应是提供平台或制度规制的供给，而不应过多参与到实际社区冲突解决中。

---

① 主要是指政府及其相关部门的调解。
② 2009 年 6 月 3 日广州市成立了第一个街镇综治信访维稳中心——石牌街综治信访维稳中心。此后，广州 163 个街、镇的综治工作中心陆续统一改为综治信访维稳中心，从而构建起广州街镇基层大调解、大综治的工作格局。该中心由基本部门和协作部门两部分组成，综治、信访、公安派出所、司法所、法庭等是基本部门，协作部门包括民政、城建、城管、劳动、房管、交通、安监、工会、团委等。各街镇党委书记任综治委主任，信访办、派出所、司法所、劳动所领导兼任综治委副主任。

其实，在实际社区冲突解决中，采用社区冲突和解的前提往往是"有冲突、无规则，且不想让冲突再升级"。然而，在这种情况下，对一些较为严重的社区冲突，则须先将冲突控制在一定的良性范围和规模内，再进行冲突和解。唯有这样，才能更深层次地实现冲突化解或更好地实现冲突转化。

（二）社区冲突调解

社区冲突调解，主要是指在政府干预的前提下，冲突各方共同探讨以寻求一致的自愿过程[①]。政府作为第三方干预的调解者，并没有为冲突各方作出决定的权力。在这一意义上，社区调解是社区冲突化解的一种方式。实践中，我国绝大多数城市社区都成立有社区调解委员会。其中，上海市基层政府对社区调解的运用就已经发展得比较成熟。据相关数据表明，上海市219个街道和乡镇的调解委员会目前都已统一设立了"人民调解工作室"，并配备了至少3名以上的专职调解人员。以2007年为例，上海市全年共受理人民调解129045件，调解成功率为96.08%。在这一过程中，还创出了像"李琴工作室""桂英工作室"等品牌调解工作室，为解决社区冲突摸索出了一条新路子[②]。但是，社会转型期我国很多城市在社区矛盾冲突的调解过程中还存在很大的盲目性与随意性，使部分社区调解工作还一直处于非规范化状态，需引起防范。

此外，还有一些社区冲突调解的有益尝试，如山东省枣庄市山亭区山城街道探索建立的复杂矛盾纠纷调处"听证会"制度。该听证会由街道主要领导牵头，矛盾纠纷所在村居（单位）的领导干部、管区及村干部、部分群众代表、综治办、司法所、信访室、派出所、问题涉及单位负责人和矛盾冲突所涉及的当事人（或委托代理人）、见证人、辩护人等参加。上下联动，形成合力，构建大调解工作格局，以切实妥善化解社区重大矛盾纠纷，维护社会稳定，促进经济发展。2014年下半年，共召开矛盾纠纷调处工作听证会11场次，发现隐患14起，同矛盾冲突当事人谈心、谈话120余次，提供法律援助的1件，引导走诉讼程序的1件，整体取得良

---

① Gerald W. Cormick & Leoa K. Patton. Environmental mediation: Defining the process through experience. In Lau-ra M. Lake ed. *Environmental mediation: the search for Consensus*. Boulder: Westview Press, 1980, p. 84.

② 杨淑琴：《社区冲突：理论研究与案例分析》，上海三联书店2014年版，第160页。

好成效。

(三) 社区冲突管控

管控,是社会转型期我国城市基层政府在社区冲突解决中经常采用的另一种主要手段。社区冲突管控,主要是指相关政府部门采取一定的措施将冲突限制在可控的范围之内,并对冲突各方进行强有力的规制。在社区冲突管理中,政府作为第三方干预者,有权力为冲突各方作出决策。从表4—7可以看出,其所占比例超过1/5(21.9%)。这与转型期我国社会整体态势"稳定压倒一切"下的"刚性"维稳导向密不可分。如就社区业主成立业主委员会一事,目前我国很多城市地方政府对此仍保持集体沉默——"既不支持也不反对"①。在实践中,"基层政府不点头,社区不签字,街道不备案",造成诸多障碍。"即使在首都北京这样的城市,成立业主委员会的小区也不足北京现有物管小区总量的四分之一",中国消费者协会投诉部邱建国主任如是说②。

另一方面,社区冲突管控是基于现实困境的选择。随着近年来我国"社区行政化"现象的日益严重,忙于完成或应付上级政府下派任务的社区居委会,根本就抽不出时间来真正做服务社区居民的事情。正如在访谈中北京一社区党总支书记所抱怨的那样:"我们近八成的工作时间都被各式各样的行政工作占用,严重挤占了服务居民的时间。"③这样,当发生社区矛盾冲突时,社区居委会往往为了迅速了事或不扩大影响,习惯于采用管控的方式来压制冲突,从而实现所谓的"把矛盾消灭在萌芽阶段,把矛盾解决在基层,确保社区'和谐'"。尽管在一定程度上冲突管控也

---

① 事实上,这种"中立"现象严重损害了社区冲突的化解与社区自治的发展。因为它表明相关部门没有自己真正的价值观,也并不真正关心处于冲突中的人们。其实,在某种程度上,"中立"仅仅是一种幻想,从来没有像超脱客观的观察者这样的东西。近年来自然科学家和社会科学家逐渐意识到,无论在自然界还是人类社会中,这都是一个事实。比如两个人打架时,即使观察们都默不作声地坐在角落里,但他们的沉默也会给参与打架的人传递一种讯息,即"我们接受用打架的方式来解决分歧",或者"这场冲突对我们无关紧要",他们的沉默甚至隐含了"我赞成现在发生的一切"这样的信心。由此可知,冲突中的"中立"现象,在某种意义上,更是一种"假象",对冲突的化解与治理有害无益,也无助于冲突朝向积极的方向转化。

② 物业纠纷业主面临着"三弱四难"[EB/OL].法律快车网.详见网站:http://www.lawtime.cn/info/fangdichan/wuyeguanlijiufen/2008101438488.html。

③ 对北京市朝阳区八里庄街道一社区党支部书记的访谈,CCBJ20151021。

是冲突化解的有效保障，但是这种有效保障的最基本前提必须是：相关方所采用冲突管控手段或方式应是保持在适度良性范围之内的合理、合法之手段。

(四) 社区冲突处置

社区冲突处置，通常是指以强制力为后盾对冲突事件（特别是对于己不利的冲突事件）进行快速地直接制止、控制或平息，以尽快恢复社区内的正常秩序，防止冲突恶化与升级。这种方式是社会转型期我国城市基层政府（特别是街道或社区政府）最常用的一种社区冲突解决方法，也是见效最快的一种冲突解决方法。如在城市社区邻避冲突的解决中，不论是 2007 年厦门反 PX 项目事件、2008 年上海反对磁悬浮联络线事件、2009 年北京昌平反阿苏卫垃圾处理项目事件、广州番禺反垃圾焚烧发电厂选址事件、2010 年安徽舒城反垃圾掩埋场事件，还是 2011 年北京西二旗反垃圾处理项目事件、江苏无锡反垃圾焚烧发电厂事件、2012 年四川什邡反多金属资源深加工项目事件、2013 年广东江门反核污染事件、2014 年杭州余杭反垃圾焚烧项目事件、广东茂名反 PX 项目事件等[①]，都足以见证基层政府冲突处置之"功效"。由此可知，社会转型期的我国城市社区邻避冲突事件，大都是基于对邻避设施建设而带来的环境污染、生命健康等受到影响或威胁的风险而产生的具有一定对抗性的集体行为，其冲突参与主体一般都涉及周边社区民众和政府双方。但是，从双方博弈的最终结果来看，这些社区邻避冲突事件的解决大多以政府强制性的"冲突处置"而宣告结束，即"暂停该项目"或"重新选址"，而很少是创造性的解决冲突。

应注意的是，社会转型期我国还普遍存在着制度不合理、不健全、不完善和公众信任度较低的情况。在冲突处置过程中，强行处置或机械惩罚往往会起到反作用。此外，政府"兜底"也是社区冲突处置的一种特殊方式，其主要是指政府为了防止冲突扩大或迅速平息冲突，而不惜牺牲自身利益为冲突事件"埋单"的一种冲突解决方式。其典型表现有"息事宁人""花钱买平安"等，但这往往难以从根本上化解冲突，只能暂时掩

---

① 原珂：《谈判的"一体两面"：基于邻避冲突与征地拆迁冲突的比较视角》，《学习论坛》2014 年第 10 期，第 52 页。

盖或缓和冲突。

(五) 暴力强制

调查数据显示，社会转型期我国城市基层政府以"暴力方式"解决社区冲突的比例约占 1.2%，详见表 4-11。这一比例虽然不大，但是鉴于转型期我国城市社区冲突数量基数较大，其严重性也不应忽视，因而不可小觑。以社区物业冲突为例，从表 4-12 中可以看出，相关政府部门时常通过调动社区保安、警察等暴力方式强制解决社区业主维权类的冲突。本质而言，警力是一种维护统治、维持秩序以及确保命令遵从的政治资源，它在社会治理中，更多的应是一种由国家为民众提供稳定社会秩序保障的重要社会资源，是社区用以解决个体或集体紧急或突发问题的重要力量，而不应是城市政府为基层"维稳"而随意滥用的政治力量。

表 4-12　近年来中国基层政府因业主维权而采取的诸种暴力强制事件列表

时间	地点	城市社区物业冲突事件及过程概述
2009-11	广州	广州市增城区海伦堡花园小区业主因抗议社区环境污染而被抓。该小区周边严重污染企业众多，很多居民患上呼吸道疾病。部分居民因长期、多处投诉而被抓。
2010-09	合肥	合肥市集贤路小区旁边建公墓，业主抗议反遭警察打。2010年9月，无审批手续却开工已半年之久的合肥市集贤路公墓开始暴光于天下，业主抗议反遭警察打。
2010-08	北京	北京市昌平区限价房旗胜家园业主因不满开发商将小区幼儿园出售且认为园方收费过高，部分业主聚集在小区大门外抗议，遂发生群体性事件，并持续近5个小时，现场部分业主被警察带走。
2015-01	襄阳	襄阳市和信名城小区业主因开发商与业主所签合同内容不符而进行维权抗议，遭当地警察镇压，部分业主被殴打或被捕。

资料来源：根据网上相关资料整理而得。

尽管通过暴力强制也是政府在社区冲突管理中的一种重要形式，但是，暴力解决不仅会付出高昂的代价，且并不见得一定有效，甚至还会使情况变得更糟，酿成积怨性冲突，如警民关系持久的"不和谐"等。特别是当基层政府的公信力、合法性等受到质疑时，贸然使用暴力解决，有时会招来民众有组织性的集体抵抗①，这在近年来诸如民众围攻基层派出所、公安局、街道办事处等政府办公场所的群体性流血冲突事件中并不鲜见，尤其是在涉及有关征地拆迁的城市社区冲突事件中更是如此。

综上可知，基于现阶段我国城市社区建设与发展的实际状况，或许以城市居民和基层政府为主体的社区冲突解决是较为常见的社区冲突治理方法，但是，这并不是唯一方法。因为除了上述以城市居民和基层政府作为冲突治理主体解决社区冲突外，还有社会组织、社会工作者、第三方非政府组织、调解机构、仲裁机构以及司法系统等作为冲突解决主体参与社区冲突治理的形式或方法，这也是笔者未来重点探究的方向所在。然而，不论是否意识到，一个客观事实是，随着社会问题的日益增多与复杂化，越来越多的共识是大多数社会或社区问题必须通过包括政府、企业、社会组织及公民个体等不同部门或主体之间的协同合作来解决或治理，这不仅是我国基层社会治理创新的内在要求，更是未来我国城市社区冲突治理发展的必然趋势所在。

六 城市社区冲突管理机制建设

有效的冲突管理机制是城市社区冲突化解与治理的重要保障。为此，应在"合作互惠，协商共赢"之社区冲突化解与治理理念重塑的新思维下，着力从内部机制建设、外部机制建设以及内外联动机制建设等方面多管齐下，切实构建起当代中国城市社区冲突化解与治理机制的新常态。其中，内部机制建设注重纵向层面上社区冲突的化解与治理，包括风险预警、沟通交流、利益整合、技术支持和学习机制等；外部机制建设侧重横向层面上多元主体参与社区冲突的化解与治理，包括外部扶持、社会组织与公众参与、第三方干预、争议事项裁决与制动机制等；而内外联动机制建设则聚焦于纵横层面的协同整合，涉及不同社区、城市甚至国家之间的互动机制。②

---

① 李蔚：《何谓公共性，社区公共性何以可能？》，《河南师范大学学报》（哲学社会科学版）2015年第4期，第23页。

② 参见原珂《中国城市社区冲突化解与治理机制探究》，《行政论坛》，2017年第2期。该文是本项目研究的阶段性成果。

新世纪以来，随着我国社会经济的高速发展和城市化进程的快速推进，建设和发展城市社区，已愈发成为我国城市基层治理创新乃至城市治理、社会治理和国家治理创新研究的一项重大课题。然而，随着近年来城市的转型、更新与发展，城市社会环境发生了重大变化，城市社区承载的各种社会事务愈来愈多，社会的复杂性在城市社区中更为凸显，高集聚、高密度的城市社区运作模式难免会引发一系列的社区矛盾、纠纷或冲突[1]。城市社区如何面对这些将会越来越多、愈来愈突出的社区矛盾、纠纷或冲突，无疑对中国的城市社区建设、发展与治理都提出严峻挑战。倘若不进行前瞻性的冲突化解与治理机制研究，则可能会造成城市社区生活的无序或混乱，终将侵蚀城市的活力、品质和宜居性，从而使城市治理陷入困境，甚至危及社会秩序的稳定与和谐。为此，进行前瞻性的社区冲突化解与治理机制研究，很有必要。鉴于此，本书尝试从公共冲突管理学视角对当前我国城市社区冲突的化解与治理机制进行探究，以期为我国其他城市社区冲突治理提供借鉴。

（一）基本架构："内外联动"合作互惠冲突治理新机制

当前国内学界既有研究在城市社区冲突化解与治理机制方面，已取得一定进展。于丽娜等提出了自助性的、民间性的、行政性的和司法性的多元化纠纷解决机制[2]。金世斌等研究了社区冲突多极化趋势下构建合作治理机制的实践维度，认为要有效防范和化解社区冲突，应着力推动社区合作治理，并提出了在治理主体、治理方式与冲突应对三个层面上的转变[3]。陈幽泓等认为社区纠纷的解决机制应有以下几个由浅到深的梯级层次：沟通渠道、调解、仲裁和诉讼。同时，他们还认为，加强社区公民参与意识、提高维权意识、学习维权技巧和专业知识，提高社区各参与主体文化素质和道德修养，增强社区认同感对减少社区冲突具有潜移默化的影响；培育企业文化、制定行业规范约束物业公司、开发公司行为，利用社会信誉减少社区冲突；依靠新闻媒体和社会舆论的作用以及专家学者等知名人士的力量，增强解决社区冲突的外部支持；促进各社区互相学习，传

---

[1] 原珂：《中国城市社区冲突及化解路径探析》，《中国行政管理》2015年第11期，第125页。

[2] 于丽娜、聂成涛：《社区矛盾纠纷化解机制》，中国社会出版社2010年版，第173—174页。

播解决冲突的经验等都对解决冲突很有帮助①。此外,黄建宏等学者还探讨了社会资本在社区冲突化解与治理机制建设中的积极作用,并指出亟需从社区意识、志愿服务、社区组织及邻里关系等方面积极改善②。宋黔晖认为应通过提升社区资本与信任来提高社区冲突化解水平,改进冲突治理机制,维护基层社会稳定③,等等。但是,综上可以发现,既有研究大都局限于某一具体实务方法,且呈"碎片化"之态势,缺乏相对较为宏观层面上的理论探讨,特别是缺乏对当前我国城市社区冲突治理机制系统性、协同性的综合性探究。为此,本研究尝试以此切入,力图有所突破。

意识决定行动,观念支配行为。理念是行动的先导。冲突各方必须树立"合作互惠、协商共赢"的冲突化解与治理新理念,从"排斥性争斗"走向"整合性共赢"、从"零和博弈"与"负合博弈"走向"正和博弈"④。这一理念在城市社区冲突化解与治理中怎么强调都不为过。日常生活中,社区不同主体每天"抬头不见低头见",不可能没有一丝矛盾、纠纷或冲突。若有正确的思想观念来指导,不仅会有效减少社区冲突的数量,而且还会使业已发生的冲突解决起来相对容易些。当然,"合作互惠、协商共赢"这一包容性理念的普及,不仅需要社区居民整体具有较好的综合素质,还需以扎实的社区或社会教育和宣传工作为基础。同时,这也是社区冲突化解与治理机制建设新常态的前提要件。

在公共冲突治理视角下,机制主要是指在不同冲突主体之间建立起一种相互联系与作用的制度性安排。健全的社区冲突治理平台,完善的社区冲突化解机制,是社区和谐与稳定的根基。和谐社区是一种理想、一个目标,社区和谐并不意味着没有任何矛盾,更不意味着对社区冲突采取压制性的举措。在某种程度上,和谐社区是这样的一个小社会——其能够理性对待并妥善化解发生在一定范围内的良性的社区矛盾或冲突。而这种理性

---

① 陈幽泓、刘洪霞:《社区治理过程中的冲突分析》,《现代社区》2003年,第40—41页。
② 黄建宏:《城市社区社会资本的概念、缺失与路径重构》,《老区建设》2009年第16期,第27—29页。
③ 宋黔晖:《社会资本视野下的社区调解》,《贵州师范大学学报》(社会科学版)2011年第2期,第62页。
④ 常健,原珂:《西方冲突化解研究的三种范式及其发展趋势》,《中国行政管理》2014年第11期,第117页。

对待和妥善化解的一种重要方法就是要有一个健全完善的非人格化、程序化、制度化的社区冲突化解机制。因此，在很大程度上，完善的社区冲突化解机制应包括主张表达、观点交流、利益整合、争议裁决以及对抗制动等机制。与此同时，还应建立起统一的社区冲突化解制度平台（如北京部分市区的社会矛盾调处中心等），特别是统一的冲突化解电子平台建设（如天津市河东区唐家口街道成立的群众诉求调处中心，就是利用电话诉求、网络诉求等渠道以及现场接待、诉求代理等形式，充分发挥社区服务网络一体化的作用，解决群众日常生活中的急事、难事，多方面解决居民生活中的难题）。此外，还应注重政府及其相关社区机构与社区、社区社会组织、社区群众等力量的全方位合作。最终，通过多方配合，利用社会化手段实现冲突能量的控制与消解，这不仅可以有效检验社区治理能力的成熟程度，而且也是考验能否实现社会长治久安的制度基础。

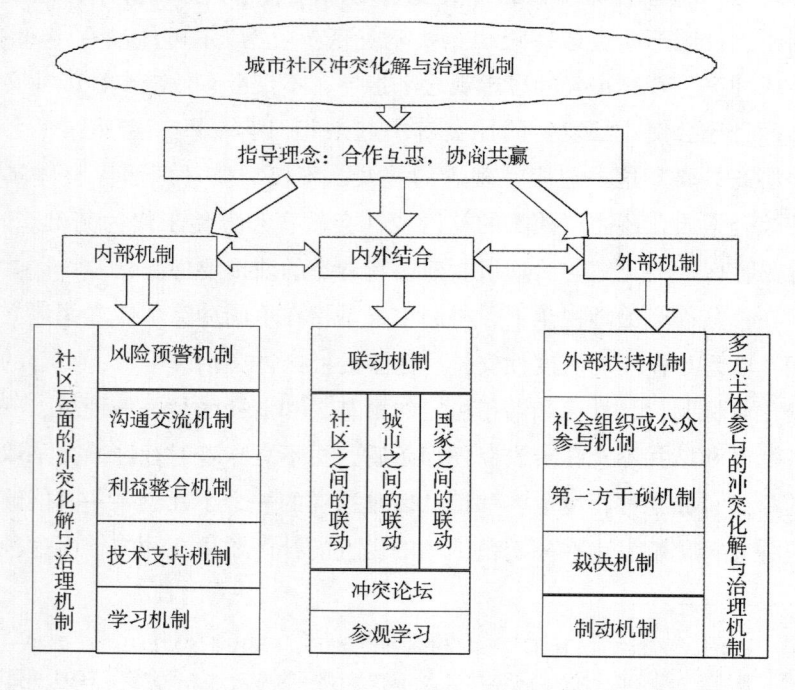

图 4-3 城市社区冲突化解与治理机制模型

然而，良好的冲突化解与治理平台离不开有效的运行机制作保障。因此，若要建设有效的城市社区冲突的化解与治理机制，则应在社区冲突治理理念重塑的新思维下，着力从内部机制建设、外部机制建设以及内外联动机制建设等方面多管齐下，切实构筑起我国城市社区冲突化解与治理机制的新常态，详见图4-3。

(二) 社区层面的冲突管理内部机制建设

社区内部冲突化解与治理机制建设，主要是为了强化社区自身的冲突治理功能，优化社区层面的冲突化解机制建设。具体包括风险预警机制、沟通交流机制、利益整合机制、技术支持机制与学习机制建设等。

1. 风险预警机制建设

社区冲突风险预警机制建设，旨在对社区潜在冲突进行信息搜集、风险评估以及监测预报等，使冲突发生的早期便能发出预警，以防患于未然。奥斯本等曾就指出，要建立"有预见的社区政府：预防而不是治理"[1]，即通过风险预案的制定，提出预防矛盾冲突隐患的方案与措施。然而，实践中的基层政府及社区管理者，常常集中注意力于如何应对社区冲突事件，特别是对群体性事件的善后处置，而不是集中精力研究如何提升社区冲突预警体系，以将社区冲突管理（治理）端口前移，实现所谓的"源头治理"。此外，作为社区冲突治理的多元主体，特别是社区干部和维权类的社区社会组织成员要经常深入社区一线，切实了解社区动态，及时对社区冲突风险及隐患作出科学合理的预警。

2. 沟通交流机制建设

沟通交流机制，蕴含着不同主张的表达和对立观点的交流。当社区发出冲突预警或社区冲突已发生后，首先需要让冲突各方对其诉求得到表达或发泄，这就需要不同主张的表达机制。但是，主张得到表达并不完全代表诉求得到倾听，倾听需要冲突各方之间的相互交流。通常，冲突方表达欲望越强烈、表达渠道越畅通，则对交流机制的需求越迫切。这就需要建立社区冲突化解的交流平台。例如，北京市怀柔区、昌平区等地的社会矛盾调处中心，就是一个很好的冲突化解平台。因为有序的沟通和对话交流平台，有助于冲突"可控地显现"，从而发现冲突各方真正的关切点所在，以对症下药，为后续冲突化解做好铺垫。在某种程度上，冲突化解互

---

[1] [美] 戴维·奥斯本、特德·盖布勒：《改革政府：企业家精神如何改革着公共部门》，周敦仁等译，上海译文出版社2006年版，第162页。

动交流平台，不仅是冲突各方进行不同主张表达和观点交流的场所，而且还可以有效提升冲突各方协商化解冲突的能力，为下一步利益的整合奠定基础。

3. 利益整合机制建设

对立观点的表达与交流虽可消除误解、缓和冲突，却无法从根本上消除利益的对立，这则需进一步的利益整合机制建设。利益整合机制主要是指通过适当的流程再造为冲突各方提供满足其共同需求的各种适宜条件。例如，杭州基层社区的"和事佬"、上海的"李琴工作室""桂英工作室"以及近年新兴起的社区业主论坛、"居民之家"等网络虚拟社区，都是实现利益整合的有效冲突化解机制。然而，能否实现利益的整合，还受其它很多因素的影响，如冲突方是否真的愿意化解冲突、其地位是否平等、程序是否合理、是否采用了合适的冲突化解方法、有无第三方干预或技术支持等。

4. 技术支持机制建设

冲突化解与治理是一项技术性很强的实务性工作。现实社区生活中，因冲突化解方法不适而导致的"二阶冲突"屡见不鲜。如在社区邻避冲突中，相关政府部门往往因冲突化解方法的不适而导致社区民众与具有污染性施工企业方之间的民商冲突转变或升级为民众与政府的基层政治性对抗或冲突。因此，应建立起城市政府层面的冲突化解与治理技术支持机制，充分调动各领域的相关力量（如社区相关领域的社会组织、专家学者、人民调解员及志愿者等）来参与社区冲突的化解与治理，以集思广益，提高冲突治理策略的针对性和有效性[1]。此外，社区冲突作为一种广泛存在的微观社会冲突现象，在日常社区生活中是难以避免的。为此，还应建立起社区层面的冲突化解与治理技术支持机制。社区应具备一些带有常规性、制度化支持的社区冲突化解与治理技术，如在社区层面提供一套或多套有利于实现包容性整合的冲突化解方法或程序、提供一些可替代性的社区纠纷或冲突化解策略"工具箱"等。例如，近年来，因小区业主委员会与物业公司相互勾结侵害业主利益而引发的社区物业冲突事件频

---

[1] 原珂、李少抒：《安全生产应急救援社会支持体系建设研究》，《现代管理科学》2014年第8期，第113页。

发,这让不少业主对业主委员会究竟是"为谁代言""为谁服务"产生了很大质疑。对此,深圳市罗湖区则尝试进行物业管理改革,其中一大亮点就是建立业主监事委员会试点。罗湖区希望通过监事会制度来规范业主委员会在阳光下运行,从而进一步强化与实现业主自我管理和自我监督。具体来说,深圳市罗湖区住房建设部门和街道办事处共同梳理出该区的 62 个矛盾纠纷"亚健康小区",采取"一区一策",运用改革(复合)"工具箱"[①],标本兼治,着力精准治理各个小的区突出问题。

5. 学习机制建设

学习机制建设,旨在加强冲突化解与治理相关方面的社区教育及培训活动,以不断支持及提升冲突各方的持续学习能力,提高其协作解决冲突的能力。如通过开展社区冲突化解培训班、社区冲突化解技能比赛、印发社区冲突化解学习小册子以及社区冲突应急演练等方式将社区冲突化解与治理工作融入到社区民众的日常生活中,让冲突治理理念深入民心。如果相当多的社区居民或业主都能具备一些现代冲突化解与治理的理念意识、能力技巧等,那么城市社区冲突治理的良好目标与社区善治的美好愿景则指日可待。当然,这也是实现冲突观念从以往"你死我活"的争斗走向"互惠共赢"理念的前提。与此同时,在建设学习机制之过程中,还应加大社区教育力度。这样,一方面可以提升居民的整体素质及生活质量,培养民众的社区集体观念,增强社区认同;另一方面也是为了更好地化解社区矛盾、解决社区问题,推进社区治理创新。如 1960 年联合国发表的《社区发展与经济发展》就指出,社区发展的重点是人的因素,是人的培养、发展与教育。同时,社区冲突的化解与治理,也是社区发展中进行社区教育的一个重要环节。

其实,在某种程度上,社区作为社会生活最直观、最具体的公共场

[①] "复合工具箱":工具 1:整体推进辖区业主委员会选举工作;工具 2:探索业主大会社团登记试点;工具 3:探索建立业主监事会试点;工具 4:探索成立罗湖区业主委员会联合会;工具 5:固定物业管理区域公共安全事务责任;工具 6:实行明码标价的"菜单式"物业服务模式;工具 7:试行物业服务企业"公共事务采购项目清单";工具 8:试行履约满意指数评价制度;工具 9:完善老住宅区物业管理动态扶持机制;工具 10:试行自营式物业管理;工具 11:支持罗湖区人民法院组建"房地产(物业管理)审判团队";工具 12:成立"律师公益联合会物业管理法律服务团队"。笔者根据调研资料整理而得。

域，不可避免地处于社会转型所引发的文化冲突中，并将宏观的社会文化冲突彰显在人们生活的最微观层面[①]。如果说，在私域层面，家庭是人们接受教育与学习的第一课堂。那么，在公共场域里，社区则是人们学习公共管理与民主治理的第一课堂。倘若不重视并放任社区中公共争端或问题恶化，如何能指望人们在社区公共事务方面积极参与，成为现代公民呢？因此，重塑社区公共精神，首先应重视社区意识的培养，而这一意识的培养则主要依赖于持续性的社区学习与教育机制，即建设学习型社区。其次，要把社区意识与公共精神渗透、融入到社区制度建设和社区治理工作中来。当然，在此更不能忽视家庭在社区冲突化解与治理中的长期教化功能。据国家卫计委2014年5月14日发布的《中国家庭发展报告（2014）》称，我国家庭数量居世界之首，有家庭约4.3亿户，占世界家庭总数约1/5[②]。此外，还应充分利用社区各种资源，完善社区各项学习制度，并针对社区各类人群，制定各类社区教育学习活动，逐步形成以"学习型家庭"为基点、以"学习型楼道为基础"、以"学习型社区"为目标的网络化社区学习机制。

（三）多元主体参与的社区冲突管理外部机制建设

社区外部冲突化解与治理机制建设，主要是为了构建多元主体参与的社区冲突治理机制。具体包括外部扶持机制、社会组织与公众参与冲突化解的治理机制、第三方干预机制以及对争议事项的裁决机制与对抗行动的制动机制建设等。

1. 构筑社区冲突化解与治理的保障系统

外部扶持机制，主要指通过不断优化和持续完善相关法律法规、人力财力支持及专业技能与设备等方面的相关配套机制建设，构筑起社区冲突化解与治理的保障体系。第一，应从法律法规层面明确社区不同主体在社区冲突化解与治理中的地位与职责，明确分工，各司其责，并从法律法规层面对其进行制度化、规范化与常态化，同时还需明确说明意外补偿、额外索取等方面的法律责任。第二，建设多元化的筹资渠道，积极拓宽经费

---

① 杨淑琴：《社区冲突：理论研究与案例分析》，上海三联书店2014年版，第120页。
② 《中国家庭发展报告（2014）》解读，参见其网站：http://www.360doc.com/content/15/0611/17/11424176_477430331.shtml。

来源，保障相关社区冲突化解与治理方面的意外支出、教育培训资金等的充足。第三，进一步加强相关信息技术与专业技能方面的支持①。建立社区冲突化解信息平台，开发冲突预警信息数据库和冲突化解技术支持系统，组建社区冲突化解专家库，为现场冲突化解提供信息技术支持。第四，也是最为关键的，应逐步完善心理干预方面的保障机制。人们在经历冲突之后，往往会留下或多或少的心理创伤，如果没有及时的心理疏导，会对个体、组织甚至整个社会造成不良影响，如报复社会心理的生成。其实，社区作为人们生活的聚居区，居民因家庭矛盾、工作与生活压力等造成的情绪问题及反社会行为，均会在第一时间折射或暴露于社区这个初始环境中，而因此引发的"无直接利益型"社区冲突也不在少数，为此，做好社区心理健康服务工作也应是社区冲突化解与治理的重要方面之一。另一方面，社区矛盾冲突不仅包括居民个体的家庭问题、邻里纠纷、物业管理等，还涉及社区服务、低保救助、司法调解、拆迁补偿等经济和社会问题。尽管部分问题的产生与经济利益分配相关，但是矛盾冲突的缘起与居民的性格不健全、认知不足、适应能力差等也有着直接的关系。因此，加强社区心理健康及其咨询服务，不仅是解决居民心理关怀薄弱的重要举措，更是重塑居民社区"共同体"意识的必然要求与重要保障。

2. 培育社区社会组织和公众参与社区冲突化解

社区冲突的有效化解与和谐社区的建设，不仅需要一个高素质、负责任的社区政府，更需要一个理性、文明与成熟的公民群体。对此，首先应积极引导和广泛培育社区组织、社会团体等社会力量，鼓励和动员其参与社区冲突化解与治理。社会组织一般都由具有某一共同爱好、兴趣、需求或利益诉求的成员自发成立，他们在社区往往群众基础较好、号召力较强、凝聚力较高，因此充分发挥社会组织在社区矛盾冲突调处、化解与治理机制方面的优势，并将其作为制度化的利益表达与整合渠道固定下来，不仅可以有效缓解社区民众、社区居委会、物业服务企业以及基层政府等之间的冲突，而且有利于从源头上有效预防城市社区冲突。但在此需注意的是，社会组织在参与冲突化解与治理过程中，应明确自身的权责定位，

---

① 李占宾：《基层治理的现实困境及法治化路径》，《河南师范大学学报》（哲学社会科学版）2016年第1期，第16—21页。

量力而行，适时干预、合理干预，以真正起到"帮忙而不添乱"之效。例如，近年来北京市朝阳区为解决人口"空降式"聚集带来的分散的社会矛盾集中转移至保障房地区的问题①，区政府启动了"保障房地区引入社会工作服务模式项目"，市区两级投入政府购买服务资金 140 万元，撬动社会资本 32 万元，引入 8 家社工事务所，开展服务活动 1021 次，覆盖 14 万人口，不仅解决了老年人、残疾人、青少年、低收入者、社区矫正对象等实际难题，还提升了广大居民对新社区的适应能力。

其次，应进一步培育社区居民的公共精神与责任意识，培育宽容、互助的社区文化和风气，以鼓励社区民众积极参与社区冲突化解与治理机制建设，营造良好的社区冲突治理氛围。一般来说，一个社区的冲突处置水平、冲突处置方式往往会受到社区文化、习俗风气的影响。这一点在传统的街坊式社区、单位式社区都较为明显。为此，一方面，应积极培育和努力营造邻里间守望相助的情感力量，让所在社区的居民真正产生社区"主人翁"意识，进而才会具有更多地幸福感、归属感和家园感；另一方面，还应通过在社区内部创建理性看待冲突、崇尚合作、加强交流与沟通等积极内容方面的组织风气和文化，培养个体居民有意识地控制消极冲突的精神和素质具有重要作用。

3. 第三方干预机制建设

第三方干预②是在冲突双方想要取得进展但又无法自己解决问题时，外部力量介入以帮助寻找途径来解决陷入冲突的僵局。其通常是在冲突双方不愿意协商或是谈判陷入僵局之后使用，以帮助冲突双方取得某种形式的进展或者在必要的时间范围中获得进展。如在日常社区生活中，常常有一种现象是，陷入冲突中的各方碍于情面，而不愿意主动挑破僵局去化解冲突，这时就需要第三方干预进行调解，从而使冲突方"体面退场"。然而，社区和谐是社区居民共同的利益，而不是争执双方所要

---

① 近年来，北京市朝阳区在三间房、南磨房、东坝、常营四个乡和堡头街道建设了大量保障性住房，其一方面承接来自北京 6 个区的大批困难群众；另一方面还安置了一批中心城区疏散人口和重点工程拆迁居民，形成了以困难、低收入群体为主的人口和社区结构。资料来源：笔者对中国传媒大学社会学系 C 老师的访谈，CCBJ20150513。

② 第三方干预，严格意义上来说，称其为"外部参与者"更为合适，因为其来自外部却介入冲突之中，是介入冲突的外来势力者，而"第三方"容易使人产生冲突是双边的错觉。

求的"为所欲为"。冲突各方也许不会最先要求他人的干预，但是其他的家庭或社区成员可以要求第三方来干预。在此需注意的是，冲突化解与治理中的第三方干预应遵循罗斯所提出的五条最低准则：（1）对各方的收益应大于它引起的不便；（2）不应激起反对自身渴望自由的情感；（3）应尊重维持自然秩序的情感；（4）不应是家长式的；（5）不应限制生存竞争①。

其实，社区冲突化解与治理中的第三方干预机制，包括社区冲突化解与治理过程中的干预机制和冲突解决之后的干预机制。现实生活中，后者经常被人们所忽略。社区冲突化解与治理过程中的干预，主要是指通过引入第三方来参与化解或治理社区冲突，如社区中有声望的老者、人民调解员、社区居委会及相关社区组织等通过调解、仲裁、培训和关系治疗等方式进行干预。实践中，北京菊儿社区通过引介第三方——"社区参与行动服务中心"及其"开放空间"技术，不仅成功破解了菊儿社区潜在的社区矛盾冲突与居民参与社区公共事务的程度低的难题，而且还探索了预防社区冲突的新模式以及我国城市社区治理的新路径。

关于冲突解决之后的干预，在此重点探讨通常易被忽略的心理疏导层面的干预，即心理疏导机制。一般来说，人们普遍认为冲突解决之后就"大功告成、万事大吉"了。殊不知冲突解决之后的心理疏导更为重要。美国学者葛木森曾通过对新英格兰18个社区54起争端的研究，把社区冲突分为积怨冲突和常规冲突两类，并且认为有积怨冲突的社区有生机，而有常规冲突的社区发展会停滞②。暂不说这一观点正确与否，单就积怨性冲突来说，已经很不利于社区和谐了。它就像一颗定时"炸弹"，随时可能引爆，威胁着社区安全。相应地，当下中国各大城市的平安社区、幸福社区、和谐社区建设等，不应是表面的稳定与和谐，而应是社区民众内心深处的平静、社会心理的理性和平，这才是社区和谐与幸福的真谛所在。因此，心理疏导机制作为社区冲突化解与治理机制的重要组成部分，应引

---

① [美] 罗斯：《社会控制》，华夏出版社1989年版，第318—323页。
② 李蔚：《何谓公共性，社区公共性何以可能?》，《河南师范大学学报》（哲学社会科学版）2015年第4期，第23—27页。

起社区各方重视。同时，在社区心理疏导机制建设过程中，还应积极主动地广泛吸纳相关社区社会组织、民间社会心理工作者等主体，如社区居委会的大婶大妈、社工、社区邻里纠纷调解人员及相关心理咨询机构等参与进来，以扩大根基，群防共建。现实中，在社区关怀与社区心理辅导与干预方面，天津市海滨街北苑社区 2012 年 10 月成立的社区心理辅导站，虽至今一直仅有 36 平方米，但其成员广泛，在化解与治理社区矛盾、纠纷或冲突中起到了很大的作用。正如北苑居委会刘主任所说："心理辅导站通过为居民搭建一个倾诉心声、抒发苦闷、寻求慰藉的平台，帮助居民解开心结，化解居民之间以及居民家庭内部的矛盾，消除各种不稳定因素。"①

4. 加强对争议事项的裁决机制与对抗行动的制动机制建设

当社区冲突难以化解或无法实现有效解决时，为防止其进一步恶化与升级，有必要进一步加强对争议事项的裁决机制及对抗行动的制动机制建设。所谓争议事项裁决机制建设，主要是指通过中立第三方如行政、仲裁机构、司法机构等对一直持有异议的冲突事项进行强制裁决，以要求各方必须接受与执行该解决方案。若裁决机制无效或冲突已升级到对抗行动阶段时，则需要及时启动相应地对抗行动制动机制，以通过合法的强制权力或"暴力"果断阻止、镇压影响较为恶劣的冲突对抗行为②，以从大局上减少或降低不必要的社会损失或危害。

（四）构建合作互惠的冲突管理联动机制

社区冲突化解与治理的内外联动机制是保障整个冲突治理机制体系正常运行并发挥作用的基本前提。一旦社区发生关联性强、规模大、持续时间长的社区复杂性冲突，如因物业纠纷引发的业主集体性维权抗争或因 PX 项目、垃圾焚烧发电厂项目、危险性设施建设而引发的社区邻避群体性冲突事件时，仅靠某一冲突化解方式或临时组成的冲突化解机构往往很难奏效，必然造成重大损失和严重后果，这时就需要建立起有效的内外联

---

① 笔者对天津市滨海街北苑居委会 L 主任的访谈，CCTJ20141013。
② 常健、许尧：《论公共冲突管理的五大机制建设》，《中国行政管理》2010 年第 9 期，第 65 页。

动机制。如 2007 年 6 月浙江省慈溪市试行的物业纠纷快速处理机制[①]，就已取得明显效果。又如，我国城市基层现有的社会应急系统，在很大程度上也是一种内外联动的冲突预防、化解与治理机制。另一方面，应规律性地开展一些不同社会组织、团体与专业冲突化解研究或咨询机构间的交流与学习机制建设，如定期举办社区冲突化解论坛或参观学习等，同时也应加强不同社区、城市、地区甚至国家间的互动机制建设与学习，以期在横向层面建立起更为宏观的联动机制，以切实提高我国城市社区冲突化解能力与治理水平。

此外，还应重视虚拟社区，建设网络协商平台。近年来，在我国"互联网+"大背景下，"智慧城市""智慧社区"建设与推广盛行，城市社区信息化建设工作也处于空前快速推进之中，"网络虚拟社区"建设受到高度重视，使得网络虚拟社区在现实城市社区冲突化解与治理中的作用日渐凸显。与此同时，网络协商模式因具有匿名性，可以打破实际社区间的地域界限、不同业主或居民间的年龄界限、职业界限、阶层界限、文化价值观念界限等，使社区居民在各个层面都可以进行平等的对话协商。在一定程度上，网络虚拟社区，也是一种网络虚拟协商平台，是社会转型期我国民众参与城市社区公共事务协商、决策以及社区矛盾冲突化解与治理的一种切实可行的、既有益又有效的社区治理方式创新。实践中，浙江杭州的德加社区就是这方面的典型代表之一。具体来说，网络虚拟社区，作为冲突化解在城市社区冲突乃至公共冲突化解与治理的一种方式或平台，其重要作用和功能主要体现在以下三个方面[②]。

一是在风险预警方面，可以有效预防冲突的产生、扩大与升级。一方面，尽管网络虚拟社区的生成与扩散，可能会对城市社区冲突的化解带来一定的负面因素或影响，如与传统社区中的"社会矛盾社区化""社区矛盾社会化"不同，网络社区中的矛盾，既具有现实矛盾，又夹

[①] 该机制在遵循平等自愿、快速简便、预防和调节并重的原则下，积极探索人民调解、行政调解、司法调解的联动机制，对物业纠纷实行快速受理、快速审理、快速执行，旨在以此整合行政成本和资源，并简化程序，方便当事人申请办理，使物业纠纷通过多部门的联动得到快速合力解决。参见：浙江省慈溪市住房和城乡建设局：《慈溪推进物业纠纷快速处理机制》，《中国物业管理》2010 年第 10 期，第 43—44 页。

[②] 原珂：《中国特大城市社区冲突与治理研究》，南开大学出版社 2016 年版。

杂着网络中的矛盾，甚至包括这两种矛盾的混合体，呈现出"现实矛盾网络化""网络矛盾社会化""个体矛盾扩大化"等新形式[①]。但是，充分认识网络虚拟社区冲突的现实性，一则可以有效预防社区冲突的产生，使其消灭在萌芽阶段；二则可以有效避免事态的扩大或冲突的激化与升级。另一方面，社区管理者还可以通过网络论坛等及时了解社区动态，实现动态管理，达到"以人为本，虚实结合"的管理目标，维护社区的和谐与稳定。

二是在表达交流功能方面，可以为冲突各方提供利益表达与交流的平台。网络虚拟社区凭其特有的互动性、平台性以及民主性恰好可以为社区公众提供一个便捷、高效、开放、多样的网络空间。特别是虚拟社区的匿名性特点，使社区居民可以通过网络社区进行自由讨论、舆论监督，以维护其自身权益。在现代商品房小区中，一些业主在尚未正式入驻之前，就已通过小区网上业主论坛与邻居们建立了"准邻里关系"。例如，正在装修房子的居民，可以通过论坛咨询相关装修方面的事宜；正准备入住的居民，可以咨询"物业管理费每月多少钱呢""停车位如何分配呢"等诸如此类的问题。待业主正式入驻以后，业主论坛则可以成为居民之间交流的平台，整个小区内志同道合的人都可以接触到，而私交更好的邻里，则可以通过QQ、MSN、微博、微信等方式进一步加强联系。在网络社区里，几乎所有与居民自身相关的事情都能得到共享和解决，从而有效避免了一些不必要的冲突的产生。此外，社区网络论坛还经常是冲突弱势方用以求助的重要平台之一。

三是在整合动员功能方面，可以解构冲突，结成同盟，促成社会动员。对立观点的表达与交流并非一定能够消除利益的对立，这需进一步地利益整合。通过社区网络论坛展开积极讨论，可以使社区内潜在的对立各方创造出某种联系，特别是共同利益，这种关系和共同利益在特定的冲突结束后仍然存在，从而有利于创建利益联盟或结成同盟，整合成新的团体，这样则在某种程度上实现了社区乃至社会系统的交叉结构，从而起到解构冲突、实现整合的功效。另一方面，网络虚拟社区，作为现代城市社区发展的一个重要方面，可以为现代城市社区或社会的动员提供一种新型

---

① 于燕燕：《中国社区发展报告（2012）》，社会科学文献出版社2013年版，第100页。

机制。亨廷顿曾指出，社会动员乃是一个更不稳定的因素①。当然，通过虚拟社区来进行社区动员也不例外，但是，我们不应仅仅盯着其不好的、消极的一面。同时，网络虚拟社区还会不断改变着人们现有的思维模式，形成虚拟社会的思维方式。在这种思维方式下，现实的信息通过网络传播，可以日渐侵染网民的思想意识，从而深刻地改变人们的生活方式和行为习惯，成为现代社会一种新型动员机制。此外，社区网络协商模式，还可以提升社区居民网络政治素养，解决网络非理性行为等问题。

综上所述，内部机制建设较为注重纵向层面上社区冲突的化解与治理，外部机制建设较为侧重横向层面上多元主体参与社区冲突的化解与治理，而内外联动机制建设则是聚焦于纵横层面的协同与整合。因此，在一定程度上可以说，在当代中国城市社区冲突化解与治理机制建设中，内部机制建设是关键，外部机制建设是条件，内部机制治理绩效的好坏往往决定着外部机制和内外联动机制功效的发挥。最后，值得注意的一点是，对于暂时不能或难以完全化解的冲突，应学会管理冲突。冲突管理是以冲突各方的实际愿望为基础的，它实际上是在为实现各方的愿望提供一种适宜条件、可行路径和合理方式②。其实，当冲突发展到一定阶段，限制冲突、结束冲突实际上是一种共赢的结果，双方存在着寻找其都能接受的冲突化解方案的动机。但是，由于时机的不成熟等多方面因素，有时冲突难以完全化解、甚至根本无法化解，这时就需要学会管理冲突。

第四节 医患冲突管理机制建设

近年来，医患纠纷快速增长，引起政府和社会各界的普遍重视，2014年全国"两会"上，共有90多份建议和提案聚焦医患纠纷治理问题。通过对现行的43项地方政府颁布的医疗纠纷处置办法或条例的分析表明，医患纠纷治理涉及"政府部门分工、联席会议协调、卫生系统应急、患者暴力防控、患者权利保障、调解经费保障、医疗风险分担、医调委工作

---

① 亨廷顿：《变革社会中的政治秩序》，王冠华等译，上海世纪出版集团2008年版，第41页。

② 常健等：《公共冲突管理》，中国人民大学出版社2012年版，第14页。

运转、过错责任追究、正面功能挖掘"等 10 个具体机制。这些机制促进了医患纠纷的有效化解，但也存在着"强调部门分工、忽略部门协同""强调秩序恢复、忽略权利保障""强调调解免费、忽略经费落实""强调风险共担、缺乏明确规定""强调过错问责、忽略冲突利用"等问题。应增强权利导向，强化协同合作，疏通冲突能量正面利用的渠道，并注意防范医调委工作的异化。①

一 当代中国医患纠纷治理的主要机制

2014 年 9 月，笔者通过网络地毯式地搜集了国内对医患纠纷治理的相关规定，共得到能搜索到全文的制度百余项。为了更清楚地显示出医患纠纷治理的主干框架，从宏观结构上梳理各地的普遍性做法，本研究选取了这些制度中由省、市人民政府颁布的"政府令"或"条例"作为分析的对象，其中包括天津等 10 家省级政府制定并实施的办法或条例，宁波等 33 家副省级城市或地级市政府制定的办法或暂行办法。

为了将结构性的做法梳理出来，笔者对该 43 项制度规定的内容进行了仔细的比较研读，试图总结出各地具有普遍意义的机制性做法。依据的标准为：（1）是否具有明确的主体要求；（2）是否承担独特的独立的功能；（3）是否对相关主体的行为或责任具有明确规定；（4）是否具有满足预定情景便可以按固定规则启动和运转的特征。

按照上述标准，可以总结出各地在化解医患纠纷时主要采取的 10 种机制，分别为：（1）政府部门分工机制；（2）联席会议协调机制；（3）卫生系统应急机制；（4）患者暴力防控机制；（5）患者权利保障机制；（6）调解经费保障机制；（7）医疗风险分担机制；（8）医调委的工作机制；（9）过错责任追究机制；（10）正面功能挖掘机制。

从单个机制看，该十种机制分别对应着不同的主体或主体组合；在功能上与其他机制相对独立，具有比较明确的边界；在各地的规定中具有较强的普遍性；对相关主体的行为要求、程序要求、责任设定等比较具体，具有一定的操作性。

---

① 参见许尧《当代中国医患纠纷的治理机制：现状、问题及建议》，《中国行政管理》，2016 年第 3 期。该文是本项目研究阶段性成果。

从整体看，这十种机制的内在关联性也很明显：从时间上讲，它们在启动时序上具有不严格但相对固定的先后关系，时间上靠前的机制往往是后续机制有效的前提和基础。从功能上讲，一方面它们共同分解了医患纠纷有效治理的全部功能要求，具有体系上的逻辑周延性和自洽性；另一方面机制之间又彼此依赖，相互衔接，共同构成医患纠纷治理的有机体系。

这43项制度中对具体机制的规定情况见表4-13。其中"√"表示有明确的规定；"—"表示没有规定或规定过于笼统。

表4-13　各地医患纠纷处置办法中对冲突治理具体机制的规定

制度名称	实施时间	政府部门分工机制	联席会议协调机制	卫生系统应急机制	患者暴力防控机制	患者权利保障机制	调解经费保障机制	医疗风险分担机制	医调委的工作机制	过错责任追究机制	正面功能挖掘机制
《天津市医疗纠纷处置办法》	2009.02	√	—	√	√	√	√	√	√	√	√
《浙江省医疗纠纷预防与处理办法》	2010.03	√	√	√	√	√	√	√	√	√	√
《重庆市医疗纠纷处置办法》	2011.04	√	√	√	√	√	√	√	√	√	√
《四川省医疗纠纷预防与处置暂行办法》	2012.04	√	√	√	√	—	√	√	√	√	—
《湖南省医疗纠纷预防与处理办法》	2013.02	√	√	√	√	√	√	√	√	√	—
《广东省医疗纠纷预防与处理办法》	2013.06	√	√	√	√	√	√	√	√	√	—
《贵州省医疗纠纷人民调解处理办法（试行）》	2014.01	√	—	√	√	√	√	√	√	√	√
《湖北省医疗纠纷预防与处理办法》	2014.02	√	√	√	—	—	√	√	√	√	√

续表

制度名称	实施时间	政府部门分工机制	联席会议协调机制	卫生系统应急机制	患者暴力防控机制	患者权利保障机制	调解经费保障机制	医疗风险分担机制	医调委的工作机制	过错责任追究机制	正面功能挖掘机制
《上海市医患纠纷预防与调解办法》	2014.03	√	—	√	√	√	√	√	√	√	√
《江西省医疗纠纷预防与处置条例》	2014.05	√	√	√	√	√	√	√	√	√	—
《宁波市医疗纠纷预防与处置暂行办法》	2008.03	√	—	√	—	—	—	√	—	√	—
《南平市医患纠纷预防与处置暂行办法》	2009.07	√	—	√	—	—	—	√	—	√	—
《嘉兴市医疗纠纷预防与处置办法》	2009.09	√	—	√	—	√	√	√	—	√	—
《绍兴市医疗纠纷预防和调解处理办法》	2009.09	√	—	√	—	√	√	√	—	√	—
《金华市医疗纠纷预防与处理暂行办法》	2009.11	√	√	√	—	√	√	√	√	√	√
《厦门市医患纠纷处置暂行办法》	2009.12	√	√	√	√	√	√	√	√	√	√
《苏州市医疗纠纷预防与处理办法》	2009.12	√	—	√	√	√	—	√	√	√	—
《洛阳市医疗纠纷预防与处置暂行办法》	2010.01	√	—	√	√	—	—	√	√	√	—

续表

制度名称	实施时间	政府部门分工机制	联席会议协调机制	卫生系统应急机制	患者暴力防控机制	患者权利保障机制	调解经费保障机制	医疗风险分担机制	医调委的工作机制	过错责任追究机制	正面功能挖掘机制
《马鞍山市医疗纠纷预防与处置暂行办法》	2010.04	√	—	√	√	—	—	√	—	√	—
《遂宁市医疗纠纷预防与处理暂行办法》	2010.07	√	√	√	√	—	—	√	√	√	—
《泰安市医患纠纷预防与处置办法》	2010.07	√	—	√	√	—	—	√	√	√	√
《福州市医患纠纷预防与处置办法》	2011.02	√	—	√	√	√	—	√	—	√	√
《菏泽市医疗纠纷预防与处置办法》	2011.02	√	√	√	√	—	—	√	—	√	—
《许昌市医疗纠纷预防与处置暂行办法》	2011.02	√	√	√	√	—	√	√	√	√	√
《石家庄市医疗纠纷预防和处置暂行办法》	2011.04	√	—	√	√	—	√	√	√	√	√
《蚌埠市医疗纠纷预防与处置暂行办法》	2011.07	√	—	√	√	—	—	√	√	√	—
《遵义市医疗纠纷预防与处理暂行办法》	2011.09	√	√	√	√	—	√	√	√	√	—
《广安市医疗纠纷预防及处置办法》	2011.09	√	√	√	√	—	√	√	√	√	—

续表

制度名称	实施时间	政府部门分工机制	联席会议协调机制	卫生系统应急机制	患者暴力防控机制	患者权利保障机制	调解经费保障机制	医疗风险分担机制	医调委的工作机制	过错责任追究机制	正面功能挖掘机制
《吉林市医疗纠纷处置办法》	2011.11	√	√	√	√	√	√	√	√	√	√
《阜阳市医疗纠纷预防与处置暂行办法》	2011.12	√	—	√	√	—	√	√	√	√	—
《湘潭市医疗纠纷预防与处置暂行办法》	2012.03	√	√	√	√	—	√	√	√	√	—
《亳州市医患纠纷预防处置办法》	2012.04	√	√	√	√	—	√	√	√	√	√
《日照市医疗纠纷预防与处置办法》	2012.05	√	—	√	√	√	√	√	√	√	—
《德州市医疗纠纷预防与处置办法》	2012.06	√	√	√	√	√	√	√	√	√	√
《岳阳市重大医疗纠纷应急处置试行办法》	2012.09	√	√	√	√	√	√	√	√	√	—
《宁德市医疗纠纷预防与处置办法》	2012.10	√	√	√	√	√	√	√	√	√	—
《滁州市医疗纠纷预防与处置办法》	2013.06	√	√	√	√	—	√	√	√	√	√
《邯郸市医患纠纷预防与处置办法》	2013.12	√	—	√	√	—	√	√	√	√	—
《西宁市医疗纠纷预防与处理办法》	2014.01	√	√	√	√	—	√	√	√	√	√
《沧州市医疗纠纷处置办法》	2014.01	√	√	√	√	√	√	√	√	√	√

续表

制度名称	实施时间	政府部门分工机制	联席会议协调机制	卫生系统应急机制	患者暴力防控机制	患者权利保障机制	调解经费保障机制	医疗风险分担机制	医调委的工作机制	过错责任追究机制	正面功能挖掘机制
《龙岩市医疗纠纷处置办法》	2014.02	√	√	√	√	—	√	—	√	√	—
《泉州市医疗纠纷预防与处置规定》	2014.03	√	—	√	√	—	√	√	√	√	√
《成都市医疗纠纷预防与处置办法》	2014.10	√	√	√	√	√	√	√	√	√	—

（一）政府部门分工机制

在该43项制度中，100%规定了政府不同部门的具体分工情况，但不同部门在相关制度中被明确提到承担一定职责的比率存在显著差异：（1）卫生、司法、公安三个行政部门扮演着最关键的角色，它们被提到并赋予重要职责的比率依次为97.7%、90.7%和88.4%。（2）保险监督管理机构、财政部门、民政部门扮演着比较重要的角色，这些部门被提到并规定具体职责的比率依次为：44.2%、32.6%和30.2%。（3）价格主管部门、人力资源与社会保障部门、宣传部门、综治和维稳部门、监察部门、民族宗教部门、基层政府也在一些制度规定中出现，但相对比较零散。

（二）联席会议协调机制

在该43项制度中，有58.1%的制度明确规定了医患纠纷治理的领导协调机制，或强调了政府不同部门之间的协调和配合，主要表现为对联席会议协调机制或领导小组的规定。相关规定主要有三个特点：（1）强调政府的综合协调作用，或建立联席会议，或明确领导小组，并确定该组织的负责领导及组成部门。（2）涉及多个政府部门，主要包括：司法、卫生、财政、保监、公安、综治、法院、宣传、民政等。（3）该协调机制的作用包括：一是督促有关部门依法履行好自身职责，二是协调解决在医患纠纷治理过程中遇到的重大问题。

（三）卫生系统应急机制

医患纠纷最初的发生地是医疗机构，而医疗机构直接归卫生行政部门管辖，所以，医院和卫生管理部门就成为应对医患纠纷最直接的主体。在所统计制度中，100%地规定了医疗机构或卫生系统的应急措施。对卫生系统应急机制的规定主要包括告知患者应当采取的办法和程序、组织专家讨论、封存现场和资料、及时向公安机关报警、做好调查取证工作等。

（四）患方暴力防控机制

在该43项制度中，有97.7%的制度明确规定了患者严禁采取的具体行为类型。具体而言：90%以上的制度都禁止"阻碍医生执业，侮辱、诽谤、威胁、殴打医务人员或侵犯医务人员人身自由"和"违规停尸或抢夺尸体"两类行为；超过50%的制度明确禁止"破坏、抢夺、盗窃、医院的设备、财产、档案等""设灵堂、摆放花圈、燃放鞭炮""聚众占据医疗机构""拉横幅""贴大字报"五种行为。针对这些行为，83.7%的制度规定接到警情后，公安部门应当及时赶赴现场；79.1%规定要处置违反治安管理的行为；60.5%规定要对尸体进行合理处置；55.8%规定要教育疏导，防止过激行为。

（五）患者权利保障机制

在该43项制度中，有41.9%的制度对患者一方所具有的权利及实现方式进行了明确规定；也有41.9%的制度基本没有提及患者的权利保障；宁波等7个地市的文件提到了患者的权利，但基本上是简单带过，未详细展开，占16.3%。在具有患者权利保障机制的制度中，主要提到要保障患者的权利包括：医疗权、知情权、决定权、隐私权等。

（六）调解经费保障机制

在该43项制度中，100%明确规定医调委的调解工作不向患者或医院收取任何费用。但对于医调委调解经费的来源规定却不一致，天津等8家省（直辖市）级政府规定，医调委的相关工作费用由财政统筹解决，南平等16个地市也做了类似规定，合计24家，占55.8%。如果不考虑是否由财政全额保障，只要有对医调委工作经费来源的规定，就视为具有经费保障机制的话，共有74.4%的制度对经费来源进行了明确，其余25.6%的制度没有明确经费来源。

（七）医疗风险分担机制

在该43项制度中，有97.7%明确规定了医疗风险的分担机制，只有《龙岩市医疗纠纷处置办法》缺乏具体规定。在规定了该机制的制度中：

泉州市等地规定公立医疗机构必须参加医责险；浙江、广东、上海等多数地方规定"参加或应当参加"；湖南、广东等地方用了"指导、引导、推动"等更"软"的词；马鞍山、福州、遵义等地市规定"医疗机构按国家和本市有关规定参加医疗责任保险"。

（八）医调委的工作机制

在该43项制度中，有88%对医调委的工作提出了具体要求。主要集中在：①对医调委性质与领导机关的规定；②对调解员及回避情况的规定；③对咨询专家的规定；④对调解过程和程序的要求；⑤对受理范围的规定；⑥对申请调解形式的规定；⑦对调解期限的规定；⑧对保密的规定；⑨对调解原则的规定；⑩对调解协议及其履行的规定等。

（九）过错责任追究机制

该43项制度全部规定了对相关过错责任的追究，是相关制度规定中最具有普遍性的机制之一。主要包括：①对采取禁止性行为表达诉求的患者及其他人员的法律责任的追究；②对医疗机构及其医务人员的法律责任的追究；③对调解员法律责任的追究；④对采取不当方式报道的新闻媒体的责任的追究；⑤对相关政府部门工作人员玩忽职守，不履行法定义务的追究等。

（十）正面功能挖掘机制

正面功能挖掘机制主要是指相关主体在纠纷处置后，应尽可能地在已经发生的纠纷中寻找能够防止类似纠纷再次发生的做法或经验。如上海市规定"卫生计生部门应当对医患纠纷中有关医疗质量安全的信息定期进行统计分类、分析评价，并向医疗机构发布指导意见。"在所统计制度中，44.2%的制度提到了类似要求，但都没有展开论述。

二 医患纠纷治理机制的层次区分与功能分析

公共冲突治理可以区分为冲突处置、冲突化解和冲突转化三个层次[①]，上述医患纠纷治理的10个机制，如果按照功能的定位和在实际医患纠纷治理中起到的作用进行分析，可以归结为"1+3"的结构。

[①] 常健、许尧：《论公共冲突治理的三个层次及其相互关系》，《学习与探索》2011年第2期。

"1"表示医患纠纷治理的宏观框架,具体化为政府部门分工机制和联席会议协调机制,它们在整体治理体系中起着宏观的、铺垫性的作用,规定了不同的治理参与者及其在纠纷治理中的职责和功能,以及不同参与者之间的相互关系和协同规则。

"3"表示在医患纠纷治理中具有不同功能定位的三个层次,分别为:

第一,医患纠纷处置层次,包括卫生系统应急机制、患者暴力防控机制、过错责任追究机制。这个层次的具体机制总体功能定位于控制局面,避免直接伤害恶化升级,并且对相关参与主体的行为进行刚性约束,这是将冲突能量进行硬性控制并引导进入制度化处理轨道的关键。

第二,医患纠纷化解层次,包括患者权利保障机制、调解经费保障机制、医疗风险分散机制、医调委的工作机制。该四种机制在医患纠纷治理中发挥着最核心的功能,旨在通过公平的对话、和平的协商,对纠纷发生的内在原因进行疏解及依据责任程度对已有伤害进行弥补,从而消除相关当事人的不满,使纠纷得到圆满化解,这是具体化解冲突能量的核心环节。

第三,医患纠纷转化层次,具体表现为正面功能的挖掘机制,旨在去除产生纠纷的社会结构性因素,建设性地增进医患和谐关系的形成。

不同层次的目标定位对管理方式的选择具有决定作用,纠纷处置层次是"秩序恢复"的结果导向,采用控制性手段是必要的;纠纷化解层次是"能量疏导"的过程导向,应采用平等的对话方式;纠纷转化层次则是"结构优化"的长期导向,更重视制度和规则的改进。这三个层次在现实生活中,也经常表现出一定的先后顺序,即先采取应急处置的手段控制局面,并将冲突的能量引导到既定的制度框架之中,然后通过综合的纠纷化解途径和手段使得具体案件在法制框架内得到处理,最后将这些相关的教训或经验转化为对结构性因素的反思,从而促进整体治理结构的完善,消除产生纠纷的潜在的制度性、环境性、情境性的因素。

这些不同层次及具体机制是相辅相成的,任何一个层次或具体机制的功能履行偏差都可能造成其他层次或本层次内其他机制的运转压力增加,甚至会造成整个体系的崩溃。这些机制的牵头政府部门、辅助主体或实施主体及其功能定位见表4-14。

表 4-14　　　医患纠纷治理机制的相关主体及功能定位

结构	具体机制	牵头政府部门	辅助（实施）主体	功能定位
治理框架	政府部门分工机制	政府	相关政府部门	确保职责明确性
	联席会议协调机制	政府	司法局、卫生局	提升治理整合性
处置	卫生系统应急机制	卫生行政部门	医疗机构	确保应对及时性
	患者暴力防控机制	公安机关	医调委、医疗机构	维持表达和平性
	过错责任追究机制	监察、法律机关	相关政府部门	确保行为合法性
化解	患者权利保障机制	卫生行政部门	医疗机构	保障权责平衡性
	调解经费保障机制	财政部门	卫生局、司法局	保证调解中立性
	医疗风险分散机制	保监局	保险（经纪）公司	打破风险集中性
	医调委的工作机制	司法行政部门	医调委	维护调解公平性
转化	正面功能挖掘机制	卫生局	医院、医调委等	挖掘纠纷正面性

三　现行医患纠纷治理机制中存在的问题

通过建立医调委、推行医责险等方式实现对医患纠纷的综合治理，正成为各地的共识，这套制度体系也确实对纠纷化解起到了很好的作用。但从另外一方面讲，一些问题依然存在，从本研究统计的43项制度来看，既存在着治理层次间的失衡问题，也存在着具体机制间的失调问题。

（一）纠纷治理层次间缺乏平衡

从总体上看，医患纠纷治理的不同层次间存在着较为严重的不平衡。在所统计制度中，100%规定了医疗机构或卫生系统的应急措施；97.7%规定了患者严禁采取的具体行为类型；100%规定了相关部门或人员应当承担的责任。三种纠纷处置的具体机制平均得以明确规定的比率为99.2%，这充分表明了各地政府对迅速控制事态发展，防止冲突恶化升级的普遍化的直接关切。

在医患纠纷化解层次，41.9%的制度对患者一方所具有的权利及实现方式进行了明确规定；100%明确规定医调委的调解工作不向患者或医院收取任何费用；97.7%明确规定医疗风险的分担机制；88%对医调委的工作提出了具体要求；医患纠纷化解层次的四种机制平均得以明确规定的比率为81.9%。这表明各地政府对纠纷的化解也都普遍比较关切。

在医患纠纷转化层次，只有44.2%的制度简单提到了对纠纷的转化，比率很低，论述较少，未加具体化和明确化。这表明各地政府普遍存在着"案结事了"的心态，并不足够关心具体案例能够给整体治理结构带来什么样的启发或能够在结构上进行如何的完善。

对纠纷转化的忽视导致了社会性的、结构性的纠纷发生因素不能得到根本消除，使得医患纠纷一直处于高发的状态，增加了纠纷处置层次的冲突控制和冲突引导压力；纠纷化解层次的机制缺乏足够的承接能力，这也增加了冲突处置的压力。纠纷处置的巨大压力进一步增加了地方政府的焦虑感，并可能促使他们投入更多的精力和资源用于纠纷处置，从而对纠纷化解和纠纷转化缺乏足够的关心和投入，这导致无法形成医患纠纷治理的良性循环。

（二）纠纷治理具体机制存在失调

1. 强调"部门分工"而忽视"部门协同"

医患纠纷治理涉及十多个部门，如何实现不同部门间既有明确的分工，又要能够无缝协作，不同环节间能够有效衔接，关系到整体治理的有效程度。由上述可知，100%规定了部门分工，但只有58.1%规定了部门协作，二者对比可以看出，在相关制度中，部门间分工得到了强调，而部门间如何进行协同，如何衔接配合，却规定得不够细致。这可能导致两个后果：第一，医患纠纷治理的结构性框架缺乏必要调适和维护，不能及时跟踪和处理带有共性的问题，无法从总体上把握改革的方向；第二，部门主义可能会膨胀，为维护本部门利益而拒绝与他部门协作，甚至背离纠纷治理的初衷，使纠纷治理体系的正常运转受到阻碍。

2. 强调"秩序恢复"而忽视"权利保障"

在各地的案例中，患者经常采取比较极端的对抗方式，在这种情况下出台的处置办法必然会强调秩序的迅速恢复。但也应看到，通过强力恢复秩序并不能表明公共冲突能量的完全疏解，而将各种不满加以制度化防范和引导才是治本之策。从所统计制度来看，100%的对防控患者暴力行为有明确的规定，并十分具体详细。但对于患者的权利保障，却有41.9%的制度没有提及，16.3%只是简单带过，这表明有接近六成的地方缺乏权利保护意识，这种情况显示出各地政府在处置医患纠纷时的短期导向和秩序本位，不利于将患者的不满以长期的制度化的方式加以引导和化解。

3. 强调"调解免费"而忽视"经费保障"

在43项制度中，100%规定了医调委的调解应当完全免费，从这个角度讲，政府将医患纠纷的调解视为了纯粹的公共产品。但不相匹配的是，只有55.8%的地方规定医调委的经费完全由财政加以保障，25.6%完全没有规定，其余则是规定模糊。也就是说，接近45%的地方医调委的活动经费缺乏制度上的明确保障。这与强调调解免费存在矛盾之处。

4. 强调"风险分担"而忽视"具体落实"

在43项制度中，97.7%规定了建立医责险，但不相匹配的是，各地对医院参加医责险的规定是混乱而模糊的，主要体现在：（1）医疗机构、公立医疗机构、非公立医疗机构界定模糊。（2）公立医疗机构中存在着等级规定的混乱，实际上三级医院、二级医院及其他医院在医患纠纷方面存在很大差异，而多数地方只作了笼统规定。（3）在规定医疗机构参加医责险的力度上存在着模糊现象，尤其是"应当、鼓励、引导、按相关规定、组织"等多种表达相互交织，无法从字面上得到明确的政策信息，在为地方的多样化变通提供空间的同时，弱化了机制的可实施性。

四 医患纠纷治理机制的完善

总体而言，各地通过建立医调委这种中立第三方的形式来化解医患冲突，现实成效是明显的，这也是该制度近几年能够在全国范围内得到迅速推广的内在原因。从各地的规定来看，相关机制从总体上看涵盖了最主要的方面，能够有效地将冲突的能量进行疏解，但同时，我们也必须看到其中也存在着很多问题，亟须进一步加强研究和调研，并在制度上机制上加以完善，从而更好地化解医患纠纷，尤其是在以下四个方面应当重点加以改进。

（一）疏通冲突能量正面利用的有效渠道

冲突在带来破坏性后果的同时，也蕴含着丰富的正功能，比如吸引关注并形成共同目标[1]、促进变革并使人们接受[2]、激发建立新规范并促进

---

[1] C. R. Michell. Evaluating Conflict. *Journal of Peace Research*. 1980, 17 (1), pp. 62-63.

[2] Joseph A. Litterer. Conflict in Organization: A Re-Examination. *The Academy of Management Journal*. 1996, 9 (3), p. 180.

社会平衡[1]、为技术进步提供经验样本等。对正面功能挖掘机制的忽视是当前医患纠纷制度中的结构性短板。冲突功能的正面挖掘机制着眼于促成"良性循环",使已经发生的成本得以最大程度的利用,并从根本上减轻其他机制的压力。在所统计制度中,55.8%的制度缺乏明确规定。目前,尤其需要打破"处置即完结"的短视思维,要看到冲突是结构性紧张的显现,偶然的背后带有必然的因素,从大样本的案例库来看,冲突原因、升级因素、对抗方式选择等都带有相当大的共性,医疗机构、医调委、卫生局应当用好这些案例,从中发现经验教训。不仅要促进医疗机构自身对纠纷案例的剖析和整改,也要使典型的案例能够有渠道分享给更多的医疗工作者。

(二) 增强医患纠纷治理的权利导向

医患纠纷治理的关键是通过制度建设,使患者的行为变得可预期,使破坏性冲突能量能够进入到规范化的疏解轨道。原来设置的医患直接对话、卫生部门复议、法律诉讼这三种途径已经无法满足患者表达不满、主张利益的需要,在制度规范能力严重不足的情况下,开辟了医调委这种新的制度化的冲突化解通道。这些制度设计的深层理念,是引导民众尽可能采取法治的途径来化解冲突,而最终还是要引导民众树立正确的权利观念,采取适当的维权途径。目前相关的制度对患者权利的忽视,与这种根本性的通过界定权利及其维护渠道来实现治理的理念存在相互矛盾之处。

(三) 强化多元主体间的协同合作

在所统计制度中,100%的制度规定了部门分工机制,但只有58.1%明确规定了领导协调机制。就当前而言,尤其要加强以下方面的协作:(1) 冲突能量的共同引导。纠纷发生后,公安、医院、医调委要密切沟通,及时出现场,共同将不满的、情绪化的民众引导到法律允许的解决轨道中来。(2) 调解诉讼的有机衔接。医调委在调解过程遇到法律适用等方面的问题可咨询法院,法院认为适合医调委调解的案件可委托医调委调解,如果医调委调解失败,应当引导医患双方进入诉讼渠道,而不是将冲突能量重新推向社会或者医疗机关。(3) 调解理赔的有机衔接。医疗机构、医调委、保险公司应当强化彼此衔接,促进调解的顺利进行和及时足

---

[1] Lewis A. Coser. *The Function of Social Conflict*. London, Free Press, 1956.

额的赔付。

（四）防止医患纠纷治理中的两个异化倾向

要防止医患纠纷治理中的两个异化倾向。第一，保险公司"资助"医调委运转。医调委在立场上的中立性、纠纷处置上的专业性是其获得民众认可的基石，而这需要足额的经费保障。有些医调委由于经费短缺，便接受保险公司的资助。由于保险公司是利益高度相关者，这将使医调委的中立性大打折扣，将对其合法性和有效性产生严重伤害。第二，调解重"合意"而偏离"法治"。不少调解员认为只要医患双方达成合意即可，不必严格执行相关法律法规。在实际工作中，不少医院也宁愿对患者多赔付，这种"合意"高度依赖于冲突双方的博弈能力，将伤害既定的规则，弱化法律制度的规范作用，不利于让冲突双方产生稳定的预期。

第五节 "莱维森调查"与英国社会政治冲突管理机制考察

如何有效化解政治和社会分歧和冲突，是各国政府都会面临的普遍问题，也是考验执政党政治智慧的重要关口。2011—2013年，英国社会各界围绕"莱维森调查"，就如何有效规制新闻业的行为问题出现了明显的分歧和激烈的争论，引起全世界的关注。经过公开讨论、跨党协商、议会辩论、枢密院司法委员会仲裁、女王御批等一系列程序，最终达成妥协方案，以"皇家特许状"的形式建立了对新闻业新的规制体系。尽管中英两国的政治协商体制有很大差异，但通过对这一案例的分析，不仅可以看到英国管理政治冲突的独特机制，还可以从中借鉴一些有益的经验和值得汲取的教训。根据英国下院图书馆发表的由菲利普·沃德（Philip Ward）所写的《莱维森调查：实施》（*The Leveson Report: Implementation*）[1]所描述的过程，以及作者在英国所参加的各种研讨会和读到、听到和看到的各

---

[1] Philip Ward, *The Leveson Report: Implementation*, Library of House of Common, 1 November 2013, www.parliament.uk/briefing-papers/sn0653.

种反应,对这一事件过程中涉及的冲突管理机制作出如下分析。①

一 莱维森调查的起因、过程和结论

（一）莱维森调查的缘起和目标

英国一直没有专门的新闻监管法,涉及媒体行业道德的只有关于诽谤、诲淫、煽动种族主义等法律条款。英国媒体一直以来都以自发成立的带有自愿性质的规制机制来保证行业自律。1953年,英国成立"新闻理事会"（Press Council）,旨在推动新闻自由的同时,确保英国新闻业能够保持高标准的行业道德。20世纪80年代开始,由于部分媒体出现道德滑坡,媒体形象受损,社会各界对于英国媒体是否能够把持基本行业道德的担忧越来越多,许多议员也质疑报业新闻理事会的执行能力和办事效率。于是,独立于行业和政府之外的新闻调查机构"新闻投诉委员会"（Press Complaints Commission）于1991年正式成立,代替了先前的新闻理事会。新闻投诉委员会在全国范围内以《编辑行为准则》（the Editor's Code of Practice）为规制标准,新闻媒体为其提供资金支持,并共同接受其监督。这是全英媒体首次共同接受同一机构的监管。

但二十多年的实践表明,新闻投诉委员会并未能有效地发挥监管作用,特别是戴安娜王妃车祸等事件的新闻报道,使新闻投诉委员会的监管能力备受民众诟病,英国媒体的公信力也随之不断下降。2011年7月,《世界新闻报》电话窃听丑闻曝光后,在卡梅伦首相的提议下,英国议会决定对该丑闻和新闻业的文化、实践和伦理问题开展调查。由于调查由法官莱维森勋爵（Lord Justice Leveson）来主持,所以被称为"莱维森调查"（Leveson Inquiry）。

莱维森调查由两部分组成:第一部分调查新闻业的文化、实践和伦理。它分成以下4个"模块"（modules）:（1）新闻业与公众之间的关系,并考察电话窃听和其他潜在的违法行为;（2）新闻业与警察的关系,以及这种关系在公共利益中发挥作用的程度;（3）新闻业与政治家之间的关系;（4）就更有效的政策和规制提出建议,以支持新闻业的诚实和自由,同时鼓励

---

① 参见常健、刘一《从莱维森调查看英国协商民主的特点》,《理论与现代化》2016年第1期。该文是本项目研究的阶段性成果。

更高的道德标准。第二部分主要涉及新闻国际公司（News International）电话窃听案本身，包括新闻国际公司和其他媒体的不法行为，相关警察在调查时所采取的方式和收受贿赂的情况，以及在调查"新闻国际集团"的不法行为过程中失职的政治家、公务员和其他人员所扮演的角色。第二部分调查在有关电话窃听和贿赂的刑事诉讼结束之后进行。[①]

（二）莱维森报告及其建议

2012年11月29日，莱维森法官公布了其调查报告：《莱维森报告：新闻业的文化、实践与伦理的调查》（Leveson Report: An Inquiry into the Culture, Practice and Ethic of the Press）[②]。该报告作出了四个方面的关键性结论：

第一，在规制方面，应该建立独立的新闻业规制机构。该机构在提升更高标准方面应该发挥积极作用，包括有权调查严重的违规行为（breaches）并对报纸进行制裁。新机构应该得到立法支持，该立法要被用来评估其是否恰当地履行了职责，并首次明确（enshrine）政府保护新闻自由的法律义务。应当建立仲裁机制，那些声称遭到新闻业损害的人们可以通过该机制寻求救济，而不必通过法律诉讼。拒绝加入新机构的报纸将会受到媒体监督机构（Ofcom）的直接规制。新规制机构应当独立于现在的记者、政府和商业机构，不应当包括任何在职编辑（serving editors）、政府成员或议员。该机构应当考虑鼓励新闻业在涉及公共领域的报道信息来源方面尽可能透明。应当为那些受到要求做不道德事情压力的记者建立举报热线。

第二，在涉及警察的问题上，没有证据表明警察存在着普遍的腐败。前都市警察署长助理（Met Police Assistant Commissioner）约翰·雅茨（John Yates）与媒体出版商新闻国际公司的关系受到了批评。

第三，在涉及政治家的问题上，所有政党的政治家们都建立了"与新闻业太过紧密的关系，其方式无益于公共利益"。在过去的30年中，政治家与新闻业的关系损害了对公共事务的感知。但前文化大臣杰西米·亨特（Jeremy Hunt）和首相戴维·卡梅伦（David Cameron）与默多克媒体帝国过于紧密的关系被澄清。

[①] http://www.levesoninquiry.org.uk/about/.

[②] Lord Justice Leveson: *An Inquiry into the Culture, Practice and Ethic of the Press: Report*, No.: 0780 2012-13, http://www.official-documents.gov.uk/document/hc1213/hc07/0780/0780_i.pdf, 29 November 2012.

第四，在涉及公众的问题上，记者造成了"无辜人们生活的实际困扰，有时还是肆虐（wreaked havoc）"。它既发生在名人身上，也发生在普通公众身上。新闻业的行为有时"可以被描述为无法无天（outrageous）"。在世界新闻集团，除了电话窃听之外，还存在管理和约束体制的失效。报业普遍缺乏对个人隐私和尊严的尊重。

同时，莱维森建议：（1）通过议会立法建立一个新的自律性的新闻业监管机构，对那些不参加该自律机构的报业组织，一旦其出现不端行为，可以处以最高额100万英镑的惩罚性损害赔偿；（2）修改民事诉讼法律，设立对于媒体侵权诉讼的免费仲裁程序。（3）议会立法仅仅涉及如何设立机构，并不涉及对媒体报道内容的规制；（4）坚持新闻自由原则，政府和政治人物不得干预媒体报道。

（三）围绕实施莱维森建议展开的争论和结局

围绕如何实施莱维森建议，民众、新闻业和各政治党派之间存在着明显的分歧并展开了激烈的争论。三大主要政党最终于2013年3月18日达成一致，同意以皇家特许状来规制新闻业。即由《皇家特许状》建立一个"认可小组"（recognition panel），认可小组批准和监督新的独立新闻规制机构（independent press regulator），以取代原来的新闻投诉委员会。新闻业将撰写自己的行为准则，但规制机构将决定该准则是否被违反。新的规制机构可以对它怀疑违反准则的情况开展调查。在出现违反准则的情况时，它可以指示报业公民去纠正和道歉。建立新的仲裁机制，使索赔可以不经法院而得到解决。投诉者应当可以免费使用该仲裁机制。规制机构应当有权对严重或系统违反行为准则或政府要求的会员处以出版营业额1%（最高100万英镑）的罚金。认可小组前三年的经费来自国库，此后将通过对规制机构的收费来支付其运作经费。规制机构本身的开支将通过新闻业与规制机构理事会协议解决。

2013年10月30日，三党的皇家特许状提案被送交枢密院会议，女王为新的皇家特许状加盖了皇室印玺[①]，这宣告莱维森建议开始被付诸实施。

[①] Queen Sets Seal on Cross – Party Politicians' Charter for Press Regulation, *Independent*, 30 October 2013, http：//www.independent.co.uk/news/media/press/queen – sets – seal – on – crossparty – politicians – charter – for – press – regulation – 8914007.html.

二 该案涉及的社会政治冲突管理机制

莱维森调查涉及如何规制英国新闻业，而在这一问题上英国各政党和社会各界存在着比较严重的分歧。在协商解决分歧的过程中，可以看到六个重要的机制在发挥作用。

（一）议题形成过程和确定机制

莱维森调查的议题形成，是一个由社会议题转入政治议题的渐进过程。一方面，英国媒体对商业利益的过度追逐，不断遭到公众指责，使其公众形象一步步跌落谷底。另一方面，在《世界新闻报》窃听丑闻曝光之前，大量侵犯个人隐私的不道德新闻行为未被新闻投诉委员会受理，引发了公众的广泛不满。特别是戴安娜王妃车祸等事件的新闻报道，使新闻投诉委员会受到广泛的批评。2011年7月4日记者尼克·戴维斯（Nick Davies）在英国《卫报》头条披露了《世界新闻报》丑闻，引起了民众的大规模不满和抗议，使这一问题成为公众集中热议的社会议题。2011年7月10日，《世界新闻报》出版最后一期，宣告其168年生命的终结。7月16日，英国新闻业巨头默多克在英国各大主流媒体上就《世界新闻报》的电话窃听丑闻公开道歉。

2011年7月6日，英国议会就此事项举行了紧急辩论，标志着这一社会议题被纳入政府议事议程。在这次辩论中，首相卡梅伦提议展开独立调查。7月20日，议会再次进行紧急辩论，三大主要政党一致同意进行调查，首先是首相卡梅伦于2011年7月13日提议展开独立调查，接着是议会7月20日经过辩论一致同意开展此项调查。

（二）事实澄清过程和认定机制

对新闻业存在的问题，社会各界和各大政党有着不同的认知。在确定改善措施之前，必须对事实进行澄清和认定。由谁来认定，以及通过怎样的方式来认定，决定着公众和各政党对认定结果的接受和认可程度。

在事实认定主体的选择上，这次调查的任务交给了具有中立地位的法官莱维森勋爵。2011年7月13日，首相卡梅伦向议会提议成立以勋爵莱维森法官为主席并包括6位专业评估者在内的调查组，负责此次调查。[①] 7

[①] HC Deb 13 July 2011 c311, http://www.publications.parliament.uk/pa/cm201011/cmhansrd/cm110713/debtext/110713-0001.htm, 13 July 2011.

月 28 日，英国内政部国务大臣勃罗宁和文化、奥林匹克、媒体运动大臣亨特联合签署信件，正式任命法官莱维森勋爵担任调查组主席。这一任命是根据英国《2005 年调查法》（Inquiry Act 2005）的相关规定，该法律对如何进行这样的调查作出了非常详细的规定，从而使这一任命和后来的调查程序具有合法的依据。

根据《2005 年调查法》，这次调查采取了公开听证的形式。该法律规定，调查组主席可以要求证人前往调查组进行作证，并最终作出调查报告。第一部分调查于 2011 年 11 月 14 日开始听证，并于 2012 年 7 月 24 日结束听证。调查共听取了 337 位证人到场口头提供的证据和将近三百位证人提供的录音证据，还收到了大量的意见书。此外，通过网站与公众互动，也为调查获得了大量的材料和证据，对于质证也起到了积极的作用。

2012 年 11 月 29 日，莱维森法官公布了其调查报告：《莱维森报告：新闻业的文化、实践与伦理的调查》（Leveson Report: An Inquiry into the Culture, Practice and Ethic of the Press）[1]，作为第一部分调查的总结。

（三）不同意见的发表和公开辩论机制

《莱维森报告》对事实的认定获得了广泛的认同。但对《莱维森报告》所提出的建议及其实施方式，社会各界和各主要政党存在不同观点。虽然各方都赞同加强对新闻业的规制，但在以何种方式来保障规制的合法性的问题上却出现了严重的分歧。各界通过各种媒体表达了这些不同观点，并开展了激烈的辩论。

在主要政党方面，首相卡梅伦表达了对莱维森建议的支持，但他并不认为有必要以立法形式来确立新的新闻监管机构（statutory underpinning）[2]。反对党领袖米利班德（Ed Miliband）呼吁政府支持莱维森的建议，支持以立法形式确认新闻监管机构及其职责[3]。自由民主党领袖、副

---

[1] Lord Justice Leveson: An Inquiry into the Culture, Practice and Ethic of the Press: Report, No.: 0780 2012 – 13, http://www.official-documents.gov.uk/document/hc1213/hc07/0780/0780_i.pdf, 29 November 2012.

[2] HC Deb 29 November 2012 o449, http://www.publications.parliament.uk/pa/cm201213/cmhansrd/cm121129/debtext/121129 – 0003.htmJHJ12112958002878, 29, November 2012.

[3] HC Deb 29 November 2012 o451, http://www.publications.parliament.uk/pa/cm201213/cmhansrd/cm121129/debtext/121129 – 0003.htmJHJ12112958002878, 29, November 2012.

第四章 公共领域冲突管理的适用机制

首相克雷格（Nick Clegg）支持莱维森提出的通过修改法律来建立自律体制的建议[1]。

在社会方面，新闻业无德行为的受害者们对莱维森建议表示支持，认为未来的自律机构应该得到立法支持，没有立法支持，莱维森建议就无法实施。他们对卡梅伦首相反对以立法来确认自律机构表示震惊和失望。他们认为，媒体更关心盈利而不是新闻报道。它们是商业公司，它们销售人们的故事是为了赚钱。大多数报纸认为有必要建立新的更严格的自律机制，但反对通过立法来确认，也不同意莱维森报告中其他一些建议，特别是对媒体监督机构（Ofcom）的角色的建议。[2]

上议院图书馆将政党领袖、媒体评论员和利益相关各方的即时反应加以总结并及时进行了公布。[3]

（四）不同议案的提出与竞争机制

争论各方的不同意见并不停留于直接的争论，而是通过提出议案的形式来精炼和表达。

支持通过立法来保障规制合法性的各方起草了法律提案。2012年12月10日，工党发表了为实施莱维森建议而建立由法律保障的独立的新闻业自律机构的法律草案《新闻自由与信任法案》（*Press Freedom and Trust Bill*）[4]。代表新闻业违法行为受害者的压力团体"电话遭窃听者伸张正义运动"（Hacked Off）发表了自己的法律草案《媒体自由与规制标准法案》（*Media Freedom and Regulatory Standards Bill*）[5]，并邀请公众予以评论。该法案的目的是"保护媒体的独立和自由，并规定确认自愿性媒体规制机构的过程和效果"。莱斯特勋爵（Lord Lester of Herne Hill）发表了另一个

---

[1] HC Deb 29 November 2012 o471, http://www.publications.parliament.uk/pa/cm201213/cmhansrd/cm121129/debtext/121129-0003.htmJHJ12112958002878, 29, November 2012.

[2] Newspaper Editors Sign up to Leveson Recommendations, Guardian, 5 December 2012, http://www.theguardian.com/media/2012/dec/05/newspaper-editors-sign-up-leveson.

[3] Leveson Report: Reaction, HL Library Note LLN 2012/041, 30 November 2012, http://www.parliament.uk/briefing-papers/LLN-2012-041/leveson-report-reaction.

[4] Press Freedom and Trust Bill, 10 December 2012, http://www.theguardian.com/media/interactive/2012/dec/10/press-freedom-and-trust-bill-draft.

[5] Hacked Off, Media Freedom and Regulatory Standards Bill, http://hackinginquiry.org/wp-content/uploads/2013/01/The-draft-Leveson-Bill-with-notes.pdf.

法律草案《独立新闻理事会法案》（Independent Press Council Bill）[①]，其目的是"提供新闻理事会的任命和职责框架，使其独立行动，并代表公共利益来促进和保护表达自由，包括新闻自由，与公众交流信息和意见，鼓励和保持专业标准和实践，为职业不良行为的受害者提供救济，以及其他与此相联系的目的"[②]。

与此同时，反对通过立法来保障规制合法性的一方也提出了自己的方案。报业讨论了建立一种无须立法确认的新规制框架。原新闻投诉委员会主席亨特勋爵（Lord Hunt of Wirral）表示，各主要报刊的代表签署了一项合约草案，并在商讨最后细节。根据该合约，他们将同意加入一个新的规制机构，该机构有权调查不良行为并处以最高100万英镑的罚款。但新机构并不提供莱维森建议的解决诽谤和隐私索赔的仲裁服务。[③]

执政的保守党政府提出第三种方案，即以皇家特许状代替立法。2012年12月，内阁办公室主任莱特文（Oliver Letwin）建议用《皇家特许状》（Royal Charter）来正式建立新的独立新闻规制机构。[④]《皇家特许状》是主权者根据枢密院的建议授予的，其最初目的是创立公共或私人机构（包括城镇），确定其特权和目的[⑤]。2013年2月12日，保守党正式发表了关于皇家特许状的建议。该条款草案的目的，是经女王的授权创建新的"认可小组"（Recognition Panel），它负责认可一个或多个新闻规制机构。

[①] Lord Lester, Independent Press Council Bill, http：//hackinginquiry.org/wp-content/uploads/2013/01/APPENDIX-4-%E2%80%93-Lord-Lester%E2%80%99s-Bill1.pdf.

[②] Anthony Lester, My Vision of A Leveson Law, Guardian, 10 December 2012, http://www.theguardian.com/commentisfree/2012/dec/10/anthony-lester-vision-leveson-law/print.

[③] Newspapers Ready to Press on with New Regulator", Times, 15 January 2013; Editors Resist Press Regulation Proposals, Financial Times, 11 January 2013.

[④] Gordon Rayner, Great and the Good Lined up for New Press Regulator under Royal Charter, Daily Telegraph, 13 December 2012, http://www.telegraph.co.uk/news/uknews/leveson-inquiry/9744042/Great-and-the-good-lined-up-for-new-press-regulator-under-Royal-Charter.html; Robert Winnett and James Kirkup, Leveson Report: PM Proposes Third Way To Regulate the Press, Daily Telegraph, 7 December 2012, http://www.telegraph.co.uk/news/uknews/leveson-inquiry/9728849/Leveson-Report-PM-proposes-third-way-to-regulate-the-press.html.

[⑤] Privy Council Office, Royal Charter, http://privycouncil.independent.gov.uk/royal-charters/.

该小组由皇家特许状授权,其组成人员将由一个委员会根据皇家特许状确立的标准来任命。认可小组的职能是:(1) 决定由规制机构提交的关于认可的申请;(2) 审议曾经被认可的规制机构是否应当继续被认可;(3) 当认可小组认为规制机构不再应当被认可时撤销对该规制机构的认可。这份皇家特许状草案提出了认可小组要确保新的新闻投诉机构应遵守的最低标准。它包括对报纸罚款的权力,对报纸的行为进行调查的权力,要求纠正或其他补救行为的权力,建立具有法律约束力的仲裁服务而不需诉诸诽谤诉讼的权力。它提出要建立的仲裁机制与莱维森法官建议的无需诉诸法院的投诉解决机制相似,但不同的是,该机制对投诉人并不是免费的,只是价格不贵。同时,该皇家特许状的修改需三党领袖的书面同意,并获得两院 2/3 议员的通过。

随这份皇家特许状草案还发表了一个皇家特许状获得批准的须经程序:(1) 政府必须批准通过其民政事务委员会呈交皇家特许状;(2) 枢密院必须觐见女王并建议她批准皇家特许状;(3) 女王办公室加盖印玺,并在皇家特许状本身确定的日期生效;(4) 在建议女王批准这一由国家支持的皇家特许状之前,政府最好咨询公众的意见。[①] 与此同时,保守党还公布了另一项建议:如果任何报纸拒绝加入新的规制机构,就会面临被处以最高 100 万英镑的惩罚性损害赔偿的风险。而如果被告的报纸是被批准的规制机构的成员,则会免除惩罚性损害赔偿的责任。[②]

保守党支持皇家特许状的建议,认为它是比立法更好的选择。因为一旦立法,议员们就有可能通过补充或修改立法来损害言论自由和新闻自由[③]。自

[①] DCMS, Information Note on the Draft Royal Charter, 12 February 2013, https://www.gov.uk/government/publications/lord-justice-leveson-report-regulatory-system-for-the-press; https://www.gov.uk/government/uploads/system/uploads/attachment_data/file/136349/RC_Information_note_on_draft_Royal_Charter_12_Feb_2013_.pdf.

[②] DCMS, Draft clauses on exemplary damages and costs: draft Bill and Explanatory Note, https://www.gov.uk/government/publications/lord-justice-leveson-report-regulatory-system-for-the-press.

[③] Oliver Wright and Nigel Morris, MPs Hopeful of a "Halfway" Deal on Press Regulation, Independent, 12 February 2013, http://www.independent.co.uk/news/uk/politics/mps-hopeful-of-a-halfway-deal-on-press-regulation-8492117.html.

由民主党认为该建议是一个"值得欢迎的开端"①。工党则认为该建议草案未能达到实施莱维森建议的标准②。"电话遭窃听者伸张正义运动"组织拒绝该建议,认为它是"向新闻压力投降"③。报业本身对该皇家特许状草案持谨慎欢迎的态度④。

2013年2月13日,文化大臣米勒(Maria Miller)回答了下院有关皇家特许状建议的紧急质询⑤。3月15日,保守党公布了修改后的《皇家特许状草案》。同日,工党和自由民主党也发表了另一个版本的《皇家特许状》。

(五)跨党会谈、施加压力与妥协机制

在不同议案的竞争中,一个重要的协商形式就是各主要政党之间举行的跨党会谈,它是以闭门的形式进行的,具体过程不为外界所知。自从《莱维森报告》公布后,三大主要政党就如何实施莱维森建议开展了跨党会谈。

但跨党会谈起初并不顺利,各方存在着明显的意见分歧:工党主张通过立法来建立一个组织,用来监管新闻规制机构;保守党政府则偏好用皇家特许状来支持规制机构。各方为了达到自己的目的,以各种方式向对方施加压力:工党利用政府审议法案的机会,要求在法案中增加规制新闻业的法律条款。首相卡梅伦面对这种对政府立法计划的持续威胁,宣布要退出跨党会谈,并要于3月18日将有关皇家特许状的计划提交下院投票表决。对此,工党和自由民主党回应说,任何形式的皇家特许状要想被接受,就必须有立法的支持⑥。这两方对决的强硬态度使议会投票的结果吉凶未卜。

---

① Patrick Wintour, Tory Press Reforms Fail to Convince, Guardian, 12 February 2013, http://www.theguardian.com/media/2013/feb/12/tory-press-reforms-leveson-proposals?INTCMP=SRCH.
② Labour Party, Serious Concerns on Draft Royal Charter - Harman, 12 February 2013, http://www.labour.org.uk/draft-royal-charter-media-harman, 2013-02-12.
③ Tories Reveal "Toughest Ever" Plan to Regulate the Press", Times, 13 February 2013.
④ The Fine Print [leader], Times, 13 February 2013.
⑤ HC Deb 13 February 2013 cc859-70, http://www.publications.parliament.uk/pa/cm201213/cmhansrd/cm130213/debtext/130213-0001.htmJHJ13021368000004.
⑥ D-Day Looms on Press Regulation, Financial Times, 13 March 2013.

在投票前的周末,三党恢复了跨党会谈,展开了紧急磋商。2013年3月18日清晨,经过修改的《皇家特许状草案》[①]终于获得三党的一致同意。该妥协方案允许建立一个或多个独立的新闻业自律机构;这样的机构被认可小组规制和监督,该认可小组根据《皇家特许状》建立,而该《皇家特许状》又获得来自法律修正案的法律保护。首相卡梅伦认为,获得法律保护的《皇家特许状》是以"相对小的立法变动"来保障规制合法性的方案。但他坚持认为,新的法律条款涉及的都是新的皇家特许状,并未具体提到新闻规制,因此它不是一部新闻法[②]。该立法只是保护《皇家特许状》,而不是认可皇家特许状。新的条款以法规的形式强化了《皇家特许状》中所包括的条款,即《皇家特许状》未经两院2/3多数支持不得被改变。

(六)法律的确认过程与裁定机制

三党的妥协方案必须经过议会审议通过并最终以立法的形式予以确认。而《皇家特许状》则必须经枢密院讨论并经女王御准才能生效。

2013年3月18日,首相卡梅伦提议举行议会紧急辩论。紧急辩论之后,关于以法律来确保皇家特许状的修正案在上议院被写入《企业与规制改革法案》[③]。下议院也恢复了对《犯罪与法院法案》的审议,有关惩罚性损害赔偿的新条款被政府加进该法案,即如果任何报纸拒绝新规制机构的监管,就会面临惩罚性损害赔偿的风险[④]。4月16日下议院同意上议院的修正案,将未来的《皇家特许状》置于法规的保护之中。4月23日,在对《诽谤法案》的审议中,上议院未经投票同意了下议院关于取消普

[①] Department for Culture, Media and Sport, Draft Royal Charter on Self-Regulation of the Press, 18 March 2013, https://www.gov.uk/government/uploads/system/uploads/attachment_data/file/142808/18_March_2013_v6_Draft_Royal_Charter.pdf.

[②] HC Deb 18 March 2013 c633, http://www.publications.parliament.uk/pa/cm201213/cmhansrd/cm130318/debtext/130318-0001.htmJHJ13031811000003.

[③] HL Deb 18 March 2013 cc438-57 (Report stage); HL Deb 20 March 2013 cc632-4, 662 (third reading), http://www.publications.parliament.uk/pa/ld201213/ldhansrd/text/130320-0002.htmJHJ13032062000577.

[④] HC Deb 18 March 2013 cc697-736, http://www.publications.parliament.uk/pa/cm201213/cmhansrd/cm130318/debtext/130318-0003.htm.

特南修正案的动议。4月25日,以上三个法案获得了女王的御准。①

然而,尽管三大主要政党的妥协方案获得了议会的批准,但在社会上仍然存在支持和反对两种声音。围绕着将提交给女王御准的《皇家特许状》的具体内容,社会各界继续展开激烈的辩论。

一些新闻机构对三党方案持激烈的批评态度。《卫报》发表评论,认为新的规制机构就是复仇,非常不公平,很难想象这样的严肃调查会带来怎样的寒蝉效应。并认为这种方案与成文立法无异,那些认为这不是成文立法的说法是在撒谎②。地方报纸则担心它们会由于那些专职索赔律师的高额赔偿诉讼而破产③。一些国家的新闻业对英国的新举措表示了震惊。世界报纸与新闻出版商协会(World Association of Newspapers and News Publishers)与世界编辑论坛(World Editors Forum)联合要求卡梅伦政府撤销所公布的关于根据《皇家特许状》建立规制机构的决议④。欧洲安全与合作组织将这一妥协方案描述为"对新闻自由的潜在威胁"⑤,律师们则警告说这有可能挑战《欧洲人权公约》第10条对新闻自由的保障⑥。

大多数新闻出版商要求向枢密院提交自己的《皇家特许状》。2013年

---

① HL Deb 25 April 2013 c1546, http://www.publications.parliament.uk/pa/ld201213/ldhansrd/text/130425-0001.htmJHJ13042554000435.

② Lisa O'Carroll, Newspaper Groups Threaten to Boycott New Press Regulator, Guardian, 18 March 2013, http://www.theguardian.com/media/2013/mar/17/newspaper-threaten-boycott-press-regulator.

③ Lisa O'Carroll, Press Regulation: Local Newspapers Fear Rush of Compensation Claims, Guardian, 19 March 2013, http://www.theguardian.com/media/2013/mar/19/press-regulation-local-newspapers-rush-compensation.

④ World Media Condemns Attack on Press Freedom, Times, 22 March 2013; Richard Alleyne, British Press Laws Are "Just Crazy", Say Shocked Americans, Daily Telegraph, 19 March 2013, http://www.telegraph.co.uk/news/uknews/9939666/British-press-laws-are-just-crazy-say-shocked-Americans.html.

⑤ David Cameron's Leveson Deal Is "Threat to Press Freedom", Says Human Rights Watchdog, Daily Telegraph, 19 March 2013. Rowena Mason, Leveson Deal Marks A "Sad Day for Press Freedom", Says Index on Censorship, Daily Telegraph, 19 March 2013, http://www.telegraph.co.uk/news/politics/9937099/Leveson-deal-marks-a-sad-day-for-press-freedom-says-Index-on-Censorship.html.

⑥ Press "Law" Unravels Amid Legal Warnings, Times, 20 March 2013; David Pannick QC, An Ill-Thought Out, Late-Night Provision on the Cost of Free Speech", Times, 11 April 2013.

4月25日，报业协会（Newspaper Society）宣布拒绝跨党特许状提案，要求向枢密院提交自己的皇家特许状建议案[①]。其建议案与跨党建议案的不同之处在于：(1) 取消议会阻挡或批准未来改变规制的权力，规制机构、商业机构和新创立的"认可小组"必须同意改变才行；(2) 认可小组的主席和成员要由任命委员会选择，该委员会与退休的最高法院法官作主席，成员包括一位业界利益团体的代表，一位公众利益代表和一位由英格兰和威尔士公共任命专员提名的公共任命评估员；(3) 取消对前编辑担任认可小组成员的限制；(4) 给予报纸杂志读者为新闻业提建议的机会；(5) 使团体投诉更为困难；(6) 将规制机构"指示"（direct）纠正和道歉的性质、程度和地方的权力的提法改为"要求"（require）；(7) 投诉者使用仲裁不一定是免费的，而应是"价格不贵的"。[②] 2013年4月30日，金融新闻标准理事会有限公司（Press Standards Board of Finance Ltd）向枢密院提交了它的关于皇家特许状申请[③]。

2013年7月8日，报刊业公布了建立新的"独立新闻标准组织"（Independent Press Standards Organisation）的结构和规则的宪章草案，其中包括新的规定、自律合约、新闻规制机构条款和经济制裁指南。[④]该机构的建立并不依赖《皇家特许状》的认可。如果新闻业无法接受最终通过的《皇家特许状》的条款，它将不寻求《皇家特许状》的认可。该组织获得了《泰晤士报》《太阳报》《每日邮报》《每日电讯报》《每日镜报》和《每日快报》的支持，但《卫报》《金融时报》和《独立报》等几家大报还没有签署。一些分析师认为，该组织的计划未能满足

[①] Draft Royal Charter for the Independent Self‐Regulation of the Press, http://www.newspapersoc.org.uk/sites/default/files/pdf/Draft‐Independent‐Royal‐Charter‐25‐4‐13.pdf, 25 April 2013.

[②] Leveson Report: Newspapers Reject Press Regulation Plans, BBC News, 25 April 2013, http://www.bbc.co.uk/news/uk‐22294722; Lisa O'Carroll, Newspapers' Alternative Regulation Plans: the Key Differences, Guardian, 25 April 2013, http://www.theguardian.com/media/2013/apr/25/newspapers‐regulation‐plans‐key‐differences?.

[③] The Humble Petition of The Press Standards Board of Finance Limited, http://privycouncil.independent.gov.uk/wp‐content/uploads/2013/05/Press‐Standards‐Board‐of‐Finance‐Ltd‐Petition‐and‐Draft‐Charter.pdf.

[④] Independent Press Standards Organisation, 8 July 2013, http://www.newspapersoc.org.uk/08/jul/13/independent‐press‐standards‐organisation.

莱维森建议的要求。

另一方面，新闻业无德行为的受害者对三党妥协方案表示了谨慎的欢迎，认为它体现了妥协的精神，并不会威胁言论自由，也没有允许政治家干预新闻采集[①]。"电话遭窃听者伸张正义运动"执行主任凯斯卡特（Brian Cathcart）教授指出，对改革来说，皇家特许状永远是"次优选择"，但它仍然是值得赞扬的跨党共识，它既保护了新闻自由，同时又保护了公众不受新闻业不法行为的侵害[②]。诸多民调显示，大部分民众对加强媒体规制持坚决支持的态度。他们认为，部分英国媒体的职业道德滑坡现象太过严重，需要建立新的规制机构和规制体系治理英国媒体行业的乱象。"电话遭窃听者伸张正义运动"将新闻业对协议的反应描述为"至少证明新闻业大多数人并未从莱维森调查中吸取任何教训"[③]。一些最著名的新闻业违法行为的受害者联名致信文化大臣，要求她拒绝新闻业的提案，认为它缺乏民主的合法性，是不可接受的[④]。7月，他们又以同样的态度再次致信[⑤]。

针对支持和反对两种声音，枢密院承担了仲裁角色。枢密院要求，所有的特许状申请应当由相关的政府部门即文化、媒体和体育部审议，汇总其他政府部门的意见[⑥]。此前，新闻业的提案已公开征求公众评论，在此期间收到约2万条回应，根据枢密院法律委员会2013年10月8日的信，

[①] Josh Halliday, Phone Hacking Victims Give Press Regulation Deal Cautious Welcome, Guardian, 18 March 2013, http：//www.theguardian.com/media/2013/mar/18/hacking-victims-press-regulation-cautious-welcome.

[②] Greg Truscott, Victims of Press Intrusion and Hacked Off Welcome Royal Charter Underpinned by Legislation to Regulate the Press, Press Gazette, 18 March 2013, http：//www.pressgazette.co.uk/victims-press-intrusion-and-hacked-welcome-royal-charter-underpinned-legislation-regulate-press.

[③] Newspapers Offer Rival Version of Charter for Press Regulation, Times, 26 April 2013, p.4.

[④] Patrick Wintour, Phone-Hacking Victims Reject Newspapers' Charter Proposal, Guardian, 24 May 2013, http：//www.theguardian.com/media/2013/may/24/phone-hacking-reject-charter-proposal.

[⑤] Hacked Off, Victims of Press Abuse Urge Maria Miller to Resist Press Pressure and Send Parliament's Charter to Privy Council for Approval, 3 July 2013, http：//hackinginquiry.org/news/victims-of-press-abuse-urge-maria-miller-to-resist-press-pressure-and-send-parliaments-charter-to-privy-council-for-approval/.

[⑥] http：//privycouncil.independent.gov.uk/royal-charters/petitions-for-royal-charters/.

其中主要的回应是由报业协会和"电话遭窃听者伸张正义运动"两个组织发动的。大约有1.9万个回应主要是由"电话遭窃听者伸张正义运动"鼓动的，它们不支持新闻业自己的特许状草案；报业协会鼓动的回应有136个，其中74个是地方或地区报纸的编辑。[1]

2013年10月8日，文化大臣宣布，新闻业自己的特许状提案未能被提交给枢密院会议。枢密院司法委员会认为它不应当被批准，因为它不符合《莱维森报告》所提出的一些重要原则和政府政策[2]。同时，政府发表了文化大臣和财务大臣的联名信，详细解释了拒绝的理由。其疑虑主要在独立性和仲裁两个方面[3]。同时，跨党提案也需要进一步精化。2013年10月11日，三党的特许状提案经过再次修改后被公布[4]。

在枢密院举行会议之前，报业高级代表前往高等法院试图申请禁令阻止枢密院听证，理由是拒绝报业提案未经正当程序。高等法院拒绝了该禁令申请。报业高级代表又前往上诉法院，上诉法院法官再次拒绝了禁令申请。[5]

2013年10月30日，枢密院会议如期举行。三党的皇家特许状提案被送交枢密院会议。女王为新的皇家特许状加盖了皇室印玺[6]。自10月31日公布以来，该特许状又加入了一些经同意的改动，其中最重要的是：未经认可小组的一致同意，政治家不得修改特许状[7]。

---

[1] Philip Ward, The Leveson Report: Implementation, Library of House of Common, 1 November 2013, www.parliament.uk/briefing-papers/sn0653.

[2] Politicians "Reject" Press Plan for Regulation, BBC News, 8 October 2013, http://www.bbc.co.uk/news/uk-24439588.

[3] Letter to the Privy Council from the Committee Considering the Petition for a Royal Charter from PressBoF, https://www.gov.uk/government/uploads/system/uploads/attachment_data/file/248887/Privy_Council_Committee_Letter_of_Recommendation.pdf.

[4] DEP2013-1628 (Commons), https://www.gov.uk/government/uploads/system/uploads/attachment_data/file/249783/Final_Draft_Royal_Charter_11_Oct_2013.pdf.

[5] Philip Ward, The Leveson Report: Implementation, Library of House of Common, 1 November 2013, www.parliament.uk/briefing-papers/sn0653.

[6] Queen Sets Seal on Cross-Party Politicians' Charter for Press Regulation, Independent, 30 October 2013, http://www.independent.co.uk/news/media/press/queen-sets-seal-on-crossparty-politicians-charter-for-press-regulation-8914007.html.

[7] Philip Ward, The Leveson Report: Implementation, Library of House of Common, 1 November 2013, www.parliament.uk/briefing-papers/sn0653.

三 莱维森案的启示

从英国这次新的新闻规制产生的过程来看,它并不是通过直接的行政颁布,也不是简单地依赖议会投票,而是包含了民主协商的各种过程,包括广泛听证、各方提出方案、议会两院辩论、跨党会谈等环节。这种协商的过程、机制和结果提供了一些重要的启示。

(一) 协商过程和机制的启示

与选举民主程序相比,协商民主必须解决两个最易出现的问题。一是可能出现的暗箱操作;二是耗时过长;三是议而不决。而英国莱维森调查的所涉及的协商过程在解决这三个问题方面可以给我们提供一些有益的启示。

在解决暗箱操作的问题上,此次协商过程尽管也采用了一些闭门协商的议程,如各主要政党之间的跨党会谈,但在会谈前后,各政党都会公开表达自己的不同主张,社会各界也会公开发表各种不同意见,议会的辩论也是公开的,这在很大程度上限制了暗箱操作的可能性。

在解决耗时过长的问题上,与政府直接决策相比,尽管通过协商方式达成共识需要花费更多的时间和精力,但此次协商预先确定了比较具体和明确的议题、程序和时间表。尽管实际进度比预定的时间表有所拖延,但由于议题、程序和时间表都比较明确,所用的时间还是得到了比较有效的控制。

在解决议而不决的问题上,此次协商采用了三种决定机制。一是在事实认定方面,依法由中立的法官来主持调查并提出建议;二是在解决方案方面,通过议会表决来通过相关立法;三是在《皇家特许状》的内容方面,通过枢密院司法委员会来进行裁定。这三个决定机制使得对规制新闻业这一争议极大的议题能够议而有终。

(二) 协商结果的启示

英国对此议题的协商结果具有四个突出的特点:

第一,达成的方案具有迂回性和复杂性。这次协商聚焦在究竟是否应当由法律来保障新闻规制的效力:用法律来确定规制的内容,按照英国人的理解会对新闻自由构筑过强的限制;没有法律的支持,规制又缺乏合法性保障。因此,设计一个平衡的保障方案需要发挥创造性的政治智慧。从英国最终通过的新规制的设计方案来看,它通过一环套一环的间接方式构筑规制链条,来平衡保障各方权利:由法律保护皇家特许状,根据特许状来建立许可小组,由许可小组认可和监督独立的规制机构,由独立的规制机构制定规则来监督、调查和制裁违规的新闻机构。尽管这种妥协方案有些复杂,但它使争论各方更易于接受。

第二,达成的方案具有较高的认同度。虽然在新闻规制的问题上社会各界和各主要政党曾存在很大的分歧,但最终的协商结果却得到了比较广泛的支持。

第三,实现了求同存异。尽管协商结果仍然有许多质疑甚至反对意见,但由于协商的程序和方式是依法确定的,而且协商的主要过程是公开的,并且实施的过程没有明显的程序瑕疵,因此,那些不赞成协商达成方案的具体内容的人也会基于对程序公正性的认定而接受协商的结果。

第四,对各方利益的保护并不是完全平衡的。由于社会各种群体在现行政治格局中的代表性并不是平衡的,因此在协商过程中那些处于弱势地位的群体的要求往往得不到充分的表达,从而使协商结果更有利于处于强势地位的群体,而不能充分顾及弱势群体的利益诉求。例如,英国的小型报纸和地方报纸对这次确定的新的新闻规制持激烈的反对态度,因为这一规制所规定的高额惩罚,会使处于弱势地位的小型的和地方性的报刊面临相对更大的生存威胁,从而强化大报的垄断地位。这在客观上会破坏报刊之间相互制约的平衡格局,不利于新闻的全面性和多元化。

中国共产党第十八届代表大会第三次全体会议通过的《中共中央关于全面深化改革的若干重大问题的决定》,确定了将协商民主作为政治体制改革的主要方向。如何充分发挥协商民主的优势,克服协商民主可能产生的各种问题,是制定具体的改革方案必须面对和解决的问题。英国与中国的政治体制不同,英国的政治协商方式也与中国正在和将要实行的协商方式存在很大差异,但由于协商本身会面临一些共性的问题,因此英国此次政治协商的某些机制、过程、方式和结果可能会在某些方面为中国建立合理的协商民主制度提供一些有益的启发和经验教训。

第五章　媒体在公共领域冲突治理中的作用机制

随着以互联网为代表的信息技术的发展，媒体在公共领域的冲突发展和化解过程中发挥着重要作用。如何发挥媒体在公共冲突化解中的积极作用，是一个值得深入探讨的课题。本章重点研究媒体新闻议题建构对公共冲突治理的影响，电视台调解类节目对冲突化解示范作用，以及如何在互联网上发挥舆情的"自清洁"功能。

第一节　媒体新闻议题建构方式对公共冲突治理的影响

媒体的新闻报道内在地具有建构性，新闻标题的不同修辞方式和内容结构的不同安排，都会对受众的认知、情感、评价和意志产生不同的影响。从公共冲突发生和治理的角度来看，媒体新闻议题的建构方式会对冲突主体和冲突过程产生重要的影响，并对冲突治理提供机遇或形成障碍。因此，需要对媒体新闻议题的建构方式及其对公共冲突治理的影响进行具体的分析，鼓励有利于冲突化解或转化的新闻议题建构方式，抑制和消解不利于冲突化解的新闻议题建构方式。[1]

一　媒体新闻议题的建构性及其主要影响因素

媒体新闻议题是新闻报道的"宏观结构"。媒体新闻是经由媒体人制作而成，其新闻议题的形成不应被理解为一种纯客观的描述过程，而应当

---

[1] 参见常健、郝雅立《媒体新闻议题建构方式与公共冲突及其治理》，《理论探索》2017年第2期。该文是本项目研究的阶段性成果。

被理解为包含着媒体人主观偏好的建构过程。媒体新闻议题建构是通过使用话语策略，在选取事实、风险解读、人物评判的过程中对某些问题加以凸显，对某种态度加以强化，从而对受众的认知、情感、价值判断和意志形成影响。正如诺曼·费尔克拉夫所指出的："话语实践在传统方式和创造性方式两方面都是建构性的：它有助于再造社会本身，也有助于改变社会。"①

议题建构理论是新闻传播学中 M. 麦考姆斯议题设置理论的发展。议题设置理论提出，通过议题的图景重现②来预示受众群体"想什么"③，媒介所突出强调的议题会直接影响受众对该议题重要性的判断，使其形成"议题的显著性（Salience）认知"④，议题设置理论认为"新闻媒介的优先议题将成为公众的优先议题"⑤。朗氏夫妇以此为基础，在对"水门事件"的研究中将其修正和发展为议题建构理论，提出了媒介议题发展成为公众议题的六个步骤，⑥并指出在此过程中大众媒介、政治系统和社会公众进行着复杂的互动与博弈。

朗氏夫妇议题建构理论的重点是媒体宏观议题的建构和发展，与其不

---

① ［英］诺曼·费尔克拉夫：《话语与社会变迁》，殷晓蓉译，华夏出版社 2003 年版，第 60 页。

② W. 李普曼（Walter Lippman, 1992）在《公众意见》一书中提出了"新闻媒介影响我们头脑中的图像"的思想。

③ 伯纳德·科恩（Bernard Cohen）1963 年在《报纸与外交政策》一书中，提出论断：在多数时候，媒介在告诉他的读者该怎么想时可能并不成功；但是在告诉读者该想些什么时，却异常有效。

④ M. 麦考姆斯（Maxwell Mocombs）和唐纳德·肖（Donald Shaw）于 1972 年在《舆论季刊》上发表论文《大众传播的议程设置作用》，提出假设：大众媒介通过日复一日的新闻选择和发布，影响着公众对于什么是当天最重要的事件的感觉。

⑤ M. 麦考姆斯（Maxwell Mocombs）和唐纳德·肖（Donald Shaw）于 1972 年在《舆论季刊》上发表论文《大众传播的议程设置作用》指出："在媒介和公众的议程之间，存在一种因果联系，即经过一段时间，新闻媒介 的优先议题将成为公众的优先议题。"

⑥ 议题建构的过程总结六个步骤：1. 报纸突出报道某些事件或活动，并使其引人注目。2. 不同种类的议题需要不同种类、不同份量的新闻报道，才能吸引人们的注意。3. 处在关注焦点的事件或活动必须加以"构造"或给予一定范围的意义，从而使人们便于理解。4. 媒介使用的语言也能影响人们对一个议题重要程度的感受。5. 媒介把已成为人们关注焦点的事件或活动与政治图景中易于辨认的次级象征联系起来。人们在对某一议题采取立场时，需要一定的认识基础。6. 当知名且可信的人开始谈论一个议题时，议题建构的速度会加快。

同,本研究聚焦于媒体新闻议题的微观建构,特别是新闻报道的标题设置方式、事实描述方式、结构安排方式、语言修辞方式对新闻报道内容的影响,以及这些新闻议题建构方式对公共冲突进程及其治理的影响。

媒体新闻议题建构方式直接受到媒体生存环境的影响。媒体的生存环境涉及经济、社会、政治、行政和法律等多个层面中的多重因素。(见表5-1)

表5-1　　　　　影响媒体新闻议题建构的主要因素

层面	影响因素	
经济	商业收益	同行竞争
社会	媒体形象	行业自律
政治和行政	政治考量	行政规制
法治	法定权利	司法执法

媒体新闻议题建构首先受到其经济生存环境的影响,其中最重要的影响因素是媒体的商业收益和同行竞争。一方面,媒体的商业属性决定了媒体在新闻议题建构中需要考虑其商业成本和收益。媒体的收益主要来自于社会广告投资,广告商投资的媒介选择主要受关注度的影响,每个媒体人也都要面对流量考评。因此,受众本位是新闻报道的基本导向,吸引关注是媒体新闻议题建构的基本动机。在媒介化的社会,受众猎奇、求新的心态在不断膨胀,注意力在不断缩短并聚焦至新闻标题。如何根据受众的需要、兴趣、心理、态度等来确定报道的选题、内容、角度、方式,就成为媒介议题建构中需要考虑的重要问题。因此,媒介会在新闻议题建构上积极挖掘新的卖点,抓住人们眼球,寻求较高的关注度,提高收视率、阅读率、收听率、点击率,追求媒体商业收益的最大化。另一方面,商业运作的媒体行业在盈亏衡量的自然考虑下会产生激烈的行业竞争。面对日趋激烈的新闻行业竞争,媒体报道不仅仅要努力"抢"新闻素材,向受众提供独家的新闻事实以吸引关注,还要尽力以独特的文本策略、语言策划、报道视角、思想观点在议题建构上标新立异、独树一帜,力求在众多同行媒体竞争中脱颖而出。

其次,媒体新闻议题建构还受到其社会生存环境的影响,其中最重要的影响因素是媒体社会形象和行业自律要求。媒体形象是媒体媒介主体在社会信息生产和传播过程中于受众心中有意塑造的基本品相和印象集合。良好的媒体形象有助于形成媒体的竞争优势，意味着社会的承认和受众的接受。因此，媒体在建构新闻议题时会考虑对媒体自身的社会形象的影响。行业自律是媒体人以媒体行业内的行规、行约主动进行自我管理、自我约束、自我协调的行为。媒体的行业自律要求会对媒体形成行业内的约束压力，它要求媒体新闻议题建构要遵从行业共同秉持的职业道德，承担应当履行的社会责任，否则就会受到同业的道德谴责甚至规则处罚，失去同业的尊重甚至在业内的立足之地。因此，媒体在进行新闻议题建构时会考虑行业的自律要求，在用词筛选、角度切入和尺度拿捏等方面自我约束。

再次，媒体新闻议题建构还受到其生存的政治和行政环境的约束，其中最重要的影响因素是政治考量和行政规制要求。在中国，新闻传播与意识形态具有密切的联系。无论是官方媒体还是社会媒体，在新闻议题建构时需要在政治上考虑与执政党和政府保持一致，坚持正确的政治方向和舆论导向。尤其是在关乎一些碰触社会底线的敏感问题进行议题建构时，坚持政治正确、顺应主流舆论导向往往是媒体议题建构的第一考虑。与此同时，媒体的运行还会受到政府行政规制的约束。政府通过行政审批、行业许可、文化审查对媒体运行进行监管，违背政府行政规制的要求会受到行政处罚。因此，媒体新闻议题建构必须考虑政府行政规制的要求。

最后，媒体新闻议题建构还受到其生存的法治环境的约束，其中最重要的影响因素是法律对各项权利的规定、司法部门对侵权责任的判定以及执法部门对法院裁定的执行。媒体在进行新闻议题建构时必须遵守国家的相关法律法规，不得侵犯他人的合法权利。在公民对自身享有的法定权利日益明确，司法更加公正，执法日益规范和严格的大背景下，法律考虑在媒体新闻议题构建中的重要性正在不断提升。

上述这些影响因素之间存在着相互制约，例如，在商业收益与媒体社会形象之间、同业竞争与行业自律之间、商业收益、同业竞争与行政规制、法治约束之间都存在着一定的相互对立和相互制约。为了自身的生存和发展，媒体的新闻议题建构需要在多种因素之间作出权衡。

二 新闻议题建构的话语策略对冲突主体意识结构的影响

公共冲突是事关公共利益的社会冲突。媒体新闻议题的建构会对冲突主体的意识结构产生重要影响，从而引发、增强或削弱、打消冲突主体的冲突意愿。正如威廉·加姆逊（William A. Gamson）等人在《媒体形象与对现实的社会建构》一文中所指出的，媒介议题本身具有易建构属性，冲突性话题因其事关公众生活而呈现出关注度高、敏感性强的特点而备受新闻媒体用心建构。媒体对于社会冲突的议题建构不仅能够组织新闻生产（即信息告知），而且还能够在竞争性话语空间中影响社会冲突的走向。[①]一方面，媒体新闻议题建构的方式涉及到媒体在进行新闻议题建构时为实现目标所采取的话语策略。媒体新闻议题建构常用的策略技巧主要集中于变换背景、引导想象、渲染情节、凸显后果、贴注标签、隐性评价、归因定位等。另一方面，冲突主体的意识结构主要包括事实认知、情绪波动、价值判断和行动意向四个方面。二者的相互作用如表5-2所示。

表5-2　新闻议题建构策略对公共冲突主体意识结构的影响

新闻议题建构的话语策略	主要手段	对冲突主体意识结构的影响
变换背景	情境预设、去情境化	事实认知
引导想象	巧设导入、创设情境、语意省略、质疑发问	
渲染情节	对形象、动作、语言、表情、工具、环境的生动描述	情绪波动
凸显后果	形容词模糊、副词模糊、数据表现	
贴注标签	命名、定义、建立联系	价值判断
隐性评价	直接唤起、间接激发、间接暗示、间接强化、反预期	
归因定位	质疑方案、定位起因、谴责行为、传递情绪、批判报道	行动意向

[①] William A. Gamson, David Croteau, William Hoynes and Theodore Sasson. Media Images and the Social Construction of Reality. Annual Review of Sociology. 1992, Vol18.

(一) 影响冲突主体事实认知的新闻议题建构策略

在公共冲突中,对事实的认知是冲突主体情绪起伏和形成价值判断、行动意志的基础。媒体新闻议题建构的一些策略会显著改变冲突主体对事实的认知,其中最典型的策略包括"变换背景"和"引导想象"。

"变换背景"是指在涉及冲突的事实陈述中,对事件发生的情境和背景作出建构性表述,以此引导冲突主体认知关注点的定位。变换背景的常用策略包括情境预设和去情境化。情境预设策略是通过在新闻报道中对某方面背景情境的重点强调,使得冲突主体将所发生的事件与媒体所强调的背景情境联系起来,从而对事件产生的原因、意义、相互关系形成不同的整体认知。去情境化策略则是将事件脱离开其关系到的社会背景,仅强调事件本身,使得冲突主体无法理解事件产生的前因后果,或是根据自己的经历或想象来补充背景情境信息,从而对冲突事件形成脱离原本情境的理解。

"引导想象"是使受众在心理视像的自动补白过程中自动形成认知和判断。想象产生于媒体建构的社会情景,受众据此情景将自身经验形成的暂时联系进行新的结合,拼凑成具体的冲突情境。正如费利潘德·墨菲(Philipand Murphy)所指出的,"一个问题的事实不确定性越强,就越容易被社会建构"[1]。媒体通过巧设导入、创设情境、语意省略、质疑发问等议题建构手段,引导受众根据自我想象进行补白,构筑其心理视像,并形成认知和判断。

(二) 引发冲突主体情绪波动的新闻议题建构策略

在公共冲突中,情绪波动会直接导致冲突升级。媒体会采取一些新闻议题建构策略来影响冲突主体的情绪,包括情绪的性质和强度,其中最典型的策略是"情节渲染"和"凸显后果"。

"渲染情节"是在具有冲突性质的新闻事件报道中通过对事件人物形象、动作、语言、表情、工具、环境等进行生动描述甚至渲染,以过程的细节来再现事件情境和过程,调动受众的感官体验,使远离现场的受众也

---

[1] Philipand Murphy, M. Maynard. Framing the Genetic Testing Issue: Discourse and Cultural Clashes among Policy Communities, Science Communication22 (2), 2000.

如同身临其境。"要展现，不要叙述"① 是这种议题建构的基本原则，它要求"帮助受众以一种身临其境的在线状态了解事实并参与体验"②，这不仅仅增强了事件的现场感，也增加了其议题的情感含量和情感冲击，易引发受众的情感共鸣，鼓动起受众的激动情绪。

"凸显后果"是从结果角度进行新闻议题建构，把冲突事件本身当作背景来处理，把冲突结果当作核心要素，凸显甚至夸大冲突所造成的损失或后果，引发受众的激愤情绪。"情感唤起是由人的预期与经历的不一致程度决定的。"③ 在后果程度的描述上，常用的手法包括：（1）以形容词进行模糊化的程度性描述，使用"触目惊心""可惊可愕"等形容词描述冲突后果；（2）以直接性的数据表现冲突结果，给人以一种强烈的视觉冲击，让受众自觉定位冲突的严重程度，想象冲突的残酷性；（3）以副词进行模糊化的程度性描述，利用"至少""迄今"等词语进行模糊表达，以备随时更新冲突动态。

（三）影响冲突主体价值判断的新闻议题建构策略

在公共冲突中，价值判断会冲突主体以事实认知的角度，支撑和强化负面情绪，并为行动意志定向。媒体在新闻议题建构中会采取一些策略来影响甚至改变冲突主体的价值判断，典型的策略是"贴注标签"和"隐性评价"。

"贴注标签"就是用某种特定的评价语词将冲突事件归于某种受众所熟悉的特定社会情境、位置和价值类别，形成理解和评价框架，使受众的视野在阅读过程中只能局限在标签证词设定的评价范围内，难以作出其他评价。标签性词语易于唤起受众的集体记忆，受众在标签性词语的引导下，会依赖于过去事件形成的刻板认知和固化判断来同化新生事件。在这种"结构化"的路径依赖和定势思维的影响下，受众即使存在一定的自由度和能动性，对事件的认知和理解也难以逃离已形成的框架和路径。戴维·巴勒特（David Barrat）指出，标签策略是"对事件进行鉴别，给它

---

① 高钢：《新闻报道教程》，高等教育出版社2010年版，第112页。
② 操慧：《重构现场：新闻报道的空间叙事策略》，《四川大学学报》（哲学社会科学版）2011年第3期。
③ 胡百精：《中国危机管理报告2010—2011》，中国人民大学出版社2013年版，第140页。

们命名、下定义,与其他事件联系起来"①。戴维·巴勒特也指出:"一个事件,只有在为人所知的社会和文化身份的范围内找到位置才能'有意义'。"②

媒体新闻议题建构对受众价值判断的影响并非都是明显和公开的。为了遵守规约,媒体往往避免使用直接性的态度和价值表达话语,媒体经常采用更加隐蔽的"隐性评价"策略。正如怀特(P. R. R. White)所评论的,对事件的性质、程度、价值进行隐性评价是媒体报道的"态度标记"③,其共同特点是"立场先于事实"。隐性评价策略的常用手段主要包括直接唤起、间接激发、间接暗示和间接强化等。"直接唤起"是通过纯粹的信息内容来陈述事实,引导受众根据自己的文化和社会定位作出评判。④"间接激发"是新闻媒体以其自身立场进行主观表达,推动受众作出对人物、事件的价值判断。"间接暗示"是媒体在不显露动机的前提下,把对事件、人物的评价间接地提供给受众,让其领会言外之意、弦外之音,从而对受众的心理和行为施加影响。"间接强化"是新闻媒体以间接的态度表达(支持或者反对)为激发读者作出价值判断、强化情感势能创造条件。"反预期式"的隐形评价在提供信息的同时通过评价的共享和同化,使受众的态度立场不断明晰,情感势能不断增强。当受众的事件预期与其所见所闻高度不一致时,情感就随之被唤起、激发,甚至加以强化。

(四)影响冲突主体行动意向的新闻议题建构策略

冲突是主体间利益、价值、目标、信念或期望的互不相融而引发的对抗性行动。冲突中的行动意向直接决定了冲突的方式和烈度。媒体新闻议题建构的一些策略会直接或间接地影响冲突主体行动意向的确定,其中最重要的策略是"归因定位"。

---

① 戴维·巴勒特:《媒介社会学》,社会科学文献出版社1989年版,第95页。
② 霍尔等:《作为社会生产的新闻》,张国良译,《中国传播学评论(第一辑)》,复旦大学出版社2005年版,第148—153页。
③ P. R. R. White. Evaluative Semantics and Ideological Positioning in Journalistic Discourse—A New Framework for Analysis. Mediating Ideology in Text and Image: ten critical studies. Lassen, I. (ed.), John Benjamins, Amsterdam, 2006, 37 - 69.
④ 王天华:《新闻语篇的隐性评价与动态读者定位》,黑龙江大学出版社2010年版,第88页。

归因（attribution）是"个体对某一事件或行为结果的原因的知觉"[①]。"媒体不同的归因方式会对公众的理解、感知和反应有很大影响"[②]。"归因定位"是媒体在新闻报道中以自己的认知判断为基础，对某种社会事项或者社会现实进行的因果解释和推论。其具体方式包括：对解决方案的质疑，对可能起因的定位，对主体行为的谴责，对事件情绪的传递，以及对媒体报道的批判等。[③] 它通过对认知的引导、对情感的唤醒和对评价的转变影响冲突主体的行动意向。首先，新闻议题的归因建构通过对事件的因果解释，强调或者模糊部分信息以形成事件的归因倾向，引导受众对新闻事件的认知、理解和记忆。其次，新闻议题的归因建构暗示了事件的起因，确定了事件引发的社会情绪性质及其矛头指向。最后，新闻议题的归因建构会转变冲突主体对事件的价值判断，"面对同一事件，媒体采用不同的新闻归因就会形成不同的报道主题，那么其对事实的选择和描述，对事件的结果和影响的评价都将产生较大的差别"[④]。事实认知、情绪波动和价值判断的三个方面共同作用于冲突主体的行动意向选择，使冲突主体确定了自己的行动定位。

三 新闻议题建构方式对公共冲突治理过程的影响

媒体新闻议题建构会对公共冲突的治理过程产生重要的影响。根据媒体新闻议题建构方式对公共冲突治理过程的影响性质，可以将其分为四类："挑火式""灭火式""化解式"和"转化式"。同时，公共冲突治理过程可以分为四个阶段：潜在期、爆发期、升级期、平息期。各类新闻议题建构方式作用于公共冲突治理过程的不同阶段会对冲突治理效果产生不同的影响（如表5-3所示）。

[①] 张爱卿：《归因理论研究的新进展》，《教育研究与实验》2003年第1期。

[②] Susarla, A. Plague and Arsenic: Assignment of Blame in the Mass Media and the Social Amplification and Attenuation of Risk. In Pidgeon, N, Kasperson, R. E., &Slovic, P. (Eds.). The Social Amplification of Risk. UK: Cambridge, 2003. pp. 179–206, 179–206.

[③] 潘霁, 刘晖：《公共空间还是减压阀？——"北大雕像戴口罩"微博讨论中的归因、冲突与情感表达》，《国际新闻界》2014年第11期。

[④] 陈红梅：《框架与归因——关于乌鲁木齐"7·5"事件报道的比较研究》，《新闻与传播研究》2010年第1期。

表 5–3　　　　新闻议题建构方式对公共冲突治理过程的影响

建构方式＼冲突阶段	潜在期	爆发期	升级期	平息期
挑火式	引发冲突	促使升级	阻碍化解	死灰复燃
灭火式	压制苗头	抑制爆发	强行平息	严防复发
化解式	发现苗头	寻找原因	整合利益	重建信任
转化式	寻找苗头	利用能量	结构创新	进化发展

（一）"挑火式"新闻议题建构对公共冲突治理过程的影响

"挑火式"新闻议题建构是通过夸大冲突性质的事件报道、激发愤怒情绪的情节描述、引发负面评价的价值语词和针对特定主体的归因定位，促使公共冲突爆发和蔓延。社会燃烧理论（social combustion theory）指出，任何事件的产生都必须具备三个基本条件：一是燃烧材料，二是助燃剂，三是点火温度。[①] 劳资矛盾、阶层分化、贫富差距、城乡分离、区域发展不平衡等人与自然、人与人的关系不协调问题是引发社会事件的燃烧材料，一般情况下这些燃烧材料不会自主燃烧，只有在达到了点火温度并施加助燃剂的情况下才会燃烧起来。在很多情况下，媒体"挑火式"的新闻议题建构方式正是发挥了燃烧"助燃剂"的作用。在公共冲突的潜在期，挑火式新闻议题建构将不具有冲突性质的议题建构成冲突性议题，促使冲突发生；在公共冲突的爆发期，挑火式新闻议题建构将有关冲突事项的新闻议题建构得更具冲突能量，推波助澜，导致冲突迅速升级；在公共冲突的升级期，挑火式新闻议题建构将有关冲突解决方案的议题妖魔化，为冲突化解设置障碍；在公共冲突的平息期，挑火式新闻议题建构已经平息或解决的冲突事项重新进行建构，导致冲突死灰复燃，卷土重来。

（二）"灭火式"新闻议题建构对公共冲突治理过程的影响

"灭火式"新闻议题建构是通过弱化冲突性质的事件报道、平息愤怒情绪的情节描述、消除负面评价的价值词语汇和归于客观的归因定位，抑制公共冲突的爆发和蔓延。其作用相当于火灾中的"灭火剂"。在公共冲

[①] 牛文元：《社会燃烧理论与中国社会安全预警系统（研究纲要）》，清华大学公共管理学院、中国行政管理学会"社会变革中突发事件应急管理"专家研讨会，2001年11月26日。

突的潜在期，灭火式新闻议题建构将具有冲突性质的新闻事件建构成不具有冲突性质的议题，防止冲突发生；在公共冲突的爆发期，灭火式新闻议题建构将有关冲突事项的新闻议题建构得轻描淡写，抑制冲突升级的能量；在公共冲突的升级期，灭火式新闻议题建构宣扬有关冲突解决方案对冲突各方的各种好处，促使冲突平息和化解；在公共冲突的平息期，灭火式新闻议题建构宣扬冲突平息的和平景象，屏蔽有关冲突复燃的各种信息。应当指出的是，尽管灭火式新闻议题建构是通过抑制冲突能量来促使公共冲突平息，但如果冲突能量未能得到适当的引导和释放，那么冲突能量的长期聚积就有可能导致更大冲突的爆发，会威胁社会的长治久安。

（三）"化解式"新闻议题建构对公共冲突治理过程的影响

"化解式"新闻议题建构是通过理性分析的事件报道、启发积极情绪的情节描述、引发正面评价的价值词语汇和指向冲突化解的归因定位，促使公共冲突的化解。其作用相当于消除引发火灾的"燃烧材料"，去除火灾的隐患。在公共冲突的潜在期，化解式新闻议题建构将发现的具有公共冲突苗头的新闻事件建构成常规性意见分歧议题，理性分析分歧的性质，促使分歧和平解决；在公共冲突的爆发期，化解式新闻议题建构理性表达冲突各方的诉求，寻找导致冲突爆发的主客观原因，使冲突能量得到适当释放，减弱冲突升级的能量；在公共冲突的升级期，化解式新闻议题建构积极寻找冲突各方的利益共同点，促使冲突各方建立互信，共同寻找冲突解决方案，促使冲突化解；在公共冲突的平息期，化解式新闻议题建构着眼于冲突各方的关系和解和信任重建，使冲突化解局面得到巩固。与灭火式新闻议题建构不同，化解式新闻议题建构有几个明显的优势：第一，它使冲突能量得到理性释放，弥补利益表达"堰塞湖"的缺陷，起到了"社会安全阀"[①]的作用；第二，媒体承担了冲突管理中具有权威性、公正性、可接受性及能力、技巧、经历的第三方角色，[②] 成为公共冲突化解的"助推者（facilitator）"[③]；它使冲突各方的意见得到了充分的表达，各方的利益得到了充分的尊重和考虑，在此基础上形成的冲突化解方案更容

[①] L·科塞：《社会冲突的功能》，孙立平等译，华夏出版社1989年版，第26—34页。
[②] 常健：《公共冲突管理》，中国人民大学出版社2012年版，第194页。
[③] 常健、原珂：《对话方法在冲突化解中的有效运用》，《学习论坛》2014年第10期。

易为冲突各方所接受和遵守，使得冲突化解局面能够得到长期维持。对于非制度和结构性缺陷引发的孤立性公共冲突，化解式新闻议题建构能发挥最佳的媒体作用。然而，如果导致公共冲突的原因不是孤立的事项，而与制度或结构上的缺陷有密切联系，那么化解式新闻议题建构在解决冲突方面就有些力不从心了。

（四）"转化式"新闻议题建构对公共冲突治理过程的影响

"转化式"新闻议题建构是通过理性深度的事件报道、启发探索精神的事件分析、引发深入思考的价值词语汇和指向导致冲突的结构性原因的归因定位，促使公共冲突能量转向结构调整和制度改革。与灭火式和化解式新闻议题建构不同，转化式新闻议题建构不是要抑制或消除冲突能量，而是要利用冲突能量的"火势"来消除或改变不利于社会和谐发展的结构性因素。与挑火式新闻议题建构不同，转化式新闻议题建构的目标不是要导致破坏性的社会后果，而是要将冲突能量引到建设性的方向，为社会的健康发展开拓创造更有利的环境。在公共冲突的潜在期，转化式新闻议题建构积极寻找和发现具有公共冲突苗头的新闻事件，将其建构成深度分析议题，指出其对社会构成的潜在威胁，引起有关各方的警觉；在公共冲突的爆发期，转化式新闻议题建构理性分析导致公共冲突的结构性原因，将冲突能量引向需要变革的事项；在公共冲突的升级期，转化式新闻议题建构积极利用冲突能量，鼓励冲突各方共同探索可行的变革方案，促使变革发生；在公共冲突的平息期，转化式新闻议题建构着眼于变革后出现的新问题，聚焦于弥补变革方案的不足，使变革成果得以巩固和完善。从冲突转化理论的角度来看，冲突是一种机会，"如果予以建设性治理便会成为变革的正面的和建设性的力量"[1]。转化式新闻议题建构正是要利用冲突能量的正面功能，将冲突过程作为社会自我学习、自我进化、走向成熟的机会，使冲突促进社会发展和变革。

四　建设有利于冲突化解和转化的新闻议题建构的制度环境

如上所述，挑火式新闻议题建构会助燃公共冲突，灭火式新闻议题建

---

[1] 常健、张晓燕：《冲突转化理论及其对公共领域冲突的适用性》，《上海行政学院学报》2013年第4期。

构会压抑需要释放的公共冲突能量，而化解式和转化式新闻议题建构会促进公共冲突的化解和结构性变革。那么，应当如何创造条件来抑制挑火式新闻议题建构，鼓励化解式和转化式新闻议题建构呢？

如前所述，媒体新闻议题建构会受到经济、社会、政治、行政和法治生存环境的深刻影响。因此，应当从媒体的现实生存环境入手，从横向和纵向两个维度建立相应的约束机制（如表 5-4 所示），提高挑火式新闻议题建构的经济和社会成本，充分抑制其动机和效果；同时，提高化解式和转化式新闻议题建构的经济和社会收益，使其动机获得充分鼓励。

表 5-4　　　　　　对媒体新闻议题建构的约束路径

领域	横向约束	纵向约束	领域
经济	强化行业自律	严格行业规制	行政
社会	社会舆论监督	惩治违法侵权	法治

（一）强化媒体行业自律，抑制媒体间恶性竞争

媒体新闻议题建构的重要经济动机，是获得商业收益和赢得同业竞争。如果在行业竞争中任凭那些偏好"挑火式"新闻议题建构的媒体肆意妄为，甚至在行业中做强做大，那么就会鼓励媒体行业没有底线的恶意竞争。因此，应当细化行业自律规范，强化行业内的相互监督，对采取"挑火式"新闻议题建构的媒体形成同业压力，甚至业内生存危机，以此来抑制媒体的"挑火式"议题建构。同时，媒体行业协会应当采取积极措施鼓励媒体的"化解式"和"转化式"新闻议题建构，在业内树立这些媒体的正面形象，使它们成为业内同行效仿的楷模。

（二）强化对媒体的社会舆论监督，鼓励媒体树立对社会负责的正面形象

媒体新闻议题建构的直接目标，是获得更多受众的关注。一些媒体为了提高受众对媒体的关注度，采取"挑火式"新闻议题建构方式，断章取义、夸大歪曲，甚至编制和散布谣言，唯恐天下不乱。因此，应当建立对媒体开展广泛的社会监督，对"挑火式"新闻议题建构的各种手段进行揭露，使其媒体形象受损，公众信任度降低，无法再吸引受众的关注度。同时，对采取"化解式"和"转化式"新闻议题建构的媒体要树立

正面形象，促使其媒体信任度提升，从而吸引更多受众关注。

（三）严格对媒体的行业规制，加强政府对媒体违规行为的监管

政府对媒体的行业规制应当将媒体新闻议题建构方式纳入监管范围。监管部门应当深入分析"挑火式"新闻议题建构的各种手段及其特征，有针对性地建立相应的具体规制，并建立相应的监察机制，使"挑火式"新闻议题建构无处安身。同时，要防止对"灭火式"新闻议题建构的过度依赖，容纳化解冲突和转化冲突能量的各种方式，使"化解式"和"转化式"新闻议题建构获得更大生存空间。

（四）完善媒体侵权的相关立法，依法惩处媒体的违法侵权行为

"挑火式"新闻议题建构的许多手段会侵犯冲突当事方的各种法定权利和合法利益。应当结合"挑火式"新闻议题建构手段的侵权特征，建立相应的法律规范，对违法侵权行为依法予以惩处，保护冲突当事人的合法权益。

第二节　调解类电视节目对冲突化解的示范作用

调解是冲突化解的一种最重要方式，也是中国传统冲突化解的重要方式之一。但培训调解人员的冲突化解能力，提高冲突化解的质量和效果，却需要付出很高的成本，动用大量的人力物力资源。近些年来，各地电视台纷纷推出了调解类的电视节目，它们对地方和基层的冲突化解发挥了重要的示范作用。本节以河南电视台公共频道的《百姓调解》栏目为例，具体分析这类节目在中国地方冲突化解中的作用。[①]

一　地方电视台调解类节目受到广泛关注

近年来，许多地方电视台推出了调解类栏目。据 CSM 媒体研究公司2011 年的调查数据显示，我国 71 个城市中，共有 38 个频道播出了调解类节目，平均收视率达 70% 以上，市场份额从 2011 年初到年中增长了

[①] 参见常健、毛讷讷《地方电视台调解类节目对冲突化解的示范作用及其局限性——以河南电视台公共频道的〈百姓调解〉栏目为例》，《学习论坛》2016 年第 12 期。该文是本项目研究的阶段性成果。

30%以上。[①]

本研究对截至 2016 年 7 月的各省级电视广播网站进行统计,发现共有 16 个省级电视台设有 29 个调解类栏目(见表 5-5)。

表 5-5　　　　　　　　　　　省级电视台调解类节目统计

省级电视台	栏目名称	省级电视台	栏目名称	省级电视台	栏目名称
安徽	《超级新闻场》	江西	《金牌调解》	上海	《新老娘舅》
甘肃	《喧个关帮个忙》	辽宁	《有1说1》	云南	《真情帮帮帮》
广东	《和事佬》	内蒙古	《百姓热线》	海南	《生活帮》
贵州	《调解现场》（停播）	湖北	《调解面对面》	河南	《百姓调解》《小莉帮忙》
北京	《第三调解室》《谁在说》	浙江	《钱塘老娘舅》《和全世界翻脸》	山东	《生活帮》《小溪办事》
山西	《小郭跑腿》（停播）	福建	《爱心帮帮团》《热线777》《公共事线》	河北	《非常帮助》《老三热线》《民生6号线》《热心帮助团》
黑龙江	《帮忙》《说和》				

在节目内容上,地方电视台调解类栏目主要涉及房产纠纷、夫妻矛盾、老人赡养、邻里冲突等。因为选题贴近生活和观众,真实地聚焦老百姓生活中的冲突和纠纷,因而引起了观众的广泛共鸣和思考。

在节目形式上,地方电视台的调解类节目可以分为调解和帮忙两种形式,前者侧重于在冲突双方间进行调查、调停、说和等,此类节目包括江西电视台的《金牌调解》、广东电视台的《和事佬》等,共计 20 个,约占全国调解类节目的 69%;后者则侧重于帮助冲突一方进行调查、举证,在帮忙过程中涉及到调解行为,此类节目包括福建电视台的《爱心帮帮团》、河南电视台的《小莉帮忙》等,共计 9 个,约占全国调解类节目的 31%。

在调解方式上,这类节目采取的方式可以分为两种:

---

① 冯波:《调解类节目"收视之道"解析》,索福瑞媒介研究有限公司 2011 年第 7 期,第 8—11 页。

其一，调解员赴冲突双方家庭、工作场所等处进行调查和调解。如河南电视台的《百姓调解》节目，就是应冲突方或相关方的要求，到冲突方的实际生活中进行情况了解和现场调解。这种方式的优势是有利于全面完整地了解冲突事项，并通过街坊邻里、目击证人、基层组织负责人等多方参与了解情况，更具真实性。但缺点是调解员直接介入冲突事项，可能会使冲突另一方不接受调解，增加了调解启动的难度。

其二，在电视台演播室对冲突双方进行面对面调解。如江西卫视的《金牌调解》节目，就是将冲突双方邀请到演播室，先通过视频回顾和整理冲突事项，再由现场节目主持人主持进行双方陈述和意见交流，由专家进行冲突事项的梳理、法律知识讲解和现场调解。其优点是能够给冲突双方充足的时间和心理准备，接受调解、整理思路和诉求，走进演播室进行冲突事项的辩论、说明和表达，使调解基础更加牢固。但缺点是由于冲突双方的工作、时间安排、对演播室的抗拒等因素，可能会限制可调解冲突的数量，并使调解事项的选取存在较多局限。

二　河南电视台《百姓调解》栏目展现的调解方式

地方电视台开展的调解类节目为数不少，并且得到了一定的社会认同，在当地拥有相对稳定的收视群体，在冲突化解方面发挥着重要的示范与教育作用。河南电视台公共频道的《百姓调解》栏目就是一个比较典型的案例。

河南电视台公共频道的《百姓调解》栏目是中原第一档公益调解栏目。调解员由社会爱心人士组成，节目以客观的叙述方式，记录爱心调解员调解事情的整个过程。自 2008 年开播以来，收视率节节攀升，最高点一度达到省内收视网 17.11%，收视份额达到全省第二名。该节目通过海选形式进行百姓调解员的招募和选拔，目前共有百姓调解员 20 余名，他们退休前的职业涉及教师、职工、人大代表等。节目以"小调解，大和谐"为服务宗旨，由百姓调解员走入百姓家中，现场调解矛盾纠纷，通过市井的语言和多样的调解方式，展现矛盾调解的全过程，帮忙与说理相结合、实现了寓教于事。

根据对 2015 年 7 月 27 日到 2016 年 7 月 8 日将近一年的栏目网站可查视频的统计分析，该栏目共参与化解冲突案件 549 件。化解的冲突事项主要包括：(1) 家庭纠纷，如婆媳关系（共 19 件）、家庭暴力（共 7 件）、兄弟关系等的纠纷化解事项，在节目冲突案件中共 228 件，约占 41.5%；(2) 婚姻、感情纠纷，主要涉及夫妻双方就离婚事宜、财产分配、子女监护权等事项产生的冲突，在节目冲突案件中共 173 件，约占 31.5%；(3) 信访纠纷，主要为节目专栏"百姓信访"所参与调解的事项，节目冲突案件中共 67 件，约占 12.2%；(4) 养老纠纷，主要涉及赡养老人事项，节目冲突案件中共 56 件，约占 10.2%；(5) 经济纠纷，如赔偿事宜、房产土地纠纷等事项，在节目冲突案件中共 25 件，约占 4.6%（见图 5-1）。

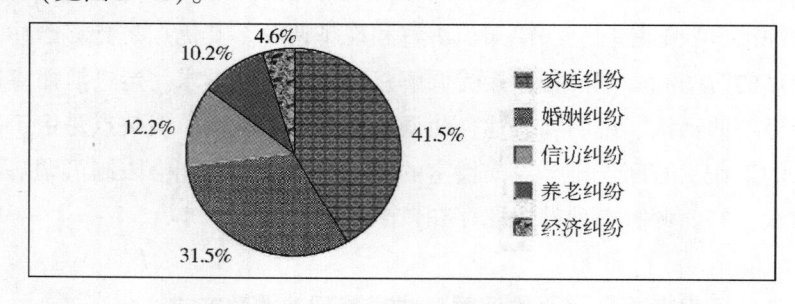

图 5-1 各类冲突事项在调解节目中的百分比

该栏目开播 8 年来，逐渐形成了一套比较成熟的冲突化解程序模式。以 2015 年 8 月 5 日的节目"赔偿款风波"为例，可以将《百姓调解》节目的冲突化解过程概括为以下六个步骤（如图 5-2 所示）：

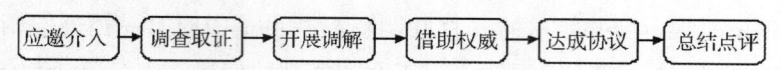

应邀介入 → 调查取证 → 开展调解 → 借助权威 → 达成协议 → 总结点评

图 5-2 《百姓调解》节目的通常步骤

第一步：应冲突方或相关方要求参与冲突化解

该栏目介入冲突的途径一般是应冲突一方或双方的要求，也有一些是应热心群众要求介入冲突调解。《百姓调解》设有调解热线，介入冲突化解的过程中不收取费用，在当地有一定的收视率和公信力，百姓调解员拥有长期的调解经验和中立身份，受到当地百姓的认同。由于观众对该栏目的调解方式较为认同，冲突事件的各方在冲突解决中出现阻碍、搁置或者无法调和等情况时，会主动向该栏目寻求帮助，要求栏目的调解人员介入。

例如，在"赔偿款风波"的案例中，《百姓调解》栏目应热心观众的要求，对一位带着儿子在街头拦车乞讨的母亲进行了接触，了解到孩子和父亲遭遇车祸，父亲去世，孩子重伤需要手术，然而因为赔偿款纠纷，孩子的奶奶不同意从法院处支取车祸肇事方的12万元赔偿款，孩子的母亲为不耽误孩子治疗而在街头拦车乞讨。

第二步：调查取证

该栏目在接受冲突方的调解要求以后，一般会对事实情况进行了解，开展多方面调查取证，包括听取冲突方的陈述，收集街坊邻里等旁观者的观点与证明，到基层行政部门寻取相关资料，以对冲突双方情况获得比较完整和全面的认知。

在节目中，经常出现最初求助一方的陈述与其实际在冲突中的行为不相符合的情况，这证明在调解前进行调查取证工作的必要性。节目在播出时将调查取证工作过程一并播出，减少公众对调查报告的质疑，提高了调查的公信力。

第三步：百姓调解员进行调解

在调查取证的基础上，百姓调解员对冲突各方展开调解工作。例如，在"赔偿款风波"案例中，百姓调解员在了解冲突事项后，与孩子母亲共同到孩子奶奶家中进行调解，使冲突双方面对面进行沟通交流和意见交换。调解中，百姓调解员了解到孩子奶奶担心把钱交给儿媳后挪作他用或侵占，因此不愿意给儿媳。经过一番调解，孩子母亲作出解释和承诺，孩子的奶奶同意从法院支取赔偿款交给儿媳。然而此时孩子的大伯到达调解现场，就孩子抚养权和赔偿款归属问题，不接受双方调解结果，并引起肢体冲突。孩子大伯和奶奶一方认为夫妻双方在车祸前已经离婚，孩子抚养权经法院判决给父亲，因此与孩子母亲不再有关系，抚养权自动归属于孩子奶奶一方，因此有权支取全部赔偿款。百姓调解员居中劝说，首先阻止双方肢体冲突，之后进行法律知识的现场讲解。就孩子抚养权问题，百姓调解员讲解，孩子的监护权归属于父母，父亲去世后孩子的监护权不会转移到孩子奶奶方，而是在孩子母亲要求承担的情况下归孩子母亲，因此孩子奶奶一方不应剥夺孩子母亲的抚养权。至此，冲突双方就孩子抚养权和监护权基本达成一致，冲突事项集中到赔偿款处置和使用问题上。

第四步：借助基层行政组织的权威和公信力

《百姓调解》栏目在进行冲突化解的过程中，经常会邀请村委会或居委会干部参与调解过程，借助基层行政组织的权威和公信力解决一些由于冲突双方缺乏信任而产生的难题。

例如，在"赔偿款风波"案例中，经百姓调解员调解，冲突双方争议事项集中在赔偿款的处置和使用问题上。由于双方互不信任，百姓调解员提出到当地村委会寻求帮助，由村委会做中间人负责监管使用这笔赔偿款。调解员提出解决方案，完全把费用用于医疗治疗，治疗结束后如果有剩余，则等到孩子18岁以后自由支配。当地村委会接受委托，决定由村委会会计监管使用赔偿款，由双方签订协议确认委托后，次日到法院共同支取赔偿款并对孩子进行手术治疗。

第五步：以书面协议形式确定冲突解决的最终方案

当冲突双方对解决方案达成一致时，调解员会采用书面协议的形式将双方共同接受的解决方案确定下来。在涉及经济事项、抚养赡养费用、赔偿费用等案件时，百姓调解员会根据以往调解经验，提供调解协议，在双方同意的情况下，通过调解协议或调解书确定调解结果，明确双方权利义务，对冲突事项以书面形式确定化解结果，避免后续纠纷问题。在冲突事项比较复杂的情况下，百姓调解员会联系律师、相关司法部门进行法律层面的解释，且最终的调解协议也会经过相关专业人员进行法律效力的鉴定。通过这种方式，使得电视调解节目不仅仅停留在口头调解上，而是用法律形式固定，最终冲突化解的结果，切实保证调解效果。

例如，在"赔偿款风波"案例中，冲突双方共同委托村委会进行赔偿款支取、使用和监督，双方签订了具有法律效力的委托协议，以避免今后就赔偿款使用再出现争议和冲突。

第六步：对案例和调解过程进行点评

2012年1月《百姓调解》节目增加"调解观察员"角色，邀请相关心理、法律专家做客演播室，对当期案例进行点评和导向把控，就冲突处置和化解过程中的问题、原因、对策等作出评论分析，并针对案件所提出的问题呼吁开展相关制度的改革。这一改进使得该栏目的示范效应进一步放大，使观众不仅看到了节目中的案例是如何化解的，而且对冲突案例的发生、处置和化解的深层机理和一般规律有了更深入的了解。

例如，在"赔偿款风波"的案例中，在百姓调解员的现场调解结束后，在演播室由主持人与邀请的百姓观察员对此次冲突事件进行评论，总结和梳理冲突事件中的情与理，为类似冲突事项的解决提供了指导。

三 调解类节目的示范作用

地方电视台调解类节目对地方和基层的冲突化解具有很好的示范作用。由于地方媒体在本地区拥有稳定且庞大的观众群体，因此可以通过冲突案例的化解过程，为受众遇到相似冲突事件时提供冲突化解方式的示范和借鉴。这种教育作用突出表现在以下方面。

第一，地方电视台调解类节目显示了社会普通成员作为第三方调解者参与冲突化解的可能性和优势。这些栏目通过聘请仪式、电视宣传使百姓调解员成为节目的固定调解成员，并通过让其多次参与化解工作在观众群体中形成一种稳定的公信力，让受众了解以百姓调解员的身份介入冲突，采取尊重冲突双方的态度和情理兼顾的方式，更容易受到冲突双方的理解和接受，有利于信息的迅速收集和调解的顺利开展。

第二，这些节目展示了调解人员应当具有的基本素质。在《百姓调解》节目中，最初的百姓调解员的选拔较为简单，由热心调解事业、有一定社会经验和沟通技巧的退休人员担任。到后期则采用了比较系统的选拔方式。2016年5月《百姓调解》栏目启动调解员选拔，设立豫东、豫西、豫南、豫北、豫中五个赛区，并播出百姓调解员选拔宣传片，得到全省范围内的广泛关注，报名人数突破3000人，其中包括机关公务员、心理咨询师、律师、教师、医务人员等各界人士。[①] 通过报名、海选、调解员风采节目展播等流程，最终确定调解员人选。在海选过程中，有相关领域专家评审点评，待选调解员之间就调解话题进行现场辩论，最终得分较高的选手可以获得调解员资格。经过这样更加严谨的调解员选拔程序，不仅保证了调解员的水平，而且向观众展示了作为一名调解员应有的素质，起到了宣传和教育的作用，有利于公民了解调解知识，提高冲突化解能力。

---

① 2016调解员选拔大赛第二场海选在开封汴京公园拉开帷幕：http://www.zqnf.com/daan/7706.html。访问时间：2016年7月21日。

第三，这些节目显示了在调解过程中调解者应当采取的中立立场。地方电视台在冲突化解节目中聘用专门的冲突调解员，他们超然于冲突事件，出于公益性目的参与冲突化解工作，保持中立的立场，因此获得较高的公信力。调解员的选拔程序和电视镜头的监督保证了调解员立场的中立。调解员在节目中的表现进一步展现了调解员立场的中立。

第四，调解类节目展示了如何进行调查取证，澄清事实。节目中展示了百姓调解员如何接触冲突双方，如何采访邻里居民，如何从政府部门获得相关信息，从而对冲突的事项、原因和过程形成比较客观和全面的了解。这会使受众看到在冲突中片面的信息所导致的各种误解，并学会如何倾听多方面的声音，多角度地收集信息。

第五，调解类节目展示了如何在调解中进行有效的沟通和情绪管理。沟通和情绪障碍是冲突化解通常会面临的难题，而掌握沟通和情绪管理的技巧是冲突管理最基本的技能。在调解类节目中，百姓调解员在最初调查冲突事项时通常会遭遇冲突方的激烈言辞甚至抗拒行动，这时候百姓调解员会首先亮明中立身份和化解矛盾的来意，然后寻找切入点与冲突各方进行沟通，平复各方的情绪，消除相互的误解，重建彼此的基本信任关系，为各方协商建立适当的氛围和必要的条件。受众会从中学到很多实用的沟通技巧和情绪管理方法。

第六，这些节目展示了如何整合冲突各方的利益，形成冲突各方都能够接受的解决方案。在这些节目进行的过程中，调解员会对冲突各方的立场及背后的利益进行细致的分析，剖析各种备选方案的合法性及其优劣利弊，使各方对解决方案形成更符合现实的预期，并采取合理的妥协步骤，使各方对相对最佳的解决方案达成共识。这会开阔受众的视野，使他们了解到相关的法律知识和各种可能的冲突解决方案，从而对成功化解冲突抱有更强的信心。

可见，媒体面对各种社会冲突时，不仅可以扮演"意见表达者"角色，而且可以扮演冲突化解的示范者和教育者的角色。在这一过程中，它们不仅让受众看到冲突，而且展现了如何管理和化解冲突；不仅是在展示冲突化解的技能和方法，而且也是在为化解冲突建立规则。这将有力促进社会冲突在社会中的自我治理，调动各种社会力量与智慧参与到社会冲突管理和化解过程中来，维护社会的良好秩序与和谐。

四 调解类节目的局限

尽管地方电视台调解类节目能够为现实的纠纷调解起到很好的示范作用，但由于电视节目与现实毕竟存在一定的差异，因此，其示范作用具有一定的局限。

第一，调解节目的调解事项和案件具有一定的局限。这类节目中调解的大多数是家庭、婚姻、养老等小范围的冲突，调解难度相对不高。而对于产生背景复杂、涉及主体众多和冲突事项涉及重大利益的社会冲突，就很难纳入地方电视台的调解类节目。同时，许多冲突当事人会拒绝在电视节目中露面和表达，也使许多冲突无法纳入到调解类电视节目中来。

第二，冲突当事人在电视节目中真实意愿的表达会受到一定的限制。许多人考虑到电视节目的播出效应，在节目中的表达方式和表达内容与实际所想所为可能具有一定差异。在一些节目中，冲突当事人可能出于镜头聚焦下的压力以及调解员的强有力的说理，暂时表示作出让步，但实际并没有解开心里的疙瘩，节目后会再次爆发冲突。

第三，调解节目经常会出现过度追求调解结果的倾向，迫使冲突当事人做出不合理的退让。据报道，《百姓调解》节目通过频道搭建的调解平台，在矛盾发生地现场调解矛盾纠纷，调解成功率达到90%以上。[①]但这种高成功率也会产生一定的问题。例如，在2016年3月21日的节目"有毒的翡翠"中，冲突事项是河南省濮阳市的一名消费者花费3900元购买了劣质翡翠，商家先后以虚假证书欺骗消费者、未提供收据发票、不愿意承担退货退款责任，存在明显违法经营的行为且态度强硬。调解过程中，工商部门以"双方调解中分歧较大，无法和解"为理由拒绝介入和管理。在该期节目中，经百姓调解员居中调停，双方达成和解，商家退回消费者2500元，但却未对商家的违法经营行为予以依法制裁和惩罚。调解员采用双方和解、大事化小的态度进行调解，但无法避免其他消费者的损失。再如节目中涉及的家庭暴力的调解事项共7件，全部由百姓调解员居中说和。节目播出后网上出现质疑声音，认为在部分案例调解中调解员存在纵

---

① 河南电视台发展研究部："《百姓调解》：调出小幸福，促进大和谐"，http://www.wtoutiao.com/a/2091041.html。访问日期：2016年7月21日。

容家暴的行为，由此引发争议。因此，在调解类节目中应重视法律的约束和界限，以防止弱者在调解中丧失对自身合法权益的主张的维护。

最后，调解类节目往往只聚焦于冲突案例本身，而较少涉及冲突案例产生的更广泛背景以及政府应当如何通过制度、政策和措施的改善来减少冲突的发生。因此，可以考虑设计一些对社会冲突进行更广泛和深入分析的电视栏目，作为对调解类节目的必要补充，扩大电视节目的作用空间，为社会冲突的管理和化解发挥更大的作用。

第三节　网络舆情的"自清洁"功能及其实现条件

网络舆情会夹杂着各种不实信息、非理性判断和极端的倾向，但网络舆情本身也具有"自清洁"的功能，它对网民非理性的事实判断、价值判断、负面情绪和行动意志具有一定的消解作用。网络舆情"自清洁"的动力来自于两个方面的相互作用：一方面是网络本身的多元性、平等性、自由性和开放性；另一方面是维持网络发展的内部要求和外来竞争压力。要充分发挥网络舆情的"自清洁"功能，就要创造适合其发挥作用的条件，包括增强网络社群间的竞争压力、维护这种竞争的公平性以及促进网络社群内部交流的多元、平等和开放性。[①]

一　网络舆情"自清洁"功能的表现形式

网络舆情会在某种程度上产生各种不实信息、非理性判断和极端化的主张，但它本身也存在着对这些负面现象进行"自清洁"的功能。

所谓网络舆情的"自清洁"功能，是指网络舆情自身在形成和发展过程中会通过自发的对话、讨论、比较、甄别等方式在一定程度上抵消或消解掉那些不真实的信息、不合理的判断和不健康的主张。与它相对的是来自外部的网络监管机关的"外清洁"功能，它通过监管、封号、删帖、关闭网站、追责、操控意见领袖等外部强制方式来对网络舆情进行清理和控制。

[①] 参见常健《论网络舆情的"自清洁"功能》，《天津社会科学》2013年第6期。该文是本项目研究的阶段性成果。

网络舆情包括事实判断、价值判断、情绪和行动意志四个方面的核心要素。而网络舆情的"自清洁"功能也包括对这四个方面的"清洁"过程。

1. 网络舆情对事实判断的"自清洁"机制

网络对网络舆情的事实判断的"自清洁"功能主要是通过以下形式来实现的：

(1) 网民质疑

网络上发布的各种信息鱼龙混杂，许多信息存在着不符合常识、前后矛盾、相互矛盾的情况。在网络舆情的形成过程中，任何一个网民所提供的信息或表达的主张，都会受到其他网民的质疑。网民质疑的重要作用在于引发对质疑的回答、对真实情况的进一步关注和调查以及对相关信息的修正。因此，网民质疑过程本身，会对缺乏客观依据的事实判断形成消解作用，使其或是作出修正，或是无法继续传播。

(2) 当事人网络自辨

网络舆情所涉及事项的当事人会在网络上发布相关信息说明情况，以澄清网络中流传的不实信息。当这种自我说明具有相当的可信度时，会消解网络舆情中一些被误传或讹传的信息，消解由这样的不实信息产生的缺乏充分根据的猜测和判断。

(3) 记者网络报道和自我修正

媒体记者具有敏锐的新闻触觉，他们对发生事件及时进行跟踪调查和报道。这些报道总是针对网民最关心的事项和问题。如果这些调查和报道是根据客观发生的真实情况，那么就会对网络舆情中那些猜测和缺乏依据的判断形成强有力的冲击。因此，记者的媒体报道经常主导着网络舆情的发展。然而，记者的报道多数是即时性的，为了抢先发布消息，他们经常是基于有限的消息来源和所感知到的实际情况。由此形成的信息和事实判断经常会具有片面性。然而，记者的报道是不断跟进的，随着时间的推移，信息来源会不断拓宽，现场感知会迅速扩大，这使得记者随后的媒体报道会不断修正先前报道中的信息和判断，从而对网络舆情中的事实判断形成自我清洁。

(4) 各网络媒体报道间的差异与相互修正

随着网络媒体的发展，进行新闻报道的网站已经不是只有一家，而是有众多不同的网站对信息进行报道。尽管对主要的新闻报道具有趋同化的倾向，但由于各家网站也都有自己的信息渠道，而不同信息渠道的新闻报道也存在着一定的差异。而网民在网上浏览新闻时，虽然会重点关注自己偏好的网站，但也会浏览其他网站发出的消息。网民会迅速地发现各网站发出消息之间的差别，并因此发出质疑。而各网站也同样会注意到自己与其他网站新闻之间的差异，并对信息进行进一步核实和修正。

（5）政府网络信息公开

政府发布的信息如果具有相当的可信度，也会消解相关的猜测和不实信息。例如，在甬温高铁"7·23"动车追尾事件中，当铁道部新闻发言人王勇平在发布会现场公布伤亡数据为35人死亡、192人受伤时，网络上就出现了关于重大责任事故中的"35人死亡编制"一说，指出在过去曾发生过的重大责任事故中，类似2007年洪涝灾害等死亡人数均未超过35人。微博上流传"35人死亡上限论"，称超过36人市委书记将被撤职，所以动车事故一开始发生，就注定了死亡人数不会超过35人。微博还列举了从1993年到2011年国内重大事故中死亡的人数，"碰巧"都是35人。此说法更加深了网民对死亡人数瞒报的确认，认为官方为降低事故级别瞒报死亡人数，避免丢官免职。这样的说法一经传播就触动了网民敏感的神经，但是由于网络舆情此时已经近乎脱离了理智和事实检验的原则，很多网友在未经查证的情况下就转帖谩骂。当7月25日新华网报道死亡人数已达38人时，"35人死亡上限"的说法便不攻自破。[①] 2011年12月25日国家安监总局事故调查组正式发布了事故调查报告，[②] 使该事件的情况得到全面澄清。

2. 网络舆情对价值判断的"自清洁"机制

在事实判断的基础上，网民会形成相应的价值判断。与事实判断相比，价值判断会更加多元化。在价值多元化的社会背景下，每个网民都会从自己所信奉的价值理念出发来对社会现象作出自己的价值判断，因此即

[①] 张和平、李亚彪、崔峰：《甬温线特别重大铁路交通事故死亡人数上升至38人》，新华网：http://news.xinhuanet.com/society/2011-07/25/c_121717685.htm。

[②] 参见国务院"7·23"甬温线特别重大铁路交通事故调查组：《"7·23"甬温线特别重大铁路交通事故调查报告》，2011年12月25日，国家安全生产监督管理总局网站：http://www.chinasafety.gov.cn/newpage/Contents/Channel_5498/2011/1228/160577/content_160577.htm。

便是在同样的事实判断基础上，也会产生不尽相同的价值判断。而这些价值判断又会反过来影响网民对事实的观察和判断视角，使其更加关注和强调从自己价值观角度所重视的方面。

在网络舆情中，网民的价值判断发挥着极为重要的作用，它直接影响着网民的情绪和行动意志。网络舆情对价值判断的"自清洁"功能，主要是指如何防止极端化的价值判断在网络舆情中占据主导地位，它主要是通过网民间的辩论来实现的。网络不是一个单向度信息传递的渠道，而是一个可以开展相互对话交流的平台。对社会现象的各种不同的价值判断不仅会在网络上发表出来，而且一定会形成相互之间的辩论。这种网民之间的辩论，会对每个网民的价值判断形成相互制约，每个网民都会看到存在着与自己不同的价值判断，因而会反思自身价值判断的合理性。尽管改变一个人的价值观是相当困难的，但通过网民间的辩论却会实际影响和修正网民对某种社会现象的价值判断，防止极端的价值判断占据网络舆情的主导地位。

3. 网络舆情对情绪的"自清洁"机制

与传统媒体不同，由于网络参与者是匿名的，因此他们在网络上的情绪表达更加直接。情绪具有感染性。当某种被压抑的情绪以更加直接和具有煽动性的形式被表达出来时，就会对其他网民产生情绪影响，甚至形成情绪共振。在网络冲突的发展过程中，情绪的暴发与共振是导致冲突升级为暴力的因素，也是冲突升级的最重要标志之一。

网络对极端化的负面情绪也具有一定的"自清洁"功能。它主要是通过两种机制实现的。一是极端情绪的自我抵消。一方情绪的极端化，往往也会导致另一种情绪的极端化。各方极端化的情绪之间的对峙，会抵消相互的能量，形成一种相对的平衡；二是网民的自发抵制和孤立。在通常情况下，大多数网民并不会产生和维持极端化的负面情绪状态。当一些网民的情绪出现极端化的负面倾向时，一些网民会对这种极端化的负面情绪表达进行抵制，多数网民则会因为感到不适而拉开与这些网民的距离，形成孤立化的趋势。这意味着情绪越是极端化，越不容易引起情绪共振。它反过来说明网络对极端化的情绪具有一定的"自清洁"功能。

4. 网络舆情对行动意志的"自清洁"机制

网民在事实判断、价值判断和情绪的支配下，会产生一定倾向的行动意志和主张。这些意志和主张会要求和迫使现实作出某种改变。当行动意志和主张违背社会的法律和道德规范时，网络对其也会有一定的"自清洁"功能。这种功能主要通过两种形式来实现：一是网民投诉。当论坛中一些网民的言谈主张违背网德和法律时，会有其他网民对其进行投诉。二是版主警告。当论坛版主认为这种被设诉的行为有损于该论坛的长远发展时，就会作对相关网民发出警告，约束其违背网德和法律的言谈主张。这两个相互联系的机制会对违背法律和道德的行动意志形成一定的约束作用，使其不会轻易获得网民的响应。

以上只是列举了一些最常见的网络舆情"自清洁"的方式，在实际的网络生活中，还有许多其他的"自清洁"形式和机制。正是由于网络中存在着以上这些"自清洁"的形式和机制，使得我们实际看到的最后形成的网络舆情已经经过了自然的过滤，筛除了大量值得怀疑的信息和不合理性的判断。

但应当注意的是，网络自清洁功能也是一柄双刃剑。它在自我过滤的过程中也不断自我强化。随着各种"自清洁"形式和机制的作用，那些受到质疑的信息或是被核实，或是被纠正，或是被排除；那些受到批评的主张或是被辩解，或是被修正，或是被边缘化。在这种自我完善的过程中，网民逐渐形成某种共同接受的认识，并且通过不断"清洁"的过程使认识不断强化。但网络中多数人最后形成的认识，仍然不一定就完全反映了事实的真象，所形成的判断也不一定严格合理，但由于经过这种"自清洁"的过程，它们却会被坚定地相信。因此，仅靠网络舆情的"自清洁"机制，并不足以消解网络舆情的消极因素，还必须有网络外部的"清洁"机制进行补充。

二 网络舆情"自清洁"功能的动力来源

网络舆情"自清洁"的动力来自于两个方面的相互作用：一方面是网络本身的多元性、平等性、自由性和开放性；另一方面是维持网络发展的内部要求和外来竞争压力。

1. 网络社群自身的生存和发展需求要求维护多元平等的交流

首先，网民是多元化的。网络交流是社会生活的一种特殊形式，网络交流的参与者也是多元化的社会成员，每个人都有自己的利益、主张、观察和实践。特别是随着全民教育水平的不断提高，网民的甄别和判断能力也不断提升。因此，在网络中绝不是只有一个声音，而是多种不同声音并存。网络的一个重要特点是表达的平等性，各种意见都有平等的表达机会。不同观点的相互交流，本身就会对网络舆情形成一种内在制约，使各种不实信息和不当判断在平等的讨论过程中被过滤和筛除。虽然说，网络成员的多元性和表达的平等性本身就可以形成网络舆情的内在制约，但在网络交流中，这种多元平等表达经常会受到一些人的破坏。对抗这种破坏的动力，来自于网络社群自身的生存和持续发展的内在需要。每个网络社群要想长期聚拢人气、保持持续的生命力，就要建立内部的交流规范，不能任由少数成员胡乱搅局。因此，在各个网络社群中，那些希望使网络社群持续生存的成员就会自发地形成和维护内部的交流规范，它表现为网络投诉和版主警告，以保证网络社群内部的多元平等交流。

2. 网络社群的自由加入和网络社群间的竞争要求网络社群保持开放性

网络的另一个重要特点就是出入的自由。如果一个网络社群在这些方面不能胜过其他网络社群，网络社群成员就会用脚投票，转投其他网络。而网络社群间的相互竞争，使每个网络社群都希望通过吸引更多成员来扩大自己的交流范围和社会影响力。要扩大网络社群的吸引力，网络社群本身所讨论的问题就要具有重要的社会意义，网络社群传播的信息就要具有相当的可信度，网络社群形成的判断就要具有相当的公正性，网络社群所发出的主张就要具有相当的合理性。网络的进出自由和网络间的竞争，迫使每个网络社群要对各种信息保持开放态度，包括其他媒体的信息和政府发布的信息，而信息的开放本身就会对每一种信息的内容形成有效的制约。

三　创造条件充分利用网络舆情的"自清洁"功能

由于网络舆情本身鱼龙混杂，其中不免有恶意造谣、攻击、片面之辞和极端化的判断，甚至会有某些威胁社会秩序和稳定的倾向，因此，研究者们将应对网络舆情的重点放在"监察""引导""管控"上,[①] 提出要培养、争夺和利用"意见领袖"[②]。用这些方面来应对网络舆情中的负面现象虽然会产生一定效果,但另一个不容忽视的重要方面,就是如何充分利用网络舆情的"自清洁"功能来消解它所制造的"污染"。如果可以将网络舆情看作是一个具有自身活力的发展过程,那么它本身一定也具有内在的"免疫功能"。仅仅靠外部治疗尽管可以产生短期的即时效果,但其副作用却是使网络舆情自身的"免疫功能"衰弱下去,甚至被破坏。从长远来看,这并不利于网络舆情自身的健康发展,也会使网络舆情丧失对各种不同信息和主张进行整合的社会功能。

要充分利用网络舆情的"自清洁"这种"免疫"功能,就要创造适合"自清洁"功能发挥作用的条件。如前所述,网络舆情"自清洁"的动力来自于两个方面的相互作用:一方面是网络本身的多元性、平等性、自由性和开放性;另一方面是维持网络发展的内部要求和外来竞争压力。因此,要使网络舆情的"自清洁"功能充分发挥出来,就需要创造下面这些条件:

第一,开放网络社群多元空间,增强网络社群间的竞争压力。当某些网络社群独大并形成某种垄断时,这些占据垄断地位的网络社群自身的生存压力就会减弱,其"自清洁"的"免疫"功能本身也会受到相应抑制。因此,应当开放网络社群的多元空间,形成多种社群网络并存和相互竞争。网络社群间的竞争所形成的生存压力,会迫使各网络社群内部加强自律、提升社会公信力、增强社会吸引力。这会充分调动其自身的"自清洁"功能,强化自我约束,增强网络成员之间的相互制约。

第二,建立网络社群间的行为规范,维护网络社群间竞争的公平性。网络社群间的竞争,会激发各网络社群维持生存的能量,但这种能量一方面会形成更强的内部约束力,另一方面也会出现采用各种恶意手段来与其他社群进行竞争,其中包括为吸引更多的网络成员和网络关注而过分利用

[①] 参见苏艳芳《新时期下高校网络舆情的引导与管控》,《中国校外教育·A》2011年第2期。

[②] 刘国军:《网络舆情发展视角下社会管理方式创新五路径》,《西安日报》2012年4月17日。齐朝阳、陈少平:《高校网络舆情的引导策略研究》,《思想政治教育研究》,2012年第3期。《尊重网络舆论,培养新意见领袖》,《学习时报》,2013年6月10日。

各种噱头、发布各种耸人听闻的信息、作出超出理性的极端判断、特意作出反对一切主流意识的极端姿态，甚至恶意攻击和破坏其他网站和论坛。针对这些不合理、不公正的竞争手段，必须建立维护网络社群间公平竞争的行为规范，以便充分发挥网络竞争所产生的"自清洁"功能，抑制由这种竞争所产生的负面现象。

第三，促进网络社群内部交流的多元、平等和开放性，增强自然制约。如前所述，网络社群内部交流的多元、平等和开放，本身就会在相互对话中形成对各种信息和主张的自然制约。但在网络社群间的竞争中，为了提高网络社群的内部凝聚力，社群中会强化"群体性思维"，排斥各种不同意见，不允许对社群自身提出批评，封锁外来信息的进入，形成"一边倒"的舆论倾向。为了防止这种效应，就应当鼓励网络社群形成"鼓励性沟通氛围"，允许各种不同的主张平等发声，允许各种外来的信息自由进入网络社群，允许对各种不同的信息进行质疑、分析和甄别，允许各种不同的主张以理性的方式平等对话和相互批评，反对对某些"意见领袖"人为制造绝对的个人崇拜。

从激发网络舆情"自清洁"功能的视角出发，需要对政府网络舆情监管的角色和方式进行重新反思。不能仅仅着眼于约束网络舆情的各种结果，而要更多地着眼于完善网络舆情的形成过程；不能只用外部力量来消除网络舆情的各种负面现象，还要更多地考虑如何充分调动和利用网络舆情自身的"自清洁"免疫机制来消除其自身发展过程中所产生的问题。从这个角度考虑政府在网络舆情发展过程中的角色，就不应当仅仅是一个"灭火者"和"手术者"，更重要的是充当"调理师"，通过促进各种机制的健全和完善来实现网络舆情自身的健康发展。

第六章 公共领域冲突管理的各种方法及其适用情境

公共领域冲突管理体制的有效运行，依赖于采用适当的方法。本章首先讨论冲突管理的各种方法及其发展脉络，然后重点分析冲突控制、冲突化解、预期管理、对话方法在公共领域冲突管理中应用。

第一节 冲突管理的主要方法及其发展脉络

西方学界对于冲突管理的研究，经过几十年的发展，产生出了多种多样的冲突管理方法。方法的功能在于解决问题。根据西方冲突管理各种方法所要解决的主要问题，将其划分为六种主要类别：旨在促进相互理解的冲突管理方法、旨在辨析利益的冲突管理方法、旨在改善关系的冲突管理方法、旨在转化结构的冲突管理方法、旨在破除话语霸权的冲突管理方法以及旨在破解复杂性的冲突管理方法。每种方法依据不同的理论基础，适用于不同的冲突类型。只有用得其所，才能充分发挥其效力。[1]

一 旨在促进相互理解的冲突管理方法

旨在促进相互理解的冲突管理方法的理论基础，一方面来自对冲突的社会心理学研究；另一方面来自于需求理论。

费舍尔（Ronald Fisher）和拉森（Knut Larsen）从社会心理学角度对

---

[1] 参见常健、原珂《西方冲突化解的主要方法及其发展脉络》，《国家行政学院学报》2015年第1期。该文是本项目研究的阶段性成果。

冲突进行了广泛调查，研究了以管见、偏见和定见为形式的有选择的感知过程，对他人的有害感知，非人化和敌人形象的形成，以及通过压抑和投射来取代恐惧和敌对的感受。杰维斯（Robert Jervis）研究了国际政治中决策者的感知和错觉。

马斯洛（Abraham Maslow）提出的需求理论认为，人类存在着生存、安全、被承认、被尊重等普遍的基本需求。伯顿（John Burton）在其基础上，提出了利益（interests）与需求（needs）之分。在他看来，尽管很难满足冲突双方对物质性利益的争夺，但在理论上却有可能同时满足冲突双方的需求。因此，如果能够将双方基于利益的冲突经过适当的解释和理解转变为基于需求的冲突，就可以使冲突得到化解。

根据对冲突的心理学分析和冲突的需求理论，冲突之所以难以化解，是因为冲突各方没有真正倾听和理解对方的真正需求。因此，化解冲突的关键，是促使冲突各方有效沟通和理解。由此便产生出一系列促进相互理解的冲突管理方法。

伯顿认为，如果人类要避免未来灾难，就必须用这种方法将基于物质利益的冲突转化为基于主观需求的冲突。他所采取的主要方法，就是建立"问题解决工作小组"（problem-solving workshop）来解决现实中那些难以解决的冲突。这种方法得到了广泛的应用，并衍生出许多不同的版本，被用于促进如研究、教育或培训等各种目标，如"互动冲突化解""第三方咨询""过程促进工作小组""促进式对话"等。虽名称各异，但它们都带有问题解决方法的许多基本特点。米歇尔（Chris Mitchell）在《冲突化解手册》一书中对这些方法作出了详尽的解释和说明，并在《冲突化解的问题解决做法与理论》一文中讨论了相关的方法论和评价问题，分析了支持这些方法的理论假设以及检验方法。[1]

问题解决方法的核心在于对话。在"变革先锋协会"（Pioneers of Change Associates）2006 年所作的"对话类别"调查中，包括了对各种各样的对话技术的描述，它们被用于在冲突化解中控制冲突并产生非暴力的

---

[1] C. Mitchell, Problem-Solving Exercises and Theories of Conflict Resolution, D. Sandole and H. van der Merwe (eds.), *Conflict Resolution Theory and Practice: Integration and Application*, Manchester: Manchester University Press, 1993, pp. 78–94.

社会变化。①

在促进冲突各方相互理解方面遇到的最大挑战，来自于跨文化和跨宗教派别的冲突。具有不同文化和信仰的人们之间如何能够相互理解？许多人受到了伽达默尔（Hans‑Georg Gadamer）的解释学的影响。伽达默尔将对文本的解释比作对话，解释一个最初不熟悉的文本，就是在对象和解释者之间的一种对话形式，对话的过程和结果是跨文化和历史差异的"视域融合"（fusion of horizons）。这种被称为"解释学对话"的对话在冲突化解中以另外一种方式发挥作用。谈话或对话被视为对文本的相互解释，在这种对话中，人们并不只是理解对方，而是共同创造共享的新意义。②

旨在促进相互理解的冲突管理方法对于那些由于沟通困难或相互误解而难以化解的冲突具有较好的化解效果。它通过改善沟通方式、建立有效的沟通渠道，冲突双方开展有意义的交流，理解彼此的真正需求和真实目标，促使各方从对抗走向解决问题。但仅仅改善沟通和理解还不足以化解更深刻的利益对立。因此，对于那些由于利益上的互不相容而难以化解的冲突，仅靠这种方法肯定是不够的。

二　旨在辨析利益的冲突管理方法

旨在辨析利益的冲突管理方法的理论基础，一方面是博弈论对于"囚徒困境"的分析；另一方面是"立场"与"利益"的区分。

博弈论被用来分析冲突各方的各种选择和取向。谢林（Thomas Schelling）研究了竞争策略中的非理性行为的原因；拉波波特（Anotal Rapoport）则对输赢路径的自我击败（self‑defeat）的逻辑进行了研究，他指出："增加他方的损失就等于赢的错觉，是使争斗持续如此长时间和冲突各方最后拼得你死我活的原因。"③

弗莱特（Mary Follett）倡导"互利互惠"的谈判方法。费舍尔（Roger Fisher）和尤里（William Ury）则提出"立场"与"利益"的区

---

① 常健、原珂：《西方冲突化解研究的三种范式及其发展趋势》，《中国行政管理》2014年第11期，第116页。
② H. Gadamer, *Truth and Method*, New York: Seabury Press, [1960] 1975, p. 272.
③ A. Rapoport, *The Origins of Violence*, New York: Paragon House, 1989, p. 441.

分，认为应当区分"什么是冲突各方所追寻的"和"什么是这种追寻的背后动机"，利益是立场的原因和基础。

辨析利益的冲突管理方法被弗莱特称为"整合式谈判"，与它相对的是"分配式谈判"。她的方法被布雷克（P. Blake）等人和沃尔通（R. Walton）等人用于化解劳资冲突，并被进一步用于家庭调解、社区调解和各种"非诉讼纠纷解决"（ADR）。费舍尔和尤瑞则提出了"原则性谈判"，它是所谓"刚性谈判"和"柔性谈判"的综合。原则性谈判要求各方将注意力从立场转向利益，共同寻找能够满足双方利益的共赢方案。它又进一步衍生出各种不同版本，如"结合式谈判""创造式谈判"或"合作式谈判"。它们的共同特点是要将"零和博弈"转变为"非零和博弈"。

拉克斯（David Lax）和西本斯（James Sebenius）对利益作出了更细致的区分。他们首先将"工具利益"与"固有利益"区别开来；然后将"过程利益""关系利益"和"原则中的利益"区别开来；接着又区分了在过程利益、关系利益和原则中的利益中各自所包含的固有利益和工具利益。

旨在辨析利益的冲突管理方法使得冲突各方能够更理性地分析彼此的利益和得失，在用于化解为某一具体事项而产生的冲突时经常具有很好的效果。但对于由于根本利益相互对立而难以化解的冲突来说，往往很难找到使双方都能满意的共赢方案。罗斯曼和奥尔森（Jay Rothman & Marie L. Olsen）从另一个角度认为，这种冲突管理方法的一个重要局限，在于将利益视为至高无上的，而不对利益进行更深层次的分析。冲突各方不会被引导关注利益背后的目标、价值和动机问题。因此，当冲突各方积怨已深时，这种方式就显得不够有效了，因为它不足以重新确定互动过程和各方关系。同时，它还容易造成欺骗的假象，使过于相信对方合作诚意的一方遭受利益损失。

三 旨在改善关系的冲突管理方法

旨在改善关系的冲突管理方法的理论基础是社会关系理论和认同理论。

在社会关系理论方面，郑（Ho-Won Jeong）提出："许多冲突归因于不满意的社会关系而非沟通不畅。制度性的安排（支持维持现存的等级制度）也许仅仅是延长了那些游离于体制之外的人们的挑战。"① 他主张采取关系治疗的方法，用来修复伴随着结构性改变的严重冲突所导致的恶劣甚至破裂的关系。费舍尔（Ronald Fisher）和拉森（Knut Larsen）深入探讨了冲突发展过程的积极因素，他们特别专注于转变态度，发展相互理解和信任，形成共同的或上位的（superordinate）目标，以及促进积极的群体间关系的各种条件。

在认同理论方面，罗斯曼和奥尔森提出，不同的认同群体之间在其自我感知和优先排序方面相互排斥，彼此不信任。当冲突变得深刻和持久时，它经常涉及个人认同和集体认同的表达和对抗。如果说利益冲突、资源冲突、权力冲突等是对同一认同群体内部的冲突而言，那么认同冲突则是对不同认同群体之间的冲突。不同的认同群体之间在其自我感知和优先排序方面相互排斥，彼此不信任。科尔曼（Peter T. Coleman）和劳尔（J. Krister Lowe）研究了在长期持续的冲突中集体认同对实现和平的阻碍作用，并根据对巴以谈判的研究建立了一个集体认同谈判的模型。罗斯曼则在1997年提出了一种打破冲突认同障碍的四阶段冲突化解框架，即ARIA框架：对抗呈现阶段、回应共鸣阶段、发现创新性的解决方案阶段、采取行动去实施解决方案的阶段。②

此外，"反思性对话"也是化解认同冲突的一种方法。冲突的发生是由于现存的认同受到威胁或伤害，但冲突也有助于产生认同。在冲突的严峻情境下所形成的认同通常具有排斥性和对抗性，但他们也可能形成包含性认同的源泉。而反思性对话则能够促成这种转化，以修复伴随着结构性改变的严重冲突所导致的恶劣甚至破裂的关系，从而从更深层次上化解认同层面的冲突。

旨在改善关系的冲突管理方法可以改善冲突双方的关系、建立相互信任、促进形成新的认同。它对于那些由于关系恶化、互不信任和认同存在巨大差异而难以化解的冲突来说，会产生积极的效果。它最经常被用于化

---

① Ho‐Won Jeong, *Conflict Management and Resolution*, Routledge, 2010, p. 9.
② Jay Rothman, Resolving Identity‐Based Conflict in Nations, Organizations and Communities, San Francisco, CA, Jossey‐Bass, 1997, p. 19.

解民族间冲突。但很多认同差异的根源在于社会的现实结构，如果那些造成相互仇视的不合理的社会结构得不到相应改变，那么旨在改善关系方法的实际成效也会非常有限，而且还有可能使导致冲突的那些不合理的社会结构继续维持。

四　旨在转化结构的冲突管理方法

旨在转化结构的冲突管理方法的理论基础是政治学、社会学、文化学中的结构主义和后结构主义。

在政治学领域，布林顿（Crane Brinton）在分析政治革命时指出，当社会权力分配和政治权力分配之间的差距到达一个关键节点时，革命就会发生。受此影响，加尔通在冲突化解中强调结构的维度。他区分了直接暴力、结构暴力和文化暴力，以及消极和平与积极和平。消极和平只是没有直接暴力，而积极和平还要克服结构暴力和文化暴力。

与对冲突的结构分析相联系的是冲突转化方法（conflict transformation），它将结构转化视为冲突化解的重要方面。瓦伊里宁（R. Vayrynen）1991年提出了行动者、事项、规则和结构四个维度的转化，米埃尔在此基础上提出了情境、结构、行动者、争议事项和决策精英五个转化维度，"转化冲突"组织则提出了行动者、情境、事项、规则和结构五个维度。其中，结构转化（structure transformations）被视为化解冲突的最重要方式。它要改变冲突赖以孕育和产生的关系结构、权力分配结构、社会经济条件，以此来影响先前互不相容的行动者、争议事项和目标之间的互动关系结构。克里斯伯格（Louis Kriesberg）认为，冲突转化过程一般会经历四个阶段：探索阶段、初期信号和行动阶段、达成协议或理解阶段、实施和制度化阶段。[1]

基于加尔通提出的克服结构暴力的"积极和平"的概念，联合国教科文组织掀起了"和平文化"运动。1997年联合国大会根据联合国教科文组织的建议通过了第（A/RES/52/13）号决议，将"和平文化"定义为：在个人、群体或国家之间通过对话和谈判来处理解决问题的根本性原

---

[1] Louis Kriesberg, The State-of-the-Art in Conflict Transformation, 2011. http://www.berghof-handbook.net/documents/publications/kriesberg_handbook.pdf.

因的一套抵制暴力或预防冲突的价值观念、态度、行为模式和生活方式等。1999 年联合国大会提出了建设和平文化所需的一系列步骤：（1）通过教育培育和平文化；（2）促进持续的经济和社会发展；（3）提升对人权的尊重；（4）确保性别平等；（5）培育民主参与；（6）更深层的理解、宽容和团结；（7）提倡参与式交流和信息与知识的自由流动；（8）促进国家和平与安全。①

旨在转化结构的冲突管理方法着眼于转化导致冲突的深层社会结构，力图建立更具有包容性的社会结构、制度结构和关系结构。因此被更多地用于由权力和权利不平衡而产生的大规模、持续性的社会冲突。奎利（M. M. Quille）曾指出，创造一个持续的和平远非仅仅涉及平息冲突各方，任何化解都应当确保冲突各方的人权和经济权不受侵害。亚扎尔（Edward Azar）也认为，持续性的社会冲突是建立在安全、身份的认同和承认、政治参与和经济上的公正这些基本需求基础之上的。当这些需求得不到满足时，冲突就会延续下去。但改变宏观的社会结构会面临巨大的社会阻力，这种阻力不仅来自既得利益者的抵制，而且来自话语霸权。同时，结构转化只是消除了冲突的结构性原因，并不是全部原因，而且结构转变本身又会带来新的对立和冲突。因此，它必须与其他各种方法结合使用，才能达到化解冲突的良好效果。

五　旨在破除话语霸权的冲突管理方法

旨在破除话语霸权的冲突管理方法的理论基础是"后现代主义者"福科、葛兰西的"霸权分析"和哈贝马斯（J. Habermas）的"话语伦理学"（discourse ethics）。哈贝马斯认为，"理想的言谈环境"应当是没有压制的交流，否则就只是策略性的操纵或诉诸暴力。霍夫曼（M. Hoffman）进一步提出了"话语冲突转化"（discursive conflict transformation），它基于这样的前提，即行动和制度安排只有产生于所有受其影响的各方都自由参与的无限制的话语环境中，才能被说成是合法的。

受此影响，费瑟斯通（B. Fetherston）提出了反对霸权（anti‑hege‑

---

① 国际友谊日：联合国呼吁消除导致紧张和冲突的误解与猜疑，联合国网站：http：// www. un. org/chinese/News/story. asp？NewsID = 20229。

monic)、对抗霸权（counter-hegemonic）和后霸权（post-hegemonic）的创建和平计划。考克斯（R. Cox）曾经将问题解决理论与批判理论区分开来。费瑟斯通更具体地分析道："问题解决理论专注于现存的制度框架、社会关系和社会意义，这些经常都被作为给定的，其目标是维持这种秩序以使其有效工作。批判理论开始于将这些给定的框架或社会秩序问题化，其目的是考察其根源以及它可能的变化，澄清可能的选择，并提出转化它的方式。"① 对费瑟斯通来说，不能融入批评理论的方法的危险在于，对冲突的努力化解将再次只是强化了未被挑战的秩序，而正是这种秩序最先产生了冲突。其结果如诺德斯特罗姆（C. Nordstrom）所说，将是不断地重新解决冲突，而不是发展出一种不会因为第一次解决方案的无效而在其他时间或地点再次出现要求解决或再解决的解决方案。这种批评对评价各种冲突化解方式具有广泛的意义，它使人们质疑联合国的军事维和、国际援助和发展工作。

加布里（V. Jabri）依据哈贝马斯的理论提出了对"暴力的话语环境"的批判，并要为在此基础上的"和平的话语环境"建立理论基础。她强调，在挑战排斥者使暴力和战争合法化的霸权话语在公共空间在主导地位的过程中转化对抗话语的重要性。加布里认为，暴力冲突是一种社会产物，消除暴力冲突、实现社会正义的方式既不能靠客观主义的方法（理性的行动者和谈判），也不能靠主观主义的方法（沟通和问题解决），因为它们都是个人主义的，只不过方式不同。她认为欧洲结构主义的方式也不适合达成此目标，因为它不能解释社会矛盾如何转变为暴力冲突。她期待吉登斯（Anthony Giddens）和巴斯卡（Roy Bhaskar）结构主义理论以其对行动者与结构相互依赖的承认，在结构主义和个人主义方法之间的鸿沟上架起桥梁。暴力冲突会产生霸权话语，这种话语寻求将主观性和其多样化的代表形式归入一个单一实体，该实体处于与另一个被假定的/结构化的单独的实体的对抗性互动中。传统冲突管理方法的问题是，这些单一的实体还可能通过观察者、冲突研究者和试图调解的第三方而被复制，特别是当第三方通过对主要行动者的定义来解释冲突时，在这种情况下，冲

---

① B. Fetherston, *Transformative Peacebuilding: Peace Studies in Croatia*, Paper Presented at the International Studies Association Annual Convention, Minneapolis, 1998, p. 2.

突化解可能只是在复制使冲突得以延续的那些排斥的、暴力的话语和做法。[1]

汉森（Toran Hansen）基于对冲突各方权力的分析提出了批判性冲突化解的四种实践方式，即批判性冲突化解的调节、批判性冲突化解的谈判、批判性冲突化解的改进与培训、批判性冲突化解的教育，并对其进行了系统的分析和论述。他认为批判性的对话（critical dialogue）包含被压迫者在社会准则、制度、语言、价值观念以及他们认为能够用来改变现状的讨论行动等方面的反应，目的是为了提高社会正义。在改变社会话语的进程中，批判性的实践必须把被压迫者的呼声提高到政治的舞台上。[2] 此外，源于批判性架构下的冲突化解理论与实践给冲突化解专业指出了一个新的且重要的方向：持续抗拒一个不公平的社会现状。今后的冲突化解应更多地关注权力分析、权力平衡和抗拒社会不公与压迫的持续且长久的冲突化解目标的实现。

弗雷利（P. Freire）认为，社会话语通常由精英集团控制，他建议通过一种新的教育方式——问题提出教育（problem-posing education）——来克服上述精英集团控制社会话语的体系，并认为这种教育最终会产生批判性的意识，此种意识能够解放被压迫的个体，使他们能以新的理解方式去寻求改变其所生活的世界和当时正盛行的具有压迫性的社会意识形态。[3]

旨在破除话语霸权的冲突管理方法力图打破具有霸权性质的社会话语体系对社会结构转变的阻碍。福科（M. Foucault）认为，这种冲突管理方法把社会话语的转化潜能（the transformative potential of societal discourses）视为改变社会的一种工具，而不是通过革命来改变社会。它对于那些由于社会的话语霸权而使造成社会冲突的深层结构难以转化的冲突具有重要的"解构"效应。但它很容易停留在抽象的批判层次，难以达到建设性的效果。因此它更需要与其他冲突管理方法相结合，而不是完全排斥其他冲

---

[1] V. Jabri, *Discourses on Violence: Conflict Analysis Reconsidered*, Manchester: Manchester University Press, 1996, pp. 180–181.

[2] Toran Hansen, Critical Conflict Resolution Theory and Practice, *Conflict resolution quarterly*, 2008, 25 (4), pp. 416–423.

[3] P. Freire, Pedagogy of the Oppressed (20th anniversary ed.). New York: Continuum, 1997.

管理方法。

六　旨在破解复杂性的冲突管理方法

旨在破解复杂性的冲突管理方法的理论基础是复杂性理论和系统论。复杂性理论将社会看作是一个复杂的系统，每一个看似简单的问题都与整个系统的结构有着千丝万缕的联系。克里斯托（Moty Cristal）和盖尔（Orit Gal）将复杂的适应系统定义为一组相互联系的因素，它们之间显示出非线性关系。因素和相互关系越多，系统的复杂性程度越高。科尔曼（Peter Coleman）提出了系统冲突分析，并将其用于对持续的难以化解的冲突的研究。亨德里克（D. Hendrick）把冲突作为一个复杂的系统，运用复杂性理论来研究冲突化解。

卡汉尼（Adam Kahane）在《解决难题》一书中对冲突的复杂性进行了分析，区分了三种类型的复杂性，并认为它们每一种都要求一种不同的解决方法：过程复杂性（dynamic complexity）是指原因和结果之间的联系是非线形的，因此是单个不可预测的，这需要系统的方法来解决；社会复杂性（social complexity）是指对问题有不同的观点，它需要参与的解决方法；生成的复杂性（generative complexity）是指先前的化解方案不再成功，它需要创造性的方法。[①]

莱姆斯波萨姆（Oliver Ramsbotham）认为，语言的不可化解性的根源是"极端异议"（radical disagreement）。在这种情况下，与其像通常的冲突化解那样从开始就努力转化极端异议，不如根据这种冲突本身的性质从一开始就探索如何进行"对抗性对话"（agonistic dialogue），它是一种敌人间的对话。然而，针对异议（dissent）的态度，特洛耶（Lisa Troyer）和杨格林（Reef Youngreen）在研究群体间的冲突与创造性时，则认为异议在群体间冲突化解中起着一种重要而积极的作用，而创造性在问题解决群体（problem–solving groups）中，则对群体绩效的发挥起着重要作用，二者间的桥梁则通过信息交换理论搭建起来。当异议以某种合适的方式被引入到群体间的冲突情境沟通中时，创造性的效果则会更为加强。

[①] A. Kahane, Solving Tough Problems: A Creative Way of Talking, Listening and Creating New Realities, San Francisco: Berrett–Koehler, 2007.

面对传统冲突化解努力的失败,伯格斯夫妇(Guy & Heidi Burgess)于 1996 年提出了"建设性面对方法论",并建立了"超越难以化解"网站(Beyond Intractability: A Free Knowledge Base on More Constructive Approaches to Destructive Conflict),帮助人们理解难以化解的冲突的原因。

旨在破解复杂性的冲突管理方法主张用系统性的、参与性的、创造性的方法来深层次、全方位地化解复杂性冲突。它主要被用于化解那些由于各种复杂性而难以化解的复杂冲突。这些冲突通常具有经济、政治、社会、文化和历史上的复杂原因,难以用任何单一方法加以解决。然而,破解复杂性的方法本身也会具有更高的复杂性,其各个维度和层次之间需要更精细的相互协调,否则就可能由于各维度和层次之间的不协调而形成新的冲突源。

七 总结与分析

从上述分析可以看出,冲突管理的六类主要方法具有不同的理论基础、聚焦点、针对情境和典型适用领域,如表 6-1 所示。

表 6-1　　　　　　　　　　冲突管理的主要方法一览表

类别	理论基础	聚焦点	针对情境	典型适用领域
旨在促进相互理解的冲突管理方法	冲突的社会心理学,需求理论	使冲突双方从对抗走向解决问题	由于沟通困难或相互误解而难以化解的冲突	如社区冲突
旨在辨析利益的冲突管理方法	博弈论,"立场"与"利益"的区分	使冲突从"零和博弈"转向"非零和博弈"	围绕某一具体事项而产生的冲突	如劳资冲突、征地拆迁冲突
旨在改善关系的冲突管理方法	社会关系理论,认同理论	使冲突双方转变态度、建立信任、形成新的认同	由于关系恶化、互不信任和认同存在巨大差异而难以化解的冲突	如民族冲突、宗教冲突
旨在转化结构的冲突管理方法	政治学、社会学、文化学中的结构主义、后结构主义	使冲突双方从权利或权力的失衡走向均衡	由权力和权利不平衡而产生的大规模持续性的社会冲突	如殖民地冲突、种族冲突

续表

类别	理论基础	聚焦点	针对情境	典型适用领域
旨在破除话语霸权的冲突管理方法	后现代主义者的"霸权分析""话语伦理学"	打破话语霸权，重构社会话语体系	由于社会的话语霸权而使社会深层结构难以转化的冲突	如发展中国家与发达国家的冲突
旨在破除复杂性的冲突管理方法	复杂性理论，系统论	形成深层次、全方位的冲突化解格局	具有经济、政治、社会、文化和历史的复杂性而难以用任何单一方法加以化解的冲突	如环境冲突

以上分析表明，对各种不同的冲突情境，并不存在"一招通用"（one-size-fits-all）的冲突管理方法，必须根据不同的具体冲突情境，采取相应的管理方法。尽管有些方法可能适用于多种冲突情境，但更多的情况是一种冲突情境需要多种管理方法的结合使用。

值得注意的是，这六种基于不同理论基础的冲突管理方法并不是截然分开、孤立发展的。相反，它们之间相互影响、相互汲取，相互补充，在发展的过程中往往是你中有我、我中有你。方法的多样性与相互竞争，正是推动各种冲突管理方法不断发展和完善的动力之一。

第二节　冲突控制与冲突化解的耦合

冲突控制与冲突化解作为公共领域冲突管理过程中两类重要的方法，二者的耦合状况会影响到它们的治理效果。运用结构方程模型方法，对所收集的 235 起公共冲突案例进行分析和建模，研究结果发现：冲突控制作用于治理实践时所产生的即时效果是不确定的，同时对长期效果存在负向影响；冲突化解正向治理的即时效果与长期效果；耦合程度能够弱化控制与长期效果间的负相关关系，强化化解与即时效果间的正相关关系，这表明控制与化解通过良好耦合可以改善治理效果。[1]

一 研究的背景、主题与方法

(一) 研究背景

关于公共冲突及其治理问题的研究一直以来备受各领域学者的广泛关注,针对已有研究情况,大体将其分为冲突控制、冲突化解和二者关系研究三个方面进行梳理。

在冲突控制方面,与其类似的提法,还有冲突处置、冲突干预等,如约翰·伯顿(J. W. Burton)将其视为一种压制冲突的强制性解决办法,[2]詹姆士·舍伦贝格也认为这种控制是我们在实际解决冲突的过程中所必须接受的,它至少可以终止冲突最激烈的阶段,[3]减少损失,也为其他治理方式的介入提供可能。毕天云认为具体的控制方式包括政权、法律、政策、习俗、道德、舆论控制。[4]

在冲突化解方面,奥利弗·拉姆斯伯顿等人认为,冲突化解意味着更深层次的原因被解决和改变;[5]约翰·伯顿认为化解应该最大程度的使冲突各方满意,当各方都同意采用某种方法以完全满足各方的价值和利益时,就会实现冲突的化解;[6]杰伊·罗斯曼与玛丽·L. 奥尔森则详细分析了三种着力点不同的化解策略,即基于资源、利益和认同的化解。[7]

在二者关系方面,早期,约翰·伯顿就已将纠纷处置与冲突化解进行对比[8],阐述了各自的定义和特点,但未对其关系做出细致研究;在科多

---

[1] 参见张春颜、常健《公共领域冲突控制与化解的耦合对治理方式与效果间关系的影响研究》,《统计与信息论坛》2015 年第 6 期。该文是本项目研究的阶段性成果。

[2] John Burton. *Conflict*:*Resolution and Provention*. New York:St. Martin's Press,1990:3.

[3] James A. Schellenberg. Conflict Resolution:*Theory*,*Research and Practice*. New York:State University of New York Press,1996:303.

[4] 毕天云:《论冲突的协调和控制》,《学术探索》2001 年第 3 期,第 64—65;63 页。

[5] Oliver Ramsbotham& Tom Woodhouse& Hugh Miall. *Contemporary Conflict Resolution*:*The Prevention*,*Management and Transformation of Deadly Conflict*. Cambridge:Polity Press,2011:31.

[6] 约翰·W. 伯顿:《全球冲突:国际危机的国内根源》,马学印、谭朝洁译,中国人民公安大学出版社 1991 年版,第 118 页。

[7] Jay Rothman,Marire L. Olson. From Interest to Identities:Towards a New Emphasis in Interactive Conflict Resolution. *Journal of Peace Research*,2001,38 (3):289 – 305.

[8] Burton J. W. *World Society*. Cambridge:Cambridge University Press,1972:138.

拉·莱曼区分冲突管理三种路径的基础上，[①] 常健、许尧认为它们不仅是不同路径的简单并列，而是冲突管理的三个不同层次，具有递进关系；[②] 扎特曼则关注到冲突干预与化解何时适合转换的问题，[③] 寻找"成熟时机"。

这些研究虽然对二者及其相互关系进行了基础性分析，但是对治理方式的研究仍过多侧重于方式本身及其选择上，对其后续效果的研究略显不足。鉴于此，本研究将详细研究冲突治理方式与效果之间的关系，以及两种方式之间的协调配合程度对这种关系的影响。

（二）研究主题

依据冲突治理手段的实施是否具有强制性，大体可将其分为冲突控制和冲突化解两大类。[④] 所谓"冲突控制"，是以结束和平息冲突为导向，以国家政权及其背后的暴力、经济、政治等资源为依托，致力于强行、迅速控制冲突局面，防止冲突升级的治理方式；所谓"冲突化解"，则是以消除不相容的冲突根源为导向，以行政组织、司法组织、社会组织等为依托，通过沟通、协商、调解等平等主体间的对话式手段，在平等自愿的基础上促进合作、实现共赢的治理方式。[⑤]

本研究首先研究冲突控制与冲突化解各自的治理效果。考虑到治理效果会随时间的延长而有所变化，故将其分为即时效果和长期效果，并分别研究这两种治理方式的即时效果和长期效果。

由于冲突控制与化解的治理效果各有优长，也各有局限，因此，如何协调运用这两种方式，使其发挥所长，又相互弥补局限，便成为进一步研

[①] Reimann C. *Assessing the State of the Art in Conflict Transformation——Reflections from a Theoretical Perspective.* Transforming Ethnopolitical Conflict. VS Verlag für Sozialwissenschaften, 2004：41 – 66.

[②] 常健、许尧：《论公共冲突治理的三个层次及其相互关系》，《学习与探索》2011 年第 2 期。

[③] William I. Zartman. *Ripe for Resolution：Conflict and Intervention in Africa.* New York and Oxford：Oxford University Press，1989：268.

[④] 这种区分实际上是一种先验性的、宏观上的划分，将治理方式是否具有强制性作为硬杠，相对界定出控制与化解的内涵，这种简单的界定实际是为我们能够对其进行研究服务的，不然实难以进行深入详细的分析工作。

[⑤] 张春颜、许尧：《公共领域冲突控制与冲突化解耦合模式研究》，《上海行政学院学报》2013 年第 4 期，第 64—65；70 页。

究的问题。我们用"耦合"这一概念来描述冲突控制与化解的协调状态。"耦合"是一个物理学概念,它"主要是指两个(或两个以上)体系或运动形式通过各种相互作用而彼此影响的现象"[①]。本研究将冲突控制与化解通过某种条件有机结合共同发挥作用以克服彼此局限的现象称为"耦合"。我们的研究目标是确定二者的耦合程度对治理方式与效果间关系的影响。

(三)研究方法

对公共领域冲突治理问题的研究目前大多局限于进行理论探讨,缺乏实证研究,本研究综合相关成果,采取结构方程模型(Structure Equation Model)方法,[②]将公共领域冲突治理视为一个复杂的系统,通过构建模型来研究冲突控制、化解与治理效果间的关系,并通过分层回归方法研究耦合程度对这种关系的影响作用。结构方程模型有效地整合了统计学的因子分析与路径分析两大主流技术,能够对复杂的多变量数据进行处理,量化的研究结果不仅为已有理论观点提供了数据支撑,也成为探索新观点的依据所在。

(四)数据的收集与整理

本研究以冲突案例为研究对象。案例的选择基于以下几个标准:(1)发生时间:1990年至2013年间在中国发生的冲突案例;(2)发生领域:发生在公共领域的冲突,私人纠纷不在考虑之列,但是由于私人利益引发,进而影响到公共秩序的也算是公共冲突;(3)案例来源:根据公开的权威媒体、报纸、期刊等报道整理而成;(4)涉及内容:在冲突治理过程中明显运用了冲突控制与化解手段。根据以上标准,共选取了235起案例。

对已收集案例进行具体分析,重点考察其中冲突控制、化解手段运用的情况,两类手段耦合的情况,以及治理的即时效果与长期效果等。在此基础上,依据具体的测量指标,以里克特五级量表形式进行赋分,整理出可用的案例数据。[③]

[①] 黄金川、方创琳:《城市化与生态环境交互耦合机制与规律性分析》,《地理研究》2004年第2期,第211页。

[②] 该方法是20世纪70年代约雷斯考格(Karl Joreskog)和索邦(Dag Sorbon)等学者提出的基于变量协方差阵来分析变量间关系的一种多元统计方法。

[③] 在依据指标体系赋值的过程中,为尽量避免个人的主观性,选取多名成员进行分别赋值,然后取其平均值作为最终数据。经计算评估者的信度为0.91,这说明指标体系的评估者信度符合要求。

二 模型构建

（一）指标的选择

我们根据对概念的分析并结合案例的实际情况，选择出一套观察变量（如表 6-2 所示）。

表 6-2　　　　　　　　　　　指标体系

潜在变量	观察变量
冲突控制	控制主体、控制手段、控制目标
冲突化解	化解主体、化解手段、化解目标
控制与化解的耦合程度	互补性、衔接性、协同性
治理的即时效果	冲突行为的制止、秩序的恢复、治理手段的接受
治理的长期效果	协议的达成、协议的执行、关系的改善

为保证上述指标体系的效度，本研究选定对冲突管理相关理论及实践比较熟悉、在该领域具有一定权威的 11 位专家，包括大学教授、副教授等研究者以及位于治理一线的调解专家等。通过专家问卷对整个指标体系及每一个指标的效度进行征询，以里克特五级量表形式请各位专家对评估指标的恰当性进行打分，通过分值计算每个指标的平均效度评分和效度系数[①]，平均评分小于 3 的指标予以删除，第 i 个指标 u_i 的效度系数由下式给出：

$$\beta_i = \sum_{j=1}^{n} \frac{|(\bar{x_i} - x_{ij})|}{nF} \tag{1}$$

其中，x_{ij} 是第 j 位专家对指标 u_i 的效度评分，是 n 个专家对评估指标 u_i 效度评分的平均值，即：

$$\bar{x_i} = \frac{\sum_{j=1}^{n} x_{ij}}{n} \tag{2}$$

F 为评估指标效度评分中的最大值（即 5），整个评估指标体系的效

[①] 李瑛、王丙乾：《工商行政管理人员考评指标体系的设计和分析》，《兰州学刊》2009 年第 4 期，第 115—116 页。

度定义为：

$$\beta = \frac{\sum_{j=1}^{n}\beta_i}{k} \quad (3)$$

其中，k 为指标体系中指标的个数。在指标的平均效度评分大于 3 的情况下，效度系数的值越小，说明专家对该指标效度的认识趋向于一致，该指标越有效。11 位专家对一级指标效度的评判结果示于表 6-3 中。

表 6-3　　　　　　　　　　评判结果

观察变量	平均分	效度系数	观察变量	平均分	效度系数
控制主体	4.182	0.119	协同性	4.727	0.079
控制手段	4.636	0.093	冲突行为的制止程度	4.455	0.119
目标导向	4.636	0.093	秩序的恢复程度	4.727	0.089
化解主体	4.364	0.093	治理手段的接受程度	4.727	0.079
化解手段	4.636	0.093	协议的达成程度	4.454	0.099
目标导向	4.364	0.139	协议的执行程度	4.727	0.079
互补性	4.818	0.060	关系的改善程度	4.727	0.079
衔接性	4.636	0.106	(= 0.096)		

由表中数据可知，所有拟定的观察变量的效度平均评分都大于 4 分，因此这些指标都予以保留。这说明各位专家基本认同观察变量的设定且一致性比较高。具体测量指标的平均评分也都在 3 分以上，专家对其基本认可，而且指标体系中 79.8% 的效度系数小于 0.1，整个指标体系的效度系数为 0.096，说明专家对于各指标以及整体指标体系恰当性的判断具有较为一致性的认识。

（二）概念模型的建立

结合案例中冲突控制与化解具体作用于治理效果的情况，形成公共领域冲突治理过程中控制与化解的耦合对治理方式与效果间关系影响的概念模型（如图 6-1）。

在该模型中，冲突治理方式被分为冲突控制与冲突化解两大类，它们分别作用于治理的即时效果与长期效果，而耦合程度作为调节变量对它们之间的关系产生影响。

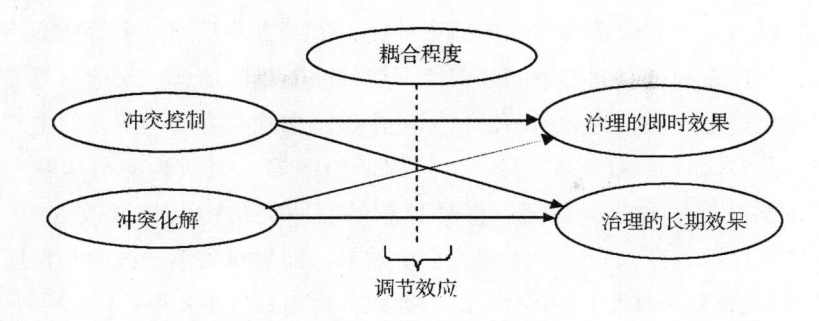

图 6-1 概念模型

（三）假设的提出

根据案例整理、分析过程中形成的感性认识和已有经验，并根据以往研究者们的观点，提出了有关不同治理方式对治理效果可能产生影响的 8 个假设。

首先，通常情况下，由于冲突控制本身具有耗时短、即时效益高的特点，其介入冲突后，应该有利于秩序的迅速恢复，但容易忽视冲突双方的利益诉求，从而不利于深层冲突能量的消解。对此，科多拉·莱曼也认为冲突控制（处置）的目标是公共冲突的直接制止和平息，防止冲突升级，尽快恢复社会秩序，它是以结果为导向，注重效用和效率，关注冲突的表层解决，而不注重深层矛盾。[1] 奥利弗·拉姆斯伯顿等人也有类似观点，认为冲突控制（处置）意味着冲突的结束，但是在现实冲突中，平息的冲突也经常在以后复发，冲突态度和隐藏在结构下的矛盾可能不会被解决。[2] 因此，冲突控制的介入可能更有利于冲突治理的即时效果，即冲突的迅速平息，但可能不利于涉及深层冲突能量消解的长期效果。据此提出假设 H1 和 H2：

假设 H1：冲突控制正向冲突治理的即时效果。

假设 H2：冲突控制负向冲突治理的长期效果。

其次，冲突化解的介入需以冲突各方的自愿接受为前提，化解过程通

---

[1] Reimann C. *Assessing the State of the Art in Conflict Transformation——Reflections from a Theoretical Perspective*. Transforming Ethnopolitical Conflict. VS Verlag für Sozialwissenschaften, 2004: 41–66.

[2] Oliver Ramsbotham & Tom Woodhouse & HughMiall. *Contemporary Conflict Resolution: The Prevention, Management and Transformation of Deadly Conflict*. Cambridge: Polity Press, 2011: 31.

常耗时耗力，且难以在短时间内结束冲突，但双方一旦通过平等协商达成协议，往往有利于对立关系的改善与深层冲突能量的消解。对此，莱曼认为冲突化解是以过程为导向的，目标定位在于消除双方的误解，促进双方合作、共同探寻共赢解决方案[8]。拉姆斯伯顿等人也认为冲突化解意味着行为不再是暴力的、态度不再是敌意的、冲突结构已经被改变。① 因此，冲突化解的介入有利于治理的长期效果，即敌对关系的改善与深层冲突能量的消解，但即时效果不明显。据此，提出假设 H3 和 H4：

假设 H3：冲突化解正向冲突治理的长期效果。

假设 H4：冲突化解负向冲突治理的即时效果。

最后，由于冲突控制和化解各有利弊，某些时候化解方式的运用依赖于控制，冲突控制是冲突化解实行时的前提条件与失效的后续保障，而控制结果的有效维持也有赖于化解，化解所形成的交往共识提高了冲突各方对控制程序的认同，有利于保障控制结果。② 对此，毕天云认为当冲突局面尚可控时，可以通过协调（化解）约束冲突的规模和强度，在协调的基础上平衡各方利益，消除沟通障碍，但当冲突行为过于极端，严重危害了社会秩序时就必须给予适当的控制。③ 因此，控制与化解的良好耦合将有利于弥补单一治理方式的不足，降低由于其自身缺陷所带来的负面效果，从而加强治理方式对治理效果的正向影响作用（或减弱治理方式对治理效果的负向作用）。据此，提出假设 H5、H6、H7 和 H8：

假设 H5：耦合程度在冲突控制与治理的即时效果之间发挥着调节作用。

假设 H6：耦合程度在冲突控制与治理的长期效果之间发挥着调节作用。

假设 H7：耦合程度在冲突化解与治理的即时效果之间发挥着调节作用。

假设 H8：耦合程度在冲突化解与治理的长期效果之间发挥着调节

---

① Oliver Ramsbotham & Tom Woodhouse & Hugh Miall. *Contemporary Conflict Resolution*: *The Prevention, Management and Transformation of Deadly Conflict*. Cambridge: Polity Press, 2011: 31.

② 常健、张春颜：《社会管理中的冲突控制与冲突化解》，《南开学报》2012 年第 6 期，第 75 页。

③ 毕天云：《论冲突的协调和控制》，《学术探索》2001 年第 3 期，第 64—65、63 页。

作用。

三 结构方程模型的计算

（一）模型处理与信度分析

估计信度的方法有多种，我们根据测量的种类、目的和可利用性选择内部一致性信度，采取计算 Cronbach 系数的方法，应用 SPSS13.0 对总样本进行信度分析（如表 6-4 所示），可见各个因素的内部一致性系数介于 0.85—0.94 之间，总体内部一致性系数介于 0.80—0.90 之间，因此本量表所得数据符合测量学的要求。

表 6-4　　　　各维度及总样本的内部一致性信度（N=235）

因素	冲突控制	冲突化解	耦合程度	即时治理效果	长期治理效果	总样本
系数	0.890	0.851	0.905	0.890	0.932	0.832
项目数	3	3	3	3	3	15

（二）模型拟合与修正

建立概念模型和假设之后，利用 Amos17.0 进行初次运算，采用极大似然法作为估计方法，结果显示个别拟合指数未达标准（见表 6-5），根据 AMOS 提供的修正指标对初始模型进行修订，修正后模型拟合度大大提高，各评价指标也明显改良（见表 6-5），最终结果如图 6-2 所示，各指标估计指数如表 6-6 所示。

表 6-5　　　　　　　　模型整体拟合度指数

评价指标		初始模型	评价结果	修正模型	评价结果
绝对拟合指数	x^2/df 值	3.545	基本拟合	3.3	基本拟合
	GFI	0.897	良好	0.909	良好
	RMSEA	0.104	不良拟合	0.099	中度拟合
相对拟合指数	NFI	0.931	优秀	0.938	优秀
	CFI	0.949	优秀	0.956	优秀
	TLI	0.932	优秀	0.938	优秀
信息指数	AIC	231	—	217	—
	CAIC	361	—	355	—

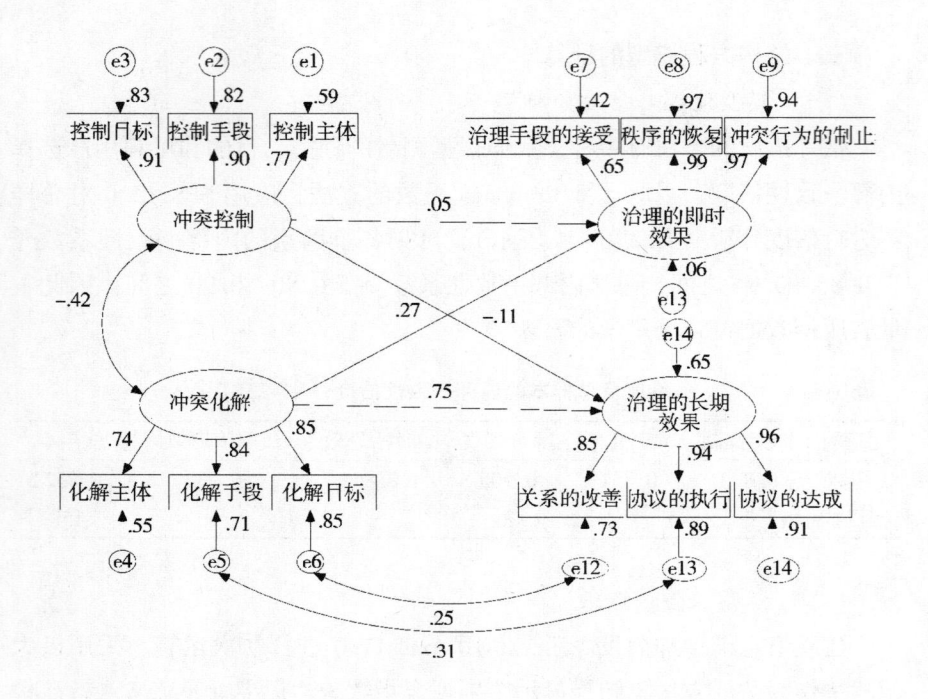

图 6-2 修正模型图

（三）模型拟合指数分析

根据结构方程模型相关研究的建议，本研究采用绝对拟合指数、相对拟合指数和信息指数三类，并依据最优标准对拟合情况作出评价（见表6-6），数据显示修正后的模型比较合理。

表6-6　　　　　　　　模型修正后系数估计值

			Estimate	S.E.	C.R.	P
治理的即时效果	<—	冲突控制	.033	.055	.600	.549
治理的长期效果	<—	冲突控制	-.132	.067	-1.983	.047 *
治理的即时效果	<—	冲突化解	.212	.064	3.314	***
治理的长期效果	<—	冲突化解	1.027	.088	11.722	***
控制目标	<—	冲突控制	1.000			

续表

			Estimate	S. E.	C. R.	P
控制手段	<—	冲突控制	1.041	.056	18.553	* * *
控制主体	<—	冲突控制	.667	.045	14.711	* * *
化解目标	<—	冲突化解	1.000			
化解手段	<—	冲突化解	1.136	.078	14.634	* * *
化解主体	<—	冲突化解	1.044	.082	12.696	* * *
治理手段的接受	<—	治理的即时效果	1.000			
秩序的恢复	<—	治理的即时效果	1.348	.108	12.493	* * *
冲突行为的制止	<—	治理的即时效果	1.338	.107	12.535	* * *
协议的达成	<—	治理的长期效果	1.000			
协议的执行	<—	治理的长期效果	1.032	.035	29.222	* * *
关系的改善	<—	治理的长期效果	.670	.031	21.348	* * *

注：*表示在0.05的水平上显著；* * *表示在0.001的水平上显著。

（四）耦合程度的调节效应检验

在本研究中，自变量 X 和调节变量 M（耦合程度）都是连续变量，调节效应的检验方法如下：[1]

将自变量 X 和变量 M 中心化后，依据公式（4）做 Y 对 X 和 M 的回归，得平方复相关系数 R_1^2。

$$Y = aX + bM + e \tag{4}$$

然后依据公式（5）做 Y 对 X、M 和 XM 的回归，得平方复相关系数 R_2^2。如果 XM 的回归系数显著，则 R_2^2 显著高于 R_1^2。$R_2^2 - R_1^2$ 是两个模型的 R2 变化，衡量了交互项 XM 对解释变量 Y 的额外贡献。

$$Y = aX + bM + cXM + e \tag{5}$$

我们假设耦合程度 M 在冲突控制 X_1、冲突化解 X_2 与即时效果 Y_1 和长期效果 Y_2 间发挥调节作用，则需要通过4个分层线性回归方程进行验证。结果见表6-7：

---

[1] 温忠麟、刘红云、侯杰泰：《调节效应和中介效应分析》，教育科学出版社2012年版，第82页。

表6-7　　　　　　　　耦合程度的调节效应检验结果

自变量	因变量	R_1^2	R_2^2	R2变化	t统计值	X系数	XM系数
冲突控制 X_1	即时效果 Y_1	0.235	0.234	0.001	0.812	-0.19	0.017
冲突控制 X_1	长期效果 Y_2	0.369	0.406	0.037	3.944	-0.304***	0.089***
冲突化解 X_2	即时效果 Y_1	0.186	0.209	0.023	2.771	0.204*	0.056*
冲突化解 X_2	长期效果 Y_2	0.504	0.510	0.006	1.909	0.788***	0.037

一是耦合程度在冲突控制与即时效果之间的调节作用不显著（R2的变化仅为0.1%，XM的系数也没有通过显著性检验），说明耦合程度对二者之间的关系没有显著的加强或减弱关系。

二是耦合程度在冲突控制与长期效果之间的调节作用显著（XM的回归系数显著，t=3.944，R^2的变化为3.7%），调节方向为正向调节（XM系数为0.089）。说明耦合程度对冲突控制与长期效果之间原有的负相关关系具有显著的减弱作用。

三是耦合程度在冲突化解与即时效果之间的调节作用显著（XM系数在0.05水平上显著，R^2变化为2.3%），调节方向为正向调节（XM系数为0.056）。这说明耦合程度对冲突化解与即时效果之间原有的正相关关系具有显著的加强作用。

四是耦合程度在冲突化解与长期效果之间的调节作用不显著（R^2变化仅为0.6%，XM系数没有通过显著性检验），这说明耦合程度对冲突化解与长期效果之间原有的正相关关系没有显著的加强或减弱作用。

四 模型验证结果与分析

模型运算结果表明，前文提出的假设并不全部成立。

1. 假设H1不成立

结果显示，冲突控制虽然正向治理的即时结果，但影响不显著，这说明冲突控制作用于治理实践时所产生的即时效果是不确定的（初次拟合时的P=0.558不显著，修正后为0.549，依然不显著）。

对此可能的解释：一是可能存在其他重要的变量影响着冲突控制的治理效果，如冲突的性质、规模、烈度等情境因素；二是冲突控制的介入一般应该有利于冲突行为的制止与秩序的迅速恢复，但有些时候由于控制过度或介入时机不当等原因，反而导致冲突升级，使局面更加混乱，从而出现负向即时效果的情况。

2. 假设 H2 成立

冲突控制负向治理的长期效果成立（路径系数为 -0.132，P 值显著）。由于冲突控制关注短期效益，以结果为导向，为了迅速制止冲突，有可能忽视冲突各方的利益诉求，导致不满情绪滋生，从而不利于长期效果的改善。

3. 假设 H3 成立

冲突化解正向治理长期效果的假设得到显著支持（路径系数是 1.027，P 值显著）。冲突化解本身就是以过程为导向的，注重通过谈判、沟通等主体间平等协商的方式来解决问题，有利于消除冲突双方的紧张关系，从长远来看，有利于冲突能量的消解和社会的长期稳定。

4. 假设 H4 不成立

冲突化解负向即时效果的假设不成立（路径系数是 0.212，P 值显著）。相反，冲突化解是正向即时效果的。对此可能的解释是：由于冲突化解的介入及其结果的接受与否都取决于冲突主体，这种自主选择的自由使各方一般不会对化解方式产生极大反感，出现过激行为，导致负向即时结果的情况。此外，一般在治理过程中，化解失效后，控制会随之出现，对冲突进行治理，这也可解释为什么即使化解失效，它自身也不会过多的负向即时效果。

5. 假设 H5 不成立

分层回归结果显示，耦合程度在冲突控制与即时效果之间没有显著地调节作用。这可能是由于控制本身作用于即时效果的结果就是不确定的，两者之间的不相关性使调节变量的作用也不显著。

6. 假设 H6 成立

验证结果显示，耦合程度在冲突控制与长期效果之间发挥着显著的正向调节作用（XM 系数为 0.089）。二者之间原本是负相关的关系，冲突控制越强，治理的长期效果越差，耦合程度能够弱化二者之间这种关系。

对此的解释是：以结果为导向的冲突控制，相对容易忽视各方利益诉求，如果一味倚重，长期压制的冲突能量一旦爆发，不仅控制成本巨大，而且长期效果也难以得到保障，因此一般情况下，冲突控制都是负向于长期效果的。

相较于控制单独作用于长期效果的情况，耦合程度这一变量介入后，使控制与化解相互耦合，通过二者的协同系统发挥作用，尝试将那些尚处于萌芽或其他适合化解的冲突先行通过平等协商、谈判等方式进行治理，努力寻求创造性的解决方案，即使化解的积极尝试失效，还可以通过控制来防止局势恶化，但这时，治理者已经表明愿意与冲突各方进行平等对话的立场，各方的不满情绪有可能在对话过程中得以消解，这样，就弱化了原本控制对长期效果的负向作用，从而有利于长期效果的改善。所以，耦合程度在控制与长期效果之间发挥着显著的正向调节作用。

7. 假设 H7 成立

验证结果显示，耦合程度在冲突化解与即时效果之间发挥着显著的正向调节作用（XM 系数为 0.056）。二者之间原本就是正相关关系，通过耦合程度这个调节变量的影响，能够使化解对即时效果的正向影响更强。

通过案例分析发现，当冲突发生时，化解方式容易陷入"自愿选择"的困境，即由于冲突各方不愿接受化解而陷入僵局，这时如果实施控制，使其与化解良好耦合，通过控制为化解提供现实可能性，并及时通过化解保障控制结果的可持续性，这样，相较于化解单独作用于治理结果的情况，二者良好耦合更有可能对治理结果产生正向作用。

8. 假设 H8 不成立

结果显示，耦合程度在冲突化解与长期效果间没有发挥显著的调节作用。这可能是由于治理的长期效果主要取决于化解，冲突化解本身就是正向长期效果的，而控制对长期效果是具有负相关的关系，所以耦合程度并没有起到显著的调节作用。

五 结论与讨论

以冲突案例为基本单元建立结构方程模型的计算和分层回归的结果分析表明：一方面，冲突化解正向治理的即时效果和长期效果，而耦合程度可以显著地调节化解与即时效果之间的作用关系。这种结果意味着化解方式应该受到更为广泛的运用，由控制主导向化解主导的转变也是符合冲突治理现实需要的，而重视耦合程度的好坏将会大大增强化解对即时效果的正向作用，二者通过良好耦合所产生的治理合力将大大强于某一种方式的单独作用力。

另一方面，冲突控制直接作用于冲突产生的即时结果是不确定的，同时对长期效果具有负向影响,而耦合程度的介入可以减弱控制与长期效果间的负向作用。这意味着,我们要想克服冲突控制的负向效应,改善治理的长期效果,需要重视控制与化解的良好耦合,通过二者的协调配合达到提升治理效果的目的。重点注意以下三个方面:

第一,注意两种手段的及时互补。对冲突控制而言,为了避免它的负向效应,治理者在实施控制之后,有必要引入化解,通过化解所形成的交往共识提高冲突各方对控制程序的认同,从而保障控制结果的有效性和持续性;对冲突化解而言,如果冲突主体有其他可替代的成本更低、效果更好的方式,可能会抵制化解,尤其是在一些冲突剧烈的环境中,化解方式可能不具备现实性,这就需要控制,让冲突各方意识到采用其他非理性或暴力性行为的代价相对较高,反而坐到谈判桌前的成本更低一些。两种手段只有及时互补,才有可能克服各自不足,提升治理效果。[1]

第二,准确把握交互转换时机。控制与化解手段的选择与转换主要取决于冲突的实际情况,从选择时机来看,如果冲突初期发生暴力行为,则应该首先考虑控制,再依据暴力程度确定控制强度;如果是非暴力冲突,双方又自愿接受化解,则首先考虑化解手段,然后依据状况选择适当的化解策略。从转换时机来看,转到控制手段的条件是化解不被接受或存在严重(或轻度)暴力行为,而转换到化解的条件是控制手段奏效,恢复了秩序却尚未协调主体间的复杂利益诉求。

第三,注意目标协同。控制与化解主体双方都应当考虑表层平静与深层稳定[2]目标的平衡。控制主体需要明确控制不再是目的,而只是治理的过程,其关注的目标不仅仅是短期稳定和即时效益,也应考虑长期稳定。同样,化解主体不要一味化解,也应考虑表层平静,如果冲突已经蔓延、扩大或是影响到了正常的公共秩序,就应该果断停止,让位于控制主体。

---

[1] 黄金川、方创琳:《城市化与生态环境交互耦合机制与规律性分析》,《地理研究》2004年第2期,第211页。

[2] 常健、郑玉昕:《冲突管理目标的两个层次:表层平静和深层稳定》,《学习论坛》2012年第12期,第53—56页。

第三节 "预期反差"的冲突效应与预期管理

所谓"预期反差",是指人们对未来发展的预期与未来发展的实际状况之间的差距。预期反差可以分为正向反差和负向反差。当实际情况超出预期时,形成的是正向反差;当实际情况低于预期时,形成的是负向反差。

中国经济在经历三十多年的高速增长之后,正在逐渐进入一个平稳增长的阶段,我们可以称之为"后高速增长时代"。在此之前,实际的经济增长总是超出人们的预期,因此经常会出现正向的"预期反差"。然而,当进入"后高速增长时代"后,尽管客观的经济发展出现了变化,但公众在三十多年形成的高速增长的主观预期却仍然会在一个时期内继续保持,因此会出现负向的"预期反差"。预期反差从正向到负向的逆转,会对公众的心态、评价和行为产生重要的影响,因此需要合理进行"预期管理"。[①]

一 "预期反差"对公众情绪、评价和行为的作用

关于预期反差的影响,国外主要有三种分析视角:"期望违背理论"主要分析预期反差对情绪的影响,"预期反差模型"主要分析预期反差对评价的影响,而"戴维斯J曲线"则主要分析预期反差对行动的影响。

1. 期望违背理论的视角

根据J. K. 伯贡(J. K. Burgoon)在20世纪80年代提出的期望违背理论(Expectancy Violation Theory)[②] 和 M. J. 莱维特(M. J. Levitt)提出的

---

① 参见常健《预期反差的社会效应与管理》,《学海》2013年第2期。该文是本项目研究的阶段性成果。

② J. K. Burgoon, "Nonverbal Violations of Expectations," in J. M. Wiemann and R. P. Harrision, eds., *Nonverbal Interaction*, pp. 77 – 111, Beverly Hills, CA: Sage, 1983; J. K. Burgoon and J. L. Hale, "Nonverbal Expectancy Violations: Model Elaboration and Application to Immediacy Behaviors," Communication Monographs, 1988 (55), pp. 58 ~ 79; J. K. Burgoon, "Interpersonal Expectations Expectancy Violations, and Emotional Communication," Journal of Language and Social Psychology, 1993 (12), pp. 30 – 48; J. K. Burgoon, L. A. Stern and L. Dillman, Interpersonal Adaptation: Dyadic Interaction Patterns, New York: Cambridge University Press, 1995.

社会期望模型,[①] 期望对情绪和行为有一定影响：当一个人感到另一个人的行为超出自己的期望时，就很可能出现正面的情绪和互惠行为；相反，当他感到另一个人的行为没有达到自己的预期时，就容易出现负面的情绪。（见表6-8）

表6-8　　　　　　　　　　期望违背模型

	超出期望	未达期望
情绪	正面情绪	负面情绪
行为	互惠行为	报复行为

资料来源：M. J. Levitt, S. Coffman, N. Guacci-Franco and S. C. Loveless, "Attachment Relationships and Life Transitions: An Expectancy Model," in M. B. Sperling and W. H. Berman eds., Attachment in Adults: Clinical and Development Perspectives, pp. 232-255, New York: Guilford, 1994.

期望违背理论被用来解释冲突情境。W. A. 艾菲菲（W. A. Afifi）和 S. 梅茨（S. Metts）在1998年所作的研究[②]中发现，负面的期望违背会导致冲突以及愤怒与愧疚的情绪。尽管期望违背理论涉及的主要是人际交往过程中的预期反差，但它对预期反差对人的情绪和行为的影响的分析，对于我们了解社会预期反差的效应是有启发意义的。

2. 预期反差模型的视角

20世纪60年代提出的预期反差模型（expectancy disconfirmation model），在很长时期主要是用来研究私营部门的消费者行为，特别是顾客满意度。该模型认为，满意判断不只是由产品或服务绩效决定的，而且是由客户将绩效与其先前的预期相比较的过程决定的。个人在形成对各种产品或服务的判断之前，就已经具有一套关于该产品或服务将要提供的特性或

[①] M. J. Levitt, "Attachment and Close Relationships: A Life Span Perspective," in J. L. Gerwitz and W. F. Kurtines, eds., *Intersections with Attachment*, pp. 183-206, Hillsdale, NJ: Lawrence Erlbaum, 1991; M. J. Levitt, S. Coffman, N. Guacci-Franco and S. C. Loveless, "Attachment Relationships and Life Transitions: An Expectancy Model," in M. B. Sperling and W. H. Berman eds., *Attachment in Adults: Clinical and Development Perspectives*, pp. 232-255, New York: Guilford, 1994.

[②] W. A. Afifi and S. Metts, "Characteristics and Consequences of Expectation Violations in Close Relationships," *Journal of Social and Personal Relationships*, 1998 (15), pp. 365-392.

益处的预期。这些预期被用来作为形成满意判断的比较参照。先前预期与实际绩效之间的差距被称为"预期反差"(expectancy disconfirmation)。预期反差既可以是正向的,也可以是负向的。当绩效超出预期时,就形成正向的预期反差;当绩效未达到预期时就形成负向的预期反差。

2004 年,格里哥·范莱辛(Gregg G. Van Ryzin)将该模型用来解释市民对政府提供的城市服务的满意度。[①]他运用纽约市市民调查的数据进行研究,发现市民的预期,特别是预期反差,在形成对城市服务质量的满意判断过程中发挥着重要的作用。他将 R. L. 奥利弗 (R. L. Oliver) 基于对消费者行为的理论和经验研究工作所总结出的期望反差与绩效关系的模型用图 6-3 加以表示。

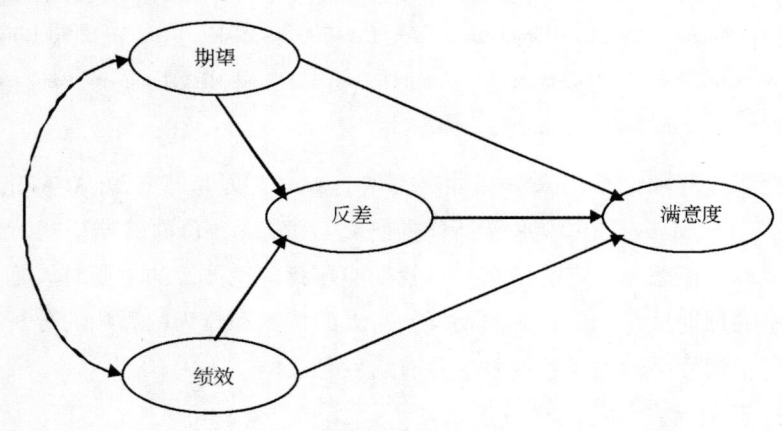

图 6-3 预期与绩效的反差模型

资料来源:Gregg G. Van Ryzin, Expectations, Performance, and Citizen Satisfaction with Urban Services, Journal of Policy Analysis and Management, Vol. 23, No. 3, p. 435 (2004).

如图 6—3 所示,期望被定义为市民对其社区的公共服务质量的先前预测或期盼。市民的期望来自对产品和服务的先前经验,来自人们的口碑,或来自广告与媒体的传播。由于期望被假定先于消费经验,因此它们被作为该模型的外生变量。产品或服务的绩效也被作为外生变量。在这里,绩效指的是市民基于消费经历对产品或服务的各种特征或方面的评

[①] Gregg G. Van Ryzin, Expectations, Performance, and Citizen Satisfaction with Urban Services, *Journal of Polich Analysis and Management*, Vol. 23, No. 3, 433 – 448 (2004).

价。反差是预期与绩效之间的差距,即对产品或服务的预计质量与所实际感受或经验到的质量之间的差距。满意度是市民对产品或服务的总体判断。由于预期与绩效共同影响反差,因此该模型预测,高绩效将导致更正向的反差,而高期望将产生更负向的反差;更正向的反差将导致更高的满意度;预期与绩效之间被假定具有潜在的相关关系,虽然这种关系的性质并不是确定的。

他用纽约市公众与政府两项服务的期望、绩效和满意度数据对该模型进行了检验,检验的结果如图 6-4 所示。

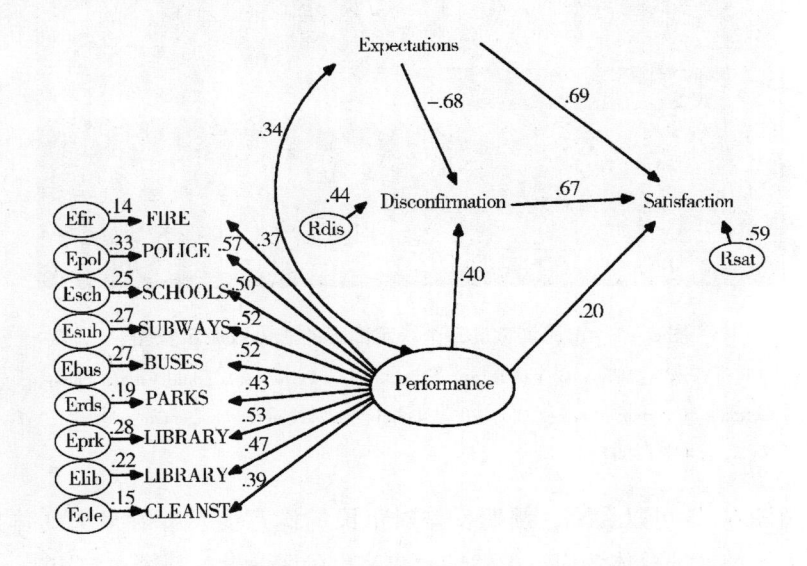

图 6-4 纽约市民对政府两项服务的满意判断的决定因素

资料来源:Gregg G. Van Ryzin, Expectations, Performance, and Citizen Satisfaction with Urban Services, Journal of Policy Analysis and Management, Vol. 23, No. 3, p. 441 (2004).

在该模型中,期望、反差和满意度是观察变量,绩效是一个潜在变量,由 9 个绩效指标来代表。在每一个内生变量的旁边都有一个多元相关平方(回归的 R^2)。由该经验模型可见,多元相关平方为 0.59,说明该模型不仅很好地适用于解释数据,而且清楚地解释公民满意度中的大部分差异。期望对满意度有强烈的直接影响,但这种直接的正面影响被经过反差所带来的期望对满意度的强烈的负面间接影响(-0.46)所抵消,这使得期望对满意度的总体影响下降到 0.23，从而低于绩效对满意度的总体影响（0.47）。预期反差对满意度的影响是非常强烈的（0.69）。这些发现表明，在市民对城市服务的满意度的案例中，市民对城市服务的期望与他们对城市服务实际经验之间的反差，构成了他们形成整体满意判断的关键决定因素。图 6-5 总结和比较了决定市民满意度的三个主要因素的总体效应。

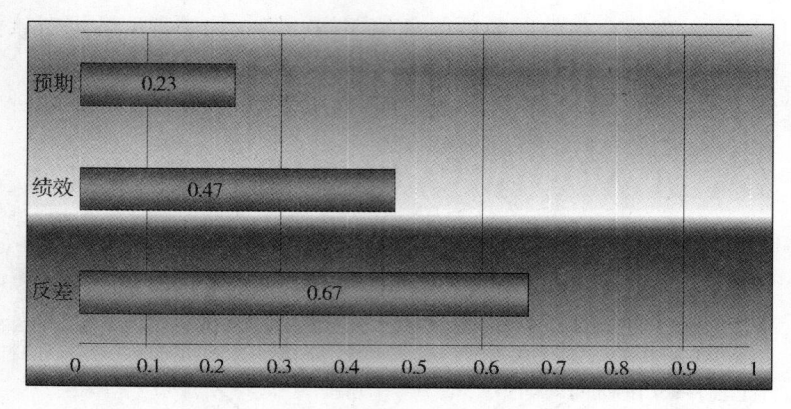

因素	效应
预期	0.23
绩效	0.47
反差	0.67

图 6-5　市民满意度三个决定因素的总体效应示意图

资料来源：Gregg G. Van Ryzin, Expectations, Performance, and Citizen Satisfaction with Urban Services, Journal of Policy Analysis and Management, Vol. 23, No. 3, p. 443 (2004).

由图 6—5 可以看到，预期反差对市民的满意度发挥着最大的作用，甚至大于绩效的总体效应。虽然绩效也是市民满意度的一个决定因素，但其单独的效应并不足以成为市民形成其对城市服务满意判断的基础。期望对市民满意度的总体影响最小，但其影响仍然是正向的，而且其重要性仍然不容忽视。

从公共政策和公共管理的角度来理解这一研究结果，范莱辛认为，理解市民如何形成其对城市服务绩效的期望具有重要的理论意义和实践意义。期望可能反映着对本社区过去绩效的记忆，或对其他城市的居住或访问经历。媒体对地方政府情况的报道可以是另一个影响来源。此外，公共信息发布或其他交流方式，如官方口号或形象标志，可能也会影响市民如何看待城市政府和城市服务的质量。值得注意的是，该研究结果显示，尽管高期望往往产生更大的负向反差，而低期望一般导致更大的正向反差，但降低期望的总体净效将会是减少而不是增加市民对城市服务的满意度。图6-6表示了在高期望和低期望的情境下，结合高绩效和低绩效的情况，对市民满意度的估计。

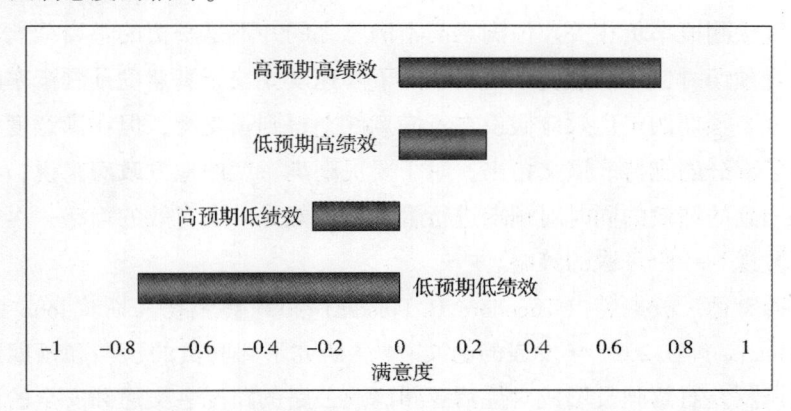

图6-6 在期望和绩效各种组合情境下的市民满意度图解

资料来源：Gregg G. Van Ryzin, Expectations, Performance, and Citizen Satisfaction with Urban Services, Journal of Policy Analysis and Management, Vol. 23, No. 3, p. 445 (2004).

由图6-6可见，即便是在低绩效的情况下，如果市民的期望仍然保持在高水平，市民的满意度也会受到更少的负面影响。在满足市民方面，最有成效的方法是在提供高水平绩效的同时鼓励高期望。因此，降低公众的期望，特别是在面临财政困难或削减服务的情况下警告市民降低预期，对公共服务的管理者来说可能并不是最佳的公共关系策略。

范莱辛在2006年发表的论文[①]中，基于在纽约市所作的全国电话调查，对该模型进行了进一步的经验检验。其研究结果显示，采用减去预期反差（subtractive disconfirmation）的研究结果验证了基本预期反差模型，但采用感知到的预期反差（perceived disconfirmation）的研究结果却没有验证预期反差模型，这使先前研究中提出的有关政策和管理的观点受到质疑。

---

① Gregg G. Van Ryzin, Testing the Expectancy Disconfirmation Model of Citizen Satisfaction with Local Government, Journal of Public Administration Research and Theory: J-PART, Vol. 16, No. 4 (Oct., 2006), pp. 599–611.

奥利弗·詹姆斯（Oliver James）在2009年发表的研究报告[①]中指出，他基于对英格兰两项地方公共服务的研究结果与预期反差假设相一致：减去预期的绩效与对两项服务的满意度预测概率正相关，与对两项服务的不满意度预测概率负相关。但满意与不满意之间并不是平衡的：当绩效不断地符合预期时，不满意度预测概率的下降速度要快于满意度预测概率的上升速度。预期的定位效应假设在不满意度上得到了支持，但在满意度上只得到了部分的支持。该文指出，对于要提高满意度的地方政府来说，在管理感知到的绩效的同时对预期进行管理，可能是一个有效的策略，尽管它并不被视为一个可取的策略。

西奥德·波斯特（Theodore H. Poister）和约翰·托马斯（John Clayton Thomas）在2011年发表的论文[②]中，研究了驾驶员的预期和预期证实与预期反差对驾驶员形成对佐治亚州高速公路的路况、交通和安全的满意判断的影响。研究结果显示，预期对满意度具有持续但温和的负向作用，当预期提高时，满意度下降。

3. 戴维斯J曲线的视角

詹姆斯·戴维斯（James C. Davies）1962年发表了《提出一种有关革命的理论》一文。在该文中，他将革命定义为造成一个统治集团被另一个具有更广泛民众支持基础的集团所取代的民众暴动，并提出："当长期的客观经济和社会发展之后出现短期的急剧回调时，革命最容易发生。在特定的社会中，人们的心态的最重要的作用就是在第一个阶段产生有能力持续满足不断提高的需求的预期，而在后一个阶段当现实的实际表现脱离对现实的预期时产生焦虑和挫折的心态。社会经济发展的实际状况远不如人们关于过去的进步能够并必须在未来继续下去的预期更为重要。政治稳定和不稳定最终依赖于社会中的心态，即情绪。那些在物质、地位和权力上处于贫弱地位的人们如果被满足或处于冷漠状态，

---

① Oliver James, Evaluating the Expectations Disconfirmation and Expectations Anchoring Approaches to Citizen Satisfaction with Local Public Services, *Journal of Public Administration Research and Theory: J – PART*, Vol. 19, No. 1 (Jan., 2009), pp. 107 – 123.

② Theodore H. Poister and John Clayton Thomas, The Effect of Expectations and Expectancy Confirmation/Disconfirmation on Motorists´ Satisfaction with State Highways, *Journal of Public Administration Research and Theory: J – PART*, Vol. 21, No. 4 (October 2011), pp. 601 – 617.

就会在政治上保持平静，而如果他们没有被满足，或不是处于冷漠状态，就会出现反叛。革命是由未被满足的心态产生的，而不是由对食物、平等或自由的有形的充分或不充分的满足产生的。"[1] 他据此提出了所谓的"J曲线"（见图6-7）。

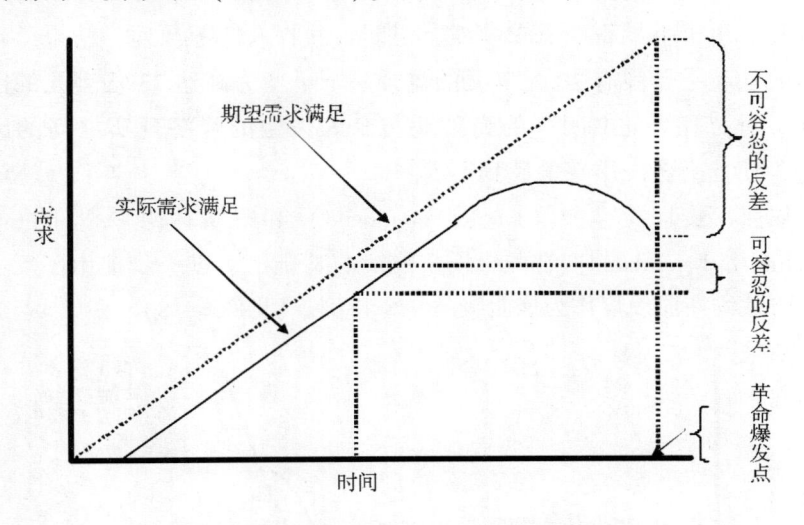

图6-7 戴维斯J曲线：需求满足与革命

资料来源：James C. Davies, Toward a Theory of Revolution, American Sociological Review, Vol. 27, No. 1 (Feb., 1962), p. 6.

该曲线通常被称为"戴维斯J曲线"（Davies's J-curve）。它表示，当预期的需求满足随着实际的需求满足同步提高时，所形成的反差是人们可以容忍的。但当实际的需求满足突然出现大幅下滑而预期的需求满足仍然保持上升时，所形成的反差最后会扩大到人们无法容忍的幅度，这时便会产生革命。他用1842年美国的多尔叛乱、1971年的俄国革命和1952年的埃及革命作为分析案例来证明自己的观点。一些学者用"戴维斯J曲线"来解释1973年伊朗推巴列维王朝的革命。1973年，石油价格几乎翻了两番。巴列维国王被突如其来的巨额石油财富冲昏了头脑，试图在短期内使伊朗成为世界第五大工业和军事强国，并向

---

[1] James C. Davies, Toward a Theory of Revolution, *American Sociological Review*, Vol. 27, No. 1 (Feb., 1962), p. 6.

伊朗人许诺"伟大的文明"。第五个发展计划的指标一再加码，远远高出实际可能，人们对未来生活水平和社会福利的期望值也随之急剧上扬。整个伊朗社会弥漫着一种无须努力即可迅速致富的畸形心理。然而，在短期的空前繁荣之后，伊朗经济在1975年开始出现明显的失调和混乱。由于世界石油需求萎缩，伊朗石油收入低于预期。结果，政府的财政从上一年尚有20亿美元的盈余一下子变为高达73亿美元的巨额赤字。对"伟大的文明"的高预期与令人失望的经济现实之间的巨大反差，使社会各阶层普遍感到不满。[①]

埃弗·费耶拉本德（Ivo K. Feierabend）和罗斯林德·费耶拉本德（Roslind L. Feierabend）在戴维斯J曲线的基础上，进一步提出了反J曲线，将戴维斯曲线仅作为该曲线的一个特例。（见图6-8）

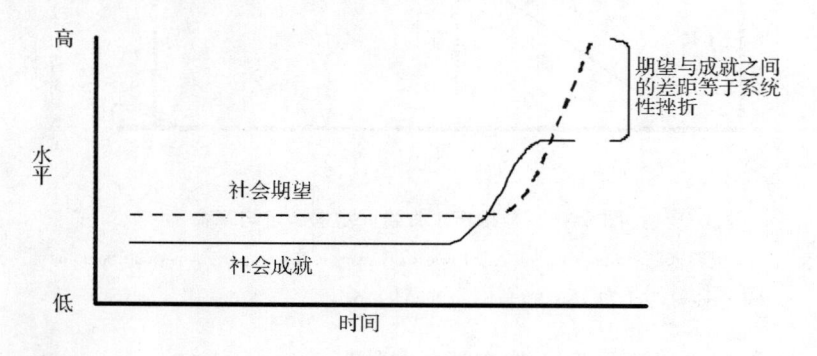

图6-8 费耶拉本德的反J曲线

资料来源：Ivo K. Feierabend, Rosalind L. Feierabend and Betty A. Nesvolk, The Comparative Study of Revolution and Violence, Comparative Politics, Vol. 5. No. 3, Sp［ecial Issue on Revolution and Social Change（Ar., 1973），p. 407.

他对该曲线的解释是：一个国家中存在对基本需求低而稳定的满足（水平直线），由此产生低而稳定的预期（水平虚线）。此后，出现了对需求满足的急剧增长，而预期的增长却相对滞后，使得实际的需求满足超越了预期。随后，二者同时增长，需求满足的上升趋向平缓，而预期

[①] 参见 Farzeen Nasri, Iranian Studies and the Iranian Revolution, World Politics, Vol. 35, No. 4（Jul., 1983），pp. 607-630. 李春放：《论伊朗巴列维王朝的覆灭》，《世界历史》2002年第1期。

却仍然直线上升，直到预期水平反超实际的需求满足水平。当预期继续迅速上升，而实际的需求满足不再增长时，所形成的日益增大的反差便预示着革命的到来①。按照这一更为广泛的模型，革命既有可能发生在预期稳定但经济恶化的时期，也有可能发生在经济稳定但预期上升的时期。

革命的发生，是一个涉及经济、政治、社会和文化多种因素的复杂过程。因此，研究者们对仅仅用心理范式来预测政治革命有许多质疑，正如特达·斯科克波（Theda Skocpol）所指出的，经济心理范式的革命理论并非是一种全面的有关革命的理论，它仅是试图解释人民的不满情绪缘何而来②。然而，预期反差逆转对公众心态、评价和行为的影响，却是一个不容忽视的现象。近年来，"戴维斯J曲线"效应受到国内一些学者的重视，如赵书第、赵松欣在2009年发表的《戴维斯J曲线及其现实意义》③，傅志华在2011年发表的《应重视持续繁荣期对民众福利期望值的管理》④，等等。

二 经济的"后高速增长阶段"与"预期反差"的转变

中华人民共和国成立以来，公众预期与经济的实际发展状况的关系大体可以分为三个阶段。在中华人民共和国成立初期，特别是第一个五年计划时期，中国实际的经济发展超出了人们的预期，因此，人民群众对党和国家的满意度处于很高的水平。但在随后的发展中，尽管政府在不断地提高民众的预期，但人们实际感受到的生活水平提高幅度却远远

---

① Ivo K. Feierabend and Roslind L. Feierabend, Aggressive Behaviors within Politics: A Cross National – Study, 1948 – 1962, *Journal of Conflict Resolution*, Vol. 10, no. 3, 1966; Ivo K. Feierabend and Roslind L. Feierabend, Systemic Conditions of Political Aggression, in Ivo K. Feierabend, Roslind L. Feierabend and Ted R. Gurr: *Anger, Violence and Politics*, New Jersey: Prentice Hall, 1972.

② The da Skocpol, States and Social Revolutions, Cambridge: Cambridge University Press, 1979. 转引自拉尔森：主编《政治学理论与方法》，任晓等译，上海世纪出版集团2006年版，第241页。

③ 赵书第、赵松欣：《戴维斯J曲线及其现实意义》，《内蒙古科技与经济》2009年第21期。

④ 傅志华：《应重视持续繁荣期对民众福利期望值的管理》，《中国经济时报》2011年9月1日。

低于人们的预期,这导致不满情绪不断积累,出现了"四·五"运动和推翻四人帮的强烈呼声。在改革开放初期,公众对经济发展的预期相对较低,而实际的经济发展速度却大大超出了人们的预期,由此形成了正向的预期反差。在改革开放中期,随着 30 多年的经济高速发展,中国公众对经济的发展预期也不断提高,从而在相当长一段时间形成了高预期、高实现的情况,预期与实际发展的情况基本相符,因此导致公众对政府的满意度处于较高水平。近年来各种政府满意度调查的数据可以证明这一点。

《亚洲晴雨表》2008 年的调查结果显示,从六国国民对政府满意度的均值来看,澳大利亚人满意度最高;其次是中国人[1]。(见图 6-9)

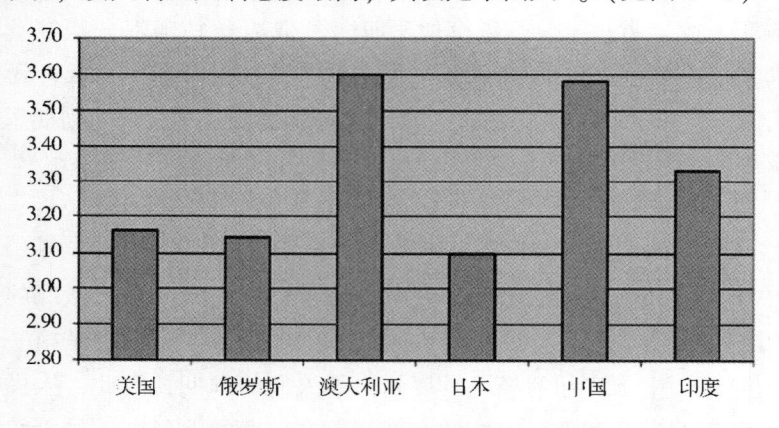

图 6-9 六国国民对政府的满意度均值

资料来源:王正绪:《亚太六国国民对政府绩效的满意度》,刘世军译,《经济社会体制比较》2011 年第 1 期。

美国"皮尤"研究中心在 2008 年 7 月 23 日公布的一项名为"国家信心指数"的民调结果显示,中国民众是全球 24 个被调查的国家中,对自己国家发展方向和经济状况最满意的,满意度超过八成(见表 6-9)。"皮尤"研究中心访问了 3212 名居住于北京、广州、上海等八大主要城市,以及 8 个省的其他中等城市和周边乡村的中国成年人。调查的结果显示,86% 受访的中国人表示他们对国家的发展感到满意,82% 的受访者对

---

[1] 王正绪:《亚太六国国民对政府绩效的满意度》,刘世军译,《经济社会体制比较》2011 年第 1 期。

中国目前的经济状况表示满意。而且，中国人对生活的各个方面都表示满意，如家庭生活、个人收入和工作等方面。2/3 的受访者对中国政府处理重要问题的能力都打了高分，3/4 受访者对中国的独生子女政策表示赞同。①

表 6-9　　　　　　　　　各国国民满意度排名

排名	国家	满意度（%）	排名	国家	满意度（%）
1	中国	86	13	英国	30
2	澳大利亚	61	14	印尼	30
3	俄罗斯	54	15	墨西哥	30
4	西班牙	50	16	法国	29
5	约旦	49	17	巴基斯坦	25
6	波兰	42	18	尼日利亚	24
7	印度	41	19	日本	23
8	埃及	40	20	美国	23
9	南非	36	21	土耳其	21
10	德国	34	22	阿根廷	14
11	坦桑尼亚	34	23	韩国	13
12	巴西	34	24	黎巴嫩	6

资料来源：李莎、王燕：《各国国民满意度中国排第一，八成国人对前景乐观》，《法制晚报》2008 年 7 月 23 日。

根据美国皮尤研究中心 2012 年 7 月 12 日发表的调查报告，该机构对当前经济形势对全球 2.6 万多人进行了一次调查，被调查者分别来自八国集团、金砖国家、波兰、西班牙、埃及、墨西哥等 21 个国家。在这次调查的 21 个国家中，中国人对本国经济综合发展的满意度最高——84% 的中国受访者对本国经济发展表示满意；83% 的人认为，中国的经济情况不

---

① 李莎、王燕：《各国国民满意度中国排第一，八成国人对前景乐观》，《法制晚报》2008 年 7 月 23 日。

错；82%的人赞同中国政府确定的发展方向；70%的人表示收入较5年前好；69%的人认为自己的经济状况良好；57%的中国人相信，子女的发展机会将好于父辈；92%的人认为，自己的生活好于父辈。[①]

需要注意的是，中国现在正在进入"后高速增长时代"。一方面，经济正在由高速发展转向平稳发展，如图6-10所示。

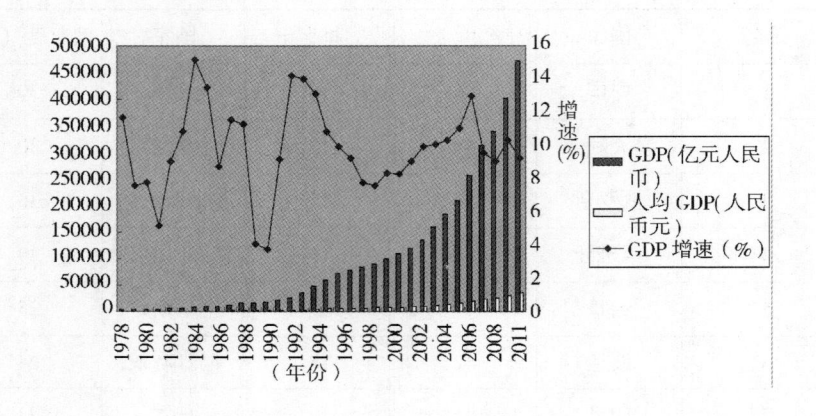

图6-10 中国1978—2011年GDP及其增速

数据来源：根据国家统计局历年公布的数据。

但另一方面，人们对未来发展的预期却仍然保持在一个很高的水平。例如，皮尤研究中心（Pew Research Center）2011年7月13日发布的研究报告中，根据对23个国家的调查，中国公众对"中国是否将取代美国成为世界头号超级强国"这一问题的回答是：6%的受访者认为已经取代了美国，57%的受访者认为最终将取代美国，两项加总高达63%，远远高于除西欧以外的其他国家的调查结果；而认为中国永远不会取代美国的受访者，仅占17%，仅次于巴基斯坦，与印度并列倒数第二。[②]（见表6-10）

[①] 沈湣：《皮尤调查报告显示中国人对本国经济发展满意度最高》，《光明日报》2012年7月16日。

[②] Pew Research Center: U.S. Favorability Ratings Remain Positive, China Seen Overtaking U.S. as Global Superpower, http://www.pewglobal.org/2011/07/13/china-seen-overtaking-us-as-global-superpower/.

表6-10　各国受访者对"中国是否会取代美国成为世界头号强国"的回答

地区	受访者所属国家或地区	中国已经取代美国（%）	中国将最终取代美国（%）	前两项总和（%）	中国永远不会取代美国（%）
	中国	6	57	63	17
北美	美国	12	34	46	45
西欧	法国	23	49	72	28
	西班牙	14	53	67	30
	英国	11	54	65	26
	德国	11	50	61	34
	土耳其	15	21	36	41
东欧	波兰	21	26	47	31
	俄罗斯	15	30	45	30
	立陶宛	11	29	40	40
	乌克兰	14	23	37	36
中东	巴勒斯坦	17	37	54	38
	约旦	17	30	47	45
	以色列	15	32	47	44
	黎巴嫩	15	24	39	54
东亚和南亚	巴基斯坦	10	47	57	10
	日本	12	25	37	60
	印度尼西亚	8	25	33	46
	印度	13	19	32	17
南美	墨西哥	19	34	53	31
	巴西	10	27	37	47
非洲	肯尼亚	7	37	44	43

资料来源：Pew Research Center：U. S. Favorability Ratings Remain Positive, China Seen Overtaking U. S. as Global Superpower, http：//www.pewglobal.org/2011/07/13/china-seen-overtaking-us-as-global-superpower/.

这种过高的预期与经济发展速度的平稳化之间的差距，会形成费耶拉本德反 J 曲线意义上的预期反差逆转。从现实情况来看，这种逆转的效应正在开始显现。根据皮尤研究中心 2002—2012 年的调查数据,中国公众对政府的满意度尽管仍然处于很高水平,但已经开始出现下滑态势。

根据皮尤研究中心的调查数据,中国受访者在被问及是否看好中国时,回答"看好中国"的受访者比例远远高于其他国家,如表 6-11 所示。

表 6-11　　各国受访者对国家发展方向表示满意的人数比例

年份 国家	2002	2003	2004	2005	2006	2007	2008	2009	2010	2011	2012
中国	48	—	—	72	81	83	86	87	87	85	82
阿根廷	3	—	—	—	—	38	14	17	22	—	—
澳大利亚	—	69	—	—	—	—	61	—	—	—	—
巴西	—	—	—	—	—	—	—	—	50	52	43
英国	32	46	38	44	35	30	30	21	31	32	30
加拿大	56	60	—	45	—	47	—	51	—	—	—
法国	32	44	32	28	20	22	29	27	26	25	29
德国	31	25	20	25	29	33	34	43	39	43	53
印度	—	—	—	—	—	—	—	—	—	51	38
印度尼西亚	7	15	—	—	35	26	22	30	40	41	36
意大利	24	29	—	—	—	16	—	—	—	—	11
日本	12	—	—	—	27	22	23	25	20	25	20
墨西哥	16	—	—	—	—	30	30	20	19	22	34
俄罗斯	20	27	26	23	32	36	54	27	34	32	46
南非	20	—	—	—	—	—	36	—	—	—	—
韩国	14	20	—	—	—	9	13	10	21	—	—
土耳其	4	19	40	41	40	39	21	22	38	48	47
美国	41	—	39	39	29	25	23	36	30	21	29
孟加拉邦	20	—	—	—	—	75	—	—	—	—	—

续表

年份 国家	2002	2003	2004	2005	2006	2007	2008	2009	2010	2011	2012
马来西亚	—	—	—	—	—	76	—	—	—	—	—
巴基斯坦	49	29	54	57	35	39	25	9	14	6	12
菲律宾	20	—	—	—	—	—	—	—	—	—	—
乌兹别克斯坦	69	—	—	—	—	—	—	—	—	—	—
越南	69	—	—	—	—	—	—	—	—	—	—

数据来源：Pew Research Center：http：//www.pewglobal.org/database/? indicator=3&group=11；http：//www.pewglobal.org/database/? indicator=3&group=7.

但中国受访者回答"看好中国"的人数比例却呈现出圆弧顶，如图6-11所示。

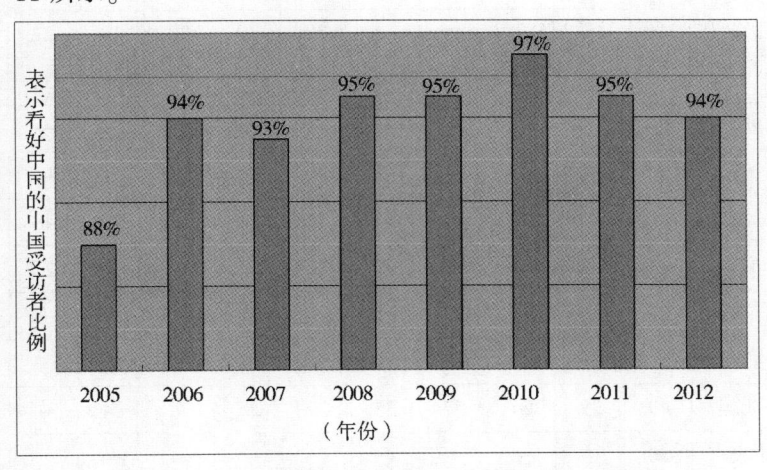

图6-11 中国受访者回答"看好中国"的人数比例

数据来源：Pew Research Center：http：//www.pewglobal.org/database/? indicator=24&country=45.

同样，中国受访者在被问及对国家的发展方向是否满意时，回答"满意"的人数比例远远高于其他国家，如表6-12所示：

表6-12　各国受访者对国家发展方向表示满意的人数比例

年份 国家	2002	2003	2004	2005	2006	2007	2008	2009	2010	2011	2012
中国	48	—	—	72	81	83	86	87	87	85	82
阿根廷	3	—	—	—	—	38	14	17	22	—	—
澳大利亚	—	69	—	—	—	—	61	—	—	—	—
巴西	—	—	—	—	—	—	—	—	50	52	43
英国	32	46	38	44	35	30	30	21	31	32	30
加拿大	56	60	—	45	—	47	—	51	—	—	—
法国	32	44	32	28	20	22	29	27	26	25	29
德国	31	25	20	25	29	33	34	43	39	43	53
印度	—	—	—	—	—	—	—	—	—	51	38
印度尼西亚	7	15	—	—	35	26	22	30	40	41	36
意大利	24	29	—	—	—	16	—	—	—	—	11
日本	12	—	—	—	27	22	23	25	20	25	20
墨西哥	16	—	—	—	—	30	30	20	19	22	34
俄罗斯	20	27	26	23	32	36	54	27	34	32	46
南非	20	—	—	—	—	—	36	—	—	—	—
韩国	14	20	—	—	—	9	13	10	21	—	—
土耳其	4	19	40	41	40	39	21	22	38	48	47
美国	41	—	39	39	29	25	23	36	30	21	29
孟加拉邦	20	—	—	—	—	75	—	—	—	—	—
马来西亚	—	—	—	—	—	76	—	—	—	—	—
巴基斯坦	49	29	54	57	35	39	25	9	14	6	12
菲律宾	20	—	—	—	—	—	—	—	—	—	—
乌兹别克斯坦	69	—	—	—	—	—	—	—	—	—	—
越南	69	—	—	—	—	—	—	—	—	—	—

数据来源：Pew Research Center：http：//www.pewglobal.org/database/? indicator =3&group =11；http：//www.pewglobal.org/database/? indicator =3&group =7.

但中国受访者表示满意的人数比例却同样呈现出一个圆弧顶，如

图 6-12 所示：

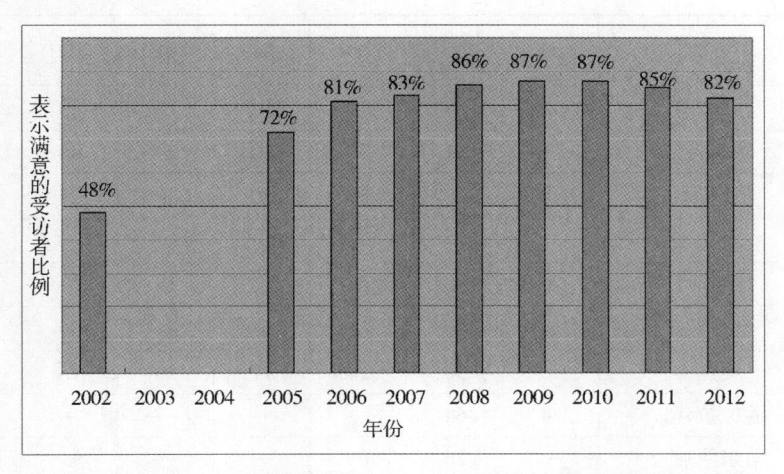

图 6-12 对国家发展方向表示满意的中国受访者比例

数据来源：Pew Research Center：http：//www.pewglobal.org/database/? indicator=3&country=45.

在被问及中国经济状况是好还是不好时，回答"良好"的中国受访者远远超过其他国家，如表 6-13 所示。

表 6-13 各国受访者认为本国经济状况"良好"的人数比例

年份 国家	2002	2007	2008	2009	2010	2011	2012
中国	52	82	82	88	91	88	83
阿根廷	1	45	23	20	24	—	—
澳大利亚	—	—	69	—	—	—	—
巴西	—	—	—	—	62	54	65
英国	65	69	30	11	20	15	15
加拿大	70	80	—	43	—	—	—
法国	45	30	19	14	13	17	19
德国	27	63	53	28	44	67	73
印度	—	—	—	—	—	56	49
印度尼西亚	15	23	20	48	50	38	—
意大利	36	25	—	—	—	—	6

续表

年份 国家	2002	2007	2008	2009	2010	2011	2012
日本	6	28	13	10	12	10	7
墨西哥	31	51	36	30	24	30	35
俄罗斯	13	38	52	20	33	29	32
南非	29	—	39	—	—	—	—
韩国	20	8	7	5	18	—	—
土耳其	14	46	21	24	34	49	57
美国	46	50	20	17	24	18	31
孟加拉邦	34	64	—	—	—	—	—
马来西亚	—	76	—	—	—	—	—
巴基斯坦	49	59	41	22	18	12	9
菲律宾	38	—	—	—	—	—	—
乌兹别克斯坦	61	—	—	—	—	—	—
越南	92	—	—	—	—	—	—

数据来源：Pew Research Center：http://www.pewglobal.org/database/? indicator = 5&group = 11; http://www.pewglobal.org/database/? indicator = 5&group = 7.

但中国受访者认为国家经济状况良好的人数比例也呈现出一个圆弧顶，如图6-13所示。

在被问及个人经济状况时，回答"良好"的中国受访者也远远超过其他国家，如表6-14所示。

表6-14　　各国受访者认为个人经济状况良好的人数比例

年份 国家	2007	2008	2009	2012
中国	56	66	77	69
阿根廷	—	50	59	—
澳大利亚	—	80	—	—
巴西	—	—	—	75
英国	—	72	74	64
加拿大	—	—	83	—

续表

年份 国家	2007	2008	2009	2012
法国	—	68	73	65
德国	—	67	74	74
印度	—	—	—	64
印度尼西亚	—	48	58	—
意大利	—	—	—	41
日本	—	37	47	34
墨西哥	—	60	54	52
俄罗斯	—	46	42	47
南非	—	44	—	—
韩国	—	31	39	—
土耳其	—	40	44	60
美国	—	71	76	68
巴基斯坦	—	70	52	51

数据来源：Pew Research Center：http：//www.pewglobal.org/database/? indicator =14&group =11；http：//www.pewglobal.org/database/? indicator =14&group =7.

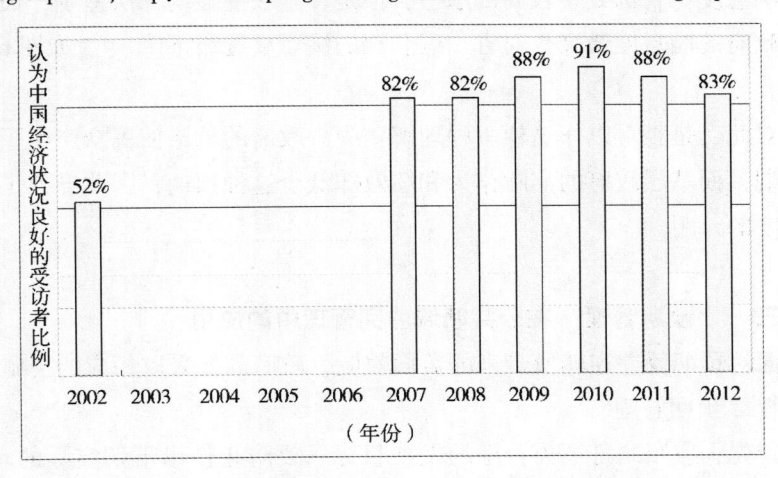

图 6-13　回答中国经济状况"良好"的中国受访者比例

数据来源：Pew Research Center：http：//www.pewglobal.org/database/? indicator =5&country =45.

但回答个人经济状况"良好"的中国受访者比例也呈现出圆弧顶,如图6-14所示。

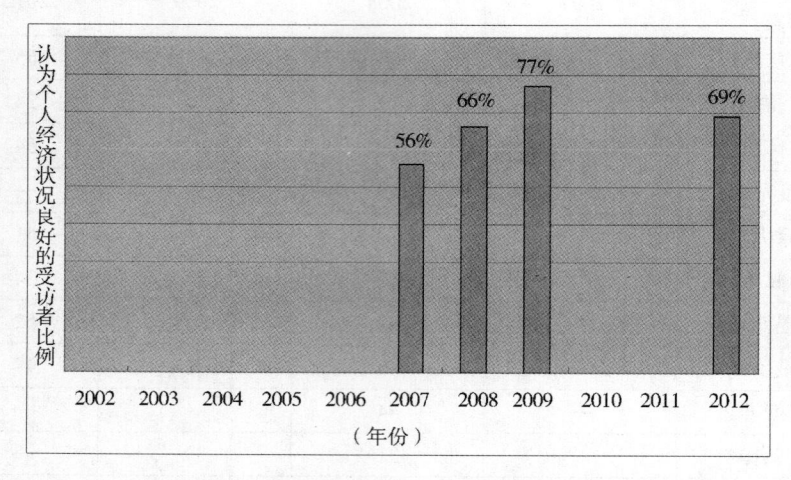

图6-14 回答个人经济状况"良好"的中国受访者比例

数据来源:Pew Research Center:http://www.pewglobal.org/database/? indicator=14&country=45.

托尼·塞奇在2011年发表的调查报告中的数据显示,民众对各级政府的满意度尽管都处于较高的水平,但是却存在明显的梯层差别,民众对中央政府的满意度最高,对省、区和镇的满意度逐级下降。[1](如图6-15所示)

对此,是否可以作这样一种理解:中央政府的承诺使民众产生了较高的预期,而基层政府的实际作为和绩效却低于这种预期,因此导致了这种满意度的差距。

三 "预期管理"在公共领域冲突管理中的应用

面对预期反差逆转所带来的负面效应,政府需要采取相应的措施,合理进行"预期管理"。

首先,应当制订适当合理的发展目标。要防止作出不切实际的承诺,

---

[1] 托尼·塞奇:《公民对治理的认知:中国城乡居民满意度调查》,《经济社会体制比较》2011年第4期。

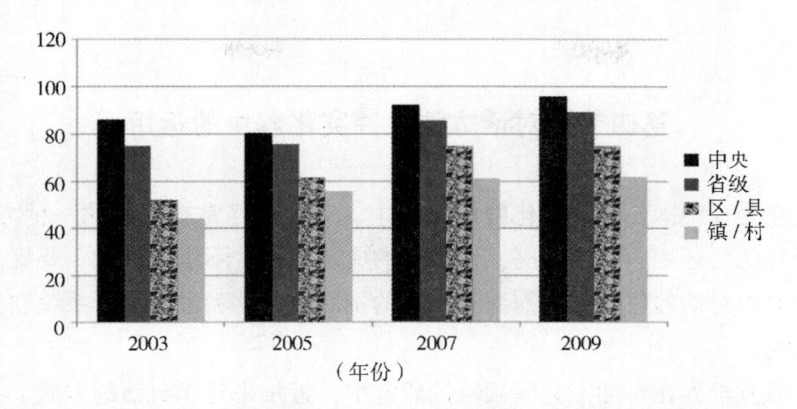

图 6-15 公民对政府相对满意和绝对满意所占的比例

资料来源：托尼·塞奇：《公民对治理的认知：中国城乡居民满意度调查》，《经济社会体制比较》，2011 年第 4 期，第 94 页。

以避免不合理地提升公众对未来发展的预期，导致过大的预期反差。要特别注意防止为了迎合民众的需求而无限制地作出超出实际能力的承诺，要充分理解民众过高的预期所导致的社会风险。

其次，引导公众根据经济发展的实际状况合理调整预期，使其顺应经济发展的不同阶段。要通过对世界各国经济发展历史的介绍和对经济发展规律的分析，使公众理解经济高速发展阶段的特殊性，逐渐将经济的平稳发展作为正常预期。需要特别注意的是：不应为了提高公众对政府的满意度而刻意降低公众的预期，因为这不仅会对经济发展产生消极作用，如误导人们减少消费而减少了经济发展所必需的内需动力，而且也会对政府本身的形象带来负面的影响，使公众怀疑政府是否在尽力积极作为。

再次，通过政府创新提升政府形象。企图靠行政措施加速经济发展来改变经济发展平稳趋势，如果违背了经济发展的客观规律，不仅会欲速而不达，而且会为经济的长期发展埋下隐患。应当通过强化社会服务，提升行政效率，吸引公众参与决策等方面措施来提升政府形象，以减少由于经济增长速度放缓形成的预期反差所导致的不满情绪。

最后，强化冲突化解工作。预期反差逆转不仅会导致更多的负面情绪和评价，而且有可能引发更多的公众冲突。对这一阶段产生的公共冲突，不能仅仅靠各种冲突控制手段，而要加强冲突化解的能力和举措。尽管冲突化解比冲突控制更加费时耗力，但其长期的化解效果要优于单纯的冲突控制。

第四节　对话方法在冲突化解中的运用

在当代中国各种冲突化解的过程中，对话是经常被采用的一种方法。尽管对话的运用频率比较高，但取得的成效却常常不尽如人意。要提高冲突化解中对话的成效，就需要对对话的本质、条件和方法进行系统和深入的研究。

西方学界在对冲突化解领域的研究中，近年来对于对话的本质、条件和方法开展了比较深入的研究，提出了许多有启发性的观点和方法。本研究总结和介绍西方对对话方法研究的最新成果，并就其对中国当前冲突化解的适用性和局限性作出评价。[①]

一　对话的特点及其在冲突化解中的作用

从一般意义上来说，"对话"是指两方或两方以上之间的谈话。戴维·博姆（David Bohm）从专业角度对"对话"给予了更深入的探讨和定义。追溯词源，现代英语中"对话"（dialogue）一词源于希腊词根"dia"和"logos"。"dia"的意思是"通过"（through），"logos"的意思是"词语"（word）或"意义"（meaning）。据此，博姆将"对话"定义为"经我们而流动的意义"（meaning flowing through us）。[②]

基于这一更深层次的理解，博姆认为"对话"包含着下列要素：（1）问题；（2）探寻；（3）合作共创（co-creation）；（4）倾听；（5）揭示自己和他人的各种假定；（6）搁置评判（a suspension of judgment）；（7）共同探索真相（a collective search for truth）。因此，对话不同于倡导（advocacy）、会议、咨询、辩论、讨论、谈判或沙龙（Salon）。倡导是一种辩护行动或者强烈争辩支持某一事业、观点或政策；会议是一种正式的咨询会或讨论会；咨询是指有行动权力的一方为了获得相关建议或作出某一

[①] 参见常健、原珂《对话方法在冲突化解中的有效运用》，《学习论坛》2014 年第 10 期。该文是本项目研究的阶段性成果。

[②] Pioneers of Change Associates, Mapping Dialogue: A Research Project Profiling Dialogue Tools and Processes for Social Change, South Africa: Johannesburg, April 2006, p. 10.

决策而去咨询他人或某一群体，决策者通常有保留采取建议与否的权力；辩论通常是围绕对立双方而展开的讨论，并且以一方获胜为目标；讨论与对话相反，其通常是对一个群体中的某一话题的一种理性的和分析性的考量，分解一个话题到其相应的组成部分中去的目的是为了更好地理解它；谈判是一种旨在达成一致的讨论；沙龙是一种定期举行的社交性的、松散的、非正式的会谈或聚会，它是一种没有具体目标的开放性的会谈。博姆进一步认为，对话塑造思想和思想过程，而思想又塑造着我们的现实。对话是人们直接面对面接触的过程，通过这一过程，人们能够形成一种共同的意义，一种共同的思想或集体的智慧。

对话对于冲突化解具有重要的作用。对话的目的是要达到真正的倾听，倾听可以促进更好的沟通与交流，而良好的交流是达成共识的重要条件。具体来说，首先，对话可以体现出冲突各方的平等地位，促使冲突各方相互尊重、相互信任，从而使各方能够将冲突视为双方共同的问题，而不是相互对抗的战场，为冲突化解创造必需的条件；其次，对话不仅能促进冲突各方之间的相互了解，而且能使各方清楚地认识到对方的深层动机和真正需求，这会消除冲突化解过程中的重要主观障碍；最后，对话还可以充分激发冲突各方探讨问题解决方案的积极性和创造性，在相互启发中产生各种解决问题的灵感，探索单方面不曾想到的可能方案，产生"兼听则明"的激发效应。

对话会面临一些必需解决的困难，有些对话还会具有相当高的难度。面对高难度的对话，不能一味采取回避策略，因为它会使误解进一步加深。相反，应当确定对话的难点所在，并针对这些难点采取相应的措施和策略。

二 成功和高效对话的六个基础

一般来说，成功而高效的对话需要具备六个方面的基础[①]：

一是目的与原则（Purpose and Principles）。明晰的目的是反对困惑或混乱的最好武器。目的是与需求紧密联系在一起的，在明确目的之前，应

---

① Pioneers of Change Associates, Mapping Dialogue: A Research Project Profiling Dialogue Tools and Processes for Social Change, South Africa: Johannesburg, April 2006, pp. 11-15.

先弄清其需求。从一种真实的需求出发，一个明晰的目的将被推导出来。目的必须是吸引人的，但它没必要非要以过于具体、规整或可量化的目标的形式呈现。原则是群体的抱负（our aspiration），是大家出于对目的的追求而希望以什么样的方式组织在一起。原则能被用于设计和指引过程与参与者的卷入。绝大多数对话方法都有其附属的一套对话原则，这也是这些对话方法能够有效发挥作用的重要组成部分。整体来说，一个具备一系列原则的明确目的，就像一个指南针引领我们航向和作出关于如何前进的决策。

二是良好的战略性问题（Good Strategic Questions）。良好的战略性问题对定义和识别对话是极其重要的。爱因斯坦曾说过，提出问题比解决问题更重要。在对话中更是如此，一个好问题的力量（power）是无法估量的，因为问题旨向未来，而答案却旨向过去。好的问题就像一股催化剂，它们能打开学习与探索之领域，能激发思想过程、好奇心以及与其他群体接洽的欲望。

三是参与和参与者（Participation and Participants）。根据对话的目的，需要不同形式和不同层级的参与，也需要不同的参与者。大多对话方法支持通过包容性从碎片化到联系再到整体的工作方法。包容的终极层级是，当所有的参与者都进入一个共同主持的角色（a role of co-hosts）中时，群体的领导力与参与是完全共享的。如果时间和资源允许，在会议工作坊之前去访谈一些或全部参与者是非常有意义的。这不仅有助于进一步作出规划，而且将使参与者意识到这一过程既是对他们呼声的尊重，同时也将让他们提前开始思考相关话题。

四是基底结构（Underlying Structure）。大部分改变或变革的进程都有一种潜在的起伏律动（an underlying rhythm）。本研究中所介绍的一些工具和流程已经融合了人们在整体设计中对变革的深层理解。不论有多少种工具，我们都需要设计出一种常规性的和整体性的问题解决工作坊，以关注那些也许能为我们的目的提供最好服务的根本性架构（the underlying architecture）。将对话过程看作一个故事（a story）也许是有益的，厘清其"开始""过程"和"结尾"（the "beginning", the "middle" and the "end"），因为每一种对话方法都有其使参与者保持前进的一个故事情节（storyline）或一套具体的演进阶段。好多模型都有助于我们彻底思考清楚某一方法最适合的基底结构，其中一个最简单的版本就是分歧与聚合模型（divergence and convergence）。当然，不同的模型侧重于基底结构的不同方面。

五是推动者（the Facilitator）。作为群体的召集者和主持者，推动者以有形或无形的方式影响着空间和群体。尽管很多工作是提前计划好的，但是一个真正的推动者将会出现在其应出现的时刻。一个表现出色的推动者不但需要保持谦逊，而且更鼓励顺其自然（go with the flow）。如果推动者有这种自信和根基，他将获得参与者更多的合法合理性与信任感（legitimacy and trust）。为了有效促进对话，推动者不应当陷入业已决定好的结构或时刻表中，经验法则是：充分准备、基底结构，说出准备工作的临界性，再加上在会议进程开展中及时创造性地回应的灵活性。最后，推动者应具备以下四方面的基本素质：（1）较强的倾听技能；（2）个人意识；（3）探寻好的问题；（4）一个整体性的方法。

六是物理空间（Physical Space）。大多典型的会议空间（会议室）设置实际上并不是有益于进行对话的，但出于习惯大家还是继续使用它。我们一般更多地关注会议议程，而很少关注会议空间或大厅的设置。其实，物理空间能够对会议过程中所发生的一切施加一种无形且令人难以置信的强烈影响。例如物理空间随着其自身的演化能够紧紧吸引住群体的集体智慧。

三　对话的主要形式

对话有各种不同的形式。变革先锋协会（Pioneers of Change Associates）在其主编的《对话类别》一书中概括了西方对话研究者和实践者近年来提出的 10 种主要的对话形式。[①]

1. 理解性探寻（Appreciative Inquiry）

"理解性探寻"是由科波里德尔（David Cooperrider）提出的一种对话形式[②]。所谓"理解"，是要确认人们周围世界中最好的东西，肯定过

[①] Pioneers of Change Associates, Mapping Dialogue: A Research Project Profiling Dialogue Tools and Processes for Social Change, South Africa: Johannesburg, April 2006.

[②] David Cooperrider, Diana Whitney and Jacqueline Stavros, *Appreciative Inquiry Handbook: The First in a Series of AI Workbooks for Leaders of Change*, Lakeshore Communications, Inc., 2003.

去和现在的优势、成功和潜能,感知它们对现存系统的重要意义,并提升其价值;所谓"探寻",是要通过提出问题来探询和发现,开放视野来看到新的潜能与可能性。

"理解性探寻"方法与"问题解决"方法针锋相对。它并不是要发现解决一个紧迫问题的最佳方式,而是聚焦于确认在一个组织或共同体中已经是最佳的方式,并试图发现为追寻梦想和新的可能性而提升这种方式的路径。(见表6-15)

表6-15　　　　问题解决方法和理解性探寻的主要区别

问题解决方法	理解性探寻
"感到的需求"和对问题的确认	理解和评价什么是最佳的
分析问题的原因	想象:什么是可能的
分析可能的解决方案	对话:什么是应当的
行动计划	创造:什么是将要出现的
预设:组织是一个有待解决的问题	预设:组织是有待发现的迷
哪些障碍在妨碍我们满足需求	主要路径——我们最终想得到什么
思考缺陷	思考可能性

理解性探寻的一个关键预设是,我们提出问题的方式影响着我们找到的答案。能够引发强烈的积极回应的问题,可以更有力地驱使人们面向美好的未来。这种方式允许人们为能够激发活力的目标而努力,而不是只为克服某种缺陷和不足而工作。这一过程会使系统、组织和共同体得到改善。

理解性探寻在本质上是一个合作过程,它汇集在共同体或组织中发现的那些优势、活力和正面的消息,并在此基础上构建和努力。它应当遵循四个指导原则:(1)每一个系统都在某种程度上是有效运行的,要去寻找积极的、有生命力的因素,理解什么是最佳之处;(2)由探寻而产生的知识应当是可用的,要鉴别什么是可能的和相关的;(3)系统能够变得比现在更好,它能够学习如何去指导其进化过程,因此要考虑那些具有刺激性的挑战和有可能实现的大胆梦想;(4)探寻的过程和结果是相互联系和不可分离的,这使得这一过程是一个合作的过程。

一个完整的理解性探寻对话过程由下列步骤组成：（1）选择焦点领域或利益相关的话题；（2）进行对话，旨在发现优势、热情和独特的性质；（3）确认模式、主题和令人感兴趣的可能性；（4）提出有关理想可能性的大胆陈述（挑战性的命题）；（5）共同决定"什么是应当的"（在原则和优先排序上重新达成共识）；（6）确立"什么是将要出现的"。这一过程被概括为"4D"阶段：发现阶段（Discovery）：理解和珍视什么是最好的；梦想阶段（Dream）：想像什么是可能的；设计阶段（Design）：决定什么是应当的；实现使命阶段（Destiny）：采取必要的措施提出动议、创立系统或开展变革，以实现所规划的未来。

2. 变革实验室（Change Lab）

变革实验室，是一种多元利益相关者对话的转变过程。它被设计用来生成共享的承诺和集体见解，其需要对复杂的社会问题形成突破性的化解方法。每一个变革实验室都围绕着一种似乎是在持续一个没有明显解决方案的、特殊的问题而召集起来。它由一个或多个组织召集起来，这些组织忠于实施影响力的变革，并且意识到他们无法单独解决这一问题。召集者一起带来25—35个与这一议题相关的关键利益相关者，他们在某种程度上代表这一问题体系的一个"缩影"（a "microcosm"）。这些群体成员需是有影响力的、多元化的、忠于变革这一体系的，并且也是公开声称改变其自身的一群人。

在变革实验室中，人们通过"U型过程"（U-Process），即一个创造性的社会技术（a creative "social technology"），而走到一起，并从这一"U型过程"中汲取灵感。"U型过程"是由乔塞夫·乔沃斯基（Joseph Jaworski）和奥托·沙尔默（Otto Scharmer）在访谈了150多位创新者、科学家、艺术家和企业家的基础上，共同提出来的[①]。在应用这一方法时，个人或团队需要遵循三个步骤：感知阶段（Sensing）——呈现阶段（Presencing）——实现阶段（Realising）。

虽然"U型过程"是一种适用于个体或集体程度的结构性的转变过程，但是改变实验室是针对多元利益相关者的问题解决方法。在变革实验室中，多元利益相关者伴随着"U型过程"的每一步而通过一系列的活

---

① 参见其网站 http://www.ottoscharmer.com/。

动走到一起：（1）在感知阶段，他们转化他们理解问题的方式；（2）在呈现阶段，参与者通常保持沉默；（2）在实现阶段，他们具体化那些关于为了突破性的解决方案而需要定义一个新的体系或创造性的观点的基本特征的见解。在这一原型设计基础之上的创新，对影响系统变革具有最大的承诺。创新之后，才能发展成为领先项目。最终，这些领先项目被按比例扩大，成为主流的、制度化地支持其所效忠的政府、商界以及市民社会的合作者。

3. 围圈对话（Circle）

"环形对话"，又称"会议"（Council），是由克里斯蒂娜·鲍尔温（Christina Baldwin）在其《呼唤围圈对话》一书中再次提出来的一种对话形式[①]，其基本形式就是围圈而坐，进行深度交谈。它作为一种对话方法，允许人们放慢节奏，深度参与倾听，并且真诚地在一起思考与交流。

围圈对话的显著特征在于：（1）能使一个群体更亲密地联系在一起；（2）在一个群体、组织或共同体内不同水平的人们之间创造平等，赋予每个人平等的价值观，并且要求人人参与；（3）放慢人们的节奏，使他们共同思考。人们可以以围圈对话方法的形式举办一次性的集会，或者每隔几个月到几年的、定期性的、规律性的集会。

在本质上，围圈对话是一个一起听、说、反思和建立共同意义的空间。澄清以下三大参与方式，有助于帮助人们进入一个更高质量的关注。一是有目的地说：提示那一时刻与谈话相关的事情；二是有目的地听：尊重所有群体成员倾听的过程；三是趋向于健康的环形对话：意识到其贡献的影响力。一个高效的围圈对话需要遵循下列三个原则：（1）所有的成员轮流作领导。围圈对话是一个所有人都是领导的会谈，而非一个无领导的会谈。（2）责任是共享的。对实践的价值，责任是共享的。（3）人们视灵感和精神为最终的依托，而不是任何个人的议程。其处于每一个围圈对话的中心，是一个更深层次的目的。一个完整的围圈对话过程由7个部分组成：（1）目的（Intention）；（2）开始（Welcome Start – point）；（3）签到（Center and Check – in/Greeting）；（4）达成一致（Agreements）；

---

① Christina Baldwin, *Calling the Circle*: *The First and Future Culture*, New York, Bantam Books, 1998.

(5) 三个原则和三大参与 (Three Principles and Three Practices); (6) 过程监护者 (Guardian of process); (7) 告别结束 (Check – out and Farewell)。①

4. 深度民主 (Deep Democracy)

"深度民主"是由南非的默娜·路易斯 (Myrna Lewis) 和她已过世的丈夫格雷戈·路易斯 (Greg Lewis) 基于他们在私营部门和公共部门长达15年的紧张工作之经验而提出来的一种对话方法②。虽然它与阿诺德·芒德尔 (Arnold Mindell) 的过程导向心理学和"世界工作" (Worldwork) 紧密相关,但它却提供了一种更加结构性的和更具操作性的工具。

深度民主本质上是一种促进式的对话方法。其基本假设是冲突已经显现,并且在事实上不可避免,而此时在少数声音或观点的多样性中存在着一种对整个群体有价值的智慧。这种方法有助于表达出其他未被说出来的声音或观点。深度民主对话的显著特征就是,所有的参与者都能完全进行自我表达,且完整地坚持自己的观点。

关于深度民主,可以用"冰山理论"进行阐释。一般来说,只有10%的冰山浮在水平线以上,90%的冰山隐藏在大洋深处,是看不见的。许多心理学家使用这一理论来隐喻人类的有意识行为和无意识行为。驱使我们作出行动的仅仅是一小部分的有意识行为,而大部分都是无意识性的。类似地,在一个群体中,人们走到一起来可能是为了某种目的,其包括对整个群体来说是有意识的目的和无意识的目的两个方面。这种群体无意识常常反映在个人的或小群体的对话中,其一般发生在正式的会谈之外,或者暗示和笑谈之中,或者是人们弥补迟到或不能做到他们原本应该做的事情时的理由,或者是未表达的情感或选择。

在意识领域的很多工作是"浮在水面上的",很容易去处理。但是,有时存在着一些深层的情感过程,它持续不断地阻碍我们前进,阻碍我们解决问题或作出决定。在这种情境下,深度民主被设计成去把这些问题带到"水面上来",以促进问题的解决。这种观点是,群体最高的潜能和智

---

① Christina Baldwin and Ann Linnea, *The Circle Way*, *A Leader in Every Chair*, San Francisco: Berrett – Koehler, 2010.

② 参与其网站 http://www.deep-democracy.net/。

慧隐藏在深处,其通过深度民主的对话方法把所谓的无意识的东西引到"水面上来"。如果群体无意识的问题已经存在了很久,且缺乏公开的交流,那么这一群体也许不得不通过一场冲突来释放它们。此时的冲突不能被看作为是可以避免的冲突,但是,其可以被看作为一种学习和改变的机会。一个冲突越早地被公开表达或说出来,则将会有越少的痛苦。

深度民主对话方法的一个关键方面是,这一过程聚焦于角色和关系,而不是个体。我们一般认为的角色通常都是指社会角色、工作角色或职位角色。在深度民主对话中,一个角色则是指一个人的任何表达,如观点、思想、情感、物理感受,或者母子、师生、压迫者与受害者、施善者与需要帮助者等这类典型的角色。在群体中,一个角色通常可能有多个人来扮演,同时,一个个体也可能扮演多种角色。如果一个体系中的各种角色是流动的和共享的,那么这一体系将更趋于健康;如果一个人在一个角色中是孤立的,那么这一角色也将变为这个人的负担。如果各种角色过于固化,这个组织或群体将会停止前进。在深度民主对话中,推动者的角色是帮助人们使他们的角色更顺畅,使他们意识到自己、对方及其他们之间的相互依赖性,从而通过这些获得他们的智慧。推动者试图去帮助群体降低"他们冰山的水平线"。

深度民主对话方法包括五个步骤。第一步:不要实践多数民主(Don't practice majority democracy);第二步:寻找和鼓励说"不"(Search for and encourage the "no");第三步:传播"不"(Spread the "no");第四步:运用说"不"的智慧(Access the wisdom of the "no")。对作出决策和取代"水平线以上的部分",前四步则组成了一个独特的方法。这一决策过程是达成决定的一个不同寻常的尝试,其不论少数群体事实上是否与他们一起。它看起来更像一种一致同意而不是精准的完全相同。在很多情境下,如果这种决策背后没有太多的压力或潜在的冲突,那么这一决策方法将足够用了。如果以这种方式做出决策,少数意见将被考虑,那么群体将会对为什么这样做有更明确的意识,并且冲突将在人们感到痛苦之前就早已被化解过了。

第五步:水平线下的部分(below the waterline)。有时光靠"水面上的部分"是不够的,从而需要进入深度民主对话的第五步:"水平线下的部分"。这需要借助推动者在会谈中"提高音量"(turn up the volume)来实现。当一个参与者以间接的方式说出其观点时，那么推动者理会之后，应代表那个人增强他们所说的，使其更加直接和更出于礼貌。

在实际效果上，推动者往往变成了这一群体的一种工具。参与者之间相互直接谈话，而不是通过推动者而对话。推动者只是使这一信息更为清楚、更加直接，以给人们某种回应。理想状态下，他不是增加意义，而只是逐字地代表参与者陈述观点而已。参与者应总能意识到，如果推动者使事情变糟，他们能够及时矫正推动者。为了起到这种扩音器（amplification）的作用，推动者需要应用一系列的超技能——态度和行为，通过它们，推动者的技能或工具才能被完全发挥。这两个最重要的技能都是中性的、充满同情。推动者不需要去判断参与者所说的是对还是错，只需要真正地以其全部的经验去支持他们。这对推动者来说，可能需要大量关于其个人意识的内部工作（"inner" work），以致于推动者能够进入群体中心，并依然保持毫无重释。

5. 探索未来（Future Search）

"探索未来"是由马文·韦斯布罗德（Marvin Weisbord）和罗勃·简诺夫（Sandra Janoff）提出的一种对话形式，即在一个共同体或组织中，由有利害关系的人们组成的不同群体能够在一起共同规划他们的未来。他们在其著作《未来探索》一书中更详细地论述了这一会话方法。[①]

探索未来对话方法主要是通过一种任务聚焦议程，把整个系统带入到一种使参与者可以纵览过去、现在及未来的空间里。这一对话方法的基本预设是，让所有的参与者都有权了解过去、现在和未来，从而找到集体未来行动的共同基础。每一个未来探索会议都有一个特殊的主题，其使所有的利益相关者都能参与一个为期3天的议程。这种方法的一个重要原则取决于所有的参与者都要接受一个公开的邀请去以一种探索的过程一起共度几天。

探索未来方法有其特殊的结构需要遵从，其是基于数百个类似集会的经验之上设计和演化出来的。这种方法很具有代表性地将六七十个参与者聚到一起。这一规模符合把整个系统带进探索空间的原则，其主要是通过

---

① Marvin Weisbord and Sandra Janoff, *Future Search: An Action Guide to Finding Common Ground in Organizations and Communities* (2nd Edition), San Francisco: Berrett-Koehler, 2000.

挑选至少8个利益相关者群体，每个群体都平等地被这8个左右的利益相关者所代表。这一议程主要包括以下几个步骤：回顾过去（Review of the past）——探索现在（Explore the present）——创建理想未来的情景（Create ideal future scenarios）——找出共同点（Identify common ground）——制定行动计划（Make action plans）。

关于探索未来的主要方法，一个典型的未来探索对话方法议程一般至少包括"两夜三天"。详见表6-16。

表6-16　　　　　　　　　　探索未来对话方法

第一天	下午1：00—5：00	聚焦过去；聚焦现在和未来的趋势
第二天	上午8：30—12：30	继续探索现在和未来的趋势
		聚焦当前，拥有我们的行动
第二天	下午1：30—6：00	理想的未来情景；寻找共同点
第三天	上午8：30—13：00	继续确认共同点；行动规划

一次成功的探索未来对话所需要下列8个条件：（1）"整个系统"需要在一个空间内完成；（2）"大图片"作为地方性行动的背景；（3）探索当前的现状和共同的未来，而不是问题和冲突；（4）自我管理的探索和行动计划；（5）参加全部议程；（6）满足以下的健康条件：健康的食物、自然灯光下的良好氛围；（7）为期3天的工作；（8）为后续进程负公共性的责任。

一个周致且完善的准备过程及工作是探索未来会议成功的关键。让所有的与会利益相关者都拥有会议的所有权和参与权，其是需要花时间准备的一个过程。一次探索未来通常是由一个特殊的组织或者个人（有时是一个与会利益相关者）所赞助或发起的，并拉其他的利益相关者一起，来主持准备工作。来自所有利益相关者的每个代表建议至少准备两份会议材料，具体准备工作包括：明确目的和期望（define the purpose and expectations）；介绍推动者（introduce facilitators）；达成一致性的计划（agree on programme）；决定邀请名单（decide on an invitation list）；组织的逻辑性（organize logistics）。

6. 和平学校（School for Peace）

"和平学校"，原称为"巴以和平学校"（The Israeli - Palestinian

School for Peace),其源于1972年一群阿拉伯人和以色列人共同创造的一个村庄,在那里他们自愿性的一起生活。他们称这个村庄为"Neve Shalom"/"Wahat El Salam",即希伯来人和阿拉伯人间的"和平绿洲"(Oasis of Peace)。1976年,这个村庄成立了一所和平学校,目的是创造犹太人和阿拉伯人之间相互接触的项目,总结他们共同生活的丰富经验。他们认为如果能把双方共同带入一个真实的个体相互接触的空间内,将会减少他们之间的固有成见,使和平成为可能。[1]

和平学校,是指一种为持有不同信仰、观念、价值观等的人们创造相互接触、相互认识的项目,其目的在于吸引共同体中经验丰富的人们在一起共处。

和平学校项目的目的是,允许参与者通过一个真实而直接的对话与其他不同群体的相互接触来确定他们自己的身份。是真正地围绕创造意识与理解而展开,使参与者能够理解发生在他们周围的动荡与暴乱的过程,以及他们自身在冲突中的角色与作用。目前,和平学校项目已经有来自各行各业约35000人参与,如从律师到社会活动家、从学校儿童到教师等。通过这些项目,他们不仅影响个人的参与,而且也影响他们的朋友、同事和家庭成员的参与。

7. 开放空间(Open Space Technology)

"开放空间"是由哈里森·欧文(Harrison Owen)于20世纪80年代提出来的一种对话形式[2]。开放空间,其不论群体规模大小,都允许在非常短的时间内自发组织去处理复杂的问题。参与者创造并管理围绕一个具有战略重要性的中心主题且与工作会期并行不悖的议程。开放空间所呈现给人们的至少是以一种新颖的方法来举办更好的会谈或会议,它也能发展成一种新的组织方法,使其注入整个组织或较小的共同体。

在本质上,开放空间是关于把全部责任完全交还给人们自己负责的一种对话方法。两个核心问题描绘出其显著特征:"你真正想要做的是什么"和"你为什么关注它"。当今,开放空间已经变成了在全世界所能见

---

[1] Rabah Halabi, Ed., *Israeli and Palestinian Identities in Dialogue*: *The School for Peace Approach*, New Jersey: Rutgers University Press, 2004.

[2] Harrison Owen, *Open Space Technology*: *A users guide* (3rd Edition), San Francisco: Berrett - Koehler, Inc., 2008.

到的最大的自发组织会议之下的操作体系。

开放空间需遵循的四个基本原则：（1）"不论谁来，都是正确的人选"；（2）"不论什么时候开始，都是正确的时间"；（3）"不论发生什么，都可能恰恰是合理的事情"；（4）"不论何时结束，就是应该结束了"。开放空间的一条定律："双足定律"（law of two feet），鼓励人们对其所学、心境平和与贡献负有其责。如果某人在某处感觉到他们不能学到新知或者不能作出贡献，双足定律鼓励他们离开此处而走向另一群体，在那儿他们认为也许更有价值或者更为投入。他们也许也会选择一起做一些其他的事情。更为重要的是，大部分人们不应当在他们觉得在浪费时间的地方停滞太久。

这些原则和定律为开放空间提供了一个容器，以鼓励人们为所学和所作的共享负完全责任。他们创造出一种情境，在那里人们专注而努力地工作，但对惊奇依然是灵活的和开放的。在开放空间集会中，"做好吃惊的准备"（Be prepared to be surprised）是一种典型的提醒。

8. 场景规划（scenario planning）

"场景规划"一词，最初是作为兰德公司战略的组成部分，在二战期间和二战后被创造使用的。当赫尔曼·卡恩（Herman Kahn）离开兰德公司后，他成立了哈德逊研究所（英国智囊团），进一步发展了这一方法，并于1967年出版了《2000年》（*The Year* 2000）一书[①]。自此之后，场景规划迅速从最初形式演化为一种对话工具或方法。

场景规划作为一种对话方法，源于"预测与控制"的一种范式，将关于未来的可能的方法勾勒出来。这一范式作为这一方法的基础，主要归因于皮埃尔·瓦克（Pierre Wack）20世纪70年代在壳牌公司的工作。瓦克把预测的问题从那些不确定性中分离出来，他与不确定性打交道，并研究它们如何影响各种各样的场景。当今，场景规划一个关键预设就是：世界在本质上是不确定的。场景规划不仅被用作为一种预测未来的工具，而且更被用作为一种挑战各种利益相关者关于不确定性如何影响其群体未来的假设、价值观和心智模式的方法。通过鼓励一个组织或共同体在不同层次

[①] Herman Kahn and Anthony J. Wiener, *The Year* 2000: *A Framework for Speculation on the Next thirty-three Years*, New York: Macmillan Co., 1967.

上的场景规划过程,旧范式不断受到挑战,而通过关于未来的令人惊奇且可能的创新正受到鼓励。因此,场景规划有助于培育新的且具有价值的知识。正如彼得·德鲁克(Peter Drucker)所言:"预测未来的最好方法就是去创造未来"①,场景规划是走向一个更理想的未来的一种颇有力量的方法。

场景规划在本质上是关于规划未来可能的或极其相似的图景。主要是通过一系列的对话创造出来,通过一群人虚构或考虑多个不同的关于世界是如何产生的故事来创造出来的。在理想层面上,这些故事应当被认真研究和全面关注,以期能显示出新的理解与一些惊喜。场景规划是挑战关于世界假设的一种有力的工具,这样做能够提升并突破人们对自身创造性的阻碍与对未来的理解。此外,场景规划,通过引进多元化的视角到一个关于未来的对话中、到一个丰富且具有多维度的变化场景中的对话方法正在被创造。场景规划鼓励具有不同视角的人们之间的叙事与对话。正如彼得·施瓦兹(Peter Schwartz)所指出的那样:"场景制定要具有强烈的参与性,否则它就失效了"(Scenario-making is intensely participatory, or else it fails)②。

在使用场景规划方法之前,弄清这两个准备工作或问题是极其重要的:使用这一方法是否正确?这一方法在什么情境中最有用?尽管场景规划的方法有很多种,但一般都遵循以下步骤:(1)规则是什么?(2a)关键的不确定性是什么?(2b)发展场景规划;(3)确定未来的行动选择;(4)作出决策。场景是关于未来的多维图景。选择是由场景所决定的。场景又被看作为关键不确定性与选择之间连接的桥梁——它们有助于以这种方式组成一个群体过程,描绘出一组生动且详细的关于所谓可能的图片,而从这些可能性中作出选择去匹配每一种场景。因此,场景规划写得越详细,越重要,其越可以探索出既定情境中的所有要素。这将有助于通过这种方法为每一场景找出最佳的选择,从而基于这些场景规划和选择作出决策。

---

① 德鲁克研究所网站 http://thedx.druckerinstitute.com/2011/05/joes-journal-on-creating-the-future/。

② Peter Schwartz, *The Art of the Long View: Planning for an Uncertain World*, New York: Doubleday, 1996.

9. 持续对话（Sustained Dialogue）

"持续对话"是由美国资深外交官哈罗德·桑德斯（Harold H. Saunders）受长期从事国际事务与和平进程职业生涯的启发而提出的一种对话形式①。持续对话主要是指同一人群持续参加某一连续性的会议。其关键而显著的特征，恰恰是其可持续性。

持续对话的潜在假设是，为了解决冲突议题，人们不仅需要看到所要解决的具体问题，也需要以某种方式获知潜在的关系。况且，改变关系有时并不是一天或一次简短的会议所能做到的，它是一个动态的、非线性的过程，需要花费时间和来自参与者的承诺。

持续对话主要基于以下两个概念性的框架：持续对话的五大关系因素（elements of relationships）和持续对话的五个阶段。持续对话聚焦于影响既定问题的潜在关系。基于这一焦点，理解关系的意义是什么和关系包含哪些不同的方面是极其重要的。关系的定义由以下五个相互作用的要素或竞技（arenas）组成：（1）认同（Identity）：参与者以当前自身的生活经历来定义他们自己的方式；（2）利益（Interests）：人们所关注的事情，吸引他们走到一起；（3）权力（Power）：影响事件某一进程的能力；（4）其他的理解（Perceptions of the Other）：包括误解或固见；（5）相互作用模式（Patterns of Interaction）：包括对行为某一限度的尊重。它们共同持续作用于不断变化的组合。在某种意义上，这一框架既是分析性的，又是操作性的。在一个持续对话中的参与者通常将首先了解到这五大关系因素，也将利用这五大因素来理解造成他们意见分歧的关系的属性。有时，参与者发现探讨关系是极其困难的，但是在参与者和主持者之间的对话中，关系将会变得明显。在这种情境下，这一概念性框架则能提供一种参照。

另外一个概念性的框架是持续对话的五个阶段。阶段一：决定参与者（Deciding to Engage）；阶段二：界定关系和明确问题（Mapping Relationships and Naming Problems）；阶段三：探索问题和关系（Probing Problems and Relationships）；阶段四：场景建设（Scenario - building）；

---

① Harold H. Saunders, *A Public Peace Process: Sustained Dialogue to transform Racial and Ethnic Conflicts*, New York: St. Martin's Press, 1999.

阶段五：共同行动（Acting Together）。这五个阶段是一种理想类型的描述，而不是一个处方或秘诀。一般来说，参与者将来回变动这些阶段，而不必严格地遵循这一顺序。持续对话的推动者也将不必严格按照这一程序推进冲突化解的进程。另外，这五个阶段并不是一个线性的过程，但是，在这些非线性的过程中存在着一些模式：一个真正而有效的阶段三通常会依赖于群体已经完成的阶段二，因此，群体通常不可能直接从阶段一跳到阶段三。在阶段二和阶段三之间也许来回会有相当多的摆动，然后才能进入阶段四。因此，阶段二和阶段三之间的转化是关键，其常常在许多进程中被过分地忽视或低估。特别是在阶段三到阶段五之间，在外交/政治问题层面的持续对话和更多社区/青年问题层面的持续对话中，其间的关系是显然不同的。这些阶段在不同的进程中如何排序，存在着很多可能性，因此，对这种多样性而言，持续对话需要一个良性健康的、开放式的方法。

10. 世界咖啡屋（The World Café）

"世界咖啡屋"是由胡安妮塔·布朗（Juanita Brown）和戴维·艾萨克斯（David Isaacs）于1995年发现和正式提出的一种对话形式[①]。尽管在此之前的几个世纪里人们就已实现了分享世界咖啡屋的共享精神，但全世界上成千上万的人们使用这一对话形式却是自此之后的事情了。

世界咖啡屋是完全字面意思上对咖啡的隐喻运用。这一对话空间实际上被设置得像一个咖啡屋，在这里人们随意地四人一组坐在不同的桌子上进行深度参与和高质量的对话。作为一系列对话回合的组成部分，人们围绕其所关注的问题被指导性地引向新的一组（一桌）进行交谈。在每次移动之中，每组的主持者都依然赞同、分享他或她所在之前那一组对话的精华。其他人进入这一对话空间后，联系其他组所讨论的事情，以这种方式组成网络和交互性（cross-pollinating）的对话。

世界咖啡屋的核心假设是，人们所需要的知识和智慧业已呈现出来，且是易于理解的与可获得的（present and accessible）。世界咖啡屋，伴随

[①] Juanita Brown and David Isaacs, *The World Cafe Book: Shaping Our Futures Through Conversations that Matter*, San Francisco: Berrett-Koehler Publishers, Inc., 2005.

着其自身的编织（weave）功能和进一步形成新见解、新思想或新问题的能力，能够使集体智慧通过一个群体逐步演化与发展。参与世界咖啡屋，人们能够形成群体的集体智慧（其远大于个人智慧之和），并引导其朝积极的方向改变与发展。

在本质上，世界咖啡屋是一种有目的性的对话方法，围绕所关注的问题来创造一种活跃的对话网络。世界咖啡屋作为一种方法论，能促使人们共同思考，有目的性地创造新的、共享的意义和集体见解。它应当遵循以下7个指导原则：（1）背景设置；（2）创造舒适的空间；（3）探索重要问题；（4）鼓励人人做出贡献；（5）交互性和联合多元化的视角；（6）共同倾听不同见解和有深度的问题；（7）收获和共享群体的发现。这些指导原则十分有助于推动者去创造促使"世界咖啡屋魅力"出现的条件：（1）一个重要的问题：识别引人注目且能激发兴趣的问题时的一种艺术形式；（2）一个安全且舒适的空间：大多数会议空间常常是不令人舒适的；（3）相互倾听：这一条件强调在对话中倾听的重要性；（4）一种探寻的精神：人们能够真实地在一起进行探索。其实，许多已经真正参与过高效世界咖啡屋的人们一致认为，人类的魅力（magic）在于能在对话和交流中提出问题，因为随着人们从一个对话转移到另一个对话的过程中，人们会逐步形成某一主题或深化某一问题。

四　各类对话方法的比较及在公共领域冲突管理的应用

这些不同的对话方法依据其各自的属性与特点、优势及劣势，适用于不同的冲突化解情境中。只有用得其所，才能充分发挥其效力。虽然其旨向都是为了更好地化解冲突，达成共识，但其具体目的或聚焦点、作用条件、针对情境及适用领域或范围等则各有所侧重。

1. 各类对话方法的聚焦点

清晰明确的目的是成功对话的关键。如表6-17所示，每一种对话方法都有其最优级目的与次优级目的。这一目的模型的作用也许不仅体现在评价某一特定目的需要什么样的方法，而且也或许体现在对阐明某一对话的意图或目标方面提供灵感。

表 6-17　　　　　　　　不同对话方法的聚焦点或目的

对话方法＼目的	生成意识	问题解决	建立关系	分享知识和思想	创新	共同愿景	能力建设	个体发展/领导力	处理冲突	战略/行动规划	决策制定
理解性探寻			√	√		√		√		√	√
变革实验室	√	√		√						√	√
围圈对话	√		√	√		√					
深度民主	√					√	√	√	√		√
探索未来	√	√	√	√		√	√			√	√
开放空间		√	√	√	√			√		√	
场景规划	√	√				√				√	√
和平学校	√								√		
持续对话	√		√	√		√		√	√		
世界咖啡屋			√	√	√	√				√	

注："√"表示最优目的；"√"表示次优目的。

2. 各类对话方法的作用条件

不同的对话方法对其作用条件要求也各不相同。其中，作用条件包括冲突情境、参与者以及推动者等背景条件，如表6-18所示。此外，变革实验室、深度民主、场景规划、和平学校和持续对话等对话方法在推动者的参与指导下，其效果会更佳。

表6-18　　　　　　　　　　各类对话方法的作用条件

对话方法 \ 作用条件	情境 高复杂度	情境 低复杂度	情境 冲突性的	情境 和平性的	参与者 小群体<30人	参与者 大群体	参与者 单一/多元利益相关者	参与者 同龄群体	参与者 权力和阶层的多样性	参与者 文化和代际的多样性	促进者 需要特定培训
理解性探寻	√	√		√	√	√	√	√	√		
变革实验室	√		√		√		√			√	√
围圈对话	√	√	√	√	√			√			
深度民主	√		√		√				√		√
探索未来	√			√	√ (60—70人)	√		√			
开放空间	√	√		√	√		√				
场景规划	√		√	√		√	√				√
和平学校	√	√	√	√				√			
持续对话	√	√		√					√		√
世界咖啡屋	√	√		√	√		√	√		√	

注：小群体指小于30人；大群体从几十人到数千人不等。

3. 各类对话方法的适用情境

不同的对话方法依其理论预设有其针对性的适用情境及领域范围。如表6-19所示。其中,围圈对话、探索未来、和平学校这三种对话方法适用于绝大多数的冲突化解情境,而其他对话方法则各有所侧重。

表6-19　　　　　　各类对话方法的适用情境和典型领域

对话方法 \ 情境领域	适　用　情　境	典型领域
理解性探寻	AI峰会,100—2000人为宜;作为访谈和对话的一个持续过程;大部分工作坊或其他的会议	如劳资冲突、移民冲突
变革实验室	旨在说明三种复杂性问题:过程复杂性、产生复杂性和社会复杂性	如食品、医药等监管领域的冲突
围圈对话	绝大多数情境,甚至任何情境;30人最好(最多35人)	如政治冲突、边界冲突
深度民主	没有说出来的事情或需要带到公开场合的事情;人们深陷于其角色,而此时冲突也许已经产生;在群体中存在多样性的观点,冲突各方都需要对议题进行考虑;权力的不同影响人们行动的自由;有一种需要取得少数群体支持的必要;或者人们被其他人贴上了标签	如医患冲突、征地拆迁冲突
探索未来	绝大多数情境	如医疗保健、教育和商业部门等领域的冲突
开放空间	冲突业已呈现出来、事情是复杂的、参与者存在巨大的多样性以及之前的答案需要被提供时;5—1000人为宜	如种族冲突、民族冲突
场景规划	涉及有关多元利益相关者的社会性事务的情境,具体包括(1)具有高度复杂性的既定情境,且这一情境难以理解;(2)一个长期的(至少是几年前的)焦点问题,需要了解未来才能做出回应;(3)存在关于外部环境将如何影响一个特殊情境的不确定性;(4)在不同的利益相关者之间长时期地存在着可用于投资一系列对话的资源与广泛地分配这些资源的场景	如决策冲突

续表

对话方法＼情境领域	适 用 情 境	典型领域
和平学校	绝大多数情境。这一对话方法在很多情境中与种族、民族或其他少数对多数的冲突过程高度相关，也与不同部门间、代际间或其它种类群体间的对话高度相关	如社区冲突、种族冲突、民族冲突
持续对话	关系不正常或功能紊乱之时；缺乏信任之时；正式或官方流程无效之时以及其他政治或社会层面的冲突化解情境之中	如环境冲突
世界咖啡屋	围绕现实的生活议题而产生的资源投入（input）、知识分享、激发创新性的思想以及探索行动的可能性；在真实的谈话中接触人们；指导对关键战略的挑战或机会的深度探索；在现存的群体中深化关系和成果的共同所有权；在演讲者和听众之间创造有意义的交流与互动；12—1200人不等	如文化冲突、宗教冲突

4. 各类对话方法的相关评价

不同的对话方法依其各自不同的属性与特点，有其各自的优势与适用性，但也有其一定的局限性。详见表6-20。

表6-20　　　　　　各类对话方法的相关评价

对话方法＼评价	适用性和优势	局 限 性
理解性探寻	①理解性探寻对那些被剥夺选择或行动权的人们特别有影响，能更多地聚焦于他们的不足或缺陷；②理解性探寻能完整地聚焦于好的方面，以致于它能预测一种情境的完整景象，防止其变得虚幻	①似乎只有积极的因素或方面才被允许纳入此类对话议程；②只有在大家逐渐意识到关于人类思想和行动上的问题和影响力时，理解性探寻才是一个伟大的实践

续表

对话方法 \ 评价	适用性和优势	局 限 性
变革实验室	①方法是系统性的；②行动式学习；③变革实验室是一个过程，而远非一种工具；④非常具有弹性	①因要协调所涉及的不同利益，会明显地减缓这一过程；②因这一对话方法和过程对很多人来说是不熟悉的，并且部分参与者也许会产生抵抗，会恶化这一进程，降低成效
围圈对话	①围圈对话对每一个群体都有一个很大的均衡性影响；②对那些趋向于较少发出声音或者较小权力的人们来说，他们将极其重视环形对话；③围圈对话能被用于任何人所想要的礼节性的交流方式之中	①对那些习惯于主导谈话的人们来说，将会有更多的失意；②围圈对话中非正式的权力过程依然存在，且能够影响对话效果。如第一个发言的人往往能引导谈话的方向；③存在着与某些环形对话参与者相联系的一些仪式，对部分参与者来说，是令人讨厌的
深度民主	①深度民主的关键优势是意识到在情感过程中所发挥的重要作用和将智慧整合到决策中的重要作用。②在实践中不仅应用广泛，而且传播相当迅速	深度民主是一种相对并不十分成熟的对话方法
探索未来	①未来探索是一种具有复杂"建筑结构式"的结构性的过程，被自觉地设计成一种遵循特定流程的方法；②探索未来在愿景技术和创造性过程中的具有重要作用；③推动者的培训有助于探索未来	①遵循特定流程的方法可能会呈现出僵化的特征；②探索未来不能弥补领导力的不足；③探索未来不能调解价值观方面的差异

对话方法 \ 评价	适用性和优势	局限性
开放空间	①开放空间不仅能够依其自身的方式来运行，而且能平行地或更好地与其他对话方法结合起来使用，如世界咖啡屋、理解性探寻、场景规划等；②开放空间中人们能参与贡献、涉及通过他们所真正从事或忠于的工作。③开放空间没有被一个规划者或组织者所控制，而让人们自由地去选择他们的回应性或参与性	①冲突各方只选择那些与持有一致观点的人们一起工作；②因没有被一个规划者或组织者所控制，易产生混乱
场景规划	有能力把许多不同的利益相关者带入到关于未来的共同对话中，从而创造出这一系列图景的集体所有权，以进一步建立不同利益相关者之间的重要关系	①焦点问题与目的不清楚时，其不一定是有效的；②场景规划在所涉及的利益相关者之间存在一个偏好顺序选择的问题
和平学校	①对真实性、直面现实性和培育一种不是引进其他情境中的方法而是真实应用于实际情况的方法很重视；②和平学校对话方法中，集体认同进一步得到加强与融合	参与者能感觉到个体差异不会被得到尊重，也不完全允许个体意见的表达
持续对话	具有预测性、灵活性与简洁性	①不是一个现成的方法论，而是一个循序渐进的指南；②不是一个辩论空间或者在正式代表之间的官方谈判；③不是一个纯粹的人际关系过程或是一种技能培训；④不是一个迅速的解决方法
世界咖啡屋	一种强有力的工具，其通过积极且有意义的问题引燃和激发一个更大的群体参与到安全空间的对话中	当使用世界咖啡屋之前存在一个预设的结果，或期望以一种单一的方式传达信息，或这一群体正从事一项详细的实施计划时，其难以发挥作用

上述十种对话方法具有重要的理论与实践价值，这一点即使是后现代法学也不得不承认："在分离已经不再可能的社会秩序中，在很多领域内，暴力之外的唯一选择是'对话性民主'——即相互承认对方的真实性，准备聆听对方的看法和观点或对其展开辩论。"① 但是，任何一种对话方法都不可能在任何条件下都发挥积极作用，都不可能解决所有的问题，尤其是对有着严格限定条件的对话方法来说更是如此。换言之，对话方法也有其自身的局限性或可能产生的消极影响：（1）对话方法意在推行拟制的平等，但是仍无法完全消除事实上的不平等；（2）冲突各方通过对话方法充分表达观点之时，有可能因观点之间的不同或复杂性而引发某种程度的混乱；（3）对话方法能否在冲突化解中取得预设的理想效果，很大程度上取决于冲突各方及推动者的素质，这就具有一些不确定的因素。

然而，这并不影响我们学习与研究西方冲突化解中的主要对话方法，其对中国冲突化解理论和实践的发展，特别是对中国对话方法理论与实践的精细化发展，仍然具有重要的启发意义。鉴于目前中国的冲突化解理论中还没有形成系统的对话方法理论，尤其是在实务领域中，人们普遍存在着将对话"简单化理解、粗糙化使用"的倾向，但是，在当前中国冲突化解机制中的各种具体的调解方法之中，还是或隐或现、自觉或不自觉地体现出了上述部分对话方法的理论蕴涵。其集中体现各种调解方法之中，如自助性冲突化解机制中的和解、协商等方法，民间性冲突化解机制中的家族调解、邻里调解、人民调解、社会团体调解等方法，行政性冲突化解机制中的行政调解、裁决、仲裁等方法，以及司法性冲突化解机制中的法院调解等方法。

因此，厘清不同对话方法各自的属性与特征，优势及劣势，明确不同对话方法的具体目的或聚焦点、作用条件、针对情境及适用领域或范围等，对中国冲突化解中的对话方法研究和实践具有以下几方面的启示：第一，对话方法作为一种历久弥新的冲突化解形式，涉及到不同层面，因

---

① Ulrich Beck, Anthony Giddens and Scott Lash, Reflexive modernization: politics, tradition and aesthetics in the modern social order, Polity Press, 1997. 赵文书译，《自反性现代化》，商务印书馆2001年版，第133页。

此，对话方法的研究和实践不能只局限于某一个层面或角度，而应与时俱进，作出更全面的分析和考量，在不断丰富其内涵的同时也应提升其精准化程度；第二，应当看到，不同的对话方法有着不同的前提假设，因此在运用每一种范式的方法时，一定要了解其理论预设；第三，不同的对话方法针对的是不同的冲突情境，因而各自都有一定的局限性和适用范围，因此需要认真分析每一种对话方法及其适用范围和局限性；第四，不同的对话方法之间既相互区别，又相互促进和补充，因此在实践上要注意各种方法之间的相互补充和适当结合，充分发挥综合优势；最后，对话过程中应注意不同场合、不同时机、不同情境选择不同的对话语言。常言道："良言一句三冬暖，恶语伤人六月寒，"语言是对话的重要载体，应充分运用语言魅力，震撼对话对象的心灵。

第七章 冲突管理过程需要处理的一些重要因素

有关公共领域冲突的影响因素，已经有过许多专题研究。在本课题组2012年完成的教育部课题《中国公共冲突化解的机制、策略和方法》的结项报告中，已经对一些具有一般性的重要影响因素进行了分析①。在先前研究的基础上，本研究对一些先前缺乏分析但却具有重要研究价值的特殊影响因素进行了具体分析，希望以此加深对公共领域冲突影响因素的研究。这些因素包括冲突中的组织化程度、旁观者的介入、猜忌和个人权利诉求等。

第一节 区分公共冲突中组织化的不同类型

公共冲突中的组织化程度可以根据结构自由度和规则约束力两个维度划分为四种类型：标准组织化、隐性组织化、自由组织化和无组织化。影响组织化类型的因素主要包括制度环境特性、冲突相对方性质、冲突特性、冲突者特性、权威者介入和技术条件限制。在本研究收集的2005—2014年间中国发生的106起公共冲突案例中，组织规则约束力弱的案例占65.09%；组织结构自由度高的案例占60.38%，说明中国公共冲突的组织化程度处于较低水平，这影响到公共冲突的暴力程度：在规则约束力强的案例中，暴力表达案例只占24.32%，而在约束力弱的案例中这一比例却高达71.01%；同样，在结构自由度低的案例中，

---

① 参见常健等《中国公共冲突化解的机制、策略和方法》，中国社会科学出版社2013年版，第一、二章。

暴力表达案例只占35.71%，而在自由度高的案例中这一比例高达67.19%。对组织化不同类型下的公共冲突政府的应对方式也存在着相应的差异。①

一 公共领域冲突中组织化的四种类型

本研究所说的组织化，是指分散的利益主体联合起来以一定的结构约束方式协同行动以实现共同利益的状态和过程。为了对公共冲突中的组织化程度进行分类，本研究选取了结构自由度和规则约束力两个维度，将所研究的106个冲突案例的组织化程度划分为四种基本类型。

（一）组织化的两个维度

对公共冲突中的组织化程度，有多种划分方式。许多研究者倾向于采用量的指标，如将组织化程度直接划分为高、中、低三级。但这种单维度的程度划分，难以反映公共冲突中组织化程度类型的多样化。因此，根据对我们所研究的冲突案例中对冲突影响最大的组织化因素的观察，本研究抽取出两个最重要维度作为划分组织化程度类型的依据，一个是组织结构的自由度，另一个是组织规则的约束力。

组织结构的自由度主要包括三个方面：（1）结构的稳定性，即组织是否容易解散或频繁变化，它与组织的架构是金字塔式还是无中心网状结构无关。（2）组织成员的流动性，它与组织规则的约束性有一定关系，但成员的流动并不意味着结构的稳定性会减弱。（3）关系网络的强弱。根据美国社会学家格兰诺威特（Mark Granovetter）的社会网络理论，当冲突相关主体方的个体间存在较强的同质性或稳定的社会关系时，可以认为是强连接（strong ties），相反则为弱连接（weak ties）②。

组织规则的约束力主要涉及两个方面：（1）对组织成员行为的约束能力，它包括对组织成员的动员能力和导向能力。（2）对组织成员行为的约束广度，涉及对组织成员权利与义务的规范和组织行为边界的确定，具体表现对某些行为的禁止或强制执行。

---

① 常健、张雨薇：《公共冲突中的组织化类型及其应对方式研究》，《中国行政管理》2017年第4期。该文是本项目研究的阶段性成果。

② M. S. Granovetter, The strength of Weak Ties, *American Journal of Sociology*, 1973 (78, No. 6), pp. 1360 – 1380.

(二) 组织化的四种类型

对以上两个维度进行组合，可以形成组织化的四种基本类型（如图7-1所示）。

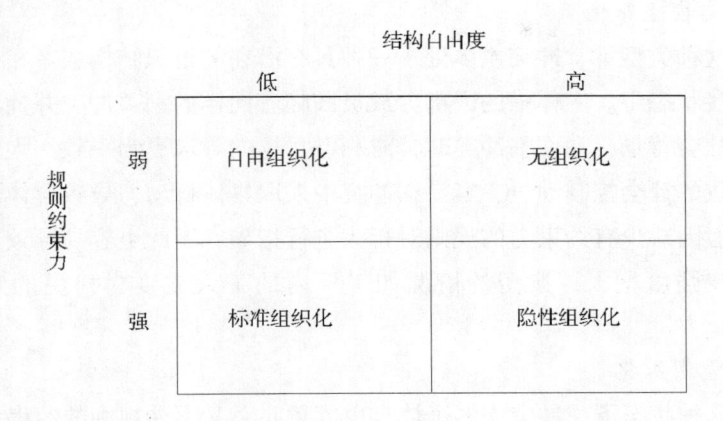

	结构自由度 低	结构自由度 高
规则约束力 弱	自由组织化	无组织化
规则约束力 强	标准组织化	隐性组织化

图7-1 公共冲突中组织化的四种类型

1. 标准组织化

标准组织化分为两种情况，一是参与冲突过程的正式组织，如劳动保护者组织、军队组织、宗教团体等；二是具备高度约束力的组织规则和低度自由的组织结构的团体，它们能够按照既定的行动准则做出集体行动，同时有着稳定的组织结构，虽然可能在法律上没有完备相关手续，但实际上发挥着传统意义上组织的作用。典型的情况如劳资谈判过程的劳方和资方的组织化状态。

2. 隐性组织化

这是一种在实践中广为存在的状态，个体有着极大的自由度，组织结构呈现无中心网状，在联系方式上更多地采用网络媒体手段。这既得益于现代技术工具的发展为动员方式提供了新的选择，也是在现有的社会背景环境下，出于对安全性与合法性的考虑。这种组织化类型越来越多地出现在城市地域的公共冲突事件中，领域上以环保和社区治理最为凸显。典型的情况如厦门市民"散步"、北京市民"开车遛弯"及穿T恤锻炼、青岛市民的"行为艺术"、南京市民为树结"绿丝带"等，参与者表达的方式都是非暴力不合作的具备基本底线的行为等。一些研究者将相关状态描述为"去组织化"[①]"准组织化""弱组织化"[②] 等，它们与"隐性组织化"的概念存在着许多共同点，如无领导有纪律，行动上的自我定位[③]，有组织的分工和激励。

3. 自由组织化

在这种类型下，冲突主体处于一种具有潜在的组织结构或者相对稳定的强链接状态中。主体中的大部分成员面临着同样的利益冲突并拥有共性较高的社会背景，在面临冲突时，对利益目标的寻求更为一致，人们有着较为一致的社会控制动机，容易在冲突中采取集体行动，导致群体性事件爆发；但因缺少有约束力的规则对行为进行指导，因此更容易导致冲突升级或冲突强度增大。典型的情况如工厂内的工人或乡村村民的组织化状态。

4. 无组织化

在这种状态下，冲突中的个体自由度较高，又不受规则的约束，如冲突中无直接利益冲突的旁观者，其参与冲突心理动因包括看热闹、打抱不平、借机发泄、寻求权利、相互影响、刺激快乐等；他们卷入无直接利益冲突后的行动主要包括围观起哄、聚集封堵、推挤打砸、传播信息、躲避退却、反思评述等。[④] 典型的情况如社会控制末端的民众参与的应激性群体事件。

(三) 考察案例中组织化的具体状况

本研究整理和归纳了在 2005—2014 年间公开报道并在社会上引起广泛关注的 106 例公共冲突事件，并根据结构自由度与规则约束力两个维度对其进行衡量。归纳发现，在 106 个案例中，组织规则约束力弱的案例占比达到 65.09%；组织结构自由度高的案例占比达到 60.38%（见表 7-1）。这表明在这些公共冲突案例中，组织化程度处于较低水平。

---

① 刘琳：《"无组织化"：转型期群体性事件的主要风险因素》，《当代世界社会主义问题》2012 年第 2 期，第 38—48 页。

② 王国勤：《集体行动中的"准组织化"及策略应对》，《南京社会科学》2014 年第 12 期，第 65—71 页。

③ 陈晓运：《去组织化：业主集体行动的策略——以 G 市反对垃圾焚烧厂建设事件为例》，《公共管理学报》2012 年第 2 期，第 67—75 页。

④ 潘莉：《旁观者卷入无直接利益冲突的行动逻辑——对马鞍山 6.11 事件参与者的访谈分析》，《山东理工大学学报》（社会科学版）2012 年第 4 期，第 47—51 页。

表 7 – 1　　　　　　　两个维度的案例数量和比例

		案例数	占比（%）
规则约束力	强	37	34.91
	弱	69	65.09
合计		106	100.00
结构自由度	高	64	60.38
	低	42	39.62
合计		106	100.00

在此基础上，我们进一步对这些案例中的组织化类型进行归类，发现在这些案例中，无组织化的案例相对占比最高，为 43.40%，而隐性组织化的案例相对占比最低，为 16.98%。（见表 7 – 2）。这进一步印证了目前中国公共冲突中组织化程度处于较低水平的结论。

表 7 – 2　　　　　组织化各种类型在案例中的数量和比例

组织化类型	案例数	占比（%）
标准组织化	19	17.92
隐性组织化	18	16.98
自由组织化	23	21.70
无组织化	46	43.40
总计	106	100.00

二　影响公共冲突中组织化类型的主要因素

根据对所收集案例的分析，我们发现，影响公共冲突中组织化类型的因素主要包括六个方面，即制度环境的特性、冲突相对方的性质、冲突的特性、冲突者的特性、权威者的介入和技术条件的限制。

（一）制度环境的特性

国家体制和制度对社会组织的规制程度，对冲突组织化程度有着整体性的影响。在对社会组织严格规制的环境下，冲突中组织结构的自由度会显著提升。在本节所研究的案例中，许多冲突事件在初期阶段便呈现出有意识地规避合法性上的困难，避免采用明确组织化的抗争。冲突参与者会倾向于保持较为自由和灵活的姿态，以提高自身的政治安全性。在本研究收集的 106 个案例中，组织结构自由度高的无组织化和隐性组织化类型的案例达到 64 个，占比 60.4%，显示了这一总体倾向。

另一方面，中央与地方政府立场分化程度会对组织规则的约束力产生一定影响。在不同层级政府的立场分化程度较高的背景下，基层群众往往寄希望于越级向更高层政府反映诉求，通过"把事情闹大"来唤起上级政府部门的注意。这使得冲突中的抗争方往往缺乏有约束力的组织规则来约束自己的行为。在本研究收集的 106 个案例中，规则约束力差的案例高达 69 个，占比达 65.1%。

（二）相对主体的性质

冲突中相对方主体的性质，对冲突的组织化程度有明显的影响。当冲突的相对方是政府机构或与政府有密切关联的机构时，组织的自由化程度就会明显提升；相反，如果冲突的相对方是普通的企业，与政府没有密切的关联，甚至是政府重点规制的对象时，组织化的程度便显著提升。

在环保领域和业主维权领域的冲突中，由于冲突的相对方涉及到政府或政府的决策，因此，冲突方更多地采取隐性组织化的形式。例如，在因为反对 PX 项目建设而发生的 6 起公共冲突事件中，有 5 例均采取了隐性组织化的形式。在涉及到邻避效应的 3 起业主抗争事件中，抗争方也均处于隐性组织化的形式。

相反，在劳资领域的冲突中，由于资方企业是政府重点规制的对象，因此冲突方更多地采取了组织化程度更高的形式。在本研究所收集的劳资冲突案例中，政府、社会非营利组织及一些律师事务所能够在农民工讨薪、劳资谈判等事件初期便积极介入，使冲突方的组织化程度迅速提高，从而促使爆发的冲突迅速平息。

（三）冲突的特性

冲突的原因和触发方式对组织化类型的选择有着显著的影响。学者朱力在研究中将群体性事件分为"经济型直接冲突"和"社会型间接冲突"[①]。前者有着明确的权利和利益指向，冲突主体往往能够选择更为

---

① 朱力：《中国社会风险解析——群体性事件的社会冲突性质》，《学海》2009 年第 1 期，第 69—78 页。

理性、约束性强的行为方式，进行有组织有策略的利益表达，有着较强的规则约束力，行为具有明确的目的，并对冲突成本有着明确的意识。在冲突过程中，往往会进行组织化动员或草根动员，对集体行动方式做一定约束和指导，成员间会保持一种较为稳定的联系。在企业罢工或公交、出租车罢运等冲突中，冲突主体仅围绕工资、福利、特定管理行为或某一政策而行动，且能够较为一致地进行，在目的基本达成甚至仅获得社会关注后即停止。在深圳冠星精密表链厂罢工事件中，企业员工由于对计薪方式不满而静坐抗议后，律师事务所的介入促成了企业员工与企业主之间的谈判，律所通过整合员工意见、动员选举代表、协助谈判等方式促成了最终方案的达成。在2010年兰州5条公交线路停运事件中，公交司机在上班高峰期停运两小时，其余时间正常工作，既提高了抗议的效果，又使抗议行为克制在一定的限度内。

相比之下，"社会型间接冲突"由于常常涉及到无直接利益相关的群体，多会演变成"社会泄愤事件"或"骚乱事件"，可防可控性较低，通常没有明确的规则来约束成员的行为，形成"无组织化"或"自由组织化"的状态。这一类事件的引发原因是多种多样的，如不满医院处置或收费情况，要求政府调查真相，本地居民与外来居民之间的纠纷，要求依法处理城管打人，对酗酒者不满等，但参与者缺乏组织规则的约束，有着较高的自由度，主要是表达民众的诉求，或发泄不满情绪，人们为了"讨一个公道"而围观聚集甚至游行抗议，通常具有"来得快、去得快"的特点，如安徽池州"6·26"事件、天津市南开大学砸车事件、安徽马鞍山"6·11"事件、贵州黔西事件、广东沙溪"6·25"事件等。

（四）冲突者的特性

冲突者本身的认知和经验对组织规则的约束性和组织结构的自由性均有着一定影响。曾在体制内工作过的人或者年长者，以及受教育水平较高的人群，会倾向于选择结构自由度高、同时有着较强约束力的组织方式。这两类人群对政治成本有着深刻的认识或者相关经验，更倾向隐性组织化类型，以灵活和讲策略的方式有效率地表达自己的利益需求，选择平和有约束的行为方式来规避政治敏感点，降低冲突成本。城市领域发生的公共冲突事件，以及环保领域、业主维权领域发生的公共冲突事件，常表现出隐性组织化的特征。这些地区和领域中的主体人群通常是教育程度较高或有着体制内工作经历的人群，有着较好的政治敏感性并熟悉网络工具的运用。在18起隐性组织化类型冲突事件中，发生在省会城市和地级市的事件高达16例，而剩余的2例则发生在县级市中。在2011年的江苏南京市梧桐树事件中，居民在网络上进行呼吁动员，之后通过为梧桐树捆绑绿丝带的形式表达保留梧桐树的利益诉求，方式理性平和并富有技巧，迅速得到了政府的重视并解决了问题。

相反，对于整体受教育水平较低，技术手段不发达或法律认知水平较低的群体，如一些农村居民、农民工等，在冲突过程中会表现出行为约束性低的特征。同时，在这一类人群中，社会关系网络以强链接为主，血缘关系、地缘关系是主要的社会关系，这使冲突主体的组织结构自由度较差。学者李晨璐、赵旭东曾将农民在群体性事件中的抗争手段称为"原始抗争"，内涵上是"缺少缜密计划及组织形式，按照农民自身意愿、自发地形成的抵抗方式"[①]。

（五）权威主体的介入

冲突过程中权威主体的介入会对组织化类型的选择产生影响。在一些案例中，冲突主体在初期阶段的行动具有明显的组织化趋势，即有少数的领导者和统一的分工部署，利益诉求表达清晰明确，组织目标突出。但是在对抗过程中，由于权威主体（如政府或司法机关）介入，冲突主体出于对自身安全性与行为合法性的考虑，会采取行动提高自身的结构自由度，如允许成员自由退出，取消领导者等，并相应地提高联系与互动规则的约束性，进入隐性组织化的状态。

（六）技术条件的限制

从时间上看，隐性组织化类型的公共冲突事件多发生在2010年以后：在总共18个隐性组织化类型的冲突案例中，2010年以后的占11例。除了抗争经验积累的影响之外，这在某种程度上与互联网技术的发展有关，网络技术为隐性组织化的形成提供了必要的联系和约束工具。

三 组织化的不同类型对冲突各方行动选择的影响

本研究将冲突行为的强度划分为两类：（1）低强度非暴力表达，主

[①] 李晨璐、赵旭东：《群体性事件中的原始抵抗》，《社会》2012年第5期，第181—183页。

要包括：本地上访、进京上访、散步、游行示威、静坐、罢工怠工、罢课、罢驶、守卫、打横幅、喊口号；（2）高强度暴力表达，主要包括：聚众闹事、堵塞交通要道、抗税拒缴、围攻政府等办公大楼、扰乱会场秩序、对物或人身的攻击或伤害、抬尸闹事、打砸抢烧、人身攻击、毁损公私财物、自杀胁迫、绝食抗议、械斗等。

从两个维度来分析，规则约束力的强弱和结构自由度的高低对选择高强度暴力表达有着重要的影响。在本研究所收集的106个冲突案例中，出现高强度暴力表达的案例共有58起，占比54.72%。但出现高强度暴力表达的案例比例根据两个维度的强弱高低而出现明显差别：在规则约束力强的37个案例中，出现高强度暴力表达的案例共有9个，只占24.32%；而在69个规则约束力弱的案例中，出现高强度暴力表达的案例达到49个，占比高达71.01%。同样，在结构自由度高的64个案例中，出现高强度暴力表达的案例43个，占比高达67.19%；而在结构自由度低的42个案例中，出现高强度暴力表达的案例15个，只占35.71%。（见表7-3）这说明规则约束力弱和结构自由度高都更容易导致高强度的暴力表达。

表7-3　　两个维度强弱情况与暴力表达的数量和比例

		案例数	暴力表达案例数	占比（%）
规则约束力	强	37	9	24.32
	弱	69	49	71.01
合计		106	58	54.72
结构自由度	高	64	43	67.19
	低	42	15	35.71
合计		106	58	54.72

同样，高强度暴力表达在组织化的不同类型中所占比例也存在着明显的差别，其中占比最高的是无组织化，达到84.78%；占比最低的是隐性组织化，只有22.22%。（见表7-4）这说明无组织化类型和自由组织化类型的冲突更容易导致高强度的暴力表达。

表 7-4　　不同组织化类型中的暴力表达案例的数量和比例

组织化类型	案例数	暴力表达案例数	占比（%）
标准组织化	19	5	26.32
隐性组织化	18	4	22.22
自由组织化	23	10	43.48
无组织化	46	39	84.78
总计	106	58	54.72

我们尝试根据各种组织化类型的不同性质和特点对上述现象作出说明。

首先，在标准组织化类型下，存在着正式的组织形式，规则约束力强，结构自由度低。冲突各方通常会采取理性、有策略的方法。对于目标明确、利益指向清晰的组织团体来说，公共冲突往往是工具性的。组织章程和规则的存在为集体行动提供了较强的约束性的指导性，而稳定的社会关系结构和成员也使责任清晰，不易产生强制性行动。在这种约束下，冲突主体多会选择谈判、申请第三方干预、呼吁媒体关注等集体行动方式，具有理性化、工具化、可控性强的行为特点。如在 2011 年深圳冠星精密表链厂罢工事件中，事件伊始，律所便立即介入并组织了劳资双方进行谈判，冲突顺利化解；2005 年广东太石村罢免事件中，村民两次联名签署《罢免动议》，最终依据法律程序罢免了村委会干部。在这样的情况下，冲突本身暴力性低，不易升级，时间短，易于管理。

其次，在隐性组织化类型下，虽然缺乏正式组织的明确形式，成员具有较高的自由度，但却有较强的规则约束力。在这种类型的冲突中，利益诉求指向明确，行为方式理性化，多以"散步"行为、守卫、网络呼吁媒体关注、和平罢运、静坐等非暴力手段为主，以无领导有纪律、通过互联网维持关系、"匿名化"为基本原则，激进行为较少，在多数情境下，参与者能够积极参与到与政府之间的对话中，并有一定的相互接受度。在某些特定情况下，可能受到一些个体行为的影响而产生小规模的暴力性行为，如广东省广州海伦堡花园居民集体抗议行动中，由于政府的处置方法较为激进，造成了群众的愤慨情绪并进行了反抗。但总体而言，此种类型下的冲突主体在情绪上较为稳定，不易受到煽动，冲突进程不易于受到暴力的强制推进，且一旦明确对利益诉求作出妥协或满足后，冲突事件能够迅速平和地结束。隐性组织化的行动策略在实践上具有暴力性低、目标明确、不影响社会秩序、弱政治性等特点，通常能够在唤起政府等权威主体注意的同时保护自身的合法性。

再次，在自由组织化类型下，规则约束力弱，但结构自由度低。一方面，由于身份背景的同质性，广泛存在的非正式关系网络，利益诉求趋于一致，使这种群体在面对与其他群体的利益冲突时能够具有较为一致的目标，并产生共情作用。另一方面，由于对集体行动并没有一个强有力的约束体系，行为选择相对自由，行为方式底线低，冲突情绪不稳定，极易采取过激行为，导致暴力越轨事件，推动冲突强制升级。在 2008 年浙江海村环境抗争事件中，村民采取了拦路、打砸及集体下跪等自发方式。在 2009 年吉林通化通钢 7·24 事件中，企业员工从游行逐渐激化到发生肢体冲突造成流血事件。在 2010 年张家港市人民医院千人聚集事件中，受到患者家属医院内祭奠活动吸引而来的群众逐渐爆发出过激行为。值得注意的是，在征地冲突（如广东省中山市三角征地冲突案、云南孟连事件、山西运城征地冲突案等）和罢工罢运事件（如三亚出租车罢运事件、吉林通化通钢事件、深圳宝安及龙岗出租车罢运事件等）中，冲突早期均采取了罢工、静坐等较为平和理性的行为方式，但当受到压制或暴力对待时，便迅速爆发肢体斗殴、打砸抢等暴力对抗性行动，使冲突升级。

最后，在无组织化类型下，规则约束力极低，而结构自由度又很高，在利益表达上不存在整合，处于高度的匿名化状态。在这种组织化状态下，冲突的发生具有很大的偶然性，谣言的传播起到重要的引发、催化和助燃的作用，形成非理性的猜想和推断，激发愤怒情绪的共鸣，导致民众围观或聚集，若得不到可以接受或认可的官方答复，就很有可能借助混乱实施非理性行为。由于缺乏可以与政府进行直接磋商的组织者或代表，在集体无意识的裹挟下，失控局面无人控制，参与者的行为也不须遵守任何既定的规则，在个体之间循环的情绪感染与振荡下，气氛一旦紧张就极易走向勒庞所谓的"群体无理性"。在全国闻名的瓮安事件中，事件起因非常简单，开始只是亲属打着横幅在街上游行，试图引起注意，为亲人"讨一个公道"，然后很多群众就"尾随队伍前进"，到达公安局办公楼前，经过"少数人的煽动"，人群开始对政府机关发起进攻，冲突迅速升级。在 2009 年发生的旭阳玩具厂群体斗殴事件中，冲突的焦点问题是由于网络谣言引起的人群间的相互怀疑，而事件触发点则是几个人的打架斗殴，但在事件的发展过程中，由于谣言的进一步散播以及斗殴事件的刺激，在一些不法分子的煽动下，冲突迅速升级成为大规模流血事件。同样的情况也发生在 2009 年的南京儿童医院患儿死亡案、2011 年广东增城"6·11"事件等案例中。部分学者认为"无组织化"状态是社会转型时期群体性事件的主要风险因素。①

四 政府应对不同组织化类型冲突的方式

从本研究所收集的案例来看，对不同组织化类型的公共冲突，政府的应对方式也表现出一定差异。为了使冲突治理达到预期的效果，一些应对措施需要调整和改变。

（一）政府应对标准组织化类型冲突的方式

从所研究的冲突案例来看，政府应对标准组织化类型冲突的方式较为多元化，通常会根据具体的事件采取有针对性的行为，包括加强专项工作、出台临时补贴政策、介入调查、处置相关公务人员、组织座谈会、督促企业进行整改等。也存在一些没有由政府直接出面管理的案例，如兰州 5 条公交线路停运事件、苏州联建科技事件及佛山本田汽车零部件公司罢工事件等。政府多元化的冲突管理方式得益于高度组织化的冲突方具有明确的利益诉求和有技巧的组织化表达手段。

标准组织化使政府在冲突管理中不必直接面对原子化的个体，降低了管理成本。同时，标准组织化也可能导致公共冲突的持久化，增加政府部门迅速化解冲突的难度。在 2011 年发生的玉林狗肉节抗议事件中，由于有动物保护组织等 NGO 部门的参与，虽然政府部门进行了沟通，并加强了食品安全专项工作，但该次事件并没有完全消弭，此后每年狗肉节举办期间，动物保护组织都会发起呼吁或网络联名抗议等行动，成为了一个高度组织化的社会行动。

由于标准化组织具有统一的利益指向和规则约束，其行为选择具有较

---

① 单光鼐：《尽快开启越来越逼近的制度出口——2009 年群体事件全解析》，《南方周末》2010 年 2 月 4 日。

好的可预期性，这为实施理性的冲突化解方式提供了良好的基础。因此，应从冲突治理的长期效果着眼，尽量采取谈判、调解等理性化解冲突的方式，寻求双方都能接受的解决方案，化解产生冲突的原因。政府应积极倡导冲突各方进行沟通和谈判，并为谈判、调解、仲裁等公共冲突化解方式创造适宜的条件和氛围，包括建立公平的冲突化解程序，保障各方在冲突化解过程中的平等权利，维护干预第三方的中立性，促进冲突各方的有效沟通并建立相互信任，控制情绪，并为冲突化解达成的最终方案及其有效执行提供必要的法律保障。

（二）政府应对隐性组织化类型冲突的方式

从隐性组织化类型冲突的实际案例来看，政府应对这种类型冲突的方式主要包括宣布项目停止（10例）、谈判（3例）、第三方部门介入调查（4例）、依据需求进行整改（4例）等。在广东江门鹤山反核事件、辽宁大连福佳反对PX项目游行事件、福建省厦门市反对PX项目游行事件、上海磁悬浮列车居民抗议事件中，政府部门直接顺应居民意见，发表声明取消或迁建项目。仅有3个案例（山东平度"3·21"征地纵火案、重庆出租车罢驶事件及安徽砀山征地冲突）由于爆发时已伴随着对抗性行动，如纵火、斗殴、打砸物品、胁迫民众等行为，政府部门采取了应急措施，对事态发展予以了控制。近几年来，对政府来说，"散步""集体购物"和网络声讨等隐性组织化的冲突行为已不再是新鲜情况，政府已经积累了一定的应对经验，并形成了路径化的管理方式，包括加强环境监测，成立专门调查组对项目进行调查，对项目建设进行延期或迁址等。

隐性组织化的选择在一定程度显示出冲突方对政府部门的信任程度不足，也体现了民间自组织化的技巧。因此，政府在应对隐性组织化类型冲突的过程中，应当特别注意改善互动机制，与冲突各方加强相互沟通，建立互信机制，在冲突管理的过程中保持政策的一贯性，防止政府政策的多变导致冲突各方行动策略选择上的机会主义倾向。

同时，由于隐性组织化的规则约束力强，又缺乏明确的组织形式，因此容易陷入集体行动的困境。群体成员在潜在规则的约束下参与各种集体行动，却无法和无力对行动方式和策略进行必要的选择和调整，使得冲突各方难以妥协和协商，为公共冲突的化解增加了难度。因此，应当注意防止集体行动困境，增加组织结构的显现程度，扩大群体成员和组织者的选择和调整空间,以削弱缺乏责任担当的盲目集体行动的产生土壤,为冲突的化解创造必要的条件。

(三)政府应对自由组织化类型冲突的方式

从自由组织化类型的冲突案例来看,政府应对这一类型冲突的方式主要包括第三方部门介入调查(11例)、公安介入压制并惩处相关人员(5例)、内部调解或第三方调解(3例)、资方发表声明(1例)、谈判(2例)、出台相关整治措施(4例)、安抚疏导群众(3例)等。政府部门常常是将强力压制、调查真相与沟通谈判等措施结合使用。

从处理过程来看,如果事态处于可控状态,政府往往不直接插手干预,而是发挥督促和监督的作用。如近几年发生的富士康千人罢工事件、IBM深圳工厂千人罢工事件,政府并没有直接进行管理,而是由企业主自行调解解决,政府仅起到监督督促的作用。但如果冲突事态不断扩大和恶化,政府则多是从控制事态进一步扩大入手,随后开展调查,并通过调整政策来平息和化解冲突。较为典型的例子是在2008年发生的云南孟连胶农事件中,事件爆发时即伴随着剧烈的肢体冲突,政府首先对事态进行了控制以防扩大,随后成立专案组进行事件真相调查,并在调查过程中发现了大量的贪腐案件。在调查的基础上,相关执法部门对贪腐案件进行处理,商务部门则对收购政策进行了适度调整。在共同协作下,最终促进了事件的解决,使冲突得以平息。

值得注意的是,在这一组织化类型的案例中,由于利益诉求趋于一致,冲突方内部的主张比较容易整合,使政府能够找到可以进行磋商的代表。因此,在对暴力对抗性互动进行控制后,政府经常能够通过满足冲突方的利益诉求来寻求冲突的平息和化解。

对自由组织化类型的冲突,政府应当注意寻求利益共同点,预防突发性对抗。一方面,由于群体的自由度低,呈现出强烈的同质性,整体的背景情况类似,利益指向趋于一致,这就为以达成利益共识为基础的冲突化解提供了条件。另一方面,由于自由组织化状态下规则约束力差,并且没有实际上的组织分工、决策机制和约束规则,所有的参与者在具体行动中都表现出较弱的自我理性控制,如果治理手段选择失当,就可能造成局面失控进而转化成暴力冲突。因此,在应对此种组织化类型的公共冲突中,要注重疏导与治理手段的选择。在冲突化解和管理的过程中,可以尝试以平等的姿态寻找适合的磋商对象，尝试选择谈判、调解或者仲裁等冲突化解方式进行沟通化解，寻求利益的共通点和共赢的解决方案。同时，对冲突过程应严密监控，防止爆发暴力对抗行动。还应该健全民意表达和政府倾听的各种渠道，加强高层领导与底层民众的对话，使民众提出的问题切实得到政府关注，民众的主张切实为政府所理解，避免形成"只有闹大才能引起政府注意"的负面效应。

（四）政府应对无组织化类型冲突的方式

在所收集的无组织化类型的冲突案例中，政府部门的应对方式主要包括公安介入压制并惩处相关人员（30例）、第三方部门介入调查（14例）、第三方调解（6例）、疏导教育（6例）、组织座谈会（3例）、政府公开信息（1例）等。从过程上看，基本以控制和防止事态进一步扩大着手，然后辅以调查事件起因与真相等措施对民众情绪进行安抚与疏导。

在无组织化类型的冲突中，规则约束力较低而主体自由度很高，冲突主体通常是无相互关联的民众，这使冲突行为具有不可预测性。在冲突爆发初期往往就伴随着群众聚集、打砸抢、肢体斗殴等活动，案例中聚集群众上千人并试图冲击政府的情况屡见不鲜（如瓮安事件、吉首融资案、四川什邡反对铜钼事件、江苏启东事件等），具有很强的负面效应。在这样的情况下，冲突方缺乏正常的利益协商与表达机制，无法靠自身力量解决问题，同时又有着多种多样的利益诉求甚至积怨，所有问题都要依赖政府解决。这一类型的冲突事件常常由于大规模的对抗性行为使冲突迅速升级，并掩盖冲突起因的焦点，使群众和政府的注意力转向冲突的升级，进入应急状态。政府的应急措施通常会使冲突的事态得到较快的控制进而平息，但也常常因此使本来的深层问题没有得到解决，使产生冲突的真正原因被隐藏，并成为下次冲突事件的伏笔。

对无组织化类型的冲突，政府应当及时控制事态，关注深层问题。一方面，冲突事件常常是由偶发事件引起，冲突参与者试图借助特定事件来表达自己的多样化诉求或社会愿望。因此政府部门在介入治理此类公共冲突事件时应注意疏导群众情绪，对不同利益需求群体采取相应的处理安抚措施。另一方面，由于找不到具体磋商对象，缺乏规则和底线约束，冲突主体极易因情绪失控而出现过激暴力行为。因此政府应及时应对冲突，严密监控事态发展，对可能发生的暴力行动建立应对预案，采取必要的防控措施。由于这种组织化类型的冲突烈性较高，常常使事件本身的焦点问题和深层原因被暴力对抗性行动湮没而得不到真正解决，因此政府在控制冲突进程的同时，应当聚焦于冲突的焦点问题，着力分析和化解产生冲突的深层矛盾，改善产生冲突的制度环境和社会条件。

第二节　警惕公共冲突中的旁观者介入

旁观者围观群体性公共冲突事件会对冲突过程产生重要影响。不同类型的旁观者基于不同的行为动机而围观公共事件，并通过聚集围观、言语评论、情绪积累三个阶段而逐步介入到公共冲突事件中，从而对公共冲突造成不同程度的影响："旁观者效应"使冲突升级的临界点变得更具不确定性；旁观者的"规模效应"使相关管理部门措手不及；旁观者的潜在威胁，对社会秩序与稳定构成一定的冲击。因此，应转变理念，科学有效区分"旁观者"与"参与者"，加强公共对话机制建设，建立健全风险预警机制和社会矛盾应急与调解机制，加强社会建设，促进多元协同治理，全方位消解旁观者现象。[①]

一　"旁观者"及内涵

"旁观者"（onlookers），一般是指"置身事外，从旁边观看或者观察的人"。在公共冲突领域，"旁观者"主要是对并非冲突中相关各方、但处于冲突情境中人群的称呼。但是，究竟何谓"旁观者"，是否等同于所谓的"无直接利益冲突参与者"，目前各界尚无明确的界定，但现实中却存在着混淆彼此、随意使用的乱象，这一点在新闻媒体报道中混用现象更为突出。

目前学界对"无直接利益冲突"[②] 的认识大致可分为两类。一类是认

[①] 原珂、齐亮：《"旁观者"现象：旁观者介入公共冲突的过程分析及破解策略》，《社会主义研究》2015年第1期。该文是本项目研究的阶段性成果。

[②] "无直接利益冲突"一词，是在十六届六中全会刚刚决定和部署构建和谐社会之后，国内主流媒体《瞭望》新闻周刊于2006年10月17日刊出《社会矛盾新警号："无直接利益冲突"苗头出现》调查报告一文中提出。之后，社会各界反响强烈，学界开始对这一概念进一步展开研究。转引自钟玉明、郭奔胜：《社会矛盾新警号："无直接利益冲突"苗头出现》，《瞭望新闻周刊》2006年第42期。

为"无直接利益冲突"是一种情绪表达。它主要是指社会冲突的众多参与者与冲突事件本身并没有直接的利益诉求,而是因曾经遭受过不公平对待,长期积累下不满情绪,感觉到自己是显在或潜在的被迫害者,于是借机表达、发泄不满情绪。① 如刘勇根据冲突的特点将其定义为"以偶然事件为冲突起因,以与事件无关的弱势群体为冲突主体,以政府权力部门为冲突焦点,以借机发泄为冲突心理,以狂热与反常规为进程特点的群体事件"②;黄刚也根据冲突发展的过程将其描述为"大部分群众不是因为自身的直接利益而参与事件之中,也没有直接的利益诉求,但这部分最初作为旁观者的群众为了借机宣泄长期积累的不满情绪而最终加入事件之中并成为事件的参与者和推动者,导致事态进一步扩大化、复杂化"。③ 另一类则认为,"无直接利益冲突"不是一种单纯的情绪表达,而是一种"集团对集团"的冲突。在两个利益个体的对抗中,围观者会自动按照自己的身份、地位和利益进行站队。郝宇青从无直接利益冲突的参与者、冲突现象的性质、冲突现象的发展态势三个方面加以界定,认为参与者具有"与冲突事件本身无关""弱势群体""集团意识"的特征,由此产生的冲突是一种"官民对立""利益集团冲突",并具有"泛化"④ 和"升级为直接利益冲突"的特性⑤;石方军通过对无直接利益冲突现象的探析也将其特征归纳为"事件的偶发性和参与行为的非理性""没有明确的组织者"、但却有"焦点集中于政府机构"和"泛化的发展倾向"⑥,从而产生一种集体性或集团化的对抗意识或倾向。此外,韦长伟还对"无直接利益冲突""非直接利益冲突""半直接利益冲突""社会泄愤事件"等

---

① 章再彬、王炜:《当前中国"无直接利益冲突现象"探析》,《江西师范大学学报(哲学社会科学版)》2007年第5期。

② 刘勇:《"无直接利益冲突"对政治稳定的挑战及应对机制》,《中央社会主义学院学报》2010年第3期。

③ 黄刚:《社会建设:化解无直接利益冲突的关键》,《唯实》2009年第10期。

④ 泛化,指的是不满情绪的蔓延和参与规模的提高,升级是由于更多"无直接利益相关者"的参与使得冲突的规模、性质、程度提高。

⑤ 郝宇青:《当前中国"无直接利益冲突现象"的特征》,《时事观察》2004年第7期。

⑥ 石方军:《新时期我国"无直接利益冲突"现象探析》,《青年与社会》2012年第6期。

作了进一步的区分。① 但是，不可否认的一点是，他们都认为"无直接利益冲突者"是最终参与到冲突中的人们。

然而，"旁观者"与"无直接利益冲突者"虽具有概念上的相似性和逻辑上的前后衔接性，使其与"无直接利益冲突者"较为相似，但是因其根本尚未参与到冲突中，二者之间有着本质的区别。在某种意义上可以说，"旁观者"是"无直接利益冲突"现象的逻辑起点，即"旁观者"是"无直接利益冲突者"的准备阶段，虽其在一定条件下可以转化为"无直接利益冲突者"，但其毕竟尚未参与到冲突中，因此不宜称为"冲突参与者"。但由于二者之间关系密切，有时"旁观者"也被理解为是未参与冲突的"无直接利益相关者"。在此，值得注意的一点是，旁观者并非一定是"无直接利益冲突"的前兆，一个明显的区别是："无直接利益冲突"更为强调其"无直接利益"，而"旁观者"可以是与冲突毫无利益相关的"过路人"或"看客"，也可能是与冲突有相关利益者，只是尚未察觉或已察觉但采取观望而未介入的人们。因此，本研究将"旁观者"定义为：那些正处于公共冲突情境中，但尚未对冲突产生实质性影响的人们的总称。换句话说，是指那些在公共冲突情境中，尚未参与到冲突中去而只是采取围观或观望态势的人们。

在现实公共冲突中，"旁观者"更侧重于强调其"非参与性"，而非有无直接或间接利益关系。如果说，"无直接利益冲突者"具有间接相关性、非组织化、指向公共机构（主要指政府）、具有泛化或升级趋势等特点的话，那么，"旁观者"的特征可以概括为下述三个方面：

一是模糊相关性。与"无直接利益冲突者"相比，旁观者由于并未参与到冲突中去，因此并不能确认其是否如冲突相关方那样与冲突"直接相关"，还是如"无直接利益冲突者"那样通过介入与冲突"间接相关"，其与冲突的相关性不易直观察觉发现，较为模糊。

二是背景性。虽然旁观者不直接参与到冲突其中，但因处于冲突情境之中，往往会以背景的方式对冲突环境产生影响。例如影响舆论、观望注视令冲突参与者不安、构成心理压力等。这种背景性的影响可以是潜移默

---

① 韦长伟:《近年来国内"无直接利益冲突"现象研究》,《福州党校学报》2011 年第 4 期。

化的,也可以是明显的,有时甚至成为主导性影响因素。

三是潜在参与性。主要是指无论"旁观者"是否与冲突有利益相关,都皆有可能因情绪、心理、舆论等方面的原因被激发而参与冲突,即旁观者随时都有可能发现自身与冲突间存在着某种联系而参与到冲突中去。在有关社会运动的研究中,克兰德曼斯(Bert Klandermans)等将这种蓄势待发的状态称作风险人群所具有的"动员潜能"[①]。

二 "旁观者"的类型及行为动机

根据旁观者与公共冲突事件的利益关系,可将旁观者的旁观行为分为以下三种类型。

(1) 无直接利益旁观,即通常所说的"看热闹"。旁观者由于与事件本身无关,因此采取消极的观望姿态,但并不意图介入事件之中,其旁观的目的往往是出于猎奇心理,只是想了解事实而已,大多数围观事件属于这种行为的旁观。

(2) 潜在利益旁观。它与无直接利益旁观相似,但不同之处在于其旁观行为的起初动机虽也是无目的性的或缺乏明确目的的,但随着事件的发展,要么是逐渐发现自身与冲突存在利益相关,要么是内心的情绪被激发或调动起来,"被动地"认为自身的不满是由冲突未解决造成的。大多爆发式、泄愤式的群体性事件即是如此,诸如前些年国内多城市爆发的反日游行打砸事件、PX事件中围观行为都属于这种类型,即旁观者的潜在情绪被激发出来,旁观者感觉到自身与冲突从"不相关"到"相关",但尚未实质性地参与到冲突中去。

(3) 直接利益旁观,在某种程度上它可称之"搭便车"行为。旁观者由于利益相关而积极主动地关注事件的发展,但因多方面的原因却无力介入或不愿介入到冲突中,因此采取观望的态势关注事态进展。例如,许多大规模、在场者身份单一或有组织的冲突,诸如因社区邻避冲突、征地拆迁冲突等引发的围观以及"集体散步""静坐示威"行为等,都属于此种类型。

[①] B. Klandermans & D. Oegema, Potentials, Networks, Motivations and Barriers: Steps Towards Participation in Social Movements, American Sociological Review, 1987, 52, pp. 519–531.

此外，根据旁观者对公共冲突事件所采取的行动，可以将旁观者的行为分为观望式旁观和影响式旁观。前者是一般性的旁观行为，即旁观者置身于事件之外进行观望，如"路人"一般，既不对事件本身产生实质性影响，也不对相关参与者产生任何压力；后者主要是指旁观者虽未参与到冲突中，但其言论、行为或其存在本身对冲突事件或相关参与者产生了一定的影响，如旁观者被参与者误认作是"同伙"，而产生"人多力量大"的错觉或误判，从而对冲突一方造成心理等方面的无形压力。由此推知，背景性是影响式旁观的一大显著特征。

鉴于上述两种不同的分类，如果根据利益相关性（即旁观者直接或间接感知到的自身利益与冲突事件的相关程度）和行为影响性（即旁观者的行为对冲突的影响程度）两个变量对于旁观者行为动机进行交叉分析，则可以发现，直接利益旁观可能采取观望式的行动，也可能采取影响式的行动；观望式旁观者可能与冲突事件直接利益相关，也可能与冲突事件无关。如图 7-2 所示。

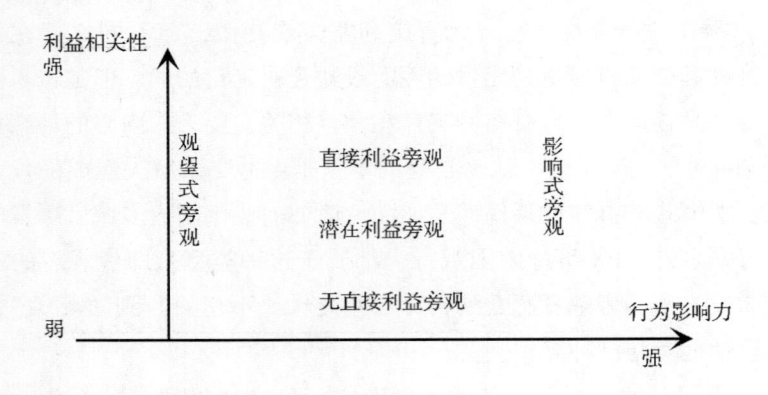

图 7-2　旁观者的类型

现实生活中，利益相关性和行为影响性这两个变量常常是交织在一起的，从而使旁观者行为动机变得多元而复杂。

第一种可能是冲突并不涉及其利益。这类旁观行为多发生在街头、中心地点、闹市区等流动人群多、信息传播快的地方，冲突的原因、内容及双方主体等都具有较高的吸引性，使得冲突容易快速被周围人群感知，引起该类旁观者的围观。由这种动机引发的旁观行为占据公共冲突事件人群中的大多数。尤其是在冲突初始阶段，本着"凑热闹""发生什么了"的心态进行的旁观较为普遍。根据冲突事件的吸引程度不同，旁观者的规模、聚集速度也有所不同。如贵阳德江舞龙事件、重庆万州事件和大多数城管执法引发的冲突都属于该类旁观。

第二种可能是冲突涉及其利益，但并未被其所感知。现代公共冲突事件的诱因更加多元、主体更加多样、内容更加复杂，并不是每一个处在冲突环境中的个体都能清晰地认识或判断到自身与冲突的相关性；冲突的内容、原因和细节也是随着旁观时间的增多而越加明晰地被感知和理解。受到有限信息的制约，旁观者可能起初并不知晓自身与冲突的关联，故而采取旁观而非参与的行动。

第三种可能是冲突涉及到其利益，但因自身力量不足、隐藏身份、或有意避免介入冲突等而采取观望的态势。这类旁观行为多发生在双方实力差距悬殊的冲突情境中。由于一方在冲突中具有明显弱势，使得群体中具有风险规避偏好的人群分化出来，采取被动隐藏、静观其变的行动。但由于冲突又与自身具有利益相关，因此这类旁观较为持久、关注更加密切。旁观者随时有可能根据冲突情况的变化调整策略。如瓮安事件中请愿人群由缓慢增多到迅速增多、四川大竹事件死者同学由围观到纵火等行为都属于该类围观。

表7-5　　　　　旁观者的行为动机类型及其特征

旁观者的行为动机	冲突情境	行为特征
冲突不涉及其利益	冲突多发生在流动人群多或信息传播快的地方	迅速围观、规模扩大、信息快速传播
冲突涉及其利益，但未被感知	冲突涉及内容或信息较难被理解	冷静旁观、但随着时间推移或特定事件可能感知到相关性
冲突涉及其利益，出于各种原因采取观望	冲突双方实力差距悬殊	被动隐藏、蓄势待发、密切关注冲突变化并随之调整策略

实际上，旁观者之所以采取旁观行为的这三种动机正好应对于上文所分析的无直接利益旁观、潜在利益旁观、直接利益旁观三种类型。由此可

以看出，旁观者的旁观类型及其行为动机都和冲突事件本身的特点密切相关。虽然现阶段我国公共冲突的频发与正处于社会转型期的大背景紧密相关，但是旁观者现象并非是这一时代之特色，其自古有之，只是近期愈发明显，且正在蠕变之中。

三 "旁观者"介入公共冲突的过程分析

基于旁观者的不同行为动机，对其介入公共冲突的过程进行分析则是化解旁观者围观现象的首要前提。有学者曾通过对安徽省马鞍山市"6·11"事件的5位旁观者进行深度访谈后指出，旁观者卷入无直接利益冲突的行为逻辑包含两个层面：一是心理动因层面，如看热闹、打抱不平、借机发泄、寻求权利、相互影响、刺激快乐；二是实际行动层面，包括围观起哄、聚集封堵、推挤打砸、传播信息、躲避退却、反思评述等[①]。本研究根据旁观者在冲突发展和升级的不同阶段采取的不同措施，将旁观者介入公共冲突的过程大致划分为聚集围观、言语评论、情绪积累、介入冲突四个程度由弱到强不同的阶段。

阶段一：聚集围观。这是开始阶段，主要是指旁观者采取在外围围观的方式。这种参与既满足了旁观者想了解事实的猎奇心理，同时又不会因为深度参与而受到牵连。

阶段二：言语评论。这一阶段旁观者已经不满足于围聚观看，而是转为采取评论、起哄帮衬等方式，简单地介入到事件中，这一阶段已经夹杂了旁观者的主观情感和判断，表达出自身的态度和倾向。

阶段三：情绪积累。这一阶段主要是指不满情绪的积累，旁观者对冲突产生感同身受的情绪，逐渐认识到自身也可能在这一过程中受损，或是以往的不满情绪被激发和调动出来，并逐渐得到扩散。这一阶段可能成为旁观者从态度转变为行动的关键，由此产生传播负面信息、推挤打骂等行为冲动。

阶段四：介入冲突。主要是指旁观者由围观介入冲突，而成为冲突参与者一方，从而完全将自己看成冲突中的一方而实施行动。

---

① 潘莉：《旁观者卷入无直接利益冲突的行动逻辑》，《山东理工大学学报》（社会科学版）2012年第4期。

本研究拟通过一组案例系统分析旁观者介入公共冲突的过程，如表7-6所示。之所以选取这种案例，一方面是因为其具有代表性，都是近年来国内发生的较为有影响力公共冲突事件；另一方面是因为其公开报道的充分性。

表7-6　　　　　　　　旁观者介入公共冲突的过程

事件	诱发原因	参与者	旁观者	旁观者阶段性行为过程分析			
				聚集围观	言语评论	情绪积累	介入冲突
贵州瓮安事件	一女生溺亡	死者亲属、少数死者同学	多数死者同学（利益相关）对拆迁征地不满的居民（情绪相关）、由社会传言引起旁观的群众（无利益）、黑恶分子（利益或情绪相关）	部分学生去县政府请愿	对于死者事件的传闻	人群"等不来领导说话"	十多人冲入县政府大楼纵火
甘肃陇南事件	拆迁户上访	拆迁户	关心搬迁问题的市民（利益相关）、旁观群众（无利益）	关心搬迁问题	主要领导未出现、谣言四起	警察与人群对峙	传言警察打人、旁观者迅速增多，并发泄不满情绪
湖北石首事件	一酒店厨师非正常死亡	死者亲属	因家属将尸体停放在酒店引起旁观的群众（无利益）；对当地社会治安不满的群众（情绪相关）	围观死亡事件	对酒店及其政府不作为的传言	由对单一事件的围观转为发泄对当地治安的不满	设置路障、围堵道路

续表

事件	诱发原因	参与者	旁观者	旁观者阶段性行为过程分析			
				聚集围观	言语评论	情绪积累	介入冲突
重庆万州事件	三人因刮蹭引发口角	胡权宗（冒充公务员）、曾庆容夫妇、余继奎（务工人员）	由胡某激烈言论引起旁观的群众（无利益）	胡曾夫妇击打余某，并宣称自己是公务员	对胡某身份的传言及不满	警方处理过程中，有传言打者会得不到公正处理	旁观者包围警车、打砸政府办公楼、焚毁警车
四川大竹事件	一酒店迎宾小姐死亡	死者亲属、死者同学	由于社会传言、观看酒店起火引起旁观的群众（无利益）	社会传言四起，有学生砸坏玻璃	质疑警方破案的进程以及死者死因	死者同学查看情况被阻拦	有人冲入酒店纵火，引发大量旁观，后不满情绪爆发阻拦、砸毁消防车辆

　　从表 7-6 可以看出，这四个阶段的不断发展和升级，都有其促成的原因，而旁观者的介入也应是值得注意的重要一点。同时，还可以发现，公共冲突中的旁观现象有下列几个规律[①]：（1）当冲突双方力量悬殊越大时，旁观者围观的可能性就越大，如贵州瓮安事件和四川大竹事件；（2）当冲突一方态度行为越强横时，旁观者围观的速度就越快，如重庆万州事件；（3）当政府部门的处置不及时，旁观者围观的程度就越深，如甘肃陇南事件和湖北石首事件。

---

① 吴传毅、唐云涛：《"非直接利益冲突"的规律及制度性应对思考》，《北京行政学院学报》2010 年第 2 期。

四 "旁观者"对公共冲突的影响及其应对策略

（一）旁观者对公共冲突的影响

公共冲突因旁观者的围观而更具复杂性和不确定性，旁观者对公共冲突的影响大致集中在以下三个方面。

1. "旁观者效应"的产生，致使冲突升级的临界点变得更具不确定性

在公共冲突情境中，由于旁观者的突发性与集聚性，易形成所谓的"旁观者效应"。即指在突发情况下，旁观者越多，每个人所感受到的自己所肩负的责任就越小，因而提供帮助的可能性也越小；旁观者越少，这些认为"除了自己没有人会去帮助受害者"的旁观者，则会感觉到自己对受害者负有不可推卸的救护之责，因而提供救助的情况比较多。基于这种心理，致使公共冲突情境中的旁观者人数会越来越多，从而致使冲突升级的临界点变得更具不确定性。在某种程度上可以说，旁观者的介入及其"旁观者效应"可能导致冲突性质的转变，甚至引发"二阶冲突"，导致冲突事态的进一步扩大与升级。

2. 旁观者的"规模效应"，造成相关管理部门措手不及

"规模效应"主要是指因旁观者的围聚，使冲突情境中群体规模扩大，造成"规模假象"，使冲突各方更具模糊性，从而使管理者（主要指政府）更加难以辨别与冲突有关的主体及其相关利益。规模效应虽能使声音多元化，但其往往促使冲突能量增加，也可能致使群体性思维固化，形成"阵地意识"，从而使压抑的能量一旦集中释放出来，其后果要远大于能量的集合本身。此外，旁观者的规模效应，常常令相关管理部门措手不及。这在很大程度上，也使冲突各方减少了直接对话的可能性，增加了政府处理事件的难度，不得不动用大量的资源平息事态。

3. 旁观者的潜在威胁，对社会秩序和稳定构成一定的冲击

虽然旁观者并未直接介入冲突事项中，但作为背景性因素和影响性因素，不但具有潜在的参与性，还通过言语评论、情绪积累、情感感染等给予冲突主体压力，使得原本关系简单、责任明确的事件迅速扩大范围，引起不满情绪，造成社会心理上的恐惧。还往往是促成非冲突事件向冲突事件、个体冲突事件向群体性公共冲突事件转变的重要变量之一，从而对社

会秩序和稳定构成一定的冲突。

(二) 应对策略

社会转型期我国公共冲突事件中旁观者的大量存在，在某种程度上表明了现阶段政府及其相关组织、团体或个人在应对或处理公共冲突事件时还存在着一定的问题，大量的旁观者围观或参与到公共冲突事件之中，表明了存在问题的"共线性"，这也就指明了政府及其相关主体下一步工作的着力点，指明了下一步努力和完善的方向。

1. 转变理念，加强社会文化建设，提升政府公信力

理念是行动的先导。以往政府及其相关部门在对公共冲突的处理方式上，往往采取"抓典型"的方式，即只重点关注公共冲突事件的"带头者""引发者"等"冒尖"人群，各种惩戒措施、应对重点也集中在这类人群身上，而对旁观者往往作为要快速疏散的背景进行处理。这种做法虽然能对冲突的控制起到"立竿见影"之成效，从冲突处置层面上顺利"交差"，但是这种根据在冲突中发挥作用的强弱进行惩戒、只观察表面现象而忽视深层动机、只简单"归罪"为目的划分群体而不是从实际角度"归因"的做法，显然不是有效的"治本"方式，很难从深层次探究公共冲突中"旁观者"之所以"旁观"的根本症结所在，从而只是一次性地疏散旁观者，而无法真正消除"旁观者现象"。因此，应改变传统的"强调冲突处置、忽视冲突化解"的思维方式，从宏观层面上加强社会文化道德建设，倡导和谐理念，构筑起内生性的社会稳定。这是一种自发的由内而外生成的社会秩序，是一种高度自然和谐的社会状态，是一种可持续的社会稳定，最终让社会中的每一个人能够在制度的框架内行使自己的权利，维护自己的利益，而不必采取非制度化的途径进行政治参与[①]，从而助于从更深层次上减少潜在的旁观者群体，也有利于有效消散在冲突情境中的旁观者。此外，还应进一步加强党和政府的领导，发挥其在基层社会治理中的导向作用，不断提升政府的公信力，从而进一步夯实党和政府在城市基层的执政根基，使社会矛盾、纠纷或冲突化解在萌芽阶段。

2. 区分"旁观者"与"参与者"，注重群际心理疏导

鉴于当前我国现行的社会管理方式，在公共冲突事件处理中，经常

[①] 黄毅峰：《群体性事件中非直接利益主体之特征考察与影响分析》，《上海行政学院学报》2014年第5期。

将"旁观者"与"参与者"不加区分,统一对待,采取压制的方式"暴力驱散"甚至"一抓了之"。但从实际效果来看,不仅不利于事件本身的解决,还容易激发"旁观者"的参与欲望,从而使事件本身更为复杂,如旁观者的介入致使冲突升级的临界点变得更具不确定性、造成冲突性质的变化等。因此,首先应对公共冲突情境中的各类主体或角色进行细致区分,科学合理有效地区分公共冲突情境中"旁观者"与"参与者",因势利导,使旁观者能逐渐消散。其次,应防止旁观者角色的转化。旁观者本来没有怨气,但在冲突的旁观情境中可能会激发出内心的不满,这种不满无论是否与冲突本身相关,都会令旁观者感到自身利益受到了损害,希望通过参与的方式表达或发泄,从而使"旁观者"变成了"参与者"。因此应尽可能地防止公共冲突情境中"旁观者"向"参与者"的转化,最大限度地有效区分或隔离旁观者与冲突相关方,降低冲突能量,防止冲突升级。第三,应注重群际心理疏导。对冲突事件中的旁观者,要根据不同旁观者的年龄、心理特征等进行合理的心理疏导,使其尽快有序消散。此外,还应有效识别冲突升级的临界点。有效识别冲突升级的临界点是瓦解"旁观者"转变为"参与者"的一条良好路径或无形之策。

3. 拓展民意表达渠道,加强公共对话机制建设

水可疏而不可堵,民意畅达是化解"旁观者围观"的基础。要真正做到公众表达渠道畅通,情绪宣泄机制顺畅,就应加强沟通交流机制建设,拓宽民意表达渠道,使旁观者有合理的公共交流与对话空间。对话在冲突化解过程中具有重要作用。对话的目的是要达到真正的倾听,倾听可以更好地促进沟通与交流,而良好的交流是达成共识的重要条件[1]。理性开放的公共对话机制,是化解公共冲突最为有效的路径之一。如近年来西方社会在冲突化解中采用的公共对话方法就多达 20 余种,主要包括理解性探寻、变革实验室、围圈对话、深度民主、探索未来、和平学校、开放空间、情境规划、持续对话以及世界咖啡屋等[2],都不失为有效的公共对

---

[1] 常健、原珂:《对话方法在冲突化解中的有效运用》,《学习论坛》2014 年第 10 期。

[2] Pioneers of Change Associates, Mapping Dialogue: A Research Project Profiling Dialogue Tools and Processes for Social Change, South Africa: Johannesburg, April 2006.

话方法或机制。因此，应加强公共对话机制建设，特别是在面临具体公共冲突时采用现场对话的方法，如南非的"民众对话会"、新加坡的"民众联络所"等即是现场解决的公共对话或协调机制，通过其与旁观者或民众进行广泛沟通，了解事情真相，有针对性地化解相关冲突。

4. 建立健全风险预警机制和社会矛盾应急与调解机制

公共冲突风险预警机制建设的主要目的在于能够对社会潜在的冲突进行信息搜集、风险评估以及监测预报等，使冲突发展的早期就能发出预警，以防患于未然。正如在奥斯本和盖布勒合著的《改革政府：企业家精神如何改革着公共部门》一书中所阐述的要建立"有预见性的政府：预防而不是治疗"，即通过预案的制定，提出预防隐患的方案与措施。另一方面，还应加强社会矛盾应急和调解机制建设。社会矛盾应急机制是处置突发事件的各种制度及其运行规范的总称，是"亡羊补牢"，是对社会不稳定事件及时、恰当的处理，可以将损失和不良影响减少到最低限度。因此，对突发群体性事件应进行快速反应，合理及时地疏导旁观者。同时，加强社会矛盾调解机制建设，协调好不同群体利益关系。此外，还应加强对流言传播的控制以及对个体行为干预等。

5. 加强社会建设，促进多元协同共治

在开放、多元、动态的社会环境下，社会矛盾的聚合性、敏感性不断增强，公共冲突事件作为社会矛盾的集中反映，容易引起公众的围观或关注，甚至还有媒体关注与炒作。应加强公民社会建设、积极引导和广泛培育社会组织、社会团体等社会力量，鼓励和动员其参与公共冲突化解，促进多元主体协同治理，营造良好的社会风气。例如，可以尝试建立强制性的责任分配机制，强制某些旁观者承担报警救助的责任。我国法律明确规定，军人、警察和政府公务员必须承担报警救助的责任；否则，将被追究相关责任。另外，社会赋予了教师社会道德楷模的角色，教师对这一社会道德楷模角色的认同程度越高，就越可能在公共冲突情境中站出来设法施救求助，而不是机械地旁观。这样，这些人在围观公共冲突时就可能起到积极的作用，从而使旁观的规模尚未扩大就可能消散了。

值得注意的是，旁观者围观公共冲突（群体性）事件并非完全是坏事，其在一定程度上折射出民众权利意识的觉醒。但不可否认的是，旁观者的参与更是促成冲突升级的一个典型诱因。这种诱因的作用是由于旁观者角色的转变,即"旁观者"转变为"参与者"而形成的,而非旁观者独立作为一个群体而形成的。因此,在公共冲突管理的实施中,还应进一步放宽管理者的视角,即把冲突看作是多方互动的局面,在这种局面中的每一主体方都会对冲突产生一定的影响,因此需加强多元主体方之间的合作治理。

"旁观者"现象是现阶段我国经济社会发展等各方面因素的综合反映,也是社会转型期我国诸多深层矛盾的外在表现,分析旁观者现象及其所围观的公共冲突事件有助于我们更加清晰、全面地了解公共事件的本质,更好地审视我国改革发展的得与失,从而为进一步创新我国社会管理体制机制、构建社会主义和谐社会提供有意义的借鉴价值。

第三节　化解冲突各方的猜忌

猜忌是引发公共领域冲突的一个重要因素。诱发猜忌的主要因素是公共信息不对称,消极刻板印象或"污名化",媒体片面报道推波助澜、政府与民众对话缺失及民众参与不足。通过主动公开公共信息、重新形塑正面印象、平衡的媒体报道和政府与民众的双向互动,可以化解猜忌所引发的公共冲突。[1]

中国社会科学院社会学研究所发布的社会心态蓝皮书《中国社会心态研究报告(2012—2013)》指出,我国社会的总体信任指标一直处于下降态势,总体信任程度低于及格线[2]。与相对内敛表达情感的嫉妒不同,猜忌具有扩张的气质,更倾向于超越个体范围而采取行动,"它怀揣着重新调整社会权力结构的居心,不以冲动的面目示人,而是携带着某种可怕的能量",是建立良好人际关系和社会秩序的"破坏者、施暴者、僭越者和暗算者"[3]。被猜忌心理弥漫和撕扯的社会,一定不会是一个良序社会。中国社会急剧转型充斥着偶然性和不确定性,因猜忌引发或扩散升级的公

---

[1] 参见王玉良《由猜忌引发的公共冲突:内涵、诱因及其化解》,《社会主义研究》2016年第5期。该文是本项目研究的阶段性成果。

[2] 王俊秀:《关注社会情绪 促进社会认同 凝聚社会共识——2012—2013年中国社会心态研究》,《民主与科学》2013年第2期。

[3] 周泽雄:《猜忌》,《杂文选刊》2005年第3期。

共冲突频繁发生，甚至有愈演愈烈之势。《2003—2012 全国医院场所暴力伤医情况调查研究》指出，在 2003—2012 年近 10 年发生的 40 件恶性暴力伤医冲突中，仅仅因患者猜忌而报复医生的冲突就占 9 起[①]。

一 猜忌引发的公共冲突的特点

猜忌，《辞海》的解释为"猜疑妒忌"或"对人或事不放心"[②]，即对人或事的一种完全由主观推测、设计和假想而产生的不信任。猜忌引发公共冲突是指当事者一方或双方因道听途说、消极刻板印象等因素影响而对人或事猜测、怀疑、推断并形成错误结论，或因受到猜忌、曲解，心生怨恨，进而采取对抗性行动。猜忌引发公共冲突有两类情况：一类是猜忌直接引发的公共冲突；另一类是冲突发展过程中产生猜忌，并促使冲突发生转移扩散升级而形成更大规模的公共冲突。猜忌引发公共冲突具有以下特征。

（一）隐蔽性

由猜忌引发公共冲突初期，部分冲突可能会听到冲突方之间的"指桑骂槐，含沙射影"，但大多很难感觉到冲突的苗头，只是冲突一方在封闭的自我里一味的胡思乱想、无端猜忌，自圆其"猜"，因而在冲突的孕育阶段，对于冲突是否积蓄、升级、爆发是很难预计的，只有到冲突真正爆发时才感知冲突的存在。即从产生冲突苗头到冲突真正爆发之前属于潜伏期，具有较强的隐蔽性。

（二）突发性

因猜忌而引发公共冲突会有一个酝酿的潜伏期，即从冲突的触发因素经过能量的孕育积蓄到激化发生，冲突方的心理也在经历一个演化过程，原本就存在猜忌怀疑，再对对方在某一行为甚至是某一句言语形成思维定势，瞬间可能使猜忌产生放大和衍生效应，冲突时机成熟即会突然爆发出来，且这种突发性往往会表现出较强的对抗性和攻击性，甚至是毁物伤人。如 2013 年 4 月 25 日发生的"南京富二代杀妻案"，就是因丈夫猜忌

---

① 贾晓莉等：《2003—2012 全国医院场所暴力伤医情况调查研究》，《中国医院》2014 年第 3 期。

② 《辞海》（第 6 版），上海辞书出版社 2009 年版，第 210 页。

不断加深，蒙蔽心性，愤而持刀狂砍和捅刺妻子而致妻子当场死亡[①]。

(三) 非结构性

当冲突主体处于结构性单元或组织中的冲突中时，既定的组织规则或成文的规章制度对冲突具有潜在的规制和约束作用。与此不同，由猜忌引发的公共冲突具有隐蔽性，冲突主体本身就具有不确定性，冲突相关方之间对冲突的存在、冲突另一方的行为等更不存在任何预期，此类公共冲突就属于典型的非结构型冲突。所谓非结构型，即冲突各方没有任何共同遵守、认可的规则的约束，彼此的行为和预期是高度不确定的，缺乏明确的行为框架，正常状态下的行为规则在此类冲突场景中已失去了约束力，当事方具有较强的情绪化和非理性行为[②]，化解起来也就更具复杂性。

(四) 转移扩散效应

在冲突的发展过程中，有的冲突是会转移和扩散的，包括冲突场景之间的传播互换、猜忌对象的转移、冲突能量在替代事件上的汇聚爆发或是冲突层次的跳跃和冲突方态势的改变。不少社会冲突初期可能是两个人因猜忌而产生误解，因误解又加深猜忌，即所谓的猜忌本身滋生猜忌，具有纵向的递增层累性与横向的放大和衍生效应，当累积和放大到一定程度时，爆发出对抗性行动，逐步由两个人扩大到两个群体，加上"旁观者效应"，可能由两个群体发展成为大规模的群体性事件。这种特征在婚姻家庭纠纷、医患冲突、环境冲突、劳资冲突等公共冲突中比较典型。

二 猜忌引发公共冲突的典型案例分析

本研究选取了浙江瑞安"8·18"事件[③]作为典型案例进行剖析。2006年8月18日，浙江瑞安发生一起女教师坠楼事件，因前期没有采取及时恰当的处理措施，伴随着受害者家属的猜忌、消极刻板印象威胁等因素，最终导致大规模群体性事件的发生，对当地社会秩序带来了一定的负

[①] 宁剑、夏朝：《猜忌是把杀人的刀——"南京富二代杀妻案"法庭内外实录》，《检察风云》2013年第23期。

[②] 常健等：《公共冲突管理》，中国人民大学出版社2012年版，第34页。

[③] 案例根据李英强《贵州瓮安 VS 浙江瑞安——戴海静事件新观察》，乌有之乡，www.wyzxsx.com，2008-07-12；《日记背后的戴海静》，《温州都市报》2006年9月8日；孙文祥《温州女教师坠楼始末》，《瞭望周刊》2006年第36期等材料整理而成。

面影响。该案例的案情具有典型性，有助于发现猜忌引发公共冲突的发生、影响因素、升级过程。

（一）信息不对称下，警方对戴某自杀身亡的草率认定遭受质疑：猜忌产生

2006年8月18日凌晨，瑞安市一名女教师戴某从其家中坠楼身亡，其丈夫家人以死者承受不了教学压力而自杀报案。警察当天上午达到事发现场，草草认定戴某自杀身亡，并没有第一时间妥善保护现场。戴某与丈夫关系不和，生前日记中更有多次遭受家庭暴力的细节记录。而戴某生前被学生公认为是一位优秀、敬业的中学教师。闻讯赶来的娘家亲属，戴某生前的同事、学生等，都对自杀身亡的结论无法理解。一时间戴某的死因引起社会上的广泛热议，并通过各种网络媒体如论坛、博客等方式广泛传播，网友的各种猜测、各类言论纷纷流传，猜忌由此产生。在此事件中，对于戴某家属而言，其明显处于信息弱势一方，戴某婆家及警方处于信息优势一方，在这种信息不均衡状态下，警方处置又过于草率，势必引起戴某家属的质疑和猜忌。

（二）婆家特殊的身份地位及当地媒体初期"集体失声"：猜忌加剧

戴某婆家是当地身价上亿的富豪，家族势力强大，家族企业更是纳税大户，这种强势身份地位早已被根深蒂固的传统观念贴上"贫富对立"、"为富不仁"的价值标签，还被怀疑可能影响司法公正，从而使某些民众怀疑戴某的丈夫是杀人凶手，政府在包庇戴某的丈夫。戴某的家属、部分学生试图寻求当地媒体的关注，但是在事件初始，当地媒体置若罔闻、不置一词、"集体失声"，被民众认为是有关方面在刻意封锁消息。这招致民间更多的揣测，猜忌进一步加剧。猜忌的放大也导致事态的扩大，2006年8月19日，瑞安塘下镇，近千规模的中学生聚集在遇害者生前任教学校至遇害者娘家的沿途，集会悼念、游行喊冤，时间长达数小时。互联网上关于此事件的信息、报道更是一片沸腾。

（三）政府部门以压制方法平息：猜忌衍生放大

学生的游行集会及周围一些人的打抱不平、指指点点，让瑞安的领导颜面扫地，于是决定"杀一儆百"：2006年8月25日，由瑞安市规划建设、国土资源、市政园林等7个部门出动400多人"联合行动"，"依法拆除"位于塘下镇鲍一村的一幢违建民房。并非巧合的是，塘下镇鲍一村

正是戴某娘家所在地,房主也是众多愤愤不平的乡亲一员。此前对此类不起眼的违章基本上视若无睹的政府,此次如此地大动干戈,却是明显另有图谋。同时,原籍在戴某娘家村的干部,以及戴某亲友中的机关和乡镇干部,也得到警告,要求他们"做家属工作",其实质是以权力制约和政治前途强迫他们以亲情、乡情诱导、胁迫戴家息事宁人。中国历来浓厚的宗族、乡土观念,使得连坐的办法很有效果,戴某家属作为普通的平民,本就不具有多少社会能量,事后本就处于情绪悲愤之中,又面临多方的压力,还需要顾及亲友乡邻,顿时没有了主张。冲突看似表面平静,但暗潮汹涌,民间的猜忌日益滋长,猜忌本身滋生猜忌。

(四)对政府执法人员的消极刻板印象引发不满:猜忌型冲突转移扩散

在学生游行之后,官方同意重新勘察现场和解剖尸体,警方迅速成立专案组,对事件展开调查,法医对戴某进行尸检,刑侦专家对案发现象进行侦查研究,于9月6日发布通告,通告称戴某坠楼一案是自杀,不予立案。当前政府尤其基层政府公信力的不断下降及社会公众对部分政府部门执法人员玩忽职守、贪污腐败等不良行为的刻板印象,致使戴某家属对调查结果和自杀鉴定结论仍存质疑,很难接受戴某不是他杀这一事实。

此时社会上充斥着各种传闻,在这种波橘云诡的气氛中,9月6日上午的"菜市乌龙事件"引燃了民间积压多时的不满情绪,群体性事件一触即发。9月6日上午,自称是瑞安市质监局的工作人员在菜市场检验店摊的计量器具,并要求店主、摊贩签名按手印。因质检人员既没有穿制服,也没有携带证件,被疑心为戴某婆家在伪造民意,委托别人按指印证明戴某丈夫的清白而企图逃脱罪责惩罚,群情汹涌之下怎么也解释不清,于是发生了戴某弟弟、亲属及在场群众一路追打质检人员的群体性事件。质检人员逃进附近警务室躲藏,被追赶群众层层包围几个小时,人数一度达到近千人,直到数百名防暴警察出动,暴力驱散人群,救出被困质检人员。至此,一个因猜忌而发生在两个家庭间的事件转移扩散至规模上千的群体性事件。一方面,是对政府执法部门人员的刻板印象;另一方面,质检工作人员与戴某家属的对话不畅,无力解释清楚也是冲突转移扩散的重要原因。

(五)政府对事件的轻率粗暴处置及媒体的"火上浇油":冲突进一

步升级扩大

9月6日政府在处置解救质检人员过程中的粗暴行为，直接引燃压抑民间多日的不满情绪，9月7日，塘下镇上万群众聚集，前往戴某婆家的公司，一拥而入，发生了一些打砸行为，破坏公司车辆、办公设备和办公室门窗等。在这个过程中，群众的指向明确，对警方和政府虽有不满，但主要的猜忌对象、痛恨目标还是戴某的婆家。戴某婆家的公司在群情激愤之下被砸，群众的情绪有所发泄，事态有所平复，本来已经开始降温。但2006年9月8日《瑞安日报》署名"特约记者"的一篇文章"女教师坠楼事件调查结果：抑郁症引发跳楼自杀"却"火上浇油"，文章中的一些表述被认为牵强附会、捕风捉影，且被多家媒体转载，又进一步激化了民间情绪。当天下午，越来越多的人群向《瑞安日报》及瑞安市政府聚集，高峰时达到数万之多，围攻《瑞安日报》及瑞安市政府，最终酿成大规模的群体性事件。冲突的升级扩大，媒体的推波助澜作用较为明显。

三 猜忌的诱发因素分析

依据上述个案的剖析及由猜忌引发的公共冲突的内涵，具体分析探讨猜忌的诱发因素。

（一）信息不对称超过合理限度导致信息弱势方处于信息恐慌与信息焦虑状态而滋生猜忌

信息不对称（asymmetrical information）或"不对称信息"概念提出于20世纪70年代的经济学领域[1]，旨在研究不确定性、不对称信息条件下如何寻求一种契约和制度来规范当事人双方的经济行为。其含义指行为参与者对特定信息的了解是有差异的；掌握信息比较充分的人员，往往处于比较有利的地位，而信息贫乏的人员，则处于比较不利的地位[2]。本研究主要针对的是社会领域和公共管理领域的公共信息。所谓"公共信息不对称"是指政府公共部门、组织单位、社会群体或一般民众在公共信息拥有量、获取量等方面存在不对等、不均衡状态，也就是不同的信息主

---

[1] George Akerlof. The Market for "Lemons": Quality Uncertainty and the Market Mechanism, Quarterly Journal of Economics, 1970, 84 (3), pp. 488 – 500.

[2] 曹满云：《行政征收中信息不对称问题及其对策探析》，《云南行政学院学报》2004年第5期。

体间因信息控制、信息鸿沟、信息歧视、认知能力、理解能力、知识储备差异等原因而导致的信息数量和质量方面的贫富差距现象。由于权力体系的相对封闭性、社会分工日益精细化以及专业知识的差距，政府、组织单位等在信息的占有和分配上处于绝对支配地位，根据理性选择理论，信息优势者就可能利用信息优势谋取私利，民众很难获得全面优质的公共信息[1]。公共信息不对称超过合理限度，必然会让民众遭受不确定信息、小道消息、社会谣言的"轰炸"而置身于严重的信息恐慌与信息焦虑状态。当这种状态无法及时有效的得到缓解时，便会丧失对官方权威信息或正式渠道信息的信任与信心，极易对信息优势一方产生不信任和猜忌，进而产生不满、愤恨，引发社会冲突。2011年8月发生在浙江海宁晶科和2014年5月发生在杭州的余杭垃圾厂两起群体性冲突中，就是由于民众对项目具体情况一无所知，甚至根本不清楚该项目是否产生污染。面对民众猜忌、担忧，政府和企业并未及时告知、澄清项目情况，甚至毫不在意民众误解，使得民众猜忌与日俱增，民怨积聚最终引发公共冲突。

（二）消极刻板印象或被"污名化"导致一些社会群体丧失原有社会信誉而易遭民众猜忌

刻板印象（Stereotype）这一概念是沃尔特·利普曼（Walter Lippmann）于1992年在其著作《公共舆论》中首次提出，指对某个社会群体形成的一种概括而固定的观念和看法。这种看法不一定有事实依据，也不考虑群体内部成员之间实际存在的个体差异，可能仅仅是人们脑海中的一些关于某群体的固定看法，但却对人们的认知和行为产生了重要影响[2]。根据学界的研究，刻板印象有积极刻板印象和消极刻板印象之分。但通常来讲，刻板印象大多数是消极而且先入为主的。消极刻板印象让民众容易以偏概全，不能准确、客观、公正、全面地认识某一群体以及该群体的一些行为。污名化（stigmatization）现象亦是如此，从词源上讲，"污名"（stigma）一词来源于古希腊，是当时社会上层人士用刺或烙的方式在奴隶或罪犯身上留下的标记，用以表征他们低下的社会等级、社会身份。其本

---

[1] 上官酒瑞：《变革社会中的政治信任》，学林出版社2013年版，第197页。

[2] J L Hilton, W. von Hippel, Stereotypes. Annual Review of Psychology, 1996, 47, pp. 237 – 271.

质上就是一种消极刻板印象。林克（B. G. Link）和费伦（JC. Phelan）就将污名定义为一种标签、刻板印象、隔离、地位丧失和歧视等元素共存的权利状态①。欧文·戈夫曼（Erving Goffman）在其《污名：受损身份管理札记》一书中较为系统地研究了污名化与社会排斥的关系，指出污名化就是社会赋予某些个体或群体以贬低性、侮辱性的标签，进而导致社会不公正待遇等后果的过程②。可以说，一旦某类群体的消极刻板印象定型或被"污名化"，这类群体就会丧失其原有的社会声誉和社会资本，引发民众的心理反感与行为排斥，进而对这类群体的行为产生质疑和猜忌，如果任其滋生蔓延、持续恶化，突破了猜忌承受度，势必造成社会恐慌，引发公共冲突。2009年5月"杭州飙车案"这一公共舆论事件发展过程中，网民对执法机关是否秉公办案一直猜忌不断；而近年来城管执法冲突不断发生，城管更被冠以"土匪"、"强盗"等污名，陷入"做不做，都是错"的"塔西陀陷阱"③，其直接缘由就源于民众和舆论对政府执法部门的消极刻板印象。

（三）新闻媒体的选择性报道助推民众猜忌

新闻媒体作为"利益主体"背离客观、公正的立场，采取片面、失真及选择性报道或跟风"公民新闻"④，对民众的猜忌起到推波助澜作用。在社会的运行过程中，媒体既是一种社会公器，"监视环境"反映社会文化和社会心态，作为"社会皮肤"感知社会"意见气候"的变化⑤，也代表着某种利益主体，作为一种自身利益"维护者"而表现出某种"偏向性"意见，以谋求现实的认同。受"社会不信任情绪"的侵蚀，一些媒体背离新闻专业主义，偏离客观、中立的立场进行想象报道，甚至不加甄

---

① B. G. Link, JC. Phelan. Conceptualizing Stigma. Annual Review of Sociology, 2001, 27, p. 363.
② 欧文·戈夫曼：《污名：受损身份管理札记》，宋立宏译，商务印书馆2009年版。
③ 所谓"塔西陀陷阱"，即Tacitus Trap，得名于古罗马时代的历史学家塔西佗。主要指当政府部门或某一组织失去公信力时，无论说真话还是假话，做好事还是坏事，都会被认为是说假话、做坏事而引起人们厌恶。参见杨妍《自媒体时代政府如何应对微博传播中的"塔西佗陷阱"》，《中国行政管理》2012年第5期。
④ "公民新闻"是指公民（非专业新闻传播者）通过大众媒介和个人通讯工具向社会发布自己在特殊时空中得到和掌握的新近发生的特殊的、重要的信息。参见邵培仁、章东轶《市民新闻学的兴起、特点及其应对》，《新闻界》2004年第4期。
⑤ Noelle – Neumann, Elisabeth. The Spiral of Silence: Public Opinion – – Our Social Skin, Chicago: University Of Chicago Press, 1993, pp. 61 – 62.

别跟风公民新闻，有意迎合读者，而公民新闻杂乱、失实的缺陷已是不争的事实，致使媒体的公信力不断下降。"2014媒体公信力调查"显示，中国媒体公信力正处于一种下降趋势，30%的人坦言越来越不相信媒体了[1]。媒体的"不被信任"与选择性报道、跟风报道，在一定程度上加剧了民众的猜忌与社会恐慌，从而对事件的扩散和升级起到"助燃剂"的作用。如2008年瓮安事件中，受害者溺亡不久，"死者系被奸杀"等谣言就开始四处蔓延流传，还夹杂着侵害者与县领导有亲戚关系的传言；而6月28日事件发生后，大量的现场图片和各种版本的"事件原因"，通过民间渠道向网络发布，而当地的主流媒体却处于"沉默"或"失语"的缺位状态[2]。而在2014年4月温州苍南城管遭围殴事件中，媒体又过分热衷于报道城管打人，极力渲染"暴力"细节，妖魔化城管，却很少详细解释为什么打、谁先打的[3]。媒体的这种片面报道在一定程度上对民众形成城管"暴力执法"的消极刻板印象和"城管打死人"的猜忌起到了推波助澜的作用。

（四）缺乏与民众对话和消极应对民众参与从而让民众产生疑惑和猜忌

转型期的中国社会仍是一种"刚性"社会，政府在与民众的互动交往过程中，往往善于依赖传统管控打压为主的行政和强力手段，"运动式"治理较多，对民众的合理呼吁及诉求、对新闻媒介习惯采取"拖""堵""删""封"等常规做法，漠视广大民众的不同意见和利益诉求，缺乏与民众进行交流对话，使得本来可以妥善化解的公共冲突，因民众误解加深，猜忌不断而趋于复杂化，加剧社会冲突的升级爆发；而在对待公民参与方面，更是消极应对，一方面是政府不愿意主动与公民分享、让渡决策权力，另一方面政府主观地怀疑公民参与的代表性，认为只是小部分民众在为他们小团体表达特殊利益，甚至是为他们极端的个人私利参与和行使利益表达权利，而非为普遍的公共利益，存在着"少数人绑架多数人"、甚至"刁民"的现象，而且害怕公民参与会延缓政策议程，阻碍政

---

[1] 尤蕾：《2014媒体公信力调查：三成人越来越不信任媒体》，《小康》2014年第10期。
[2] 吴廷俊、夏长勇：《论公共危机传播中的主流媒介角色——以贵州"6·28"瓮安事件为例》，《现代传播》2009年第2期。
[3] 杨黎：《城管形象污名化成因分析与重建路径探讨》，《新闻研究导刊》2015第16期。

府决策进程,这些在无形中会增添民众对事件的猜忌甚至误解。这是由猜忌引发的公共冲突诱发的根本因素。如在湖北"石首事件"中,当地政府信息发布迟滞,在长达 80 个小时的时间里只发布了 3 条新闻,人民网舆情监测室发布的"2009 年上半年地方应对网络舆情能力排行榜"中,石首事件位列最后,亮红色警报,其信息透明度指标为"-1.64"①,更为严重的是,石首政府还采取了断电、断网、删帖及劝回记者等屏蔽和控制信息的行为,不仅不积极开辟与民众沟通对话的渠道,还特意堵塞民意,彻底切断民众的参与行为,让民众更加疑惑和猜忌,最终酿成暴力程度、警民对抗程度最高的重大群体性事件。

四 化解由猜忌引发的公共冲突的基本策略

根据由猜忌引发的公共冲突的特征及其诱发因素,结合对当前民众社会心态的现实关照,化解猜忌及其所引发的公共冲突可以考虑遵循下列基本路径与策略。

(一)主动公开公共信息

观念抵牾和制度缺损是制约"主动"的突出因素。观念是行动的先导,是制约政府信息公开的一大瓶颈。在事件发生后,因为信息源所处的位置及传播途径不同,政府、民众、媒体获取信息的时间、程度等也是不同的。这种"公共信息不对称"主要存在于政府与媒体之间以及政府与民众之间,而政府作为冲突治理的主导力量,是公共信息的核心信息源。但传统观念认为,冲突事件的发生是政府自身的失职,对媒体和公众公开信息,就是"自爆家丑",还可能引起群众的猜忌、不满和恐慌,出于自身利益考虑和"政绩观"作祟,往往会对信息进行"掩盖"和"屏蔽"。殊不知,信息源沉默就是对"路边社"的权力让渡②,沉默反而会让谣言和小道消息蔓延,加剧公众的猜忌和引发更大的社会恐慌。因此,政府及其官员要转变观念"主动公开",要与"路边社""赛跑",以"速"致胜,掌握信息公开的主动权。正如英国学者里杰斯特提出的公共冲突治理

---

① 刘志华等:《人民网〈地方应对网络舆情能力排行榜〉的出台及其启示》,《今传媒》2009 第 10 期。
② 何龙:《信息源沉默是对"路边社"的权力让渡》,《羊城晚报》2015 年 2 月 6 日,http://www.ycwb.com/ePaper/ycwb/html/2015-02/06/content_ 646491.htm?div = -1。

的 3T 原则，即主动提供信息（tell your own tale）、提供全面信息（tell it all）、尽快提供信息（tell it fast）[①]。健全制度机制方面，一是设置专门机构，健全发布体系，拓宽发布渠道，通过政府新闻发言人、政府门户网站等形式，多方位、立体化发布公共信息，提高冲突事件信息公开的常态发布与应急联动能力，主动、全面、及时提供信息，满足媒体和公众的"信息饥渴"，尽量降低信息不对称程度；二是要健全信息公开、监督及制裁制度，尤其是基层政府，要依据相关法规、条例针对不同的事项制定切合实际的信息公开制度或办法，既要使信息公开有法可依、有章可循，督促政府及时、准确、全面的公开信息，又要能够实现有效的问责追究，以防止政府官员玩忽职守、不及时履行信息公开职责等行为发生，增加信息主体隐匿信息的困难程度，从而切实保障媒体的舆论监督权和公众的知情权。

（二）重新形塑正面印象

"污名"在本质上就是一种"消极刻板印象"，故本研究主要从"消极刻板印象"的干预和消解策略这一视角切入探讨。根据学者们的研究，可以将在社会冲突事件中某些群体的刻板印象的影响因素或生成机制概括为三个层面：即社会层面、群体层面和个体层面。第一，社会层面，刻板印象作为一种社会认知图式，其形成必然有其制度性因素的影响，如社会结构不平等、不同群体利益上的不一致、不协调，尤其对于处在社会重要转型期的中国尤为明显，如执法机关与被执法者、市民与"农民工群体"等，"刻板印象"的形成既有可能是"精英阶层"的区隔策略，也有可能是"弱势群体"的无奈卷入[②]，加上新闻媒体的不平衡报道和渲染，都会使社会中的某些群体或个人产生焦虑感受，引发刻板印象威胁。因此，一是应该提供有利的社会环境。营造积极健康的社会风气和平等向上的社会文化，群体或个体长期处于反刻板印象信息的环境中，可以降低刻板印象

[①] 迈克尔·里杰斯斯特：《危机公关》，陈向阳译，复旦大学出版社 1995 年版，第 110—125 页。

[②] 徐伟伟：《刻板印象的生成机制研究——以都市媒体中的河南集体形象为例》，中国人民大学硕士学位论文，2005 年，第 49—52 页。

的自动激活①。二是提供多重社会身份。每个人都有多种不同的社会身份，每种社会身份都会同时具有被社会文化积极刻板化和消极刻板化的身份特征。个体也经常会被多重身份中的一种加以归类②，当积极刻板身份被激活时，另一种消极的刻板身份就会受到抑制。因此，对积极刻板身份特征的认同会减弱消极刻板印象威胁的效应。三是媒体要合理设置报道议程，注重报道的平衡性。在新闻报道中，媒体应该减少个人对某一群体的情感和价值判断，以事实为依据，准确、客观、平衡地报道，而不应该有所偏袒或"贴标签"。第二，群体层面，就是要提供角色榜样，加强群体间的互动交流。接触成功的真实人物③是另一种应对刻板印象威胁的有效措施，即要加强与角色榜样的直接或间接的群体或个体接触，模仿和学习他们的行为。通过接触可以让人更多地关注自身所具有的积极特质，维护自身的社会地位，也能减少对外群体的偏见，产生认同互换，从而削弱刻板印象威胁对个人的消极影响。第三，个体层面就是要进行自我肯定训练，鼓励自我肯定，即鼓励个体关注自己的特长，可以减少焦虑，改变对失败的态度，阻断刻板印象威胁的恶性循环，强化个体的自我价值。从而在整体上对社会公众重新形塑正面印象，赢得社会公众的理解和认同。

（三）约束媒体平衡报道

无论是作为社会的"第四权力"还是作为社会的"守望者"，参与公共冲突治理是媒体监督政府、引导舆论、稳定社会的职责所在④，这也是媒体增强公信力的应有之义。所谓"追求平衡"，即媒体应追求"平衡报道"。因我国业界和学界目前对"平衡报道"还没有一个统一明确的定义，综合学者们的阐述及观点，本研究认为，"平衡报道"是指在新闻报道中坚守新闻专业主义理念，全面、客观、真实地陈列新闻事实，既要突出报道的核心观点和意见，又要保证完整呈现多元化的意见和观点。即一

---

① 周为坚：《刻板印象威胁的影响因素及应对方式探究》，《贵阳学院学报》（社会科学版）2012年第4期。

② 张宝山、袁菲、徐靓鸽：《刻板印象威胁效应的消除：干预策略及其展望》，《心理科学》2014年第1期。

③ D. M. Marx & J. S. Roman, Female role models: Protecting women's math test performance. Personality and Social Psychology Bulletin, 2002, 28 (9), pp. 1183 – 1193.

④ 陈世瑞：《公共危机管理中的沟通研究》，上海人民出版社2011年版，第157页。

方面要还原事实真相，保证观点自由充分表达，促进冲突化解；另一方面要务求报道真实、全面、公开、客观。当然，这里的"平衡"只能是新闻报道实践中的"相对平衡"，而不可能做到"绝对平衡"，即一种"理性的平衡"。具体而言，要把握好三个层面的平衡：一是微观层面上把握好新闻报道基本要素的平衡，包括信息量、信息源、事件事实、观点意见、价值取向的平衡；二是中观层面上把握好媒介组织自身的平衡，包括坚守新闻专业主义理念，强化媒介自治自律和加强媒体工作者职业素养建设；三是宏观层面上把握好政府、社会及公众的动态平衡，包括政府积极建构宽松的媒介生态环境，建设完善相关新闻法律法规和培养公民的媒介素养[①]，杜绝"媒体歧视"和"媒体偏见"，不断增强媒体公信力，让媒体真正成为化解冲突的"助推器"，而不是加剧猜忌的"催化剂"。

（四）政府与公众双向互动

强调政府与公众之间的"双向互动"，是因为政府作为公权力的代表，既是社会冲突治理的主导力量和"兜底者"，又常常成为冲突的直接当事方，很多社会冲突最终都依赖政府出面干预和化解。加强政府与公众之间的"双向互动"，关键在于解决当前大多数社会冲突化解中政府与公众之间基本处于"各说各话、各问各答"的状态。一方面，加强政府与公众之间的对话，打破各自为营的局面，本质上也是在激发和扩展公众的参与。正如米哈伊尔·巴赫金（M. M. Bakhtin）认为的，对话本身就包含三个关键词，即参与、互动、对话关系。参与是对话得以进行的必要条件；互动是人与人交流过程中不可缺少的条件；对话关系明确的是对话主体间的关系。对话把"他人"纳入其中，呈现的是"我"与"他人"的双向互动，体现了"同意或反对关系，肯定和补充关系，问和答关系"。他指出，对话具有多维主体性；对话是思想的交流；对话是差异的互动融合[②]。可以看出，对话主体之间是平等的、自由的平权主体，有利于促进冲突各方相互尊重，相互了解，拨开信息的阴霾，消除彼此的猜忌，洞察彼此的深层动机，碰撞出创造性火花，为共同"议题"探索更多的合意

[①] 刘敏：《媒介生态视阈下的新闻平衡报道研究》，复旦大学博士论文 2012 年，第 127—136 页。

[②] 巴赫金：《巴赫金全集》（第 2 卷），李辉凡等译，河北教育出版社 1998 年版，第 411 页；《巴赫金全集》（第 5 卷），白春仁等译，河北教育出版社 1998 年版，第 242 页。

方案。另一方面，建立以对话为主体的互动合作渠道，引导公众积极参与到冲突的化解实践中来，从虚拟媒介、网络参与走向现实对话。因为政府不能解决所有的问题，冲突的化解最终还需要广大公众的积极参与合作，通过建立公众参与的对话渠道和平台，建立健全公众参与的对话制度机制，如听证会、恳谈会、咨询会等，增进社会认同和社会共识，不仅可以彻底消除猜忌和其他主观障碍，更好地化解冲突，而且可以帮助公众理性对待社会冲突，促进政府与公众之间的信任合作①，实现个人利益与公共利益的相对均衡，构建稳定有序社会的长效机制。

第四节 降低个人权利诉求形成的冲突压力

国家安定与个人权利保障是两种重要但不同的公共利益，二者之间存在着互为条件、相互限制和相互渗透的辩证关系。二者之间的相互作用可能导致四种结果：良性循环、社会动荡、权利抑制和恶性循环。根据维护国家安定与保障个人权利互动关系的结构模型，由个人权利诉求导致的社会冲突压力与国家对社会冲突的控制化解能力是影响二者实现良性循环的主要因素。发展中国家要消解促进人权实现过程中的"转型悖论"，一方面需要降低权利诉求所产生的社会冲突压力，另一方面需提高国家对社会冲突的控制化解能力，使个人权利保障与国家安定能够实现良性循环。②

国家安定与个人人权保障是两种不同的价值诉求，但都是现代社会中重要的公共利益。二者可以相互促进，也可能相互竞争甚至产生对抗。多数欧美发达国家基于政治自由主义和个人主义的文化传统，通常强调保障个人权利的至上性，忽视因此付出的国家安定的代价，否认国家安定也是一项集体人权，或简单地认为只要保障个人权利就能实现国家安定。相反，多数发展中国家基于自己的文化传统和社会转型过程的实际经历，强调国家安定不仅是与个人权利保障同样重要的公共利益和价值诉求，也是实现个人权利保障的重要条件。这种观点体现在《世界人权宣言》《公民

---

① 王玉良：《缺失与建构：公共冲突治理视域下的政府信任探析》，《中国行政管理》2015年第1期。

② 参见常健、刘明《国家安定与个人权利保障：转型悖论及其消解》，《学术界》2015年第11期。该文是本项目研究的阶段性成果。

权利和政治权利国际公约》和许多重要的国际和地区性的人权文书中，并在《为各社会共享和平生活做好准备的宣言》中被宣布为一项基本人权，即"和平权"。

在现实中，我们不断看到，许多国家在促进个人权利实现的过程中，却陷入了社会动荡、权利压抑甚至国家安定和个人权利皆得不到保障的恶性循环。这种"转型悖论"提示我们必须对先前由西方学者主导的人权理论作出深刻反思，依据各国促进人权实现过程的实际经历，重新思考国家安定与个人权利保障之间的关系，这对于促进世界人权在当代的健康发展具有重要的理论意义和现实意义。

一 国家安定与个人权利保障的辩证关系

从人权政治学的角度来看，国家安定与个人权利保障是两种重要但不同的公共利益和价值诉求，二者之间存在着相互依赖又相互制约的辩证关系，具体体现在以下四个方面。

首先，国家安定和个人权利保障是两种不同的公共利益。国家安定要求每个社会成员遵守社会规范，维护社会政治秩序，强调的是个人的义务和集体的权利；个人权利保障则要求社会尊重和保障每个社会成员的基本自由和生存发展条件，强调的是个人的权利和政府的义务。尽管它们一个着眼于整体社会政治关系的维系；另一个着眼于对社会个体成员的保护，但它们都是重要的公共利益。对社会政治秩序的维护是为了防止社会成员之间的冲突对社会共同体存续的威胁，而对社会成员个体权利的保护既是社会共同体存在和发展的条件，也是社会共同体存在的最终目的。对现代社会共同体的健康发展来说，二者是缺一不可的。

其次，国家安定与个人权利保障是相互依赖、互为条件的。一方面，国家安定为个人权利保障提供了现实条件。在市场经济体制下，社会成员利益呈现出多元化的格局。这导致社会成员在实现自身权利的过程中会产生相互间的利益冲突。如果不能有效地化解社会成员之间的冲突，维护社会政治的秩序和安定，就会导致严重的社会对抗甚至暴力和战争，破坏人权实现的现实基础，使每个社会成员的权利都失去保障。另一方面，个人权利保障也是国家安定的重要条件。《世界人权宣言》和《公民权利和政治权利国际公约》在序言中都明确指出,"对人类家庭所有成员的固有尊严及其平等的和不移的权利的承认,乃是世界自由、正义与和平的基础"。国家安定的前提是社会成员在基本价值和行为规范上达成共识,而对每个社会成员基本人权的保障,是在多元利益格局下最容易达成的基本共识。在此共识基础上,可以形成社会政治的深层稳定。当社会成员的基本人权得到国家的有效保障时,就会提升国家的合法性,促进社会政治的安定;相反,如果社会成员的个人权利得不到基本保障,侵犯人权成为社会普遍的现象,就必然会导致社会成员的广泛抗争,国家安定就无法实现。

再次,国家安定与个人权利保障相互限制。一方面,个人权利的实现要以国家安定为限度,当其对国家安定产生破坏性影响时,就会受到限制,而不再受到保障。《世界人权宣言》第 29 条第 2 款规定:"人人在行使他的权利和自由时,只受法律所确定的限制,确定此种限制的唯一目的在于保证对旁人的权利和自由给予应有的承认和尊重,并在一个民主的社会中适应道德、公共秩序和普遍福利的正当需要。"《公民权利和政治权利国际公约》第 20 条规定,"任何鼓吹战争的宣传""任何鼓吹民族、种族或宗教仇恨的主张,构成煽动歧视、敌视或强暴者",都应以法律加以禁止。第 21 条和第 22 条也明确规定,公民的和平集会和结社自由权利不要受到国家安全或公共安全、公共秩序的限制。只有和平的集会才受保护,"非和平的集会或因为使用武力而失去其和平性质的集会不在第 21 条(《公民权利与政治权利国际公约》第 21 条)的保护范围之内"[①]。第 22 条同时规定,"不应禁止对军队或警察成员的行使此项权利加以合法的限制",这显然也是基于对保障国家安定的考虑。另一方面,维护国家安定的措施也要以一些基本人权的保障为限。《公民权利与政治权利国际公约》第 4 条第 2 款在规定"在社会紧急状态威胁到国家的生命并经正式宣布时,本公约缔约国得采取措施克减其在本公约下所承担的义务"的同时,也明确规定"克减的程度以紧急情势所严格需要者为限,此等措施并不得与它根据国际法所负有的其他义务相矛盾,且不

[①] 曼弗雷德·诺瓦克著,《〈公民权利和政治权利国际公约〉评注》,孙世彦、毕小青译,生活·读书·新知三联书店 2008 年版,第 507 页。

得包含纯粹基于种族、肤色、性别、语言、宗教或社会出身的理由的歧视"。该条第 2 款又具体规定国家不得根据上述条款而克减对第 6 条（生命权）、第 7 条（禁止酷刑）、第 8 条第 1 款和第 2 款（禁止奴役）、第 11 条（不得仅仅由于无力履行约定义务而被监禁）、第 15 条（罪刑法定）、第 16 条（法律人格权）和第 18 条（思想、良心和宗教信仰自由）所承担的义务。

最后，国家安定与个人权利保障又是相互渗透的。良序的国家安定被定义为和平权。1948 年联合国大会通过的《世界人权宣言》第 28 条指出："人人有权要求一种社会的和国际的秩序，在这种秩序中，本宣言所载的权利和自由能获得充分实现。"1978 年制定并通过的《为各社会共享和平生活做好准备的宣言》第一次明确提出了"和平权"的概念，将其规定为"个人、国家和全人类享有和平生活的权利"。1981 年制定的并通过的《非洲人权和民族权宪章》第 23 条和第 24 条规定，"一切民族均有权享有国内和国际的和平与安全""一切民族均有权享有一个有利于其发展的普遍良好的环境"[1]。和平权是一个国家或民族所拥有的权利，也是每个公民所拥有的权利。作为一项集体权利的和平权是其他个人权利实现的重要条件，正如菲利斯（William F. Felice）所指出的："某些个人权利不能够在群体之外得到实现。在很多情况下，个人权利只有通过对群体权利的理解或保护才能够充分实现。"[2]

二 维护国家安定与保障个人权利的相互作用

在现实的政治过程中，对国家安定和个人权利的保障之间的相互作用所产生的结果呈现出更为复杂的情况。可以用以下矩阵来加以概括（见图 7-3）。

图 7—3 用"维护国家安定"和"保障个人权利"这两个维度形成的矩阵，将维护国家安定与保障个人权利之间相互作用的结果概括为四种典型的状态。

---

[1] 董云虎编：《人权大宪章》，中共中央党校出版社 2010 年版，第 142 页。
[2] William F. Felice, "The Case For Collective Human Rights," in Human Rights, ed. Richard Falk, Hilal Elver and Lisa Hajjar (London and New York：Routledge), p. 321.

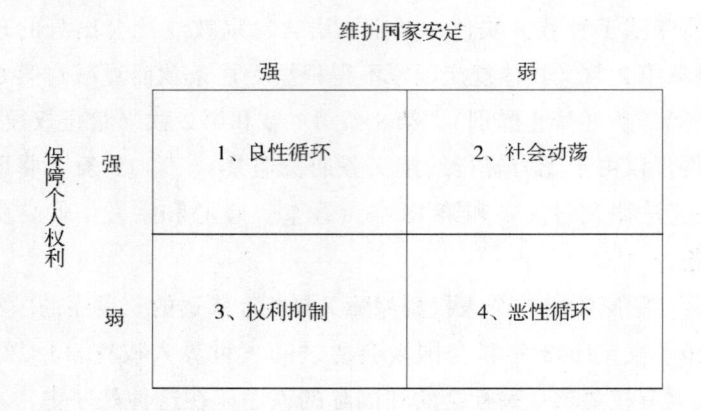

	维护国家安定	
	强	弱
保障个人权利 强	1、良性循环	2、社会动荡
保障个人权利 弱	3、权利抑制	4、恶性循环

图 7-3　维护国家安定与保障个人权利相互作用的四种状态

状态 1 是维护国家安定与个人权利保障的良性循环状态，即个人权利保障促进了国家安定，维护国家安定又为个人权利保障提供了更佳的实现条件，而个人权利保障水平的提高又进一步强化了社会政治的深层稳定。在现实中，一些北欧国家是这一状态的典型代表，其对个人权利的保障处于较高水平，而社会政治也相对稳定，二者间呈现相互促进的关系。

状态 2 是个人权利保障的强势要求导致社会政治动荡不安，即由于对个人权利特别是自由权利的强势保障，使社会成员之间以及社会成员与政府之间的冲突无法得到有效的控制，从而导致社会冲突不断升级，政府频繁更替，政治局势不稳。在现实中，一些拉美国家和欧洲国家处于这种状态，它们高调保护个人权利特别是各项自由权利，但政府却没有能力维护社会政治秩序，从而使国家处于高度不稳定状态，社会经济发展缓慢。

状态 3 是为了维护社会政治秩序而对个人权利的严格抑制，即政府强势维持社会政治稳定，对社会成员的个人权利予以严格限制甚至压制，使社会政治秩序处于相对稳定状态，社会经济能够得以较快速度发展。在现实中，多数亚洲国家处于这种状态，政府对社会政治秩序有较强的控制能力，个人的自由空间受到较多限制。

状态 4 是国家不安定与个人权利得不到保障的恶性循环状态，即对个人权利的弱保护导致激进的个人权利诉求，激进的个人权利诉求导致社会政治动荡不安,而社会政治动荡又导致对个人权利的更严格限制,这种更严格的限制又导致更激进的个人权利诉求和抗争,从而使社会政治更加动荡不安,并进一步导致对个人权利的更严格甚至更严重的侵犯,以至最终导致国内战争的爆发。在现实中,许多非洲国家处于这种状态,在这些国家中,政府既无意提高个人权利的保障水平,又无力维护社会政治秩序,使得国家经常陷入内战与严重的社会冲突之中,社会经济无法得到持续的发展。

以上四种状态是典型的类别,在现实中还有许多国家处于两种类型的中间状态。如一些欧美国家就处于状态 1 和状态 2 的中间状态,而中国则正处于状态 1 和状态 3 的中间状态。一些中东国家正在从状态 3 滑向状态 4,而一些拉美国家曾经从状态 3 转向状态 2。

三 影响实现国家安定与个人权利保障良性循环的各种因素

就理想状态来说,各个国家都会希望进入状态 1,实现维护国家安定与个人权利保障的良性循环。但在现实中,存在着一些客观因素阻碍着国家进入这种良性循环状态。这些因素主要包括:(1)个人权利诉求;(2)社会冲突压力;(3)利益分化程度;(4)价值共识水平;(5)权力合法性基础;(6)国家治理能力。根据这些因素之间相互关系可以建立维护国家安定与保障个人权利互动关系的结构模型(见图 7-4)。

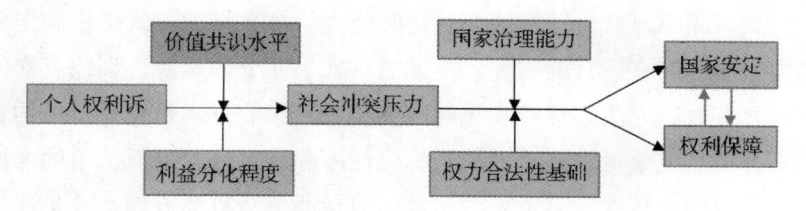

图 7-4 维护国家安定与保障个人权利互动关系的结构模型

如图 7-4 所示,个人权利诉求是自变量,维护国家安定与保障个人权利的四种状态是因变量,社会冲突压力是二者的中间变量;利益分化程度和价值共识水平是社会冲突压力程度的调节变量;权力合法性基础和国家治理能力是社会冲突压力效果的调节变量。

具体来说，同样的权利诉求，在一个利益分化程度很高且价值共识很低的社会中，将会产生更大的社会冲突压力，如果国家治理能力和权力合法性基础都处于较低水平，就无法控制和化解这种社会冲突压力，从而导致国家不安定与个人权利得不到保障的恶性循环。相反，在一个利益分化程度较低且价值共识水平较高的社会中，同样的权利诉求就会产生较小的社会冲突压力，如果国家治理能力和权力合法性基础也都处于较高的水平，那么这种社会冲突压力就很容易得到控制和化解，从而形成维护国家安定与个人权利保障的良性循环。

然而，当权利诉求带来较大的社会冲突压力时，如果国家具有很强的治理能力和较高的权力合法性水平时，就更有可能出现政府严格限制个人权利以维护国家安定的局面。相反，如果国家的治理能力和合法性基础都很弱时，由权利诉求所产生的社会冲突压力就无法得到控制和化解，从而导致剧烈的社会动荡。

根据以上模型，维护国家安定与保障个人权利形成良性循环的关键，是使由权利诉求所产生的社会冲突压力与国家对社会冲突的控制化解能力相匹配。实现这种匹配有两种主要路径：一是降低由个人权利诉求所产生的社会冲突压力；二是提高国家对社会的统合能力。

降低个人权利诉求所产生的社会冲突压力，最直接的方式就是要求社会成员降低个人权利的诉求水平，间接的方式是降低社会成员的利益分化程度，提高社会成员价值共识的水平。

提高对国家对社会冲突的控制化解能力，最直接的方式是提高国家治理能力，使政府有适宜的制度、足够的权威、充分的资源、训练有素的人力和行之有效的方法来管控和化解冲突。较间接的方式是提升权力的合法性水平，提高民众对国家治理机构的信任度和满意度，降低抗争的意愿与动力。权力的合法性有多重来源，其中包括两个最重要方面：一是通过公共认可的权力赋予制度；二是来自公众认可的权力运行绩效。在西方国家，权力的合法性主要来自宪法规定的民主选举制度；在一些保持传统的亚洲和非洲国家，权力的合法性来自于宗教的或世俗的传统世袭制度；在一些经历革命后的国家，权力的合法性主要来源于对革命胜利的成功领导；在许多处于转型中的发展中国家，权力的合法性主要来自于权力的运行绩效，特别是经济社会的发展实效。

需要特别指出的是，在两组调节变量中，每一组的两个变量之间都具有相互补充的关系。在第一组调节变量中，当社会利益分化程度较高时，可以通过提高社会成员的价值共识水平，来降低社会利益分化对社会冲突压力的作用。同样，在第二组调节变量中，权力的合法性基础可以在一定程度上弥补国家治理能力的不足对治理状态的负面影响。

四　如何消解在促进人权实现过程中的"转型悖论"

在促进人权实现的过程中，许多发展中国家面临着"转型悖论"，即促进个人权利全面实现的努力，并没有像预期的那样进入维护国家安定与保障个人权利的良性循环，而是遭遇政府对权利的更严厉限制，或是陷入无休止的社会动荡，甚至进入恶性循环，陷入长期内战，不仅国家失去安定局面，个人权利也受到更多侵犯。因此，如何消解这种转型悖论，是发展中国家在促进人权实现的过程中必须要严肃面对和认真思考的问题。

根据前述的分析可以看到，产生转型悖论的根本原因是权利诉求所产生的社会冲突压力与国家对社会冲突的控制化解能力之间的不相适应。而消解这种转型悖论的关键之点，就是设法降低由权利诉求所产生的社会冲突压力，同时提高国家对社会冲突的控制化解能力。

在 2010 年 12 月开始发生的争取人权的"阿拉伯之春"运动中，呈现出两类不同的情况，一类情况是避免了转型悖论，使维护国家安定和保障个人权利进入良性循环；另一类情况是使保障个人权利和维护国家安定陷入转型悖论。这为我们对转型悖论的研究提供了现实素材。

首先，我们看到一个与人们通常的期望不同的统计，即在"阿拉伯之春"期间，人权诉求所产生的社会冲突压力，对共和制国家的冲击要远远大于君主制国家。在中东阿拉伯世界，存在 8 个阿拉伯王室，即沙特、卡塔尔、阿联酋、约旦、摩洛哥、巴林、科威特、阿曼，构成了中东地区的王权势力。这些国家实行绝对君主制，国王实行世袭制并且是最高权力的拥有者。在"阿拉伯之春"的社会政治动荡中，与多数实行政党制的共和制国家相比，社会政治动乱的程度在这些王权国家要小得多（可见表7-7）。

表 7-7　阿拉伯世界的政治动荡（2010 年 12 月至 2012 年 8 月）

状态 国家类型	很少或没有 抗议动员	显著抗议活动 但温和要求	大规模抗议 或激进要求
君主制国家	卡塔尔、阿联酋、沙特、阿曼	摩洛哥、约旦、科威特	巴林
共和制国家	巴勒斯坦地区	阿尔及利亚、伊拉克、黎巴嫩、苏丹	突尼斯、埃及、利比亚、也门、叙利亚

资料来源：Sean L. Yom and F. Gregory Gause Ⅲ, "Resilient Royals: How Arab Monarchies Hang on", Journal of Democracy, Vol. 23, No. 4, October 2012, p. 80.

这一情况可以从两方面进行分析。一方面，在这一运动过程中，阿拉伯君主制国家内部的抗议示威活动相对较小，抗议者提出的是一些较为温和的、改良性的政治要求，未出现类似于埃及、突尼斯那样暴烈而广泛的民众抗议活动[①]。这使得由权利诉求所产生的社会冲突压力相对缓和。另一方面，这些国家对社会冲突的控制化解能力相对较强，政府对示威者和反对派保持了相对克制的态度。

以沙特为例，在"阿拉伯之春"的民众运动中，沙特的民众和政府都采取了相对克制的方式。从权利诉求方式来看，民众主要通过"沙特愤怒""沙特革命日"的和平示威游行来表达对政府的不满，而没有采取暴力破坏或武力抗争的方式。从政府应对方式来看，沙特政府的应对措施也不是武力镇压，而是通过福利发放、宗教倡议、出动警力维持安定等措施。在整个过程中，主要以民众的和平有序抗争和政府的妥协为主导互动方式。这种良性互动取得了国家安定与个人权利改善的双赢效果。一方面，沙特的这种和平妥协的方式是在维持国家安定的情况下进行的，没有造成大的人员伤亡和破坏。另一方面，沙特民众的个人人权在民众和平抗议活动下也得到明显促进。例如，针对沙特民众有关民主和妇女平等的呼吁，沙特王室立即提出相应政策，适度开放妇女的就业范围，承认妇女的选举权与被选举权。2011 年 9 月 25 日，沙特国王阿卜杜拉宣布，沙特妇

[①] Zoltan Barany, "Unrest and State Response in Arab Monarchies", Mediterranean Quarterly, Vol. 24, No. 2, 2013, pp. 5-11.

女有权成为协商会议议员、有权参加市政委员会选举。这意味着，一直没有选举权与被选举权的沙特妇女，首次获得了与男子同等的权利。[①] 这在阿拉伯世界无疑是一个巨大进步。由于没有出现大规模的社会政治动荡，在"阿拉伯之春"爆发的当年以及之后一两年，沙特的经济保持了稳定增长，人均GDP在2010年前后也保持了稳定增长，尤其是在"阿拉伯之春"爆发的2011年，GDP的增速更是达到了6.77%，民众的生活水平处在不断上升的状态中（见表7-8）。同时，政府锐意革新，通过出台新的政策提升民众的就业机会，保障和提升公民的就业权等经济权利和社会权利。2012年8月，据沙特劳动部部长Fakeih的说法，旨在增加本国人就业的名为Nitaqat的计划实施一年来，增加了25万沙特人就业，相当于该计划实施前5年沙特就业人数总和。[②]

表7-8 沙特阿拉伯的GDP增长率与人均GDP（2005—2014年）

年份	2005	2006	2007	2008	2009	2010	2011	2012	2013	2014
GDP增长率（%）	5.55	3.16	2.02	4.23	0.1	4.64	6.77	5.13	3.8	3.47
人均GDP（万美元）	1.31	1.44	1.51	1.82	1.41	1.64	2.05	2.51	2.59	2.54

数据来源：《全球宏观经济数据》，新浪财经：http://finance.sina.com.cn/world-mac/。

阿拉伯世界的主要君主制国家对社会冲突的控制化解能力与其独特的合法性基础有密切的联系。这些君主制国家合法性主要来自于两个方面：一是伊斯兰教的宗教权威，阿拉伯君主往往强调君权的伊斯兰教渊源，政治权威与宗教权威的结合成为这些君主制国家汲取合法性的一个文化渊源；二是多数的阿拉伯君主制国家凭借丰富的石油资源保障了经济的增长和国民生活水平的提高，国民的经济、社会和文化权利得到较好的保障，"借助巨额的石油收入，海湾君主国建立起了规模庞大、涵盖广泛的社会福利体系，包括提供公共部门的就业、薪酬保障、免费的医疗和教育，以及对食

[①] 《沙特妇女首次获得选举权与被选举权》，新华网，2011年9月25日，http://news.xinhuanet.com/world/2011-09/25/c_122085254.htm。

[②] 《沙特称新就业计划实行一年来增加25万本国人就业》，中华人民共和国商务部网站，2012-08-21，http://www.mofcom.gov.cn/aarticle/i/jyjl/k/201208/20120808296214.html。

品、能源、住房的补贴等"①。这使得国民在心理上能够接受当前的制度和权威统治,为国家控制和化解社会冲突提供了重要的权力基础。

与沙特阿拉伯等国家形成对比的另一类情况,是在"阿拉伯之春"中发生剧烈社会政治动荡的突尼斯、也门、埃及、叙利亚等国以及长期处于动乱的伊拉克等国家。这些国家由于社会利益分化和价值共识缺乏,使得权利诉求更为激进,并产生了更强的社会冲突压力。以埃及为例,埃及是"阿拉伯之春"这波运动中遭受社会政治动荡最为激烈的国家之一,这与埃及民众长期处于贫困状态是密切关联的。穆巴拉克时期,经济形势继续恶化,2009 年,根据埃及健康部和联合国发展署的报告,三分之一的埃及儿童营养不良;另据称,从 2005 年到 2008 年期间,极端贫困的人数增加了 20%。② 由于经济状况的恶化,爆发剧烈社会政治动荡的几个阿拉伯国家都经历了失业率长期居高不下的痛苦过程:2010 年底,突尼斯失业率高达 16%,50% 以上的大学生毕业即失业,30 岁以下青年的失业率达 52%;也门 2008 年失业率是 35%,2010 年长期失业率为 17%,季节性失业率为 29%,总失业率上升为 46%,其中 3/4 为年轻人;埃及失业率在"阿拉伯之春"爆发前达 20%,其中年轻人占 2/3;2010 年,利比亚失业率为 20.63%,80% 为年轻人。③ 2015 年 6 月 3 日,联合国粮农组织(UNFAO)助理总干事、近东及北非地区代表 Abdessalam Ould Ahmed 在开罗召开的"近东及北非地区食品不安全状况年度报告"会议上指出,埃及有 5% 的人口处于食品不安全状态。受战争和地区局势恶化的影响,25 年来,伊拉克、叙利亚、也门和巴勒斯坦地区食品不安全状况蔓延,这些国家为降低饥饿率而做出的努力半数付之东流。从 1990 年开始,近东及北非地区处于长期性食品不安全状况的人口数量成倍增长,达到 3300 万人。其比率从 6.6% 增加到 7.5%。④

面对沉重的社会冲突压力,国家控制化解社会冲突的能力受到严重挑

---

① Tarik Yousef, Employment, Development, and the Social Contract in Middle East and North Africa, Washington, DC: World Bank, 2004, pp. 6 – 10.
② EGYPT: Nearly A Third of Children Malnourished, http://www.irinnews.org/printreport.aspx?reportid = 86893.
③ 陈敏华:《集群式革命之"阿拉伯之春"》,《阿拉伯世界研究》2013 年第 3 期。
④ "埃及有 5% 的人口处于食品不安全状态",中华人民共和国商务部网站,2015 – 06 – 10, http://www.mofcom.gov.cn/article/i/jyjl/k/201506/20150601007967.shtml。

战,从而导致剧烈的社会动荡,大量无辜平民死亡,民众的生命权得不到保障,终日生活在恐惧之下。据统计,在动荡期间,截至2012年,因为社会动乱而死亡的人数,也门为1200人,埃及为1085人,截至2011年,突尼斯为338人;截至2011年10月,利比亚为12496人,截至2014年4月,叙利亚为191369人。[1]

剧烈的社会动荡,使国家经济发展受到严重影响。在动荡当年以及之后几年,这些国家的GDP增长率大都经历了倒退或滞涨。比如,突尼斯和也门,在2011年出现了负增长,之后一两年的经济增速也比动荡之前明显放缓(见表7-9和表7-10)。利比亚在2011年的GDP增速更是惊人的-62.08%,国家的经济几乎崩溃。[2]

表7-9　突尼斯的GDP增长率与人均GDP(2005—2014年)

年份	2005	2006	2007	2008	2009	2010	2011	2012	2013	2014
GDP增长率(%)	4	5.65	6.26	4.52	3.1	3	-1.8	3.6	2.81	—
人均GDP(美元)	3219	3394	3808	4345	4169	4194	4297	4237	4329	—

数据来源:《全球宏观经济数据》,新浪财经:http://finance.sina.com.cn/world-mac/。

表7-10　也门共和国的GDP增长率与人均GDP(2005—2014年)

年份	2005	2006	2007	2008	2009	2010	2011	2012	2013	2014
GDP增长率(%)	5.59	3.17	3.34	3.65	3.87	7.7	-10.48	0.14	4.16	—
人均GDP(美元)	811	896	987	1190	1077	1291	1361	1494	1473	—

数据来源:《全球宏观经济数据》,新浪财经:http://finance.sina.com.cn/world-mac/。

国家经济发展的受阻,导致国民的经济和社会权利保障水平明显下

---

[1] "图说阿拉伯之春五国现状:恶之花盛开的地方"新华网,2015-04-08,http://news.xinhuanet.com/world/2015-04/08/c_127669248_2.htm。

[2] 同上。

降，饥荒的程度显著上升，难民的数量大幅增加。从国际范围来看，发展中国家食品不安全比率从 23.4% 下降到 12.9%。拉丁美洲地区、西部非洲地区以及许多亚洲国家下降较快，而在一些动荡地区如中部非洲却有所增加。叙利亚危机已经使 1360 万人口急需粮食和其他农产品的救助，其中 980 万人生活在叙国内，而 380 万人沦为他国难民。也门处于食品不安全状态的人口已经超过其总人口的半数，从 2015 年初开始已经达到 2400 万。伊拉克处于食品不安全状态的人口比例从 1990 至 1992 年间的 8% 增至 2014 至 2016 年间的 23%。[①]

  从对上述两类实例的分析可以看到，在促进人权实现的过程中，要实现维护国家安定与保障个人权利的良性循环，消解"转型悖论"，需要社会与政府多方面的合作努力。从国家和政府方面来说，需要采取措施促进社会的利益整合，使社会成员形成基本的价值共识，同时提升国家对社会冲突的治理能力，改善权力的合法性基础，在此基础上提升国家尊重和保障人权的水平。从社会和公众方面来说，应当适当调整权利诉求的强度和权利诉求的表达方式，循序渐进，使其能够在国家制度规范的范围内逐步实现，不对国家安定构成严重的破坏。当然，这种合作的前提是双方都具有维护国家安定和改善个人权利保障的意愿，仅靠单方面的克制并不能实现维护国家安定与保障个人权利的良性循环。在这方面，中国改革开放 40 年来，在维护国家安定的条件下使个人权利保障状况持续得到较大幅度的改善，这种使维护国家安定与保障个人权利逐渐实现良性循环的经验是值得认真总结和借鉴的，它为许多发展中国家促进人权实现的努力提供了重要的启示。

---

  ① 《埃及有 5% 的人口处于食品不安全状态》，中华人民共和国商务部网站，2015-06-10，http://www.mofcom.gov.cn/article/i/jyjl/k/201506/20150601007967.shtml。

第八章 具体领域公共冲突管理的特殊难题

各公共领域中的冲突具有不同的形式和特殊的影响因素。本章集中考察了医患冲突、劳资冲突、社区冲突、环境冲突和民族冲突中的不同影响因素，以便为各领域公共冲突的体制建设奠定分析基础。

第一节 关注医患冲突中的间接当事方

医患冲突是近年来社会关注度较高的一类社会冲突。它不仅发生频率高，而且升级快、烈度强，暴力伤医、杀医等恶性事件时有发生。尽管国务院第55次常务会议于2002年2月20日通过了《医疗事故处理条例》，并于2002年9月1日起公布施行，但在2002年至2012年十年间，医疗纠纷却增长了10倍多，到2014年全国医疗纠纷案达11.5万起。学者们对医患冲突产生的原因、条件和后果作了广泛而深入的分析，对医患冲突升级的原因也作了一定的分析，但对医患冲突中各类主体对冲突升级的影响还缺乏比较全面系统的研究。本研究通过对2002—2016年间中国发生的150起典型的医患冲突案例的分析，试图定量化地分析两类当事方主体和三类第三方主体在医患冲突升级中的作用及其具体方式。研究发现，影响医患冲突升级的主体可以分为当事方和第三方两类。当事方可以进一步分为直接当事方和间接当事方。第三方可以分为中介第三方、媒体第三方和旁观第三方。其中，间接当事方的作用频数超过了直接当事方，旁观第三方的作用频数超过了中介第三方和媒体第三方。医患冲突的有效治理要综合考虑各类主体的作用，特别要加强对间接当事方和旁观第三方作用方式的研究。[①]

本研究采用多案例研究方法，选取 150 个案例进行研究分析。为了保证案例的典型性和代表性，案例选取考虑了三个方面的因素：第一是年度分布。我们选取了 2002 年至 2016 年每年影响力较大、受到社会广泛关注的 10 个医患冲突案例。第二是信息的完整。我们从每年报道的大量医案冲突案例中选取了信息内容比较完整的案例，同时也通过整合由不同渠道发布的信息来形成相对完整的案例。第三是信息的权威性。选取的每一个案例至少曾被全国性媒体报道，或在权威的医学网站，如丁香园、中国医药协会等发布或讨论，或被省部级及以上的官员公开讨论过。

一 医患冲突中的各类主体

归纳 150 个医患冲突案例中涉及的主体，我们将其概括为两大类别，即当事方和第三方。

冲突的当事方是指涉及冲突事项并参与冲突过程的各方主体。根据与冲突事项的关系，可以进一步区分直接当事方和间接当事方。直接当事方是与冲突事项具有直接的利害关系并直接参与冲突过程的当事方；间接当事方是与冲突事项具有间接的关系并作为直接当事方的协助者参与冲突过程的当事方，直接当事方的亲属、朋友、所在单位和直接当事方雇用的律师、医闹等都可以归为间接当事方。

冲突的第三方是指与冲突事项没有直接的利害关系而以中立的身份参与冲突过程的各方。根据发挥作用的方式，可以进一步区分为中介第三方、媒体第三方和旁观第三方。中介第三方主要是发挥居间公证、斡旋、调解、仲裁、促进和解等作用，如公证、检验和定损部门、社会调解组织、仲裁委员会、政府相关部门、法院等。媒体第三方是在冲突过程中传播相关消息的各种媒体，包括纸质媒体、广播电视、网络媒体等。旁观第三方是关注、评论甚至以某种程度介入冲突过程的各种群体，如路人围观者、起哄者、造谣者、参与打砸者等。根据以上区分，医患冲突中各类主体的分类如表 8-1 所示。

[①] 参见常健、徐倩《医患冲突升级中各类主体作用研究》，《上海行政学院学报》，2017 年第 4 期。该文是本项目研究的阶段性成果。

表 8–1　　　　　　　　医患冲突中的各类主体及其角色

主体类别	主体类型	主体角色	角色承担者
当事方	直接当事方	利益直接相关的涉事者	直接涉事的医护人员、病患及其直接亲属等
	间接当事方	利益间接相关的协助者	涉事医护人员和病患的亲朋好友、所在单位、诉讼代理人、职业医闹等
第三方	中介	居间化解者	公证人、检验机构、调解组织、政府、仲裁委员会、法院、社会组织
	媒体	信息传播者	纸质媒体、广播电视、网络媒体
	旁观者	冲突推助者	无关群众，如围观者、起哄者、造谣者、借机发泄闹事者

我们对150个医患冲突案例中各类主体在冲突过程中的作用进行了统计，结果如表8–2所示。

表 8–2　　　　　不同类别和类型主体影响医患冲突升级的频数

主体类别	主体类型	影响冲突升级案例数	占冲突升级案例的比例	影响冲突未升级案例数	占冲突未升级案例的比例
当事方	直接当事方	49	34.03%	0	0.00%
	间接当事方	83	57.64%	2	33.33%
第三方	中介	12	8.33%	4	66.67%
	媒体	20	13.89%	0	0.00%
	旁观者	24	16.67%	0	0.00%

由表8—2可以看到，在促使医患冲突升级的过程中，各类主体发挥作用的案例频数由多到少的排列顺序依次是间接当事方、直接当事方、旁观者、媒体和中介。值得注意的是，间接当事方和旁观者发挥作用的案例频数较多，但是以往对它们的研究却相对较少。

由表8—2还可以看到，医患冲突未升级的案例数量不多，只有6起。

但在这6起案例中,发挥重要冲突化解作用的是中介第三方和间接第三方。这从另一个角度显示了间接第三方在冲突过程中的重要作用,值得予以更深入的研究。

二 当事方主体在医患冲突升级中的作用方式

如上所述,医患冲突中的当事方主体分为两类,即直接当事方和间接当事方。这两类当事方主体在医患冲突升级中以不同的方式促成冲突的升级或降级。据国外学者统计,80%的医患冲突直接由双方沟通不畅所致,其余20%与医疗技术有关的医患冲突,也都与医患沟通不到位密切相关。[1]李晚莲认为,医患互不信任的恶性循环,促进医患之间对抗性手段的过多使用。医生和医院的逐利倾向导致患者很难相信医生,医闹及暴力伤医事件的频发,医生也不敢轻易相信病人。医学信息不对称导致的医患对话困难,加重了彼此的不信任。[2]常健和殷向杰指出,基于医患相互不信任的心理,医生倾向于做更多的检查从而实现自我保护,加大了患者的经济负担;患者倾向于将正常范围内的失误归因为医生的不负责任,加重了其愤怒感,并更倾向于使用对抗性手段来维护权益。[3]

(一) 直接当事方

医患冲突中的直接当事方是与医患冲突事项具有直接利害关系并直接参与医患冲突过程的各方,主要包括医护人员、病患及其家属等。在144个医患冲突升级的案例中,有49个案例中的冲突升级是与直接当事方的行为相关的。直接当事人影响冲突升级的具体方式主要包括言语不当、情绪失控、行为不当、拒绝接受解决方案等,表8-3统计了两类直接当事方采用这些方式影响医患冲突升级的案例出现的频数和比例。

---

[1] LAING R D. The Use of Existential Phenomenology in Psychotherapy [J]. The Evolution of Psychotherapy. Jeffrey Zeig (editor). Proceedings of the 1985 conference in Phoenix, sponsored by the Milton Ericlkson Foundation, 1987. [2007-01-04]. http://laingsociety.org/colloquia/psychotherapy/evolofpsych.htm.

[2] 李晚莲:《基于信息不对称视域医患矛盾风险及防控》,《湘潭大学学报》(哲学社会科学版) 2015年第5期。

[3] 常健、殷向杰:《近十五年来国内医患纠纷及其化解研究》,《天津师范大学学报》(社会科学版) 2014年第2期。

表 8-3　　　　直接当事方影响医患冲突升级的具体方式　　　　　　　（%）

影响冲突升级的具体方式	医护人员（例）	患者或家属（例）	合计（例）	占冲突升级案例的比例
言语不当		9	9	6.25
情绪失控		21	21	14.58
行为不当	7	20	27	18.75
拒绝接受解决方案		12	12	8.33
总计	7	62	69	

由表 8—3 可见，在直接当事方中，与医护人员的影响有关的冲突升级只有 7 例，主要涉及行为不当；与病患或家属的影响有关的冲突升级有 62 例，其中行为不当 27 例，情绪失控 21 例，拒绝接受解决方案 12 例，言语不当 9 例。

案例"海南暴力伤医事件"是一起由于患者家属情绪失控、言语不当、行为不当导致升级的典型案例。患者抢救无效死亡，家属无法接受死亡的事实，情绪失控，大吵大闹，辱骂相关医护人员，并殴打 5 名医护人员，使被打医生致脑震荡。

案例"武汉'拆线事件'"中医生的不当行为引起了社会各界强烈关注及医学界的反思。患者因不慎割伤手指来医院缝合伤口，因无法付足医药费，在争执过后，医生应患者要求，将缝合好的手指又拆了线，这无疑加剧伤情。救死扶伤乃医生天职，该事件当事医生的不当行为已超越了医务人员行为准则的底线，让本就紧张的医患现状，再一次进入公众视野。提升医护人员的职业道德水平已不容急慢，实施切实可行的医护德行考核，严重杜绝"只要不出事故，大家都是满分"的考核。

"温岭杀医案"是一起典型的因"患者不接受解决方案"而引起的惨烈升级事件。患者对手术结果持有异议，多次前往温岭市第一人民医院医务部投诉，医院在此期间，为其组织医生先后两次进行会诊，但未找出原因；后温岭市第一人民医院邀请浙江大学邵逸夫医院五官科副主任医师汤某为其会诊得出"手术良好，不需再做手术"的结果。患者也曾前往台州市中心医院、浙医一院就诊，两次诊断结果都表明不需要再动手术。但患者坚定认为就医过程中有造假行为，多家医院串通一气在骗他，并到卫生局反映情况，最终导致悲剧发生。

（二）间接当事方

间接当事方是指与冲突事项具有间接的利害关系并作为直接当事方的协助者参与到冲突过程中的一方。在医患冲突中，间接当事方主要包括医护人员的所在单位、同事、亲朋好友、雇用的律师，病患及其家属的亲朋好友、雇用的律师或医闹等。殷向杰指出，医闹介入下的利益驱动使冲突对抗程度不断升级，尤其是职业医闹的介入，极大地提高了患者索赔的期望值；同时，给了患者一个"合情合理"的挡箭牌，使患者克服了"要脸面"的心理障碍，心安理得地索要赔偿。[①]

在本节所研究的 144 个医患冲突升级案例中，有 83 个案例的升级受到间接当事方的影响。与病患方相联系的间接当事人影响冲突升级的主要方式包括占领医院设施、破坏医院财物、打伤医护人员、限制医护人员人身自由、威胁医护人员、与警方对峙等；与医护方相关的间接当事人影响冲突升级的主要方式包括医护人员举行抗议活动、院方行为不当等。此外，病患方与医护方所属的组织为其成员作出声援，也是导致冲突升级的方式。表 8-4 统计了各类间接当事方影响医患冲突升级的各种方式在医患冲突升级案例中出现的频数和比例。

表 8-4　　　　　间接当事方影响医患冲突升级的具体方式　　　　　%

主体	影响冲突升级的具体方式	例数	占冲突升级案例的比例
病患方	占领医院设施	30	20.83
	打伤医护人员	29	20.14
	破坏医院财物	26	18.06
	限制医护人员人身自由	14	9.72
	威胁医护人员	6	4.17
	与警方对峙	8	5.56
医护方	医护人员举行抗议活动	12	8.33
	院方行为不当	15	10.42
病患方和医护方	直接当事方所属组织"发声"	4	2.78

---

① 殷向杰：《医患纠纷协同治理研究》，南开大学 2014 年版，第 57—58 页。

由表8-4可见，一方面，与病患相关的间接当事方所采取的占领医院设施（30例）、打伤医护人员（29例）、破坏医院财物（26例）、限制医护人员人身自由（14例）等行为在导致医患冲突升级中产生了重要作用。"3·14深圳恶性事件"家属因对诊疗过程有异议，组织十余人到医院大厅举横幅、烧纸钱，推搡殴打包括主治医生在内的多名医护人员，并强迫主治医生下跪烧纸钱。此案例中，"医闹"这一间接当事方通过占领医院设施、打伤当事方及侵犯当事方人身权利等方式影响冲突升级。"广西瑞康医院医闹事件"中，医闹家属扬言要杀人偿命等，扣留主管医生及护士长等人，威胁直接当事方并限制人身自由。"深圳中海医院医闹事件"在职业医闹操纵下，围攻医院、群殴医务人员，将医务科主任打至昏迷，砸烂医院大门及办公物品，抛撒纸钱严重干扰医院诊疗秩序，并与前来维护公共秩序的公安民警野蛮对峙。此案例中，职业医闹通过占领医院、破坏财物、打伤医生及对抗强制力量等行为使得冲突不断升级。同时，医院方的不作为或作为不当，也会导致医患冲突升级。在"南海早产儿'被死亡'弃厕所事件"中，医院不仅违规助产，而且轻率判断新生儿为"死婴"将其弃于厕所。而医院对此不正面回应，也不道歉，从而导致冲突事件升级。

另一方面，与医护方相关的间接当事方也会采取相应的对抗行动使冲突事态升级。因病患家属的"医闹"行径，或高层的施压，或上级维稳态度，或强制力量的不作为，医护人员集体拒绝出诊，相关科室不营业，要求其他患者转院医治，甚至采取请愿、游行等抗议活动，使得冲突事态升级。在"重庆伤医事件"中，医患双方发生肢体冲突，警方将事件定义为"医患斗殴"，伤人者未受任何处罚，医院受到"必须收治患者"的压力。护士拒绝挂号、检验科拒绝出报告、麻醉科拒绝麻醉、医生拒绝手术，医护高举"伤医事件零容忍""严惩伤医者"等横幅，在儿科医院门前进行抗议活动。冲突事件在医护的抗议之下，事态越发严重。

此外，直接当事方所属组织进行的声援举动，会引发民众热议，使冲突扩散和升温。典型案例有"中科院医闹"。在这一事件中，中科院"盖公章发公函"的行为是典型的间接当事方行为，纵然有"善意初衷"，但不足以打消舆论质疑。互联网环境下，网民对公权力有一种天然"抵触"心理，以"红头文件"求真相，隐含的目的很明确，拿单位的名义，而且还是有些地位的单位,给院方造成一种无形压力;北医三院的官微声明可以说是一种有罪认定,缺乏可证实的材料或证据,显然也经不起舆论追问,难以证据服人,带有主观色彩的推断言论为事件的升级埋下伏笔;中国医师协会官方网站力挺北医三院的声明,也在一定程度上推动事件舆情热度逐步升温。当医患冲突发生时,医患双方背后的单位要以一种理性的态度对待事件,不可轻率作出主持公道的行为,第三方要立足事实说话,慎言慎行,避免舆论高压下事件升级。

值得注意的是,间接第三方能够为医患冲突的降级发挥积极的作用。在"医院输液错误致死案"和"护士搞错病例案"中,医生主动承认失误,医院这一间接当事方负责与患者协商,最终达成协议,对患者家属进行经济补偿,使冲突得以平息。

三 第三方主体在医患冲突升级中的作用方式

医患冲突中的第三方主体在冲突过程中也会发挥重要的作用,促使冲突升级或降级。如上所述,医患冲突中的第三方主体主要分为三类:中介第三方、媒体第三方和旁观第三方,它们影响冲突升级的方式各有不同。

(一)中介第三方

中介第三方主要是指在冲突中间居发挥维护秩序、公证、斡旋、调解、仲裁、促进和解等作用的相关各方。在医患冲突中,中介第三方主要包括公证、检验和定损部门、社会调解组织、仲裁委员会、政府相关行政部门、法院等。

第三方本来是促进冲突平息或化解的一方,但如果发挥作用不当,也会引发冲突的升级。在收集的144起医患冲突升级的案例中,超过8%的升级事件与中介第三方的行为有关。表8-5统计了第三方影响医患冲突升级的具体方式。

表8-5　　　　　中介第三方影响医患冲突升级的具体方式

影响冲突升级的具体方式	例数	占冲突升级案例的比例(%)
不利于某一方的决议	3	2.08
必要的强制力量缺失	9	6.25
定性不当、判定不当	1	0.69

中介第三方为顾全大局、息事宁人作出不利于某一方的决议，会引发另一方的强烈不满，进而采取更为激烈的对抗手段，从而导致冲突事件进一步恶化升级。与此相应，中介第三方在应当采取强制行为而选择了不作为，也会纵容一方采取使冲突升级的行为，并逼使另一方采取升级的对抗行为。在医患冲突中，由于政府对冲突方缺乏必要的强制性约束，造成设灵堂、打砸医疗设备或办公设备、堵大门、烧纸钱、围攻办公人员等使冲突升级的行为。在"福建南平医患冲突事件"案例中，患者术后突发急症，抢救无效死亡，家属拒不移尸，扣留医生，要求医院高额赔偿；现场警察不作为，医生自行组织前往解救被扣医生，家属和医生大打出手；官方主导下医患双方签订协议：医方同意补助患方21万元，由于双方发生肢体冲突均有人员受伤，"双方同意责任自行承担不予追究刑事责任"；这一协议直接诱发医生集体上访。相关领导表示，协议是"不得已作出的妥协"，认为应尽快平息事态，防止引发更大规模的群体性事件，建议医院顾全大局，作出让步。正是由于政府相关部门抱着这种维稳的态度，才导致"闹者快，医者痛"的局面在一次次的医患冲突事件频频出现。

中介第三方对冲突事件定性不当或判定不当并据此作出不当决定，也会造成冲突升级。在"徐宝宝死亡事件"案例中，南京市卫生局在案件的首次声明中，否认了当班医生玩游戏及系列冷漠表现。在强大舆论压力之下，仅仅相隔48个小时，南京市卫生局拿出了两个截然相反的调查结论，完全推翻了自己之前公布的结果。市卫生局在没有深入调查的情况下，依托医院的调查形成自己的报告声明，显然对事件了解不够清楚，对事件的定性与判定皆是不当的。

值得注意的是，中介第三方在使冲突平息和化解方面能够发挥重要作用。在收集到的6起医患冲突得到平息或化解的案例中，有4起都与中介第三方的作用有关。在"王敏寻衅滋事案""山东9名'医闹'"事件及"镇海人民医院发生暴力伤医事件"三个冲突事件中，政府机关秉持公平公正公开的原则，让涉事人员及关注群体及时了解最新进展，适时安抚家属或者慰问医患人员；检察机关在保证办案质量的前提下，提高办案效率，加快涉医案件的办案进度，对公安机关移送的涉医案件，及时批捕、起诉；相关部门的沟通配合，坚持对敏感涉医犯罪案件的适时介入，协助公安机关做好侦查取证工作，共同研究和处理办案工作中出现的疑难问题，确保案件的事实和证据到位，及时锁定证据，排除分歧，形成共识，形成打击涉医犯罪的合力，从而避免了医患冲突的升级。在"泉州婴儿疑似'烤死'事件"中，医患纠纷人民调解委员会积极调解，使医患双方达成协议，避免了医患冲突的升级。

（二）媒体第三方

媒体第三方是在冲突过程中传播相关消息的各种媒体，既包括传统的纸质媒体和广播电视，也包括新兴的各种网络传媒。中国医药协会 2014 年相关调查表明，84.31%的医师认为媒体的负面报道是造成医疗场所内针对医务人员暴力行为的原因。[①] 王卫华指出，媒体有失公正的报道加深了患者及受众对医方的不信任感，导致了医患矛盾的加剧。[②] 赵帛妍认为，媒体对医患纠纷事件过度集中的报道，偏袒一方的报道，先入为主、带有成见的报道及主观臆断、妄下结论的报道等新闻炒作泛滥，加剧了医患紧张关系。[③] 李俊蟠认为，媒体对医疗界的扭曲报道加剧了医患关系的紧张局面，在助长患者对自己遭受不公平对待认知的同时，会使患者更加相信自己是有理的，使民众对医院的不信任指数上升。[④]

在本研究所收集的医患冲突升级案例中，有近 14%的升级事件与媒体第三方的参与有关。表 8-6 统计了媒体第三方影响医患冲突升级的具体方式。

表 8-6　　　媒体第三方影响医患冲突升级的具体方式

影响冲突升级的具体方式	例数	占冲突升级案例的比例（%）
对当事方背景身份报道	6	4.17
不符事件事实的报道	4	2.78
对事件性质的主观认定与评价	10	6.94
众多媒体集中报道施加压力	9	6.25

---

① 中国医师执业状况白皮书 [EB/OL]．[2015-05-28]．http://www.cmda.net/xiehuixiangmu/falvshiwubu/tongzhigonggao/2015-05-28/14587.html．
② 王卫华：《医患矛盾报道中媒体的社会责任》，《医学与哲学》2012 年第 33 期。
③ 赵帛妍：《积极引导，构建和谐医患关系——新闻媒体在医疗纠纷报道中的几个问题》，《新闻知识》2011 年第 10 期，第 44—46 页。
④ 李俊蟠、李奉华：《医患矛盾与新媒体关系的思考》，《医学争鸣》2016 年第 2 期，第 43、45—49 页。

媒体第三方对当事方背景身份大肆报道，以"背景"为噱头吸引关注，会促使冲突升级。以"十堰法官殴打女医生事件""南京护士被官员打伤事件"等为标题的报道，以及报道中关于"吉林省德惠市人民医院医闹事件中家属开警车打砸医院""河北省任县县司法局局长（患者家属）聚众打死医生案"等描述，都是媒体第三方以当事方背景身份为噱头来吸引关注，引发公众强烈的愤怒情绪，从而导致冲突的升级。

媒体第三方不符合事实的报道，以及对事件性质的主观认定或评价，都会导致冲突的升级。例如，在"产妇肛门被缝事件"案例中，事件一经媒体报道，引起舆论哗然。后经央视《新闻调查》深入调查发现，南方都市报记者为了博取公众眼球，赚取点击率，在未充分调查双方当事人的情况下，凭患者单方面的说辞和自己的推测，撰文写出了这则影响广泛的"缝肛门事件"。

众多媒体对同一事件的集中过度报道，形成巨大舆论压力，也会导致冲突的升级。在案例"中科院医闹"中，经中国日报网、财经网、财新网、北京青年报等众多媒体介入报道，导致事件舆情热度急剧升温，三大权威机构对事件处理的不当言行被舆论不断放大，各方公信力都不足以赢得公众完全信任，致使事件一步步升级。

需要注意的是，媒体对某一事件的集中报道，虽然会促使冲突升级，但如果这种冲突升级引起了政府相关部门的高度重视，也会使冲突更快得到解决。在"魏则西事件"中，患者最初对就医经历进行控诉，通过知乎论坛的曝光，得到知乎网友关注并转载至新浪微博平台。经过微博、微信等社交媒体的进一步传播和发酵引爆舆论，网民对百度"竞价排名"进行激烈的谴责控告。在社交媒体舆论热点的"倒逼"下，传统主流媒体调查跟进，将莆田系医院过度宣传和治疗、部队医院科室外包、监管等医疗乱象问题呈现在大众而前，从而引起有关部门的重视，这一事件所暴露出的严重问题推进了政府医疗市场秩序的更严格管理。

（三）旁观第三方

"旁观者"（onlookers），一般是指"置身事外，从旁边观看或者观察的人"。在公共冲突领域，"旁观者"主要是指那些非冲突利益相关方、但处于冲突情境中关注冲突的人们。[①] 但在医患冲突中，旁观者往往不仅围观，而且以某种方式介入到冲突过程中，评论、起哄、造谣、辱骂甚至参与打砸。在现实中，旁观者可以分为两类：一类是基于自媒体平台而产生的网络旁观者；另一类是出现在冲突事件发生现场的围观者。谢茨施耐德（E. E. Schattschneider）认为，每一次冲突都至少包括两部分力量，即冲突的直接参与者与被吸引到"现场"的旁观者。直接参与者的每一次增加或减少，都会影响冲突的结局；而旁观者是否成功地进入或者退出冲突，决定着冲突各方的成败。[②] 普鲁特（Dean G. Pruitt）和金姆（Sung Hee Kim）的研究表明，外在支持者对于冲突升级具有很重要的作用，突出表现为当冲突方得到外界支持时，冲突会倾向于更加剧烈。[③] 原珂和齐亮研究了不同类型的旁观者基于不同的行为动机对公共冲突事件的围观，分析了他们如何通过聚集围观、言语评论、情绪积累三个阶段而逐步介入公共冲突事件，并对公共冲突造成不同程度的影响。[9]

在所研究的144个医患冲突升级案例中，有近17%的升级事件与旁观者的介入有关，表8-7统计了旁观第三方影响医患冲突升级的具体方式。

表8-7　　　　　　旁观第三方影响医患冲突升级的具体方式

影响冲突升级的具体方式	例数	占冲突升级案例的比例（%）
围观看热闹	24	16.67
言语评论	22	15.28
传播负面信息	11	7.64
介入冲突行动	1	0.69

旁观第三方围观看热闹，通常会增加冲突当事方对抗的"底气"。在本研究收集的冲突升级案例中，有24起与旁观者大规模的围观有关。在

[①] 原珂、齐亮：《"旁观者"现象：旁观者介入公共冲突的过程分析及破解策略》，《社会主义研究》2015年第1期，第93—100页。

[②] E. E. 谢茨施耐德：《半主权的人民山》，任军锋译，天津人民出版社2000年版。

[③] Dean G. Pruitt, Sunk Hee Kim. Social Conflict: Escalation, Stalemate, and Settlement [M]. New York: McGraw-Hill Companies, 2004.

另外 22 起中，旁观者夹杂主观感情和判断的言语评论进一步推动了冲突事件的升级。在"北医三院产妇死亡事件"案例中，知乎上的网络旁观者用户，对死去孕妇及丈夫发表了一些看似头头是道，却完全没有法律依据的言论，只是由于符合对一些医闹的"认知逻辑"，就被很多人认可，认可程度甚至远远超过知名医生对事件的医学分析。更有甚者，某些网友只是为了站队，显示自己的"理中客"，硬是从只言片语中脑补出自己想要的场景和故事，煽动网民一拥而上，将事件推向白热化。还有 11 起案例因为旁观者传播负面信息，扩大事件影响范围，促使更多参与者介入，导致了冲突事态的升级。还有一例由于旁观者介入冲突行动导致事态升级的案例。在案例"钦州二医院近百人拉横幅停尸门诊大厅"中，院方多次与患方沟通未能达成一致意见，患方不同意尸检、不同意将尸体移送殡仪馆、拒绝司法鉴定、医疗事故鉴定和走法律途径，直接赔偿的要求未被满足，多次组织近百人在医院大门非法聚集、拉横幅、停尸医院门诊大厅。部分旁观者从最初聚集围观看热闹，满足其想了解事实的猎奇心理，逐步发展到介入事件中，根据自己的主观情感和判断，采取评论、起哄帮衬等方式，表达态度和倾向，使以往就医过程中的不满情绪被激发出来，并迅速扩散。此后，旁观者传播各种负面信息，并介入冲突行动，进行推挤打骂，导致冲突不断升级。

四 结论与启示

通过对近十五年来备受关注的 150 起医患冲突案例中各类主体作用的统计分析，可以得到以下结论和启示。

第一，本研究发现，有两个类别和五种类型的主体在医患冲突升级过程中发挥着作用。这提示我们，医患冲突治理要全面考虑影响医患冲突升级的各类别和各类型主体，不仅要考虑各类当事方主体，而且要考虑各类第三方主体。

第二，本研究发现，在当事方主体中，间接当事方比直接当事方影响冲突升级的频数更高，近 60% 的医患冲突升级案例与间接当事方的影响有关。这提示我们，要特别注意对各类间接当事方在冲突中作用的研究，包括医护人员的所在单位、同事、亲朋好友、雇用的律师等，以及病患及其家属的亲朋好友、雇用的律师或医闹等。

第三，本研究发现，在第三方主体中，旁观者对冲突升级的影响超过了中介第三方和媒体第三方，近17%的医患冲突升级案例与旁观者的影响有关。这提示我们，要加强对各类旁观者在冲突升级中作用的研究，包括医患冲突中的围观者、评论者、起哄者、造谣者、辱骂者和参与打砸者等。

第四，本研究发现，各类主体对医患冲突升级的作用方式是不一样的。我们尝试建立以下关系模型来说明他们之间的相互关系，如图8-1所示。

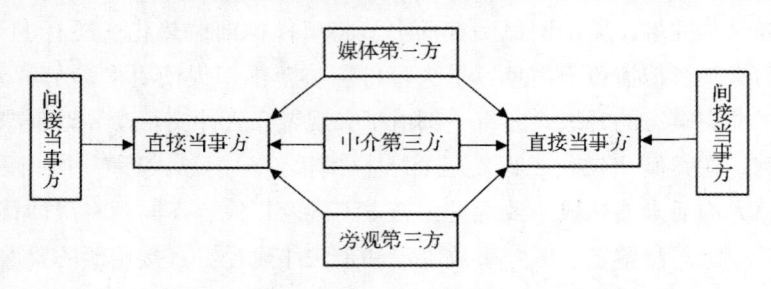

图 8-1 医患冲突升级中各类主体的关系结构

为了进一步提高医患冲突治理的效能，应当深入研究各类主体之间的结构关系，并依据研究结果有针对性地对各类主体实施有效的管理。

第二节 引导农民工讨薪的路径选择

农民工这一概念主要是指那些户籍仍在农村，但主要从事非农业劳动生产，依靠工资收入生活的劳动力。[①] 根据国家统计局抽样调查结果，2015年农民工总量为27747万人，比上年增加352万人，增长1.3%[②]。与此同时，农民工工资拖欠问题却是一个长期存在的问题。据统计，2015年，被拖欠工资的农民工所占比重为1%，比2014年提高0.2个百分点[③]。

有欠薪就有讨薪。自2000年开始，农民工讨薪所引发的各种冲突开

[①] 《中国农民工战略问题研究》课题组，韩俊、汪志洪、崔传义、金三林、秦中春、李青：《中国农民工现状及其发展趋势总报告》，《改革》2009年第2期，第5—27页。

[②] 国家统计局：《2015年农民工监测质量报告》，国家统计局网站：http://www.stats.gov.cn/tjsj/zxfb/201604/t20160428_1349713.html。

[③] 同上。

始进入公众视野,社会各界对农民工讨薪问题进行广泛探讨和研究。随着2004年《建设领域农民工工资支付管理暂行办法》和《劳动保障监察条例》的颁布施行,农民工维权开始有了法律依据和制度化途径。此后,相关法律制度不断完善。然而,相关法律制度和政策的不断出台似乎并没有充分达到预期的效果,许多农民工仍然选择制度外路径进行讨薪,这种现象及其产生的原因值得认真研究。

本研究选取了2003—2017年间在媒体上公开发表的90个有关农民工制度外路径讨薪的案例。案例的选择标准主要考虑了两个方面,首先是影响重大,即有多家媒体报道或有学者撰文评论;其次是报道内容相对详实,可以为分析提供较为充分的信息。研究发现,制度外路径主要包括围堵式讨薪、创意式讨薪、自杀式讨薪、网上讨薪和暴力式讨薪等形式。经济环境、组织环境和社会环境的各种压力对讨薪两种路径的选择产生重要影响。制度外路径的各种讨薪方式在成本、收益和风险方面也存在着一定的差异。2010—2017年与2003—2009年两个时间段相比,自杀式讨薪数量呈现减少趋势,暴力式讨薪数量没有明显变化,而围堵式讨薪、创意式讨薪和网上讨薪呈增加趋势。为促使农民工更倾向选择采用制度内路径讨薪,需要调整政策导向,将维护农民工权益作为最重要目标;同时需要畅通制度内讨薪渠道,强化守法和道德压力。[①]

一 农民工制度外路径讨薪的各种形式

农民工讨薪路径可以分为制度内路径和制度外路径两种。制度内路径讨薪即依据相关法律规定,经制度规定的程序通过合法途径讨薪。根据我国现有法律规定,农民工讨薪一般可以通过向工会申请调解、向劳动保障监察部门举报、向劳动争议仲裁委员会申请仲裁、向信访部门反映以及向法院提起诉讼等途径维权。制度外路径讨薪则泛指农民工不通过上述制度化途径而采取其他形式的维权行为。

在所研究的制度外路径讨薪的90个案例中,发现农民工制度外路径讨薪所采取的形式可以概括为5种主要类型,即围堵式讨薪、创意式讨

---

① 参见常健、王雪《农民工制度外路径讨薪策略研究》,《中共宁波市委党校学报》2017年第4期。该文是本项目研究的阶段性成果。

薪、自杀式讨薪、网上讨薪和暴力式讨薪，各类形式的案例数量和所占比例如表8-8所示。

表8-8　　　　　农民工制度外路径讨薪的各种形式

讨薪形式	案例数	占案例总数的比例（%）
围堵式讨薪	41	45.6
创意式讨薪	19	21.1
自杀式讨薪	17	18.9
网上讨薪	7	7.8
暴力式讨薪	6	6.7
总计	90	100.1

1. 围堵式讨薪

即农民工通过聚众围堵工地、建筑公司、政府、公共道路和其他公共场所以向企业或政府施压讨薪。在围堵式讨薪中，比较明显的特点是参与围堵的农民工人数较多，往往采取罢工、静坐、下跪、打横幅、与资方据理力争等非暴力行为，但在此过程中却容易升级为双方或与第三方之间的暴力冲突。2004年甘肃农民工集体讨薪事件属于典型的围堵式讨薪，约100名农民工前往房地产公司静坐讨薪，在此过程中与公司方人员发生冲突，进一步演变成双方人员的群殴事件，造成多人受伤。在2012年山西农民工集体讨薪事件中，山西运城80余名农民工围堵酒楼造成交通瘫痪，警方介入后与民工发生肢体冲突，造成7名民警受伤。

2. 创意式讨薪

农民工采取与众不同、颇具创意的做法通过博人眼球、引起关注来讨薪。创意讨薪的形式五花八门，既有悲情式的"子女讨薪""乞讨讨薪"，又有温情式的"贺卡讨薪""接机讨薪"，既有时尚的"跳舞讨薪""卡通讨薪"，也有恶俗的"裸体讨薪""卖乳讨薪"。创意式讨薪一般采取较为温和的方式，形式"求新求异"，其目的在于引起媒体和社会的关注，借由媒体和舆论的力量"把事闹大"，向政府和企业施压寻求问题解决。创意式讨薪与自杀式讨薪有相似之处，都是通过一定行为引起社会关注借以施压，但创意式讨薪更为理智，几乎不会造成危害和损失。

3. 自杀式讨薪

学者徐昕曾对农民工自杀式讨薪进行深入剖析，这里借鉴他的观点，将自杀式讨薪定义为农民工通过自杀或摆出自杀姿态以"发出信号、祈求帮助、引起关注、形成压力、解决纠纷和保障权利"[①]。在自杀式讨薪中，有些农民工只是摆出自杀姿态，希望引起媒体、社会的关注，向政府和企业施压，尽管如此，施救和谈判过程也会耗费大量的人力物力财力。而有些农民工则在情绪失控的情况下以生命为代价，"以死抗争"，由其引发的冲突往往程度激烈，结果惨烈。在 2003 年的山东农民工自焚事件中，四川农民工徐某在讨薪过程中被殴，一时悲愤，在身上浇上汽油抱住包工头自焚，被严重烧伤。在 2004 年沈阳农民工吞药自杀事件中，7 名农民工因讨薪未果而选择集体吞药自杀。在 2015 年河北女孩跳楼讨薪事件中，13 岁少女在为父讨薪的过程中跳楼身亡。

4. 网上讨薪

农民工以互联网为平台和媒介进行讨薪，如论坛发帖讨薪、微博讨薪等。随着互联网的发展和自媒体的兴起，一些农民工开始通过网络讨薪。被誉为"网络讨薪第一人"的张仲凡是其中的代表人物，在上门讨薪被打之后，张仲凡将自己的讨薪遭遇写成打油诗以"讨薪寒"的网名发表在微博上，受到网友的普遍关注，被多次转发，也引起了媒体和相关政府部门的重视。当前，网上讨薪这一手段日益受到政府有关部门的关注，2011 年，河南省高级人民法院专门开通"豫法阳光微博发布厅"，并开始启动通过微博帮助农民工讨薪活动。欠薪农民工或其代理人只要上网发一条加有"豫法阳光关注务工人员讨薪"关键词的新浪微博，就有可能拿到被欠的工钱。

5. 暴力式讨薪

农民工采取打砸、抢劫、杀人、绑架、纵火、爆炸等暴力手段讨薪。此处关于暴力式讨薪的定义与通常所理解的有所出入，这里强调农民工的主观倾向，即有使用暴力的预谋或动机。在暴力讨薪中，农民工或是因讨薪不成，或是因被逼无奈，都将使用暴力作为报复或胁迫的手段，抱着同

[①] 徐昕：《为权利而自杀——转型中国农民工的"以死抗争"》，《中国制度变迁的案例研究》第 5 辑，中国财经出版社 2008 年版，第 268—318 页。

归于尽的心理，将道德、法度乃至生死置之度外。与自杀式讨薪的"自虐"不同，暴力讨薪是"虐他"，其目的并不在于获得关注、形成压力，而更加倾向于泄愤、报复，因而暴力程度更甚，社会危害性更强。曾在社会上引起广泛讨论的王斌余杀人案具有代表性。2005年，甘肃天水市农民工王斌余讨要工资未果，反遭谩骂和殴打，在绝望和愤怒之下，王斌余持刀连捅5人，造成4人死亡，1人重伤。围堵式讨薪过程中也易发生暴力冲突，但与暴力讨薪有着显著不同，首先，围堵式讨薪并未有使用暴力的主观倾向，一般采取静坐、下跪等非暴力的手段，而暴力讨薪的农民工则经常是有预谋或有准备的蓄意行为，常常在讨薪时携带刀械、炸药、汽油等，一旦讨薪不成就会采取极端手段，发生暴力事件的概率更高。此外，围堵式讨薪中即使引发了暴力冲突，往往也是程度较轻的肢体冲突，造成人员重伤致残、死亡的案例极少，而暴力讨薪一旦发生，就很可能酿成恶性犯罪事件，有时甚至会威胁到其他民众的生命安全。

需要指出的是，在选择制度内路径或制度外路径的各种方式时，农民工经常会同时或先后采用多种方式，当一种方式无效时，会根据情境采取其他方式，直到讨薪成功或无奈放弃。

二 影响农民工讨薪两种路径选择的各种压力

农民工对讨薪路径的选择，受到社会环境、经济环境和组织环境的各种压力，从而对他们究竟是选择制度内路径还是制度外路径产生影响（如图8-2所示）。

1. 经济环境压力

从农民工所处的经济环境来看，由于其经济基础薄弱，从事的又多是技能要求不高而工资较低的行业，因此在遭遇欠薪时，农民工往往面临着巨大的生存压力、时空压力和成本压力。

首先，很多农民工在讨薪过程中食不果腹、居无定所，有时自己或家人还承受着病痛的折磨，急需讨薪"救命"，面临着巨大的生存压力。

其次，被拖欠工资的农民工一般是来自外地农村，讨薪过程中可能需要往返两地并自付交通费，而且按照建筑行业的惯例，农民工工资一般集中在夏收、秋收、年底发放，不少农民工会于此时返乡，一旦被拖欠工资，农民工又着急回家收粮耕种，或者为了谋生而继续工作，这样讨薪农

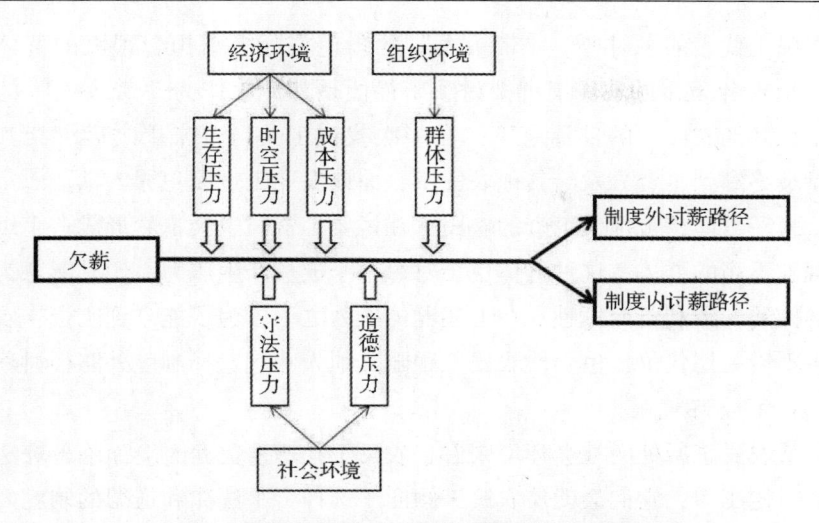

图 8-2 影响农民工讨薪两种路径选择的各种压力

民工承受着一定的空间和时间上的压力。

最后,还有成本压力,这里的成本主要是指金钱成本,"家无恒产"又被拖欠工资的农民工必须要考虑讨薪的成本。经济环境造成的各种压力迫使农民工不得不选择快速有效而又成本低廉的方式进行讨薪,对于农民工来说,制度内讨薪要耗费更多的时间,还要支付一定的费用,而结果可能得不偿失。据《中国农民工维权成本调查报告》的调查分析,为了索要不足 1000 元的工资,完成从劳动监察、到劳动仲裁再到诉讼等所有程序,农民工需要直接支付至少 920 元的各种花费,花费时间至少是 11—21 天[①]。

上述经济压力会使得农民工倾向于放弃等待时间长、经济成本高、还需要来回往返奔波的制度内讨薪路径,而选择成本低、见效快的制度外讨薪路径。

2. 组织环境压力

从农民工所处的组织环境来看,农民工在讨薪时会面临群体压力。

一方面,很多农民工外出打工一般是与亲戚或同乡一起,形成一个彼此帮扶的小团体,由其中一人作为"带头人"召集其他农民工一起工作。如果被拖欠工资,其他农民工会找"带头人",由"带头人"或包工头作

[①] 张燕、石毅:《〈中国农民工维权成本调查报告〉出炉讨薪成本知多少:至少三倍于收益》,《中国就业》2005 年第 7 期,第 37—38 页。

为农民工代表前去讨要。"带头人"的角色实际上承担着很大的群体压力，2008年发生的农民工绑架讨薪事件便是如此，作为"带头人"的农民工在其他农民工的催逼之下，在多次找包工头讨要未果之后绑架其家属，最终拿到工资分发给其他农民工，而该农民工也因犯罪入狱。

另一方面，被拖欠工资的农民工在讨要工资时也会自然形成一个组织化程度不高的群体，这种群体也会对每一个成员产生压力，使其愿意为实现群体的一致利益而牺牲。在上述群体压力之下，为了能拿到工资，农民工将不惜一切代价，也会使农民工跟随其他人一起选择制度外路径讨薪。

3. 社会环境压力

从农民工所处的社会环境来看，农民工在遭遇欠薪时会面临着守法压力和道德压力，它们会促使农民工倾向于选择合乎法律和道德的制度内路径进行讨薪。

在守法压力方面，自1997年党的十五大提出依法治国的基本方略以来，我国高度重视法治建设，特别是党的十八大以来，提出了科学立法、公正司法、严格执法、全民守法的全面依法治国方略。在这样的环境下，农民工讨薪时承担着守法压力，必须要考虑到其方式是否合法，一旦违法就要受到相应处罚。例如，在17个自杀式讨薪的案例中，有两例明确提到讨薪农民工因扰乱公共秩序被处罚。

另一方面，在我国传统文化中，崇尚以和为贵。在当代，党和国家在强调依法治国的同时，也提出了以德治国的方针，以及构建和谐社会的战略任务。在这样的情况下，农民工讨薪无疑承担着道德压力，有些方式虽然不违法，但却与人们的道德观念不符。在2006年"卖乳讨薪"事件中，有些市民对这种行为表示谴责，认为是对女性的侮辱。

可以看到，经济环境和组织环境的压力与来自社会环境的压力是相互对抗、相互抵消的。当守法压力、道德压力大于生存压力、时空压力、成本压力和群体压力时，农民工更容易选择制度内路径来讨薪；反之，当生存压力、时空压力、成本压力和群体压力之和大于守法压力、道德压力时，农民工更可能选择制度外路径讨薪。

三 农民工讨薪的路径选择过程

农民工对讨薪路径和方式的选择，往往经历了一个过程，如图8-3

所示。

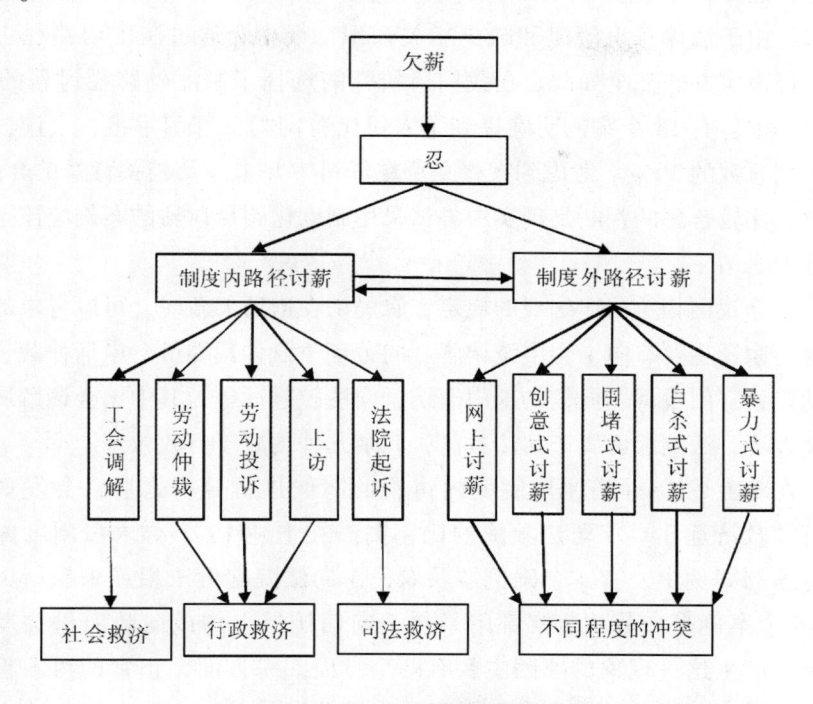

```
                    欠薪
                     ↓
                     忍
                    ↙ ↘
        制度内路径讨薪 ←→ 制度外路径讨薪
         ↙ ↓ ↓ ↓ ↘      ↙ ↓ ↓ ↓ ↘
      工会 劳动 劳动 上访 法院   网上 创意式 围堵式 自杀式 暴力式
      调解 仲裁 投诉     起诉   讨薪 讨薪   讨薪   讨薪   讨薪
         ↓   ↓   ↓   ↓   ↓        ↓    ↓    ↓    ↓
      社会救济  行政救济    司法救济      不同程度的冲突
```

图 8-3 农民工讨薪的路径选择过程

最初，当被拖欠工资时，很多农民工的第一选择往往是忍。为了保住工作岗位，农民工不愿轻易与雇方撕破脸皮。以建筑行业为例，虽然国家早有规定农民工工资应当按月足额发放，但在实际情况中，建筑农民工通常只有在工程完成之后，才能拿到所有工资，对于这一"传统"，很多农民工只能选择接受，不然就要失去工作，这也可以解释为什么每到年末农民工讨薪冲突就会集中爆发。而这样的忍让不仅不能解决问题，还会对后期农民工的讨薪路径选择产生不良影响。一方面，忍耐时间越久，被拖欠的工资就越多，就更难以承受已投入成本的损失，因此，在容忍到一定程度之后，农民工很少会选择放弃讨薪，反而愿意为讨薪付出更大的代价，甚至是生命。另一方面，长期的负面情绪积累，也容易使农民工在讨薪过程中受到非理性因素的影响，酿成愤而自杀、激情杀人的惨剧。

当忍无可忍之时，农民工会采取讨薪行动。此时，农民工面临两种讨薪路径选择，即制度内路径和制度外路径。人们往往认为，在一般情况下农民工由于法律意识淡漠和缺少相关知识，很少会通过制度内路径去讨薪。但事实并非完全如此。在我们所研究的选择了制度外路径讨薪的90个案例中，有18个案例明确提到了农民工曾向相关部门举报、上访，占到案例总数的20%。考虑到有些案例在资料中并未涉及相关背景的介绍，因此，比较合理的判断是现实中尝试采用制度化路径讨薪的案例应该至少占到30%左右。

根据我国相关法律法规的规定，农民工在遭遇欠薪时，可以寻求的制度内的途径主要有向工会申请调解、向劳动争议仲裁委员会申请仲裁、向劳动监察部门投诉、向信访部门上访、向法院起诉等。其中工会调解属于社会救济，法院起诉属于司法救济，其余几种均属于行政救济。

在对上述18个曾采取制度内讨薪的案例进行分析之后，会发现寻求行政救济远比寻求司法救济的比率高。在上述18个寻求过制度内路径讨薪的案例中，有4个案例涉及农民工向法院起诉未果或未执行，其余14个案例是向劳动监察部门举报、向信访局上访或向政府机关反映情况。产生这一现象的原因主要有两个方面。一方面，正常的讨薪程序一般包括向所属劳动监察大队举报、申请劳动仲裁、申请立案、移交检察院、向法院起诉等程序，每级程序还要经过调解、申请与受理等环节，周期之漫长，程序之复杂，让农民工很难坚持到起诉阶段；另一方面，法院起诉要付出更多的金钱成本，这使本来就没有工资收入的农民工望而却步。

最后，在制度内讨薪失败后，很多农民工会转而选择制度外路径的各种方式继续讨薪。在上述18个案例中，有12个案例中的农民工在制度内路径讨薪失败后，选择了制度外路径讨薪方式继续讨薪。在2014年河南百名农民工下跪讨薪事件中，郑州100多名农民工被拖欠工资后，曾"找了许多部门"，但都没有解决问题。无奈之下，他们当街集体下跪，希望引起媒体和政府部门的重视。

同时，也存在着另外两种选择过程，一种是先选择制度外路径讨薪，失败后再选择制度内路径；另一种是同时选择制度内和制度外的路径，双重施压。在上述18个案例中，有6个案例是同时选择了制度内路径或制度外路径，或在选择制度外路径失败后再选择制度内路径。

四 制度外路径各种讨薪方式的成本、收益与风险

农民工对制度外路径各种讨薪方式的选择,并不是缺乏理性的一味"把闹事大",而是会理性地权衡成本、收益和风险,希望在所处情境下以最小的成本和风险获取最大的收益。从现实案例分析,制度外路径的各种讨薪方式在成本、收益和风险方面有一定差异。

从成本角度分析,网上讨薪和创意式讨薪的成本最低,既不需要付出太多的时间金钱成本,也不存在因违法行为所带来的潜在成本;围堵式讨薪次之,同样不需要太多的成本即可实施,而且"法不责众"的心理可能会降低农民工对该策略的风险预期;自杀式讨薪的成本较高,因为农民工要承担自身人身安全的风险以及可能因扰乱社会秩序而被行政处罚的潜在成本;暴力讨薪的成本最高,可能要承受因犯罪而带来的刑事处罚。

从收益角度分析,在所收集的案例中,网上讨薪的成功率最高为83.33%;其次是围堵式讨薪,成功率为65.63%;再次是创意式讨薪和自杀式讨薪,成功率均为50%;最低的是暴力式讨薪,成功率仅为16.67%(见表8-9)。

表8-9　　　　　　　制度外路径各种讨薪方式的成功率

单位:例

	讨薪成功	讨薪失败	不清楚	成功率(%)
网上讨薪	5	1	1	83.33
围堵式讨薪	21	11	9	65.63
创意式讨薪	6	6	7	50.00
自杀式讨薪	4	4	9	50.00
暴力式讨薪	1	5	0	16.67
总计	37	27	26	

从风险角度分析,创意式讨薪和网上讨薪不太容易引起激烈的冲突,但其余三种方式引起激烈冲突的可能性非常大。在17个自杀式讨薪案例中,有6例涉及到人员伤亡;在41个围堵式讨薪案例中,导致暴力冲突、致人伤亡的就有30例,其中有5例还涉及与警方发生肢体冲突;在6个

暴力讨薪案例中，有3例发生了恶性杀人事件。

在围堵式讨薪所引发的暴力性冲突中，有相当一部分是恶意欠薪的建筑公司蓄意或雇人对围堵的农民工单方面进行打杀，在41个围堵式讨薪案例中，有10个案例被描述为农民工遭群殴。如2005年发生的河南百余人围殴民工血案，当时正值河南两会期间，在郑州一小区门口讨薪的多名农民工被一百多人手持武器砍杀围殴，酿成血案，引起了国务院的高度重视。

五 不同时期农民工制度外讨薪路径的差异分析

对不同时期农民工制度外路径讨薪的各种方式进行纵向对比分析，也能发现一些值得关注的变化。以2010年为分界，把近14年的案例分成2003—2009年以及2010—2017年两个时期。对比前后两个时间阶段，可以发现有三个较为明显的变化（如图8-4所示）。首先，创意式讨薪明显增加。在第一个时期，创意式讨薪有4例，在第二个时期有15例。其次，自杀式讨薪明显减少。第一个时期内有11例属于自杀式讨薪，在第二个时期仅有5例。最后，网上讨薪出现并增加。在第一个时期，网上讨薪仅有1例，在第二个时期则有6例。而在两个时期中，围堵式讨薪与暴力式讨薪的数量变化并不明显。

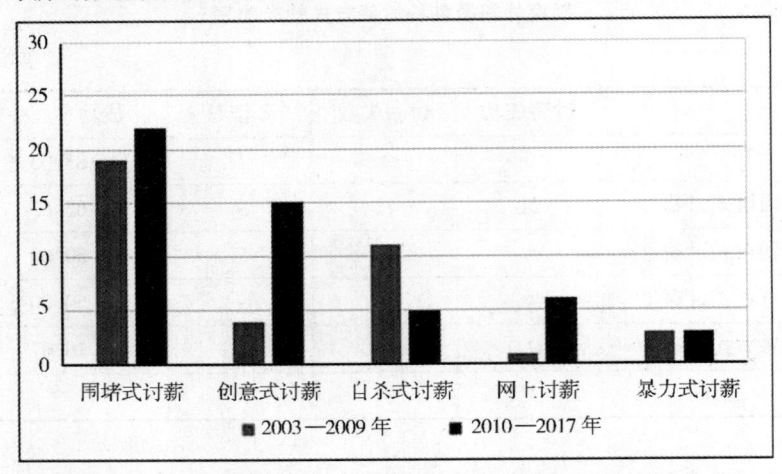

图8-4 不同时期农民工制度外讨薪路径的选择差异

对于上述变化，可以作出以下两个方面的解释。

第一，从整个社会环境来看，网络的逐渐普及、新闻媒体的发展以及自媒体的出现,拓宽了农民工在讨薪时的策略选择宽度。在最初农民工讨薪问题出现时,新闻媒体尚不关注,也未进入政府视野,面对欠薪,农民工只能依靠自身和群体的力量维护自身权益。2000年,"农民工全城围堵工头"的新闻使公众开始意识到问题的严重性。2003年,"总理讨薪"事件使得农民工讨薪问题引起了媒体和政府的高度重视,农民工也开始意识到可以借助媒体和政府的力量向建筑方施压,而如何引起媒体的关注呢?自杀式讨薪是农民工首先想到的不得不为的选择。然而,随着经济社会的发展,网络的逐渐普及,求新求异的网络文化也迅速流行起来,此时比起频繁发生的"跳楼秀",一些反其道而行之的创意式讨薪更能引起媒体的关注。随着自媒体的兴起,借助论坛、微博等平台,农民工可以直接向公众倾诉、向政府有关部门寻求帮助。由此可见,随着时代的发展,农民工制度外讨薪策略的选择宽度是逐渐增加的。

选择宽度会对农民工的路径选择及其结果产生影响。当选择宽度小时,农民工会更倾向于采取极端化、暴力性的方式,因为在这样的情境下,农民工仅有这一条路可走,不成功即失败,农民工只能不顾一切,哪怕以生命为代价,由此导致的冲突往往程度激烈。当选择宽度大时,农民工更加倾向于采取成本、风险更小的方式,因为在有所选择的情况下,农民工可以尝试不同策略,最优先的选择自然是成本小、风险低的方式,由此引发的冲突程度往往较轻。之前已经分析过各种讨薪策略的成本问题,在此不再赘述,这里需要补充的一点是,自2002年出现农民工跳楼讨薪事件之后,自杀式讨薪事件的频发导致政府对此类行为逐渐采取强硬措施,近年来各地都出现多起以扰乱公共秩序罪对跳楼讨薪进行行政处罚的事件,可见自杀式讨薪的成本明显增加。

第二,从农民工主体来看,农民工的代际结构变化也可以解释上述差异。根据国家统计局2009年对全国31个省(自治区、直辖市)的农民工监测调查,在所有外出农民工中,新生代农民工即1980年之后出生的外出农民工的比例超过了一半,占58.4%,说明新生代农民工逐渐成为外出农民工的主体[①]。新生代农民工在很多方面与老一代农民工不同。首

---

① 新生代农民工基本情况研究课题组:《新生代农民工的数量、结构和特点》,《数据》2011年第4期,第68—70页。

先,新生代农民工的受教育程度较高,对法律相关知识了解得更多,维权意识和维权能力也更强,面对欠薪更不愿意"忍"。其次,新生代农民工的相对剥夺感更强。与老一代农民工不同,新生代农民工由于出生在城市,或在年纪很小时就进入城市工作,因此对城乡差距更敏感,不公平感更强,在面对欠薪时,可能会更容易产生愤懑、仇恨、报复等负面情绪,在讨薪时采取暴力性的行为。最后,根据国家统计局的调查数据,在业余时间安排上,新生代农民工经常上网和看电视的比例分别占46.9%和52.1%,说明网络对新生代农民工产生很大影响,相对于老一代,他们更能接受网络信息和文化,更会使用网络这一工具,这在一定程度上可以作为创意讨薪、网上讨薪增加的解释。2011年,"网络讨薪第一人"刘仲凡通过在微博上发表讨薪打油诗而获得广泛关注,而在微博发文求关注的方法其实是他的女婿刘文静的建议。

六 结论与思考

通过以上分析可以发现,农民工在讨薪中选择制度外路径并非是"胡搅蛮缠",而是在一定情境下在权衡利弊后作出的理性选择。因此,要引导农民工的行为向合法化、合理化、制度内回归,必须要改善农民工所处的讨薪情境,促使农民工更倾向于选择制度内路径。为了实现这一目标,需要在两个方面作出重要调整。

(一)调整相关政策导向,将维护农民工权益作为首要目标

近年来,党和政府高度重视农民工讨薪问题,相继出台了多项整治政策。早在2006年出台的《国务院关于解决农民工问题的若干意见》(下文简称《意见》)就指出,农民工面临的突出问题之一是拖欠工资现象严重,提出建立农民工工资支付保障制度[①]。2008年国务院办公厅下达《关于切实做好当前农民工工作的通知》,提出要确保农民工工资按时足额发放[②]。2010年,国务院办公厅下发《关于切实解决企业拖欠农民工工资问题的紧急通知》(下文简称《紧急通知》),要求各地区、各有关部门和单

---

① 中央人民政府门户网:《国务院关于解决农民工问题的若干意见》,中央人民政府门户网站:http://www.gov.cn/zhengce/content/2008-03-28/content_6668.htm。

② 中央人民政府门户网:《国务院关于切实做好当前农民工工作的通知》,中央人民政府门户网站:http://www.gov.cn/zhengce/content/2008-12-22/content_6628.htm。

位加大工作力度，切实解决企业拖欠农民工工资问题[①]。2016年国务院办公厅再次出台《关于全面治理拖欠农民工工资问题的意见》（下文简称《意见》），提出了治理目标，即到2020年，形成制度完备、责任落实、监管有力的治理格局，使拖欠农民工工资问题得到根本遏制，努力实现基本无拖欠[②]。从政策文本可以看出，党和政府对农民工工资问题日益重视，政策措施日益详尽具体。

但上述政策中将维护社会稳定作为重中之重，而将解决农民工权利受到侵害的问题只是作为维稳的手段。这种导向可能会对农民工的讨薪路径选择产生负向激励。2006年出台的《意见》指出，维护农民工权益问题直接关系到维护社会公平正义，保持社会和谐稳定；[③]而2010年下发的《紧急通知》的背景是"最近在一些地区接连发生因企业特别是建设领域企业拖欠农民工工资引发的群体性事件，严重影响社会稳定"[④]；2016年出台的《意见》再次强调解决拖欠农民工工资问题，事关广大农民工切身利益，事关社会公平正义和社会和谐稳定，指出拖欠农民工工资问题"引发的群体性事件时有发生，影响社会稳定"[⑤]。上述政策文件无一不在强调社会稳定问题，地方政府在问责压力下，在处理讨薪事件时也必须将稳定放在第一位。这样一旦农民工采取自杀式讨薪、围堵式讨薪等制度外讨薪策略时，为了维稳，地方政府会采取各种手段迅速解决问题，尽量满足农民工的要求。长期下来，就会使农民工产生"大闹大解决，小闹小解决，不闹不解决"的认识，进而促使其更多地选择制度外讨薪路径。因此，必须要调整相关政策的导向，将切实维护农民工权益作为首要目

[①] 中央人民政府门户网：《国务院办公厅关于切实解决企业拖欠农民工工资问题的紧急通知》，中央人民政府门户网站：http：//www.gov.cn/zhengce/content/2010-02/05/content_6622.htm。

[②] 中央人民政府门户网：《国务院办公厅关于全面治理拖欠农民工工资问题的意见》，中央人民政府门户网站：http：//www.gov.cn/zhengce/content/2016-01/19/content_5034320.htm。

[③] 中央人民政府门户网：《国务院关于解决农民工问题的若干意见》，中央人民政府门户网站：http：//www.gov.cn/zhengce/content/2008-03/28/content_6668.htm。

[④] 中央人民政府门户网：《国务院办公厅关于切实解决企业拖欠农民工工资问题的紧急通知》，中央人民政府门户网站：http：//www.gov.cn/zhengce/content/2010-02/05/content_6622.htm。

[⑤] 中央人民政府门户网：《国务院办公厅关于全面治理拖欠农民工工资问题的意见》，中央人民政府门户网站：http：//www.gov.cn/zhengce/content/2016-01/19/content_5034320.htm。

标，真正从维护农民工权益出发切实解决农民工权益受到侵害的问题。

(二)畅通制度内讨薪渠道,强化守法压力和道德压力

要减少因农民工制度外路径讨薪所引发的群体性、暴力性冲突,就必须要畅通制度内讨薪路径,促使农民工通过合理合法的手段进行讨薪,这也是依法治国的必然要求。通过上述对农民工讨薪路径选择的影响因素的分析,可以看到来自经济环境和组织环境的各种压力会促使农民工倾向于选择制度外路径讨薪,而社会环境中的守法压力和道德压力会促使农民工选择制度内路径讨薪。因此,在构建制度内讨薪机制时,应当注意两个方面。

一方面,要尽量减小农民工面临的生存压力、时空压力、成本压力和群体压力。首先,考虑到讨薪农民工面临的生存压力,可以由劳动部门或工会提供讨薪补贴金,保障农民工在讨薪期间的基本生活。在2007年发生的"太太讨薪队"事件中,云南省总工会就曾为每位"太太"提供了500元的赞助款。其次,针对农民工在讨薪时面临的时空压力和成本压力,主要还是要对当前的制度进行改进和完善,应当简化程序,缩短周期,降低制度化讨薪成本,要提高效力,加强执行,增强制度化讨薪的有效性。具体来说,行政救济虽然费用较低,但公平性显然不如司法救济,当前有关政府部门在处理农民工讨薪问题时,仍然存在相互"踢皮球"的现象,对此,应当对相关部门的职责权限进行明确划分,避免相互推诿。司法救济虽然较为公平公正,但费用较高,对此可以由社会团体如公益律师团提供法律援助,还可以开设"绿色通道",暂免或由被告方垫付费用。上述两种救济都存在程序繁琐、处理僵化的问题,需要简化流程,提供灵活的处理方案。

另一方面,要加大农民工的守法压力和道德压力。首先,政府应当降低对暴力讨薪、围堵讨薪的容忍度,出台相关制度政策,一旦发生群体性、暴力性冲突,要及时依法处理,施以相应处罚,提高违法讨薪成本。其次,还要通过教育、宣传等方式增强农民工的守法意识和道德素养,提高农民工依法维权的能力。

第三节 城市社区冲突的合作治理

随着我国城市化进程的快速推进,城市社区正面临着自改革开放以来

最为剧烈和广泛的变革，城市社区冲突频发不断。中国的城市社区冲突可以划分为社区利益冲突、社区权力冲突、社区权利冲突、社区文化冲突和社区结构冲突五大类型。导致城市社区冲突的原因既有外部因素也有内部因素。当前城市社区冲突化解与治理面临劣势因素在冲突主体上的高度重叠、居民参与不足、缺乏制度性化解平台和冲突控制成本上升等四大困境。城市社区冲突化解与治理在路径选择上应进一步强化党和政府的引导作用，强化社会居民参与，构建冲突化解的制度平台，对不同类型冲突采用不同的化解方法。[①]

社区作为居民日常生活的基本场域，是城市基层治理的主要载体和政府进行社会管理的重要平台，理应成为消融社会矛盾冲突的"缓冲器"与"解压阀"，但随着社会转型、经济转轨愈发深化，实践中我国许多大都市社区都日渐成为城市基层乃至整个城市社会矛盾冲突的爆发点和汇集地。不论我们是否意识到，一个客观事实是，中国的城市社区正面临着自改革开放以来最为剧烈和广泛的变革，且这一变革因关涉到整个中国城市基层社会的稳定而备受各界关注。

自改革开放以来，我国城市化进程就从未止步，特别是近年来新型城镇化进程的快速推进，使得我国的城市化速度曾一度名列全球之首。然而，中国当前正处于社会转型的加速期和深水区，与之伴随的是城市社会主体多元利益凸显、生活方式多样，尤其是私人化、个体化思潮的同步崛起，同时交织在以现代化与后现代化叠加为主要发展特征的大背景下，使得难以在短时期内充分解决发展的平衡性、协调性与可持续性问题，相应的各种具体矛盾、纠纷或冲突不可避免地涌现出来。目前，这些问题在中国大多数城市社区较为突出，社区居民之间的信任感、认同感与忠诚感持续弱化，社区冲突不断增多，所谓的城市社区"共同体"逐渐步入解组或解体之中，昔日的"熟人"社会也日益陷入"陌生人"社会。

一　城市社区冲突的概念与研究进展

社区冲突，顾名思义，是指发生在社区内的各种冲突。蔡禾认为，社

[①] 参见原珂《中国城市社区冲突及化解路径探析》，《中国行政管理》2015 年第 11 期。该文是本项目研究的阶段性成果。

区冲突是指社区内的个人或团体为各自的利益和目标而产生的相互抗争的行为或过程[①]。张卫、卜长莉等学者也持此观点，只是后者更突出了社区冲突的地域性，强调其发生在一个高度聚集的地域空间内[②]。综上，笔者认为城市社区冲突是指发生在城市社区这一独特地域内，以社区居民或其他社区主体因社区内的各种公共事务或问题而引发的对社区整体或局部造成一定影响作用的抵触、差异、对立、排斥等矛盾现象或激烈的、显性化的对抗性冲突。这一概念内涵有四：一是从冲突范围来看，冲突发生在城市社区这一独特地域范围内；二是从冲突主体来看，冲突方多是居民或社区其他主体；三是从冲突事项来看，冲突涉及的主要是城市社区内具有公共属性的事项，如社区公共资源的分配、公共环境的维护、公共利益的共享等，且多以物质性的利益冲突为主；四是冲突形式一般多为显性的，冲突激烈程度多为中低强度，冲突属性在本质上属于人民内部根本利益一致基础上的对抗形式下的非对抗性冲突。

  国外对城市社区的研究源于19世纪80年代，并逐渐形成了诸多学派和理论成果。随着19世纪末西方国家的工业化、城市化快速崛起和城市社会的大量出现，西方社会理论家也随之将关注重点转移到城市社区这一具体问题上来，且以研究城市与社区间紧张关系问题居多。如提出"社区与社会对立"的滕尼斯（Ferdinand Tonnies）、主张"机械团结与有机团结区分"的迪尔克姆（Emile Durkheim）以及韦伯（Max Weber）关于城市市场交换中人的理性论争及社会组织科层化的论说，都凸显出社区问题的严重性。进入20世纪，尤其是20世纪中期以后，伴随着西方国家又一次大规模的都市变迁和发展，城市社区冲突集中性地爆发出来，使社区成为社会变迁的一个缩影，自此，城市社区冲突研究才成为西方社区研究的重要内容之一。但此时国外对社区冲突的研究多集中于探讨冲突的产生、冲突与社区发展的关系、冲突之于社区的功能等，其中以科尔曼（James S. Coleman）、葛文森（William A. Gamson）和桑德斯（Irwin T. Sanders）等学者对社区冲突的研究最具代表性。近年来，国外学界在城市社区冲突相关方面的研究虽有所进展，但还未彰显出形成新的研究方

[①] 蔡禾：《社区概论》，高等教育出版社2005年版，第37页。
[②] 卜长莉等：《社区冲突与社区建设》，社会科学文献出版社2009年版，第343页。

向或范畴的迹象。

国内学界对城市社区的研究起步相对较晚,最早开始关注城市社区冲突大约是在20世纪90年代。伴随着我国"单位制"的解体、社区建设运动的兴起以及20世纪末推行的住房制度的市场化改革的浪潮,使得我国城市社区在迎来发展机遇的黄金期之际,也面临着一系列的矛盾、纠纷与冲突问题。但是,从20世纪90年代到21世纪初,国内学界却一直忽略了对社区冲突方面的研究,直到近年来随着社会转型期改革进入深水区使社会问题不断增多与凸显,学界才逐渐开始关注城市社区冲突,但其研究成果相对较少,主要集中在社区管理体制、社区居委会选举、换届、新兴业主维权冲突问题以及对在社区建设、社区参与、社区治理等过程中产生的社区冲突问题的研究,其中涉及对城市社区冲突的形成原因、类型划分以及冲突解决方法等问题的相关探讨。

整体来看,国内外对城市社区冲突的研究更多地侧重探讨冲突的产生、类型、冲突之于社区的功能、冲突和社区建设与发展、社区自治或治理等方面的关系,研究成果相对较少,且较为分散,呈现出碎片化的特征。而对城市社区冲突的相关理论、生成原因、产生条件、扩大及升级过程、化解策略、方法或路径等进行系统性的研究则相对较少,还未形成系统化的专门性研究。

国外学界在冲突的发展和升级过程研究方面,起步相对较早,成果也较为丰硕。托马斯(K. W. Thomas)把冲突发展过程划分为冲突觉知期、情感反应期、冲突认知期、冲突白热化期四个阶段[1]。庞蒂(Louis R. Pondy)把冲突的产生与变化的历程划分为潜在的冲突、感知到的冲突、感受到的冲突、显现的冲突和冲突的后续五个可以辨识的不同发展阶段[2]。托马斯和庞蒂的冲突发展模型相对来说都较为宏观,缺乏对冲突行为的扩散与升级过程进行具体分解。格拉索(Friedrich Glasl)则在此基础上对冲突的行为阶段进行了细化,区分出冲突行为升级的九个阶段,并阐释了各个阶

---

[1] K. Thomas, Conflict and Conflict Management, M. Dunnette (ed), Handbook of Industrial and Organizational Psychology, Rand McNally College Publishing Co. Chicago, 1976.

[2] Louis R. Pondy, Organizational conflict: concepts and models, Administrative Science Quarterly, 1967, 12 (2).

段的特征。①之后，伯顿（J. W. Burton）②、科尔曼（Herbert Coleman）③、普鲁伊特和奥尔科扎克（D. G. Pruitt & P. V. Olczak）④、熊彼特（J. Schumpeter）⑤等人对冲突升级的"结构转换"模型进行了探究，认为冲突的这些转化会导致冲突的持续或反复出现，包括心理、团体、社群转换等，这些转化都影响着冲突双方的策略选择。这种结构转化的观点正好契合了多伊齐（M. Deutsch）所谓的冲突发展"原始律"（Crude law）："一种特定的社会关系引起的特有的过程和效果，倾向于引起相同类型的社会关系。"⑥由此推知，冲突的升级过程主要体现为冲突各方对抗方式的增强和破坏性程度的提升，前者涉及冲突各方所采取手段的升级，如从协商、谈判、调解到仲裁、诉讼、暴力对抗等；后者则主要体现为从冲突规模扩大、议题扩散到情绪升温、认知恶化直至停止交流等。但整体来看，国外对冲突的扩散与升级研究主要集中在人际冲突、社会冲突以及国际冲突方面，而对社区冲突的研究相对不足。即使有，也仅是在对社区冲突的研究中有所涉及，如科尔曼（James S. Coleman）、葛木森（William A. Gamson）、桑德斯（Irwin T. Sanders）等，而尚未深入探究，这或许与国外发育较为成熟的市民社会有关。

　　国内学界对冲突扩散与升级的研究，主要集中在公共冲突或社会冲突领域，如常健、许尧、李亚、韦长伟、张春颜、原珂等对群体性冲突事件起因、扩散、升级与治理的系列研究。其中，常健、韦长伟等探究了

---

① Friedrich Glasl, Konflictmanagement, Ein Handbuch fur Fuhrungskra fte, Beraterinnen und berater, Bern, Paul Haupt Verlag, 1997. English edition: Confronting Conflict, Bristol: Hawthorn Press, 1999. 转引自：常健等：《公共冲突管理》，中国人民大学出版社 2012 年版，第 48—52 页。

② J. W. Burton, Peace theory, New York, Knopf, 1962.

③ J. S. Coleman, Community conflict, New York, Free Press, 1957.

④ D. G. Pruitt & P. V. Olczak, Beyond hope: Approaches to resolving seemingly intractable conflict, in B. B. Bunker, J. Z. Rubin and Associates, Conflict, Cooperation and Justice: Essays Provokes by the work of Morton Deutsch, San Francisico, Jossey-Bass, 1995, 59-92.

⑤ J. Schumpeter, The sociology of imperialism, New York, Meridian, 1955.

⑥ M. Deutsch, Cooperation and competition, in M. Deutsch & P. T. Coleman (Eds.), The handbook of conflict resolution: theory and practice, San Francisico, Jossey-Bass, 2000, 29.

"二阶冲突"①，许尧提出了冲突升级的"四元素互动对抗性三阶递增模型"②。原珂等对"旁观者"介入公共冲突的升级过程进行了研究，指出不同类型的旁观者基于不同的行为动机而围观冲突事件，并通过聚集围观、言语评论、情绪积累三个阶段渐次介入到冲突升级过程中③。但是，针对社区冲突扩散与升级方面的既有研究则相对不足。当前国内学界在城市社区冲突方面的研究主要集中在有关城市社区冲突背景、原因、类型、特征及冲突解决方面，如夏建中、卜长莉、杨淑琴、闵学勤、张菊枝、吴晓林等，而对其扩散与升级等演化机理的探究则为数很少，特别是对社区冲突消散或结束方式以及不同冲突"消散或结束类型"上的差异将会带来冲突结束后的（社区治理）绩效有何不同方面的研究更是寥寥无几。某种程度上，既有研究较为关注冲突"前端"（原因、类型、特征等），而对冲突"中端"（扩散、升级等演化机理）与"后端"（冲突消散或转化等）的研究明显不足。而这恰是本研究的切入点与着力点所在。鉴于此，本研究尝试从公共冲突管理学视角对社会转型期我国城市社区冲突的扩散与升级机理进行系统性的专门化探究。

二 城市社区冲突的类型与特点

科尔曼曾指出，判断社区冲突事件的三个标准：一是冲突事件必须触及社区成员生活的某一重要方面；二是冲突事件必须是对不同的社区成员有不同程度上的影响；三是冲突事件必须是这样的一个事件，即能让社区成员感觉到有采取行动的必要，而不是把社区推向绝望、令人束手无策的冲突事件④。依据这三个标准，结合社区冲突的不同属性，本研究将当前中国的城市社区冲突大致划分为以下几个方面。

（一）社区利益冲突

社区利益冲突主要是指围社区公共利益问题而产生的冲突，其具有两

---

① 常健、韦长伟：《当代中国社会二阶冲突的特点、原因及应对策略》，《河北学刊》2011年第3期。
② 许尧：《中国公共冲的起因、升级与治理》，南开大学出版社2013年版，第93—108页。
③ 原珂、齐亮：《"旁观者现象"：旁观者介入公共冲突的过程分析及破解策略》，《社会主义研究》2015年第1期。
④ James S. Coleman, Community Conflict, Glencoe: The Free Press, 1957: 4.

大特征：一是公共性，即区别于由个人或家庭利益等引发的人际冲突；二是多样性，涉及到社区公共资源的分配、公共环境的维护以及公共利益的共享等多方面。马克思曾指出："人类为之奋斗的一切，都同他们的利益有关"[①]。诚然，一切有着利益追逐的社会，都存在着利益矛盾或冲突。社区冲突也不例外。社区冲突作为一种客观社会现象，所有社区都存在着或隐伏着不同程度的因上述事项而引发的社区利益冲突问题。根据社区各冲突主体所关注层面的焦点不同，社区利益冲突大致可以归纳为三类：一是在利益认同上，存在同质利益社区认同层面上的冲突；二是在利益协调上，存在异质利益社区协调层面上的冲突；三是在利益整合上，存在多维、多向利益间整合层面上的冲突。

（二）社区权力冲突

权力是社会的产物，任何社会都离不开权力的作用。权力具有一定的自主性和支配力，其突出表现为在受到外界干扰或者反对的前提下，也可以坚持执行自我意志的能力。现代学者对权力的界定要更为宽泛一些，认为权力不仅表现为支配力，其影响力也被称为权力。社区研究中的权力，一般是指对社区公共事务的参与权、决策权以及支配权。如桑德斯和达伦多夫就都认为社区冲突是因社区内权力分配不均引起的，而非经济因素引起的。通常，社区权力冲突包括两类：一类是对社区领导权力的争夺，如社区居委会、业主委员会、社区物业服务企业"三足鼎立"之局面；另一类是社区公权力与公民权力间的冲突，如社区居委会、业委会物业公司等与业主或居民间的冲突。从某种程度上说，社区权力冲突的本质是利益冲突，是具体利益分配不均或相关制度不均衡而引发的对社区公共权力之间的争端。

（三）社区权利冲突

社区权利冲突，主要是指在正当权利主体之间，应得权利与供给之间、实际权利行使和法定权利不符之间，或者因模糊权利边界等而引发的排斥或对立状态。达伦多夫（Ralf Dahrendorf）曾指出，应得权利与供给是两码事，要求扩大它们一般会导致不和、矛盾或冲突[②]。现实社区中，

---

① 《马克思恩格斯全集（第一卷上）》，人民出版社1995年版，第187页。
② 拉夫尔·达仁道夫（又译"达伦多夫"）：《现代社会冲突》，林荣远译，中国社会科学出版社2000年版，第4页。

因社区居委会、业主委员会、社区代表选举不规范、社区居民参与社区公共事务与决策结构不规范而引发的冲突，以及同一社区中农民工阶层与市民阶层之间、社区居民与各级管理者之间的冲突等，往往都是由于权利供需之间的矛盾或权利边界模糊而引发的。此外，当前城市社会愈演愈烈的社区邻避冲突，如因 PX 项目、垃圾焚烧发电厂项目、核设施项目等建设而引发的群体性邻避冲突事件，在某种程度上，其并不完全等于所谓的"环境冲突"，虽然它也关注水土污染、空气污染等生态环境问题，但其在本质上更是一种权利冲突或权利运动。因此，在某种意义上，社区权利冲突的本质是一种微观层面上的政治冲突，但若被忽视，其后果也可能会不堪设想。

（四）社区文化冲突

社区文化冲突主要是指社区中人与人、人与群体或群体与群体之间由于价值观念、宗教信仰、生活习俗等方面不同而在空间文化、异质文化、工厂文化和公共文化中，因各自利益差别、对立而产生的复杂矛盾心理状态或社会互动行为。社区文化冲突可以划分为"显冲突"和"冷冲突"。前者表现为显性的、激烈的、暴力性对抗或冲突；后者多为隐性的、长期存在、非暴力的排斥与隔阂。现实生活中，多民族聚居社区内的民族文化冲突、社区农民工与原居民之间的城乡文化冲突以及社区不同群体之间的文化认同冲突等，都属于社区文化冲突的范畴。特别是城市低收入群体和外来流动人员，他们常常把自己定位为"社会底层"或"外来的"，从而陷入了自我身份认同的困境，往往易于滋生出较强的阶级阶层冲突意识，如李培林等人就对此进行过较为细致的研究[1]。此外，在城镇化快速推进中，"城市中""村改居"社区以及搬迁安置社区居民等也会面临乡村文化和城市文明碰撞间的一系列社区文化冲突问题。

（五）社区结构冲突

社区结构包括具体意义上的社区结构和抽象层面的"社区结构"。前者主要指社区工作机构设置、社区管理体制或治理模式等具体性结构。后者则意指社区成员间各种联系纽带的分布方式。如友情、亲情、族群认同及工作类型等，都是将某些社会成员连接在一起，而将另一些社区成员分

---

[1] 李培林：《社会冲突与阶级意识》，社会科学文献出版社 2005 年版，第 118 页。

离开来的纽带。如果我们把权力也看成一种资源的话,那么这种资源在社区一定时间内较为稳定的分布状况就是社区的权力结构。依此类推,还有社区文化、权利、利益等结构。当前中国因前者而引发的城市社区结构冲突主要集中体现在三个方面:一是社区管理体制上的冲突,集中体现为行政目标上的结构性冲突;二是社区治理结构上的冲突,主要体现在社区工作机构设置方面的冲突;三是社区治理体系上的冲突,主要体现在治理模式方面的冲突。因后者而引发的冲突在前述具体社区冲突类型中已有所涉及,故此不赘述。

此外,城市社区空间冲突,也是社区结构冲突的一种特殊类型,主要是指由私人活动的常规化而逐步产生的公共领域,其本质是人际关系,具有网络性、社会资本的异质性和公民参与过程的双向性等特征。如近年来很多小区愈演愈烈的"停车位之战"与"广场舞之争"等,便都是如此。

但是,整体来说,结构性冲突是更为根本性的冲突。在一定程度上,结构性冲突的实质是一种"结构性暴力",这种暴力形式与显性的"直接暴力"不同,是一种隐藏在社会制度中的、非直接的合法暴力。它浸润在政治、经济、社会、文化和生态等结构性要素之中,以不被察觉的形式对某些人或社会群体的重要权利的否定和侵犯。在这种情境下,很多"好公民",实际上却有可能参与了"这样的制度设置:个人可能做了大量伤害他人的事情,但并非故意的,只是认为在履行其固定职责,就像从事该结构设置中确定的一项工作"[①]。

除了上述主要社区冲突类型外,还有社区变迁冲突,比较具有代表性的是由"村改居"而导致的社区变迁冲突;社区社会冲突,即社会冲突社区化,如社区宗教、民族、种族冲突等;社区生态环境冲突,如社区区位差异冲突、社区建设与环境保护之间的冲突等;社区复杂性冲突,如物权冲突,就是集社区利益、权力、权利、文化认同、结构冲突与变迁冲突等于一身的社区复杂性冲突,也是当代城市社区治理中最为棘手的冲突之一。总之,现实生活中各种不同的城市社区冲突往往是具有重叠性、互构性的复杂性冲突,而很少是某一种单一、孤立的冲突。

[①] 大卫·巴拉什,查尔斯·韦伯:《积极和平——和平与冲突研究》,刘成等译,南京出版社2007年版,第8页。

三 城市社区冲突产生的主要原因

当前我国城市社区出现的大量社区矛盾、纠纷或冲突主要是由于社会利益关系格局的调整所引发的。其在本质上是属于根本利益与长远利益一致基础上的现实性的、非对抗性的人民内部矛盾冲突问题。

（一）引发社区冲突的社区外部因素

当今城市社区冲突呈现出多类型化特征，其往往更多地与社区外部的因素有关，而非像过去那样仅关注社区内部事务，如社会转型与变迁、全国性的事务等。

1. 社会转型与变迁

这种转型与变迁有两种阶段性特征：一方面，从发展阶段来看，当前我国正处在社会转型与变迁的加速期，社会分化的速度、烈度、深度和广度比过往任何时期都要深刻，快速变化的社会环境，使得与之相适应的社会整合"措手不及"，甚至出现了难以适应变化而产生的"断裂与失衡"现象；另一方面，从发展结构来看，我国处在现代化与后现代化叠加进行期，表现为在一定区域范围之间的经济结构、社会观念、价值理念、生活方式等既有不同、又有交织的社会发展形态。这两种阶段性特征，不仅是导致从社区到社会问题大量涌现、社会不稳定与社区矛盾冲突频发的重要客观原因，而且也是造成社区冲突呈现出多类型化的关键原因。

2. 城市化的快速推进

城市化的快速发展，带来了一系列的城市化问题：城乡差距拉大、贫富分化扩大、"赶农民进城、强迫农民上楼"、城市农民工数量加剧、城市流动人口增加、交通拥堵、看病昂贵、住房紧张、教育成本上升等问题，而这些问题的解决最终都"下沉"到城市最基层的社区里。与此同时，多元化的城市社会问题还造成了城市社区冲突的多类型化。这样，一方面造成社区摩擦、矛盾、纠纷或冲突频发不止，另一方面还使其呈现出类型化趋势。

3. 信息技术发展与传播

在公众民主、法律意识不断增强的今天，信息不对称、不透明，沟通交流不畅，是很多社区冲突产生、激化甚至升级的缘由。近年来随着大众传媒如互联网、微博、微信等现代通信技术的普及与快速传播发展，改变了原有社区成员间的结合方式，导致了社区成员间代沟的产生及其对社区传统权威的挑战。这样，势必使得传统的社区冲突类型有所变化，如社区结构性冲突就是一种新类型。

（二）引发社区冲突的社区内部因素

依据马克思主义经典原理，内因是关键，外因是条件，外因通过内因起作用。因此，对城市社区冲突产生的内部因素进行分析也是很有必要的。通常情况下，引起社区冲突的内部原因大致有四种：经济利益、权力争夺、文化差异和区位差异。这些都是造成社区冲突类型多样化的重要原因。

公民意识的觉醒、不合理的社区管理体制、治理结构或模式等也是引发社区冲突及其多类型化的重要因素。因为社区冲突的产生不仅是社会发展进入多元化时代的必然结果，而且也巧遇了从现代社会向后现代社会迈进中公民心智日渐成熟、权利意识愈发强烈、公共意识与公共精神不断增强的过程，例如现代商品房小区中大多数拥有物权的业主或居民[1]。特别是随着房屋产权私有化程度的深化与居民社区参与性的不断提升，政府作为社区唯一管理者及利益主体的时代已不复存在，其代表性事件为近年来因城市社区物业管理不善等而引发的"物权冲突"所导致的基层民主政治抗争行为，不断对社区和谐构成冲击。此外，现行社区管理体制、治理结构、模式的不合理与不健全等也加剧了多类型化的社区冲突。如现代社区治理模式对传统行政型社区管理模式的挑战、业主委员会的缺位对业主自治的削弱、社区物业因"建管不分"或"光建不管"等引发的物权纠纷，以及社区相关法律法规不健全等都在不同程度上加剧了某些类型社区冲突的产生与频发。

四 城市社区冲突的扩散过程

冲突扩散和冲突升级是一种相互交叉的关系。从城市社区冲突的三角形扩散模型及社区冲突分裂的横向与纵向扩散过程来分析，发现社区冲突的质变临界点——从利益冲突转向认同冲突，导致冲突的恶化升级。当前

---

[1] 闵学勤：《社区冲突：公民性建构的路径依赖》，《社会科学》2011 年第 11 期。

第八章 具体领域公共冲突管理的特殊难题

我国城市社区冲突之所以能够不断扩散与升级，除冲突本身具有扩散性外，还与冲突的"格莱香定律"、二阶冲突、"旁观者"现象等因素密切相关。社区冲突发展上升到一定阶段后必然会转向消减是其一般演化规律。①

冲突是会转移和扩散的，城市社区冲突也不例外。冲突扩散主要是指冲突从原发地转移和扩散到其他地方，在原发地的各种紧张关系会在扩散中被表达出来②。史密斯（Kenwyn K. Smith）曾于1989年提出了冲突的三角形扩散以及分裂的横向与纵向扩散过程③。他认为冲突扩散有三个预设：一是冲突不仅可以从一个场景传播到另一个场景，而且两个冲突场景还可以互换；二是冲突能够从多重场景中转移出来，冲突的暴发地点实际上集中表达了来自其他地方的所有紧张关系；三是当冲突转移时，它既能跳跃层次，也能改变态势。在此三个预设下，冲突才具备三角形扩散方式。在实际冲突的三角形扩散方式中，首先要考虑三对同盟关系（X—Y，A—B，C—D），如图8-5中的a所示。如果冲突产生于X和Y之间，X会拉拢A形成X—A联盟，以此来分裂A与B先前形成的关系，如图1中的b所示。被A孤立开来的B可能会拉拢D，以此来分裂D与C的同盟关系，如图1中的c所示。如果各方都相互影响并遵守三角关系的平衡性或一致性规则，就会形成图3-5中d所示的两大阵营。

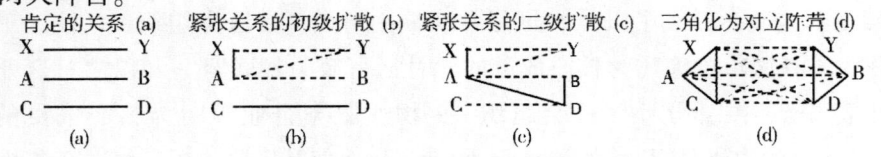

肯定的关系 (a)　　紧张关系的初级扩散 (b)　　紧张关系的二级扩散 (c)　　三角化为对立阵营 (d)

图8-5　紧张关系的进一步扩散

注：无线代表没有建立起关系，实线代表支持关系，虚线代表紧张关系。

资料来源：常健等：《公共冲突管理》，中国人民大学出版社2012年版，第44页。

---

① 参见原珂《城市社区冲突的扩散与升级过程探析》，《理论探索》2017年第2期。该文是本项目研究的阶段性成果。

② 常健等：《公共冲突管理》，中国人民大学出版社2012年版，第42页。

③ Kenwyn K. Smith, The Movement of Conflict in Organizations: The Joint Dynamics of Splitting and Triangulation, *Administrative Science Quarterly*, 1989, 34 (1).

分裂（splitting）[①]的横向与纵向扩散过程，主要是指冲突过程中关系分裂的横向与纵向动态过程。具体包括三种动态过程：一是通过三角形扩散从横向到纵向的分裂；二是通过三角形扩散从纵向到横向的分裂；三是横向分裂与纵向分裂之间的相互交换，并使每一个都包含在另一个之中[②]。任何一种纵向冲突都可能通过冲突的三角形扩散而引发横向冲突；同理，反之亦然。如当前我国行政管理体制中的"条块"冲突便是如此，二者互为因果，相互转化。

城市社区冲突，作为社会冲突中的一种公共冲突，其扩散过程也符合三角形扩散模型。现实中，天津市西青区某商品房小区，因大多数业主对社区公共事项管理等方面的问题不满，遂自发成立社区业主委员会，但由于没有经过社区居委会和街道许可、备案等，街道和社区居委会不予承认，从而造成社区居委会与业主委员会之间关系紧张，并一度因有关社区自治事务引发正面冲突。于是，社区居委会凭其在社区的主导地位，随即拉拢街道和社区党组织支持，以此来分裂原本属于街道和社区党组织所指导的部分社区社会组织。与此同时，部分被孤立的社区社会组织，特别是以与社区物业服务企业的长期保持合作关系的一些社区社会组织，便与物业公司建立起更为紧密的战略同盟关系，从而又把一部分与物业公司联系不是很紧密的驻区单位或者本来就与物业公司有隔阂的社区工作站推向了社区居委会一边。这样，各方都相互影响并遵守三角关系的平衡性或一致性规则，最终形成了以"社区居委会——街道、社区党组织——社区工作站与社区单位等"为核心成员的"社区行政力量联盟"和以"社区业主委员会——部分社区社会组织——物业服务企业等"为核心成员的"社区自治力量联盟"，如图8-6所示，从而使社区陷入了一场关于权力

[①] 分裂（splitting）概念源于临床和人类学研究。据罗纳尔多·莱英（Ronald D. Laing）的界定，分裂是一个集合分解为两个子集。它在临床上是描述婴儿处理与母亲融合的欲望同与母亲分离的愿望之间的矛盾关系时出现的挣扎状态，这种矛盾造成了对母亲的强烈的爱恨交织反应，它必须得到处理。但对这种分裂的管理直接导致三个存在：(1) 自我，具有很深的矛盾情感；(2) 外在的个人（对象），它被变成"好"的投射的所在地；(3) 另一个个人，它变成"坏的"投射所在地，以便能够使自己体验到完整的自我。参见：Ronald D. Laing, The Politics of the Family, New York: Vintage, 1969. 转引自：常健等：《公共冲突管理》，中国人民大学出版社2012年版，第44页。

[②] 常健等：《公共冲突管理》，中国人民大学出版社2012年版，第45页。

第八章 具体领域公共冲突管理的特殊难题 473

争夺的明争暗斗之较量中。

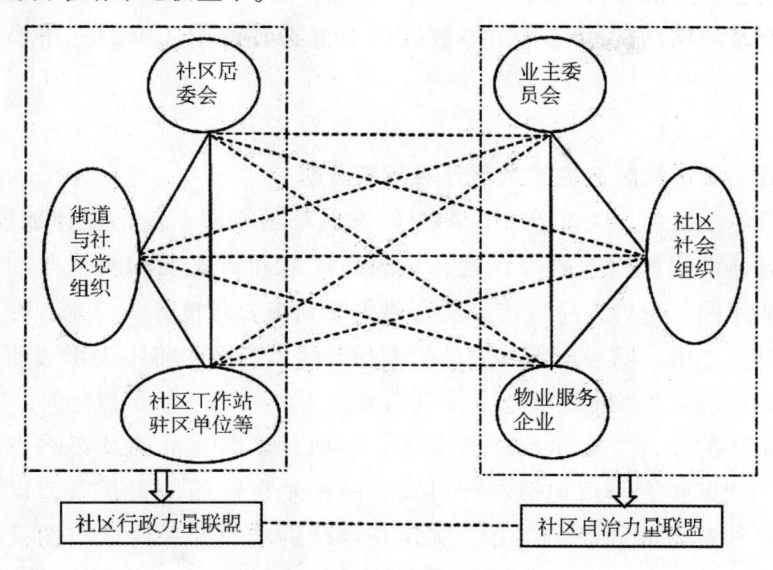

图 8-6 社区权力冲突扩散示意图

注：无线代表没有建立起关系，实线代表支持关系，虚线代表紧张关系。

由上可以看出，对社区管理权力的争夺，使社区冲突在横向上分裂为"以传统行政力量为代表的一方"和"以新兴自治力量为代表的一方"两大阵营，即把社区众多主体分裂为：以"社区居委会——街道、社区党组织——社区工作站与社区单位等"为一方的联盟和以"社区业主委员会——部分社区社会组织——物业服务企业等"为另一方的联盟。与此同时，在这场社区权力争夺与较量的过程中，还在纵向上将与此两大阵营相关的社区工作及公共事务分裂为若隐若现的两大模块（一块是以社区居委会或社区政府为主导而开展的社区工作，一块是以业主委员会为主导而开展的社区服务），从而使社区工作在整体上陷入混乱之中。当然，这只是社区权力冲突通过三角形扩散从横向到纵向的分裂过程。同理，反之亦然，即因某项社区公共事务而引发的关于社区权力的冲突，也可能导致从纵向到横向上的战略结盟。由此可知，社区权力冲突的横向分裂与纵向分裂过程之间往往是相互交织的，并且每一过程都常常包含在另一个过程之中。社区冲突分裂的横向与纵向扩散过程，也是冲突发展升级过程中横向与纵向分裂的动态过程。此外，依此类推，其他类型的城市社区冲突如社区利益冲突、社区权利冲突、社区文化冲突及社区结构冲突等在扩散过程中也必然遵循冲突的三角形扩散模型。

五 城市社区冲突扩大与升级机制分析

科尔曼认为，大部分社区冲突的发展都遵循着一定的规律或模式，如从具体性问题到一般性议题、从现有议题到新议题和新议题的多样化、从问题争论到人身攻击、从言语争端到暴力对抗等。但是，在这一演变过程之中，则会出现冲突的扩大与升级。否则，将不会形成所谓的"新议题"或"一般性议题"甚至暴力行为。

冲突扩大，主要涉及冲突主体、事项、议题、范围及影响力的扩大等。冲突扩大一般包括两种形式。一种是良性的冲突扩大，以期引起相关利益者或部门的注意，实现其合理诉求。如一些城市的社区业主为维护其权益而通过集体签名的方式发出诸如"业主维权倡议书"等之类的抗议，就是一种相对良性的冲突扩大形式。在社会转型期中国城市社区普遍存在业主与物业公司"力量悬殊"的情况下，采取相对理性的非暴力抗议方式要远胜于暴力解决方式，其主要目的除了谴责物业公司不端行为与基层政府不作为外，更在于引起相关高层或上级部门的关注，以期尽快解决争端或冲突，维护广大业主权益，恢复社区平静。另一种是恶性的冲突扩大，除引起相关部门关注外，还往往隐藏着诸多不合理的要求。如现实社会冲突中的很多"闹大"事件便是如此，尤其是在一些征地拆迁冲突和医患冲突中，冲突一方往往为了获取更多的利益补偿而不惜雇佣"专业人员"（如地方黑恶势力充当"打手"、专业"哭丧队"等）来"闹大"，这势必会造成冲突的恶化、扩大与升级。在某种程度上，冲突扩大是冲突发展初期的一种必然趋势，这虽并不一定意味着冲突强度与烈度的加剧，但是一旦逾过某个节点，则必然导致冲突"质变"，即冲突升级。

冲突升级，通常是指冲突在整体强度上的增大或加剧，即冲突逾过某一临界点而发生"质变"。鲁宾（Jeffrey Rubin）、普鲁伊特等曾研究了冲突升级的四大特点：策略由轻微到严重、争论扩散、各方更加投入到冲突之中以及冲突目标改变等①。伯顿、科尔曼、普鲁伊利、奥尔科扎克、熊彼特等则都对冲突升级的路径或模型进行了总结或归纳，大致可概括为以下三种："进攻者—防御者"模型、"冲突螺旋"模型和"结构转化"模型②。其中，"冲突螺旋"模型是最为常见的一种冲突升级方式，而"结构转化"模型则更为深入分析了冲突升级时的一些重要转化，如心理转化（如敌对的态度）、团体转化（如团体中好战领导的发展）、社群转换（社群的两极分化）以及冲突各方周围团体或群体的变化等引起的冲突升级，而且该模型指出了这种转化会导致冲突的持续或反复出现，以及如何进一步又使冲突升级等。

然而，针对城市社区冲突的升级，科尔曼认为社区冲突的发展升级过程包括三个方面：（1）从特殊到一般（Specific to general）：从单个争议事项上升到对某类问题的冲突；（2）新问题的出现（New and different issues）：在冲突过程中，往往会产生新的问题；（3）从异议到对抗（Disagreement to antagonism）：冲突升级。社区冲突的升级过程往往是从一个单项争议发展到多个争议事项，进而发展到对抗的过程，如图8-7所示（在此将其概括为社区冲突升级的"七阶段"模型）。

从图8—7社区冲突升级的"七阶段"演变模型中可以看出，冲突的扩大与升级是一个逐步演进的过程。但是，在这一过程中，往往会出现循环或往复，尤其是现实中的冲突更非完全是严格遵循这一"线性"的方式演变，在"平衡关系被打破"之后，出现回旋与往复的几率更大，几经"较量"之后，才会步入下一阶段。这样，使得冲突的升级往往具有"螺旋式"演变的特征。例如，不管针对社区内不同主体对社区"管理权"的争夺，还是上文中某商品房小区内社区行政力量联盟与社区自治力量联盟间的权力较量，其都不是一次性就可以形成冲突对立各方，而往往是在冲突分歧各方初步显现后，再经历多轮"回旋往复"或"反复博弈"之后才能形成势不两立的对立各方。鉴于此，根据我国城市社区冲突（特别是社区群体性冲突）的特征及其扩散与升

---

① D. G. Pruitt, J. Z. Rubin & S. H. Kim, *Social conflict: escalation*, stalemate and settlement, New York: McGraw-Hill, 1994.

② 如伯顿（J. w. Burton）、科尔曼（J. S. Coleman）、普鲁特（D. G. Pruitt）和奥尔科扎克（P. V. Olczak）、熊彼特（J. Schumpeter）等人均对此有过较为丰硕的研究。

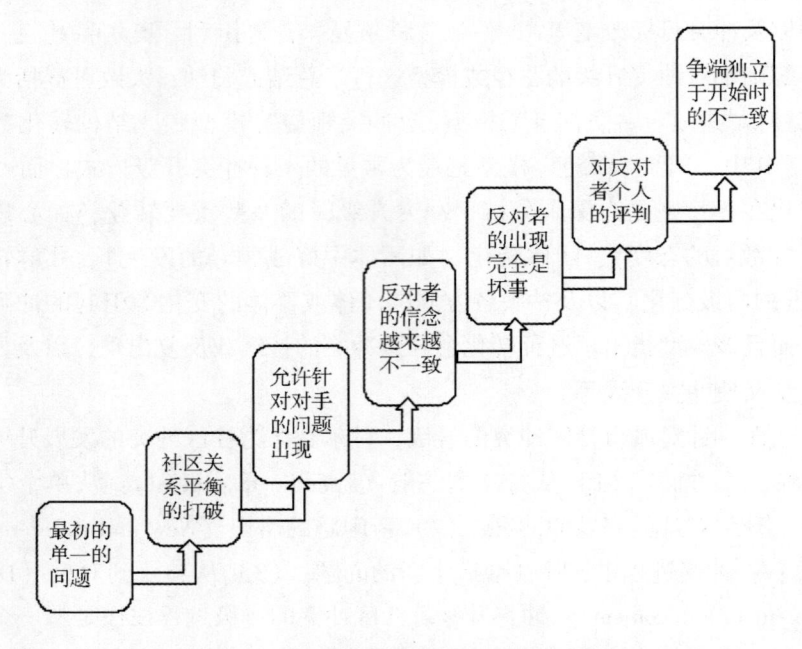

```
                                        ┌─────────┐
                                        │争端独立  │
                                        │于开始时  │
                                        │的不一致  │
                                   ┌────┤         │
                                   │    └─────────┘
                              ┌─────────┐
                              │对反对者  │
                              │个人的评判│
                         ┌────┤         │
                         │    └─────────┘
                    ┌─────────┐
                    │反对者的  │
                    │出现完全是│
                    │坏事      │
               ┌────┤         │
               │    └─────────┘
          ┌─────────┐
          │反对者的  │
          │信念越来越│
          │不一致    │
     ┌────┤         │
     │    └─────────┘
┌─────────┐
│允许针对  │
│对手的问题│
│出现      │
├────┤    │
│    └─────┘
```

图 8-7 社区冲突升级的过程演变图

资料来源：J. S. Coleman, Community conflict, New York, Free Press, 1957, p. 11. 改编自：徐琦等：《社区社会学》，中国社会出版社 2004 年版，第 80 页。

级过程，并结合卡朋特和肯尼迪（S. L. Carpenter & W. J. D. Kennedy）针对一般性冲突的"升级螺旋"模型，提炼出"未受控制冲突的螺旋升级"模型，如图 8-8 所示。

从图 8—8 可以看出，随着冲突强度的逐步增大，冲突议题的演化、冲突方的社会心理反应、政府或集体行动、公民团体行动也都随之做出相应调整与变化。在此，本研究以天津市 HX 园社区物业冲突事件为例（详见案例 1），根据社区冲突升级的强度，将未受控制的社区冲突螺旋升级模型大致划分为七个阶段进行描述与论证。当然，在某种程度上，这也是对科尔曼社区冲突升级"七阶段"模型的丰富与完善。

【案例1】天津市 HX 园社区物业冲突的螺旋升级模型

XD 庄园，地处天津市 X 区城乡结合地带的 LQZ 街道辖区内，是 JXXZT 房地产开发的商品房小区，共辖 HX 园、MX 园、LX 园、JX 园、BX 园、FX 园六个住宅小园区，建筑总面积约 60 万平方米，总

第八章 具体领域公共冲突管理的特殊难题

立案	采取法律措施	危机感出现	采取制裁成为议题	复仇的动机
诉讼 非暴力直接行动	诉讼 重新分配对付对手的资源	理解（认知）扭曲	新观点停滞	超出个体控制能力的冲突积量
愿意负担更好的成本	愿意负担更好的成本	冲突发生（社区外部）	非现实性目标被倡导/鼓吹	进程演化为沮丧之源 急迫感出现
呼吁民选代表和组织机构领导成员	呼吁民选代表和组织机构领导成员		威胁变成议题	
领导者接管	新闻头条出现		具体议题转变为一般性的单一或多元问题	
联盟形成	高水平的管理者加入决策	资源调拨/调动	议题极化	丧失察觉中立的能力
任务团队开始研究议题 媒体报道	在权力结构方面建立支持团队	交流停止		明确运用权力 固守成见 谣言和煽动
领导浮现 问题提上其它会议议程 非正式的公民会议	媒体竞相报道冲突各方释放压力	立场僵化	议题和立场形成个体加入议题一方	立场僵化 情感集聚 情感表达
信件（求助） 打电话（求助） 公民团体行动	反对信件 无反应/回应政府或行业行动	冲突各方形成	人们意识到具体问题 冲突议题的演化	焦虑增加 冲突方的社会心理反应

←──── 强度 ────→

图 8-8 未受控制冲突的螺旋升级模型

资料来源：改编自 Carpenter, S. L. & Kennedy, W. J. D. (2001). Managing Public Disputes. San Francisco: Jossey-Bass, p. 12.

户数 3088 户。HX 园，是组成 XD 庄园的六个住宅小区之一，该园总面积约 6.8 万平米，建筑面积 10.73 万平米，总户数 740 户，常住户 587 户，入住率 79.30%，楼栋数 14 座（含 4 栋高层住宅），共 51 个楼门，54 位楼长代表（每栋高层两位楼长代表），即 HX 园区业主代表。

第一阶段：问题出现

HX 园小区自建立以来，一直是隶属于 XD 庄园业主委员会管理的六个小区之一。后来，由于种种原因，XD 庄园业主委员会于 2012

年8月解散，与此同时，跟其合作的CSJ物业公司开始弃管小区①，并于半年后的2013年3月正式全部撤出②。自此，该小区处于无序混乱状态：一楼私搭乱盖，侵占公共绿地；业主疯狂抢占车位，私自安装地锁，并时常发生口角；小区高层多次停水停电；小区垃圾多次停止清运，小区环境脏乱差；夜晚漆黑一片，小偷频频光顾，多家被盗，甚至有车辆丢失，居民安全受到威胁等。在此期间，虽有小区志愿服务工作小组的志愿者维护秩序或进行公益服务，但随着时间的推移，都渐渐失去了热情。基于以上混乱状况，小区的绝大多数业主建议成立业主自主管理委员会，以满足全体业主的迫切需求。

第二阶段：形成分歧各方

尽管在关于成立HX园业主自主管理委员会这一问题上，小区各方利益代表争议不休，但最终还是在绝大多数业主的强烈要求下，于2013年10月7日在原小区HX园（志愿者）工作小组基础上成立了HX园业主自主管理委员会（以下简称"自管委"）。之后，10月26日自管委组织小区楼长会议，对引入"丽娜模式"③征求业主意见，

---

① XD庄园有6个小区，当时有HX园、MX园和LX园三个小区弃管，但是涵溪园是最先遭到CSJ物业弃管的小区。其原因在于之前HX园一直是这六个小区中缴纳物业费最多和最积极的小区，因其感觉到所交物业费和所获得的服务不成比例，便经常提出一些要求。然而，CSJ物业认为其经常"找茬"，事情比较多，从而就首先将其弃管。

② 在此之后，XD庄园于2013年9月27日成立新一届业主委员会，并于次日在HX园召开了第一次业主代表大会；于同年10月7日在HX园召开了第二次业主代表大会，同时宣告HX园（志愿者）工作小组正式成立；2013年10月8日HX园对XD庄园提交关于业主代表及业主委员会成员对社区议事规则和管理公约的书面意见，之后又多次提交，引起XD庄园新一届业主委员会对其小区不满；后又因经过10个多月筹备成立的新一届业主委员会尚未正式备案，而JX园、HX园、MX园和LX园中的7位委员于2013年10月24日提交了退出申请，同时HX园的3位代表在HX园园区内公告了退出事宜，新一届的XD庄园业主委员会处于难产停滞状态；2013年10月26日：HX园（志愿者）工作小组（即HX园业主自主管理委员会，因尚未备案成功，所以这一名称尚未合法，但小区业主却习惯这样称呼）组织楼长会议对引入"丽娜模式"征求业主意见。

③ 所谓"丽娜模式"，源于天津，起初主要是对天津一些弃管小区的接管，后来随着接管小区数量的增多和规模的扩大，逐渐被一些学者总结为"丽娜模式"。在本质上，"丽娜模式"是一种"区分穷尽、物权自主、量化公开"的现代物业管理方式，主要是指在住宅小区业主内部根据物的客观性和使用特点两个基本特性，将物的管理责任在全体业主、业主组团和业主个人层面做出区分、采取"使用者付费"原则实现"物权自主"的管理机制。参见：崔丽娜《区分穷尽、物权自主、量化公开——基于"使用——付费"原则的物业管理"丽娜模式"》，《和谐社区通讯》2011年第5期。

并于 2014 年 1 月 5 日正式引入 DD 物业①进驻该小区，试行"丽娜模式"，推行"管家式服务"。然而，万万没有想到的是，针对关于"丽娜模式"的引入及推行，引发了从该街道、社区党组织及社区工作站等多方的反对。这样，造成不同相关利益主体基于各自权益等方面的考量，形成两大对立派别（按其涉及的主要主体划分）：以街道、社区党委、社区工作站及原 XD 庄园部分业主委员会成员为主体的反对派和以 HX 园业主自管委、DD 物业公司及社区部分社会组织为主体的支持派。至此，冲突各方正式形成。

第三阶段：立场僵化，交流停止

当冲突各方形成之后，会不断强化己方立场，视对方为异己，从而使冲突议题和焦点进一步明晰，双方不能再继续和平理性沟通，正式交流到此停止，随之而来的便是谣言和煽动，甚至私下诋毁对方的行为不断出现。如原 XD 庄园部分业主委员会成员及社区工作站部分成员指责 HX 园业主自管委没有得到街道社区备案为"非法团体"，应予以取缔等；而 HX 园业主自管委却认为，自管委在行使居民自治权利，街道社区不备案则属于政府不作为，是政府失职行为等，并认为自管委履行居民自治权利，其他团体无权干涉。

第四阶段：资源调动、调拨

在上述冲突双方实际交流停止之后，冲突议题进一步极化，各方势不两立。与此同时，各方还在继续拉拢和不断巩固各自势力，并在两大对立派系的基础上，遵循冲突"三角形扩散模型"的原则，最终形成了以"社区居委会——街道、社区党组织——社区工作站与

---

① 进驻 HX 园的 DD 物业公司按照"大家参与，大家交费，大家监督，大家管理"的原则，依照"物权自主，量化公开"的模式，采取"按月付费，公益为公"的方式，提供"管家式服务"。所谓"管家式服务"，即 DD 物业公司接受全体业主的委托，按照业主们的意愿，并以 DD 公司的名义对外聘请保洁、保安、管道疏通、绿化管理等专业服务企业或人员为我园提供物业服务，并协助业主自主管理委员会实施自主物业管理。它们只按月取得物业管理人固定报酬，剩余资金均由全体业主自己支配，这样可以做到收支透明，共同监督，协商管理，确保业主利益不受侵害。HX 园业主自主管理委员会经过考察与筛选，一致同意 DD 物业（天津）有限公司进驻本园。该物业公司是由"和谐社区发展中心"创会理事、打假英雄王海先生创办，注册资本 200 万元人民币。其法人代表王海先生、顾问崔丽娜女士都是知名社会维权人士和注册志愿者。他们创建的"管家式物业管理服务模式"，正在被社会广泛关注与认可。

社区单位等"为核心成员的"社区行政力量联盟"和以"社区业主委员会——部分社区社会组织——物业服务企业等"为核心成员的"社区自治力量联盟"（详见图2所示），至此，冲突双方之间形成各自的力量联盟，从而使小区陷入了一场关于社区权力争夺的明争暗斗之较量中。冲突双方骂战不断，剑拔弩张，但始终尚未激化。

第五阶段：冲突发生（社区外部）

经过冲突双方上一阶段的资源调动，冲突能量积蓄上升，从而进一步使极化的议题转变为对对方的威胁，这样，冲突发生就难免了。2014年5月，HX园反对派以DD物业为小区安装门禁，发放门禁卡进出小区为由，对物业公司及其支持者进行阻止与破坏，遂爆发了物业公司人员及自管委成员与反对派业主及支持者之间的肢体冲突。这一事件很快就引起了相关政府部门的高度关注。

第六阶段：理解（认知）扭曲

在相关部门介入的情况下，冲突双方还是各自坚持己见，并进一步丑化对方形象，从而进一步使冲突议题扭曲，如反对派号称自管委及丽娜模式的目标是要"搞社区自由独立""脱离党管、不听党话""扰乱基层秩序"而不是要搞"真正的社区自治"等。这样，冲突焦点逐步从现实性冲突走向非现实性冲突，冲突进一步恶化。其中一个特例就是，这段时期，"丽娜模式"创立者的微博号等被禁止，甚至她在该小区的行动有所限制，导致"丽娜模式"在该小区受到质疑。但此时，"丽娜模式"在天津其他接管小区依然正常运行。

第七阶段：危机感出现

因冲突各方在"丽娜模式"上存在诸多争议，致使DD物业在关于HX园小区的各项公共事务上，反对"丽娜模式"的业主及支持者们处处为难，借机生事，并时而激化矛盾，引发不同程度上的肢体冲突。随着时间的推进，尽管"大冲突没有，小冲突不断"，但是，因各种不确定因素的影响，冲突双方危机感逐步出现，并时而通过个别事件激化，社区难得安宁。最终，政府相关部门采取紧急强制性措施，引导双方和谈，至此，这一场持续多年的社区冲突慢慢平息。

在上述不同的阶段，除冲突议题不断演化之外，冲突各方的心理反应也在不断发生变化，同时，相关媒体、政府部门及相关社会团体、行业协会等之态度与行为方式也在不断变化与转移。从而该社区冲突备受各界关注。如今，该小区已恢复平静，自管委继续引入"丽娜模式"并由 DD 物业提供专业化的物业服务，实行自管委主导下的小区"自我管理、自我服务、自我教育、自我监督"的自主管理模式。（资料来源：根据调研资料整理而得）

不论何种冲突升级模型，都必然涉及冲突的升级过程。社区冲突升级过程也不例外。从案例 1 可以看出，在天津 HX 园社区物业冲突升级过程中，从"问题的出现"到"冲突各方形成"大约经历了整整一年的时间，而从"冲突各方形成"到"立场僵化，交流停止"又约历经了半年时间，之后才"一发不可收拾"，并最终酿成大大小小的各种冲突事件。这一过程在很大程度上契合了路易斯·庞蒂（Louis R. Pondy）所提出的冲突升级过程"五阶段论"模型：潜在的冲突（Latent Conflict）——感知到的冲突（Perceived Conflict）——感受到的冲突（Felt Conflict）——显现的冲突（Manifest Conflict）——冲突的后续（Conflict Aftermath）[1]。只是 HX 园社区物业冲突在从"潜在冲突"到"显现冲突"这一阶段持续了较长时间，而在冲突的后续上进展缓慢。当然，这种从宏观视角来研究冲突发展到何种程度的分析模型虽有利于在整体上把握冲突进展，但却很难从微观的角度对冲突进行积极干预。其实，在这一物业冲突爆发的前期阶段，本应有很多机会可以对其进行干预或引导，但最终各方都持"观望"态度而没有实施，从而致使"显性冲突"爆发后，相关政府部门与各方才在"冲突的后续"阶段对其进行引导、干预与化解。然而，格拉索（Friedrich Glasl）则对冲突的各个行为阶段进行了更为细致的区分，提出了冲突行为升级的九个阶段：分歧强化（Hardening）——激烈争辩（Debates and Polemics）——诉诸行动（Actions, not Words）——形象结盟（Images and Coalitions）——撕破脸面（Loss of Face）——威胁策略（Strategies of threats）——有限突袭（Limited Destructive Blows）——致敌分裂（Fragmentation of the Enemy）——同归于尽（Together into the A-

---

[1] Louis R. Pondy, Organizational conflict: concepts and models, Administrative Science Quarterly, 1967, 12 (2), 296-320.

byss)，并区分了各个不同阶段的特征，如表8-10所示。

表8-10　　　　　　　　　冲突升级各个阶段的特征

阶段名称	特征	对抗方式	主观感受
1. 分歧强化	利益化为立场	内外出现差别	怀疑对方诚意
2. 激烈争辩	关注输赢的名声	准理性争论	感到受威胁
3. 单方面行动	采取行动	迫使对方让步	感到被迫对抗阻碍
4. 形象与结盟	形成固定形象	攻击对方名誉	设法保护自己名声
5. 撕破脸面	关注神圣价值	揭穿对方道德形象	设法报复
6. 威胁策略	局面失控	发出实际的威胁	恐慌
7. 破坏性打击	视对方无人性	主动伤害对方	害怕与仇恨
8. 致敌分裂	力图摧毁对方	毁灭性打击	关注自身的生存
9. 同归于尽	不惜一切代价	消灭敌人	无视自身安危

资料来源：Friedrich Glasl, Konflict management, Ein Handbuch für Führungskr？fte, Beraterinnen und Berater, Bern: Paul Haupt Verlag, 1997. 转引自：常健等：《公共冲突管理》，中国人民大学出版社2012年版，第52页。

这在某种程度上与前述"未受控制冲突的螺旋升级七阶段"模型有着内在的一致性，故在此不赘述。但这一升级过程模型能更为清晰地为冲突各方及干预者提供根据冲突发展不同阶段的不同特点选择有针对性的应对策略的机会①。如在上述案例1的社区物业冲突中，就可以根据冲突各个阶段的不同特征，在冲突各方"立场僵化，交流停止"阶段，即冲突即将发生"质变"的关键临界点之际，积极引导各方从坚持己方"立场"转向寻求共同"利益"与"需求"，从而缓和冲突，以防止冲突恶化。

然而，综观上述几种冲突升级模型，可以发现，导致冲突在升级过程中发生关键性变化的往往是其"质"的改变——从利益冲突转向认同冲突，这是造成很多冲突恶化、升级的要害所在。如在"未受控制冲突的螺旋升级模型"中的"理解（认知）扭曲"阶段、在格拉索九阶段模型

---

① Friedrich Glasl, Konflictmanagement, Ein Handbuch fur Fuhrungskra fte, Beraterinnen und berater, Bern, Paul Haupt Verlag, 1997. English edition: Confronting Conflict, Bristol: Hawthorn Press, 1999. 转引自：常健等：《公共冲突管理》，中国人民大学出版社2012年版。

中的"撕破脸面"阶段等,都存在对己方认同价值的固化与对他方道德形象、价值观等的异化。罗曼(J. Rothman)曾就指出:"所有的认同冲突都包含利益冲突;但并非所有的利益冲突都涉及认同冲突。"[①] 更进一步说,很多被忽视或未被重视的以及尚未得到解决的利益冲突都可能进一步发展为认同冲突,这样的利益冲突往往涉及关于尊严、认同、信念或群体忠诚等方面的议题,而这往往则是导致冲突升级的"质变点"所在。在很多社区邻避冲突的发展过程中就常常存有此种迹象,从一开始单纯的以利益诉求为主导的"自利性应激反应"逐渐演化为带有"他利性的政策诉求",甚至涉及具有"他利性的锐利政治诉求"等,从而使冲突发生"质"的变化。如在北京昌平的阿苏卫垃圾焚烧事件中,100多名来自奥北等几大社区的居民因在其居所附件建设垃圾焚烧发电厂,计划于2009年9月4日在举办"2009年北京环境卫生博览会"的农业展览馆门口集结,准备9点钟开始从停车场游行至农展3号馆(该馆的阿苏卫循环经济园也作为建国60周年献礼工程的一部分展出),但因此时正是建国60周年大庆前夕,现场维稳力量骤增,先后有多名居民被警察带走[②]。这一事件后,不少居民因担心自身权益受损而主动退出维权运动,而另一部分居民因其人身、精神等权利受损而走向基层政治抗争之路,从而使利益冲突转向认同层面的价值冲突。

另外,现代社区物业冲突中的业主维权也在很大程度上反映出这种"质"的变化。通常来说,现实社区生活中,社区居委会、业主委员会和物业公司作为社区的"三驾马车",三者之间相互交叉的各类矛盾、纠纷或冲突不仅难以避免,而且众多繁杂,并常常是"公说公有理,婆说婆有理",还经常演化为一种无休止的"推诿"与"扯皮"。其实,在所有的社区冲突类别中,业主、业主委员会、社区居委会和物业公司几者间的关系才是最难调处的关系之一,稍有不慎,则会酿成群体性基层抗争事件。同时,在调研访谈中还发现,这类社区物业冲突事件升级的关键原因,往往在于物业公司为达其目的而不惜牺牲广大业主的权

[①] J. Rothman. Resolving identity – based conflict in nations, organizations, and communities. San Francisco: Jossey – Bass, 1997, 11.

[②] 刘峰、孙晓莉:《垃圾政治:阿苏卫之争,矛盾、冲突与反思》,国家行政学院出版社2011年版,第148—149页。

益,而很少在于业主不遵守物业管理或相关规范等。其次,社区居委会的不当卷入才是造成社区冲突升级的重要因素。相较于业主、业主委员会和物业公司与开发商之间的冲突,业主委员会与社区居委会之间的冲突是社区公共事务治理和社区矛盾纠纷处理中都相对关注较少、表面上也不是太激烈,但却是涉及社区问题比较多的、相对较为普遍的一类社区冲突①。特别是在许多社区物业冲突事件中,社区居委会的不当卷入往往是造成冲突升级的重要因素,并时常导致二者间的严重对立,即双方都对对方存在的合理性与合法性产生了根本性的质疑。[19]这也正是社会转型期中国城市社区物业冲突时常升级演化为基层民主政治抗争性事件的根本症结所在。

六 城市社区冲突升级的影响因素与消减趋向

冲突扩散和冲突升级是一种相互交叉的关系,冲突扩散后可能会导致冲突升级,也可能不会导致冲突升级;冲突升级过程中可能会伴随着冲突扩散,也并非一定伴随着冲突扩散②。但是,不论如何,冲突之所以能够不断扩散与升级,除了冲突本身具有扩散性以外,还与以下三个方面的因素密切相关,均不可忽视。

1. 冲突的"格莱香定律"

冲突的"格莱香定律",是指那些促进冲突的人胜过那些想保持秩序的人。科尔曼就曾指出:"有害的和危险的因素逐出了那些想把冲突保持在一定范围内的人;不计后果的、不受抑制的领导引导着攻击;富有战斗力的组织形成以替代温和的、拘泥的已有组织;贬损的和粗俗的指控替代了没有激情的争论;对抗替代意见的不一致;诋毁对手替代了开始只是想赢的意愿。换言之,所有的力量被用于冲突的举措以逐出调和的因素,并用为战斗装备更好的东西替代他们。"③ 这就必然导致冲突的恶化与升级。现实生活中,部分居民为了自己的权益最大化,不惜想方设法制造威胁稳定的事端,把事情闹大。当代医患冲突中的"专业医闹""专业哭丧组

---

① 杨淑琴:《社区冲突:理论研究与案例分析》,上海三联书店2014年版,第91页。
② 许尧:《中国公共冲的起因、升级与治理》,南开大学出版社2013年版,第26页。
③ J. S. Coleman, Community conflict, New York, Free Press, 1957.

织"以及"装死""假死"等都是最好的例证。

2. 二阶冲突

二级冲突也是冲突扩散（大）与升级的一种激烈形式。所谓二阶冲突，指由第三方干预所导致的冲突方与第三方之间的冲突。换言之，即冲突方与冲突管理者之间所引发的冲突[①]。一种情况是冲突一方因第三方处理不公或偏袒另一方而引发的对对方和第三方的冲突，如在有关社区公共事项冲突中，经常出现社区有威望的长者或第三方组织处理冲突，但往往因冲突一方认为调解结果不公而把矛头指向调解者或第三方组织。这种类型的二阶冲突在社区征地拆迁冲突与社区邻避冲突中较为常见。这是因为在这两类社区冲突中，第三方极易因自身利益的考量而被冲突一方（通常是开发商等相关企业）所"绑架"形成"共谋"，广州番禺垃圾焚烧事件、北京西二旗垃圾处理项目选址事件以及安徽舒城垃圾掩埋厂选址事件等都是如此。另一种情况是因第三方处理不当或不作为而导致的冲突双方与第三方之间的冲突。如在一些社区物业冲突中，基层政府以及街道或社区居委会等经常因对业主、业主委员会、物业公司三者间的冲突处理不当或不作为而遭到所在社区居民或业主的一致反对，甚至有些业主自治小区提出"街道（或社区居委会）已不适应时代的发展，是一种过时的组织"、"废除街道（或社区居委会）"等相关论调[②]。

3. "旁观者"现象

一般来说，冲突中的旁观者大致分为三类：无直接利益旁观、潜在利益旁观和直接利益旁观。第一类旁观者往往是出于猎奇心理、了解事实而

---

① 常健、韦长伟：《当代中国社会二阶冲突的特点、原因及应对策略》，《河北学刊》2011年第3期，第116页。

② 尽管直到今天政府在是否退出社区的问题上依然显得犹豫不定，但是随着现代社会的发展和公民意识的觉醒，社区在自治中的不断成长和成熟已经是一个不争的事实。其实，关于撤销街道还是社区居委会，笔者曾在《论撤销街道办事处的理由与可行性》一文中进行过详细论述，详见《人民论坛》2012年第9期第142—143页。而社区居委会作为一种基层群众性自治组织，是党和政府联系群众的桥梁和纽带，是城市基层社会管理与公共服务的最基本载体，是中国特色社会主义民主制度的重要表现形式之一。尽管其近年来显现出行政化严重、自治性不强等种种弊端，但提出"撤销社区居委会"还为时过早。另外，2010年中办、国办《关于加强和改革城市社区居民委员会建设的意见》（简称27号文件）明确要求社区工作者（居委会工作人员），努力掌握在新的历史条件下做好群众工作的方法和本领，不断提高服务群众和依法办事的能力和水平。

已,一般采取观望姿态,并不意图介入事件之中;第二类旁观者往往会随着事态的发展,逐渐将自身与冲突从"不相关"到"相关"联系起来,但尚未达到实质性参与;而第三类旁观者往往出于跟自身利益相关而积极主动关注事件的发展,但又因多方面因素而无力介入或不愿介入到实际冲突中,故采取观望的姿态[1]。旁观者尽管虽未参与到实际冲突中,但其言论、行为(如围观、"集体散步"、"静坐示威"等)或其存在本身对冲突事件或相关参与者产生一定的影响时,就很可能由"观望式旁观"转变为"影响式旁观",进而易于被误认为是冲突一方的"同伙",对冲突另一方造成心理等方面的无形压力,导致社区冲突的进一步扩大、恶化与升级。实践中,某市一社区居民房的动迁出现了一起因征地拆迁利益纠纷而引起的"无直接利益旁观者"参与拆迁改造的群体性上访冲突事件。该社区是由先前的两个行政村合并于2005年撤村建居的,312国道从中穿插而过,原村民居住在国道南面。那儿有3个村民小组,还有1个无地队。随着经济逐步发展,20世纪80年代部分村民建起了"独立式"住宅,90年代部分村民获批了"别墅式"院落。1996年村里为居住在20世纪70年代初建造的"兵营式"住房的农民发放了土地证以及房产证,而此时"兵营式"住房农户却感到居住条件越来越差了,各户在原建用房地范围内进行了翻建和辅房加楼。在2002年前翻建、加楼的得到了批建手续,而之后因区划调整停批后继续翻建、辅房加楼的,则成了违章建筑。市政府实施工程北延段的建设涉及了社区南片居民的动迁。南片居民连续多次向街道反映情况,要求街道作出承诺,确保居民利益。这时,部分不在动迁范围内的居民生怕日后自家也要受到影响而不明事理地跟着上访,致使上访人数最多时高达近1000人次,甚至有的人彻夜不归,大有不达目的誓不罢休的势头。此时,万万没想到的是,附近社区的居民也闻讯加入其中,并最终演化为一场声势浩大的群体性上访事件。

理论上看,旁观者围观公共冲突事件并非坏事,这在一定程度上折射出民众权利意识的觉醒。但问题在于,旁观者的参与常常又是导致冲突升

---

[1] 原珂、齐亮:《"旁观者现象":旁观者介入公共冲突的过程分析及破解策略》,《社会主义研究》2015年第1期。

级的一大诱因。这种诱因的作用是出于旁观者角色的转变,即"旁观者"转变为"参与者"的形式而形成的,而非旁观者独立作为一个群体而形成的[①]。"无直接利益旁观者"参与的拆迁冲突中,"部分不在动迁范围内的居民生怕日后自家也要受到影响而不明事理地跟着上访"乃是造成冲突扩大的一个重要因素,而之后"附近的居民也闻讯加入其中"则是最终酿成冲突迅速升级为"一场声势浩大的群体性上访事件"的一个重要诱因。反思该事件,其形成的原因在于拆迁政策与拆迁实际的背离。现有的拆迁政策很难解决几十年以来积聚的"历史遗留"问题[②]。依据相关法律法规,只有发放批复的产权房面积才作为合法面积,享有拆迁全额补偿。但由于各种复杂原因在很长的时间里停止了申报审批手续,造成了老百姓建房和职能部门管理上的脱节,在遇到拆迁这样涉及面广的综合事项时,要求满足大众的所有诉求就很难,要求实现公平性则更难。而"无直接利益旁观者"的参与更是激化了这一事件,并最终酿成了一场恶性的群体性上访事件。

当然,社区冲突的升级并非一直持续。根据冲突的一般发展规律,当冲突发展上升到一定阶段时,必然会转向消减。如图8-9所示,即为冲突的升级与消减模型。相关研究表明,冲突的消减与冲突各方的承受能力、冲突的持续时间成反向相关[③]。社区冲突中,当冲突持续时间较长或者冲突一方将其所能承受的成本上升到最大限度后,冲突就会朝向另一个倾向发展,即冲突消减。

冲突消减,严格来说,指至少有参与冲突的一方愿意停止某种对抗行为的过程。根据冲突消减程度的不同,冲突消减的方法暴力停火、达成协议、常态化、调解以及双方表现出关注共同点或者建设性的问题解决态度等。如当冲突中的一方表现出"妥协"倾向而不被对方看作"懦弱"时,

---

[①] 原珂、齐亮:《"旁观者现象":旁观者介入公共冲突的过程分析及破解策略》,《社会主义研究》2015年第1期。

[②] 原珂:《谈判的"一体两面":基于邻避冲突与征地拆迁冲突的比较视角》,《学习论坛》2015年第10期。

[③] L. J. Carlson, A theory of escalation and international conflict, Journal of Conflict Resolution, 1995, 39 (3).

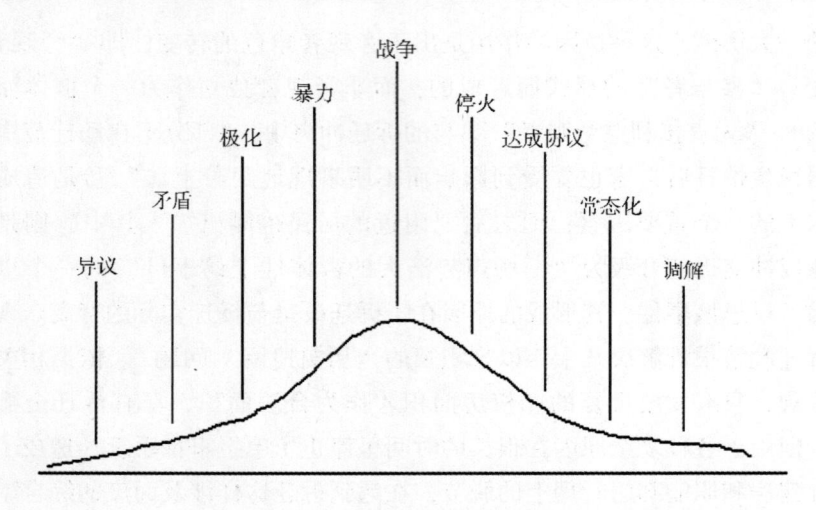

图 8-9 冲突升级与消减模型

这就是一种建设性的冲突有效消减方式①。但是，值得注意的是，冲突消减并不能使冲突回归到其发端时的原初状态。就像一张纸，皱了，即使抚平，也恢复不了原样了。由此可知，冲突消减更多地是冲突程度的减弱乃至消逝，或者说实现冲突处置或冲突化解的目标，而永远无法实现冲突的转化，即消除各冲突参与方内心的阴影与双方间的隔阂。同理可以推知，社区冲突消减的真正目的应该是实现社区冲突的化解，而非社区冲突转化，但其化解的手段不应局限于一般的冲突平息或简单机械的冲突处置，而应努力尝试创造性的冲突消减或化解方法。这也将是学界下一步应研究的重点方向。

七 城市社区冲突化解与治理面临的困境

自改革开放以来，伴随着我国经济转轨、体制转型，特别是"单位制"的解体、社区建设运动的兴起以及 20 世纪末推行的住房制度市场化改革的浪潮和近年来城市化进程的快速推进，使得我国城市社区在迎来发展机遇的黄金期之际，也面临着一系列的困难与挑战，各种社区间矛盾、纠纷或冲突问题层出不穷，困境叠生。

---

① D. R. Peterson, Conflict, In H. H. Kelley, E. Berscheid & A. Christensen, et al., eds. Close Relationships. New York: W. H. Freeman, 1983, 361.

困境1：劣势因素在社区冲突主体上高度重叠性

引发潜在社区冲突的劣势因素在某一群体身上高度集中。其突出体现在社区底层或弱势群体身上，如在传统老旧社区与城乡过渡式社区中，社区失业下岗人员、社区农民工、低保户、残疾人以及孤寡老人等既在身份认同上处于劣势地位，又在多种"社会场域"中处于社会资本的劣势地位。劣势因素在他们身上高度重叠，是构成潜在社区冲突的重要原因之一。

困境2：社区居民参与不足

当前中国城市社区民主意识虽日渐增强，但整体来看社区参与还存在着普遍不足的现象。特别是随着近年来我国社会成员全面去组织化，使社会管理的基层组织依托几近丧失，而社区团体、社区组织等发育还处于起步阶段，很不成熟，其参与社区治理的能力还是极为有限的。然而，一个奇怪的现象是，在这种社区参与度很低的情况下，中国城市社区冲突却频发不止。或许，一个解释性的分析是，目前我国社会转型期下现行城市社区治理体制中政府"一家独大"的现状，造成以政府为主的社区公共服务供给主体在面对复杂的社区矛盾和纠纷的过程中只能采取单一、有限的措施，由此形成的"供求失衡"和"供求不契合"的局面是导致社区、社会组织及其社区成员参与不足而社区冲突却很多的重要因素之一。

困境3：缺乏社区冲突化解的制度平台

当前，虽城市社区冲突频发不断，但却没有有效的制度化解平台。社区冲突化解制度平台的缺失，使基层政府和社区面对突如其来的社区矛盾、纠纷或冲突时，往往习惯于运用公共权力来管理或处置冲突。这种方式在资源和时间有限的前提下确实能起到一定作用，迅速将冲突平息，但处置的深度不够，很容易将冲突的解决"浮在表面"，掩盖了潜在的矛盾甚至进一步加深了矛盾，形成所谓的"积怨冲突"，这样不但不利于社区冲突的有效化解，还会使冲突的能量点发生转移，将原本居民间或民商间的矛盾冲突升级转化为矛头指向政府的"官民冲突"或其他冲突，生产所谓的"二阶冲突"，导致社区冲突进一步加剧或恶化。

困境4：社区冲突控制成本上升与治理成效下降

近年来，随着中国城市社区网格化管理的实施，更是强化的了对社区的全方位了解与动态掌控，社区管控成本连年上升，但是，其治理成效并不显著,反而较以往略有所下降,社区安全逐渐令人担忧。正如英国社会学家齐格蒙特·鲍曼(Zygmunt Bauman)在其《社区:在不安全的世界中寻求安全》一书中所描述的"我们已经失去了社区,因为我们在社区不再有安全感了"[1]。尤其是伴随现代商品房的兴起,"门禁社区""封闭小区"的日渐盛行,现代社会对居民个体隐私权的保障,使得居民住房的设计与生活方式更趋于私密化。从而使得以往的社区控制从法律上、空间上及其交往上都受到了更多的限制[2],同时还更加大了现代社区的管理成本,但成效远未令人欣慰。

八 中国城市社区冲突化解与治理的路径选择

任何社区都不可避免地存在着一定程度的矛盾、纠纷或冲突,和谐社区也只有在不断地化解矛盾冲突的过程中才能实现。因此,和谐社区的建设,是一种动态的和谐,是将社区矛盾冲突控制在一定范围内的良性社区发展态势。在此基础上,破解社区冲突困境的目的并非旨在要理想化地消灭冲突,而是要为消解矛盾、化解冲突创造更为有效的合理路径[3]。

(一)进一步加强党和政府在社区冲突化解与治理中的引导作用

一方面,加强社区党建工作。以社区党建工作为统领,通过"四个进一步强化",密切基层党组织和社区群众的血肉联系。另一方面,不断提升基层政府的公信力,发挥政府在城市基层社会治理中的导向作用,特别是针对不同属性的社区冲突进行差异化的引导,从而进一步夯实党和政府在城市基层的执政根基,使社区矛盾、纠纷或冲突化解在萌芽阶段。

(二)不断提高社区居民自身综合素质,增强社区参与

好的社区应该对生活在其中的人很重要[4]。社区居民作为社区的主人,是当前社区冲突产生的重要主体。其自身素质的高低直接决定着社区

---

[1] Zygmunt Bauman, Community: Seeking safe in an insecure world, Polity Press, 2001, p.144.

[2] 常健、张春颜:《社会冲突管理中的冲突控制与冲突化解》,《南开学报》(哲学社会科学版) 2012 年第 6 期。

[3] 张菊枝、夏建中:《城市社区冲突:西方的研究取向及其中国价值》,《探索与争鸣》2011 年第 12 期。

[4] 徐琦等:《社区社会学》,中国社会出版社 2004 年版,第 100 页。

冲突的强度与烈度。因此，社区居民应努力提升自身综合素质，关心社区，愿意为改善社区而作贡献。同时，社区也应采取多种举措来全面提升居民社区参与性，强化社区认同感，增进社区社会资本。此外，还应加强对社区弱势群体如老弱病残等的关注与保障，因为其往往是易于引起冲突的源泉。

（三）完善社区冲突化解机制，构建社区冲突化解的制度平台

社区和谐并不意味着没有任何矛盾，更不意味着对社区冲突采取压制性的举措。和谐社区是这样的一个小社会，其能够理性对待并妥善化解发生在一定范围内的良性的社区矛盾或冲突。而这种理性对待和妥善化解的一项重要方法就是要有一个健全完善的非人格化、程序化、制度化的社区冲突化解机制。它应包括表达机制、交流机制、整合机制、裁决机制及制动机制等。同时，还应建立起统一的社区冲突化解制度平台（如北京市怀柔、昌平区的社会矛盾调处中心），特别是统一的冲突化解电子平台建设（如天津市河东区唐家口街道成立的群众诉求调处中心）。此外，成功的社区冲突化解还离不开统一的、强有力的社区指挥管理系统以及各机构、各主体间的协调配合，因此应注重政府及其相关社区机构与社区、社区社会组织、社区群众等力量的全方位合作。

（四）不同类型的城市社区冲突化解方法不一，应因事制宜

针对不同类型的城市社区冲突，应结合具体实际，运用不同的冲突化解方法或策略。

针对社区利益冲突，首先，应弄清楚社区冲突各主体的"立场"与"利益"之分。其次，努力将冲突各方的注意力从立场转向利益，共同寻找能够满足各方利益的共赢方案，将之前的"零和博弈"转变为"非零和博弈"[1]。

针对社区权力冲突，威尔莫特（William W. Wilmot）和霍克（Joyce L. Hocker）曾指出平衡权力的六大途径：一是克制；二是强调相互依赖；行使权力时注重整体；三是冷静的坚持能带来权力；四是保持积极参与的态度；五是权力大的人给权力小的人增加权力；六是元交流（meta‐com-

---

[1] 常健、原珂：《西方冲突化解研究的三种范式及其发展趋势》，《中国行政管理》2014年第11期。

munication)①。对此，地方社区应想方设法减少权力不均所引起的冲突，或许最好的办法则是相关利益集团各司其事，这样虽时常会有一些小冲突，但却限制了严重冲突的集中爆发。"② 因此，如何规制权力、善用权力，使社区权力体系达到一种均衡，不仅是化解社区冲突的关键举措之一，更是现代社区有效治理的核心所在。

针对社区权利冲突，首先需要对社区不同权利进行合理明晰的界定；其次，需要努力实现社区权力供需之间的平衡；最后，要对实际权利行使与法定权利不符的行为进行严格制裁。

针对社区文化冲突，可以通过以下四种方法进行化解。一是加强倾听，积极鼓励社区居民走到一起，多用点时间，相互倾听。二是加强对话与交流，充分的交流是彼此认知、消除误解的基础。通过交流可以增强社区居民的情感，增强其对所在区域及成员的归属感与认同感③。三是通过多层次、形式丰富多样的宣传教育学习，提升居民的道德情操，增强其对社区事务的热情及对社区的责任意识，以培养其公共精神。四是培育宽容、互助的社区文化和风气。一般来说，一个社区的冲突水平、冲突处置方式往往会受到社区文化、习俗风气的影响。通过在社区内部创建理性看待冲突、崇尚合作、加强沟通等积极内容的组织风气和文化，对培养每个居民有意识地控制消极冲突的精神和素质具有重要作用。

针对社区结构冲突，首先就要转化产生"结构性暴力"的制度设计和文化习俗，彻底瓦解城市社区冲突的深层次结构性根源，从根本上改变不合理的利益分配格局。其次，不断持续优化社区治理结构。因为社区治理结构的优化本身就是瓦解冲突的一条良好路径。社区治理结构的优化，蕴含着社区治理主体结构的优化和社区治理方式结构的优化两个方面。另外，应跳出就"社区冲突化解而谈社区治理"的思维定势，加强横向联系，则不失为从外部优化社区治理结构的一条路径。社区的稳定取决于社区成员间横向纽带的联系程度。这种横向联系与纵向重叠（overlapping）正好相反。第三，还应逐步培育一个有利于冲突整合弹性较大的社区治理

---

① 威廉·W. 威尔莫特、乔伊斯·L. 霍克：《人际冲突：构成和解决》，曾敏昊、刘宇耘译，上海社会科学院出版社2011年版，第120—126页。
② 常健、原珂：《对话方法在冲突化解中的有效运用》，《学习论坛》2014年第10期。
③ 同上。

结构，其虽不是一件容易的事情，但应为此不懈努力。如建立社会安全阀机制，其虽只是治"标"不治"本"的机制，但是其有利于社区各主体不满情绪与冲突能量的宣泄与释放，从而减轻对社区有机体的冲击或负面影响，有利于维护社区的安定、有序与和谐。

值得注意的是，良性的社区流动也是化解社区冲突的有效路径之一。合理、充分的社区流动是社区充满生机和活力的源泉，良性的社区流动更是化解社区冲突的无形因素，只有实现社区的良性流动，社会才能在飞速前进中化解矛盾与冲突、保持稳定与平衡[1]。最后，需要说明的一点是，加强对社区的合理管控也是十分必要的，其作为弥合城市社区冲突的一条重要路径，是其最后的底线。因为我们的社区秩序乃至社会秩序都是构造物，而不是生成物。如果我们想让其朝着合理有序健康的方向发展，而不使其像搭建的纸牌屋一样倒塌，那就必须学会控制它。

第四节 突破环境冲突中的邻避效应

随着城市化进程的快速推进，近年来我国许多城市陷入了"垃圾围城"之窘境，因垃圾填埋或焚烧处理等事件而引发的邻避冲突频发，但对其治理却成效甚微，颇为棘手。鉴于此，基于公共冲突治理之视角，从政治、经济、文化、社会和生态"五位一体"的层面上解析现阶段此类邻避冲突治理之困境：民主程序"难民主"，公共利益"难为公"，民生工程"难为民"，现代文明"不现代"及环保项目"不环保"，并提出建设"政府统一引导、部门依法监管、企业全面负责、社会广泛参与、优势互补、协同共治"的邻避冲突治理之策。[2]

当前我国正处于社会转型加速期和深水区，尤其是随着经济社会的高速发展、城市化进程的迅猛推进，城市规模不断扩大、城市人口连年增加，城市生活垃圾也逐年增多，越来越多的城市陷入了"垃圾围城"之窘境。实为无奈之举，垃圾填埋场、垃圾焚烧厂以及垃圾焚烧发电厂等项

---

[1] 杨建华：《冲突与弥合》，社会科学文献出版社2013年版，第317—318页。
[2] 参见原珂《邻避冲突及治理之策：以垃圾焚烧事件为例》，《学习论坛》2016年第11期。该文是本研究的阶段性成果。

目如雨后春笋般在各地纷纷上马。况且,按照"十三五"规划建议,未来很多城市和地区的垃圾焚烧发电项目还会继续"只增不减"。但是,不论是垃圾填埋场还是垃圾焚烧发电厂,其在建设及运行中往往都会存在着环境污染方面风险或垃圾处理技术操作方面监管风险等。这样,垃圾焚烧场址的规划、选址、环评等作为一系列公共政策,则不可避免地面临着引发邻避冲突乃至社会冲突的风险。正如乌尔里希·贝克(Ulrich Beck)所言,现代社会是"风险社会"[1],因垃圾填埋或焚烧发电项目而引发的邻避冲突便是如此。目前,国内对垃圾是否应该焚烧处理这一问题,形成两大对立阵营:以民众与部分专家组成的"反烧派"和以垃圾焚烧专家、投资开发商以及部分政府部门组成的"主烧派"。双方各执己见,争论不休。其焦点集中于五个方面:垃圾焚烧处理是否必要?垃圾焚烧厂的规划、选址、环评等是否公开、民主?垃圾焚烧项目和居民区的间距至少多远才算安全?垃圾焚烧处理的操作技术是否科学、环保?垃圾焚烧技术选择及场址设置是否存在利益输送?针对这些问题,本研究并不拟作出系统回应,而旨在从公共冲突治理之视角,拟探讨当前我国因垃圾焚烧之类事件而引发的邻避冲突之困境及治理之道。

一 邻避冲突及研究进展

早在 20 世纪 70 年代,邻避冲突在西方国家就已经出现。邻避(NIMBY)一词,原意为"不要在我家后院"("Not In My Back Yard")。1977 年,奥哈尔(M. O'Hare)首次正式提出"邻避设施"(NIMBY facilities)这一概念[2],来描述那些"不要建在我家后院的设施"。台湾有学者将邻避设施划分为五类:污染性设施(如化工厂等)、不悦类设施(如殡仪馆等)、空间摩擦设施(如赌场等)、厌恶型设施(垃圾焚烧或掩埋厂、磁悬浮线路等)和风险集中设施(如 PX 项目、核电厂等)[3]。中

---

[1] 乌尔里希·贝克:《世界风险社会》,吴英姿、孙淑敏译,南京大学出版社 2004 年版,第 4 页。

[2] M. O'Hare, Not on My Block You Don't: Facility Siting and the Strategic Importance of Compensation, Public Policy, 1997, 24 (4), pp. 407–408.

[3] 陈丽分:《邻避现象与风险沟通:以大台北地区基地台管制争议为例》,台北大学公共行政暨政策系 2007 年版,第 20—26 页。

国学者童星将邻避设施划分为四类：污染类、风险聚集类、污名化类和心理不悦类[①]。由此可知，邻避设施一般是指那些明显具有负外部性、成本和收益分布严重失衡的基础性设施。此外，邻避设施有时还称为"地方性排斥的土地使用（Locally Unwanted Land Use，LULU）"[②]。但不论如何，公众一般都会强烈反对在自家后院建设邻避设施，这种强烈的反对情绪在学界被称为邻避情结（NIMBY syndrome），在此"情结"支配下，兴建邻避设施往往就会引发所谓的"邻避冲突"。由此推知，邻避冲突（有时也称"邻避现象"或"邻避效应"），通常是指因邻避设施建设而引发的邻避情结进而导致周边居民的一种集体性抗争行为。

关于对邻避冲突的研究，国外学界研究起步相对较早，其研究成果也较为丰富。特别是近年来发达国家或地区的邻避冲突，已经呈现出逐渐减少之态势。萨哈（R. Saha）和莫海（P. Mohai）就曾指出，美国近年来在兴建邻避设施中遇到的阻力已变得越来越小了，特别是因垃圾填埋设场或焚烧发电而引发的邻避冲突更是出现甚少，其原因在于国家和联邦机构开始承担批准厂商兴建邻避设施草案的责任，同时法律允许的程序也提供了更多公众参与邻避设施决策的机会[③]。然而，在当前我国城市社会中，邻避冲突事件诸如垃圾处理特别是垃圾焚烧已经愈发成为影响城市社会和谐与稳定的一大问题。目前国内学界一致认为邻避冲突是当前我国城市社会矛盾冲突治理中面临的较为棘手的难题之一，并已尝试从多维度视角对其进行诸多研究。如陈宝胜从多维度视域解读了邻避设施整体公共效用与局部负外部性影响的二元冲突是邻避冲突治理的核心问题[④]。任丙强从政治、经济、技术和伦理四种理论路径视角出发，探究了邻避冲突的性质，并提出了相应的解决机制[⑤]。何艳玲则基

[①] 储诚、潘金珠、夏美武：《"村改居"社区邻避冲突的治理》，《江海学刊》2014年第2期，第201—208页。

[②] 何艳玲：《"中国式"邻避冲突：基于事件的分析》，2009年第12期，第102—114页。

[③] R. Saha & P. Mohai, Historical Context and Hazardous Waste Facility Siting: Understanding Temporal Patterns in Michigan, Social Problems, 2005, 52 (4), pp. 618-648.

[④] 陈宝胜：《邻比冲突治理若干基本问题：多维视阈的解读》，《学海》2015年第2期，第169—177页。

[⑤] 任丙强：《邻避冲突的性质及其解决机制：四种理论路径的阐释》，《河北学刊》2015年第1期，第155—159页。

于事件分析的视角,以美景花园反变电站事件为例,分析了中国式邻避冲突相区别于其他国家与地区的特殊性,指出涉及具体利益诉求的邻避冲突的存在是当代中国城市中的常态,并提出要建构一种基于"制度缓解"的、恰当的邻避冲突解决机制①。同时,针对因垃圾处理而引发的邻避冲突事件的研究,刘东等分析了我国城市生活垃圾焚烧中现存的问题,并提出了一系列解决垃圾焚烧处理问题的具体举措②。成协中从风险治理的视角出发,认为垃圾焚烧及其选址实际上是风险之分配,并提出针对因其引发的性质不同的邻避冲突之风险,政府应秉持一种开放、审慎、反思的态度,采取不同的因应之道③。王亦楠则对我国大城市生活垃圾焚烧发电现状及发展中所面临的重大问题进行了系统研究,认为垃圾焚烧的关键并不是技术问题,而是政府的监管问题,并提出如何在我国健康发展垃圾焚烧项目的四点建设性举措与建议④。此外,郭巍青等通过对广州市民反对垃圾焚烧厂建设事件的分析,探究了风险社会下邻避冲突中的环境异议如何成为城市问题的重要面向,并提出开放的政治是消解异议的可能选择⑤。综上可知,当前国内学界从宏观方面对邻避冲突进行的有关研究相对较多,而从微观方面——具体某一领域或某一类事件(如垃圾填埋或焚烧事件、PX 项目建设事件等)——进行类别化、精细化研究的则相对较少。为此,本研究以垃圾填埋或焚烧而引发的邻避冲突事件为例,系统分析当前我国此类邻避冲突频发之原因、困境及治理对策,以期对当前我国快速城市化进程中其他类型的邻避冲突事件的治理提供有意义的借鉴价值。

---

① 何艳玲:《"中国式"邻避冲突:基于事件的分析》,2009 年第 12 期,第 102—114 页。

② 刘东、李璞:《我国城市生活垃圾焚烧存在的问题与对策分析》,《生态经济》2012 年第 5 期,第 165—170 页。

③ 成协中:《垃圾焚烧及其选址的风险规制》,《浙江学刊》2011 年第 3 期,第 43—49 页。

④ 王亦楠:《我国大城市生活垃圾焚烧发电现状及发展研究》,《宏观经济研究》2010 年第 11 期,第 12—23 页。

⑤ 郭巍青、陈晓运:《风险社会的环境异议——以广州市民反对垃圾焚烧厂建设为例》,《公共行政评论》2011 年第 1 期,第 95—121 页。

二 邻避冲突产生的原因

近年来，随着新型城镇化（即城市化）的快速推进，我国许多城市因垃圾填埋或焚烧发电事件而引发的群体性邻避冲突事件频发，如2009年北京的阿苏卫、广州的番禺、2010年安徽的舒城、2011年江苏的无锡、北京的西二旗、2014年杭州的余杭、成都的锦江等地皆因垃圾填埋或焚烧发电项目的兴建而遭到周边居民的强烈反对，并引发群体性的冲突事件。究其根源，大致可归纳为以下三个方面。

（一）邻避设施的固有属性：成本与收益的失衡

邻避设施，是一种既能给当地居民带来利益但同时又损害所在地居民利益的一种特殊的设施。邻避设施的这种双重性特征本身就决定了其引发所在地居民冲突的可能性。根据奥尔森的成本集中理论，收益的大众性，成本的集中性，导致成本分配的不均衡，受外部性的限制，成本分配高者并没有得到较高的收益分配，因此导致这部分群体的反抗，破坏了社会生活的规则，这是邻避冲突产生的一大根源所在。然而，随着现代城市社会的发展，垃圾填埋或焚烧发电厂的设置，不仅是"刚性"需求，很有必要，而且可以给整个城市带来福利，但是其负外部性却往往由附近居民来承担，此时若处理不好二者的利益关系，则矛盾冲突难以避免。

（二）城市化进程的快速推进

当前我国正处于城市化的快速推进期，城市规模与人口不断扩大。特别是随着经济社会的迅速发展，民众的物质追求也不断提升，对诸如垃圾处理厂、临终关怀设施等城市公共设施及建设都提出了巨大挑战，从而愈发使得随着城市化的推进此类具有邻避属性的设施及其建设项目在今后更是"只能增不能减"。据相关统计资料显示，仅在2010年国内拟建的垃圾电站项目就多达41个，其分布遍及16个不同的省、市、自治区，且其在可预见的未来还将进一步扩大化、普遍化[1]。由此推知，这种因垃圾电站项目而引发的邻避冲突很有可能在将来一段时间内还会继续存在，并持

---

[1] 《中国城市环境的生死抉择——垃圾焚烧政策与工作意愿》报告摘要，转引自刘峰、孙晓莉《矛盾、冲突与反思》，国家行政学院出版社2011年版，第143，154—155页。

续发酵。其实,在一定程度上,像垃圾焚烧事件之类的邻避冲突是当前我国城市化进程中难以克服的一种副产品,只是囿于技术水平的限制,当前很多具有邻避属性设施及其建设的负外部效应难以完全"消除",从而直接造成邻避冲突的产生。例如,针对垃圾焚烧发电厂的建设,就有专家指出,垃圾焚烧实质上是把可控的局部固体垃圾转变成了不可控的飘逸有毒气体垃圾,向环境中排放419种已知对人体有剧毒的极难降解的持续性有机污染物(POPs)和多种重金属[①]。

(三) 公民意识的日渐觉醒

随着我国市民社会的日渐成熟,公众的民主意识也不断增强,其对自身权益的维护愈发强烈。特别是伴随着新世纪以来城市住房制度的改革和私有产权的确立,城市业主阶层作为一股新生力量日益兴起,并持续发出"声音"。现实生活中,社区民众对邻避设施的关注,已经从前些年征地拆迁冲突中对"赔偿、补偿"的关注转向了更为关注"绿色、环保、健康"甚至"公平、程序正义"等方面的呼声,如北京的阿苏卫事件等即是如此。因此,在很大程度上,公民意识的觉醒也是近年来我国邻避冲突产生及频发的重要根源之一。

三 邻避冲突治理之困境

针对邻避冲突治理困境的分析,本研究之所以选取垃圾焚烧处理事件为例来分析邻避冲突治理之困境,主要是基于以下三方面的考量:第一,随着现阶段我国城市人口的不断增加,城市生活垃圾处理愈发成为城市治理的一大难题。垃圾处理,对城市管理者来说,是其行政职责所在;对专家和研究者来说,是个技术或科学问题;对垃圾处理企业来说,是个利润问题;对普通民众来说,则事关个人权益问题。当这种种利害关系纠集到一起时,便远远超越了一个生态环保问题,而成为一个社会问题,一个公共事务问题,甚至一个政治问题。第二,与殡仪馆、临终关怀等具有社会属性的"不悦类"邻避设施相比,垃圾焚烧处理项目的建设具有自然属性,其不仅是城市发展的一种"刚性需求",而且对自然生态环境的可持

[①] 《中国城市环境的生死抉择——垃圾焚烧政策与工作意愿》报告摘要,转引自刘峰、孙晓莉《矛盾、冲突与反思》,国家行政学院出版社2011年版,第143,154—155页。

续发展具有重要意义,因此而引发的邻避冲突更具复杂性,对其治理之困境分析也更具典型性与代表性。第三,目前国内对诸如垃圾焚烧处理之类的邻避冲突治理问题在认识上存在三大误区:一是将邻避设施的危害过于夸大,而忽视了日益发达的科学技术,认为邻避设施一定是弊多利少,导致邻避冲突永远无解,如2009年北京昌平阿苏卫事件;二是认为邻避设施建设一定会带来显现的"冲突"行为——邻避群体性事件,从而将邻避问题引发的社会矛盾扩大化,甚至扰乱社会秩序,如2009年广东番禺垃圾焚烧发电厂选址事件引发的群体性冲突便是藉此为由;三是将邻避冲突的处置混同于邻避冲突"防治",即强调邻避冲突的事后处置或补救,而忽视了事前的预防与"治疗",如2012年上海松江佘山镇垃圾焚烧事件。总之,因多方面因素的存在,目前这些问题依然不能得到有效解决,甚至有些专家认为邻避冲突问题永远无解。鉴于此,本研究特以垃圾填埋或焚烧发电事件为例,选取国内近十年的典型案例(详见表8-11),以系统揭示其治理之困境。

表 8-11　近十年我国典型因垃圾填埋或焚烧引发的邻避冲突事件

时间	事件名称	冲突起因	应对措施	最终结果
2007 年	北京六里屯垃圾焚烧发电厂事件	拟建;环境污染	面谈沟通,政府妥协	移址苏家坨
2009 年	北京昌平阿苏卫垃圾处理中心项目	扩建、拟建垃圾焚烧发电厂(民众对有毒气体的恐惧)	考察学习,与居民沟通	不通过环评,项目不开工
2009 年	广州番禺垃圾焚烧发电厂选址事件	垃圾场选址(未征民意,民众对专家质疑)	专家论证会,群众座谈会,新闻通报会	暂缓该项目,重新论证选址问题
2010 年	安徽舒城垃圾掩埋场事件	拟建;环境污染(对毒水、毒气的担忧)	面谈沟通,政府妥协	暂停该项目
2011 年	北京西二旗垃圾处理项目	拟建、选址	面谈沟通,政府妥协	重新选址
2011 年	江苏无锡东港镇垃圾焚烧发电厂事件	建设垃圾焚烧发电厂;污染风险	镇政府无回应,市政府进行技术评估	艰难推进

续表

时间	事件名称	冲突起因	应对措施	最终结果
2012年	上海市松江佘山镇垃圾焚烧事件	垃圾焚烧炉升级，污染风险	与居民沟通	未果
2014年	杭州余杭垃圾焚烧项目	拟建；污染风险	与居民沟通，政府妥协	未征得群众同意，一定不开工
2014年	成都锦江垃圾站事件	拟建；污染风险	与居民沟通	未果

资料来源：原珂．中国特大城市社区冲突与治理研究［D］．天津：南开大学，2016。

之所以选取上述案例，一方面是因为其具有代表性，都是近年来国内发生的影响较大的垃圾填埋或焚烧发电事件，另一方面则是基于其公开报道的充分性。从表8—11可以看出，大部分垃圾焚烧项目的处理都无果而终。究其根源，窘于其困境之所在。其实，在本质上，此类邻避冲突的解决实际上往往涉及政府的危机处理问题。为此，本研究着重从政治、经济、社会、文化和生态之"五位一体"的整体层面来系统分析现阶段我国此类邻避冲突治理中的五大困境。

困境1：民主程序"难民主"

根据我国《环境影响评价法》第21条规定，除国家规定需要保密的情形外，对环境可能造成重大影响、应当编制环境影响报告书的建设项目，可造成重大环境影响的项目，需在报批建设环评报告前，举行论证会、听证会，或者采取其他形式，征求有关单位、专家和公众的意见。然而，当前我国邻避设施建设从规划、选址到建设、运营等一系列过程都惯于"黑箱操作"，缺乏公开性和透明度，民众参与更难以实现。这样，因相关决策过程的"暗箱操作"，使得公众的知情权、话语权、参与权严重缺失，造成民主程序"不民主"或"难民主"。这也正是导致现阶段诸如垃圾焚烧治理的邻避事件形成"不闹不解决、大脑大解决"怪象的重要原因之一。因为公众的逻辑是，对此类邻避设施建设项目的抵制或抗议，若达不到一定的程度，便很难引起政府的关注与重视，那就根本不可能提上议事日程，因此要"大闹""特闹""会哭的孩子才有奶吃"。但现实是，公共政策的制定不可能依据"闹事"程度的大小而决定，这样势必造成公众逻辑与相关管理者逻辑上的不一致，而这种"不一致"则潜藏着冲突。

困境 2："公共利益"难为公"

通常来说，邻避公共设施的建设都是为了更好地服务民众，为民众谋"利益"。但实践中，在其浮华的外表之下，不乏开发企业对经济利益的追逐以及地方政府对经济 GDP 和政绩的盲目追崇。加之正处于社会转型深水区的我国社会，利益多元化导致各种矛盾更加凸显，民众对利益结构的变动异常敏感，而邻避设施的建设却时常成为相关利益团体的利益输送链，这势必会导致民众对其的强烈反对。例如，在广州番禺垃圾焚烧事件中，就暴露出垃圾焚烧项目背后有着一条隐蔽的、利润丰厚的产业链，并且这条若隐若现的利益输送链每年将会给相关利益集团带来上千万的收益，禁绝垃圾焚烧电站项目的上马，无疑相当于自断其财路。这样，就难免产生民众"私益"对邻避设施"公益"性的质疑或对抗，从而使邻避冲突一触即发。

另一方面，权利是一把双刃剑，拥有权利既是群体行动的动机，但也是其行动的羁绊。出于对权利的珍惜，群体甘愿为了其自身利益而付诸行动；但悖论在于，同样是对权利的珍惜，群体在行动时往往会有一个自然的底线，即其行动本身是否会带来权利的损害。在这种情况下，若一种行动目标不但不能维护其权益，相反还会"过犹不及"影响到其已拥有的权益时，则群体必定会放弃这一目标[1]。正如在北京昌平的阿苏卫垃圾焚烧事件中，100 多名来自奥北等几大社区的居民计划于 2009 年 9 月 4 日在举办"2009 年北京环境卫生博览会"的农业展览馆门口集结，准备 9 点钟开始从停车场游行至农展 3 号馆（该馆的阿苏卫循环经济园也作为建国 60 周年献礼工程的一部分展出），但因此时正是建国 60 周年大庆前夕，现场维稳力量骤增，先后有多名居民被警察带走。也就是这一事件后，不少居民因担心自身权益受损而主动退出维权运动[2]。

---

[1] 何艳玲：《"中国式"邻避冲突：基于事件的分析》，2009 年第 12 期，第 102—114 页。
[2] 刘峰、孙晓莉：《垃圾政治：阿苏卫之争，矛盾、冲突与反思》，国家行政学院出版社 2011 年版，第 148—149 页。

困境 3：现代文明"不现代"

现代文明"不现代"主要是基于对公众理性的考量。公众因邻避情结的难以克服以及不同文化间的价值差异，在对待邻避问题上存在不同程度的"非理性"。实践中，很多邻避冲突案例表明，政府及专家的技术理性和普通民众的社会理性之间通常会发生背离，基于技术理性认可的邻避设施面对居民的社会理性时总是遭到强烈反对或质疑①。一方面，邻避情结因具有情绪化的特征，通常很难进行理性说服。正如拉贝（Barry G. Rabe）所认为的那样："如果没有公开的邻避设施选址过程，一旦居民得知在某邻避设施选址中社区作为兴建地址的时候，在无心理准备的情况下，他们的第一反应必定是在诧异与愤怒支配下誓言抗议到底。"② 另一方面，民众对风险认知具有主观性，不同的居民对邻避设施的认知差异较大。由于受封建思想影响根深蒂固，很多社区居民依然认为在自家后院建设垃圾场、殡仪馆、精神病医院、监狱、公墓等影响风水，产生厌恶、忌讳等抵触情绪。这种因邻避设施建设而产生的嫌恶心理倾向，是民众进行邻避抗争行为的直接心理动力。但是，政府和开发单位不能因此给民众带上"愚昧"、"无知"的"帽子"，而应通过公开的参与、科技知识的普及使居民信服。

困境 4：民生工程"难为民"

理论上，垃圾焚烧项目是一项利国利民的民生工程、民心工程，但其因邻避属性而作为一项特殊的公共政策，却面临着环境、健康及社会稳定的风险。然而，现实中关注诸如此类问题的相关社会团体或组织并不多，更谈不上为解决此问题而献言谏策。如在对像垃圾焚烧之类邻避设施的监管问题上，就很难看到社会力量的志愿参与支持。其实，在某种程度上，国内垃圾焚烧项目最欠缺的并不是资金和技术，而是对垃圾焚烧项目运行的有效监管。因为不少资料证明，当前的垃圾焚烧技术基本能实现污染可控，但是政府的监管能否到位，民众则心存疑虑。因此，对政府公信力的质疑，是民生工程"难为民"的主要原因之一，例如北京西二旗垃圾处

---

① 赵小燕：《邻避冲突治理的困境及其化解途径》，《城市问题》2013 年第 11 期，第 74—78 页。

② Barry G. Rabe, *Beyond NIMBY: Hazardous Waste Siting in Canada and the United States*, Washington, D. C., Brookings Institution Press, 1994, p. 81.

理项目选址用地原规划为体育用地,而安徽舒城垃圾掩埋场项目选址则以建"姜太公庙"为幌子征集部分居民的签名等,这些不仅都使原本的民生工程"变了质",而且还造成民众对地方政府公信力的破灭或降低。

困境5:环保项目"不环保"

城市垃圾的无害化处理理应成为城市管理和环境保障的重要内容,但由于经济、技术等各方面的条件限制,目前我国的垃圾处理技术还很难达到这一标准,即使技术达到标准,其监管能否到位?一般来说,像垃圾焚烧之类的邻避设施,往往会对周遭空气产生一定的污染,特别是垃圾在焚烧过程中产生的二噁英,更会对人体健康产生消极影响。同时,邻避设施所在地的居民更为关注的另一消极影响是,垃圾焚烧厂的建立极易导致公众对当地形象的怀疑,如"污名化"社区环境、房产贬值或缩水等,毕竟邻避冲突的源生地在周边社区。诚然,垃圾焚烧作为一种垃圾处理技术,的确面临着技术上的污染风险和管理上的监管风险。但是,若在上马类似项目之前,没有对相关的环保技术进行严格的论证,则势必会对后续技术监控、风险评估等带来巨大隐患,这样,因"环保项目不环保"而引发的邻避冲突则更难以避免,更为甚者,还可能对生态环境带来毁灭性的破坏。

四 邻避冲突的治理之策

邻避设施建设及其引发的冲突,是社会转型期我国经济社会快速发展和城市化迅速推进过程中难以避免的副产品之一。国内外学界均已认识到邻避冲突问题的发生机理较为复杂,不能简单地视其为单一性的环境问题,其影响层面已扩及政治、经济、文化、社会、生态及法律层面等[1]。因此,邻避冲突的治理是一项复杂的综合性社会系统工程,要凝聚社会各界力量,群策群力,多元协同共治。在此,笔者以垃圾焚烧事件为例,认为诸如此类邻避冲突的治理应形成"政府统一引导、部门依法监管、企业全面负责、社会广泛参与、公开透明、协同共治"之格局。

(一)转变理念,重塑邻避设施之魂

理念是行动的先导。重塑邻避设施之魂,就是要追寻邻避设施的

---

[1] 李建华:《邻避冲突管理:以嘉义县鹿草焚化厂设置为例》,参见网站:http://harmony.org.tw/pages/index.php?Ipg=1035&showPg=1038。

"公共性",追求邻避政策之"公"。邻避政策作为一项公共政策,政府在制定其政策时应遵循民主、公开、透明和规范的程序,确保公共政策的公平、公正性,使邻避设施的规划从传统行政命令式的"决定—宣布—辩护"思维模式走向民主开放参与式的"参与—自愿—合作"治理模式[1]。同时,政府还应转变传统的"冲突处置"思维,不能机械地认为"平息冲突"就达到"冲突化解"了,而应将邻避冲突的解决看成是一个"治理"问题而非"控制"或"管理"问题。这样,邻避冲突的治理过程就不仅仅是邻避冲突的解决或者消散,而是政府与其他行动者(利益相关者)在互信、互利、相互依存基础上进行持续不断的协商谈判、参与合作、求同存异的过程[2]。同时,公共政策之"公",还应包括邻避设施的选址应"一视同仁",而不能像垃圾焚烧项目一样都一味地建立在城市较为边缘和贫穷的社区附近,从而加强相对弱势群体的"被剥夺感"。另一方面,还应重塑公众之理念。公众作为邻避冲突的重要参与者,除政府应积极引导民众对邻避设施的正确认知外,民众也应积极主动地去了解、去学习邻避设施的利弊,以更为客观、理性的方式处理邻避冲突问题。

(二) 建构邻避冲突风险监控及保障机制

现代社会是风险社会。邻避设施因其属性本身就意味着不确定性,而不确定性则蕴涵着风险。然而,风险概念作为一种独特的"知识和无知的结合",人们一方面在既有经验知识基础上对风险进行评估,另一方面又是在风险不确定的情况下决策或行动[3]。作为邻避政策决策者的政府部门,一方面承担着管理邻避风险的基本责任,但另一方面,政府行为本身又是很多风险产生的源泉,甚至政府在治理风险的同时也还在制造着新的风险,如许多邻避冲突中"二阶冲突"的产生便是如此。因此,很有必要建立起邻避冲突的风险监控及保障机制。具体包括:

一是风险评估与预警机制。邻避冲突的风险评估涉及对邻避设施给附

---

[1] R. E. Kasperson, Siting Hazardous Facilities: Searching for Effective Institutions and Processes, in Lesbirel S. H. Shaw D. (eds.), *Managing Conflict in Facility Siting: An International Comparison.* Cheltenham, UK; Northampton, MA: Edward Elgar, 2005, p. 92.

[2] 何艳玲:《邻避冲突及其解决:基于一次城市集体抗争的分析》,《公共管理研究》2006年第4期,第93—103页。

[3] 成协中:《垃圾焚烧及其选址的风险规制》,《浙江学刊》2011年第3期,第43—49页。

近居民带来风险的评估和对于邻避设施在某地所能引起纷争或冲突进而演化为群体性事件的可能性的评估两个方面。而风险预警机制则主要是指对邻避设施建设及其运营所在社区的潜在冲突能够进行信息搜集、风险评估以及检测预报等，使冲突发展的早期便能发出预警，以防患于未然。

二是风险保障机制。最有力的风险保障机制莫过于建立起社会化的风险监测网络。垃圾焚烧发电项目的风险管理由于关涉广大居民的切身利益，出于道义的考量，通常能得到社区民众以及社会组织的自愿性参与监督和支持。因此，可以将垃圾焚烧项目的选址、建设及其运营建立在利益相关者和公众参与的污染风险监测网络之中，建立社会化的风险监测网络，从而在源头上消解各方疑虑，为垃圾焚烧项目的技术风险和监管风险构筑起坚实的保障机制。

三是风险补偿机制。风险补偿是解决邻避冲突最基本、最传统的方式之一。尽管经济补偿虽然未必一定能使所涉居民赞成或支持邻避设施建设，但是其对转变居民态度还是有着重要影响。现实中，风险补偿除了现金补偿之外，还包括非现金补偿，如实物补偿、应急基金、财产保险、效益保障、阶梯收费、经济激励等，其都有助于邻避冲突的治理与化解。在此，应特别引起注意的是，还应设计一套合理的利益平衡机制，尽量让邻避设施的"获益者"分担成本给"受损者"，而不是一味地让政府"埋单"或"兜底"，这或许是解决邻避冲突问题的关键所在。当然，这也是笔者下一步所要深入研究的问题。

（三）多管齐下，多元主体协同共治

现代社会是多元社会。邻避冲突治理主要关涉政府、企业和公众三方主体，而如何使三方从"皆输"走向"共赢"，则需要三方之间进行一次"精神革命"，以摒弃成见、化解分歧、凝聚共识，以期形成"政府统一引导、部门依法监管、企业全面负责、社会广泛参与、公开透明、协同共治"的格局。

首先，就政府层面而言，应不断提升政府公信力，让邻避设施"与政府为邻"。公共性，作为重塑邻避设施之魂，其与服务型政府的理念一脉相承。基于中国现代民主体制还处于进一步完善阶段，当前国内邻避冲突的产生势必与政治生态密不可分。若要根治邻避冲突，则必须系统性地提升整体政府治理能力与形象，将治理"邻避冲突"行为纳入政府公信力建设系统,为"邻避冲突"治理营造良好的政治生态,以不断提升民众对政府的认同和信任,减少邻避设施建设的阻力。具体来说,针对目前国内越演越烈的邻避冲突事件,政府重建社会信任机制最好的举措之一就是使邻避设施与政府为邻。如德国、日本、美国等许多发达国家和地区,邻避设施经常都是建在市政设施附近。这样,一方面可以重塑政府形象,彰显政府以身作则和勇于担当的魄力,增强政府公信力,消弭公众对政府的质疑;另一方面,还可以重新树立起公众对焚烧污染控制技术和政府对垃圾厂运营监管的信心。与此同时,这一举措无形中还可以给投资开发商带来一定的威慑力与震撼力,从而迫使垃圾焚烧企业执行最为严格的环保标准,将垃圾焚烧项目办成真正的民生工程。只有这样,居民与政府之间的疑虑才能自然消解,邻避设施选址难题才会迎刃而解。其实,实践中,当前国内很多城市都在建设新区,其往往涉及政府相关部门的整体搬迁,如北京市政府预期近年将要搬到通州区,以缓解中心城区多方面的压力,倘若此时能借机把垃圾焚烧项目的选址规划也提前列入到相关市政规划之中,使其"与政府为邻",则必然有"防患于未然"之效。即使如此,还应进一步继续依法加强政府相关部门对垃圾焚烧项目的监管,特别是对垃圾焚烧发电企业排放污染物指标的监管,以期形成相关部门依法监管的有效机制,并使之常态化、规范化和制度化。

其次,就企业层面而言,企业应全面负责,开放办厂。企业,作为邻避设施建设与日后运营的重要主体,其虽以追逐利润最大化为首要目标,但按照现代企业发展理念,也应承担起应有的社会责任。例如,近年来西方发达国家或地区的邻避冲突之所以日渐减少,一个重要原因就在于企业全面负责,开放办厂。如日本政府就明文规定,垃圾焚烧厂应随时无条件接受居民的参观和监督,以彻底打消公众的疑虑。同时,企业还可以与附近居民签订环保协议书,以提升企业形象。这种制度应以政府为公证人,由企业与居民签订"不污染后院的君子协议",以期通过社会各界力量的监督来进一步规范企业的行为。此举措在台湾宜兰县和台南市已取得成效,邻避设施附近居民区已连片成群,发展甚好。

第三,就公众层面而言,应加强沟通与对话,鼓励志愿和竞争性选址。在邻避冲突治理中,公共参与必不可少,应营造出一个可"沟通"与"对话"的公共领域空间,让民众的意见、想法及利益诉求得以充分表达，使其权益得到相应的尊重。因为问题解决方法的核心在于对话①。如在"变革先锋协会"（Pioneers of Change Associates）2006年所作的"对话类别"调查（Mapping Dialogue）中，就包括了对各种各样的对话技术的描述，如理解性探询、变革实验室、围圈对话、深度民主、未来探索、和平学校、开放空间、情景规划、持续对话、世界咖啡屋、公民会议、镇民会议和学习之旅等②，它们被用于在冲突化解中控制冲突并产生非暴力的社会变化。而在邻避冲突治理中，这些方法都有一定的适用性，应因地制宜，灵活选用或搭配使用，如德国在邻避冲突化解中就采用"共识会议"的方式，其成效显著。另一方面，鼓励志愿与竞争性选址，不仅能够最大限度地实现较为广泛的公众参与，而且还给公众提供了更多参与决策的机会。志愿与竞争设场程序一般包括三个环节：首先，依据相关标准，由公众设置机构确定符合技术规范的多个选址，并向民众公开；其次，各地区通过公民投票决定是否参与竞争设场；最后，以"乐透—拍卖"的形式决出最终选址。其实，在美国，志愿和竞争设场的程序一经提出，即被视为"最有前途"的设场方式之一。这也是为什么美国后来更为流行的"社区合作项目"大多是通过这种程序设置的原因所在。但在此需要注意的是，志愿和竞争设场程序只是作为设场程序上的一种改进，实际上促使人们接受设施的最终还是项目自身所带来的利益。

（四）以社区营造为导向，建立邻避冲突的社区化解与治理机制

邻避冲突的源生地在社区。在某种程度上可以说，邻避冲突是一种特殊类型的社区冲突。然而，社区作为社会的细胞，是城市公共治理的基本单元。相对于政府、企业、公众及社会团体或组织而言，社区在邻避冲突治理中具有其独特的优势，因为社区不仅对居民的情况十分熟悉，而且与政府的联系也较为密切，不仅可以"上传下达"，而且还能把矛盾化解在冲突的萌芽阶段。因此，应加强社区在诸类邻避冲突治理中的作用，建立社区化的邻避冲突化解机制。结合我国实际，当前较为可行的方法首先应是以社区营造为导向，充分发挥社区居委会、业主委员会、物业服务企业

---

① 常健、原珂：《对话方法在冲突化解中的有效运用》，《学习论坛》2014年第10期，第45—48页。

② 常健、原珂：《西方冲突化解研究的三种范式及其发展趋势》，《中国行政管理》2014年第11期，第115—119页。

以及社区社会组织在邻避冲突化解与治理中的作用；其次，应充分发挥现有社区矛盾、纠纷与冲突的自助性、民间性、行政性与司法性的冲突调解机制，如协商、长者调解、邻里调解、人民调解、行政调解以及司法调解等；第三，应积极营造社区与企业、政府间的沟通与对话，建立制度化的协调和谈判机制，使社区成为邻避冲突化解与治理的沟通交流平台。此外，社区还可以成为邻避冲突的"蓄水池""社会安全阀"以及"警示器"，促使邻避冲突问题"情况掌握在社区、问题解决在社区、矛盾化解在社区、工作推动在社区、感情融洽在社区"。

邻避冲突治理是一项涉及众多主体性的、综合性的、开放性的、复杂性的社会系统工程。因此，必须妥善处理好相关利益者各方诉求，有效整合各方资源，促使各主体积极参与、协商共议，并在此基础上广泛凝聚其他各界社会力量参与到邻避冲突治理之中，以期建设"政府统一引导、部门依法监管、企业全面负责、社会广泛参与、优势互补、协同共治"的邻避冲突治理之格局。

第五节 防止族际冲突中族群因素与非族群因素的勾连

族际冲突是以种族、民族或族群身份为背景的群体之间发生的对抗性行为。导致族际冲突爆发和升级的因素不仅包括族群因素，而且也包括非族群因素。研究这两类因素在族际冲突中各自的作用及其相互作用，对于更深入地理解和分析族际冲突的产生和升级具有重要的理论意义和现实意义。

本节以21世纪以来国内外发生的一些典型的族际冲突事件为研究对象，辨析其中影响冲突产生和升级的族群因素和非族群因素，并进一步分析二者之间相互勾连和作用的机制。研究发现，影响族际冲突的因素可以分为族群因素和非族群因素。族群因素又可分为原生因素和次生因素；非族群因素可分为偶发因素和一般因素。族群因素与非族群因素通过群体身份、历史问题和群体利益相互联结，使族际冲突的当事方产生认知、情绪和价值判断的变化，一方面导致非族际冲突转化为族际冲突，另一方面导致族际冲突升级或转化为更大规模的政治冲突。在应对族际冲突的过程中，应判别族群因素和非族群因素，及时处置由偶发性非族群因素引发的非族际冲突，防范和阻断两类因素的勾连，改善一般性非族群因素以遏制族际冲突的蔓延趋势。①

一 族群因素和非族群因素及其在族际冲突中的功能

影响族际冲突的因素，可以分为族群因素和非族群因素，它们在族际冲突的爆发和升级中发挥着各自的作用。

（一）族群因素及其在族际冲突中的作用

族群因素是与族群共同体的历史与生活相联系、体现族群共同体性质、特点和价值取向并影响族群生存和发展的各项因素。族群因素又可以进一步分为原生因素和次生因素，前者关乎族群的群体特征和发展历史，后者涉及族群发展中遇到的各种状况和影响族群发展的外部条件。

1. 原生因素

原生族群因素是族群构成的基本要素，涉及族群共同体的特质，也是族群间相互区别的显著标志。它既包含外在物质化的构成要素，也包含内在精神价值性要素，主要包括：（1）宗教信仰：族群成员广泛认同、信奉的圣神对象、教理及教义；（2）风俗习惯：族群相沿积久的礼节、风尚与生活方式；（3）语言文字：族群与其他族不同的书写与沟通符号；（4）族群认同：族群成员对自己身份归属的认知与对族群共同体的情感依附；（5）族群服饰及体貌特征等。

在族群冲突中，原生族群因素往往是导致冲突的基础性因素。首先，原生因素涉及族群的文化价值信仰，甚至涉及其核心价值。当冲突事项涉及原生族群因素时，族群成员会感到族群的核心价值受到冒犯，并由此引发大规模的族际冲突。

其次，原生族群因素影响冲突中对抗关系的划分与确定，冲突各方以原生族群因素为依据来区分"我族"与"他族"，并以此来确定各方的阵营和相互关系。如2013年在缅甸密拉铁发生的族际冲突中，冲突各方就是根据不同的宗教信仰来划分各自势力的②。

---

① 参见常健、杨帆《族际冲突中族群因素与非族群因素及其相互作用》，《西南民族大学学报》，2017年第6期。该文是本项目研究的阶段性成果。

② 杨雪：《中国日报网》，缅甸密铁拉骚乱共造成43人死亡 超1万人无家可归，http://www.chinadaily.com.cn/hqgj/jryw/2013-07-20/content_9633159.html。

再次，原生族群因素影响冲突各方对冲突事项的判断与评价。族群长期生活形成了共同风俗习惯与宗教信仰，它使得族群成员的思维方式和评价标准具有很高的一致性。相比之下，不同族群的不同宗教信仰和风俗习惯使得各族群在思维方式和判断标准上存在明显差异，对同一事项可能形成不甚相同甚至互不相融的观点，从而为族际冲突的爆发提供了条件。

最后，明显的族群身份特征成为冲突中攻击目标选取的重要依据。一些族群服饰及体貌具有鲜明的特点，如回族佩戴的"礼拜帽"，非洲裔较为深色的皮肤以及代表不同宗教的装饰物，都有可能成为辨识冲突对象的重要依据。

在一些族际冲突案例中，原生族群因素可能成为族际冲突的直接诱因。如2015年1月法国《查理周刊》因刊登讽刺伊斯兰教先知的漫画，引发各地穆斯林的大规模抗议和报复[①]。在另一些案例中，原生族群因素并未直接引发族际冲突，但却是普通冲突升级为族际冲突的必要条件。如2013年10月在莫斯科发生的骚乱中，在凶杀案产生后，当地市民通过监控录像中对嫌疑犯体貌特征的辨别，认为凶手是中亚人，继而引发反对外来移民的骚乱，游行队伍高喊"莫斯科不欢迎外国人""把俄罗斯还给俄罗斯（族）人"等排外口号。[②]

2. 次生因素

次生族群因素是指在族群参与社会生活过程中，对族群的生存和发展发挥特定影响的要素，它主要包括：（1）政府的族群政策；（2）历史遗留的族群问题；（3）族群间的日常关系，它涉及族群的地位、待遇、成员权益、族群意识和情感，表现为族群间的亲疏远近。

在族际冲突中，次生族群因素往往是冲突产生与升级的强大动因。首先，政府的族群政策直接影响族群间在权利、利益、地位和权力上的分配，并进而影响到族群的国家认同。当一个族群认为自身没有获得政府的公正对待甚至遭受歧视、剥削和排斥时，就会大幅度降低其对国家的认同程度，使联系族群间关系的国家纽带变得脆弱甚至出现断裂，这会为冲突

---

① 《各地穆斯林抗议法国〈查理周刊〉刊登讽刺先知漫画》，2015年1月17日，环球网：http://world.huanqiu.com/photo/2015-01/2759867.html。

② 《莫斯科发生骚乱事件 约1000人参加 380人被捕》，2013年10月15日，新华网：http://news.xinhuanet.com/world/2013-10/15/c_117717210.htm。

的产生与升级提供巨大能量。在我们考察的族际冲突案例中，一些国家曾经实行的受到质疑的族群政策，构成了族际冲突频发的重要制度背景，如缅甸的种族不平等政策，美国的种族歧视政策，南非的种族隔离政策，印度的强迫同化政策，等等。

第二，过往一些未得到妥善处理的族群遗留问题，如果对族群的发展形成深刻的影响，就会不断强化为族群的集体记忆，从而为日后新的冲突埋下伏笔并备下弹药。一旦被新的冲突因素重新勾起，这些沉积的历史记忆就会被再度点燃，导致冲突能量的瞬间放大。如20世纪40年代在缅甸发生的罗兴伽人对若开族人的种族屠杀活动，使得穆斯林与佛教徒之间结下仇恨。2013年在缅甸密铁拉等地的反穆斯林暴力骚乱中，佛教僧侣发挥着重要的带头作用，这在某种程度上是历史怨恨的继续。

第三，族群与其他族群的日常关系如果是疏远甚至相互排斥的，就会形成对其他族群的负面刻板印象和态度评价，这使得在处理涉及族际事务时产生严重的归因偏差、对立评价和双重评价标准，并导致严重的负面情绪，促使族际冲突的爆发和升级。如在印度的印度教徒与穆斯林之间长期存在的敌意，就在2013年印度马哈拉施特拉邦北部冲突中发挥着重要作用[1]。

(二) 非族群因素及其在族际冲突中的作用

相对于族群因素来说，影响族际冲突的非族群因素是那些并非与族群共同体的历史与生活相联系的因素，它们并不体现族群共同体的性质、特点和价值取向，通常是社会所有成员都会面临的事项或问题，而非专门针对某一族群。

依据非族群因素的产生时间和存在特征，可将其分为偶发性因素和一般性因素。

1. 偶发性因素

偶发性的非族群因素在产生时间和空间上具有不确定性，它们通常是冲突的直接诱因和导火索。通过对所研究的案例整理分析，我们发现引发族际冲突的偶发性非族群因素主要有四大类：经济纠纷、社会纠纷、违法事件和公务行为。

---

[1] 《马邦北部城市冲突，4人死亡百余人受伤》，2013年1月7日，央视网：http://tv.cntv.cn/video/C10336/64cb8527911e4cb193f98d1425a6fee3。

(1) 经济纠纷

随着族群地区贸易流通和城市化进程，不同族群成员在经济生活中的交往和接触逐渐增多，围绕经济利益的摩擦在所难免。而涉及不同族群成员间的消费纠纷有时会成为引发大规模族际冲突的导火索。如2013年缅甸密铁拉的冲突事件，它源于金饰变卖过程中双方价格未谈拢，佛教徒夫妇指责穆斯林店家损坏金饰而产生争执。①2013年1月在印度西部马哈拉施特拉邦北部，两族群成员因未付酒店账单问题而引发口角及打斗，最终冲突范围扩散至整个镇，200多人因此受伤。②

(2) 社会纠纷

社会纠纷是因社会事项引发的纠纷，如因交通事故、医患关系、邻里关系等引发的纠纷，它们通常涉及社会成员的权利和义务。2001年在马来西亚的甘榜美丹族，一名印度裔保安人员不满巫裔人（马来人）的婚礼占道行为，两族裔之间的局部挑衅最终演化成大规模的流血冲突，成为马来西亚建国以来影响深远的恶性冲突事件。③在2004年河南省"中牟事件"中，普通的道路争执演化为族群对峙态势④。2011年，中国内蒙古自治区锡林郭勒盟运煤车辆肇事致牧民死亡，两名司机逃逸，此事件引发上千蒙古族人士的抗议示威。⑤

(3) 违法事件

引发族际冲突的违法事件，通常是由族群成员作为直接参与者或受害者的违法及犯罪事件，该类事件既包含较轻微的违法行为，也包含影响恶劣的暴力犯罪。如2015年7月在马来西亚的刘蝶广场发生的一起普通偷盗案件，却引发一起大规模的族际冲突⑥。2012年的缅甸若开邦骚乱以及

---

① 庄北宁：《缅甸金店纠纷酿致命骚乱 已致至少10人死亡》，《京华时报》2013年3月23日，中国新闻网：http://www.chinanews.com/gj/2013/03-23/4669542.shtml。
② 国际在线：《印度西部族群冲突致4死200余伤 警方实施宵禁》，2013年1月7日，中国新闻网：http://www.chinanews.com/gj/2013/01-07/4467046.shtml。
③ 《14年前衝突酿6死 甘榜美丹族群关系仍脆弱》，2015年4月22日，诗华资讯网：http://news.seehua.com/?p=46757。
④ 《中国河南省中牟县发生汉回大规模冲突》，《纽约时报》2004年10月31日。
⑤ 《内蒙暴乱事件全程》，《凤凰周刊》2011年第6期。
⑥ 程君秋：《马来西亚广场发生骚乱事件 警方已逮捕18人》，2015年7月13日，凤凰资讯：http://news.ifeng.com/a/20150713/44158189_0.shtml。

2013 年的俄罗斯莫斯科骚乱分别由两起涉嫌故意杀人的暴力犯罪事件引发。2009 年广东"韶关事件"的起因是新疆籍维吾尔族员工起哄调戏女实习生。[1]

（4）公务行为

公务人员在执法或司法过程中涉及族群成员时，如果引起族群成员不满甚至对抗，也可能导致严重的族际冲突。如 2014—2015 年，美国密苏里州弗格森市白人警察在执法过程中枪杀黑人青年并被免于起诉，引发了持续数月的骚乱。[2]

2. 一般性因素

引发族际冲突的一般性非族群因素主要涉及族群所生活的社会的一般状况，如贫富差距水平、失业率、社会保障覆盖率、教育普及率、医疗和公共卫生服务状况、环境污染程度等，这些社会公共问题影响到每一个社会成员的生存和发展。当社会成员对这些一般性因素的预期与现实满足水平之间呈现出过大的差距时，所产生的不满情绪就会为各种社会冲突提供适宜的土壤和条件，也会成为族际冲突的助燃剂。

在本节所研究的案例中，枪支泛滥、失业现象严重、犯罪活动猖獗、政府腐败问题严重、贫富差距过大、地区间经济发展不平衡、公共服务不足和分配不公、外来非法移民以及严重的环境污染等社会问题，都是大规模族际冲突中的助推力和重要的能量来源。

二　两类因素在族际冲突中的互动

从我们所研究的族际冲突案例来看，族群因素与非族群因素相互作用所形成的"共振"，会促成族际冲突的爆发和升级，并使得冲突的控制与化解更加困难。这种相互作用呈现出两类典型的形式和过程，一类是由非族群因素引发的非族际冲突，与族群因素勾连后转化为族际冲突；另一类是由族群因素引发族际冲突，在非族群因素的助力下，冲突迅速扩大和升级，甚至转化为大规模政治冲突。

---

[1] 《广东韶关旭日玩具厂群体斗殴事件回顾》，2009 年 6 月 27 日，中国江苏网：http://photo.jschina.com.cn/gb/jschina/photo/node21593/userobject1ai2217605_1.html。

[2] 《人民网》，枪杀黑人警察辞职难平示威怒火　在网上遭人肉搜索，http://world.people.com.cn/n/2014/1201/c157278-26122076.html。

（一）族群因素导致非族际冲突向族际冲突转化

各种非族群因素可以引发非族际冲突，但当非族群因素与族群因素勾连在一起时，非族际冲突就会向族际冲突转化，导致族际冲突的爆发和冲突的升级。这一过程可以划分为三个阶段（如图8-10所示）。

第一阶段：非族群因素引发冲突意愿

在这一阶段，冲突的产生主要是与非族群因素相关。一方面，一般性非族群因素会引发潜在的不满情绪，如持续的高失业率、过大的贫富差距、地区经济发展的严重失衡、不断恶化的环境污染、猖獗的犯罪活动、普遍的官员腐败以及大规模的外来非法移民，都会使民众的不满情绪累积，并寻求发泄的机会犹如等待烈火的干柴。

另一方面，偶发性非族群因素则成为冲突事件的"导火线"。无论是因经济利益引发的纠纷，还是社会权益引起的争端，抑或由违法事件或执行公务产生的争议，都会引发小范围非族群性冲突。但值得注意的是，此时冲突当事人和参与者虽具有包含族群身份在内的多重身份，但个人的族群身份对冲突产生的影响在这一阶段远不及其他身份的影响。

第二阶段：族群因素加入导致族群冲突能量集聚

在这一阶段，出现非族群因素与族群因素的勾连，冲突各方开始按族群聚集支持力量，使冲突向族群冲突的方向演化。从冲突当事者和参与者的主观角度来分析，非族群因素与族群因素的勾连产生了三个方面的效应：族群选择性认知、负面倾向评价和狂热的敌对情绪。

第一，个体利益与族群利益捆绑改变了对冲突事项的认知。当族群成员将原本由个人利益引发的冲突与族群利益相联系，认为对方的行为和主张不仅是对个人利益的侵犯，而且是对族群利益的侵犯时，冲突各方对冲突事项的认知就会发生性质转变，将个人间利益冲突解读为族群间利益冲突。

第二，个人身份与族群身份关联激发起强烈的民族情绪。冲突当事方和参与方同时具有个人身份和族群身份。当他们将注意力更多地从冲突中的个人身份转向族群身份时，就会改变对主体间关系的认知，原本普通的个体间矛盾被视为对自己所在族群的威胁，同时将自身与对方的族群特征强化，以"我族"与"他族"的视角来看待冲突各方间的关系，从而激发起强烈的民族情绪。

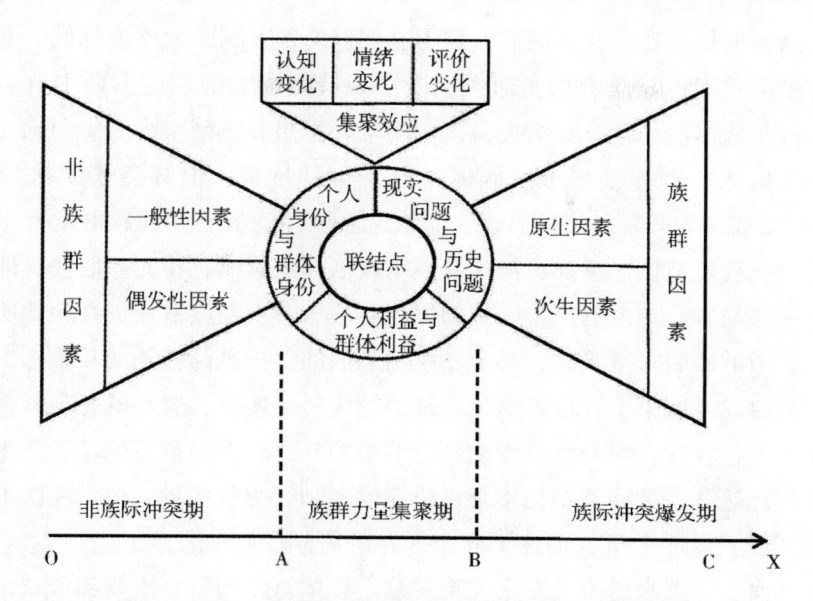

第八章　具体领域公共冲突管理的特殊难题

图 8-10　族群因素加入导致非族际冲突转化为族际冲突

第三，现实矛盾与历史问题联结改变对问题的评价。现实矛盾主要指非族群因素中的偶发性矛盾事件，而历史遗留问题是次生族群因素的重要组成部分。在族际冲突的产生与升级过程中，族群成员易于将现实矛盾与历史问题联结，遗留问题成为现实矛盾的助燃剂，而现实矛盾成为族群群众情绪发泄的渠道。遗留问题的相关者可能并非当前矛盾的利益相关者，但在其积怨情绪和刻板印象的作用下，其对于矛盾事件的评价将随之带有负面倾向。特别是这些族群成员会选择性地接受信息，对于他族成员行为全盘否定，并放大其对本族成员的伤害，而忽略本族成员的不当行为。

非族群因素与族群因素的勾连过程，同时也是群聚效应产生的过程，并由此导致族群集体行动的展开。

第三阶段：族群因素主导下的集体行动

这一阶段是族群冲突的爆发期。非族群因素与族群因素的勾连，形成了两种因素的共振效应。而在此过程中，族群因素趋向于替代非族群因素成为冲突的主导因素，从而导致冲突性质由非族际冲突转化为族际冲突，冲突的强度也因此大幅度上升。

首先，族群情绪感染弱化个体和群体理性。力量集结阶段为集体行动阶段提供了规模性的支持力量和对抗性的情景渲染。大众心理学研究表明：当人们聚集在一起的时候，智力会普遍降低，判断力逐渐降低，受理性支配的程度也相应降低，而人们受主观情绪影响的程度不断上升。此时，群体成员的个性自觉消失，人们的全部思想和感情很容易集中到一个方向，集体心理逐渐形成。群体不善于事件推理，但却急于要采取行动。① 以族缘为背景，依托血缘、族缘、业缘等动员集聚的族群群众，因其同质化程度及认同感高，加之共同宗教信仰的影响，相对一般性群体事件中的参与者，更容易产生一致的集体心理。特别是族群成员在感知所面临情景中的威胁与紧张时，易于滋生出强烈的保护欲与神圣的斗争感，在互相的启发与感染下，最终演化为抗争行为；事实上，这些威胁与紧张可能并非真正存在，而是动员者的刻意渲染与外部势力的蓄意煽动所产生的效果。狂热状态的族群中也不乏借机泄愤者和行为效仿者，他们在法不责众的"匿名效应"下，加速了群体行为朝暴力方向恶化。

其次，族群身份辨别圈定冲突对象。集体行动的一个重要部分就是行动对象的选择与确定。对于族际冲突中的一方来说，不同阶段的目标对象不尽相同。在非族际冲突阶段，所针对的冲突对象是事件直接参与者，通常只涉及个人及小范围人群；在族际冲突的力量动员与集结期，所针对的冲突对象范围开始逐渐扩大，通常将个体对象与其所属族群联结绑定，呈现出从个体到群体的变化过程；在族际冲突的爆发期，集体行动的对象通常又呈现从对方族群到相关人员、建筑物等具体人与物的聚焦过程。聚焦的目的是为了使集体行动更具精确性与选择性，而聚焦的手段就是进行身份的辨别，主要依据族群因素所赋予的诸如形体、语音等风貌特征，以及后期人为的区别性标识，如身份证、服装标识与暗号等。通过身份辨别可以圈定冲突对象，给予对方群体相对精确的打击，而对本族成员和其他人员进行选择性保留。当然，在案例整理中不难发现，随着冲突烈度的增大，紧随聚焦行动之后的可能是无目的、大范围的失控性暴力行为。

第三，族群目标演化促使手段升级。目标对象转变的背后是冲突目标的不断演化。在对族际冲突案例梳理过程中，可以发现一种现象，即随着冲突的不断升级，作为冲突肇始矛盾中直接利益受损方以及初始行为的目

---

① [法]古斯塔夫·勒庞：《乌合之众：大众心理学研究》，广西师范大学出版社2007年版，第37页。

标诉求反而逐渐被"边缘化"了，极少数人的目的性被大众的无意识性所掩盖。出于对众多非直接利益相关者有效动员的考量，动员者常常夸大冲突的利害关系；经成功策动的群众的狂热情绪和积极参与，又往往会超出发起人的预期和控制，目标范围随之扩大，甚至演变成为无明确目的的暴力宣泄行为。而宗教信仰等因素是构成族群文化价值的重要部分，族际冲突的目标一旦从现实利益诉求向族群价值类因素转移，其演变和升级过程相对一般性社会冲突而言，将会更加迅速，手段也更加偏激，冲突烈度更大。

(二) 非族群因素助燃导致族际冲突转化为政治冲突

在族际冲突过程中，如果族群因素与大量非族群因素勾连，特别是与一般性非族群因素勾连，会形成两个方向的变化：一是使族际冲突进一步升级，二是使族际冲突转化为政治冲突。

首先，非族群因素对族际冲突具有显著的助燃效应。一方面，一些偶发性的非族群因素会被解读为专门针对族群的，从而使族群冲突进一步升级。在我们所研究的案例中，有不少这样的情况。如2001年在马来西亚甘榜美丹的族际冲突过程中，一个印裔小孩将邻居货车玻璃击碎，印裔的货车主与巫裔司机一同前往小孩家索要赔偿，却被周围邻居误认为是巫裔居民威胁印裔同胞，从而激起大规模械斗[1]。另一方面，一些一般性的非族群因素，如持续的高失业率、过大的贫富差距、地区经济发展的严重失衡、不断恶化的环境污染、猖獗的犯罪活动、普遍的官员腐败以及大规模的外来非法移民等，会被冲突各方解读为是专门针对自己族群的，因而加剧族群成员的愤怒情绪，导致族际冲突失控和升级。例如，2011年在内蒙古锡盟居民与采矿企业生产所带来的噪音、粉尘和水污染等问题而发生的族际冲突中，人们将其与广泛存在的环境污染结合起来，提出"保护草原"的诉求，使冲突范围迅速扩大。[2]

其次，非族群因素也可能产生转换效应。当上述那些一般性非族群因素被解读为具有制度性质或体制性质的问题时，就会转变族群成员对冲突

---

[1] 《14年前衝突酿6死 甘榜美丹族群关系仍脆弱》，2015年4月22日，诗华资讯网：http://news.seehua.com/? p=46757。

[2] 《内蒙暴乱事件全程》，《凤凰周刊》2011年第6期。

事项和原因的评价方式,将冲突的攻击矛头指向政治关系和政治体制,并获得更广泛的公众支持,由此导致族际冲突转化为更大规模的政治冲突(如图 8-11 所示)。

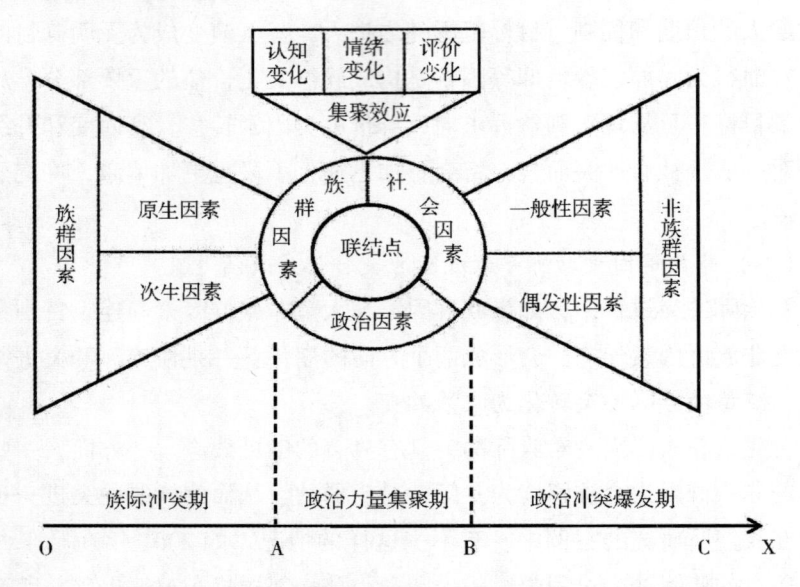

图 8-11 非族群因素加入导致族际冲突转化为政治冲突

在美国 20 世纪 60 年代的族际冲突中可以发现,最初非洲裔美国人与欧洲裔美国人之间的冲突,逐渐与反抗美国社会整体的不平等联系起来,许多白人也加入到黑人争取平等权利的抗争运动中,使得种族间的冲突最终演变为广泛的社会政治冲突。

三 防止群体冲突中两类因素勾连的具体措施

由上述分析可以确认,族群因素和非族群因素的勾连是导致族际冲突爆发和升级的重要因素。因此,如何防止两类因素在冲突过程中的勾连,是控制和化解族际冲突的重要一环。要实现这一目标,需要在三个方面采取有力措施。

(一)及时处置由偶发性非族群因素引发的非族际冲突

当出现由偶发性非族群因素引发的非族际冲突时,特别是当冲突的当事人具有明显的族群身份时,应当迅速作出回应,及时化解冲突,或将冲突控制在有限的范围。在我们所研究的许多族际冲突的案例中,许多冲突都是由偶发性非族群因素引发的非族际冲突,但由于执法人员袖手旁观,或偏向某一方当事人,使得相关族群与族群间的矛盾、政府的族群政策以及其他族群因素勾连在一起,导致族群力量聚集和族际冲突的爆发。例如,2013年在印度马哈拉施特拉邦的图莱小镇的一家餐馆内,两名穆斯林青年拒付约30卢比的账单,而与印度教徒的餐馆老板发生口角并出现打斗。被打伤的两名青年前往附近的警亭报案,而警察们对其受伤置之不理,并让他们自行解决。穆斯林青年随即召集大约50名同伙返回餐馆,发现餐馆老板也聚集了一些人手。双方开始互掷石块展开攻击。警员们见状逃离,穆斯林青年对警察此前不公正行为表示愤怒,随之将警亭付之一炬。①因此,需要建立常态化的冲突管理和化解机制,使得各种非族际冲突都能够得到及时有效的化解和处置。

(二)防范与阻断两类因素的勾连

如前所述,非族群因素与族群因素的勾连,会导致冲突的迅速升级。例如,2012年在缅甸若开邦发生的骚乱,起因是3名穆斯林男性强奸并杀害一名诺开邦胶尼莫村妇女,但当地一民间组织四处发放传单,声称这是穆斯林策划的阴谋,意图消灭诺开族群,从而引发大规模的族群间冲突②。因此,应当采取及时和有效的措施,提早预防并及时阻断非族群因素与族群因素的勾连。对于将非族群因素与族群因素捆绑的煽动性言论,要进行有说服力的舆论引导,客观报道事实真相,阐明事件的性质,消除因虚假信息而引起族群人员的恐慌与紧张。

(三)改善一般性非族群因素,遏制族际冲突的蔓延趋势

对于引发公众不满的一般性非族群因素,应当在慎重考虑后,采取并公开宣布改革措施,防止族际冲突的蔓延甚至转化为广泛的政治冲突。从冲突管理的角度来说,其实冲突能量可以被引导去发挥正面的功能,其中一个重要的功能就是推动新机制和新制度的产生。因此,应当利用冲突的时机,让更多的公众参与到改革的讨论中,对改革的讨论本身就是冲突化解和转化的过程。

---

① 《马邦北部城市冲突,4人死亡百余人受伤》,2013年1月7日,央视网:http://tv.cntv.cn/video/C10336/64cb8527911e4cb193f98d1425a6fee3。

② 张云飞:《缅甸若开邦发生骚乱至少50人死亡》,2012年10月25日,新华网:http://news.xinhuanet.com/2012-10/26/c_123871732.htm。

附 录

本项目研究的阶段性成果

一 论文集

1. 常健、许尧主编:《公共冲突管理评论(2016年)》,南开大学出版社2017年版。

2. 常健、许尧主编:《公共冲突管理评论(2015年)》,南开大学出版社2016年版。

3. 常健、许尧主编:《公共冲突管理评论(2014年)》,南开大学出版社2015年版。

二 期刊论文

1. 常健、徐倩:《医患冲突升级中各类主体作用研究》,《上海行政学院学报》2017年第4期。

2. 常健、王雪:《农民工制度外路径讨薪策略研究》,《中共宁波市委党校学报》2017年第4期。

3. 常健、张雨薇:《公共冲突中的组织化类型及其应对方式研究》,《中国行政管理》2017年第4期。

4. 常健、杨帆:《族际冲突中族群因素与非族群因素及其相互作用》,《西南民族大学学报》2017年第6期。

5. 常健、郝雅立:《媒体新闻议题建构方式与公共冲突及其治理》,《理论探索》2017年第2期。

6. 常健、毛讷讷:《地方电视台调解类节目对冲突化解的示范作用及其局限性——以河南电视台公共频道的〈百姓调解〉栏目为例》,《学习论坛》2016年第12期。

7. 常健、刘明秋：《创新驱动发展战略对领导方式的新要求》，《学习论坛》2016 年第 5 期。

8. 常健、杜宁宁：《中外公共冲突化解机构的比较与启示》，《上海行政学院学报》2016 年第 3 期，人大复印报刊资料《管理科学》2016 年 8 期转载。

9. 常健、毛讷讷：《中国公共组织愿景中使命的缺失及其影响》，《领导科学》2016 年第 5 期。

10. 常健、刘一：《从莱维森调查看英国协商民主的特点》，《理论与现代化》2016 年第 1 期。

11. 常健、李志行：《韩国政府委员会在公共冲突治理中的作用》，《国家行政学院学报》2016 年第 1 期。

12. 常健、李志行：《韩国环境冲突的历史发展与冲突管理体制研究》，《南开学报》2016 年第 1 期。

13. 常健、刘明：《国家安定与个人权利保障：转型悖论及其消解》，《学术界》2015 年第 11 期。

14. 常健：《论中国人权保障的四类规范及其相互关系》，《现代法学》2015 年第 3 期。

15. 常健、刘一：《韩国公共冲突管理制度的经验借鉴》，《中国社会公共安全研究报告》，中央编译出版社，2015 年第 1 期。

16. 常健、刘一：《公共冲突管理机制的系统化建构——韩国的经验及借鉴》，《长白学刊》2015 年第 5 期，人大报刊复印资料《管理科学》2015 年第 12 期转载。

17. 常健、王玉良：《冲突化解研究诸领域及其对公共冲突化解研究的影响》），《上海行政学院学报》2015 年第 3 期，人大报刊复印资料《管理科学》2015 年第 9 期转载。

18. 常健：《简论社会治理视角下公共冲突治理制度的建设》，《天津社会科学》2015 年第 2 期，《学术界》2015 年第 6 期摘编。

19. 常健、原珂：《西方冲突化解的主要方法及其发展脉络》，《国家行政学院学报》2015 年第 1 期。

20. 常健：《厘清四类治理规范结构关系和协调机制》，《行政改革内参》2014 年 11 期。

21. 常健、原珂：《西方冲突化解研究的三种范式及其发展趋势》，《中国行政管理》2014 年 11 期。

22. 常健、原珂：《对话方法在冲突化解中的有效运用》，《学习论坛》2014 年第 10 期。

23. 常健、田岚洁：《中国公共冲突管理体制的发展趋势》，《上海行政学院学报》2014 年第 3 期。

24. 常健、殷向杰：《近十五年来国内医患纠纷及其化解研究》，《天津师范大学学报》2014 年第 2 期。

25. 常健：《人权保障与公共冲突化解》，《人权》2014 年第 1 期。

26. 常健、田岚洁：《冲突管理体制应走向社会化模式》，《中国社会科学报》，2014 年 3 月 7 日 B02 版。

27. 常健：《论网络舆情的"自清洁"功能》，《天津社会科学》2013 年第 6 期。

28. 常健、田岚洁：《公共领域冲突管理的制度建设》，《国家行政学院学报》2013 年第 5 期，复印报刊资料《管理科学》2014 年第 2 期转载。

29. 常健、张晓燕：《冲突转化理论及其对公共冲突领域的适用性》，《上海行政学院学报》2013 年第 4 期。

30. 常健：《以冲突转化模式化解社会冲突》，《行政改革内参》2013 年第 5 期。

31. 常健：《预期反差的社会效应与管理》，《学海》2013 年第 2 期。

32. 张春颜、常健：《公共领域冲突控制与化解的耦合对治理方式与效果间关系的影响研究》，《统计与信息论坛》2015 年第 6 期。

33. 张春颜：《公共冲突发生机理研究综述》，《行政论坛》2013 年第 5 期。

34. 张春颜：《控制与化解：转型期中国冲突治理的内在逻辑》，《学习论坛》2015 年第 2 期。

35. 张春颜、李婷婷：《我国冲突管理方式转变的趋势分析：由控制主导向化解主导》，《领导科学》2016 年第 6 期。

36. 原珂、齐亮：《"旁观者"现象：旁观者介入公共冲突的过程分析及破解策略》，《社会主义研究》2015 年第 1 期。

37. 原珂：《城市社区冲突的扩散与升级过程探究》，《理论探索》

2017 年第 2 期。

38. 原珂、乔印久：《公众参与网络问政及优化策略探析》，《领导科学》2015 年第 29 期。

39. 原珂：《邻避冲突及治理之策：以垃圾焚烧事件为例》，《学习论坛》2016 年第 11 期。

40. 原珂：《谈判的"一体两面"：基于邻避冲突与征地拆迁冲突的比较视角》，《学习论坛》2015 年第 10 期。

41. 原珂：《西方冲突化解视角下的第三方干预及对中国的借鉴》，《社会主义研究》2016 年第 1 期。

42. 原珂：《西方冲突化解中谈判及对中国的借鉴意义》，《理论与现代化》2016 年第 1 期。

43. 原珂：《治理与解决：中国城市社区冲突总理主体及现行解决方法》，《北京理工大学学报》（社会科学版）2017 年第 4 期。

44. 原珂：《中国城市社区冲突化解与治理机制探究》，《行政论坛》2017 年第 2 期。

45. 原珂：《中国城市社区冲突及化解路径探析》，《中国行政管理》2015 年第 11 期。

46. 许尧：《当代中国医患纠纷的治理机制：现状、问题及建议》，《中国行政管理》2016 年第 3 期。

47. 王玉良：《缺失与建构：公共冲突治理视域下的政府信任探析》，《中国行政管理》2015 年第 1 期。

48. 王玉良：《公共冲突管理中的政府责任及其机制建构》，《理论导刊》2015 年第 8 期。

49. 王玉良：《猜忌型公共冲突：内涵、诱因及其化解——基于一个典型样本的现实剖析》，《社会主义研究》2016 年第 10 期。

主要参考文献

一 中文著作

[1] 巴拉什、韦伯：《积极和平——和平与冲突研究》，刘成等译，南京出版社 2007 年版。

[2] 顾培东：《社会冲突与诉讼机制》，法律出版社 2004 年版。

[3] 郭朝阳：《冲突管理：寻找矛盾的正面效应》，广东经济出版社 2000 年版。

[4] 黄曬莉：《华人人际和谐与冲突——本土化的理论与研究》，重庆大学出版社 2007 年版。

[5] 洪冬英：《当代中国调解制度变迁研究》，上海人民出版社 2011 年版。

[6] 简特：《利害冲突：化解冲突的智慧》，马黎、李唐山译，中国人民大学出版社 2006 年版。

[7] 科塞：《社会冲突的功能》，孙立平等译，华夏出版社 1989 年版。

[8] 宋衍涛：《政治冲突学原理》，中国商务出版社 2008 年版。

[9] 肖唐镖：《群体性事件研究》，学林出版社 2011 年版。

[10] 徐显国：《冲突管理：有效化解冲突的十大智慧》，北京大学出版社 2006 年版。

[11] 杨鹏飞：《劳动关系集体协商制度研究》，上海社会科学院出版社 2012 年版。

[12] 叶青：《中国仲裁制度的研究》，上海社会科学院出版社 2009 年版。

[13] 张铎：《中国信访制度研究》，华夏出版社 2012 年版。

［14］中国行政管理学会课题组：《中国转型期群体性突发事件对策研究》，学苑出版社 2003 年版。

二　外文著作

［1］Albrecht, H. J., etc eds., *Conflict and Conflict Resolution in Middle Eastern Societies——Between Tradition and Modernity*, Berlin: Duncker & Humblot, 2006

［2］Barsky, Allan Edward, *Conflict Resolution for the Helping Professions*, Brooks/Cole, Thomson Learning, 2000

［3］Borisoff, Deborah and Victor, David A. *Conflict Management: A Communication Skills Approach*, New Jersey: Englewood Cliffs, Prentice – Hall, Inc., 1989

［4］Bramble, Tom, & Rick Kuhn, *Labor's Conflict: Big Business, Workers and the Politics of Class*, Cambridge University Press, 2010

［5］Christie, E. *Finding Solutions for Environmental Conflicts*, Edward Elgar Publishing, 2008

［6］Cordell, Karl and Stefan Wolff, *Routledge Handbook of Ethnic Conflict*, Routledge, 2012

［7］Fisher, Roger and Ury, William, *Getting to Yes: Negotiating Agreement Without Giving In*, Boston: Houghton Mifflin, 1981

［8］Fisher, Ronald J., *Berghof Handbook for Conflict Transformation*, Berghof Research Center for Constructive Conflict Management, June 2001

［9］Glasl, Friedrich, *Confronting Conflict*, Bristol: Hawthorn Press, 1999

［10］Jandt, Fred E., *Win – Win Negotiating: Turning Conflict into Agreement*, The Professional Development Group, Inc., 1985

［11］Killen, Damien and Murphy, Danica, *Introduction to Type and Conflict*, Palo Alto, CA: Consulting Psychologists Press, 2003

［12］Knight, Jack, *Institutions and Social Conflict*. Cambridge: Cambridge University Press, 1992.

［13］Pammer, William J. Jr. and Killian Jerri: *Handbook of Conflict*

Management, New York: Marcel Dekker, Inc. 2003

［14］Pruitt, B. Dean & Sung Hee Kim, *Social Conflict: Escalation, Stalemate and Settlement*, McGraw-Hill Inc., 2004

［15］Rahim, M., *Managing Conflict in Organizations*, Quorum Books, Westport, CT., 2000

［16］Roseman, Mark, *Generations in Conflict*, Cambridge University Press, 2004

［17］Rothman, Jay, *Resolving Identity - Based Conflict in Nations, Organizations and Communities*, San Francisco, CA: Jossey-Bass, 1997

［18］Scheleenberg, James A., Conflict Resolution: Theory, Research, and Practice, Albany: State University of New York Press, 1996

［19］Tillett, Gregory, Resolving Conflict: A practical Approach, Oxford University Press, 1999

［20］Woods, Eric Taylor, Robert S Schertzer & Eric Kaufmann, Nationalism and Conflict Management, Routledge, 2012

后　　记

本书是国家社科基金重点项目"公共冲突管理体制研究"（13AGL005）的结项报告，是南开大学周恩来政府管理学院公共冲突管理研究团队共同合作的又一重要成果，具体分工如下：

导论：常健

第一章：常健、王玉良、原珂、张晓燕

第二章：常健、田岚洁、杜宁宁、李志行

第三章：常健、田岚洁、刘一

第四章：常健、原珂、许尧、刘一

第五章：常健、郝雅立、毛讷讷

第六章：常健、原珂、张春颜

第七章：常健、张雨薇、原珂、王玉良、齐亮

第八章：常健、徐倩、王雪、原珂、杨帆、刘明秋

全书策划和统稿：常健

在此向每一位为本研究作出贡献的团队成员表示感谢！

衷心感谢中国社会科学出版社冯春凤主任对本团队公共冲突管理研究系列丛书的全力支持和精心编辑。

常健

2019年10月于南开大学